Entscheidungen

des

Reichsgerichts.

Herausgegeben

von

den Mitgliedern des Gerichtshofes
und der Reichsanwaltschaft.

Entscheidungen in Zivilsachen.

119. Band.

Berlin und Leipzig 1928

Walter de Gruyter & Co.

vormals G. J. Göschen'sche Verlagshandlung - J. Guttentag, Verlagsbuchhandlung - Georg Reimer - Karl J. Trübner - Veit & Comp.

Entscheidungen

des

Reichsgerichts

in

Zivilsachen.

---

119. Band.

Berlin und Leipzig 1928

Walter de Gruyter & Co.

vormals G. J. Göschen'sche Verlagshandlung - J. Guttentag, Verlagsbuchhandlung - Georg Reimer - Karl J. Trübner - Veit & Comp.

Druck von Metzger & Wittig in Leipzig

Inhalt.

I. Bürgerliches Recht.

a. Reichsrecht.

b. Landesrecht.

II. Öffentliches Recht.

III. Gerichtliches Verfahren.

1. Zur Frage der Zulässigkeit einseitiger Aufrechnung, wenn dem Aufrechnenden verschiedene Personen als Gläubiger und als Schuldner gegenüberstehen.

BGB. §§ 267, 268, 333, 387, 390.

II. Zivilsenat. Urt. v. 11. November 1927 i. S. B. als Verwalter im Konkurs über das Vermögen der Metall-Union A.-G. (Kl.) w. Fr. (Bekl.) u. Streitgeh. II 102/27.

I. Landgericht I Berlin.
II. Kammergericht daselbst.

Der Kläger verfolgt mit der Klage einen zur Masse gehörigen angeblichen Schadensersatzanspruch wegen Nichterfüllung eines am 7. März 1924 von der nachmaligen Gemeinschuldnerin als Verkäuferin mit der Beklagten als Käuferin abgeschlossenen Vertrags über 60 Tonnen Raffinadeblei zum Preis von 461 französischen Franken für 100 kg, lieferbar Ultimo Mai 1924 ab Werk oder Lager Berlin, netto Kasse gegen Lager- oder bestätigten Bezugsschein, und im übrigen nach „Berliner Bedingungen". Er beziffert den Schaden nach dem

Unterschied des Kaufpreises von 461 × 600 .	= 276600	Frs.
und dem Marktpreis vom 30. Mai 1924, nämlich 230 × 600	= 138000	„
auf:	138600	Frs.
bringt hiervon aus einem Gegengeschäft über 10 Tonnen Blei	23100	„
der Beklagten gut, sodaß noch verbleiben	115500	Frs.
die er nach dem Frankenkurs vom 30. Mai 1924 (100 Frs. = 21,85 RM) in: . .	25236,75	RM

umrechnet. Auf den letzteren Betrag nebst Zinsen geht der Klagantrag. Die Beklagte bestreitet die Schadensersatzforderung nach Grund und Betrag und macht geltend: Die beiderseitigen Ansprüche aus dem Kaufvertrag vom 7. März 1924 seien schon vor Konkursausbruch durch Aufrechnung getilgt gewesen; schon deshalb könne bei ihr von einem Schuldnerverzug keine Rede sein. Im übrigen sei die Gemeinschuldnerin zur Lieferung gar nicht imstande gewesen. Es fehle ferner an einer Nachfristsetzung.

Mit dem Aufrechnungseinwand der Beklagten hat es folgende Bewandtnis. Die Gemeinschuldnerin hat, gleichfalls noch im März 1924, von dem Metallgroßhändler M. in Berlin 50 Tonnen Raffinadeblei um 495 Frs. für 100 kg unter den im übrigen gleichen Bedingungen gekauft, zu denen sie selbst an die Beklagte verkauft hat. Am 24. April 1924 traf nun M. mit der Streitgehilfin ein Abkommen, wonach er ihr seine Rechte aus dem Kaufvertrag mit der Gemeinschuldnerin, insbesondere seine Kaufpreisforderung von insgesamt 247500 Frs. abtrat, wogegen die Streitgehilfin die Lieferungsverpflichtung übernahm, mit deren Erfüllung sie von M. unwiderruflich beauftragt wurde. Einen Durchschlag dieses Abkommens übersandte M. der Gemeinschuldnerin. Eine gleichlautende Abmachung traf dann die Streitgehilfin mit der Beklagten. Darauf fußend vertrat die Beklagte, und zwar erstmals am 22. Mai 1924, der Gemeinschuldnerin gegenüber die Auffassung, daß sie (die Beklagte) aus dem Vertrag vom 7. März 1924

	60 Tonnen Blei zu 461 Frs. für 100 kg =	276600 Frs.
zu erhalten und	50 Tonnen Blei zu 495 Frs. für 100 kg =	247500 Frs.
aus dem M.schen Vertrag zu liefern,		
demnach	10 Tonnen Blei zu bekommen und	29100 Frs.

zu zahlen habe. Die Gemeinschuldnerin widersprach sofort und erklärte, daß sie mit dieser Regelung nicht einverstanden sei; sie werde die 60 Tonnen Blei Ultimo Mai „andienen". Beide Teile hielten in der Folge an ihrem Standpunkt fest. Am 30. Mai 1924 schloß sodann die Gemeinschuldnerin — unter Aufrechterhaltung ihres bisherigen Standpunkts im übrigen — „zwecks Kompensation" mit der Beklagten ein Deckungsgeschäft über 10 Tonnen Blei zu 230 Frs. für 100 kg und erhielt von ihr den Differenzbetrag von 6100 Frs. alsbald ausbezahlt. Gleichzeitig teilte sie der Beklagten mit, sie werde, falls sich deren Verrechnungsweise als unzulässig herausstelle, nach dem Kurs vom 30. Mai 1924 mit 230 Frs. für 100 kg abrechnen. Gegen die Zulässigkeit der von der Beklagten versuchten Aufrechnung wandte der Kläger hinsichtlich der Lieferungsansprüche ein, es fehle an der Personengleichheit von Gläubiger und Schuldner; im übrigen bekämpfte er die Aufrechnungsfähigkeit der M.schen Kaufpreisforderung mit der Einrede des nicht erfüllten Vertrags und berief sich weiter darauf, daß die Gemeinschuldnerin zur Zeit der Abtretung an die Beklagte, wie dieser bekannt gewesen sei, die Zahlungen schon eingestellt gehabt habe. Die Beklagte bestritt die Zahlungseinstellung und ihre Kenntnis davon.

Das Landgericht gab der Klage statt. Das Kammergericht dagegen wies sie ab. Die Revision des Klägers führte zur Aufhebung und Zurückverweisung.

Aus den Gründen:

... Zu Unrecht hat das Berufungsgericht die Aufrechnungsfähigkeit der Lieferungsansprüche bejaht. Zuzugeben ist ohne weiteres, daß durch die Rechtsform des Vertrags zugunsten Dritter die Gemeinschuldnerin ohne ihr Zutun, Wissen und Einverständnis einen unmittelbaren Anspruch gegen die Beklagte auf Lieferung der ihr von M. aus dem mit ihm abgeschlossenen Vertrag geschuldeten 50 Tonnen Blei erwerben konnte. Es mag auch richtig sein, daß die zwischen M. und der Beklagten abgeschlossenen Verträge in diesem Sinne gemeint und auszulegen sind. Dann wäre allerdings die Beklagte zunächst Mitschuldnerin gegenüber der Gemeinschuldnerin geworden und könnte als solche an und für sich aufrechnen. Allein das Berufungsgericht hat den § 333 BGB. nicht mit in den Kreis seiner Erwägungen gezogen. Hiernach war die Gemeinschuldnerin befugt, das Recht, das sie „aus dem zu ihren Gunsten geschlossenen Vertrag" gegenüber der Beklagten erworben hatte, zurückzuweisen mit der Folge, daß es als nicht erworben galt und die Beklagte damit nie ihre Lieferschuldnerin geworden war. Dieser Befugnis wäre sie nur dann verlustig gewesen, wenn sie das „Recht" vorher angenommen hätte. Die Gemeinschuldnerin hat aber sofort, nachdem ihr die Beklagte von den zwischen ihr und M. getroffenen Abmachungen und dem Verrechnungsvorhaben Kenntnis gab, mit aller Entschiedenheit widersprochen und daran auch in der Folge unbedingt festgehalten. Dieser Widerspruch enthielt die unzweideutige Zurückweisung des ihr aus dem Vertrag etwa erwachsenen Rechts. Damit hat die Gemeinschuldnerin lediglich von einer gesetzlichen Befugnis Gebrauch gemacht. Rechtsmißbrauch und Verstoß gegen Treu und Glauben kann ihr nicht aus dem Grunde vorgeworfen werden, weil sie sich auf die gesetzlichen Bestimmungen berief und noch beruft, um die von der Beklagten versuchte Aufrechnung zu bekämpfen. Der Wille des Gesetzes ist gerade der, daß der Gläubiger in der Regel nicht gehalten sein soll, sich Erfüllungssurrogate durch einen Dritten aufdrängen zu lassen (§§ 267, 268, 387 BGB.). Die gegenteilige Ansicht würde auf einen Zwang zum Clearing hinauslaufen. Die Auskunft des Berliner Börsenvorstands vom 15. Mai 1926 beweist aber, daß ein solcher Zwang im Jahre 1924 nach den Geschäftsgebräuchen des Metallhandels nicht bestand. Die Gemeinschuldnerin mochte auch sachlich durchaus berechtigte Gründe haben, das Verrechnungsvorhaben der Beklagten zu durchkreuzen. So, wie sich die Preise und der Wert der Frankenvaluta entwickelt hatten, war das mit der Beklagten abgeschlossene Geschäft sehr günstig. Die Barzahlung des Kaufpreises brachte erhebliche Barmittel in einer damals steigenden Valuta. Im Hinblick auf die zu jener Zeit schon aufgetretenen Zahlungsschwierigkeiten mußte dies für die nachmalige Gemeinschuldnerin von besonderer Bedeutung sein. Außerdem mochte sie die versuchte Aufrechnung der Kaufpreisforderungen wegen der konkursrechtlichen Vorschriften nicht mehr für möglich halten. Auch andere Gründe sind denkbar. Wenn sie bei dieser Sachlage sich auch auf ihr formales Recht gestützt hat, um das Verrechnungsvorhaben der Beklagten zu bekämpfen, so kann ihr daraus kein Vorwurf gemacht werden. Der Versuch der Beklagten, mit der ihr abgetretenen Kaufpreisforderung aufzurechnen, scheiterte daher gemäß §§ 390, 406 BGB. schon daran, daß M. das die Gegenleistung für den Kaufpreis bildende Blei noch nicht geliefert hatte und die Gemeinschuldnerin dieser Forderung sonach mit Recht die Einrede des nicht erfüllten Vertrags entgegengesetzt hat. Anders würde es sich freilich verhalten, wenn M. selbst auf Grund des ersten Vertrags das Blei von der Gemeinschuldnerin zu fordern gehabt hätte. Da nicht nur die Zahlungs-, sondern auch die Lieferungsverpflichtungen der zwei Verträge dem Gegenstand nach gleichartig waren, müßte bei sinngemäßer Auslegung des § 390 BGB. eine Ausnahme anerkannt und jedem Teil das Recht zugestanden werden, beide Verpflichtungen durch Aufrechnung zu tilgen, obgleich jeder von ihnen die entsprechende Forderung mit der Einrede des nicht erfüllten Vertrags behaftete. Allein dieser Möglichkeit stand hier gerade die fehlende Personengleichheit der Lieferschuldner entgegen. Die Gemeinschuldnerin ihrerseits hatte sich schon am 22. Mai 1924 zur rechtzeitigen Lieferung erboten. Ihre Fähigkeit, das Blei zu liefern, kann nicht ernstlich bezweifelt werden. Auch wenn sie Ende Mai 1924 ihre Zahlungen schon eingestellt haben sollte, ergab sich die Lieferungsmöglichkeit für sie ohne weiteres daraus, daß damals der Marktpreis gegenüber dem Vertragspreis erheblich gesunken war.

Die Beklagte war hiernach Ende Mai 1924 in Zahlungsverzug geraten (§ 284 Abs. 2 BGB.). Einer Fristsetzung bedurfte es nicht, denn sie hatte an dem Verlangen, ihre Schuld durch Aufrechnung zu tilgen, trotz wiederholter mündlicher und schriftlicher Ablehnung hartnäckig festgehalten und damit die Erfüllung bestimmt und endgültig verweigert. Damit erweist sich der Schadensersatzanspruch dem Grunde nach als gerechtfertigt.

---

2. 1. Zur Anwendbarkeit des § 3 Abs. 2 AufwG.

2. Liegt eine Vermögensanlage oder eine Forderung aus gegenseitigem Vertrag vor, wenn Geschäftsanteile einer Gesellschaft m. b. H. verkauft worden sind und der Käufer dem Verkäufer eine Schuldurkunde ausgehändigt hat, die ein auf 10 Jahre unkündbares, abstraktes Schuldanerkenntnis über den Betrag des Kaufpreises enthält?

AufwG. §§ 3, 63. BGB. § 364.

II. Zivilsenat. Urt. v. 18. November 1927 i. S. Firma M. (Kl.) w. A. Sch.-GmbH. (Bekl.). II 63/27.

I. Landgericht I Berlin.
II. Kammergericht daselbst.

Durch notariellen Vertrag vom 24. April 1911 gewährte der Verlagsbuchhändler A. Sch. der Klägerin an den Betrieben der Beklagten A. Sch.-Gesellschaft m. b. H. eine Unterbeteiligung, indem er sich verpflichtete, von seinen Vorzugsanteilen bei dieser Gesellschaft einen Betrag von 1500000 *M* in Vorzugsanteil-Bruchteilen von je 20000 *M* der Klägerin zu übertragen und von seinen Stammanteilen bei derselben Gesellschaft 750000 *M* durch besondere notarielle Urkunde an sie abzutreten. Die Klägerin anderseits verpflichtete sich, als Gegenwert für diese Unterbeteiligung an A. Sch. 2800000 *M* zu zahlen. Diese Verpflichtungen sind von beiden Parteien erfüllt worden.

Am 9. Juni 1920 trat dann die Klägerin ihre Stamm- und Vorzugsanteile an die Beklagte ab. Als Entgelt übergab ihr die Beklagte eine Urkunde vom gleichen Tage, worin sie anerkannte, der Klägerin den Betrag von 1600000 *M* zu schulden, der ab 1. Januar 1921 mit jährlich 6% je auf 1. Juli und 2. Januar zu verzinsen und auf 10 Jahre beiderseits unkündbar sein sollte mit der Maßgabe, daß das Kapital nach Ablauf dieses Zeitraums in 5 Jahresraten zu tilgen sei. Die Beklagte hat die in der Zeit vom 30. Juni 1921 bis 30. Juni 1923 fällig gewordenen Zinsbeträge nach Abzug der Kapitalertragssteuer entrichtet. Außerdem hat sie für das erste Halbjahr 1925 eine Zinszahlung von 247,70 *RM* geleistet.

Die Klägerin vertritt den Standpunkt, daß das ihr geschuldete, noch nicht fällige Kapital 1600000 *RM* betrage. Sie verlangt mit der Klage auf dieses Kapital 6% jährliche Zinsen, und zwar für die Zeit vom 1. Januar 1924 bis 1. Juli 1925 unter Anrechnung der gezahlten 247,70 *RM* den Betrag von 143752,30 *RM*. Ferner fordert sie Aufwertung der teils gezahlten, teils rückständigen Zinsbeträge für die Zeit vom 1. Januar 1921 bis 31. Dezember 1923, die sie unter Anrechnung der geleisteten Papiermarkbeträge auf 264888,48 *RM* berechnet. Sie hat demgemäß beantragt, die Beklagte zur Zahlung von 408640,78 *RM* nebst Zinsen zu verurteilen.

Die Beklagte bestritt, daß der an sich der Aufwertung unterliegende Papiermarkanspruch von 1600000 *M* auf einem Beteiligungsverhältnis oder auf einem gegenseitigen Vertrag beruhe. Es handle sich dabei vielmehr um eine Vermögensanlage.

Das Landgericht verurteilte die Beklagte zur Zahlung von 14613,10 *RM* und wies im übrigen die Klage ab. Beide Teile legten Berufung ein. Das Kammergericht billigte der Klägerin Zinsen aus dem landgerichtlichen Urteilsbetrage zu, und zwar 12% für die Zeit vom 9. September 1925 an und 9% für die Zeit ab 1. Januar 1926, im übrigen wies es die Berufung zurück. Die Revision der Klägerin hatte keinen Erfolg. Dagegen führte die Anschlußrevision der Beklagten zur Aufhebung und Zurückverweisung.

Gründe:

Der noch nicht fällige Kapitalanspruch der Klägerin, auf den sie rückständige Zinsen und Aufwertung gezahlter Zinsen beansprucht, wurde in der Schuldurkunde vom 9. Juni 1920 auf 1600000 ℳ bemessen und stellt nach Auffassung des Kammergerichts einen reinen Papiermarkanspruch dar, der für die hier allein in Frage stehende Zinsberechnung nach Aufwertungsgrundsätzen zu beurteilen ist.

Gegen diese Auffassung kämpft die Revision der Klägerin vergeblich an.

Ob die Parteien am 9. Juni 1920, bei Begründung des Schuldverhältnisses, mit dem Steigen des Markkurses und mit einer Wiederannäherung der Mark an den Friedensstand gerechnet haben, ist nach Meinung des Berufungsgerichts unerheblich, weil sich ein Anspruch auf Leistung von Friedensgoldmark aus einer Zeit, in der die Mark im Rechts- und Wirtschaftsleben ihre Eigenschaft als Wertmesser noch in keiner Weise verloren gehabt habe und in kaufmännischen Kreisen ihre Bewertung nach anderen Maßstäben, etwa auf Dollarbasis, noch nicht erfolgt sei, nur dann anerkennen lasse, wenn eine dahingehende Vereinbarung ausdrücklich getroffen sei.

Diese Auffassung enthält keinen Rechtsirrtum. Nach § 1 AufwG. werden Ansprüche, die auf Rechtsverhältnissen aus der Zeit vor dem 14. Februar 1924 beruhen und die Zahlung einer bestimmten, in Mark ausgedrückten Geldsumme zum Gegenstand haben, nach Maßgabe dieses Gesetzes aufgewertet, wenn sie durch den Währungsverfall betroffen sind. Die Mark, zu deren Zahlung sich die Beklagte in der Schuldverschreibung vom 9. Juni 1920 verpflichtet hat, ist aber die Rechnungseinheit der bisherigen Währung, also die durch die Inflation entwertete Mark. Die Geldsumme ist auch bestimmt, da 1600000 ℳ zu zahlen waren. Den Gegensatz dazu bildet eine Geldsumme, deren Höhe nur durch die Bezeichnung eines Maßstabs für die Errechnung des Schuldbetrags bestimmt ist. Daß dieser Maßstab hier die Friedensgoldmark sein könnte und daß auf ihrer Grundlage die geschuldete Summe zu errechnen wäre, ergibt weder der Wortlaut der Schuldurkunde vom 9. Juni 1920 noch, wie die Revision will, der ihr zugrunde liegende Vertrag vom gleichen Tage, durch den die Klägerin ihre Geschäftsanteile bei der beklagten Gesellschaft m. b. H.

an diese abgetreten hat. Daß im Juni 1920 das Vertrauen in eine Besserung der Währungsverhältnisse noch nicht verloren gegangen war, ja, daß damals im Wirtschaftsleben vielfach noch ernstlich mit einer Wiedererstarkung der Mark gerechnet wurde, ist bekannt. Wenn die Parteien diese Ansicht geteilt haben, so können die erwähnten, außerhalb des Vertragsinhalts liegenden Erwägungen nicht dazu führen, den Papiermarkanspruch, den sie ins Leben gerufen haben, als einen wertbeständigen Anspruch aufzufassen, weil es an jeder auch nur andeutungsweise erfolgten Gestaltung des Schuldverhältnisses auf solcher Grundlage gebricht. Eher ließe sich die umgekehrte Erwägung anstellen, daß die Klägerin, weil sie mit dem Wiedererstarken der Mark rechnete, es unterlassen hatte, sich diejenige Wertsicherung auszubedingen, die sich in Zeiten stärkster Inflation der mit weiterem Sinken der Mark rechnende Gläubiger auszubedingen pflegte.

Mit der von der Klägerin angezogenen Entscheidung des VI. Zivilsenats des Reichsgerichts vom 5. Oktober 1926 VI 191/26 setzt sich diese Auffassung nicht in Widerspruch. Dort war eine Rente versprochen, die den Lebensunterhalt des Rentenempfängers für sich und seine Familie auf eine gewisse Zeit sichern sollte. Aus Sinn und Zweck des Vertrags wurde daher dem Umstand Bedeutung beigemessen, daß die Parteien bei ihrem Abkommen den Wert der Friedensmark vor Augen gehabt hätten. Mit jener Sach- und Rechtslage läßt sich die hier gegebene nicht in eine Linie stellen, weil hier die Leistung nicht gleichbleibenden Unterhaltsbedürfnissen angepaßt werden sollte, sondern ein in Geld ausgedrückter Gegenwert für die Abtretung von Geschäftsanteilen einer Gesellschaft m. b. H. war.

Wenn die Revision der Klägerin in diesem Zusammenhang auf das Mißverhältnis hinweist, das sich aus einer Vergleichung der von der Klägerin beim Erwerb der Geschäftsanteile hergegebenen Werte und desjenigen Betrags ergibt, den sie auf Grund ihrer Veräußerung an die Beklagte nach dem Berufungsurteil aufgewertet wieder empfangen soll, so ist dies für die Auslegung des Vertrags vom 9. Juni 1920 ohne Belang. Ungerechtfertigt ist aber auch die Annahme der Revision der Klägerin, es sei bei der Auslegung des Vertrags dem Umstand entscheidende Bedeutung beizumessen, daß die Klägerin, entgegen dem Wunsche der Beklagten, auf der Unkündbarkeit der Schuld während 10 Jahren bestanden habe. Richtig ist zwar, daß das Berufungsgericht die Frage, ob die Parteien mit einem Wiedererstarken der Mark gerechnet haben, für unerheblich erklärt, gleichwohl aber später ausführt, es wäre, wenn die Klägerin wirklich auf eine Besserung der Mark gehofft hätte, gleichgültig gewesen, ob man ihr die Schuldsumme sofort ausgezahlt oder sie auf 10 Jahre festgelegt hätte. Hierauf kommt es jedoch nicht an, weil das Berufungsgericht ohne Rechtsirrtum ablehnt, in dem Bestehen der Klägerin auf der Unkündbarkeit der Forderung für 10 Jahre einen hinreichenden vertraglichen Ausdruck dafür zu finden, daß die Parteien ihre Vereinbarungen auf der Grundlage der Friedensgoldmark hätten treffen wollen. Zur gegenteiligen Auffassung führt auch nicht die Ansicht der Revision der Klägerin, der Beklagten sei aus dieser Stellungnahme der Klägerin zur Unkündbarkeit der Verbindlichkeit erkennbar geworden, daß die Klägerin sich die Auszahlung in Friedensmark habe sichern wollen, und um deswillen dürfe die übereinstimmende Anschauung beider Parteien bei der Auslegung des Vertrags nicht beiseite geschoben werden. Es mag richtig sein, daß die Klägerin sich durch die Vertragsbedingung der Unkündbarkeit auf 10 Jahre, für die Beklagte erkennbar, dagegen sichern wollte, daß die Beklagte in der Lage sei, ihr den schon zur Zeit der Begründung der Schuld entwerteten Markbetrag jederzeit auszuzahlen. Aber gerade der Verlauf der Vorverhandlungen, den die Revision besonders betont, zeigt mit aller Deutlichkeit, daß die Klägerin den Schutz vor der Entwertung der Mark nicht in einer Berechnung des Gegenwerts der Geschäftsanteile auf Grundlage der Friedensgoldmark gesucht hat, sondern in der Unkündbarkeit der Papiermarkverbindlichkeit. Sie hat nicht etwa die entwertete Mark wegbedungen, sondern auf ihrer Grundlage abgeschlossen und sich durch die im eigenen Interesse ausbedungene Unkündbarkeit während eines Zeitraums von 10 Jahren vor einer vorzeitigen Markzahlung geschützt. Diese wollte sie nicht in Kauf nehmen, weil sie annahm, in 10 Jahren werde die jetzt entwertete Mark wieder erstarkt sein. Wenn sie sich in dieser Erwartung getäuscht hat, so kann nicht deswegen dem Vertrag nachträglich eine Auslegung gegeben werden, die sein Inhalt nicht zuläßt und die auch in den vorausgegangenen Verhandlungen keinen Anhalt findet.

Daß hier keine Geldsortenschuld (§ 245 BGB.) vorliegt, hat das Berufungsgericht einwandfrei dargelegt. Auf diesen verfehlten Gesichtspunkt der Klage hat auch die Revision der Klägerin nicht mehr zurückgegriffen.

Bei der hiernach allein maßgeblichen Beurteilung des Kapitalanspruchs nach Aufwertungsrecht geht das Berufungsgericht davon aus, daß der Kapitalanspruch nicht auf einem Gesellschaftsverhältnis beruhe, weil mit der Abtretung der Geschäftsanteile, die einen Inbegriff von Rechten und Pflichten darstellten, die Mitgliedschaftsrechte der Klägerin untergegangen seien. Der Anspruch auf das Entgelt für die Abtretung gehe daher nicht auf das Gesellschaftsverhältnis zurück, sei vielmehr ein völlig anders gearteter, selbständiger Anspruch, nämlich ein solcher aus einem gegenseitigen Vertrage.

Auch diese Auffassung wird von der Revision der Klägerin mit Unrecht beanstandet. Es kann dahingestellt bleiben, ob es für die freie Aufwertung einen Unterschied macht, daß der § 63 Abs. 2 Nr. 1 AufwG. von Ansprüchen „aus Gesellschaftsverträgen", der § 10 Abs. 2 Nr. 1 dagegen von Forderungen spricht, die „auf einem Gesellschaftsvertrag beruhen", ob also der erstere Begriff enger ist als der letztere. Denn die Revision der Klägerin dehnt auch den Begriff des Beruhens auf einem Gesellschaftsvertrag zu weit aus. Ein Gesellschafter, der seinen Geschäftsanteil an einen Dritten abtritt, kann, worüber kaum ein Zweifel möglich ist, nicht behaupten, sein Anspruch auf den Gegenwert beruhe auf dem Gesellschaftsverhältnis; denn der Anspruch beruht eben auf dem Kaufvertrag. Hier liegt es nicht anders. Auch die Gesellschaft m. b. H. kann Geschäftsanteile eines Gesellschafters erwerben, und die Folge davon ist, daß die Rechte und Pflichten des Gesellschafters wie bei der Veräußerung an einen Dritten erlöschen. Ein Gesellschaftsverhältnis zwischen dem Veräußerer und der Gesellschaft m. b. H. besteht daher nicht mehr. Das an die Stelle getretene Entgelt, die Forderung auf den Gegenwert der Abtretung, steht nicht etwa dem Auseinandersetzungsguthaben gleich, sondern bildet einen aus dem Kaufvertrag hervorgegangenen Anspruch. Auch wenn man bei der Frage nach dem Ursprungsverhältnis mit den reichsgerichtlichen Urteilen vom 16. Februar 1926 VI 429/25 und vom 8. Mai 1926 V 345/26 mehr auf das Wesen des Anspruchs Wert legt als auf die Form, in die er gekleidet ist, so hat doch der hier in Rede stehende Anspruch keinesfalls seinen Ursprung im Gesellschaftsverhältnis. Denn dessen Bestandteile leben nicht irgendwie in dem durch die Veräußerung begründeten Anspruch fort, sondern ihr Untergang ist die Ursache der Entstehung eines neuen und andersartigen Bandes zwischen dem Veräußerer und der Gesellschaft, und auf dieses neue Band allein geht der Anspruch auf das Entgelt zurück. Es kann daher für die Aufwertung nicht der Zeitpunkt der Begründung des Gesellschaftsverhältnisses, 24. April 1911, maßgebend sein.

Mag nun der Anspruch auf das Entgelt für die Abtretung der Geschäftsanteile ein solcher aus dem Kaufvertrag vom 9. Juni 1920 sein oder mag er, wie die Revision der Beklagten will, am gleichen Tag in ein abstraktes Schuldversprechen umgewandelt worden sein, so kann doch der Revision der Klägerin keinesfalls zugegeben werden, daß auf ihn der § 3 Abs. 2 AufwG. anwendbar sei. Nach dieser Vorschrift bleiben für die Berechnung des Goldmarkbetrags Änderungen des Inhalts des Rechts, insbesondere die Hinausschiebung der Fälligkeit (Prolongation), außer Betracht, und nach Satz 2 das. gilt das soeben Gesagte auch dann, wenn im Falle der Gewährung eines Zusatzdarlehens oder aus anderen Gründen unter Aufhebung des bisherigen Rechts zugunsten desselben Berechtigten ein neues einheitliches Recht begründet worden ist, für den bisherigen Betrag entsprechend. Ob, wie die Klägerin geltend macht, in dem Betrag von 1600000 *M* auch Dividenden berücksichtigt worden sind, die in Höhe von 313000 *M* rückständig waren, kommt nur nebensächlich in Betracht. In der Hauptsache sollten die im Schuldschein genannten 1600000 *M* das Entgelt für die Abtretung der Geschäftsanteile und Genußscheine sein, die ja auch im Vertrag vom 9. Juni 1920 ausschließlich erwähnt werden, ein Zeichen dafür, daß die rückständigen Dividenden nur als ein Anhängsel der Mitgliedschaftsrechte aufgefaßt wurden. Für die Abtretung dieser Mitgliedschaftsrechte mit den fälligen und noch nicht fälligen Nebenrechten wurde ein einheitliches Entgelt ausgeworfen, bei dessen Berechnung, die hinter dem Nennwert der Geschäftsanteile weit zurückblieb, auch die schon fälligen Dividenden, gleichviel mit welchem Ansatz, eine Rolle gespielt haben. § 3 Abs. 2 AufwG. bezieht sich aber, wie das ganze Aufwertungsgesetz, nur auf Ansprüche im Sinne des § 1 das., d. h. auf bezifferte Geldforderungen in Mark oder in einer anderen nicht mehr geltenden inländischen Währung. Die gesellschaftliche Beteiligung der Klägerin bei der Beklagten war aber überhaupt kein Anspruch, geschweige denn ein solcher der bezeichneten Art. Es ist daher verfehlt, wenn die Revision meint, es müsse bei der Aufwertung des Anspruchs aus dem Schuldschein auf die frühere Beteiligung der Klägerin am Unternehmen der Beklagten zurückgegangen werden.

Die Revision der Klägerin kann daher keinen Erfolg haben. Dagegen ist die Anschlußrevision der Beklagten begründet.

Der § 3 des notariellen Vertrags vom 9. Juni 1920 lautet: „Die Parteien sind sich darüber einig, daß das Entgelt für diese ... Übereignung und Abtretung der Geschäftsanteile seitens der Firma Sch. dadurch geleistet ist, daß letztere heute der Firma M. eine Schuldverschreibung vom heutigen Tag über 1600000 *M* ... übergeben hat." Nach der Meinung des Berufungsgerichts ist hierdurch hinreichend deutlich zum Ausdruck gebracht, daß der Klägerin keine Kaufpreisforderung von 1600000 *M* zustehen, ihr Anspruch vielmehr von vornherein auf Übergabe der Schuldurkunde gehen sollte; ein Kaufpreisanspruch, der durch Novation in einen anderen Anspruch hätte verwandelt werden können, habe daher überhaupt nicht vorgelegen. Gleichwohl soll nach Meinung des Berufungsgerichts der Anspruch der Klägerin auf gegenseitigem Vertrage beruhen.

Diese Auffassung ist rechtlich nicht haltbar. Für die Anwendung des § 63 Abs. 3 AufwG. ist gerade dann kein Raum, wenn, wie der Vorderrichter meint, eine auf Geld gerichtete Kaufpreisforderung gar nicht entstanden war, die Gegenleistung für die Abtretung der Geschäftsanteile vielmehr von vornherein nur in der Erteilung der Schuldurkunde bestand, die sich als abstraktes Schuldversprechen gibt und nur als solches aufgefaßt werden kann. Die Klägerin kann dann nicht aus einem noch unerfüllten gegenseitigen Vertrag klagen, sondern nur aus dem einseitigen Schuldversprechen, und es liegt dann kein Grund vor, die auf 10 Jahre festgelegte verzinsliche Gegenforderung nicht als Vermögensanlage zu behandeln.

Ebenso verhält es sich aber auch, wenn die ursprüngliche Kaufpreisforderung durch Novation, d. h. durch Hingabe des abstrakten Schuldversprechens an Erfüllungsstatt, getilgt wurde. Was das Berufungsgericht gegen die Annahme einer Novation bemerkt, beruht auf unzutreffenden rechtlichen Erwägungen. Es kann keine Rede davon sein, daß man bei der Umschaffung einer Forderung in ein abstraktes Schuldversprechen allen Beanstandungen der neu geschaffenen Forderung aus Gründen des ursprünglichen Schuldverhältnisses entsagt und sogar auf den Bereicherungsanspruch verzichtet hätte. Daß letzteres nicht der Fall ist, bestimmt deutlich der § 812 Abs. 2 BGB. Solche Beanstandungen können auch einredeweise geltend gemacht werden (§ 821 das.). Dies bedarf aber keiner weiteren Ausführungen, denn die vom Berufungsgericht verteidigte Annahme einer „akzessorischen Stipulation", d. h. die der Regel des § 364 Abs. 2 BGB. entsprechende Übernahme der Schuld nur erfüllungshalber, läßt sich rechtlich nicht vertreten. Die Auffassung, wonach der Klägerin zwei Forderungen nebeneinander hätten zustehen sollen, muß an dem klaren Wortlaut des Vertrags scheitern, wonach die Beklagte nur noch nach Maßgabe des abstrakten Schuldversprechens auf Leistung in Anspruch genommen werden kann. Es ist daher ausgeschlossen, daß ihr daneben noch ein Kaufpreisanspruch zustehen könnte, eine Annahme, die übrigens das Berufungsgericht selbst damit unzweideutig ablehnt, daß es die Entstehung eines Kaufpreisanspruchs verneint. Das vom Berufungsgericht angeführte Urteil des Reichsgerichts vom 12. Juli 1926 V 40/26 (Aufw.-Archiv I Karte 17 zu § 63) betrifft eine schriftliche Erklärung, wonach der Käufer seine Kaufpreisschuld als solche anerkannte, und ist daher hier nicht verwertbar.

Der noch nicht fällige Kapitalanspruch der Klägerin ist daher nach § 63 Abs. 1 AufwG. als Vermögensanlage aufzuwerten.

---

3. Unter welchen Voraussetzungen ist ein Anwalts- oder ein Notarverein tariffähig?

Tarifvertrags-Verordnung v. 23. Dezember 1918 § 1.

III. Zivilsenat. Urt. v. 18. November 1927 i. S. des Anwaltsvereins u. des Notarvereins in F. (Kl.) w. den Zentralverband der Angestellten u. Gen. (Bekl.). III 134/27.

I. Landgericht Frankfurt a. M.
II. Oberlandesgericht daselbst.

Durch Schiedsspruch des Schlichtungsausschusses vom 31. August 1925 wurde den Parteien ein Tarifvertrags-Vorschlag über die Regelung der Lohn- und Arbeitsbedingungen für die bei den Mitgliedern der klagenden Vereine beschäftigten Angestellten gemacht. Dieser von den Klägern abgelehnte Schiedsspruch wurde vom Schlichter für verbindlich und vom Präsidenten der Reichsarbeitsverwaltung für allgemein verbindlich erklärt. Die klagenden Vereine, die ihre Tariffähigkeit bestreiten und schon vor dem Schlichtungsausschuß und dem Schlichter bestritten hatten, verlangen im vorliegenden Rechtsstreite die Feststellung der Unwirksamkeit des Schiedsspruchs. Sie sind mit der Klage vom Landgericht und vom Oberlandesgericht abgewiesen worden. Ihre Revision blieb erfolglos.

Gründe:

Tariffähig im Sinne des § 1 der Verordnung vom 23. Dezember 1918, d. h. fähig, Partei eines Tarifvertrags zu sein, ist nach der ständigen Rechtsprechung des Senats jede Arbeitgebervereinigung, deren Mitglieder sich, sei es allein, sei es auch in ihrer Eigenschaft als Arbeitgeber, zusammengeschlossen haben und zu deren Verbandsaufgaben auch die Förderung der Arbeitgeberinteressen ihrer Mitglieder auf dem Gebiete der Arbeits- und Lohnbedingungen gehört (RGZ. Bd. 111 S. 354 und Bd. 115 S. 177; JW. 1927 S. 2363 Nr. 1). Von diesen Gesichtspunkten aus hat der Berufungsrichter die Tariffähigkeit der Kläger geprüft und mit Recht bejaht. Er erklärt also nicht etwa, wie die Revision annimmt, im Gegensatz zu dem Urteil des IV. Zivilsenats vom 1. Oktober 1923 (RGZ. Bd. 107 S. 144) jeden Anwaltsverein schlechthin für tariffähig, sondern zieht aus den besonderen Umständen des vorliegenden Falles, aus dem Inhalte der Satzungen und ihrer Handhabung rechtliche Folgerungen, die in dem vom IV. Zivilsenat entschiedenen Rechtsstreit beim Fehlen entsprechender tatsächlicher Unterlagen nicht gezogen werden konnten.

Das Oberlandesgericht geht davon aus, daß Rechtsanwälte und Notare nach der im Gerichtsbezirk herrschenden Verkehrsauffassung schlechthin als Arbeitgeber gelten und, abgesehen von geringen Ausnahmen, auch Arbeitgeber sind. Zutreffend legt es für die Charakterisierung der Kläger als Arbeitgeberverbände auf den Umstand keinen entscheidenden Wert, daß — nach seiner Feststellung — nur wenige Anwälte und Notare keine Angestellten beschäftigen. Ebenso unwesentlich ist, daß einzelne Mitglieder des klagenden Anwaltsvereins die Anwaltstätigkeit nicht selbständig, sondern als Angestellte anderer Anwälte ausüben. Es ist zwar richtig, daß ein Verband nicht als tariffähig anzusehen ist, wenn er zu Mitgliedern Arbeitgeber und Arbeitnehmer zählt, deren Interessen einander widerstreiten und gerade durch den Abschluß von Tarifverträgen nach Möglichkeit ausgeglichen werden sollen. Die als Angestellte tätigen Rechtsanwälte gehören jedoch nicht zu denjenigen Arbeitnehmern, deren Arbeitsverträge durch den streitigen Tarifvertrag geregelt werden sollen und geregelt werden. Ihre Berufstätigkeit und ihre Aufgaben sind ganz anderer Art als die des Büropersonals, für dessen Arbeits- und Lohnbedingungen die Tarifverträge die maßgebenden Normen aufstellen. Ebenso decken sich ihre wirtschaftlichen Interessen nicht mit den Interessen der Mitglieder derjenigen Arbeitnehmerverbände, die durch den Zwangstarifvertrag gebunden werden sollen, und stehen mit den Interessen der klagenden Vereine nicht in Widerspruch. Es ist deshalb nicht zu beanstanden, daß der Berufungsrichter auch die Zugehörigkeit einiger als Angestellte tätigen Anwälte zu dem klagenden Anwaltsverein für unerheblich erklärt hat.

§ 1 seiner Satzung lautet:

„Zweck des Vereins ist die Wahrung und Förderung der Standes- und Berufsinteressen der im Bezirke des Landgerichts F. ansässigen Rechtsanwälte sowie die Pflege rechtswissenschaftlicher und geselliger Bestrebungen.

Satzungszweck des klagenden Notarvereins ist „die Wahrung der Interessen der Notare und die Erörterung aller das Notariat betreffenden Fragen."

Das Oberlandesgericht hat den Sinn und die Tragweite dieser Bestimmungen zu erforschen gesucht und gelangt mit Rücksicht auf das Verhalten der Kläger, die, ohne auf beachtlichen Widerstand ihrer Mitglieder zu stoßen, mit den beklagten Verbänden wiederholt Tarifverträge abgeschlossen haben, zu dem Ergebnis, daß die Betätigung der klagenden Vereine auf dem Gebiete des Lohnwesens durch ihre Satzungen gedeckt werde, d. h. in den Kreis der satzungsmäßigen Verbandsaufgaben falle. Als ein die Annahme der Tariffähigkeit ausschließender Umstand kann es namentlich nicht angesehen werden, daß bei den Beratungen über die Tarifverträge einzelne Mitglieder des Anwaltsvereins der Zweckmäßigkeit des Abschlusses widersprochen haben. Denn sie haben die tatsächlich abgeschlossenen Tarifverträge stets als für sich verbindlich anerkannt und sich ihnen gefügt. Die Auslegung der Satzung durch das Oberlandesgericht enthält somit keinen Rechtsirrtum und ist für den Senat bindend. Die Revision bekämpft sie zwar mit der Behauptung, es sei übersehen, daß die Vereine in den Jahren 1899 und 1910 gegründet seien, daß zur Zeit der Abfassung der Satzungen ein Tarifrecht noch nicht bestanden habe und daher der Abschluß von Gesamtverträgen auch nicht zu den

Verbandsaufgaben der Kläger habe gerechnet werden können. Die Ausführungen des Berufungsrichters gehen in ihrer Gesamtheit jedoch dahin, daß die angezogenen Satzungsbestimmungen die Verbände von vornherein ermächtigt haben, in Wahrnehmung der Berufsinteressen ihrer Mitglieder in wirtschaftlicher Beziehung auch in die Regelung des Angestelltenwesens und der Lohnbedingungen des Büropersonals selbsttätig einzugreifen, die Art des Eingreifens aber von den jeweiligen Umständen und Zeitverhältnissen abhängig gemacht und dem pflichtmäßigen Ermessen der Verbandsorgane überlassen haben. Mit Recht weist der Berufungsrichter darauf hin, daß der klagende Anwaltsverein dieser ihm zugeteilten Aufgabe und den wirtschaftlichen Arbeitgeberinteressen seiner Mitglieder vor dem Kriege durch Gründung und Unterhaltung einer Gehilfenschule sowie durch Aufstellung von Besoldungsrichtlinien gerecht geworden sei und daß der Abschluß von Tarifverträgen nur eine naturgemäße, den rechtlichen Neuschöpfungen des Arbeitsrechts entsprechende Fortentwicklung seiner bisherigen Tätigkeit auf dem genannten Gebiete darstelle.

Waren aber die Kläger als tariffähig und tarifberechtigt anzusehen, so ist der Schiedsspruch wirksam und die Klage unbegründet.

---

4. Kann Schadensersatz in Form von Rückerstattung der geleisteten Anzahlung verlangt werden, wenn die Gegenpartei einen Teil ihrer Vertragsleistung nicht erfüllt hat?

BGB. §§ 325, 326.

I. Zivilsenat. Urt. v. 21. November 1927 i. S. K. (Kl.) w. R. (Bekl.). I 114/27.

I. Landgericht I Berlin.
II. Kammergericht daselbst.

Der Kläger kaufte am 1. Mai 1912 vom Beklagten 10000 Shares der Reforma Mines of Mexico Ltd. zum Preise von 1 engl. Pfd. je Stück. Er gab über den Kaufpreis u. a. 4 Wechsel, lautend über 37500 *M*, 62500 *M*, 25000 *M* und 25000 *M*. Den zunächst fälligen Wechsel über 37500 *M* löste er selbst, den weiteren über 62500 *M* seine Ehefrau ein. Die beiden Wechsel über 25000 *M* wurden bis

Anfang Dezember 1912 verlängert und sind vom Beklagten weitergegeben worden. Die Bankfirma C. & A. erwirkte als Inhaberin dieser Wechsel gegen den Kläger ein Urteil vom 2. April 1913 über die Wechselbeträge nebst Zinsen und Kosten. Die aus dem Urteil versuchte Zwangsvollstreckung blieb überwiegend fruchtlos. Auf Antrag des Klägers wurde dann am 22. April 1913 der Konkurs über sein Vermögen eröffnet.

Der Kläger hat behauptet, beim Kaufabschluß sei die Abrede getroffen worden, daß die Wechsel, abgesehen von dem ersten unmittelbar zur Einlösung bestimmten, nicht weitergegeben werden dürften und verlängert werden sollten, bis die Shares an der offiziellen Londoner Börse eingeführt seien. Er verlangt Ersatz des ihm durch die Verletzung dieser Abrede erwachsenen Schadens einschließlich der ihm durch die Konkurseröffnung entstandenen Vermögensnachteile.

Nachdem im ersten Rechtszuge die Klage abgewiesen worden war, hat das Berufungsgericht durch bedingtes Endurteil die Entscheidung auf einen Eid des Beklagten über die behauptete Abrede abgestellt. Die Revision des Beklagten führte zur Aufhebung und Zurückverweisung.

Aus den Gründen:

... Der Vorderrichter hat geprüft, ob der Klaganspruch berechtigt sei, wenn der Beklagte die vom Kläger behauptete Abrede verletzt habe, daß die Wechsel über einen die Summe von 37500 *M* übersteigenden Betrag nicht eher begeben werden dürften, als die Shares an der Londoner Börse eingeführt seien, sondern bis dahin zu verlängern seien. Er nimmt an, der Kläger sei in diesem Fall wegen positiver Vertragsverletzung zum Rücktritt vom ganzen Vertrag und damit zur Rückforderung der von ihm angezahlten 37500 R*M* berechtigt. Bei der Würdigung der über die behauptete Abrede erhobenen Beweise gelangt er dazu, dem Beklagten den richterlichen Eid über die streitige Tatsache aufzuerlegen.

Der Beklagte rügt in erster Linie, daß der Vorderrichter die Entscheidung auf die Rechtsfolgen eines Rücktritts vom Vertrag abgestellt habe, obwohl ein Rücktritt des Klägers weder von ihm behauptet noch im Urteil festgestellt worden sei. Diese Rüge ist begründet. Der Kläger hat seinen Anspruch nur als Schadensersatzforderung geltend gemacht. Das Berufungsgericht hat auch keine

Feststellung darüber getroffen, daß der Kläger oder der Konkursverwalter vom Vertrage zurückgetreten seien. Zur Geltendmachung von Ansprüchen aus einem einer Vertragspartei zustehenden Rücktrittsrecht ist aber erforderlich, daß die Lossagung vom Vertrag ausdrücklich oder durch schlüssige Handlungen kundgetan worden ist. Die Auffassung des Berufungsgerichts, die Klagforderung ergebe sich aus berechtigtem Rücktritt des Klägers vom Vertrag, ist somit nicht ausreichend begründet.

Die ungerechtfertigte Ableitung des Klaganspruchs aus Rechten, die dem Kläger durch Rücktritt vom Vertrag erwachsen konnten, würde allerdings dann einen Erfolg der Revision des Beklagten ausschließen, wenn nach dem festgestellten Sachverhalt der Klaganspruch aus anderen Gründen, insbesondere aus dem geltend gemachten Gesichtspunkt des Schadensersatzes, bereits als berechtigt erscheinen würde. Der vom Vorderrichter zugrunde gelegte Sachverhalt rechtfertigt es jedoch auch im Falle der Unterstellung der vom Kläger behaupteten Abrede nicht, eine Verpflichtung des Beklagten zur Erstattung der Anzahlung von 37500 *M* aus dem Gesichtspunkt des Schadensersatzes anzunehmen. Ebensowenig begründet ist danach ein Recht des Klägers zum Rücktritt vom ganzen Vertrag, wie es der Berufungsrichter annimmt. Wie schon dargelegt, kaufte der Kläger vom Beklagten 10000 Stück Shares und gab dafür Wechsel. Der zunächst fällige Wechsel von 37500 *M* wurde vom Kläger eingelöst. Die Forderung aus dem weiter fälligen Wechsel über 62500 *M* erwarb mit Einverständnis des Klägers seine Ehefrau. Eine Begebung dieses Wechsels durch den Beklagten kam also nicht mehr in Frage. Die behauptete Zusage, die Wechsel bis zu einem bestimmten Zeitpunkt nicht zu begeben und zu verlängern, hatte daher nur noch für die weiter laufenden Wechsel Bedeutung. Die Verletzung dieser Zusage begründete für den Kläger jedenfalls ein Recht auf Schadensersatz gemäß § 276 BGB. Es könnte auch wohl angenommen werden, daß ihm für diese Teile des Vertrags ein Festhalten an seiner Durchführung nicht mehr zuzumuten und das Recht auf Schadensersatz wegen Nichterfüllung oder auf Rücktritt einzuräumen sei. Dagegen ist bisher kein ausreichender Grund dafür ersichtlich, daß dem Kläger wegen der Vertragsverletzung eine Durchführung des Vertrags nicht zuzumuten gewesen sein sollte, soweit er ihn bereits erfüllt hatte und die Abrede der Stundung überhaupt nicht in Betracht kam. Da die Verpflichtung, die der Beklagte verletzt haben soll, nur mit dem noch ausstehenden Teil der Leistungen des Klägers in Zusammenhang stand, so berechtigte ihre Verletzung den Kläger zum Rücktritt vom ganzen Vertrag oder zur Geltendmachung von Ansprüchen auf Schadensersatz wegen Nichterfüllung — unter Einbeziehung der gezahlten 37500 *M* in die Schadensberechnung — nur dann, wenn er an der Aufrechterhaltung des von ihm bereits erfüllten Teiles kein Interesse mehr hatte. Insoweit ist entsprechende Anwendung der Grundsätze der § 325 Abs. 1 Satz 2, § 326 Abs. 1 Satz 2 BGB. geboten. Bisher sind keine ausreichenden Anhaltspunkte dafür ersichtlich, daß der Kläger ein solches Interesse hatte. Die behauptete Vertragsverletzung schloß nicht ohne weiteres die Befürchtung in sich, daß sich der Beklagte auch bei Lieferung der bezahlten Shares vertragsbrüchig erweisen werde. Dem Kläger war es lediglich um den Spekulationsgewinn zu tun. Dafür, daß er für solchen Gewinn in beschränktem Umfang kein Interesse gehabt habe, liegt bisher nichts Ausreichendes vor.

Ein Schadensersatzanspruch des Klägers nach § 276 BGB. würde einen Ausspruch auf Rückzahlung der 37500 *RM*, deren Entrichtung nicht eine Folge der Vertragsverletzung gewesen ist, ebenfalls nicht begründen.

---

5. Wie ist zu verfahren, wenn eine Partei im Patentnichtigkeitsstreit Wiedereinsetzung in den vorigen Stand gegen die Versäumung der Frist zur Einlegung der Berufung und zur Zahlung der Berufungsgebühr beantragt?

Bek. vom 10. September 1914 (RGBl. S. 403) § 2 Abs. 2 in der Fassung der Bek. vom 13. April 1916 (RGBl. S. 278) § 1 und des Gesetzes vom 27. April 1920 (RGBl. S. 675) Art. II. Verordnung vom 6. Dezember 1891 (RGBl. S. 389) §§ 2flg. ZPO. §§ 236flg.

I. Zivilsenat. Beschl. v. 21. November 1927 i. S. Ph. N. & Co., A.-G. (Bekl.) w. S.-S., GmbH., u. Gen. (Kl.). I 283/27.

I. Reichspatentamt.

Der Sachverhalt ergibt sich aus den Gründen:

Die Entscheidung des Reichspatentamts vom 28. April 1927, durch die das angefochtene Patent teilweise für nichtig erklärt worden war, ist der Beklagten am 15. Juni 1927 zugestellt worden. Diese hat mit Schriftsatz vom 26. August 1927, beim Reichspatentamt am gleichen Tage eingegangen, erklärt, sie habe bereits am 23. Juli 1927 mit Schriftsatz vom 21. Juni 1927 gegen die Entscheidung Berufung eingelegt und gleichzeitig zur Bezahlung der Berufungsgebühr dem Reichspatentamt einen auf die Dresdner Bank in Berlin lautenden Scheck über 150 *RM* nebst Einzahlungsschein eingereicht, und sie beantrage, da die Urkunden angeblich nicht zu ermitteln seien, ihr die Wiedereinsetzung in den vorigen Stand gegen die Versäumung der Frist zur Einlegung der Berufung und zur Zahlung der Berufungsgebühr zu erteilen. Das Reichspatentamt hat die Akten dem Reichsgericht mit der Erklärung vorgelegt, die Nichtigkeitsabteilung halte sich nicht für zuständig und sehe nicht als glaubhaft gemacht an, daß die Berufungsschrift nebst Scheck über 150 *RM* im Reichspatentamt verloren gegangen sei.

§ 2 Abs. 2 der Bekanntmachung vom 10. September 1914 in der Fassung des § 1 der Bekanntmachung vom 13. April 1916 und des Art. II des Gesetzes vom 27. April 1920 bestimmt, daß die Wiedereinsetzung innerhalb einer Frist von zwei Monaten nach dem Wegfall des Hindernisses beantragt werden muß und daß im übrigen die Bestimmungen der §§ 236flg. ZPO. entsprechend anzuwenden sind. Nach § 2 der Verordnung betreffend das Berufungsverfahren beim Reichsgericht in Patentsachen vom 6. Dezember 1891 hat das Reichspatentamt die Berufung als unzulässig zu verwerfen, wenn die Berufungsschrift nicht rechtzeitig eingegangen ist oder wenn sie die Berufungsanträge nicht enthält. Der Berufungskläger kann dann binnen einer Woche nach Zustellung dieses Beschlusses auf die Entscheidung des Reichsgerichts antragen. Hieraus ergibt sich für den Fall eines Antrags auf Wiedereinsetzung in den vorigen Stand gegen die Versäumung der Frist zur Einlegung der Berufung und zur Einzahlung der Berufungsgebühr in Patentnichtigkeitssachen folgendes: Das Reichspatentamt hat zu prüfen, ob die Berufung rechtzeitig eingegangen ist, und dabei den Wiedereinsetzungsantrag mit zu berücksichtigen. Hält es die Voraussetzungen für die Wiedereinsetzung in den vorigen Stand nicht für gegeben, so hat es den Antrag zurückzuweisen, entweder durch besonderen Beschluß oder indem es gleichzeitig die Berufung als unzulässig verwirft (§§ 237, 238 ZPO.; § 2 Vo. vom 6. Dezember 1891). In beiden Fällen kann der Berufungskläger gemäß § 2 Abs. 2 dieser Verordnung auf die Entscheidung des Reichsgerichts antragen. Hält das Reichspatentamt den Wiedereinsetzungsantrag für begründet und deshalb die Berufung für zulässig, so hat es nach §§ 3 und 4 der Verordnung zu verfahren, d. h. die Gegenerklärung des Berufungsbeklagten einzuholen, die Verhandlungen nebst den Akten erster Instanz dem Reichsgericht vorzulegen und hiervon die Parteien zu benachrichtigen. Dieses Ergebnis steht im Einklang mit Isay, PatG. 4. Aufl. S. 433 a. E., und Lutter, Gewerbl. Rechtsschutz 1916 S. 167. In gleichem Sinne hat sich der Senat auch schon einmal gelegentlich geäußert in seinem Beschluß vom 18. Mai 1927 I 126/27, MarkschWettbew. 1927 S. 399.

Im vorliegenden Falle ist nach der Äußerung des Reichspatentamts, mit der es die Akten dem Reichsgericht vorgelegt hat, anzunehmen, daß sich die Nichtigkeitsabteilung ihrer Befugnis, den von ihr für unbegründet erachteten Antrag auf Wiedereinsetzung in den vorigen Stand zurückzuweisen, nicht bewußt gewesen ist. Die Akten sind deshalb dem Reichspatentamt zurückzusenden, damit es, wie angegeben, verfahre.

---

6. 1. Erfordernisse der Umschaffung (Novation).

2. Auslegung von Willenserklärungen.

3. Findet § 66 des Aufwertungsgesetzes Anwendung auf Kaufgeldforderungen, die in Darlehens- oder Depositenforderungen umgewandelt sind?

BGB. §§ 607 Abs. 2, 700, 133, 157. AufwG. § 66.

VI. Zivilsenat. Urt. v. 21. November 1927 i. S. Landwirtschaftliche Zentralgenossenschaft, e. G. m. b. H. (Bekl.) w. S. (Kl.). VI 71/27.

I. Landgericht Regensburg.
II. Oberlandesgericht Nürnberg.

Durch Vertrag vom 8. Januar 1918 verkaufte der Kläger ein ihm und seiner Ehefrau gehöriges Anwesen an die Beklagte. In Anrechnung auf den 23000 ℳ betragenden Kaufpreis übernahm die Käuferin eine Hypothek von 4500 ℳ; der Rest von 18500 ℳ war ohne dingliche Sicherung mit 4½% jährlich zu verzinsen und nach einjähriger Kündigung zahlbar. Der Kläger hatte schon, als er im November 1917 der Beklagten das Anwesen zum Kaufe anbot, mitgeteilt, „daß er das Geld zur Auszahlung des Anwesens bei der Beklagten anlegen wolle". Die Sparkasse der Beklagten stellte daher dem Kläger unter dem 15. Januar 1918 einen Gutschein aus, in dem bestätigt ist, daß der Kläger und seine Frau 18500 ℳ gegen eine einjährige, beiden Teilen freistehende Kündigung zu den angehängten Anlagebedingungen gegen 4½% Zinsen angelegt haben. In Nr. 1 der Anlagebedingungen heißt es, die Beklagte hafte für Spareinlagen mit ihrem ganzen Vermögen; das Wort „Spareinlage" kommt in den Bedingungen noch mehrfach vor. Der Kläger nahm diesen Gutschein und, wie die Beklagte behauptet, auch das ihm übersandte Sparkassenbuch widerspruchslos entgegen.

Am 6. Oktober 1922 schrieb der Kläger an die Beklagte:

„Ich möchte hiermit sogleich auch die Anfrage stellen, da ich mit meinem Anwesensverkauf gegen den jetzigen Verhältnissen gerade noch ungünstig abgeschnitten habe, am 8. Januar 1918, und auch die Kapitalsanlage noch nach denselben Verhältnissen besteht, ob Sie mir nicht die Gefälligkeit erweisen möchten und mein Kapital von 18500 ℳ nach einjähriger Kündigung zu den jetzt bestehenden Zinssätzen zu 7% anlegen könnten, oder ob dazu eine Kündigung erst geschehen müßte. . . ."

Die Beklagte antwortete am 11. Oktober 1922:

„. . . daß wir bereit sind, Ihr gegen ganzjährige Kündigung angelegtes Sparguthaben ab 15. Oktober 1922 in eine feste und unkündbare Anlage zu 8½%, heimzahlbar am 30. Juni 1925, umzuwandeln, und wollen Sie uns sagen, ob Sie damit einverstanden sind. . . ."

Die Antwort des Klägers vom 14. Oktober 1922 lautet:

„. . . daß ich mit meinem Sparguthaben in eine feste und unkündbare Anlage zu 8½% am 30. Juni 1925 heimzahlbar ab 15. Oktober d. J. umzuwandeln einverstanden bin."

Im Dezember 1922 trat der Kläger 4000 ℳ von seiner Forderung an seinen Sohn Adolf S. ab, wie die Beklagte behauptet, indem er diesen Forderungsteil als „feste unkündbare Anlage bis 30. Juni 1925 heimzahlbar mit 8½% Zinsen" bezeichnet.

Der Kläger verlangt nunmehr volle Aufwertung des ganzen Guthabens von 18500 ℳ nach dem Goldmarkbetrag von 14800 ℳ und Zinsen davon.

Das Landgericht hat die Klage abgewiesen. Das Oberlandesgericht hat den Klaganspruch dem Grunde nach für gerechtfertigt erklärt.

Die Revision der Beklagten hatte Erfolg.

Gründe:

Die Revision rügt, daß das Berufungsgericht trotz des festgestellten Sachverhalts die Frage, ob eine Umschaffung der Kaufpreisforderung des Klägers in eine Darlehensforderung erfolgt sei, zu Unrecht verneint und daher den § 66 AufwG. durch Nichtanwendung verletzt habe.

Die Rüge mußte zur Aufhebung des Urteils führen.

Da die Forderung des Klägers ursprünglich eine solche aus einem Kaufvertrag und mithin ein Anspruch aus einem gegenseitigen Vertrag war, so würde sie von vornherein nicht als Vermögensanlage zu gelten haben und demgemäß der freien Aufwertung unterliegen (§ 63 Abs. 3 AufwG.). Ist sie aber durch Umschaffung (Novation) zu einem Anspruch aus Darlehen oder vielmehr richtig zu einem Anspruch aus unregelmäßigem Verwahrungsvertrag (Depositenforderung im Sinne des § 700 BGB., vgl. Mügel Aufwertungsgesetz 5. Aufl. Anm. 4 zu § 66 S. 950) geworden, so ist sie gemäß § 66 AufwG. nicht aufzuwerten, weil nach der Feststellung des Oberlandesgerichts die Beklagte ein Unternehmen ist, dessen Geschäftsbetrieb der Anschaffung und Darleihung von Geld dient, und weil der Kläger keine der Ausnahmen behauptet hat, bei denen Bankguthaben entgegen der Regelvorschrift des § 66 der Aufwertung unterliegen. Mit Recht hat daher das Berufungsgericht die Entscheidung darauf abgestellt, ob eine Umschaffung der Kaufpreisforderung in eine Depositenforderung erfolgt ist.

Eine solche Umschaffung mit der Wirkung, daß das alte Schuldverhältnis durch ein neues ersetzt und dadurch dieses alte, mit dem neuen nicht vereinbare Schuldverhältnis von selbst völlig beseitigt wird (WarnRspr. 1910 Nr. 276, 1911 Nr. 232, 1919 Nr. 115; Komm. v. RGR. Erl. 3 zu § 780 BGB.), ist, obwohl das Bürgerliche Gesetzbuch darüber keine besonderen Bestimmungen enthält, auch nach heutigem Recht unbedenklich zulässig; insbesondere kann eine solche Novation in der Abrede eines Vereinbarungsdarlehens gemäß § 607 Abs. 2 BGB. und in der Abrede eines unregelmäßigen Verwahrungsvertrags gemäß §§ 700, 607 Abs. 2 das. gefunden werden (SeuffArch. Bd. 62 S. 351), wobei die Auslegungsregel des § 364 Abs. 2 BGB. keine Anwendung findet (RGZ. Bd. 62 S. 52, Bd. 67 S. 264). Neben dem auf den Abschluß eines solchen Darlehensvertrags gerichteten Willen der Beteiligten ist kein besonderer, auf Aufhebung des alten Schuldverhältnisses gerichteter Wille erforderlich; die Aufhebung des früheren Schuldverhältnisses ergibt sich vielmehr mit Notwendigkeit aus dem die Eingehung des neuen Vertragsverhältnisses bezweckenden Willen der Parteien von selbst, sofern dieser Wille auf Ersetzung des alten Vertrags durch einen neuen gerichtet ist. Die Beweislast dafür, daß ein solcher über die bloße Abrede des Vereinbarungsdarlehens hinausgehender Umschaffungsvertrag von den Beteiligten geschlossen worden ist, trifft, wie das angefochtene Urteil zutreffend ausführt, gemäß dem allgemeinen Grundsatz, daß Änderungen bestehender Verhältnisse nicht vermutet werden, denjenigen, der sich auf die Novation beruft, hier also die Beklagte. Allgemeine Regeln darüber, ob einem Abkommen über ein Vereinbarungsdarlehen oder Vereinbarungsdepositum umschaffende Wirkung zukommt, lassen sich nicht aufstellen, es ist vielmehr Sache einer den §§ 133, 157 BGB. gerecht werdenden Auslegung, unter Berücksichtigung der gesamten Umstände des Einzelfalles den wahren Willen der Parteien zu erforschen (RGZ. Bd. 113 S. 205; WarnRspr. 1910/11 Nr. 73; RGR. Komm. Anm. 6 zu § 607; Mügel AufwG. Anm. 6 zu § 63; Planck Anm. 8 zu § 607 BGB.; Staudinger Anm. VIIc zu § 607 BGB.; Becker in JW. 1925 S. 2543 flg.). Es braucht aus Stundungsabreden (RGZ. Bd. 114 S. 354; WarnRspr. 1926 Nr. 58; Ring AufwRspr. 1926 S. 426), Nichteinforderung eines Guthabens während mehrerer Jahre (RGU. vom 26. April 1927 VI 41/27 in Ring AufwRspr. 1927 S. 404), Änderung der Verzinsungsbedingungen (Bayr. ObLG. in DRZ. 1926 Heft 9 Nr. 909), auch aus der bloßen Ausstellung einer neuen Urkunde über eine alte Schuld (Planck a. a. O.), nicht notwendig auf Umschaffung geschlossen zu werden.

Gesetzliche Auslegungsgrundsätze hat aber das Oberlandesgericht verletzt, indem es die Entscheidung der Novationsfrage lediglich davon abhängig gemacht hat, ob der Wille des Klägers dahin gegangen sei, seine ursprüngliche Kaufpreisforderung durch eine Depositenforderung zu ersetzen. Dieser Ausgangspunkt ist verfehlt. Denn nicht der innere Wille des Erklärenden entscheidet, maßgebend ist vielmehr, wie in der Rechtsprechung des Reichsgerichts feststeht (RGZ. Bd. 68 S. 126, Bd. 70 S. 391, Bd. 67 S. 433, Bd. 82 S. 52, Gruch. Bd. 54 S. 386), der erklärte Wille, und bei seiner Auslegung ist unter Berücksichtigung des ganzen Zusammenhangs, insbesondere des Gesamtverhaltens der Parteien, und des wirtschaftlichen Zweckes des Rechtsgeschäfts zu ermitteln, wie die Beteiligten ihre Erklärungen nach allgemeinen, im Verkehr zwischen billig denkenden Menschen herrschenden Anschauungen zu verstehen berechtigt waren. Unter Beachtung dieser Gesichtspunkte wird das Berufungsgericht die gesamten Vorgänge vom November 1917 bis Ende 1922 von neuem zu prüfen haben, insbesondere den Briefwechsel vom Oktober 1922.

Die erneute Verhandlung wird dem Oberlandesgericht auch Gelegenheit geben, nochmals Stellung zu dem bisher unbeschiedenen Antrage der Beklagten zu nehmen, es solle dem Kläger die Vorlegung des Sparkassenbuchs aufgegeben werden, das der Kläger außer dem Gutschein widerspruchslos entgegengenommen haben soll. Denn die Empfangnahme des Sparkassenbuchs und die Eintragungen darin könnten unter Umständen zur Widerlegung der bisherigen Auffassung des Berufungsrichters geeignet sein, daß die Beklagte einseitig den Kaufpreisrest auf ihre Sparkassenabteilung übertragen habe; zumal in Verbindung mit der Tatsache, daß der Kläger schon im November 1917 der Beklagten mitgeteilt hat, er wolle das Geld bei ihr anlegen. Ferner wird das neue Berufungsurteil die Stellungnahme des Gerichts zu der vorgetragenen Tatsache erkennbar zu machen haben, daß der Kläger selber in seinem Armenrechtsgesuch vom 26. November 1925 erklärt hat, er habe mit der Beklagten die Anlegung der 18500 *M* bei ihrer Sparkasse als Spareinlage vereinbart. Endlich läßt das angefochtene Urteil eine Feststellung vermissen, ob nach dem Zusammenhalt aller für eine Novation geltend gemachten Umstände die Umschaffung der Kaufpreisforderung des Klägers in eine Depositenforderung anzunehmen sei.

Die Aufhebung des angefochtenen Urteils würde sich dann allerdings vermeiden lassen, wenn sich die Entscheidung aus andern Gründen als richtig darstellte. Dies ist aber nicht der Fall. In Betracht könnte nur kommen, daß die Anwendbarkeit des §66 AufwG. deshalb versage, weil selbst bei Annahme einer Novation der dann vorhandene Anspruch des Klägers aus einem unregelmäßigen Verwahrungsvertrag nicht auf der bankmäßigen Hereinnahme von Geld durch die Beklagte, sondern ursprünglich auf einem Grundstückskaufvertrag beruht habe und daher seinem inneren Wesen nach als Kaufgeldforderung, nicht aber als eine Depositenforderung im Sinne des § 700 BGB. und des § 66 AufwG. aufzufassen sei. Für eine solche Beurteilung der Rechtslage werden im Schrifttum und in der Rechtsprechung teils allgemeine Billigkeitsgründe, teils sinngemäße Heranziehung des §10 Nr. 5 AufwG. geltend gemacht (vgl. u. a. Neukirch AufwG. S. 485 Nr. I Anm. 2 zu §66; Quassowski AufwG. 3. Aufl. S. 443; Schlegelberger-Harmening AufwG. 5. Aufl. S. 469 Anm. 4 zu § 66; Thiele in JW. 1926 S. 2060; OLG. Königsberg in Ring AufwRspr. 1926 S. 386). Allein wenn einmal eine Kaufpreisforderung in eine Darlehens- oder Depositenforderung umgeschaffen worden ist, so ist sie damit in den Zusammenhang des Bankverkehrs gebracht und fällt unter § 66 AufwG. (Mügel a. a. O. Anm. 3 S. 949 in Nr. 3). Allgemeine Billigkeitserwägungen müssen gegenüber ausdrücklichen Gesetzesvorschriften zurücktreten, und die Ausnahmen, in denen der Grundsatz des § 66 AufwG. keine Anwendung finden soll, sind dort erschöpfend aufgeführt, sodaß eine sinngemäße Heranziehung des im Abschnitt über Hypothekenaufwertung stehenden §10 Nr. 5 unzulässig ist (Diese Vorschrift setzt übrigens voraus, daß die Umwandlung der Kaufpreisforderung schon bei ihrer Begründung erfolgt ist). Dies muß um so mehr gelten, als die Reichstagsverhandlungen (Drucks. RT. 1924/25 Nr. 1125 S. 3, 25flg., 40flg.; Nr. 1140 S. 4; Nr. 1143 S. 2; Verh. RT. 1924 S. 3094flg.), bei denen alle Anträge zur weiteren Milderung des § 66 abgelehnt worden sind, unzweideutig ergeben, daß die gesetzgebenden Faktoren zum Schutze der Banken und zur Aufrechterhaltung ihrer volkswirtschaftlich notwendigen Betriebe jede Aufwertung von Darlehens- und Depositenansprüchen gegen sie für nicht angängig erachtet haben, soweit nicht in § 66 AufwG. Ausnahmen gemacht sind. Ob es gleichwohl zulässig ist, für anders liegende Fälle weitere Ausnahmen von der Regelvorschrift des § 66 zuzulassen, kann dahingestellt bleiben (vgl. die bei Mügel a. a. O. S. 945flg. mitgeteilten Kommissionsverhandlungen des Reichstags und Nachweisungen aus Rechtsprechung und Schrifttum). Die hier allein zu entscheidende Frage, zu der das Reichsgericht, soweit ermittelt ist, noch keine Stellung genommen hat (vgl. RGZ. Bd. 114 S. 357), ob in Darlehens- oder Depositenforderungen umgewandelte Kaufgeldforderungen unter die Regel des § 66 AufwG. fallen, ist jedenfalls zu bejahen.

---

7. Zur Frage der Geldentwertung bei Enteignungsentschädigungen.

Preuß. Enteignungsgesetz. BGB. § 242.

VII. Zivilsenat. Urt. v. 22. November 1927 i. S. D. (Kl.) w. Stadtgemeinde Groß-Berlin (Bekl.). (VII) VI 302/27.

I. Landgericht II Berlin.
II. Kammergericht daselbst.

Der Kläger war Eigentümer eines Grundstücks in Berlin-Lichterfelde, das Gegenstand eines im Jahre 1912 auf Antrag der Gemeinde Berlin-Lichterfelde eingeleiteten Enteignungsverfahrens war. Durch Beschluß des Bezirksausschusses vom 5. Mai 1914 wurde die Entschädigung auf 53197,20 *M* festgestellt. Die Gemeinde beschritt den Rechtsweg und beantragte, die Enteignung auf einen Teil des Grundstücks zu beschränken und die Entschädigungssumme niedriger festzusetzen. Im Mai 1918 beschloß indes die Gemeindevertretung im Einverständnis mit dem Kläger, die Summe von 53197,20 *M* zu zahlen und die Klage zurückzunehmen. Letzteres geschah am 23. Mai 1918 und die Zahlung erfolgte am 3. September 1919, wobei ein kleiner Teil der Forderung im gegenseitigen Einverständnis verrechnet wurde.

Der Kläger meint, die Gemeinde habe durch schuldhaftes Zögern mit der Zahlung die Entwertung des Betrags verursacht. Er verlangt Verurteilung der Beklagten zur Zahlung von 10000 *RM*. Die Vorinstanzen wiesen die Klage ab. Die Revision des Klägers hatte Erfolg.

Gründe:

Das Berufungsgericht hat die Klage abgewiesen, weil der Kläger längst erledigte Ansprüche nicht wieder aufrollen dürfe, sich auch durch das im Mai 1918 geschlossene Übereinkommen und durch die Abrechnung vom 3. September 1919 seiner etwaigen Forderung auf Ersatz der Geldentwertungsnachteile begeben habe ....

Die Ausführungen des Berufungsgerichts sind durch Rechtsirrtum beeinflußt und vermögen das auf ihnen ruhende Urteil nicht zu rechtfertigen. Für den Anspruch auf eine Enteignungsentschädigung gelten insoweit besondere Regeln, als die festgestellte Entschädigung bei Währungsverfall unabhängig von der durch die Rechtsprechung im Anschluß an § 242 BGB. entwickelten Aufwertungslehre den veränderten Geldverhältnissen anzupassen ist, dergestalt, daß sie auf den Wert zu bringen ist, den die festgestellte Summe am Stichtag hatte (RGZ. Bd. 107 S. 228, Bd. 109 S. 259). Dieser Grundsatz gilt auch, wenn es sich um die Frage handelt, inwieweit der festgesetzte Entschädigungsbetrag durch Zahlungen mit entwertetem Gelde beglichen ist (RGZ. Bd. 115 S. 391, RGUrteil vom 14. Oktober 1927 (VII) VI 232/27). Der Umstand, daß der Verkehr noch im Jahre 1919 in der Bezahlung einer Schuld zum Nennbetrag eine Erfüllung sah, daß ferner die Parteien am 3. September 1919 endgültig abrechneten und daß hierbei der Kläger keinen Vorbehalt wegen einer Nachforderung machte, kann seinen Anspruch auf Nachzahlung der ihm nach den oben dargelegten Grundsätzen zustehenden Forderung auf Wertausgleichung nicht, wie das Berufungsgericht meint, beseitigen. Denn diese Tatsachen können die Annahme eines Verzichts nicht begründen, weil gerade mit Rücksicht auf die damals herrschende Auffassung, daß Mark gleich Mark sei, dem Kläger nicht bekannt sein konnte, daß ihm der Anspruch zustehe. Ein Verzicht auf unbekannte Ansprüche setzt aber eine zweifelfreie Erklärung des Verzichtenden voraus, die hier nicht vorliegt. Da die Klageforderung nicht den Beschränkungen unterliegt, die nach § 242 BGB. für eine Aufwertungsforderung bestehen, kommt auch die lange Zeit, die der Kläger bis zu ihrer Geltendmachung verstreichen ließ, nicht als Grund für einen Anspruchsverlust in Betracht ....

8. 1. Bleibt das Schiedsgericht, wenn ein vor ihm abgeschlossener Vergleich von einer Partei als rechtsunverbindlich angegriffen wird, zur Entscheidung über die Rechtsverbindlichkeit des Vergleichs und über den ursprünglichen Klaganspruch zuständig?

2. Liegt eine Unzulässigkeit des schiedsgerichtlichen Verfahrens im Sinne des § 1041 Nr. 1 ZPO. auch dann vor, wenn das Schiedsgericht seine Zuständigkeit zur Entscheidung über einen Streitpunkt zu Unrecht verneint hat?

3. Wann ist eine beschränkte Aufhebung des Schiedsspruchs statthaft?

ZPO. § 1041.

VII. Zivilsenat. Urt. v. 22. November 1927 i. S. der Deutschen Reichsbahn-Gesellschaft (Bekl.) w. R. & Co. (Kl.). (VII) VI 341/27.

I. Landgericht Köln.
II. Oberlandesgericht daselbst.

Die Klägerin hat für die Beklagte Bauarbeiten ausgeführt. Gemäß § 29 der allgemeinen Vertragsbedingungen sollte über alle streitigen Rechtsansprüche, die aus Anlaß und in Ausführung des Vertrags von einer Partei gegen die andere erhoben würden, unter Ausschluß des Rechtswegs auf der Grundlage des Vertrags und nach Maßgabe des geltenden Rechts ein Schiedsgericht entscheiden. Die Klägerin brachte Streitigkeiten über Ansprüche aus dem Vertrag vor ein Schiedsgericht. Am 8. November 1924 schlossen die Parteien vor diesem einen Vergleich, wonach die Klägerin gegen Zahlung einer Abfindung anerkannte, daß ihr weitergehende Ansprüche nicht zuständen. Die Beklagte zahlte die Vergleichssumme. Am 10. Januar 1925 focht die Klägerin den Vergleich wegen Irrtums und arglistiger Täuschung an, machte auch geltend, daß er nach § 779 BGB. unwirksam und wegen Wuchers nichtig sei. Auf ihr Betreiben trat dasselbe Schiedsgericht von neuem zusammen. Im fortgesetzten Schiedsverfahren beantragte die Klägerin, die Beklagte zur Zahlung weiterer 530000 RM nebst Zinsen zu verurteilen, brachte die genannten Angriffe gegen den Vergleich vor und erklärte außerdem, das negative Schuldanerkenntnis kondizieren zu wollen, das sie im Vergleich abgegeben habe. Die Beklagte machte die Unzulässigkeit des weiteren schiedsrichterlichen Verfahrens geltend, weil das Verfahren durch den

Vergleich beendet und der Schiedsvertrag erledigt sei. Durch Schiedsspruch vom 11. Juni 1926, in dem das Schiedsgericht seine Zuständigkeit bejahte, erklärte es die Angriffe gegen den Vergleich für unbegründet und wies die Forderung von 530000 RM ab. Dagegen lehnte es eine Entscheidung über den Kondiktionsanspruch der Klägerin mit der Begründung ab, daß es hierfür nicht zuständig sei.

Die Klägerin begehrt die Aufhebung des Schiedsspruchs auf Grund des § 1041 Nr. 1, 4 und 5 ZPO. Zur Nr. 1, welche allein die Revision beschäftigt, machte die Klägerin u. a. geltend, das vom Schiedsgericht angewandte Verfahren sei unzulässig, weil im Widerspruch mit § 29 der allgemeinen Vertragsbedingungen der Klagegrund der ungerechtfertigten Bereicherung abgetrennt und vor ein besonderes Schiedsgericht verwiesen worden sei. Das Landgericht wies die Klage ab, das Oberlandesgericht dagegen erkannte auf Aufhebung des Schiedsspruchs. Die Revision der Beklagten wurde zurückgewiesen.

Gründe:

Das Schiedsgericht hat sich mit Recht für zuständig erklärt, über die Rechtsverbindlichkeit des Vergleichs vom 8. November 1924, die von der Klägerin angegriffen worden war, und über den zu einem Teilbetrag erneut geltend gemachten Vertragsanspruch Entscheidung zu treffen. Denn ein von den Parteien abgeschlossener Vergleich über den dem Schiedsgericht unterbreiteten Anspruch macht lediglich die Durchführung des schiedsrichterlichen Verfahrens gegenstandslos, erschöpft aber nicht unter allen Umständen den Schiedsvertrag. Dieser äußert vielmehr auch weiterhin seine Wirkung für den Fall, daß der Vergleich durch Parteivereinbarung wieder aufgehoben wird, oder daß er wegen Formmangels nichtig ist, oder daß eine Partei aus anderen Gründen seine Rechtsverbindlichkeit angreift. In solchen Fällen muß das Schiedsgericht das Verfahren wiederaufnehmen und zunächst zur Frage der Rechtsverbindlichkeit des Vergleichs Stellung nehmen. Gelangt es zu der Überzeugung, daß der Vergleich rechtsverbindlich ist, so hat es dies durch Schiedsspruch festzustellen und den erneut gestellten ursprünglichen Klagantrag abzuweisen. Erweist sich dagegen der Vergleich aus irgendeinem Grund als nicht rechtsverbindlich, so hat es nunmehr den Rechtsstreit sachlich zu entscheiden (vgl. die Urteile des erkennenden Senats vom 28. Februar 1913 VII 505/12 und vom 7. Juli 1925

VI 107/25; auch Stein-Jonas Anm. III zu § 1044a ZPO.). Die Beklagte hatte zwar die Zuständigkeit des Schiedsgerichts im erneuten schiedsrichterlichen Verfahren bestritten, die Revision erhebt aber in dieser Hinsicht keinen Angriff.

Das Schiedsgericht hat nun angenommen, daß der Vergleich rechtswirksam und gültig sei, und den auf Grund des ursprünglichen Vertrags gestellten Antrag auf Zahlung weiterer 530000 RM abgewiesen. Es hat sich aber für nicht zuständig erklärt, darüber Entscheidung zu treffen, ob die von der Klägerin erklärte Kondiktion des im Vergleich enthaltenen negativen Schuldanerkenntnisses gerechtfertigt sei. Zur Begründung wird gesagt, aus der Rechtswirksamkeit des formell vor dem Schiedsgericht abgeschlossenen und von ihm beurkundeten Vergleichs folge ohne weiteres, daß das Schiedsverfahren beendet sei und daß keine Partei später Ansprüche dem Schiedsgericht zur Entscheidung unterbreiten könne. Gleichzeitig wird ausgesprochen, die Klägerin könne den Klagegrund der rechtlosen Bereicherung der Beklagten und die daraus herzuleitenden Ansprüche nur in einem neuen Schiedsgerichtsverfahren geltend machen.

Nachdem das Schiedsgericht durch einen Schiedsspruch, der weder als Teilurteil noch als Zwischenurteil, sondern nur als ein das Verfahren abschließendes Endurteil aufzufassen ist, über den Anspruch der Klägerin entschieden und hinsichtlich der Kondiktion seine Zuständigkeit verneint hat, könnte, was keiner weiteren Darlegung bedarf, ein neues schiedsrichterliches Verfahren zur Entscheidung über die Kondiktion nicht in Frage kommen, weil der Schiedsvertrag durch den Endspruch erschöpft ist. Vielmehr wären nunmehr die ordentlichen Gerichte zur Entscheidung darüber berufen. Das verkennt auch die Revision nicht. Es fragt sich aber, ob nicht in der Ablehnung der Entscheidung über die Kondiktion wegen vermeintlicher Unzuständigkeit des Schiedsgerichts ein unzulässiges Verfahren im Sinne des § 1041 Nr. 1 ZPO. zu erblicken ist, das die Aufhebung des ganzen Schiedsspruchs begründet.

Nach ständiger Rechtsprechung des Reichsgerichts betrifft § 1041 Nr. 1 ZPO. nicht nur den Fall, daß das schiedsrichterliche Verfahren im ganzen unzulässig war, sondern auch den, daß wesentliche Grundsätze des vereinbarten Verfahrens verletzt worden sind (RGZ. Bd. 24 S. 397, Bd. 35 S. 425, Bd. 40 S. 405, Bd. 47 S. 426 u. a.). Nun war zwar hier über das Verfahren nichts Besonderes vereinbart worden. Dieses konnte daher gemäß § 1034 Abs. 2 ZPO. von den Schiedsrichtern nach freiem Ermessen bestimmt werden. Aber wie das Schiedsgericht sein Verfahren auch im einzelnen regeln mochte, keinesfalls durfte es grundlegende Verfahrensgrundsätze verletzen. Eine solche Verletzung eines auch das Schiedsgericht bindenden Verfahrensgrundsatzes liegt aber vor, wenn der erhobene Anspruch endgültig zugesprochen oder abgewiesen, dagegen eine sachliche Stellungnahme zu einzelnen Angriffs- oder Verteidigungsmitteln abgelehnt wird. Ein solches Verfahren ist unzulässig im Sinne des § 1041 Nr. 1 ZPO. Der Schiedsspruch hat unter den Parteien die Wirkung eines rechtskräftigen Urteils (§ 1040 ZPO.). Der erneuten Geltendmachung des durch Schiedsspruch abgewiesenen Anspruchs könnte also der Gegner mit Erfolg die Einrede der rechtskräftig entschiedenen Sache entgegenstellen. Dazu kommt die weite Fassung der Schiedsgerichtsklausel, wonach über alle aus Anlaß und in Ausführung des Werkvertrags von einer Partei gegen die andere erhobenen Ansprüche unter Ausschluß des Rechtswegs auf der Grundlage des Vertrags und nach Maßgabe des geltenden Rechts ein Schiedsgericht entscheiden soll. Demgegenüber durfte sich das Schiedsgericht nicht der Entscheidung über den Kondiktionsanspruch unter Verneinung seiner Zuständigkeit entziehen. Das Verfahren ist aber nicht nur dann unzulässig, wenn das Schiedsgericht seine Zuständigkeit überschritten hat, sondern auch dann, wenn es seine Zuständigkeit zur Entscheidung über einen Streitpunkt zu Unrecht verneint hat.

Mit der Kondiktion des im Vergleich enthaltenen negativen Schuldanerkenntnisses verfolgte die Klägerin, wie auch die Revision anerkennt, den Zweck, den Vergleich zu beseitigen und dadurch die Vertragsgrundlage für ihren Klaganspruch wiederzugewinnen. Wäre die Kondiktion als begründet erachtet worden — ob sie begründet war oder nicht, ist im gegenwärtigen Verfahren nicht zu entscheiden —, so wäre der, wenn auch wirksam und rechtsgültig geschlossene, Vergleich hinfällig gewesen. Das schiedsrichterliche Verfahren wäre dann durch den Vergleich ebensowenig beendigt worden, wie in dem Falle, daß er durch Parteivereinbarung wieder aufgehoben worden wäre. Vielmehr hätte das Schiedsgericht, wie eingangs der Gründe dargelegt, nunmehr über die wiederhergestellte

Vertragsforderung Entscheidung treffen müssen. Das Schiedsgericht durfte sich also nicht der sachlichen Entscheidung über die Kondiktion entziehen und die Klage aus dem Grunde abweisen, daß der rechtswirksame und rechtsgültige Vergleich das Verfahren beendet habe und es deshalb zur Entscheidung über die Kondiktion unzuständig sei. Ein solches Verfahren war unzulässig.

Die Unzuständigkeitserklärung des Schiedsgerichts war auch nicht, wie die Revision meint, eine sachliche Entscheidung, die als solche der Nachprüfung durch die ordentlichen Gerichte entzogen wäre. Dadurch, daß das Schiedsgericht sich als zur Entscheidung über die Kondiktion nicht zuständig erklärte, hat es gerade die sachliche Entscheidung über diesen Streitpunkt abgelehnt. Die Nachprüfung, ob eine Zuständigkeits- oder Unzuständigkeitserklärung des Schiedsgerichts berechtigt war oder nicht, ist aber geboten, um festzustellen, ob das Verfahren zulässig war.

Schließlich kann der Revision auch darin nicht gefolgt werden, daß die Aufhebung des Schiedsspruchs auf die Unzuständigkeitserklärung zu beschränken wäre. Eine beschränkte Aufhebung wäre nur statthaft, wenn der Schiedsspruch mehrere selbständige Ansprüche umfaßte und nur wegen eines dieser Ansprüche das Verfahren unzulässig gewesen oder wenn eine Teilung dem Betrage nach möglich wäre (RGZ. Bd. 46 S. 421; JW. 1918 S. 137; WarnRspr. 1913 Nr. 180). Diese Voraussetzungen liegen hier nicht vor. Deshalb muß der ganze Schiedsspruch der Aufhebung verfallen. Die Aufhebung des Schiedsspruchs hat zur Folge, daß nunmehr die ordentlichen Gerichte zur Entscheidung über den Anspruch der Klägerin aus dem Werkvertrag berufen sind.

---

9. Sind folgende Bestimmungen mit dem Reichsrecht vereinbar:
1. Art. 14 und 16 der Württembergischen Ausführungsverordnung zur Reichsverordnung über die Fürsorgepflicht vom 31. März 1924?
2. Art. 1 und 3 der Bayerischen Vorläufigen Ausführungsverordnung zur Reichsverordnung über die Fürsorgepflicht vom 27. März 1924?

Reichsverordnung über die Fürsorgepflicht vom 13. Februar 1924 (RGBl. I S. 100) §§ 1 und 2.

III. Zivilsenat. Beschl. v. 23. November 1927. III TB. 151/26.

Die Frage ist bejaht worden aus folgenden

Gründen:

Art. 14 Abs. 1 und Art. 16 der Württembergischen Verordnung zur Ausführung der Reichsverordnung über die Fürsorgepflicht vom 31. März 1924 (RegBl. für Württ. S. 247) lauten:

Art. 14 Abs. 1: Bezirksfürsorgeverband für die in § 1 Abs. 1 der Reichsfürsorgeverordnung genannten Aufgaben ist jede Amtskörperschaft. Die Stadtgemeinde Stuttgart gilt in dieser Beziehung als Amtskörperschaft.

Art. 16: Bezirksfürsorgeverband für die Armenfürsorge (§ 1 Abs. 2 der Reichsfürsorgeverordnung) — im folgenden als Ortsfürsorgeverband bezeichnet — ist jede Gemeinde, in zusammengesetzten Gemeinden die Gesamtgemeinde.

Das Land Bayern hat in seine Vorläufige Ausführungsverordnung zur Reichsverordnung über die Fürsorgepflicht vom 27. März 1924 (Bayer.G.u.VoBl. S. 126) folgende Bestimmungen aufgenommen:

Art. 1: Die Aufgaben der öffentlichrechtlichen Fürsorge nach der Reichsfürsorgeverordnung werden durch den Landesfürsorgeverband, Bezirksfürsorgeverbände und Ortsfürsorgeverbände erfüllt.

Art. 3: I. Bezirksfürsorgeverbände im Sinne der Reichsfürsorgeverordnung sind die Bezirke und die kreisunmittelbaren Städte.

II. An Stelle der Bezirke sind für die Armenfürsorge einschließlich der Fürsorge für hilfsbedürftige Minderjährige die nichtkreisunmittelbaren Gemeinden Bezirksfürsorgeverbände (Ortsfürsorgeverbände).

Das Bundesamt für das Heimatwesen hat wiederholt ausgesprochen, daß die durch obige Ausführungsvorschriften für die verschiedenen Fürsorgezweige begründete Zuständigkeit verschiedenartiger Bezirksfürsorgeverbände mit der Reichsfürsorgeverordnung nicht im Einklang stehe, und daß derartige Verbände der Aktiv- und Passivlegitimation im fürsorgerechtlichen Verwaltungsstreitverfahren entbehrten. Es vertritt die Ansicht, daß die Reichsfürsorgeverordnung den Ländern nur die Befugnis gebe, die öffentlichen Fürsorgeaufgaben zwischen Landesfürsorge- und Bezirksfürsorgeverbänden aufzuteilen, ihnen jedoch nicht gestatte, verschiedenartige Körperschaften des öffentlichen Rechts nebeneinander zu Bezirksfürsorgeverbänden zu bestellen und jeder von ihnen nur einen Teil der in § 1 RFVo. vorgesehenen Aufgaben zu übertragen. Demgemäß hat es in Bayern sowohl den Bezirken als auch den nicht kreisunmittelbaren Gemeinden die Eigenschaft von Bezirksfürsorgeverbänden im Sinne des Reichsrechts aberkannt (Entsch. Bd. 63 S. 42; vgl. weiter Bd. 62 S. 101, Bd. 63 S. 169, Bd. 64 S. 1 und 110, Bd. 65 S. 3).

Eine ähnliche Zweiteilung der Bezirksfürsorgeverbände ist in Baden, Waldeck und teilweise auch in Oldenburg erfolgt und vom Bundesamt für das Heimatwesen gleichfalls als der Reichsfürsorgeverordnung widersprechend erachtet worden (Entsch. Bd. 63 S. 37, S. 51 und S. 103; Bd. 65 S. 108 und S. 208). Oldenburg hat seine Ausführungsbestimmungen inzwischen der Rechtsprechung des Bundesamts angepaßt. Der Reichsminister des Innern und der Reichsarbeitsminister teilen dessen Auffassung. Der bayerische Verwaltungsgerichtshof (Entsch. Bd. 47 S. 46) und der württembergische Verwaltungsgerichtshof (Entsch. vom 7. September 1927) haben dagegen die in Bayern und Württemberg getroffene Regelung für zulässig erklärt. Auch der badische Verwaltungsgerichtshof ist der Rechtsansicht des Bundesamts entgegengetreten (Zeitschrift f. bad. Verwaltungsrecht Jahrg. 1926 Nr. 11 S. 129).

Das württembergische Innenministerium hat deshalb auf Grund des Art. 13 Abs. 2 RVerf. in Verbindung mit dem Ausführungsgesetze vom 8. April 1920 die Entscheidung des Reichsgerichts angerufen und beantragt, auszusprechen, daß Art. 14 und 16 der Landesfürsorgeverordnung vom 31. März 1924 mit dem Reichsrecht vereinbar seien. Das bayerische Staatsministerium des Innern hat den gleichen Antrag bezüglich der Art. 1 und 3 der Vorläufigen Ausführungsverordnung vom 27. März 1924 gestellt. Der Präsident des Reichsgerichts hat zur Entscheidung der Streitfrage den III. Zivilsenat bestimmt.

Die ältesten reichsrechtlichen Vorschriften über die öffentliche Unterstützung Hilfsbedürftiger enthält das Reichsgesetz über den Unterstützungswohnsitz vom 6. Juni 1870 / 30. Mai 1908, das in

Bayern allerdings erst auf Grund des Gesetzes vom 30. Juni 1913 (RGBl. S. 495) und der Kaiserlichen Verordnung vom 4. April 1915 (RGBl. S. 221) am 1. Januar 1916 in Kraft getreten ist. Nach ihm waren Träger der öffentlichrechtlichen Fürsorge, die sich im wesentlichen in der Armenpflege erschöpfte, die Ortsarmen- und die Landarmenverbände (§ 2 a. a. O.). Die Ortsarmenverbände bestanden regelmäßig aus Einzelgemeinden oder Gemeindeverbänden, aus einzelnen oder mehreren Gutsbezirken oder aus einer zu einer Einheit zusammengeschlossenen Anzahl von Gemeinden und Gutsbezirken (§ 3 a. a. O.). Die Aufgabe des Landarmenverbandes hatte der Staat selbst wahrzunehmen, sofern er sie nicht anderen räumlich abgegrenzten Bezirken übertrug (§ 5 a. a. O.). Die förmliche Einrichtung der Orts- und Landarmenverbände, ihre Organisation und der Erlaß materiellrechtlicher Bestimmungen über Art und Maß der Unterstützung war Sache der Bundesstaaten (§ 8 a. a. O.). Auch in Bayern lag schon vor dem 1. Januar 1916 nach § 2 des Armengesetzes vom 29. April 1869 in der Fassung vom 30. Juli 1899 die Armenpflege den politischen, Distrikts- und Kreisgemeinden ob.

Die durch den Krieg und den folgenden Wirtschafts- und Währungsverfall geschaffenen Verhältnisse und Nöte verlangten jedoch gebieterisch einen weiteren Ausbau und eine weitere Ausdehnung der öffentlichen Wohlfahrtspflege. Dieser Notwendigkeit trug eine Anzahl neuer Gesetze und Verordnungen Rechnung, so

a) die Verordnung über die soziale Kriegsbeschädigten- und Kriegshinterbliebenenfürsorge vom 8. Februar 1919 (RGBl. S. 187), das Gesetz über die Kosten der Kriegsbeschädigten- und Hinterbliebenenfürsorge vom 8. Mai 1920 (RGBl. S. 1066), §§ 21 und 22 des Reichsversorgungsgesetzes in der Fassung vom 30. Juni 1923 (RGBl. I S. 523),

b) das Reichsgesetz über Notstandsmaßnahmen zur Unterstützung von Rentenempfängern der Invaliden- und Angestelltenversicherung vom 7. Dezember 1921 (RGBl. S. 1533) nebst verschiedenen Ergänzungsgesetzen und Verordnungen,

c) das Reichsgesetz über die Kleinrentnerfürsorge vom 4. Februar 1923 (RGBl. I S. 104),

d) das Reichsgesetz über die Beschäftigung Schwerbeschädigter in der Fassung vom 12. Januar 1923 (RGBl. I S. 57),

e) das Reichsgesetz für Jugendwohlfahrt vom 9. Juli 1922 (RGBl. I S. 633) Abschnitt 5 §§ 49flg.,

f) das Reichsgesetz über Wochenfürsorge vom 9. Juni 1922 (RGBl. I S. 502) und die Verordnung über Wochenfürsorge vom 18. August 1923 (RGBl. I S. 816)

und andere Gesetze und Verordnungen.

Durch die neuen Fürsorgezweige wurde das Reich stark belastet. Die soziale Fürsorge für Kriegsbeschädigte und Kriegshinterbliebene hatte es selbst unter Mitwirkung der Einzelstaaten und Selbstverwaltungskörper übernommen, in anderen Fällen zahlte es bedeutende Zuschüsse (vgl. z. B. § 7 des zu b erwähnten Gesetzes vom 7. Dezember 1921 und § 6 des Kleinrentnergesetzes vom 4. Februar 1923). Um diesem Drucke zu entgehen und „zur Ermöglichung einer wirtschaftlichen und sparsamen Verwaltung" überwies § 42 der 3. Steuernotverordnung vom 14. Februar 1924 (RGBl. I S. 74) die in Abs. 2 Nr. 1 bis 6 aufgeführten Fürsorgeaufgaben den Ländern „nach Maßgabe näherer reichsrechtlicher Vorschriften zur selbständigen Regelung und Erfüllung". Eine der reichsrechtlichen Ausführungsbestimmungen, auf welche § 42 a. a. O. verweist, enthält die — vom Tage vorher, d. h. vom 13. Februar 1924 datierte — Reichsfürsorgeverordnung. Sie erklärt in § 1 Abs. 1 die Landesfürsorge- und Bezirksfürsorgeverbände für verpflichtet zur Erfüllung der unter a—f aufgeführten Fürsorgeaufgaben, die sich mit den in § 42 Abs. 2 der 3. Steuernotverordnung unter 1—5 genannten sachlich decken. „Den Fürsorgeverbänden liegt" — so fährt Abs. 2 des § 1 RFVo. fort — „auch weiterhin die Armenpflege ob". In den folgenden Paragraphen unterscheidet die Reichsfürsorgeverordnung zwischen

a) den rechtlichen Trägern der Fürsorge und

b) den mit ihrer tatsächlichen Durchführung betrauten Stellen.

Nur die ersteren stehen den Hilfsbedürftigen als öffentlichrechtliche Unterstützungspflichtige gegenüber, während die letzteren nur Organe oder Gehilfen der Fürsorgeverbände sind und durch die tatsächliche Ausübung der Fürsorge nicht zu deren Trägern im Rechtssinne werden. Fürsorgeträger sind nach § 1 RFVo. lediglich die Landes- und die Bezirksfürsorgeverbände. Im Anschluß hieran sei bemerkt, daß Bayern mit den Ortsfürsorgeverbänden nicht etwa, wie es nach Art. 1 seiner Ausführungsverordnung scheinen könnte, eine dem § 1 Abs. 1 RFVo. wesensfremde dritte Art von Fürsorgeträgern schaffen wollte oder geschaffen hat. Aus Art. 3 Abs. II das. geht vielmehr zweifelfrei hervor, daß die Ortsfürsorgeverbände gerade als Bezirksfürsorgeverbände im Sinne des § 1 RFVo. tätig sein sollten, allerdings unter Beschränkung ihrer Zuständigkeit auf die Armenpflege und die Fürsorge für hilfsbedürftige Minderjährige. Die Bezeichnung „Ortsfürsorgeverbände" ist offenbar gewählt worden, um sie von den anderen Bezirksfürsorgeverbänden, den Bezirken, sprachlich zu unterscheiden und um zugleich auf ihren engen örtlichen Wirkungskreis hinzuweisen.

Die Aufgabe, die Zahl der Landes- und der Bezirksfürsorgeverbände zu bestimmen, sowie ihre Auswahl, Bestellung und Einrichtung überläßt die Reichsfürsorgeverordnung im Anschluß an die Grundsätze des § 8 des Unterstützungswohnsitzgesetzes mit einer einzigen noch zu erwähnenden Einschränkung den Ländern, desgleichen die Verteilung der Fürsorgeaufgaben unter die Landes- und Bezirksverbände (§ 2 RFVo.). Sie ist also im wesentlichen ein Rahmengesetz, dessen Ausfüllung und Ausführung den Ländern nach Maßgabe gewisser Richtlinien obliegt. Wenn die Reichsfürsorgeverordnung auch den Grundsatz des Unterstützungswohnsitzgesetzes, nach dem, wie erwähnt, die Hauptfürsorgeverbände regelmäßig mit den Gemeinden und Gemeindeverbänden zusammenfielen, für die Bezirksfürsorgeverbände nicht übernommen hat und wegen der mit der erweiterten Fürsorge verbundenen Kostenlast auch kaum übernehmen konnte, so wendet sie doch gegen seine Anwendung durch den Landesgesetzgeber nichts ein. Sie hat in § 2 Abs. 3 sogar ausdrücklich ausgesprochen, daß die Länder „Gemeinden und Gemeindeverbände zu Bezirksfürsorgeverbänden erklären oder besondere Fürsorgeverbände bilden können". Daß die Länder aber, falls sie von der ihnen in erster Reihe eingeräumten Befugnis Gebrauch machen, nun den Gemeinden oder Gemeindeverbänden sämtliche in § 1 Abs. 1 und 2 a. a. O. genannten Fürsorgeaufgaben, soweit sie nicht in den Bereich der Landesfürsorgeverbände fallen, zu überweisen haben, hat die Reichsfürsorgeverordnung ebensowenig ausdrücklich geboten, wie sie ausdrücklich verboten hat, neben den Gemeinden noch anderen öffentlichrechtlichen Körperschaften die Eigenschaft von Bezirksfürsorgeverbänden zu verleihen und zwischen diesen und den Gemeinden die Fürsorgeaufgaben zu verteilen. Nur eins verlangt sie von den Ländern. Sie haben die Bezirksfürsorgeverbände so zu bestimmen, daß sie ihren Aufgaben gewachsen sind (§ 2 Abs. 3 a. a. O.). Leistungsfähige Bezirksfürsorgeverbände zu schaffen, ist demnach einer der Hauptzwecke der Fürsorgeverordnung (vgl. auch die amtliche Begründung zum zweiten Entwurf einer Reichsfürsorgeverordnung). Aber über die Voraussetzungen der Leistungsfähigkeit zu befinden, sie zu prüfen und festzustellen, ist wiederum allein Sache der Länder, und etwaige Leistungsunfähigkeit nimmt einem Bezirksfürsorgeverband nicht die Eigenschaft eines solchen. § 2 Abs. 4 a. a. O. sieht ausdrücklich die Möglichkeit von Zuschüssen an nicht leistungsfähige Fürsorgeverbände vor. Bei dieser weitgehenden Organisationsfreiheit des Landesgesetzgebers erscheint es mit dem Wortlaute der Reichsfürsorgeverordnung durchaus vereinbar, innerhalb desselben örtlichen Gebiets zwei verschiedenartige Körperschaften des öffentlichen Rechts zu Bezirksfürsorgeverbänden zu erklären und sie nebeneinander mit der Wahrnehmung je eines Teils der Fürsorgeaufgaben zu betrauen. Einer solchen Regelung steht insbesondere nicht § 3 Abs. 1 Halbsatz 2 a. a. O. entgegen, wonach die Fürsorgeaufgaben desselben örtlichen Bereichs „tunlichst" von der gleichen Stelle durchgeführt werden sollen. Diese Vorschrift handelt ihrer klaren Fassung nach im Zusammenhang mit Halbsatz 1 a. a. O. überhaupt nicht von den Fürsorgeträgern, sondern von ihren Organen, den Fürsorge-Durchführungsstellen. Hier möglichst für Einheitlichkeit Sorge zu tragen, ist Sache des Landesgesetzgebers, der freilich, wie das Wort „tunlichst" zeigt, nicht gehindert ist, von der ihm gegebenen Richtlinie nach pflichtmäßigem Ermessen in geeigneten Fällen auch abzuweichen. Sicherlich liegt auch im Interesse einer raschen und reibungslosen Unterstützung Hilfsbedürftiger eine Organisation, die für die Hilfsbedürftigen und die Fürsorgeverbände möglichst wenig Zuständigkeitszweifel und -streitigkeiten entstehen läßt. Sie aber völlig auszuschließen, ist der Reichsfürsorgeordnung nicht gelungen.

Wie schon betont, hat der Landesgesetzgeber zu bestimmen, welche Aufgaben die Landesfürsorgeverbände und welche Aufgaben die Bezirksfürsorgeverbände zu erfüllen haben (§ 2 Abs. 1 RFVo.). Die Landesfürsorgeverbände sind also — wenigstens rechtlich — keine den Bezirksfürsorgeverbänden übergeordneten Behörden, sondern sind ihnen in ihrer Eigenschaft als Fürsorgeträger völlig gleichgestellt. Freilich können sie vom Landesgesetzgeber auch mit der Aufsicht über die Bezirksfürsorgeverbände betraut und zu Rechtsmittelinstanzen gegen deren Entscheidungen ausgestaltet werden (§ 3 Abs. 2). Reichsgesetzlich notwendig ist aber beides nicht.

Werden beispielsweise, was nach § 2 Abs. 1 a. a. O. durchaus statthaft ist, die Kriegsbeschädigten-, die Kriegshinterbliebenen- und die Schwerbeschädigtenfürsorge (§ 1a und d a. a. O.), sowie die Kleinrentnerfürsorge (§ 1c a. a. O.) dem Landesfürsorgeverband, die übrigen Fürsorgeaufgaben aber den Bezirksfürsorgeverbänden übertragen, so sind bei der Flüssigkeit der Grenzen einzelner Fürsorgefälle Zweifel und Streitigkeiten darüber, ob der Landes- oder ein Bezirksfürsorgeverband unterstützungspflichtig sei, und die damit verbundenen Mißstände unvermeidbar. Es kann daher aus dem Umstande, daß bei der bayerischen und württembergischen Regelung solche Zuständigkeitsstreitigkeiten auch zwischen Bezirksfürsorgeverbänden verschiedener Art entstehen können, nicht auf die Unvereinbarkeit derartiger Bezirksfürsorgeverbände mit der Reichsfürsorgeverordnung geschlossen werden. Ein solcher Schluß wäre um so weniger gerechtfertigt, als der Reichsgesetzgeber auch durch andere Bestimmungen die Vereinheitlichung der Wohlfahrtspflege und ihre Zusammenfassung in einer Hand in Frage gestellt hat. So hat er die Länder ausdrücklich ermächtigt, Teile der den Fürsorgeverbänden obliegenden Aufgaben auf die Versicherungsträger unter deren Verantwortlichkeit oder, unter eigener Verantwortlichkeit, auf Verbände der freien Wohlfahrtspflege zu übertragen. Voraussetzung ist freilich, daß die Versicherungsträger und die Verbände der freien Wohlfahrtspflege damit einverstanden sind (§ 3 Abs. 3, § 5 Abs. 1). Mögen auch beide trotz der Übertragung von Fürsorgeaufgaben auf sie, ebenso wie die nach § 3 Abs. 2 a. a. O. zu ihrer Durchführung herangezogenen Gemeinden, nur Hilfsorgane der Fürsorgeträger sein, so sind doch alle diese Fürsorgeorgane Selbstverwaltungskörper, welche die von ihnen übernommenen Fürsorgeaufgaben innerhalb des Rahmens ihrer Selbstverwaltung durch die von ihnen gewählten Stellen ausüben lassen. Macht ein Land von dieser Übertragungsbefugnis Gebrauch, so liegt es auf der Hand, daß für die praktische Erledigung der verschiedenen Fürsorgeaufgaben trotz eines einheitlichen Rechts- und Lastenträgers eine Anzahl verschiedener Stellen zuständig sein kann, und daß die Hilfsbedürftigen oft im Unklaren über die gerade für sie zuständige Stelle sein können. Sie sind dann ebenso wie beim Vorhandensein verschiedenartiger Bezirksfürsorgeverbände der Gefahr ausgesetzt, von einer Stelle an die andere verwiesen zu werden.

Es ist daher weder dem Wortlaut der Reichsfürsorgeverordnung noch dem Inhalt und Sinn der Grundsätze und Richtlinien, die sie für die Regelung der Fürsorge oder der Fürsorgeverbände aufgestellt hat, zu entnehmen, daß sie der Organisationsfreiheit der Länder diejenigen Schranken gesetzt hat, die ihr das Bundesamt für das Heimatwesen und die Reichsregierung ziehen wollen. Auch aus ihrer Entstehungsgeschichte ist eine solche Folgerung nicht herzuleiten. Die Denkschrift zu einem Reichswohlfahrtsgesetz vom 14. Februar 1923, deren Grundgedanken sich in der Reichsfürsorgeverordnung wiederfinden, legt das Hauptgewicht darauf, daß es Sache des Reichsgesetzgebers sei, die Bildung nicht leistungsfähiger Fürsorgeverbände zu verhindern, sie will aber im übrigen deren Aufbau und Ausgestaltung grundsätzlich den Ländern und Verbandssatzungen überlassen. Die amtliche Begründung zu § 45 des Entwurfs der 3. Steuernotverordnung (§ 42 der Vo.) erklärt, dieser überlasse den Ländern und den Gemeinden diejenigen Aufgaben zur selbständigen Regelung und Erfüllung, die nach der geschichtlichen Entwicklung . . . als die ihrigen aufzufassen seien, und gebe den Ländern und Gemeinden in sachlicher und organisatorischer Hinsicht das Selbstbestimmungsrecht auf den bezeichneten Gebieten wieder. Das sind also die Gedanken, die der Reichsgesetzgeber durch § 42 der 3. Steuernotverordnung verwirklichen wollte. Die Annahme, daß die Ausführungsverordnung dazu, die Reichsfürsorgeverordnung, von ihnen abgewichen sei, ließe sich nur aus einer eine gegenteilige Auffassung unzweideutig zum Ausdruck bringenden Fassung ihrer Bestimmungen rechtfertigen.

Nach der historischen Entwicklung gehörte die Armenpflege zu den Fürsorgeaufgaben der Gemeinden. Den Ländern ist deshalb wahlweise die Befugnis zugestanden worden, die Gemeinden entweder zu Ausführungsorganen der Fürsorgeträger oder als Bezirksfürsorgeverbände zu Fürsorgeträgern selbst zu bestellen. Die Reichsfürsorgeverordnung sieht nun freilich die Bestellung verschiedenartiger Bezirksfürsorgeverbände nebeneinander nicht ausdrücklich vor. Daraus darf aber, wie sich aus dem Vorstehenden ergibt, nicht gefolgert werden, sie verbiete diese Regelung. Ein solches Verbot spricht auch § 7 a. a. O. nicht aus, der nur von der örtlichen und nicht auch von der sachlichen Zuständigkeit handelt.

Auch der Inhalt der dem Erlaß der Reichsfürsorgeverordnung unmittelbar vorhergegangenen Verhandlungen der Reichsregierung mit den Vertretern der Länder führt zu keinem andern Ergebnis, spricht vielmehr für die Auffassung Bayerns und Württembergs. Der erste Entwurf, der die Organisation der Fürsorgeverbände gleichfalls den Ländern vorbehielt, schrieb vor, daß die Bezirksfürsorgeverbände in der Regel mindestens je 10000 Einwohner zählen müßten. Bei der Besprechung des Entwurfs am 18. Januar 1924 wandten sich Bayern, Baden und andere Länder gegen diese Bestimmung und zwar unstreitig mit der Begründung, daß von ihnen beabsichtigt werde, „die Armenfürsorge den Gemeinden, wie bisher, zu belassen". Der Reichsarbeitsminister hatte im Gegensatz zum Reichsminister des Innern gegen das Fallenlassen der beanstandeten Bestimmung nichts einzuwenden. Tatsächlich fehlte sie auch im zweiten Entwurf, dagegen enthielt dieser in § 2 Abs. 3 den auch in die Verordnung selbst übergegangenen Satz: „Die Bezirksfürsorgeverbände sind so zu bestimmen, daß sie ihren Aufgaben gewachsen sind". Im Reichsrat stellte der Vertreter Württembergs den Antrag auf Streichung dieses Satzes und führte aus, „daß die geringe Leistungsfähigkeit der kleinen Gemeinden, bei denen in Württemberg wie bisher die Armenfürsorge zu belassen wäre, in der jetzigen Zeit weniger als früher ins Gewicht falle, da im Hinblick auf die Finanznot in allen Gemeinden nur der allernotwendigste Unterhalt gewährt werden könne. Außerdem werde im Zusammenhang mit der Durchführung der Vereinfachung der Verwaltung wohl in allen Ländern eine weitgehende Zusammenlegung erfolgen". Diesem Antrag wurde nicht entsprochen. Aus seiner Ablehnung ist aber lediglich zu schließen, daß es grundsätzlich bei der Bildung leistungsfähiger Bezirksfürsorgeverbände sein Bewenden behalten sollte, nicht aber, daß die Bestellung zweier verschiedenartiger leistungsfähiger Bezirksfürsorgeverbände für denselben Bezirk unzulässig sei. Die Statthaftigkeit einer solchen Maßnahme ist, soweit ersichtlich, in keiner Verhandlung zwischen Reichsregierung und Ländern ausdrücklich erörtert, jedenfalls nicht verneint worden.

Die Reichsregierung wußte aus den Verhandlungen mit den Ländervertretern, daß einzelne Staaten beabsichtigten, die Armenpflege den Gemeinden zu belassen, sie wußte aber auch, daß bei Ausführung dieser Absicht eine Teilung der Fürsorgeaufgaben unter verschiedenartige Bezirksfürsorgeverbände unvermeidlich sei. Denn es lag offen zutage, daß zahlreiche der Armenfürsorge allein gewachsene Gemeinden bei der starken Zunahme der Hilfsbedürftigen aller Art sowohl finanziell als auch in verwaltungstechnischer Hinsicht außerstande waren, neben der Armenpflege auch noch die anderen neuen sozialen Fürsorgeaufgaben sachgemäß zu erfüllen. Gerade deshalb hatte es die Reichsregierung, wie in der amtlichen Begründung zum 2. Entwurf hervorgehoben ist, auch vermieden, die Gemeinden grundsätzlich zu Fürsorgeträgern zu machen. Daraus folgt aber keineswegs, daß es dem mit der Fürsorgeorganisation betrauten Einzelstaat verwehrt sein sollte, Gemeinden, die wegen ihrer beschränkten Mittel nicht als Rechtsträger der Gesamtfürsorge in Betracht kamen, für denjenigen Teil der Fürsorgeaufgaben, bei dem er ihre Leistungsfähigkeit für gegeben erachtete, zu Bezirksfürsorgeverbänden zu erklären und neben ihnen andersgeartete Bezirksfürsorgeverbände mit dem Reste der Fürsorgeaufgaben zu belasten, soweit sie nicht dem Landesfürsorgeverband oblagen. Es mag sein, daß die Reichsregierung eine solche Regelung nicht zulassen wollte und für nicht vereinbar mit dem Entwurfe hielt. Dann legte ihr aber die Kenntnis der süddeutschen Pläne und der notwendigen Folgen ihrer Verwirklichung die Pflicht auf, diesen Plänen mit Entschiedenheit entgegenzutreten und ihre abweichende Rechtsauffassung bei den Beratungen klar zum Ausdruck zu bringen. Daß das geschehen sei, hat sie selbst nicht behauptet. Auch der Reichsarbeitsminister hat auf die ihm vom Bundesamt vorgelegte Frage, „ob denn die Reichsregierung gegen den Standpunkt Württembergs nichts eingewendet habe", nicht erklärt, daß Einwendungen gegen ihn erhoben worden seien (vgl. Entsch. des Bundesamts Bd. 62 S. 112flg.). Allein daraus, daß sich die Reichsregierung mit den Absichten nicht ausdrücklich einverstanden erklärte, welche die süddeutschen Staaten bei den Verhandlungen über die Behandlung der Armenpflege kundgegeben hatten, ist nicht ihr gesetzgeberischer Wille zu entnehmen, deren Durchführung und damit die Bestellung von Bezirksfürsorgeverbänden verschiedenartiger Rechtspersönlichkeiten nebeneinander zu verbieten; und zwar um so weniger, als sie auf Wunsch der süddeutschen Staaten die ihrem Vorhaben hinderliche Vorschrift des 1. Entwurfs, die Bezirksfürsorgeverbände sollten mindestens 10000 Einwohner umfassen, gestrichen hatte. In Verbindung damit legt der Umstand, daß kein ausdrückliches, unzweideutiges Verbot der Errichtung ungleichartiger Bezirksfürsorgeverbände innerhalb desselben örtlichen Bereichs in die Reichsfürsorgeverordnung selbst aufgenommen ist, den Schluß nahe, daß es an einem hierauf gerichteten gesetzgeberischen Verbotswillen gefehlt habe. Jedenfalls ist er weder aus der Fassung der Reichsfürsorgeverordnung noch aus ihrer Entstehungsgeschichte feststellbar.

Nach alledem war die Rechtsauffassung der württembergischen und der bayerischen Regierung als zutreffend anzuerkennen und ihren Anträgen entsprechend zu entscheiden.

---

10. Ist deutsches oder ausländisches Recht anzuwenden, wenn ein deutscher Ehemann dem unehelichen Kinde seiner Frau, das eine ausländische Staatsangehörigkeit besitzt, seinen Namen erteilt?

BGB. § 1706 Abs. 2 Satz 2. EG. z. BGB. Art. 20.

IV. Zivilsenat. Beschl. v. 23. November 1927 i. S. betr. die Namenserteilung an die minderjährige G. G. IV B 56/27.

I. Amtsgericht Dresden.
II. Landgericht daselbst.

Am 9. April 1917 hat die damals ledige M. N. in Dresden eine Tochter G. N. geboren, welche die tschechoslowakische Staatsangehörigkeit besitzt. Vormundschaftsgericht ist das Bezirksgericht in Friedland in Böhmen, für das gemäß höchstrichterlicher Anordnung das Amtsgericht in Döbeln (Sachsen) die Vormundschaft verwaltet. Die Mutter heiratete später den sächsischen Staatsangehörigen G. in Dresden. Dieser hat in öffentlich beglaubigter Urkunde vom 12. August 1926 dem unehelichen Kinde seiner Ehefrau seinen Namen erteilt. Die Mutter und der Vormund des Kindes haben in derselben Urkunde ihre Einwilligung erklärt. Entsprechend einem Antrag der Eheleute G. ist auf Ersuchen des örtlich zuständigen Amtsgerichts Dresden im Geburtsregister auf der Geburtsurkunde des Kindes am 16. Oktober 1926 vom Standesbeamten am Rande vermerkt worden, daß der Ehemann G. nach § 1706 BGB. dem Kinde den Familiennamen G. erteilt habe. Da über das anzuwendende Recht und die dadurch bedingte Zulässigkeit des Randvermerks nachträglich Bedenken entstanden, beantragte der Rat der Stadt Dresden als standesamtliche Aufsichtsbehörde gemäß §§ 65, 66 PStG. beim Amtsgericht Dresden, den Randvermerk für ungültig zu erklären. Das Amtsgericht wies den Antrag zurück. Auch die Beschwerde des Rates wurde vom Landgericht zurückgewiesen. Der Rat hat weitere Beschwerde eingelegt. Das Oberlandesgericht möchte der Entscheidung der Vorinstanzen beitreten, sieht sich aber durch einen Beschluß des Kammergerichts vom 3. Juli 1925, abgedruckt JFG. Bd. 3 S. 130, daran gehindert und hat daher gemäß § 28 FGG. die weitere Beschwerde dem Reichsgericht vorgelegt.

Die Voraussetzungen für das Verfahren nach § 28 Abs. 2, 3 FGG. sind gegeben. Es handelt sich um die Entscheidung der Frage, ob die Namenserteilung durch den Ehemann der unehelichen Mutter hier nach deutschem oder nach ausländischem Recht zu beurteilen ist. Trifft das letztere zu, so würde, da die G. N. die tschechoslowakische Staatsangehörigkeit besitzt, § 165 Abs. 2 des Österreich. Allgemeinen Bürgerlichen Gesetzbuchs (Nov. I vom 12. Oktober 1914) anzuwenden sein (vgl. Tomforde, Recht des unehel. Kindes S. 57, Bergmann, Internat. Ehe- und Kindschaftsrecht Bd. 2 S. 681, 432), wonach der Ehemann der Mutter dem Kinde durch Erklärung bei der politischen Landesverwaltung mit Einwilligung der Mutter und des Kindes oder, wenn dieses minderjährig ist, des gesetzlichen Vertreters und des Gerichts seinen Namen geben kann. Von diesen Erfordernissen ist, wenn man zunächst von der Frage der Zuständigkeit der Behörde zur Entgegennahme der Erklärung absieht, jedenfalls die Einwilligung des Gerichts (Vormundschaftsgerichts) in die Namenserteilung nicht vorhanden; der Randvermerk wäre daher bei Zugrundelegung des ausländischen Rechts unstatthaft. Er ist es nicht, wenn die Vorschriften des deutschen Rechts in § 1706 Abs. 2 Satz 2 BGB. anzuwenden sind, die eine Einwilligung des Gerichts nicht erfordern und hier im übrigen erfüllt sind. Die Entscheidung hierüber ist dem Art. 20 EG. z. BGB. zu entnehmen, der in Satz 1 bestimmt, daß das Rechtsverhältnis zwischen einem unehelichen Kinde und seiner Mutter nach den deutschen Gesetzen beurteilt wird, wenn die Mutter — was hier infolge ihrer Verheiratung mit einem Deutschen zutrifft — eine Deutsche ist.

Zu prüfen bleibt also, ob und wieweit im Sinne dieser Vorschrift bei der Namenserteilung des Ehemanns der unehelichen Mutter an das Kind das Rechtsverhältnis zwischen ihr und dem Kind in

Frage kommt. Die weitaus herrschende Meinung (vgl. außer den im Beschluß des Kammergerichts angezogenen Kommentaren zum Bürgerlichen Gesetzbuch und zum Personenstandsgesetz noch Frese in ZBlFG. Jahrg. 5 S. 135, Örtel in Fischers Zeitschr. Bd. 29 S. 226/27, Bergmann, Intern. Ehe- und Kindschaftsrecht I S. 54, Eck in Z. f. Standesamtswesen 1925 S. 344, auch Erlaß des Pr. Min. d. Innern vom 26. März 1904 in der Zeitschrift „Das Standesamt" 1904 S. 171) bejaht die Frage. Das Kammergericht verneint sie mit der Begründung, daß das mit der Geburt erlangte Recht des unehelichen Kindes auf den Familiennamen der Mutter (§ 1706 Abs. 1 BGB.) sogleich ein eigenes, absolutes und höchstpersönliches Recht des Kindes sei und deshalb spätere Änderungen des Geburtsnamens nur das Namensrecht des Kindes, nicht aber das Rechtsverhältnis zwischen Mutter und Kind berührten. Diese Erwägung geht fehl. Unter Rechtsverhältnis versteht man allgemein die vom Recht geordneten Beziehungen einer Person zu einer anderen Person oder zu einer Sache, die fortgesetzt rechtliche Bedeutung beanspruchen. Bestehen solche rechtlichen Beziehungen zwischen Mutter und Kind auch für die Namensführung und wird in diese Beziehungen durch die Namenserteilung des Ehemanns eingegriffen, so liegt ein Rechtsverhältnis im Sinne des Art. 20 EG. vor. Aus der Vorschrift in § 1706 Abs. 1 BGB., wonach das uneheliche Kind den Familiennamen der Mutter erhält, folgt nicht nur sein Recht, sondern auch seine Pflicht zur Führung dieses Namens; diese Pflicht besteht insbesondere auch seiner Mutter gegenüber (Planck Anm. 5 zu § 1706, Anm. 1a zu § 1616; Staudinger Anm. 2 zu § 1706, Anm. 2 zu § 1616, Anm. II 5 zu § 12 BGB.; Mot. Bd. 4 S. 712) und wird insoweit durch die Vorschrift des § 1706 Abs. 2 S. 2 ausdrücklich anerkannt, die der Mutter die Einwilligung in die Namenserteilung vorbehält. Sie ist aus dem bestehenden Familienverhältnis als Rechtsfolge abgeleitet, nicht anders als das Einwilligungsrecht der Mutter bei der Eheschließung (§ 1305), der Legitimation (§ 1726) und der Adoption des Kindes (§ 1747), für die im übrigen besondere Kollisionsnormen in Art. 13, 22 EG. aufgestellt sind. Hiernach handelt es sich bei der in Rede stehenden Namenserteilung um eine Einwirkung auf das seit der Geburt bestehende Rechtsverhältnis zwischen Mutter und Kind, das insoweit eine Änderung erfährt, und keineswegs etwa nur um eine neu geschaffene Rechtsbeziehung zwischen dem Kinde und dem Ehemann.

Richtig ist, daß dem Kind das Namensrecht als eigenes und selbständiges Persönlichkeitsrecht zukommt und daß auch dieses von der Namenserteilung betroffen wird. Darin erschöpfen sich aber nach dem Gesagten die Rechtswirkungen des Vorgangs nicht Er greift vielmehr zugleich auch in den Rechtskreis der Mutter ein. Ist das aber der Fall, so muß nach Art. 20 EG. das deutsche Recht der deutschen Mutter maßgebend sein, auch wenn das Personalstatut des ausländischen Kindes eine andere Regelung vorsieht. Sinn und Zweck der deutschen Herrschaftsregel gebieten, daß überall da, wo rechtliche Beziehungen zwischen der deutschen Mutter und ihrem unehelichen Kind bestehen, das deutsche Recht anzuwenden ist, ohne daß zu fragen wäre, welche Bedeutung für das Kind die Anwendbarkeit seines (des ausländischen) Rechts hat.

Dieser Anschauung steht der vom Kammergericht für seine Ansicht verwertete Umstand nicht entgegen, daß das Rechtsverhältnis zwischen Mutter und unehelichem Kind durch die Namensänderung auch in anderen Fällen, z. B. dann nicht beeinflußt wird, wenn die uneheliche Tochter bei der Heirat den Namen ihres Mannes erhält (§ 1355 BGB., Art. 14 EG.). Denn hier erreicht das Rechtsverhältnis der Namensführung sein Ende kraft Gesetzes. Von einem zwischen Mutter und Kind bestehenden Rechtsverhältnis im Sinne des Art. 20 kann ferner dann nicht mehr die Rede sein, wenn die Mutter stirbt und damit ihr Einwilligungsrecht wegfällt. Der Fall, daß dem Kind durch obrigkeitlichen Akt ein anderer Name beigelegt wird, gehört dem Gebiete des öffentlichen Rechts an und kann für die Beurteilung von Privatrechtsverhältnissen nicht maßgebend sein.

Es bedarf bei dieser Rechtslage nicht der Heranziehung der Entstehungsgeschichte der angeführten gesetzlichen Vorschriften, zumal da sich aus ihr für die Richtigkeit der einen oder anderen Ansicht nichts Sicheres entnehmen läßt. Der Art. 20 EG. war in seiner jetzigen Fassung bereits Bestandteil der Bundesratsvorlage von 1896 (als deren Art. 19 und gleichlautend mit § 2256 des II. Entwurfs z. BGB.). Die Vorschrift des § 1706 Abs. 2 Satz 2 BGB. ist — nach Ablehnung eines ähnlichen Antrags in der Reichstagskommission — durch einen späteren Beschluß des Reichstags in das Gesetz aufgenommen worden (Stenogr. Berichte, Ausg. von Guttentag, S. 678 flg., 892 flg.). Ob man diese Vorschrift durch ihre Einfügung gerade in die von den Rechtsbeziehungen zwischen Mutter und unehelichem Kind handelnden

Bestimmungen der §§ 1705 bis 1707 bewußt zu einer von Art. 20 EG. umfaßten Vorschrift hat erklären wollen, kann zweifelhaft sein, da die Vorarbeiten und Verhandlungen nichts über eine solche Absicht des Gesetzgebers ergeben und immerhin die Möglichkeit besteht, daß die Einordnung jener Vorschrift in § 1706 nur deshalb erfolgte, weil in diesem Paragraphen das Namensrecht des unehelichen Kindes schon im übrigen geregelt war. Der Schluß, daß auch die Namenserteilung der Kollisionsnorm des Art. 20 unterstellt werden sollte, ist daher nicht zwingend. Unter diesen Umständen darf auf die Entstehungsgeschichte kein entscheidendes Gewicht gelegt werden.

---

11. Wird bei einer abgetretenen Hypothek der in § 17 AufwG. bestimmte Aufwertungsanspruch des früheren Gläubigers durch einen Vergleich ausgeschlossen, den der neue Gläubiger und der Schuldner vor dem 15. Juni 1922 oder nach dem 14. Februar 1924, aber vor dem Inkrafttreten des Aufwertungsgesetzes über die Höhe der Aufwertung abgeschlossen haben?

2. Kann der Grundstückseigentümer dem auf § 17 AufwG. gestützten Aufwertungsanspruch des früheren Gläubigers Einwendungen aus § 893 oder aus § 409 BGB. entgegenhalten?

AufwG. §§ 17, 67; BGB. §§ 409, 893.

V. Zivilsenat. Urt. v. 24. November 1927 i. S. F. W. G. (Bekl.) w. D. Gr.-Bank (Kl.). V 113/27.

I. Landgericht I Berlin.
II. Kammergericht daselbst.

Für die Klägerin war im Grundbuch des Amtsgerichts Berlin-Mitte eine Vorkriegshypothek von 5600000 *M* eingetragen. Sie hat diese Hypothek am 16. September 1922 an den Beamtenversicherungsverein des Deutschen Bank- und Bankiergewerbes AG. in Berlin abgetreten. Als Abtretungsentgelt hat die Klägerin am 26. September 1922 56000 *M* und am 30. September 1922 5600000 *M* erhalten. Beide Beträge zusammen entsprechen einem Goldmarkbetrag von 17250,80 G*M*.

Der neue Hypothekengläubiger hat alsbald nach der Abtretung der Beklagten als der Grundstückseigentümerin weitere 4400000 ℳ dargeliehen. Diese wurden in der Weise sichergestellt, daß die Hypothek von 5600000 ℳ auf nunmehr 10000000 ℳ erhöht und das im Grundbuch eingetragen wurde.

Im März 1924 schlossen der neue Hypothekengläubiger und die Beklagte ein Abkommen des Inhalts, daß jener der Beklagten gegen hypothekarische Sicherheit auf dem genannten Grundstück und zwar im alten Range ein Darlehen von 1 Million RM gab. Von diesem Betrage wurden 970000 RM an die Beklagte ausgezahlt. Der Rest von 30000 RM wurde als Gegenwert auf die alte 10 Millionen-Papiermarkhypothek verrechnet. Diese wurde am 17. März 1924 gelöscht. An demselben Tage wurde eine Darlehenshypothek von 358420 Gramm Feingold = 1 Million Goldmark für den neuen Hypothekengläubiger eingetragen.

Die Klägerin hat die Eintragung eines Widerspruchs gegen die Löschung der von ihr abgetretenen Hypothek von 5600000 ℳ erwirkt und hat einen Betrag von 1382749,20 RM als frühere Gläubigerin rechtzeitig zur Aufwertung angemeldet. Dem hat die Beklagte widersprochen. Die Aufwertungsstelle hat darauf das Aufwertungsverfahren ausgesetzt bis zur rechtskräftigen Entscheidung der Frage, ob das von der Beklagten mit dem neuen Hypothekengläubiger getroffene Abkommen dem Aufwertungsbegehren der Klägerin entgegenstehe.

Die Klägerin bittet um Feststellung, daß sie berechtigt sei, eine Aufwertung der für sie eingetragen gewesenen, am 16. September 1922 abgetretenen und demnächst gelöschten Hypothek von 5600000 ℳ zu verlangen. Das Landgericht hat nach diesem Antrag erkannt. Das Berufungsgericht hat die von der Klägerin beantragte Feststellung mit der Maßgabe getroffen, daß auf die Aufwertungssumme die von der Beklagten an die neue Gläubigerin geleistete Zahlung in Höhe von 12488 RM anzurechnen sei. Die Revision der Beklagten führte zur Aufhebung und Zurückverweisung. Aus den

Gründen:

Das Berufungsgericht sieht das zwischen dem Beamtenversicherungsverein, dem jetzigen Gläubiger der von der Klägerin abgetretenen Hypothek von 5600000 ℳ, und dem Grundstückseigentümer, der Beklagten, im März 1924 geschlossene Abkommen als einen Vergleich im Sinne des § 67 AufwG. an und ist weiter der Ansicht, daß dieser Vergleich den der Klägerin gemäß § 17 AufwG. zustehenden Aufwertungsanspruch nicht berührt habe. Die letztere Ansicht ist unzutreffend. Wie der erkennende Senat in seinem Urteil vom 11. Mai 1927 (RGZ. Bd. 116 S. 184) dargelegt hat, schließt ein vor dem 15. Juni 1922 oder nach dem 14. Februar 1924, aber vor dem Inkrafttreten des Aufwertungsgesetzes zwischen dem Schuldner und dem neuen Gläubiger abgeschlossener Vergleich im Sinne des § 67 AufwG. einen Aufwertungsanspruch des früheren Gläubigers aus § 17 AufwG. aus. An dieser Ansicht, die der erkennende Senat seitdem in ständiger Rechtsprechung vertreten hat und der auch der VI. Zivilsenat des Reichsgerichts in seinem Urteil vom 24. Juni 1927 (RGZ. Bd. 117 S. 306) beigepflichtet hat, hält der Senat auch gegenüber den wider sie erhobenen Angriffen nach erneuter eingehender Prüfung fest.

Der Senat hat in seinem erwähnten Urteil u. a. ausgeführt: Die Vorschrift des § 67 Abs. 1 AufwG. diene dem Rechtsfrieden. Sie wolle verhindern, daß der Streit und die Ungewißheit, die über die Höhe des infolge der Geldentwertung zu zahlenden Betrags bestanden hätten und die durch den Vergleich endgültig hätten beseitigt werden sollen, wieder auflebten. Diesem allgemeinen Interesse an der Wahrung geschlossener Vergleiche müsse nach der Absicht des Gesetzgebers das Recht des abtretenden Gläubigers weichen. Es sei nicht einzusehen, weshalb das hohe Gut des Rechtsfriedens, wie ihn der Vergleich erzeuge, trotz des Vorliegens aller gesetzlichen Voraussetzungen dem Schuldner dann vorenthalten werden solle, wenn das Recht zufälligerweise weiter übertragen werde.

Gegen diese Ausführungen hat Abraham in JW. 1927 S. 1629 Angriffe erhoben. Wenn er hierbei davon ausgeht, daß diese Darlegungen der einzige Rechtsgrund seien, auf den sich das genannte Urteil stütze, so hat er die Begründung der Entscheidung verkannt. Allerdings hat der Senat zur Stütze seiner Ansicht auch den bereits von Raape in Gruchot N. F. Bd. 5 S. 259 hervorgehobenen Gesichtspunkt der Wahrung des Rechtsfriedens mit herangezogen. Der entscheidende Grund für die Ansicht des Senats liegt jedoch nicht hierin, sondern, wie das Urteil klar zum Ausdruck bringt, in der Vorschrift des § 67 AufwG., wonach Vergleiche unberührt bleiben sollen, sofern im übrigen die Voraussetzungen dieser Bestimmung erfüllt sind. Damit ist, wie der Senat weiter dargelegt hat, ausgesprochen worden, daß die Vorschriften des Aufwertungsgesetzes hier keine rückwirkende Anwendung finden sollen, daß also der nach der Parteiabsicht durch den Vergleich erledigte Anspruch durch die abweichenden Anordnungen des Aufwertungsgesetzes nicht berührt werden soll. Dieser durch die ausdrückliche Bestimmung in § 67 Abs. 1 angeordnete Ausschluß der rückwirkenden Kraft des Aufwertungsgesetzes und damit auch der Vorschrift des § 17 ist nach der Ansicht des Senats der wesentliche Grund für die Wirksamkeit des mit dem neuen Gläubiger abgeschlossenen Vergleichs gegenüber dem erst durch das Aufwertungsgesetz neu geschaffenen Aufwertungsanspruch des früheren Gläubigers. Der Grundsatz des § 67 Abs. 1 AufwG., daß Vergleiche unberührt bleiben sollen, würde in das Gegenteil verkehrt und der Vergleich würde durch die Vorschriften des Aufwertungsgesetzes berührt werden, wollte man dem früheren Gläubiger den Aufwertungsanspruch aus § 17 AufwG. auch gegenüber dem Vergleich zugestehen.

Im übrigen ist aber gegenüber den Ausführungen Abrahams daran festzuhalten, daß auch der in § 67 AufwG. zum Ausdruck gelangte Gedanke des Rechtsfriedens der Ansicht des Senats zur Stütze dient. Die Vorschrift will dadurch dem Rechtsfrieden dienen, daß sie Vergleiche unter den dort näher angegebenen Voraussetzungen für unberührt von den Bestimmungen des Aufwertungsgesetzes erklärt. Die Aufrechterhaltung der Vergleiche ist der Grundsatz, den das Aufwertungsgesetz in § 67 aufstellt, und nicht die Ausnahme, wie Abraham meint. Die Ausnahme ist vielmehr in Abs. 2 des § 67 AufwG. enthalten, die noch dazu in ihrer sachlichen Bedeutung durch besondere Bestimmungen wesentlich eingeschränkt worden ist. (So auch Quassowski 5. Aufl. Anm. 6 zu § 67). Dieser gesetzlichen Regelung gegenüber kann es nicht ins Gewicht fallen, welche Gründe für den Ausschluß der Unberührtheit von Vergleichen nach Abs. 2 des § 67 AufwG. maßgebend gewesen sind, insbesondere, ob dafür wie Abraham weiter ausführt, ausschließlich in der Person des neuen Gläubigers liegende Umstände ausschlaggebend waren, und ob man etwa auch für andere den Gesetzesbestimmungen nicht entsprechende Ergebnisse mit dem gleichen Rechte den Gesichtspunkt des Rechtsfriedens ins Feld führen könnte. Denn entscheidend ist hier, daß durch die ausdrückliche Vorschrift des § 67 Abs. 1 und durch die im Abs. 2 enthaltene Unterausnahme die Unberührtheit der durch den Vergleich nach Absicht der Parteien endgültig erledigten Rechtsbeziehungen im Interesse des Rechtsfriedens angeordnet worden ist.

Unter Hinweis auf die Rechtsprechung der Oberlandesgerichte hat Abraham a. a. O. weiter betont, daß § 17 AufwG. dem früheren Gläubiger ein selbständiges Recht gebe, das durch die Vereinbarungen seines Nachmannes nicht berührt werden könne. Auch dem kann nicht beigepflichtet werden. Der erkennende Senat hat schon in seinem Beschluß vom 9. Mai 1927 (RGZ. Bd. 116 S. 183) in Übereinstimmung mit den Ausführungen v. Kargers, DJZ. 1927 Sp. 222, dargelegt, daß nach Abtretung und Umschreibung der Hypothek auf den neuen Gläubiger nicht etwa eine aus dem Grundbuch nicht ersichtliche Doppelbelastung des Grundstücks zugunsten des früheren und des neuen Gläubigers vorhanden war, daß vielmehr lediglich eine Papiermarkhypothek zugunsten des neuen Gläubigers bestand, und daß durch § 17 AufwG., der von der Aufwertung der Hypothek zugunsten des Abtretenden und zugunsten des Erwerbers spricht, nach dem Willen des Gesetzgebers dem Abtretenden ein Teil des in den Goldmarkbetrag umgewandelten Papiermarkbetrags dieser Hypothek zugewiesen werden soll. Schon hieraus ergibt sich, daß nur die eine Hypothek aufgewertet wird und daß die Rechte des Abtretenden und des Erwerbers nur Ausflüsse eines einheitlichen Rechts sind (so auch Erler, Deutsche Steuerzeitung 1927 S. 271). Die Abhängigkeit des Rechts des Abtretenden von dem des Erwerbers ergibt sich aber auch aus § 18 Abs. 1 AufwG., wonach der Schuldner auf den Aufwertungsanspruch des früheren Gläubigers alles das anrechnen kann, was der neue Gläubiger an Aufwertung mehr erhalten hat, als er nach dem Aufwertungsgesetz zu verlangen gehabt hätte (RGZ. Bd. 117 S. 306). Ferner auch aus § 18 Abs. 2 AufwG., durch den der Aufwertungsanspruch des früheren Gläubigers dahin eingeschränkt wird, daß der für ihn zu berechnende Aufwertungsbetrag die Gesamtheit der Aufwertungsbeträge der ihm zeitlich nachstehenden Gläubiger übersteigen muß, um überhaupt eine Aufwertung der Hypothek zu seinen Gunsten zu ermöglichen. Die Weiterabtretung durch die neuen Gläubiger zu höherem Goldmarkwert der Gegenleistungen kann daher dazu führen, daß eine Aufwertung der Hypothek zugunsten des ersten Abtretenden überhaupt nicht stattfindet. Dieses Ergebnis wäre nicht möglich, wenn das

Recht des Abtretenden ein völlig selbständiges wäre; denn in diesem Falle dürfte es durch die weiteren Abtretungen nicht berührt werden (v. Karger a. a. O.). Im übrigen aber erweist auch die Vorschrift des § 21 Abs. 2 AufwG., wonach der Aufwertungsbetrag des früheren Gläubigers dem Aufwertungsbetrag des gegenwärtigen Gläubigers im Range nachsteht, die Abhängigkeit des Rechts des Abtretenden von dem des Erwerbers. Es fällt daher auch nicht aus dem Rahmen des Aufwertungsgesetzes, daß der neue Gläubiger die Rechte des früheren durch einen mit dem Schuldner abgeschlossenen Vergleich beseitigen kann. Mit Recht haben übrigens schon Quassowski Anm. 6 zu § 67 und Kosterlitz in JW. 1927 S. 1819 hervorgehoben, daß von einem selbständigen Rechte des früheren Gläubigers jedenfalls dann keine Rede sein kann, wenn ein Recht für ihn aus § 17 AufwG. überhaupt nicht erst zur Entstehung gelangt ist. Dies trifft aber im Fall eines mit dem neuen Gläubiger abgeschlossenen Vergleichs gemäß § 67 Abs. 1 AufwG. zu. Denn infolge des durch diese Vorschrift angeordneten Ausschlusses der Rückwirkung des § 17 AufwG. entsteht das Recht des früheren Gläubigers überhaupt nicht, wie im Urteil vom 11. Mai 1927 bereits dargelegt ist, und der Vergleich, der mit dem nach der Rechtslage zur Zeit des Vergleichsabschlusses allein zum Abschluß berechtigten neuen Gläubiger abgeschlossen worden ist, behält seine Kraft.

Wenn Mügel, Komm. Anm. 7 zu § 17 und Abraham a. a. O. ferner meinen, eine Unterscheidung zwischen „Vergleichen" und „Vereinbarungen" habe die unerwünschte Folge, daß die schwierige Frage, ob ein „Vergleich" oder eine „Vereinbarung" vorliege, große Bedeutung gewinne, so kann auch dies nicht ins Gewicht fallen. Denn diese Unterscheidung muß auch sonst, abgesehen von dem Falle eines mit dem neuen Gläubiger getroffenen Abkommens, in allen Fällen einer Abrede über die Hypothekenaufwertung gemacht werden, da § 67 Abs. 1 und 2 AufwG. nur Vergleiche im Auge hat, Vereinbarungen ohne Vergleichscharakter aber nicht trifft. Im übrigen aber wird die Beurteilung der Frage, ob ein Abkommen als ein Vergleich oder als eine Vereinbarung ohne Vergleichscharakter anzusehen ist, kaum noch Schwierigkeiten bereiten, nachdem der erkennende Senat sich über die Voraussetzungen eines Vergleichs im Sinne des § 67 AufwG. in seinen Urteilen vom 12. Februar 1927 (RGZ. Bd. 116 S. 143) und vom 11. Juni 1927 (RGZ. Bd. 117 S. 226) eingehend ausgesprochen hat. Die von beiden Schriftstellern geäußerte Besorgnis vor verdecktem Zusammenwirken zwischen dem neuen Gläubiger und dem Schuldner zuungunsten des früheren Gläubigers kann gleichfalls nicht ausschlaggebend ins Gewicht fallen.

Es kann auch keinen Unterschied machen, ob der den Vergleich mit dem neuen Gläubiger abschließende Grundstückseigentümer zugleich der persönliche Schuldner der der Hypothek zugrunde liegenden Forderung ist oder nicht, und es trifft nicht zu, wenn Abraham a. a. O. meint, daß die persönliche Forderung des Abtretenden unberührt geblieben sei, wenn der nicht persönlich haftende Grundstückseigentümer sich mit dem Erwerber verglichen habe. Allerdings erfaßt der zwischen dem letzteren und dem nicht persönlich haftenden Grundstückseigentümer abgeschlossene Vergleich zunächst nur die Hypothek. Schließt jedoch der Grundstückseigentümer, der nicht zugleich persönlicher Schuldner ist, mit dem neuen Gläubiger einen Vergleich, so kommt nach dem Ausgeführten infolge des Ausschlusses der rückwirkenden Kraft des § 17 AufwG. ein Anspruch des früheren Gläubigers auf Aufwertung seiner Hypothek überhaupt nicht zur Entstehung. Das hat aber zur Folge, daß für ihn auch ein Aufwertungsanspruch gegen den persönlichen Schuldner nicht entsteht. Denn ein solcher Anspruch erwächst dem früheren Gläubiger auch für seine persönliche Forderung stets nur im Rahmen des § 17 AufwG., also nur dann, wenn gleichzeitig eine Aufwertung der zur Sicherung der Forderung dienenden Hypothek stattfindet. Eine Aufwertung zugunsten eines Abtretenden für seine nicht durch Hypothek gesicherte oder nicht demnächst durch Wiedereintragung der Hypothek zu sichernde Forderung ist dem Aufwertungsgesetz fremd; sie findet auch nach den außerhalb des Aufwertungsgesetzes geltenden allgemeinen Vorschriften nicht statt. Ein Vergleich des Grundstückseigentümers mit dem Erwerber einer Hypothek bringt daher auch einen Aufwertungsanspruch des Abtretenden nach § 17 AufwG. wegen seiner persönlichen Forderung selbst dann nicht zur Entstehung, wenn der den Vergleich abschließende Grundstückseigentümer nicht der persönliche Schuldner ist.

Mügel hat in seinem Kommentar 5. Aufl. Anm. 7 zu § 17 AufwG. und in JW. 1927 S. 1820 noch ausgeführt: Wenn man die Absicht des Gesetzes ermitteln wolle, so müsse man berücksichtigen, daß den Ausgangspunkt für die Vorschrift des § 17 AufwG.

der Fall der unechten Abtretung bilde, wenn nämlich vom Eigentümer oder für dessen Rechnung gezahlt und auf Wunsch des Zahlenden an Stelle einer Quittung eine Abtretungserklärung ausgestellt worden sei. In diesem Falle solle der Zahlungsempfänger, der zur Ausstellung der Abtretungserklärung nicht verpflichtet sei, nicht schlechter gestellt werden. Dies würde aber geschehen, wenn seinem Aufwertungsanspruch ein Vergleich mit dem neuen Gläubiger entgegenstehen würde. Demgegenüber ist darauf hinzuweisen, daß der Hypothekengläubiger, der seine Hypothek im Wege einer unechten Abtretung weggibt, auch in den Fällen, in denen kein Vergleich mit dem Erwerber abgeschlossen wird, eine ungünstigere Stellung einnimmt, als wenn seine Hypothek gelöscht wird. Denn während ihm im letzteren Fall unter den Voraussetzungen der §§ 14, 15 AufwG. die volle gesetzliche Aufwertung gebührt und seine Hypothek zum alten Range wieder eingetragen wird, ist der ihm bei einer — echten oder unechten — Abtretung zustehende Anspruch durch die Vorschriften der §§ 18 Abs. 2 und 21 Abs. 2 AufwG. in der erwähnten Weise beschränkt. Eine Schlechterstellung des Abtretenden gegenüber dem Hypothekengläubiger, der nicht abgetreten hat, findet also nach dem Willen des Gesetzgebers auch abgesehen von den Fällen des mit dem Erwerber abgeschlossenen Vergleichs statt.

Auch Billigkeitsgründe können gegen den Standpunkt des Senats nicht ins Feld geführt werden. Sie sind in Fällen, in denen wie hier nicht die Anwendung des § 242 BGB., sondern die des Aufwertungsgesetzes in Frage steht, als solche überhaupt nur in dem Sinne verwertbar, daß ihnen vermutlich der Gesetzgeber gefolgt sei und daß die von ihm geschaffene Gesetzesnorm demgemäß zu verstehen sei. Im übrigen kann auch im Grundsatz ein Ergebnis nicht unbillig erscheinen, das die Entscheidung der Frage, ob der Anspruch eines Hypothekengläubigers auf Aufwertung seiner Hypothek durch einen nach § 67 Abs. 1 AufwG. abgeschlossenen Vergleich beseitigt wird, nicht von dem zufälligen Umstand abhängig macht, ob die Hypothek übertragen worden oder bei dem bisherigen Gläubiger verblieben ist.

Der Senat sieht hiernach keinen Anlaß, von seiner Ansicht abzugehen, daß die Rechte des ursprünglichen Gläubigers aus § 17 AufwG. durch einen Vergleich beseitigt werden, den der neue Gläubiger und der Schuldner vor dem 15. Juni 1922 oder nach dem 14. Februar

1924, aber vor dem Inkrafttreten des Aufwertungsgesetzes zu dem Zweck abgeschlossen haben, den Streit oder die Ungewißheit über die Höhe des infolge der Geldentwertung zu zahlenden Betrags zu beseitigen. Daraus folgt weiter, daß die in der Rückwirkungszeit mit einem Nichtkaufmann oder zugunsten eines Teilungsstocks (§ 67 Abs. 2 AufwG.) geschlossenen Vergleiche dem Anspruch des früheren Gläubigers auf Aufwertung nicht entgegenstehen. Für die Annahme Neukirchs (Komm. S. 502), daß ein in der Rückwirkungszeit von einem Kaufmann abgeschlossener Vergleich gegenüber dem Abtretenden unwirksam sei, bieten weder Wortlaut noch Entstehungsgeschichte des Abs. 2 irgendeinen Anhalt (so auch Quassowski a. a. O.). Hieraus ergibt sich aber ferner, daß „Vereinbarungen", die nicht die Merkmale eines Vergleichs im Sinne des § 67 AufwG. aufweisen, nicht unberührt bleiben, daß also ihnen gegenüber die Bestimmung des § 17 AufwG. rückwirkende Kraft äußert und den Aufwertungsanspruch des Abtretenden zur Entstehung gelangen läßt. Nur dann würden sie unberührt bleiben, wenn durch die Vereinbarung dem Abtretenden das zugewendet worden wäre, was ihm nach §§ 17, 18 AufwG. nunmehr gebührt (vgl. Urteil des erk. Senats vom 22. Juni 1927 RGZ. Bd. 117 S. 300), ein Fall, der praktisch nicht häufig eingetreten sein wird. Aus dem Ausgeführten folgt aber weiter, daß auch die sonstigen Gründe, die zum Erlöschen einer Forderung führen, wie z. B. die Hingabe zur Erfüllung oder an Erfüllungsstatt, die Aufrechnung usw., mögen sie auch für die Frage etwaiger Anrechnung gemäß § 18 Abs. 1 AufwG. ihre Bedeutung behalten, nur dann den Grundstückseigentümer von seiner Aufwertungspflicht gegenüber dem Anspruche des Abtretenden aus § 17 AufwG. befreien und ein völliges Erlöschen des Aufwertungsanspruchs des Abtretenden herbeiführen können, wenn sie auf der Grundlage eines nach § 67 AufwG. unberührt bleibenden Vergleichs vorgenommen sind, nicht dagegen, wenn sie ohne einen solchen erfolgt sind. Denn nur ein schuldtilgender Vergleich, nicht jedoch sonstige schuldtilgende Vorkommnisse, sollen nach der ausdrücklichen Vorschrift des § 67 AufwG. unberührt bleiben. Daher kann sich der Grundstückseigentümer, der keinen Vergleich abgeschlossen hat, dem auf § 17 AufwG. gestützten Aufwertungsanspruch des früheren Gläubigers gegenüber auch nicht auf die Vorschriften der §§ 893, 409 BGB. berufen. Die Voraussetzungen dieser Vorschriften würden sonst stets schon dann vorliegen, wenn überhaupt an den gegenwärtigen Gläubiger gezahlt oder wenn die Hypothek auf Bewilligung des gegenwärtigen Gläubigers gelöscht worden ist. Diese Schlußfolgerung wird aber durch §§ 17, 18 AufwG. ausgeschlossen (Neukirch S. 293 § 20 II). Diese Bestimmungen enthalten ein Sondergesetz, das eine Berufung auf die allgemeinen Vorschriften der §§ 893, 409 BGB. ausschließt (so auch Mügel 5. Aufl. Anm. 7 zu § 67). . . .

---

12. Fallen Einzahlungen bei einer Bank, die zur Sicherheitsleistung für sie gemacht werden, unter § 66 des Aufwertungsgesetzes?

IV. Zivilsenat. Urt. v. 10. November 1927 i. S. D. A. B. (Bekl.) w. B. H. A. (Kl.). IV 118/27.

I. Landgericht Hamburg.
II. Oberlandesgericht daselbst.

Zur Sicherung der Beklagten, einer Bank, gegen die Inanspruchnahme aus einer von ihr übernommenen Bürgschaft zahlten die Rechtsvorgänger des Klägers vor dem Kriege bei ihr den Wert von 4500 £ in deutschem Gelde ein. Das Geld sollte als Depot bei der Beklagten bis zur Erledigung der Sache stehen bleiben und von ihr mit $3^1/_2$% verzinst werden. Eine Haftung der Beklagten aus der Bürgschaft kommt nicht mehr in Frage; der Kläger beansprucht deswegen Rückzahlung des hinterlegten Geldes. Unter Vorbehalt weiterer Ansprüche verlangt er mit seiner Klage die Zahlung von 500 £, hilfsweise von 10000 RM. Die beiden Vorderrichter haben den Hilfsanspruch dem Grunde nach für berechtigt erklärt. Sie erkennen dem Kläger einen nach allgemeinen Vorschriften aufzuwertenden Anspruch auf Rückzahlung zu und verneinen die Anwendbarkeit des § 66 AufwG. Die Revision der Beklagten blieb erfolglos.

Aus den Gründen:

Die Entscheidung des Streites der Parteien hängt davon ab, ob die Einzahlung der Gelder bei der Beklagten auf Grund eines Verwahrungsvertrags der in § 66 AufwG., § 700 BGB. bezeichneten Art erfolgte. Ein solcher Vertrag erfordert, daß der Verwahrer verpflichtet wird, den ihm gezahlten Betrag wieder zurückzuzahlen, daß also das Geld nur zeitweise bei ihm untergebracht werden soll. Das war aber nicht das Ziel des streitigen Vertrags. Seine Aufgabe war eine andere, und diese bestimmte seinen Inhalt abweichend von dem in § 700 BGB. geregelten Vertrag. Die Beklagte erhielt das Geld, um sich daraus Deckung zu verschaffen, wenn sie aus der Bürgschaft in Anspruch genommen würde. Sie brauchte in diesem Falle nicht zurückzuzahlen, sondern durfte das Geld behalten. Ihre Rückzahlungspflicht erwuchs erst dadurch, daß ihre Verpflichtungen aus der Bürgschaft in Wegfall kamen. Das Geld wurde der Beklagten nicht zur Verwahrung für die Rechtsvorgänger des Klägers gegeben, sondern zur Sicherstellung ihrer Befriedigung für etwaige ihr erwachsende Forderungen. Ein derartiger Sicherungsvertrag fällt nicht unter die Ausnahmebestimmung des § 66 AufwG. . . .

---

13. Zur Haftung des Fahrzeughalters für den Schaden, den sein Kraftwagenführer bei einer sogenannten Schwarzfahrt anrichtet.

Kraftfahrzeuggesetz § 7 Abs. 3. BGB. § 831.

VI. Zivilsenat. Urt. v. 10. November 1927 i. S. H. u. Gen. (Bekl.) w. Z. (Kl.). VI 277/27.

I. Landgericht II Berlin.
II. Kammergericht daselbst.

In der Nacht vom 30. September zum 1. Oktober 1924 ist der den Beklagten zu 1—3 gehörige, von dem mitbeklagten M. geführte Kraftwagen mit der Pferdedroschke des Klägers zusammengestoßen. Der Kläger behauptet, daß er vom Bocke geschleudert worden sei und dadurch schwere Verletzungen erlitten habe; auch sei das Pferd getötet und die Droschke beschädigt worden. M. sei auf der falschen Straßenseite und übermäßig schnell gefahren und trage die Schuld an dem Unfall. Der Kläger fordert Schadensersatz und Schmerzensgeld. Die Beklagten zu 1—3 wenden ein, daß M. eine Schwarzfahrt ausgeführt habe und sie deshalb nicht hafteten. Das Landgericht hat der Klage gegen den Wagenführer stattgegeben, sie aber gegen die Beklagten zu 1—3 abgewiesen. Auf die Berufung des Klägers hat das Kammergericht der Klage auch gegen die letzteren stattgegeben.

Die Revision der Beklagten zu 1—3 hatte Erfolg.

Gründe:

Bei der Fassung des § 7 Abs. 3 Satz 1 KFG. „Benutzt jemand das Fahrzeug ohne Wissen und Willen des Fahrzeughalters ...." kann es nicht zweifelhaft sein, daß die Vorschrift auch Platz greift, wenn der vom Fahrzeughalter angestellte Kraftwagenführer eine unerlaubte Fahrt, sog. Schwarzfahrt, unternimmt. Das war schon in der früheren Rechtsprechung anerkannt (RGZ. Bd. 77 S. 350) und ist durch den neuen Wortlaut (RGBl. 1923 I S. 743) noch deutlicher zum Ausdruck gebracht (RG. in JRsch. 1927 Nr. 41). Im vorliegenden Falle ist festgestellt, daß der Wagenführer M. die nächtliche Fahrt ohne Wissen und Willen seiner Dienstherrn ausgeführt hat, sowie daß die Schuld an dem Zusammenstoß mit dem Wagen des Klägers allein dem M. zur Last fällt.

Liegt aber danach eine Schwarzfahrt vor, so haften die Revisionskläger als Halter des Fahrzeugs nach § 7 Abs. 3 Satz 2 KFG. dann, wenn die Benutzung des Fahrzeugs durch ihr Verschulden ermöglicht worden ist. Das Kammergericht meint, den Beklagten liege der Entlastungsbeweis aus § 831 BGB. ob. Zwar falle die Schwarzfahrt selbst nicht in den Kreis der dem Wagenführer übertragenen Verrichtungen. Wohl aber sei dem M. die Obhut über den Wagen anvertraut gewesen und er habe dafür zu sorgen gehabt, daß der Kraftwagen nach Beendigung seiner Fahrten in der Garage untergestellt und nicht unbefugt benutzt werde. Der durch die Zuwiderhandlung gegen diese Pflicht herbeigeführte Schaden sei im Sinne des Gesetzes in Ausführung der Verrichtung zugefügt. Der ursächliche Zusammenhang zwischen der Verletzung der Obhutspflicht und dem entstandenen Schaden sei aber anzunehmen. Durch § 7 Abs. 3 Satz 2 KFG. werde die Anwendung des § 831 BGB. nicht ausgeschlossen.

Ein Verschulden der jetzt allein noch in Betracht kommenden Beklagten nach Maßgabe des § 823 BGB. stellt das Kammergericht nicht fest. Die Haftung der Beklagten auf Grund des Kraftfahrzeuggesetzes ist jedoch nicht rechtsirrtumsfrei begründet. Auch wenn der eigene Kraftwagenführer unbefugt eine Fahrt unternimmt, gilt der Grundsatz des § 7 Abs. 3 Satz 1 KFG., wonach unter Befreiung des Fahrzeughalters an dessen Stelle allein dem Kraftwagenführer als Benutzer die Betriebsgefahr und die Schadensersatzpflicht zur Last fällt. Daneben tritt die im Satz 2 verordnete Ersatzpflicht des Halters, wenn er die Benutzung schuldhaft ermöglicht hat. Im Gegensatz zu der Auffassung des Kammergerichts wird im Schrifttum überwiegend angenommen, daß nach der Sondervorschrift des § 7 Abs. 3 Schlußsatz das Verschulden die Voraussetzung für die Inanspruchnahme des Fahrzeughalters bildet und daher vom Geschädigten zu beweisen ist, sodaß dieser sich auf die Verschuldungsvermutung aus § 831 BGB. nicht berufen kann (Müller AutoG. 2. Aufl. S. 263, Heucke 2. Aufl. Anm. 24 zu § 7; Lechner AutoG. Bemerkung 18 zu § 7; Oberländer und Bezold Automobilrecht 6. Aufl. S. 230; Th. Meyer in Recht des Kraftfahrers 1926 S. 119; Urteil des Reichsgerichts vom 3. Januar 1921 VI 469/20; JRsch. 1927 Nr. 41). Diese Frage bedarf indessen keiner Entscheidung, weil die Anwendbarkeit des § 831 BGB. aus einem andern Grunde entfällt.

Mit dem Begriff einer Schwarzfahrt, also einer solchen, die ohne Wissen und gegen den (ausdrücklichen oder zu vermutenden) Willen des Halters geschieht, ist regelmäßig die Annahme unvereinbar, daß dabei der Kraftwagenführer in Ausführung der ihm übertragenen Verrichtungen gehandelt habe. Das erkennt das Kammergericht für die eigentliche Schwarzfahrt an. Es will aber die Einleitung der Schwarzfahrt, das Ingebrauchnehmen des Kraftwagens nach erledigter Dienstfahrt, als Lossagung von der Obhutspflicht gesondert beurteilen und als noch in den Rahmen der übertragenen Pflichten fallend ansehen. Das ist rechtlich nicht haltbar. Sobald der Kraftwagenführer in Ausführung seines Entschlusses zu einer unerlaubten Fahrt das Fahrzeug aus der Garage herausholt oder sonst in Besitz nimmt, hat er die Dienstpflicht verletzt und sich außerhalb seiner Vertragspflichten, auch seiner Obhutspflicht, gestellt. Der Akt der Lossagung von der Obhutspflicht liegt nicht innerhalb des Kreises der Tätigkeiten, welche die Ausführung der ihm übertragenen Verrichtungen darstellen. Durch seine Dienststellung ist dem Kraftwagenführer lediglich die Gelegenheit geboten, sich des Fahrzeugs zu unerlaubten Zwecken zu bemächtigen. Bedenklich ist überdies die Annahme des Kammergerichts, daß schon die Ingebrauchnahme des Wagens durch M. als Ursache für den erst nach mehreren Stunden durch leichtsinniges und vorschriftswidriges Fahren entstandenen Unfall anzusehen sei.

Die allein auf das Mißlingen des Entlastungsbeweises aus § 831 BGB. gestützte Verurteilung der Beklagten kann daher nicht aufrechterhalten bleiben. Anderseits ist der Revision nicht zuzugeben, daß das Kammergericht an die von den Beklagten zu beobachtende Sorgfalt zu strenge Anforderungen gestellt habe. Zutreffend legt das Kammergericht dar, daß mit Schwarzfahrten eine erhöhte Betriebsgefahr verbunden zu sein pflege, weil der Führer erfahrungsgemäß zu raschem hemmungslosem Fahren geneigt sei und weil im weiteren Verlaufe die Sicherheit der Fahrt durch den dabei oft vorkommenden Alkoholgenuß des Führers beeinträchtigt werde. Ist das richtig, so gebietet die Verkehrssicherheit (§ 276 BGB.), daß der Fahrzeughalter unter Anwendung der größten Sorgfalt die Schwarzfahrten zu verhüten bestrebt ist. Was zur Erfüllung dieser Pflicht erforderlich ist, hängt von den Umständen des einzelnen Falles ab. Das Kammergericht wird die von ihm offen gelassene Frage zu entscheiden haben, ob die Beklagten insofern ein Verschulden trifft, als sie trotz des mehrfachen Stellungswechsels des M. in den Jahren 1923 und 1924 sich nicht weiter nach seiner Persönlichkeit erkundigt haben. Namentlich ist aber zu prüfen, ob eine Verletzung der Aufsichtspflicht bei den Beklagten vorliegt, durch welche die Schwarzfahrt ermöglicht worden ist. Nach dem Sachverhalt hat der Kraftwagenführer M. nicht im Geschäftshaus gewohnt und der Kraftwagen ist in einer entfernten Sammelgarage untergebracht gewesen. Außerhalb der Geschäftsstunden scheint danach der Kraftwagen im wesentlichen der Willkür des M. preisgegeben gewesen zu sein. Nun liegt es aber nahe und ist menschlich verständlich, daß selbst ein als zuverlässig empfohlener Kraftwagenführer, wenn ihm eine allzu große Freiheit eingeräumt wird, schließlich der Versuchung unterliegt und der Neigung nachgibt, den Wagen zu Fahrten für sich selbst zu mißbrauchen. Tatsächlich ist festgestellt, daß M. in den zwei Monaten, die er bei den Beklagten in Stellung war, mehrere Schwarzfahrten ausgeführt hat, ohne daß es die Beklagten bemerkt haben. Das Kammergericht wird zu prüfen haben, ob unter den gegebenen Umständen ein schuldhaftes Unterlassen der Beklagten darin zu finden ist, daß sie den bisher von ihnen noch nicht erprobten Kraftwagenführer nicht ausreichend beaufsichtigt haben. Es könnte in Frage kommen, ob der Kläger seiner Beweispflicht zunächst genügt hat durch die Darlegung eines Sachverhalts, der ein Verschulden der Beklagten bei der Ermöglichung der Schwarzfahrt als nach dem regelmäßigen Verlauf der Dinge gegeben erscheinen läßt. Dann würde es zwar nicht nach § 831 BGB., wohl aber nach den in der Rechtsprechung anerkannten Grundsätzen über die Beweislast Sache der Beklagten sein, Umstände darzutun, die ihr Verschulden auszuschließen geeignet sind (RGZ. Bd. 95 S. 249, Bd. 102 S. 95, Bd. 109 S. 19, Bd. 114 S. 75, Bd. 115 S. 425). Welche Bedeutung in dieser Richtung den gelegentlichen Erkundigungen der Beklagten über das Vorhandensein des Kraftwagens in der Garage zukommt, bedarf der erneuten Erwägung (Altsmann DJZ. 1925 Sp. 1254).

---

14. Unter welchen Voraussetzungen kann die Einreichung einer beglaubigten Abschrift der Berufungsbegründung die Urschrift ersetzen und dieselben Rechtswirkungen wie diese äußern?

ZPO. § 130 Nr. 6, § 519.

III. Zivilsenat. Beschl. v. 11. November 1927 i. S. W. (Bekl.) w. W. (Kl.). III B 17/27.

I. Landgericht I München.
II. Oberlandesgericht daselbst.

Gründe:

In der vorliegenden Sache lief die Frist für die Begründung der Berufung am 14. Juli 1927 ab. Am 11. Juli ging beim Oberlandesgericht ein als „Abschrift der Berufungsbegründung" bezeichneter Schriftsatz ein, der vom Prozeßbevollmächtigten des Berufungsklägers nicht handschriftlich beglaubigt, bei dem vielmehr der Beglaubigungsvermerk nur mit dem Stempelabdruck des Namens versehen war. Das Oberlandesgericht ließ dieses Schriftstück mangels der eigenhändigen Unterschrift des Rechtsanwalts nicht als formgerechte Berufungsbegründung im Sinne des Gesetzes gelten und verwarf die Berufung gemäß § 519b ZPO. ohne mündliche Verhandlung als unzulässig.

Mit der sofortigen Beschwerde erstrebt der Beklagte die Aufhebung dieses Beschlusses, da es keinen Unterschied machen könne, ob ein Rechtsanwalt seinen Namen mit der Feder oder mit einem Gummistempel auf ein Schriftstück setze. Diese Ansicht geht nach Lage des Falles fehl. Das Reichsgericht hat in ständiger Rechtsprechung daran festgehalten, daß die Urschriften derjenigen Schriftsätze, mit deren Einreichung eine wesentliche, den Gang des Rechtsstreits bestimmende Prozeßhandlung vorgenommen wird — und dazu gehört auch die Berufungsbegründung —, vom Prozeßbevollmächtigten handschriftlich unterzeichnet werden müssen und daß auf den Ausdruck „sollen" in § 130 Nr. 6 ZPO. kein entscheidendes Gewicht zu legen sei. Denn da, wo die Zivilprozeßordnung die „Unterschrift" fordere, bezwecke sie, für das Gericht jeden Zweifel auszuschließen, daß die Unterschrift von dem Unterzeichner herrühre und daß dieser die volle Verantwortung für den Inhalt des Schriftstücks übernehme (RGZ. Bd. 46 S. 375; JW. 1914 S. 98 Nr. 28 und S. 834 Nr. 11). Daß ein Stempelaufdruck oder überhaupt ein auf mechanischem Wege hergestellter Namenszug hierfür keine oder keine genügende Sicherheit gewährt, bedarf keiner Ausführung. Von dem bisherigen Standpunkt des Reichsgerichts abzuweichen, dazu bieten die Erwägungen des Beschwerdeführers keinen Anlaß.

Diese Ausführungen schließen nicht aus, daß auch eine beglaubigte Abschrift die an die Einreichung der formgerechten Urschrift geknüpften Rechtswirkungen zu äußern vermag. Das ist aber, da eine formgerechte Urschrift vom Prozeßbevollmächtigten eigenhändig unterschrieben werden muß, naturgemäß nur dann der Fall, wenn dieser den Beglaubigungsvermerk handschriftlich vollzogen hat. Deshalb würde auch im gegebenen Falle der am 11. Juli 1927, also an sich rechtzeitig, zu den Akten gelangte Schriftsatz die Frist des § 519 Abs. 2 ZPO. gewahrt haben, wenn der Rechtsanwalt den Beglaubigungsvermerk auf ihm eigenhändig unterschrieben hätte. Die Unterstempelung mit dem Namen des Rechtsanwalts genügte zwar zur Herstellung einer beglaubigten Abschrift als solcher (RGZ. Bd. 7 S. 372, Bd. 14 S. 335), nicht aber zur Herstellung einer beglaubigten Abschrift, die als Ersatz der formgerechten Urschrift dienen könnte.

Da es somit an einer den gesetzlichen Vorschriften entsprechenden Berufungsbegründung fehlt, war die Beschwerde zurückzuweisen.

---

15. 1. Haftet die offene Handelsgesellschaft aus Geschäften, die ein vertretungsberechtigter Gesellschafter abgeschlossen hat, auch dann, wenn dieser seinem Geschäftsgegner nicht erkennbar gemacht hat, daß er im Namen der Gesellschaft handle?

2. Eigentumsvorbehalt und Rücktritt vom Kaufvertrag.

3. Nachträgliche Geltendmachung von Angriffs- und Verteidigungsmitteln in der Berufungsinstanz.

HGB. §§ 124 flg. BGB. §§ 164, 455. ZPO. § 529.

II. Zivilsenat. Urt. v. 11. November 1927 i. S. Offene Handelsgesellschaft N. & Co. u. Gen. (Bekl.) w. Offene Handelsgesellschaft S. N. (Kl.). II 127/27.

I. Landgericht I Berlin.
II. Kammergericht daselbst.

Der Beklagte N. betrieb im Jahre 1924 in Berlin eine Molkerei. Im Januar 1925 übereignete er alle seine Kühe (etwa 22) der Beklagten E., seiner Schwiegermutter, und zwar, wie er behauptet, zur Sicherung für ein von ihr erhaltenes Darlehen. Am 21. Februar 1925 verkaufte die Klägerin an den Beklagten N. sieben Kühe zum Gesamtpreis von 4655,65 RM. Davon wurden 2005,65 RM sofort dadurch getilgt, daß N. der Klägerin Schlachtvieh lieferte. Wegen des Rests von 2650 RM gab der Beklagte N. der Klägerin ein am 15. Juni 1925 fälliges Akzept, das bei Verfall nicht eingelöst wurde und in Protest ging. Am 8. April verkaufte die Klägerin an N. sechs weitere Kühe um insgesamt 3480 RM. Auch für diesen Betrag erhielt sie von N. einen Wechsel, der unter Hinzurechnung der vom Käufer zu tragenden Diskontierungsspesen auf den Betrag von 3591,40 RM gestellt wurde und am 8. Juli 1925 fällig war. Auch dieser Wechsel wurde nicht eingelöst.

Nach dem bestrittenen Vorbringen der Klägerin sollen die Kühe in beiden Fällen unter Vorbehalt des Eigentums verkauft worden sein. Außerdem behauptet die Klägerin: die aus den Beklagten N. u. Frau E. als Teilhabern bestehende offene Handelsgesellschaft N. & Co. (Beklagte zu 1), die am 8. Mai 1925 ins Handelsregister eingetragen worden ist und Mitte April 1925 gegründet worden sein soll, habe in Wirklichkeit schon am 21. Februar 1925 bestanden, sodaß außer dem Beklagten N. auch die Firma N. & Co. und die Gesellschafterin Frau E. für beide noch ausstehende Posten aufzukommen hätten. Demgemäß verlangt die Klägerin Zahlung des noch rückständigen Kaufpreises von zusammen 6241,40 RM oder Herausgabe der 13 Kühe von den drei Beklagten. Den Beklagten N. und Frau E. gegenüber stützt sie dieses Verlangen auch auf unerlaubte Handlung mit der Begründung: sie hätten die offene Handelsgesellschaft N. & Co. gegründet, um dadurch die Zwangsvollstreckung gegen den Beklagten N. zu vereiteln, und die Beklagte Frau E., die in Wahrheit die Eigentümerin des Geschäfts gewesen sei, habe es zugelassen, daß N. als Strohmann für sie Geschäfte abschloß.

Unstreitig wurde bei der Anmeldung der offenen Handelsgesellschaft zum Handelsregister der 1. April 1925 als Zeitpunkt des Geschäftsbeginns angegeben.

Das Landgericht ordnete durch einstweilige Verfügung die vorläufige Rückgabe der verkauften 13 Kühe an die Klägerin an. Daraufhin erhielt die Klägerin 12 davon vorläufig zurück. Der erste Richter verurteilte sodann den Beklagten N. zur Zahlung von 6241,40 RM oder zur Herausgabe der 13 Kühe und wies die gegen die offene Handelsgesellschaft und Frau E. gerichtete Klage ab.

Die Klägerin und der Beklagte N. legten Berufung ein. Durch einstweilige Verfügung des Berufungsgerichts, die auf Antrag der Klägerin erging, wurde diese ermächtigt, die bei ihr noch vorhandenen 11 Kühe (die 12. war inzwischen eingegangen) öffentlich zu versteigern und den Erlös als Streitmasse zu hinterlegen. Die Versteigerung fand statt und die Klägerin hinterlegte den Erlös von 3000 RM. Das Berufungsgericht verurteilte die Firma N. & Co. und die Gesellschafter N. und Frau E. als Gesamtschuldner zur Zahlung von 3591,40 RM und den Beklagten N. allein zur Zahlung weiterer 2650 RM; außerdem wurden die drei Beklagten verurteilt einzuwilligen, daß die hinterlegten 3000 RM an die Klägerin ausgezahlt würden. Im übrigen wurde die Klage abgewiesen.

Die Revision der drei Beklagten führte zur Aufhebung und Zurückverweisung.

Aus den Gründen:

Soweit das Berufungsgericht den Beklagten N. aus den beiden Verträgen vom 21. Februar und 8. April 1925 als Käufer für haftbar erklärt, erhebt die Revision keinen Angriff. Sie wendet sich gegen seine Verurteilung nur insofern, als sie die vom Berufungsgericht ausgesprochene Zurückweisung seiner Aufrechnung mit einer Gegenforderung von 2400 RM bemängelt. Für den aus dem ersten Vertrag noch geschuldeten Kaufpreisbetrag von 2005,65 RM kommt eine Haftung der beklagten offenen Handelsgesellschaft N. & Co. und der Gesellschafterin Frau E. auch nach Annahme des Berufungsrichters nicht in Frage, weil als Tag des Geschäftsbeginns der offenen Handelsgesellschaft im Handelsregister der 1. April 1925 eingetragen und der Gesellschaftsvertrag keinesfalls früher als Mitte April 1925 geschlossen worden ist. Dagegen bejaht der Vorderrichter die Haftung auch der offenen Handelsgesellschaft und der Mitbeklagten Frau E. für den Kaufpreis aus dem zweiten Vertrag mit der Begründung, daß die offene Handelsgesellschaft (und damit auch die Gesellschafterin Frau E.) den im Handelsregister eingetragenen Zeitpunkt des Geschäftsbeginns gegen sich gelten lassen müsse und sich daher gegenüber der gutgläubigen Klägerin nicht auf einen angeblich erst später — nach dem 8. April 1925 — eingetretenen Geschäftsbeginn berufen könne.

Mit Recht bemerkt demgegenüber die Revision, es sei nicht festgestellt, daß der Beklagte N. am 8. April 1925, beim Ankauf der sechs weiteren Kühe, im Namen der offenen Handelsgesellschaft gehandelt habe. Der Gesellschafter muß, wenn durch seine Erklärungen die offene Handelsgesellschaft verpflichtet werden soll, für den Dritten erkennbar in deren Namen auftreten. Ausdrückliche Worte sind hierzu nicht erforderlich; das Auftreten für die Gesellschaft kann vielmehr auch aus begleitenden Umständen entnommen werden. Tritt der Wille, im Namen der Gesellschaft zu handeln, nicht erkennbar hervor, so ist die etwaige Absicht des Erklärenden, nicht in eigenem Namen zu handeln, bedeutungslos; es gilt also auch hier der im § 164 Abs. 2 BGB. ausgesprochene Grundsatz.

Eine Feststellung dahin, daß der Beklagte N. am 8. April 1925 als Käufer in fremdem Namen aufgetreten sei, ist nicht getroffen. Im Namen der offenen Handelsgesellschaft N. & Co. konnte er gar nicht auftreten, weil diese damals noch nicht bestand. Nach Behauptung der Beklagten soll ja der Gesellschaftsvertrag erst Mitte April 1925 abgeschlossen worden sein und es steht auch nichts darüber fest, daß sich die Beklagten N. und Frau E. schon am 8. April oder früher, zunächst ohne förmlichen Vertrag, zur gemeinsamen Ausführung von Handelsgeschäften zusammengetan hätten. Wenn diese beiden Beklagten bei der am 8. Mai 1925 erfolgten Anmeldung der offenen Handelsgesellschaft zum Handelsregister den Zeitpunkt des Geschäftsbeginns der Gesellschaft auf den 1. April 1925 angegeben haben, so geschah das offensichtlich nur in dem Sinne, daß eine künftige Auseinandersetzung zwischen den Gesellschaftern vom 1. April als dem vertraglich festgesetzten Anfang des gemeinschaftlichen Geschäftsbetriebs auszugehen habe. Dieser Eintrag im Handelsregister konnte aber nichts daran ändern, daß ein nach dem 1. April durch den Beklagten N. bewirkter Ankauf von Kühen die Gesellschaft als solche nur dann verpflichtete, wenn N. seinen Willen, dabei im Namen der Gesellschaft zu handeln, irgendwie zum Ausdruck brachte. Das war gerade hier um so mehr erforderlich, als N. auch schon vor Begründung seiner gesellschaftlichen Beziehungen zu Frau E. mit Kühen gehandelt hatte und ihn nichts hinderte, auch nach Einleitung dieser Beziehungen derartige Geschäfte in eigenem Namen und für seine eigene Rechnung abzuschließen. Der Standpunkt des Berufungsgerichts läßt sich auch nicht auf Grund der Vorschrift des § 344 Abs. 1 HGB. rechtfertigen, schon deshalb nicht, weil die dort aufgestellte Vermutung nur für die Handelsgesellschaft selbst gilt, eine Vermutung dafür aber nicht begründet, daß der Teilhaber einer offenen Handelsgesellschaft in deren Namen gehandelt habe. Ebensowenig greift § 15 HGB. zugunsten der Klägerin ein; denn am 8. April 1925 war, wenn man von anderen Bedenken absieht, überhaupt noch kein Eintrag ins Handelsregister gemacht. Endlich geht auch der Versuch der Revisionsbeklagten fehl, die Auffassung des Berufungsgerichts unter Hinweis auf § 123 Abs. 2 HGB. zu halten. Denn am 8. April hatte die Gesellschaft N. & Co. ihre Geschäfte zweifellos noch nicht begonnen; der am 8. Mai 1925 bewirkte Eintrag ins

Handelsregister, der den Geschäftsbeginn auf den 1. April 1925 zurückverlegte, vermag aber den wirklichen Geschäftsbeginn, den § 123 Abs. 2 im Auge hat, nicht zu ersetzen.

(Es wird ausgeführt, daß der Berufungsrichter als erwiesen ansehe, es sei bei beiden Verkäufen ein Eigentumsvorbehalt zu gunsten der Klägerin vereinbart worden. Dann wird fortgefahren:)

Mit Grund bezeichnet es die Revision als rechtsirrtümlich, daß der Berufungsrichter der Klägerin die beiden Kaufpreisbeträge von 2650 und 3591,40 RM, zusammen 6241,40 RM, und außerdem noch die hinterlegten 3000 RM nebst Zinsen zugesprochen hat. Eine so weitgehende Verurteilung der Beklagten hat die Klägerin selbst nicht beansprucht. Denn ihr Antrag ging auf Zahlung der rückständigen Kaufpreise von 6241,40 RM nebst Zinsen oder auf Herausgabe der 13 Kühe. Nachdem sodann von den 12 Kühen, welche die Klägerin auf Grund einstweiliger Verfügung des Landgerichts zurückerhalten hatte, die noch vorhandenen 11 Stück (gemäß der einstweiligen Verfügung des Berufungsgerichts) versteigert worden waren, verlangte die Klägerin hilfsweise, d. h. an Stelle des Herausgabeantrags, Verurteilung der Beklagten zur Einwilligung in die Ausfolgung des hinterlegten Versteigerungserlöses von 3000 RM an sie, die Klägerin. Die Verurteilung zur Einwilligung in die Auszahlung der 3000 RM neben der Verurteilung zur Entrichtung der beiden Kaufpreisbeträge ist daher nicht gerechtfertigt. Nach § 455 BGB. berechtigt der Eigentumsvorbehalt den Verkäufer einer beweglichen Sache bei Zahlungsverzug des Käufers im Zweifel zum Rücktritt vom Vertrag mit der Folge, daß die Parteien die empfangenen Leistungen einander nach §§ 346 bis 358 BGB. zurückzugewähren haben. Dagegen verstößt die Ausführung des Berufungsgerichts: die Geltendmachung des Eigentumsvorbehalts bedeute nicht ohne weiteres den Rücktritt vom Kaufvertrag; der Anspruch auf Kaufpreiszahlung werde durch den dinglichen Herausgabeanspruch nicht ausgeschlossen, wie auch umgekehrt der Anspruch auf den Kaufpreis dem Herausgabeanspruch nicht entgegenstehe.

Begründet ist endlich auch die Rüge, die sich auf die Zurückweisung des Gegenanspruchs des Beklagten N. in Höhe von 2500 RM bezieht. Dieser Aufrechnungsanspruch wurde im Berufungsverfahren damit begründet, daß eine von den Kühen statt zugesicherter 20 Liter Milch nur 3 Liter gegeben habe (nachdem in erster Instanz nur von einer den Betrag von 2650 RM weit übersteigenden, auf anderer Tatsachengrundlage beruhenden Gegenforderung für Schadensersatz die Rede gewesen war). Der Beklagte N. hat also die Aufrechnung der Gegenforderung aus ungenügender Milchgewinnung erst im Berufungsverfahren geltend gemacht. Dies nimmt auch der Vorderrichter an. Er weist aber dieses Vorbringen auf Grund des § 529 Abs. 3 ZPO. zurück, weil das verspätete Vorbringen auf grober Nachlässigkeit beruhe und eine Verzögerung des Rechtsstreits zur Folge hätte. Diese Fassung lehnt sich an § 529 Abs. 2 an, auf welchen Abs. 3 verweist. Die Revision ist der Ansicht, die im Abs. 5 des § 529 ZPO. für die Geltendmachung einer Aufrechnung im Berufungsverfahren getroffene Sonderregelung schließe die Anwendung des Abs. 3 in einem derartigen Falle aus. Dem ist beizutreten. Nach der früheren Fassung des § 529, welche die Absätze 2 und 3 des jetzigen § 529 noch nicht enthielt, konnte kein Zweifel daran sein, daß für die Geltendmachung einer Aufrechnung in der Berufungsinstanz der damalige Abs. 3 (im wesentlichen gleichen Inhalts mit dem jetzigen Abs. 5) maßgebend war. Warum das anders geworden sein sollte dadurch, daß durch die Novelle von 1924 in den § 529 die jetzigen Absätze 2 und 3 (über neue Angriffs- und Verteidigungsmittel und neues, in der Berufungsbegründung nicht mitgeteiltes Vorbringen des Berufungsklägers) eingeschoben worden sind, ist nicht einzusehen. § 529 Abs. 5 enthält daher für die Frage der Zulässigkeit der Aufrechnung eine Sonderregelung, welche die Anwendung von Abs. 2 oder 3 das. ausschließt (so auch Stein-Jonas § 529 bei Nr. V Abs. 2). Ist Abs. 5 maßgebend, so wurde die Zurückweisung der Aufrechnung dadurch ausgeschlossen, daß die Klägerin in die Geltendmachung einwilligte. Dies ist nach dem hier entsprechend anzuwendenden § 269 ZPO. anzunehmen, wenn sie sich in der mündlichen Verhandlung auf das Aufrechnungsvorbringen der Beklagten sachlich eingelassen hat. Aus den vor dem Berufungsgericht vorgetragenen Schriftsätzen geht aber nicht hervor, daß das geschehen wäre; denn in keinem der nach dem 28. April 1926 liegenden Schriftsätze der Klägerin findet sich eine Erwiderung auf das Aufrechnungsvorbringen. Es ist daher Sache des Berufungsgerichts, zu diesem Punkt Stellung zu nehmen. Der von der Revision hervorgehobene Umstand, daß ein Widerspruch der Klägerin gegenüber der Aufrechnung weder festgestellt noch aus den Akten ersichtlich ist, genügt für sich allein noch nicht zur Annahme ihrer Einwilligung nach § 529 Abs. 5 ZPO. . . .

---

16. Über die Voraussetzungen, unter denen sich der Patentschutz auf gleichwertige Mittel (Äquivalente) erstreckt.

Patentgesetz § 4.

I. Zivilsenat. Urt. v. 12. November 1927 i. S. R. & S. (Kl.) w. G. (Bekl.). I 21/27.

I. Landgericht Wiesbaden.
II. Oberlandesgericht Frankfurt a. M.

Die Klägerin ist Inhaberin des seit dem 23. Dezember 1913 laufenden Deutschen Reichspatents Nr. 284011, eine Vorrichtung zum Abscheiden von Wasser aus strömender Preßluft betreffend. Der Patentanspruch lautet: „Vorrichtung zum Abscheiden von Wasser aus strömender Preßluft, gekennzeichnet dadurch, daß die Kammern vollkommen mit Quarzstücken ausgefüllt sind, sodaß die Preßluft bei dem Durchziehen der Zwischenräume den Wassergehalt niederschlägt, die geneigt liegenden Böden an je einem Ende eine Durchzugöffnung führen, um Preßluft und Wasser von Kammer zu Kammer zu leiten, das Wasser vom Sammelraum in den Schwimmerraum gelangt, während die vollkommen trockene Preßluft durch den Steigeschacht den Wasserabscheider verläßt". Die Klägerin behauptet, daß der Beklagte ihr Patent durch Herstellung von Vorrichtungen zum Abscheiden von Flüssigkeiten aus Preßluft, Gasen und Dämpfen nach seinem mit Wirkung vom 2. Mai 1922 erteilten DRP. Nr. 376416 verletze, dessen Patentansprüche lauten: „1. Vorrichtung zum Abscheiden von Flüssigkeiten aus Preßluft, Gasen und Dämpfen, bei der beliebig viele auswechselbare Filter konzentrisch ineinander angeordnet sind und vom Gasstrom nacheinander durchzogen werden, dadurch gekennzeichnet, daß die geneigt liegenden Böden oder die unteren Teile von je zwei benachbarten Filterpatronen durch Öffnungen für den ungestörten Abfluß der ausgeschiedenen Flüssigkeit in Verbindung stehen. 2. Vorrichtung zur Abscheidung von

Flüssigkeiten nach Anspruch 1, dadurch gekennzeichnet, daß die den Filterstoff umfassenden Siebkörbe nebst Boden und Deckel durch leicht lösbare Schrauben oder dergl. zu einem patronenartigen Hohlkörper vereinigt sind. 3. Vorrichtung nach Anspruch 1, dadurch gekennzeichnet, daß aus den zu einer Patrone vereinigten Siebkörben durch Füllung mit scharfkantigen, harten Schlacken, Glas- oder Porzellanscherben gasdurchlässige Abscheidekörper gebildet sind". Die Klägerin hat deshalb Klage erhoben mit dem Antrag auf Verurteilung des Beklagten, daß er bei Vermeidung einer vom Gericht festzusetzenden Strafe unterlasse, Preßluft-, Wasser- und Ölabscheider herzustellen oder herstellen zu lassen und in Verkehr zu bringen, bei denen hintereinander geschaltete Kammern mit Quarzstücken, Hartporzellanbrocken, Marmorbrocken oder dergleichen unporösem scharfkantigem Material ausgefüllt sind, derart, daß der Preßluftstrom an den scharfkantigen Bruchflächen des Gesteins sich bricht und zerteilt und daß infolge des Anpralls gegen diese Flächen das Wasser und Öl abgeschieden wird und sich in einem unter den Kammern vorgesehenen Sammelraum ansammelt. Das Landgericht hat die Klage abgewiesen. Die Berufung und die Revision der Klägerin waren ohne Erfolg.

Gründe:

Das Oberlandesgericht nimmt auf Grund der Patenterteilungsakten, der Patentbeschreibung und des Patentanspruchs an, daß der Klägerin durch das Patent Nr. 284011 die Verbindung zweier Merkmale geschützt worden sei, nämlich ein System hintereinander geschalteter Kammern, durch welche die Preßluft geführt werden soll, und deren völlige Ausfüllung mit zerkleinertem Quarzkieskleinschlag. Es hat geprüft, ob diese Merkmale für sich selbständigen Schutz genießen, und dies für das erste verneint, für das zweite unterstellt. Bei der Vergleichung der Patente der Parteien ist es dann zu dem Ergebnis gelangt, daß der Beklagte bei der Herstellung von Vorrichtungen nach seinem Patent Nr. 376416 weder von beiden Merkmalen des Klagepatents in ihrer Verbindung noch vom zweiten Merkmal, der Füllung mit zerkleinertem Quarzkieskleinschlag, Gebrauch mache. Die Revision hält beides für unrichtig.

Was zunächst die Frage des Füllungsmaterials anlangt, so verkennt das Berufungsgericht nicht, daß trotz des Wortlauts der Patentschrift und insbesondere des Patentanspruchs eine Ausdehnung des Schutzes für das Patent der Klägerin auf andere gleichartige Mittel an sich nicht ausgeschlossen wäre, lehnt sie aber trotzdem mit Rücksicht auf den Stand der Technik ab. Es führt aus, nach der Patentschrift der Klägerin beständen die Vorzüge des Quarzkiesfleinschlags darin, daß er unporös, scharfkantig und von rauher Fläche sei, so daß eine besonders gute Wasserabscheidung gewährleistet werde. Die Rauhflächigkeit bilde nach der Patentschrift den Gegensatz zu glatten Bruchflächen. Die unebene Beschaffenheit der Bruchflächen solle der strömenden Preßluft einen erhöhten Widerstand bieten und dadurch das mitgeführte Wasser zum Abscheiden bringen. So hätten auch die beiden im ersten Rechtszuge vernommenen Sachverständigen den Begriff der Rauhflächigkeit aufgefaßt. Wenn daher die Klägerin in der Berufungsinstanz geltend mache, daß sich der Erfinder mit der Wahl der Bezeichnung „Rauhflächigkeit" im Ausdruck vergriffen habe und daß in Wirklichkeit die muschelige oder splitterige Beschaffenheit des Bruchs beim Quarzkieskleinschlag gemeint sei, so könne ihr darin nicht gefolgt werden, und es spiele keine Rolle, ob man die Beschaffenheit der Bruchfläche des Kieses rauhflächig oder splitterig nenne. Nun sei, wie beide Sachverständigen überzeugend nachgewiesen hätten, die Verwendung von solchen unporösen, scharfkantigen und rauhflächigen Stoffen für Filter zur Reinigung des Gases und der Preßluft von mitgeführtem Wasser zur Zeit der Patentanmeldung schon längst bekannt gewesen. Nach dem Gutachten des Sachverständigen habe man die Abscheidung von Flüssigkeit aus Gasen mittels solcher Stoffe schon früher in der denkbar vielseitigsten Weise vorgenommen; diese Verwendung sei geradezu zu einer Wissenschaft ausgebildet gewesen. Unter solchen Umständen beschränke sich der Schutz des Klagepatents auf die Verwendung gerade des Quarzkieskleinschlags und könne nicht auf andere Stoffe ausgedehnt werden, die ebenfalls unporös, scharfkantig und rauhflächig seien. Der Beklagte benutze dagegen nach seiner Patentschrift nicht Quarzkieskleinschlag, sondern scharfkantige harte Schlacken, Glas oder Porzellanscherben. Ob diese Stoffe die in Betracht kommenden Eigenschaften besäßen, ob sie insbesondere rauhflächig seien, bedürfe daher keiner Entscheidung.

Die Revision hält diese Begründung für nicht genügend. Sie führt aus, es seien durch die Gutachten der beiden Sachverständigen als vorbekannt nur zerkleinerter Kies, Quarzsand, Eisenwolle, Eisenbleche, Eisen- und Stahlspäne nachgewiesen. Diese Stoffe seien dem Quarzkieskleinschlag nicht gleichwertig; ungebrochener Kies habe keine scharfen Kanten, Quarzsand verstopfe, Eisen und Stahl rosteten. Anderseits sei klar, daß die im Klagantrag neben den Quarzstücken erwähnten Stoffe, nämlich Hartporzellanbrocken, Marmorbrocken oder dergleichen unporöses, scharfkantiges Material, mit dem Quarzkieskleinschlag gleichwertig seien. Dabei könne der Streit um die rauhen Flächen keinerlei Rolle spielen. Wenn, wie die Sachverständigen meinten, der wesentliche Erfolg des Klagepatents durch die scharfen Kanten und durch die Unporösität herbeigeführt werde, so sei es ziemlich gleichgültig, ob der Erfinder geglaubt habe, daß auch die vorhandenen mehr oder weniger rauhen Flächen eine Wirkung hätten. Deshalb müsse jedes Material, das unporös sei und scharfe Kanten habe, möge es nun mehr oder weniger rauhflächig sein, als gleichwertig angesehen werden, vorausgesetzt, daß es nicht roste oder sonst ungeeignet sei.

Diese Ausführungen können nicht gebilligt werden. Es ist allerdings im Schrifttum vereinzelt die Ansicht vertreten worden, es dürfe kein Patent so ausgelegt werden, daß die glatten Äquivalente nicht mit darunter fielen, weil das Patent andernfalls praktisch so gut wie nichtig wäre (H. Isay, GewRschutz 1911 S. 327 und Mitteil. 1912 S. 24). Allein dieser Satz hat wenig Zustimmung gefunden (vgl. dagegen auch Wirth, Erfindung und Nachahmung S. 227), und jedenfalls ist diese Auffassung niemals die des Reichsgerichts gewesen. Sie wird auch nicht von der Revision geteilt, die, wie sich aus ihren Ausführungen ergibt, Ausnahmen anerkennen will, aber nur für vorbekannte Äquivalente. Insofern findet sie in der Rechtsprechung des Reichsgerichts auch eine gewisse Stütze. Im Urteil des Senats vom 9. Dezember 1916 I 125/16 heißt es, der Anmelder könne, abgesehen von einem unzweideutigen Verzicht oder einer einschränkenden Verfügung des Patentamts, im Zweifel den Schutz beanspruchen, der ihm nach dem Stande der Technik zur Zeit der Anmeldung des Patents gebühre. Der Schutz erstrecke sich daher im Zweifel auch auf gleichwertige Mittel, und nur, wenn sie vorbekannt seien, entstehe die Frage, ob das Patent auf den unmittelbar beschriebenen Gegenstand zu beschränken sei. Und auch in dem vom erkennenden Senat in RGZ. Bd. 79 S. 186

entschiedenen Fall ist die Abweisung der Klage damit begründet worden, daß die vom Beklagten angewandten gleichwertigen Mittel im Inlande offenkundig vorbenutzt worden seien (vgl. auch RGZ. Bd. 86 S. 202). Allein der im Urteil vom 9. Dezember 1916 ausgesprochene Grundsatz kann fernerhin nicht mehr vollinhaltlich aufrechterhalten werden; denn es sind Fälle denkbar, in denen die Erstreckung des Schutzumfangs eines Patents auf gleichwertige Mittel ungerechtfertigt erscheinen müßte, auch wenn sie nicht vorbekannt gewesen sind.

Hierzu führen Erwägungen, die im wesentlichen schon in RGZ. Bd. 79 S. 186 niedergelegt worden sind. Die Lehre von der patentrechtlichen Gleichwertigkeit (Äquivalenz) ist auf das Bestreben zurückzuführen, dem Erfinder den ihm gebührenden Lohn ungeschmälert zuzuwenden, und darin allein findet sie ihre Berechtigung. Ist ihm die Lösung einer Aufgabe zum erstenmal gelungen, so wäre es eine unbillige Verkürzung, wenn der Schutz seines Patents nicht auch Mittel umfaßte, die von ihm nicht zur Lösung der Aufgabe benutzt, die aber patentrechtlich gleichwertig sind. Die gleiche Beurteilung erscheint auch sonst oft angezeigt, wo eine Aufgabe nicht zum erstenmal ihre Lösung gefunden hat. Ist sie aber schon vielfach und mit vielerlei Mitteln gelöst worden und zeigt der Erfinder nun ein neues Mittel, das eine bessere Lösung verspricht oder vielleicht auch tatsächlich bringt, so wird es oft als eine durch nichts begründete Bevorzugung zum Schaden der Allgemeinheit erscheinen, wollte man ihm ausschließlich die Benutzung von Mitteln vorbehalten, die mit dem von ihm vorgeschlagenen Mittel — abgesehen davon, daß sie zum gleichen Ziele führen — wenig oder nichts gemeinsam haben, dagegen vorbekannten Mitteln nahe stehen. Dann kann es kommen, daß mehrere, die nacheinander verschiedene gleichwertige Mittel zur Lösung derselben Aufgabe offenbaren, einen voneinander unabhängigen Patentschutz genießen. Es läßt sich nicht sagen, daß dadurch das ältere Patent praktisch aller Wirksamkeit entkleidet werde; es wird damit vielmehr nur auf seine wahre Bedeutung zurückgeführt. Eine Überholung durch nachfolgende bessere Erfindungen droht jedem Patent.

So liegt der Fall hier nach der Ansicht des Berufungsgerichts, die auf Grund der getroffenen tatsächlichen Feststellungen ohne Rechtsirrtum begründet worden ist. Die Aufgabe, eine Vor-

Vorrichtung zum Abscheiden von Wasser aus strömender Preßluft herzustellen, war schon vor Anmeldung des Klagepatents vielfach mit mancherlei Mitteln gelöst worden. Der Klägerin gebührt das Verdienst, ein neues besonders billiges Mittel von vielleicht besonders guter, bisher nicht erreichter Wirksamkeit im Quarzkieskleinschlag offenbart zu haben. Der Lohn hierfür soll ihr ungeschmälert bleiben. Aber es ließe sich nach dem Stande der Technik nicht rechtfertigen, wenn man ihr auch die ausschließliche Benutzung der im Patent des Beklagten und im Klagantrag bezeichneten anderen Mittel, nämlich harter Schlacken, Glas- und Porzellanscherben, Marmorbrocken oder dergleichen unporöser scharfkantiger Stoffe, zu dem gleichen Zwecke ausschließlich vorbehalten wollte. Damit würde man die Bedeutung des eine Förderung der Technik erstrebenden Patentschutzes in ihr Gegenteil verkehren. Anders würde die Beurteilung freilich sein müssen, wenn die Klägerin gezeigt hätte, daß die Wirksamkeit des Quarzkieskleinschlags auf Eigenschaften beruht, die bisher für die gestellte Aufgabe noch nicht benutzt worden waren oder deren Bedeutung hierfür man früher noch nicht erkannt hatte, und wenn die Mittel des Beklagten dieselben oder ähnliche Eigenschaften aufwiesen. Aber dies ist nicht der Fall; denn unporöse und scharfkantige Stoffe mit mehr oder minder rauhen Flächen, wie sie das Klagepatent als geeignet bezeichnet, sind schon vor dessen Anmeldung zum Abscheiden von Wasser aus Preßluft gebraucht worden. Das Verdienst der Klägerin besteht nur darin, daß sie ein Mittel gefunden hat, das die bekannten Eigenschaften in glücklicher Weise vereinigt. Zudem scheint nach den eigenen neueren Angaben der Klägerin die Eigenschaft der Rauhflächigkeit die ihr in der Patentschrift zugeschriebene Wirkung tatsächlich nicht zu besitzen. Daß die vorbenutzten Mittel weniger geeignet sein mögen als Quarzkieskleinschlag, weil sie leicht rosten und deshalb oft erneuert werden müssen, oder aus einem anderen Grunde, ist für die hier behandelte Frage unerheblich. Um völlig gleiche Mittel mit nur anderen Namen handelt es sich bei den vom Beklagten benutzten Stoffen ebenfalls nicht.

Hiernach ist es unter den festgestellten Umständen nicht zu beanstanden, wenn das Berufungsgericht es ablehnt, den Schutzumfang des Klagepatents auf andere (gleichwertige) Mittel als Quarzkieskleinschlag zu erstrecken, zumal da auch weder aus der Patentschrift noch aus den Erteilungsakten eine weitergehende Absicht des Erfinders oder ein darüber hinaus reichender Wille des Reichspatentamts ersichtlich ist.

Verletzt hiernach der Beklagte nicht das zweite Merkmal des Patents der Klägerin, sofern es überhaupt, was dahinstehen kann, selbständigen Schutz genießt, so wird dadurch ohne weiteres auch eine Verletzung beider Merkmale in ihrer Verbindung ausgeschlossen. Das von der Klägerin benutzte System der hintereinander geschalteten Kammern war zur Reinigung von Gasen festgestelltermaßen bekannt. Seine Übertragung auf Vorrichtungen zur Reinigung von Preßluft kann nach der rechtlich bedenkenfreien Annahme des Berufungsgerichts nicht als eine des Patentschutzes würdige Erfindung angesehen werden. Es wird überdies, wie das Berufungsgericht in Übereinstimmung mit dem Gutachten der Sachverständigen ohne Rechtsirrtum annimmt, vom Beklagten nicht benutzt. Der besonderen Ausgestaltung der Kammern legt die Klägerin selbst kein Gewicht bei.

Die Revision unterliegt hiernach der Zurückweisung, und zwar auch, soweit sich der Klagantrag auf die Verwendung von Quarzstücken bezieht. Denn der Beklagte hat sie weder benutzt, noch will er sie benutzen; es besteht also keine Besorgnis, daß er durch Anwendung dieses der Klägerin vorbehaltenen Mittels das Patent verletzen werde.

---

17. Zum Begriffe der Annahme der Leistung im Sinne des § 14 AufwG.

V. Zivilsenat. Beschl. v. 12. November 1927 in einer Grundbuchsache von M. V B 24/27.

I. Grundbuchamt Mirow.
II. Landgericht Neustrelitz.

Der Sachverhalt und die Entscheidung ergeben sich aus folgenden

Gründen:

Auf dem im Grundbuch von M. verzeichneten Grundbesitz des Zimmermeisters Sch. stehen für die städtische Sparkasse in M.

15 Hypotheken von zusammen 21000 *M* eingetragen. Die Sparkasse hat am 10. Februar 1926 beantragt, die Aufwertung der Hypotheken mit dem gesetzlichen Aufwertungsbetrag von 5290 R*M* in das Grundbuch einzutragen. Das Grundbuchamt hat den Grundeigentümer zu dem Antrage gehört. Dieser hat angegeben, daß er am 29. Dezember 1923 den Betrag der Hypotheken gezahlt habe. Die Sparkasse, vom Grundbuchamt hierüber befragt, hat die Abschrift eines von ihr an den Grundeigentümer am 7. Januar 1924 gerichteten Briefs folgenden Inhalts vorgelegt: „Wir bestätigen Ihnen hiermit den Empfang der uns mit Schreiben vom 29. v. Mts. übersandten 21630 *M*, die wir als Abschlagszahlung auf das Ihnen von uns gewährte Hypothekendarlehen verbucht haben. Als eine Tilgung der Schuld können wir die Zahlung dieses Betrags an uns nicht ansehen und können Ihnen deshalb auch die Hypothekenscheine mit Abtretungserklärung nicht herausgeben. Wir bitten Sie, eine Aufwertung vorzunehmen und uns entsprechende Vorschläge zu unterbreiten, oder stellen Ihnen anheim, mit der Regelung der Angelegenheit zu warten, bis durch Gesetz endgültig Klarheit über die Frage der Aufwertung geschaffen ist." Eine Anmeldung des Anspruchs auf Aufwertung gemäß § 16 AufwG. hat nicht stattgefunden. Das Grundbuchamt hat durch Beschluß vom 21. März 1927 die Eintragung des Aufwertungsbetrags abgelehnt, da mangels Anmeldung nach § 16 AufwG. eine Aufwertung nicht stattfinde, nachdem der Nennbetrag der Forderung im Dezember 1923 in Papiergeld zurückgezahlt sei und die Sparkasse sich ihre Aufwertungsansprüche ausdrücklich vorbehalten habe. Im Beschluß des Grundbuchamts ist weiter ausgeführt, daß das Grundbuchamt nicht zur Entscheidung der Streitfrage berufen sei, ob trotz nicht erfolgter Anmeldung der Aufwertungsansprüche die Sparkasse Anspruch auf Aufwertung habe, weil die Zahlung des vom Schuldner übersandten Betrags nicht mehr als „Bewirkung der Leistung" anzusehen sei und weil auch eine „Annahme" im Sinne des Gesetzes nicht vorliege. Es müsse den Parteien überlassen bleiben, diese Streitfrage vorerst im Prozeßweg auszutragen. Eine Beschwerde der Gläubigerin wurde durch Beschluß des Landgerichts in Neustrelitz vom 23. Mai 1927 zurückgewiesen mit der Begründung, die Annahme der Beschwerdeführerin, daß die Ende 1923 erfolgte ganz geringfügige Zahlung des Antragsgegners nicht als Leistung im Sinne

des § 14 AufwG. anzusehen sei und daher lediglich eine Berichtigung des Grundbuchs zu erfolgen habe, sei rechtsirrig; die Leistung des Antragsgegners sei nach den damals geltenden gesetzlichen Vorschriften in gültiger Weise erfolgt; es komme daher nur eine Aufwertung nach den §§ 14 und 16 AufwG. in Frage; diese könne nicht erfolgen, da die Gläubigerin den Aufwertungsanspruch nicht bis zum 1. Januar 1926 bei der Aufwertungsstelle angemeldet habe. Gegen diesen Beschluß hat die Gläubigerin weitere Beschwerde eingelegt mit dem Antrag, unter Aufhebung der angefochtenen Entscheidung das Grundbuchamt anzuweisen, die Eintragung, wie beantragt, vorzunehmen. Die weitere Beschwerde macht geltend, daß in der Zahlung und Hinnahme des Betrags, dessen Goldwert überhaupt nicht, auch nicht in Bruchteilen eines Goldpfennigs zu berechnen sei, weder eine Bewirkung noch eine Annahme der Leistung erblickt werden können. Sie hält deswegen eine Anmeldung nach § 16 AufwG. nicht für erforderlich. Die weitere Beschwerde weist dabei hin auf die Entscheidung des Reichsgerichts in JW. 1926 S. 145 und die des Bayrischen Obersten Landesgerichts in JW. 1926 S. 2378.

Das Oberlandesgericht in Rostock hat die weitere Beschwerde gemäß § 79 GBO. dem Reichsgericht vorgelegt. Es hält die weitere Beschwerde für unbegründet, weil nach seiner Meinung eine Anmeldung der Forderungen der Beschwerdeführerin nach § 16 AufwG. erforderlich war; es sieht sich aber an einer Entscheidung in diesem Sinne gehindert durch den Beschluß des Bayrischen Obersten Landesgerichts vom 17. Juli 1926 (JW. 1926 S. 2378). Im Vorlegungsbeschluß ist ausgeführt: Während das Bayrische Oberste Landesgericht in dem angeführten Beschluß die Auffassung vertrete, daß unter Annahme der Leistung ein Verhalten des Gläubigers zu verstehen sei, das sich als Ausdruck des Willens darstelle, eine ihm angebotene Leistung als Vollerfüllung gelten zu lassen, sei der vorlegende Senat der Ansicht, daß eine Annahme im Sinne der erwähnten Vorschriften schon dann vorliege, wenn der Nennbetrag der Forderung, sei es auch in entwertetem Gelde, gezahlt werde und der Gläubiger diesen Betrag, statt ihn zurückzuweisen, annehme, wenn auch unter Vorbehalt. Deswegen sei in allen Fällen der Annahme des Nennbetrags, auch wenn dieser, wie hier noch keinen Goldpfennig an Wert betrage, zur Wahrung der Aufwertungsansprüche die Anmeldung nach § 16 AufwG. erforderlich. Diese beabsichtigte Abweichung von der Entscheidung des Bayrischen Obersten Landesgerichts nötige zur Vorlegung der weiteren Beschwerde an das Reichsgericht. Es sei auch nicht etwa die Meinung des Grundbuchamts richtig, daß es zur Entscheidung der vorliegenden Rechtsfrage nicht berufen sei, in welch letzterem Falle die weitere Beschwerde aus diesem Grunde zurückgewiesen werden müßte, ohne daß in der Begründung der Entscheidung von der Ansicht des Bayrischen Obersten Landesgerichts abgewichen würde. Auch sei nicht angängig, ohne die Streitfrage zu entscheiden, zunächst die Aufwertung einzutragen und es dem Grundeigentümer zu überlassen, seine Einwendungen im Prozeßweg zu verfolgen und sich zunächst durch Eintragung eines Widerspruchs zu sichern. Deswegen hänge die Entscheidung über die weitere Beschwerde schließlich immer von der erwähnten Rechtsfrage ab.

Die Zuständigkeit des Reichsgerichts ist nach § 79 GBO. gegeben. Die erwähnte Entscheidung des Bayrischen Obersten Landesgerichts ist in einer Grundbuchsache ergangen. Die Vorschriften der §§ 14, 16 AufwG., auf deren Auslegung es ankommt, stellen sich als reichsgesetzliche, das Grundbuchrecht betreffende Vorschriften dar (vgl. V B 7/27, AufwRechtspr. Bd. 2 S. 541). Das Oberlandesgericht Rostock vertritt die Ansicht, daß in der Annahme des Ende Dezember 1923 gänzlich entwerteten Papiermarkbetrags eine „Annahme der Leistung" im Sinne des § 14 AufwG. zu erblicken sei, welche die Anmeldung des Aufwertungsanspruchs nach § 16 AufwG. zu dessen Erhaltung nötig machte. Es weicht damit ab von der in der erwähnten Entscheidung des Bayrischen Obersten Landesgerichts niedergelegten Rechtsansicht, daß unter Annahme der Leistung nur ein solches Verhalten des Gläubigers zu verstehen sei, das sich als Ausdruck des Willens darstellt, eine ihm zugehende Leistung als Vollerfüllung gelten zu lassen, und daß deshalb nach Zahlung eines stark entwerteten Papiermarkbetrags zur Erhaltung des Aufwertungsanspruchs eine Anmeldung nicht erforderlich sei, weil Annahme der Leistung nicht vorliege und daher ein Fall der „Aufwertung auf Grund des Vorbehalts der Rechte oder kraft Rückwirkung" nicht gegeben sei.

Es ist der Ansicht des Oberlandesgerichts Rostock beizutreten.

Für die Auslegung des Begriffs der „Annahme der Leistung"

in § 14 AufwG. kann ausgegangen werden von der Formulierung in RGZ. Bd. 111 S. 320 (S. 334 oben), daß darunter ein Verhalten des Gläubigers zu verstehen ist, das nach Lage des Falls unter Berücksichtigung der Verkehrssitte und der Grundsätze von Treu und Glauben sich als Ausdruck des Willens darstellt, eine ihm zugehende Leistung als Erfüllung gelten zu lassen. Diese Auffassung ist auch im Schrifttum durchweg gebilligt worden (Mügel 5. Aufl. S. 636; Quassowski 5. Aufl. S. 227; Schlegelberger-Harmening 5. Aufl. S. 278; Neukirch S. 241). Die vom Bayrischen Obersten Landesgericht geäußerte Ansicht, daß Annahme der Leistung im Sinne des § 14 AufwG. ein Verhalten des Gläubigers bedeute, aus dem sich sein Wille ergebe, die Leistung als Vollerfüllung gelten zu lassen, kann schon deswegen nicht richtig sein, weil diese Vorschrift doch gerade davon ausgeht, daß bei der Annahme der Anspruch auf Vervollständigung der Leistung vorbehalten wird. Deswegen kann „Annahme der Leistung" nur bedeuten, daß der Gläubiger die Leistung überhaupt als geschehen, wenn auch nur als Teilleistung gelten lassen will. Die Ansicht des Bayrischen Obersten Landesgerichts findet auch in der von ihm angeführten Entscheidung des Reichsgerichts keine Stütze. Wenn dort die Rede ist vom Ausdruck des Willens, die Leistung als Erfüllung gelten zu lassen, so hat das in Verbindung mit der Vorbehaltsvorschrift ersichtlich die Bedeutung „Ausdruck des Willens, die Leistung als Teilerfüllung, überhaupt als Zahlung auf die Schuld gelten zu lassen."

Wann das Verhalten des Gläubigers eine solche Deutung zuläßt, ist Sache der Prüfung im einzelnen Fall. Das Reichsgericht hat in Fällen der zwangsweisen Beitreibung des Nennbetrags der Forderung bei einem Drittschuldner (RGZ. Bd. 111 S. 320) und der Einzahlung auf Postscheckkonto des Gläubigers in der Zeit vorgeschrittenen Währungsverfalls (JW. 1926 S. 145) im Schweigen des Gläubigers auf die Zahlungsempfänge hin keine Annahme der Leistung erblickt. Es hat dies aber nicht gelten lassen in einem Fall des Versuchs der Tilgung einer Hypothek durch Ablieferung von Pfandbriefen, die größtenteils aus dem Jahr 1923 stammten, wo der Gläubiger über den Empfang der Pfandbriefe quittiert hatte (JW. 1927 S. 2424); auch nicht in einem Fall aus § 49 AufwG., wo ein Pfandbriefinhaber die Papiere am 2. Juli 1923 freiwillig zur Einlösung gebracht hatte (AufwRechtspr. Bd. 2 S. 701).

In dem jetzt zur Entscheidung stehenden Fall hat die Gläubigerin im Brief vom 7. Januar 1924 eine unzweideutige Erklärung dahin abgegeben, daß sie die Zahlung als Abschlagszahlung unter Vorbehalt der Aufwertung verbucht habe. Die Papiermark war damals noch gesetzliches Zahlungsmittel. Dann bestand auch die Möglichkeit, daß sich auf eine solche Leistung hin der Gläubiger darauf einließ, die Leistung als Teilerfüllung, überhaupt als beachtliche Zahlung anzunehmen. Dem Landgericht kann nicht entgegengetreten werden, wenn es, in Billigung der Ansicht des Grundbuchamts, das Verhalten des Gläubigers, insbesondere den Brief vom 7. Januar 1924 dahin würdigt, daß in ihm eine Annahme der Leistung im Sinne des § 14 AufwG. zu erblicken sei. In der Tat läßt der Wortlaut des Briefs kaum eine andere Deutung zu. Damit ist dann ein Fall der Aufwertung auf Grund des Vorbehalts der Rechte gegeben (§ 14 AufwG.) und es war nach § 16 AufwG. die Anmeldung des Anspruchs auf Aufwertung bis zum 1. Januar 1926 erforderlich. Da es an dieser Anmeldung fehlt, so hat der Grundbuchrichter die beantragte Eintragung des Aufwertungsbetrags mit Recht abgelehnt. Er durfte auch nicht etwa, nachdem der wirkliche Sachverhalt zu seiner Kenntnis gelangt war, an diesem vorübergehen, die Eintragung trotzdem vornehmen und es dem Grundeigentümer überlassen, hiergegen im Prozeßweg vorzugehen. Die weitere Beschwerde war hiernach zurückzuweisen, ohne daß die Frage der Entscheidung bedurfte, ob auch dann, wenn eine Annahme der Leistung nicht gegeben wäre, zur Erhaltung des Aufwertungsrechts doch eine Anmeldung nach § 16 AufwG. erforderlich gewesen wäre.

---

18. Über das Verhältnis von § 65 zu § 66 des Aufwertungsgesetzes. Kann der § 66 AufwG. ausdehnend in dem Sinne ausgelegt werden, daß die Aufwertung auch für Darlehen ausgeschlossen ist, welche die Bank ihren Kunden, namentlich eine Genossenschaftsbank ihren Genossen, außerhalb des laufenden Kontokorrentverkehrs auf bestimmte Zeit gewährt hat?

II. Zivilsenat. Urt. v. 15. November 1927 i. S. T (Bekl.) w. B.-Bank, e. G. m. b. H. (Kl.). II 184/27.

I. Landgericht Schwerin.
II. Oberlandesgericht Rostock.

Gegenstand des Unternehmens der Klägerin ist nach ihrer Satzung „der Betrieb von Bankgeschäften zum Zwecke der Beschaffung der für das Gewerbe und die Wirtschaft der Mitglieder nötigen Geldmittel". Der Beklagte, der seit 1907 Genosse der klagenden Genossenschaft mit einem Geschäftsanteil von 200 *M* gewesen ist, hatte gegen Ausstellung von Dreimonatsakzepten (die dann immer wieder prolongiert wurden) und Bestellung von Sicherheiten (Abtretung von Grundschulden und Verpfändung seines Kornlagers) im Jahre 1907 zweimal je 8000 *M*, im Jahre 1915 15000 *M* und 1916 9000 *M* als Darlehen erhalten. Am 9. März 1923 zahlte er auf Verlangen der Klägerin den ganzen Darlehensbetrag von 40000 *M* zum Nennbetrag in Papiermark zurück; die bestellten Sicherheiten wurden freigegeben.

Die Klägerin verlangt Aufwertung der Darlehen auf 9998 G*M* und hatte zunächst einen Teilbetrag von 501 G*M* eingeklagt. Der Beklagte lehnt eine Aufwertung ab, da das Verlangen der Klägerin, die selbst nach § 66 AufwG. nicht zur Aufwertung verpflichtet sei, Treu und Glauben widerspreche. Das Landgericht ist der Auffassung des Beklagten beigetreten und hat die Klage abgewiesen. Das Oberlandesgericht hat auf Berufung der Klägerin, die ihren Klaganspruch auf 4500 G*M* erweitert hatte, den Klaganspruch dem Grunde nach für gerechtfertigt erklärt. Die Revision des Beklagten blieb in der Hauptsache erfolglos.

Aus den Gründen:

Das Landgericht hatte der klagenden Bank deshalb die Aufwertung ihrer Darlehensforderung gegen den Beklagten versagt, weil die Bank selbst von allen Aufwertungsansprüchen ihrer eigenen Darlehensgläubiger nach § 66 AufwG. befreit sei und daher nach Treu und Glauben auch nicht für sich Aufwertung derjenigen Darlehen verlangen könne, zu deren Gewährung sie erst durch die ihr selbst gegebenen Darlehen instand gesetzt worden sei, die sie also wirtschaftlich mit dem Gelde ihrer Kunden gewährt habe. Außerdem habe die Klägerin freiwillig von 3 zu 3 Monaten den Kredit verlängert und dadurch die Gefahr der Geldentwertung immer wieder übernommen. Das Oberlandesgericht hat dagegen das Aufwertungsverlangen der Klägerin grundsätzlich als gerechtfertigt anerkannt; es sagt, ein Ausschluß der Aufwertung auch für Forderungen der Banken gegen ihre Kunden hätte besonders bestimmt werden müssen und lasse sich nicht schon deshalb annehmen, weil die Bank ihrerseits nach § 66 AufwG. ihre Verpflichtungen aus Darlehen oder uneigentlichem Verwahrungsvertrag nicht aufzuwerten brauche.

Die Revision meint, es handle sich hier nicht um ein altes Darlehen aus der Goldmarkzeit, sondern um einen immer wieder, bis in die Inflationszeit, erneuerten Kredit, sodaß Gegenstand des Kredits und damit der Aufwertung nur die 40000 PM seien, die zuletzt vor dem 9. März 1923 wechselmäßig als Schuld begründet worden seien. Die Forderung sei aber der Aufwertung so wenig zugänglich wie andere in laufender Rechnung entstandene Bankforderungen. Eine andere Auffassung würde zu dem unbilligen Ergebnis führen, daß die Banken für ihre Schulden eine Begünstigung erfahren hätten, selbst aber bei Passivkonten eine Aufwertung begehren könnten.

Der Revision war in der Hauptsache der Erfolg zu versagen. Ihr rechtlicher Ausgangspunkt ist zu beanstanden. Die Grundlagen der Verpflichtung des Beklagten blieben die in den Jahren 1907, 1915 und 1916 im Gesamtbetrag von 40000 M aufgenommenen Darlehen. Der Charakter dieser Grundgeschäfte änderte sich nicht dadurch, daß gemäß der Übung des Bankverkehrs über die Darlehenssummen Wechsel mit dreimonatiger Umlaufszeit ausgestellt und wiederholt prolongiert wurden. Die durch die Hingabe der Darlehensvaluta begründete Schuld blieb dieselbe, auch wenn die Fälligkeit des Darlehens, wie dies bei gleich bleibenden Verhältnissen des Schuldners üblich ist, immer wieder hinausgeschoben wurde. Die Sache liegt nicht so, daß bei jeder Prolongierung oder Neuausstellung der Wechsel gewissermaßen ein neues Darlehen aufgenommen wurde, sondern die alte Darlehensforderung bestand weiter und wurde nur in ein neues wechselmäßiges Gewand gekleidet. Es läßt sich auch nicht die Auffassung rechtfertigen, daß die Klägerin durch die wiederholten Stundungen die Gefahr der Geldentwertung übernommen habe.

Der Ausschluß der Aufwertung für Ansprüche der Bank gegen ihre Kunden aus Darlehen läßt sich, wie das Berufungsgericht mit Recht annimmt, beim Fehlen einer besonderen Vorschrift nicht schon daraus herleiten, daß die Bank ihrerseits nach § 66 AufwG. ihre Verpflichtungen aus Darlehen nicht aufzuwerten braucht. Der § 66 AufwG. ist eine Ergänzung des § 65 und im Zusammenhang mit ihm auszulegen. Ansprüche aus Bankguthaben werden meist schon unter den § 65 AufwG. fallen, da sie, soweit sie im laufenden Depositenverkehr begründet werden, in ein Kontokorrent oder eine andere laufende Rechnung eingestellt zu werden pflegen. Steht ein Kunde mit der Bank im Kontokorrentverkehr, so kann auch die Bank keine Aufwertung für ihre Forderungen verlangen, die sie im laufenden Geschäftsverkehr aus gewährten Vorschüssen (Darlehen) gegen den Kunden erworben hat. Im regelmäßigen laufenden Bankverkehr ist also gleichmäßig sowohl für die Bank wie für den Kunden die Aufwertung der in das Kontokorrent gehörenden Ansprüche ausgeschlossen. Darüber hinaus wird durch den § 66 AufwG. den Banken, die sich mit der Anschaffung und Darleihung von Geld befassen, eine weitere Vergünstigung dahin gewährt, daß sie Guthaben ihrer Kunden aus Darlehen oder Verwahrungsverträgen nach § 700 BGB. auch dann nicht aufzuwerten brauchen, wenn sie außerhalb des laufenden Kontokorrentverkehrs entstanden sind und für sie vereinbarungsgemäß ein Sonderkonto eingerichtet ist. Es handelt sich dabei um die sog. festen Gelder, die auf längere Zeit bei der Bank fest angelegt sind. Der § 66 AufwG. enthält klar erkennbar eine einseitige Begünstigung der Banken; es kann deshalb aus dieser Ausnahmevorschrift nicht mit allgemeinen Erwägungen von Treu und Glauben gefolgert werden, daß auch den Kunden für ihre Sonderschulden bei den Banken die Vergünstigung zustehen müsse. Die Vorschriften des Aufwertungsgesetzes greifen vielfach in die Rechte der Gläubiger in einer Weise ein, die mit der allgemeinen Auffassung über Billigkeit schwer in Einklang zu bringen ist; der Richter ist aber nicht in der Lage, Bevorzugungen, die gewissen Schuldnern gesetzlich gewährt sind, insbesondere den Ausschluß der Aufwertung, auf andere Verhältnisse auszudehnen. Die Verhandlungen im Reichstagsausschuß zeigen, daß man sich nur mit großen Bedenken zu der Bevorzugung der Banken hat entschließen können, und es hätte deshalb nahe gelegen, es durch eine besondere Vorschrift zum Ausdruck zu bringen, wenn man auch die Schuldner der Banken aus Darlehen über den § 65 AufwG. hinaus von der Verpflichtung zur Aufwertung hätte befreien wollen.

Auch der Umstand, daß es sich hier um Darlehen handelt, die einem Genossen der beklagten Genossenschaft auf Grund seiner Mitgliedschaft gewährt wurden, kann es nicht rechtfertigen, mit Rücksicht auf die Vorschrift des § 66 AufwG. die Aufwertung auch für die an Genossen gewährten Darlehen auszuschließen.

Behauptungen, daß auch das Darlehens-Sonderkonto des Beklagten in den Formen des Kontokorrents oder einer anderen laufenden Rechnung geführt worden sei, hat der Beklagte nicht aufgestellt; das Parteivorbringen bietet nach dieser Richtung keinen Anhalt. Der überreichte Kontoauszug und die vom Beklagten in der Verhandlung abgegebene Erklärung sprechen dagegen.

---

19. Kann durch Übernahme der Darlehensschuld eines Dritten eine Markanleihe der Gemeinde im Sinne der §§ 30, 40 des Anleiheablösungsgesetzes begründet werden?

IV. Zivilsenat. Urt. v. 17. November 1927 i. S. Stadtgemeinde F. (Bekl.) w. L. S.-E. (Kl.). IV 312/27.

I. Landgericht Frankfurt a. M.

Die Klägerin gab im Jahre 1906 zwei Grundeigentümern ein Darlehen von 560000 *M* und ließ sich dafür eine Hypothek auf deren Grundstück bestellen. Diesen Grundbesitz erwarb dann die beklagte Stadtgemeinde unter Übernahme der Hypothekenschuld. Im Jahre 1909 ließ die Klägerin die Hypothek gegen Ausstellung eines Schuldscheins löschen, in dem die Beklagte unter Wiederholung der Darlehensbedingungen bekannte, daß die Forderung der Klägerin gegen sie noch in gleicher Höhe zu Recht bestehe.

Die Klägerin verlangt auf Grund des § 63 Abs. 1 AufwG. Aufwertung ihrer Forderung in Höhe von 25% des Goldmarkbetrags. Die Beklagte verweigert die Aufwertung, weil es sich um ein Schuldscheindarlehen nach §§ 30, 40 AnlAblG. handle.

Das Landgericht hat dem Klagebegehren stattgegeben. Die unmittelbar zum Reichsgericht eingelegte Revision der Beklagten war erfolglos.

Aus den Gründen:

... Die Schuldscheindarlehen müssen, um eine Markanleihe einer Gemeinde sein zu können, von der Gemeinde selbst aufgenommen worden sein. Die Gemeinde muß den Darlehensvertrag geschlossen haben. Hier wurde jedoch das Darlehensgeschäft nicht mit der Beklagten, sondern mit den früheren Eigentümern des Grundstücks abgeschlossen. Die Beklagte hat nur deren Schuld übernommen, entweder schon auf Grund des Kaufvertrags über das mit der Darlehensschuld belastete Grundstück und der Genehmigung der hierbei vereinbarten Schuldübernahme durch die Klägerin nach § 415 oder § 416 BGB., oder nach § 414 BGB. auf Grund der mit der Klägerin getroffenen Vereinbarung über die Löschung der Hypothek und die Ausstellung des Schuldscheins. Eine solche Schuldübernahme ist keine Anleihe im Sinne des Gesetzes, wenn auch die übernommene Schuld eine Darlehensschuld ist.

Allerdings konnte die Schuldübernahme auch in der Weise erfolgen, daß die Beklagte dabei ein selbständiges Schuldversprechen oder Schuldanerkenntnis nach §§ 780, 781 BGB. ausstellte und zugleich auf alle Einwendungen aus dem alten Schuldverhältnis verzichtete. Es könnte dann in Frage kommen, ob die Schuldverpflichtung der Beklagten nicht deswegen unter §§ 30, 40 AnlAblG. fällt, weil sie sich auf eine Schuldverschreibung im Sinne dieser Vorschriften gründet. Wie jedoch das Landgericht, wenn auch in anderem Zusammenhang, zutreffend ausgeführt hat, sollte die von der Beklagten übernommene Schuld von ihrem ursprünglichen Schuldgrunde nicht losgelöst werden. Die bisherigen Schuldbedingungen sollten unverändert fortgelten. Die alte Schuld blieb bestehen. Nur in der Person des Schuldners trat durch den Schuldeintritt der Beklagten ein Wechsel ein....

---

20. Ist während des Laufes der Frist für den Antrag auf Wiedereinsetzung in den vorigen Stand eine Ergänzung der für diesen Antrag in § 236 Abs. 1 ZPO. vorgeschriebenen Erfordernisse zulässig?

ZPO. §§ 234, 236.

V. Zivilsenat. Beschl. v. 18. November 1927 i. S. S. (Kl.) w. v. R. (Bekl.). V B 29/27.

I. Landgericht Guben.
II. Kammergericht Berlin.

Die Frage wurde bejaht aus folgenden

Gründen:

Auf die Berufung des Klägers gegen das erstinstanzliche Urteil hat der Vorsitzende des Berufungsgerichts durch eine am 15. Juni 1927 zugestellte Verfügung vom 3. desselben Monats dem Kläger eine Frist bis zum 2. Juli 1927 gesetzt, innerhalb deren er den Nachweis zu erbringen habe, daß die für die Berufungsinstanz erforderte Prozeßgebühr bezahlt sei. Ein beim Berufungsgericht am 29. Juni eingegangenes Gesuch um Verlängerung der Nachweisfrist wurde durch Verfügung vom 30. Juni (an den Prozeßbevollmächtigten abgegangen an demselben Tage) abgelehnt.

Durch Schriftsatz vom 5. eingegangen 6. Juli hat der Prozeßbevollmächtigte unter der Versicherung, daß ihm der ablehnende Bescheid erst am 2. Juli nach Büroschluß zugegangen sei, die Wiedereinsetzung in den vorigen Stand gegen die Versäumung der Nachweisfrist erbeten. Er hat angeführt: Den in Schlesien wohnenden Kläger habe der ablehnende Bescheid erst am 3. oder 4. Juli erreichen können. Der Kläger sei krank und außerstande gewesen, sich um den Rechtsstreit zu bekümmern. Zudem sei er auf ein Ruhegehalt von 320 *M* im Monat angewiesen und besitze kein Vermögen. Er müsse sich den Vorschußbetrag in Höhe von 60 *M* anderswoher besorgen. Der Prozeßbevollmächtigte habe von diesen Verhältnissen erst durch des Klägers Sohn und dieser Sohn, der auswärts wohne, habe das Erforderliche erst durch die Haushälterin des Klägers erfahren. Die Nachholung der versäumten Prozeßhandlung werde innerhalb der Frist des § 234 ZPO. erfolgen, weil der Kläger sich erst bemühen müsse, die Mittel zur Zahlung der Prozeßgebühr aufzubringen. Mit Schriftsatz vom 8. eingegangen 9. Juli hat sodann der Prozeßbevollmächtigte noch gebeten, mit der Entscheidung auf den Wiedereinsetzungsantrag bis zum Ablauf der Frist des § 234 ZPO. zu warten, innerhalb deren neben der Zahlung auch die Glaubhaftmachung erfolgen solle. Durch Schriftsatz vom 13. eingegangen 16. Juli hat er den Wiedereinsetzungsantrag wiederholt und noch beanstandet, daß der ablehnende Bescheid des Vorsitzenden nicht zugestellt worden sei. Diesem Schriftsatz waren Kostenmarken in Höhe der Prozeßgebühr und eine eidesstattliche Versicherung des Klägers und seiner Wirtschafterin beigefügt, worin die Behauptungen des Wiedereinsetzungsgesuchs bestätigt wurden. Eine Ergänzung dieser Behauptungen ist noch am 18. Juli eingegangen.

Das Berufungsgericht hat die Wiedereinsetzungsanträge durch Beschlüsse vom 21. Juli und 16. September 1927 zurückgewiesen und im letzteren Beschluß außerdem die Berufung als unzulässig verworfen. Es findet einen Verstoß gegen § 236 Nr. 3 ZPO. darin, daß die versäumte Prozeßhandlung nicht gleichzeitig mit dem Wiedereinsetzungsantrag nachgeholt worden sei. Im übrigen stelle das verspätete Eintreffen des die Fristverlängerung ablehnenden Bescheids keinen unabwendbaren Zufall dar. Der Kläger habe mit einer Ablehnung rechnen und rechtzeitig Sorge dafür tragen müssen, daß der Vorschuß für den Fall verspäteter Nachricht fristgemäß eingezahlt werde. Verfügungsunfähigkeit des Klägers infolge von Krankheit sei nicht glaubhaft gemacht.

Die gegen beide Beschlüsse eingelegten sofortigen Beschwerden machen geltend, die Beseitigung von Mängeln eines Wiedereinsetzungsantrags sei zulässig, solange die Frist des § 234 ZPO. nicht verstrichen sei. Die Schriftsätze vom 5., 8. und 13. Juli seien als einheitlicher Antrag zu betrachten. Einer Erneuerung des Antrags auf Wiedereinsetzung habe es deshalb nicht bedurft. Gegen die Verneinung eines unabwendbaren Zufalls führt der Kläger unter Beifügung einer neuen eidesstattlichen Versicherung an, daß er nach dem Gerichtsgebrauch beim Berufungsgericht Fristverlängerung habe erwarten dürfen und daß er das Armenrecht mit Rücksicht auf seine gesellschaftlichen Anschauungen nicht nachgesucht habe.

Die angefochtenen Beschlüsse konnten nicht aufrechterhalten werden.

Die auf die Anwendung des § 236 Nr. 3 ZPO. sich beziehenden Ausführungen des Vorderrichters begegnen rechtlichen Bedenken. Nach der vom erkennenden Senat im Beschluß vom 2. Oktober 1926 VB 14/26 (vgl. auch JW. 1921 S. 466 Nr. 8) für die Wiedereinsetzung in den vorigen Stand gegen die Versäumnis der Frist zur Begründung der Berufung ausgesprochenen, aber auch für den vorliegenden Fall zutreffenden Ansicht darf § 236 ZPO. nicht so verstanden werden, daß der danach zu stellende Antrag notwendig in einem einzigen Schriftsatz enthalten sein müsse. Eine Nachholung ist nur in dem Sinne ausgeschlossen, daß ein nach Ablauf der Frist des § 234 ZPO. nachgeschobenes Vorbringen nicht mehr beachtet werden kann. Diese Auslegung des § 236 ist um so mehr gerechtfertigt, wenn, wie es hier zum Teil der Fall war, im früheren Schriftsatz die weitere Begründung einem späteren Schriftsatz vorbehalten und dadurch der Zusammenhang der Schriftsätze außer Zweifel gestellt war. Dieser Zusammenhang wird aber auch nicht dadurch gelöst, daß am 13. Juli 1927 der Wiedereinsetzungsantrag erneut gestellt und begründet wurde. Der über den Wiedereinsetzungsantrag erkennende Richter ist hiernach gehalten, ihm bereits vorliegende Nachträge zu berücksichtigen. Ob er auch verpflichtet wäre, bis zum Fristablauf auf einen angekündigten Nachtrag zu warten (worum der Prozeßbevollmächtigte des Klägers gebeten hatte), steht hier nicht zur Entscheidung. Denn die angegriffenen Beschlüsse sind erst nach Einlauf sämtlicher für den Wiedereinsetzungsantrag in Betracht kommenden Schriftsätze ergangen. Was für die Begründung nach § 236 Abs. 1 Nr. 1 gilt, muß notwendigerweise auch für die Angabe der Mittel zur Glaubhaftmachung (Nr. 2 das.) und für die Nachholung der versäumten Prozeßhandlung (Nr. 3 das.) gelten. Diese Erfordernisse sind mit dem Schriftsatz vom 13. Juli nachgebracht worden. Bei dem am 18. Juli bei Gericht eingegangenen Vorbringen des Klägers käme es ebenfalls auf die Prüfung an, ob die Frist des § 234 ZPO. gewahrt worden ist. Diese Prüfung kann jedoch unterbleiben, weil schon die früheren Eingaben des Klägers ausreichen und bei ihnen die Frist noch nicht verstrichen war. Denn sie begann nicht vor dem Ablauf der Nachweisfrist und endete daher frühestens mit dem 16. Juli 1927. Sachlich ist jedoch dem Kläger zugute zu halten, daß zwar die fristbestimmende Verfügung des Vorsitzenden vom 3. Juni 1927 an sich dem Kläger ungefähr einen Monat, also ausreichende Zeit zum Nachweis gelassen hat, daß aber diese Zeit durch die ohne Verschulden des Klägers erst am 15. Juni bewirkte Zustellung der Verfügung um etwa die Hälfte verkürzt worden ist. Aus den Akten war zu ersehen, daß der Kläger, dem in erster Instanz das Armenrecht bewilligt war und der in der Berufungsschrift sich vorbehalten hatte, es auch für die Berufungsinstanz nachzusuchen, in seinen Mitteln beschränkt und deshalb voraussichtlich nicht in der Lage war, innerhalb der, wie angegeben, verkürzten Frist von seinem entfernten Wohnsitz aus das Erforderliche zu veranlassen. Sein Prozeßbevollmächtigter und er selbst konnten daher damit rechnen, daß dem Verlängerungsgesuch vom 26. Juni 1927, wenn auch vielleicht nicht in vollem Umfang, Folge gegeben werde. Die Fristverkürzung, verbunden mit der glaubhaft gemachten Bedürftigkeit des Klägers, stellt allein schon einen unabwendbaren Zufall im Sinne von § 233 Abs. 1 ZPO. dar, sodaß es keiner Erörterung darüber bedarf, ob die Erwägungen des Berufungsgerichts über die Krankheit des Klägers als Wiedereinsetzungsgrund zutreffen.

---

21. Unter welchen Umständen hat die Umwandlung einer Kaufpreisschuld in eine solche aus Darlehen und die Hingabe einer Schuldurkunde über das Darlehen die Wirkung, daß die Forderung aus dem Kauf getilgt wird und dem Verkäufer fortan nur noch ein Anspruch aus dem Darlehens-Schuldversprechen zusteht?

BGB. § 364. AufwG. § 63.

II. Zivilsenat. Urt. v. 18. November 1927 i. S. Firma M. M., Kommanditgesellschaft auf Aktien (Bekl.) w. H. (Kl.). II 115/27.

I. Landgericht Wiesbaden.
II. Oberlandesgericht Frankfurt a. M.

Durch notariellen Vertrag vom 4. Dezember 1917 verkauften und übertrugen die (elf) Gesellschafter der Firma Gebrüder H. GmbH. in G. ihre sämtlichen Geschäftsanteile an die Beklagte. Zu diesen Gesellschaftern gehörte auch der Kläger mit einem Geschäftsanteil. Als Kaufpreis für die gesamten (im ganzen 800) Geschäftsanteile wurde der Betrag von 2125000 ℳ vereinbart, zahlbar

1. durch Hingabe von 800 Schuldscheinen der Beklagten über je 1000 ℳ, zum Nennwert von 1000 ℳ, verzinslich vom 1. Januar 1918 ab zu 5% jährlich mit halbjährlicher Zinszahlung, kündbar von seiten der Beklagten frühestens in 5 Jahren, von seiten der Gläubiger frühestens in 15 Jahren. . . .
2. durch Hingabe von 750 Kommanditanteilen der Beklagten mit Dividendenberechtigung ab 1. Januar 1918 zum Kurs von 150%;

3. durch Zahlung des Restbetrags von 200000 ℳ in bar bis 1. Februar 1918.

In Wirklichkeit wurden die 800 Schuldscheine (oben Nr. 1) nicht in 800 Stücken zu je 1000 ℳ, sondern in höheren Beträgen ausgefertigt. Sie wurden gedruckt, je mit der Aufschrift „5%ige zum Nennwert einlösbare Schuldverschreibung" versehen und von der Beklagten unterzeichnet. Die Eingangsworte (auf S. 2) lauten: „Die M. M. Kommanditgesellschaft a. A. .... bekennt hierdurch, Herrn .... aus gewährtem Darlehen den Betrag von .... zu schulden." Dann folgt der Abdruck der Darlehensbedingungen, aus denen Nachstehendes zu erwähnen ist. Nach § 2 ist das Darlehen für die Gläubiger bis zum 1. Februar 1933 unkündbar, vom 1. Januar 1923 an ist die Schuldnerin (die Beklagte) berechtigt, das Darlehen jederzeit ganz oder in Raten von 50000 ℳ oder einem Vielfachen davon an die Gläubiger zu Händen der Deutschen Bank Filiale Frankfurt a. M. zurückzuzahlen. Für die Zeit nach dem 1. Februar 1933 ist der Schuldnerin die Möglichkeit eingeräumt, das Darlehen in 5%ige Teilschuldverschreibungen an Order zu je 1000 ℳ umzuwandeln. Für den Fall, daß die Schuldnerin hiervon (und von einer Verlängerung des Darlehens um 5 Jahre über den 1. Februar 1933 hinaus) keinen Gebrauch machen sollte, schreibt § 3 die sofortige Rückzahlung zum Nennwert vor. § 4 räumt den Darlehensgläubigern das Recht ein, jederzeit vor Fälligkeit des Darlehens seine Umwandlung in 5%ige Teilschuldverschreibungen an Order zu verlangen. Nach § 5 ist die Deutsche Bank Filiale Frankfurt a. M. Treuhänderin des Darlehensgläubigers und in dieser Eigenschaft zur Wahrnehmung aller seiner Rechte gegenüber der jetzigen Beklagten befugt. Endlich heißt es im § 6: eine Übertragung oder Verpfändung der Ansprüche des Darlehensgläubigers sei, solange nicht die Umwandlung in Teilschuldverschreibungen an Order stattgefunden habe, nur im Wege der notariellen Erklärung zulässig und nur dann wirksam, wenn sie vom alten und vom neuen Gläubiger der Schuldnerin und der Deutschen Bank Filiale Frankfurt a. M. mitgeteilt werde. Den Schuldscheinen waren „Quittungsvordrucke" beigefügt, gegen deren Unterzeichnung und Einreichung regelmäßig die Zinsen halbjährlich ausgezahlt werden sollten; außerdem lag jedem Schuldschein ein Erneuerungsschein bei.

Der jetzige Kläger erhielt nach dem Vertrag vom 4. Dezember

1917 für seinen Geschäftsanteil keinen Schuldschein, sondern eine Barzahlung in Höhe von 2656,25 *M*. Es ist jedoch unbestritten, daß er von seinem inzwischen verstorbenen Vater, der auch Gesellschafter der Gebr. H. GmbH. gewesen war, die Ansprüche aus zwei diesem zugeteilten Schuldscheinen über je 30000 *M*, zusammen also 60000 *M*, erworben hat.

Am 1. August 1923 zahlte die Beklagte nach vorheriger Kündigung den aus den Schuldscheinen geschuldeten Betrag von zusammen 800000 *M* an die Deutsche Bank Filiale Frankfurt a. M. als die vertraglich bestellte Treuhänderin zurück, worauf diese der Beklagten mitteilte, daß sie die Zahlung nur unter Vorbehalt aller Rechte annehme.

Im Rechtsstreit verlangt der Kläger auf Grund des Kaufvertrags vom 4. Dezember 1917 für seinen Anteil an den genannten Schuldscheinen Aufwertung mit dem Antrag, die Beklagte zur Zahlung von 60000 *RM* nebst 5% Zinsen seit 1. Januar 1924 an ihn zu verurteilen. Die Beklagte hat die Verpflichtung zur Aufwertung an sich nicht bestritten, aber in erster Linie eingewandt, daß die Aufwertung nach den Vorschriften des Aufwertungsgesetzes über Industrieobligationen (§§ 33flg.) zu geschehen habe. In zweiter Reihe behauptete die Beklagte, es handle sich bei dem Darlehen von 800000 *M* um eine Vermögensanlage; der Kläger habe also nur Anspruch auf Aufwertung nach § 63 Abs. 1 AufwG. Keinesfalls liege aber ein Anspruch aus gegenseitigem Vertrag vor. Denn der Kaufpreis sei, was die Schuldscheine (Schuldverschreibungen) angehe, durch deren Hingabe getilgt worden, sodaß nur noch der in diesen Scheinen verbriefte Anspruch bestehe.

Das Landgericht verurteilte die Beklagte durch Teilurteil zur Zahlung von 18000 *RM* nebst Zinsen. Die Berufung der Beklagten wurde zurückgewiesen. Ihre Revision führte zur Aufhebung und Zurückverweisung.

Gründe:

Die Beklagte vertritt den Standpunkt, daß sie den Kaufvertrag vom 4. Dezember 1917 vollständig erfüllt habe, ein Anspruch der früheren Gesellschafter der Gebr. H. GmbH. und somit auch des Klägers auf Kaufpreiszahlung also nicht mehr bestehe. Denn unstreitig hätten die Verkäufer, abgesehen von der vereinbarten Barzahlung von 200000 *M*, die 750 Kommanditanteile der Firma

M. M. und auch die 800000 *M* in Schuldscheinen (Schuldverschreibungen) der verklagten Firma erhalten. Die Hingabe der beiden letztgenannten Werte stelle eine Leistung an Erfüllungsstatt dar und in diesem Sinne seien sie auch von den Veräußerern angenommen worden. Daraus folge, daß den Veräußerern von da an — was den hier streitigen Posten von 800000 *M* betreffe — kein Anspruch aus dem Kaufvertrag mehr, sondern nur noch ein solcher aus den von der Beklagten ausgestellten Schuldverschreibungen zugestanden habe, die auf eine Stufe mit Wertpapieren und zwar mit Industrieobligationen gestellt werden müßten. Die Aufwertung der Ansprüche aus ihnen habe daher nach § 33 AufwG. zu geschehen.

Das Berufungsgericht ist dieser Auffassung nicht beigetreten. Es geht davon aus, die Wendung „zahlbar durch Hingabe von .... Schuldscheinen" im § 1 des Kaufvertrags lasse nicht die Folgerung zu, daß in den Schuldscheinen eine neue selbständige Verbindlichkeit habe begründet werden sollen, die an die Stelle des Kaufpreisanspruchs und nicht etwa bloß neben ihn zu treten gehabt habe. Die Schuldverschreibungen seien vielmehr nur erfüllungshalber ausgestellt worden, und daraus folge die Berechtigung des Standpunkts des Klägers, daß seine Forderung ihrem Rechtsgrunde nach auf den Kaufvertrag vom 4. Dezember 1917, also auf einen gegenseitigen Vertrag, zurückzuführen sei. Die Sonderbestimmungen des Aufwertungsgesetzes für Industrieobligationen seien hier nicht anwendbar. Hiernach habe freie Aufwertung nach § 242 BGB. einzutreten. Zur Frage ihrer Höhe berücksichtigt der Berufungsrichter, daß die neben den Grundstücken verkauften Vorräte bei der in den Jahren 1918 und 1919 herrschenden Warenknappheit nutzbringend hätten verwertet werden können und daß es der Beklagten gelungen sei, den größten Teil ihres Geschäftsvermögens in die feste Währung hinüber zu retten. Unter diesen Umständen sei eine Aufwertung in Höhe von 30%, wie sie das Landgericht durch Teilurteil zugesprochen habe, unbedenklich gerechtfertigt. Da der Anspruch im Jahre 1917 begründet worden sei, müsse nach § 2 AufwG. als Goldmarkbetrag der Nennbetrag der Forderung zugrunde gelegt werden. Der Kläger habe den Anspruch auf die 60000 P*M* allerdings erst 1919 erworben; er sei ihm aber vom Ersterwerber, seinem Vater, entweder als Ausstattung oder mit Rücksicht auf ein künftiges gesetzliches Erbrecht übertragen worden. In Anwendung des im

§ 3 Abs. 1 Nr. 4 und 6 AufwG. ausgesprochenen Rechtsgedankens sei daher auch hier der Nennbetrag als Goldmarkbetrag anzusehen. Demnach sei der dem Kläger vom Landgericht zugesprochene Betrag von 18000 RM nicht zu beanstanden.

Soweit das Berufungsgericht die Anwendung der §§ 33flg. AufwG. auf die hier in Rede stehenden Schuldscheine oder Schuldverschreibungen ablehnt, ist ihm beizutreten. In dieser Hinsicht hat auch die Revision keinen besonderen Angriff erhoben, sondern nur um Nachprüfung gebeten. Mag es auch richtig sein, daß die Gesichtspunkte, aus denen das Aufwertungsgesetz für die im § 33 genannten, auf den Inhaber oder an Order lautenden Schuldverschreibungen eine Aufwertung auf 15% des Goldmarkbetrags anordnet, im wesentlichen auch auf Schuldverschreibungen der hier vorliegenden Art zutreffen, so geht es doch nicht an, die ausdrücklich nur Inhaber- und Orderpapiere erwähnende Vorschrift des § 33 über diesen Kreis von Schuldverschreibungen hinaus auf Namenspapiere auszudehnen. So lehnt denn auch das Schrifttum mit Ausnahme von Hachenburg (JW. 1925 S. 2533) die entsprechende Anwendung des § 33 auf andere als die dort genannten Schuldverschreibungen ab, und in gleichem Sinne hat sich auch das Reichsgericht in RGZ. Bd. 117 S. 143 (146) sowie im Urteil vom 25. April 1927 IV 856/26 ausgesprochen.

Begründet ist dagegen die Rüge, die sich gegen die Annahme des Berufungsrichters wendet, daß den Verkäufern der Geschäftsanteile zum Betrag von 800000 M auch nach Hingabe der zur Deckung dieses Kaufpreisteils bestimmten Schuldscheine (Schuldverschreibungen) noch Ansprüche aus gegenseitigem Vertrag, also aus Kauf, zugestanden hätten, weil es sich bei der Hingabe jener Schuldscheine nur um eine Leistung erfüllungshalber gehandelt habe. Diese Auslegung des Vertrags vom 4. Dezember 1917 ist nach der Sachlage unmöglich. Ohne Zweifel ist auch zum Betrag der hier allein in Betracht kommenden 800000 M zunächst eine Kaufpreisforderung der Veräußerer der Geschäftsanteile entstanden. Eine bloße vertragsmäßige Umwandlung dieser Schuld der Beklagten in eine solche aus Darlehen hätte nach der ständigen Rechtsprechung des Reichsgerichts für sich allein noch nicht die Wirkung gehabt, daß das alte Schuldverhältnis aus gegenseitigem Vertrag völlig erloschen wäre und den Veräußerern von da an in Höhe der 800000 M nur noch ein

Anspruch aus dem Darlehens-Schuldversprechen zugestanden hätte. In solchem Falle könnte daher auch nicht von einer Leistung (in Gestalt des Schuldversprechens) an Erfüllungsstatt die Rede sein. Eine derartige einfache, nur etwa auf Zweckmäßigkeitsgründen beruhende Umwandlung der Kaufschuld in eine Darlehensschuld liegt aber hier nicht vor. Die Vertragschließenden sind vielmehr weiter gegangen und haben an Stelle der ursprünglichen Kaufpreisschuld von 800000 ℳ ein Schuldverhältnis errichtet, das die alte Schuld — aus Kauf — vollständig beseitigte, so daß die im Vertrag bestimmte Hingabe der Schuldscheine als Leistung an Erfüllungsstatt angesehen werden muß. Entscheidend hierfür ist nicht sowohl die äußere Form (gedruckte „Schuldverschreibungen" mit Zins- und Erneuerungsscheinen), in der die Beklagte die Schuldscheine anfertigen ließ und den Gläubigern aushändigte, als vielmehr der Inhalt der Bedingungen, die für das der Beklagten zu gewährende Darlehen vereinbart worden sind. Der § 2 dieser Bedingungen setzt die Kündigungs- und Rückzahlungsmöglichkeiten in der Weise fest, daß die Darlehensgläubiger bis zum 1. Februar 1933 überhaupt nicht kündigen können, die Beklagte aber als Schuldnerin vom 1. Januar 1923 ab zur Rückzahlung des Darlehens, sei es im ganzen oder in Raten von mindestens 50000 ℳ, jederzeit berechtigt ist; und für die Zeit nach dem 1. Februar 1933 ist bestimmt, daß die Schuldnerin entweder die Weitergewährung des Darlehens zu den gleichen Bedingungen wie bisher auf fernere 5 Jahre verlangen oder das Darlehen in 5%ige Order-Teilschuldverschreibungen zu je 1000 ℳ umwandeln dürfe. Nicht minder kennzeichnend für die Bedeutung des Darlehensverhältnisses ist die Bestimmung des § 5 der Bedingungen, wonach die Darlehensgläubiger die Deutsche Bank Filiale Frankfurt a. M. als Treuhänderin zu ihrer Vertreterin bestellen „in bezug auf Ausübung aller Rechte als Darlehensgläubiger gegen die M. M. Kommandit-Gesellschaft auf Aktien". Zugleich verpflichten sich im nämlichen § 5 die Darlehensgläubiger der Schuldnerin gegenüber, ihre Rechte aus dem Darlehen nicht selbständig gerichtlich oder außergerichtlich geltend zu machen, sie übertragen vielmehr die Geltendmachung aller Ansprüche aus dem Darlehen ausschließlich der Treuhänderin. Endlich erkennt in § 5 die Schuldnerin die Treuhänderin als allein zur Geltendmachung von Ansprüchen der Darlehensgläubiger berechtigt an.

Diese Regelung ist schlechterdings unvereinbar mit der Annahme, daß die Schuldscheine (Schuldverschreibungen) nur erfüllungshalber hingegeben werden sollten und daß — was die unvermeidliche Folge wäre — neben dem Darlehensanspruch ein solcher aus Kauf bestehe oder weiterbestehe. Es wäre in der Tat sinnlos gewesen, einerseits die Wahrnehmung aller Gläubigerrechte aus dem Darlehen ausschließlich der Treuhänderin zu übertragen, anderseits aber den Gläubigern gestatten zu wollen, daß sie im Streitfalle auf die Kaufpreisforderung als solche zurückgreifen und über die Kündigungs- und Rückzahlungsbestimmungen der Darlehensbedingungen hinweg gegen die Beklagte nach den Grundsätzen über den Kauf selbst vorgehen dürften. Ein solches Nebeneinanderbestehen der Rechte aus dem Kaufvertrag, soweit er die 800000 ℳ betrifft, und aus dem Darlehen müßte zu einer geradezu unentwirrbaren Unordnung führen; es kann also von den Vertragschließenden unmöglich gewollt gewesen sein. Die Rechte, die den Veräußerern an den durch Hingabe von Schuldscheinen beglichenen 800000 ℳ zukommen, sind in den besprochenen Darlehensbedingungen erschöpfend geregelt.

Den Veräußerern und damit auch dem Kläger steht demnach der Beklagten gegenüber kein Anspruch mehr aus Kauf, sondern nur noch ein Anspruch aus den ihm überwiesenen Schuldverschreibungen zu; denn die Hingabe der Schuldscheine über 800000 ℳ an die Veräußerer ist an Erfüllungsstatt, nicht erfüllungshalber geschehen. Besteht aber insoweit kein Anspruch aus gegenseitigem Vertrag mehr (§ 63 Abs. 3 AufwG.), so kann es sich auch nicht um freie Aufwertung des Anspruchs des Klägers (nach § 242 BGB.) handeln. Die Rechte, die sich die Veräußerer durch die Vereinbarung über die Hingabe von Schuldscheinen im Gesamtbetrag von 800000 ℳ geschaffen haben, stellen vielmehr eine Vermögensanlage im Sinne des § 63 Abs. 1 AufwG. dar; denn zweifellos liegt hier eine auf längere Zeit berechnete, dem Zwecke der Erhaltung und Nutzung des Kapitals dienende Verwendung von Vermögensstücken vor. Daraus folgt, daß der Kläger nur Aufwertung nach § 63 Abs. 1 a. a. O., d. h. bis zum Höchstmaß von 25% des Goldmarkbetrags zu beanspruchen hat. . . .

22. Über die Anfechtung von Generalversammlungsbeschlüssen einer Genossenschaft wegen Verstoßes gegen die guten Sitten, den der Vorstand bei der Aufnahme neuer Mitglieder begangen haben soll.

GenG. § 51.

II. Zivilsenat. Urt. v. 18. November 1927 i. S. der Genossenschaftsdruckerei e. G. m. b. H. (Bekl.) gegen die Erben B. (Kl.). II 486/26.

I. Landgericht Hagen.
II. Oberlandesgericht Hamm.

Die beklagte Genossenschaft ist im Jahre 1917 von Mitgliedern des sozialdemokratischen Kreisparteivereins Hagen-Schwelm gegründet worden, die in ihrer Mehrheit zur Unabhängigen sozialdemokratischen Partei Deutschlands (U. S. P. D.), Gruppe Haase, neigten. Das Parteiblatt für den Kreis Hagen-Schwelm war damals die in Elberfeld erscheinende „Freie Presse". Als einer der Redakteure dieses Blattes wegen seines der Parteileitung nicht genehmen Standpunkts in der Frage der Kriegskredit-Bewilligung von der Verlagsgesellschaft „Freie Presse" seines Amtes enthoben wurde, beschloß die Kreisparteiversammlung die Gründung einer eigenen Zeitung, welche die Sache der U. S. P. D. vertreten sollte. Zum Zweck der Gründung dieser Zeitung wurde die verklagte Genossenschaft ins Leben gerufen. Als Gegenstand des Unternehmens wurde in § 3 Nr. 1 der Satzung bezeichnet „Herstellung, Verlag und Vertrieb von Zeitschriften, Büchern und sonstigen Druckarbeiten". Die Herausgabe der Zeitung mußte zunächst aus Mangel an Mitteln und mit Rücksicht auf den Belagerungszustand unterbleiben. Erst nach der Revolution erschien sie unter dem Namen „Volksstimme". Als dann auf dem Parteitag in Nürnberg die Verschmelzung der Mehrheitssozialisten mit der U. S. P. D. beschlossen und infolgedessen in Aussicht genommen worden war, die „Volksstimme" und mit ihr die verklagte Genossenschaft aufzulösen und nur die „Freie Presse" fortbestehen zu lassen, machten sich in der Genossenschaft zwei Strömungen bemerkbar. Auf der einen Seite traten die Anhänger der Vereinigung der beiden Parteigruppen für die Durchführung des Nürnberger

Beschlusses und die Auflösung der Genossenschaft ein, auf der anderen Seite wollten die Anhänger der Selbständigkeit der U. S. P. D. (die sog. Ledebour-Gruppe) die Genossenschaft fortbestehen und ihre Zeitung als reines Parteiorgan der U. S. P. D. weiter erscheinen lassen. In der Generalversammlung vom 29. Oktober 1922 besprach man die Verschmelzung; die hierauf gerichteten Anträge wurden jedoch abgelehnt. Darauf wurde auf den 12. November 1922 „zur Fortsetzung der ordentlichen Generalversammlung vom 29. Oktober 1922" eingeladen. Als Beratungsgegenstand war der Antrag bezeichnet: „Die Genossenschafts-Buchdruckerei beschließt Liquidation und Zusammenlegung der Betriebe Volksstimme und Neue freie Presse." Dieser Antrag erhielt in der Versammlung nicht die satzungsmäßig vorgesehene Mehrheit von drei Vierteilen der Anwesenden. Darauf wurde am 18. und 23. November zu einer außerordentlichen Generalversammlung auf den 26. November 1922 eingeladen. In dieser Versammlung wurde der Antrag auf Auflösung und Liquidation der Genossenschaft mit 301 Stimmen gegen eine und ein weiterer Antrag auf Vollziehung der Liquidation einstimmig angenommen. Der Beschluß wurde von zwei Mitgliedern der Versammlung, die Widerspruch zum Protokoll erklärt hatten, angefochten, weil die Tagesordnung der Generalversammlung nicht rechtzeitig bekannt gegeben worden sei und weil in den letzten Tagen vor dem 26. November 1922 unter Verletzung der Satzung auflösungsfreundliche Personen als Mitglieder aufgenommen, Auflösungsgegner jedoch abgewiesen worden seien. Mit Hilfe der ersteren habe man dann den Auflösungsbeschluß durchgesetzt.

Das Landgericht wies die Klage ab. Das Oberlandesgericht dagegen erklärte den Beschluß auf Auflösung und Liquidation der Genossenschaft für ungültig. Die Revision der Beklagten führte zur Wiederherstellung des landgerichtlichen Urteils.

Gründe:

Die Revision macht zunächst geltend, die Erben des Anfechtungsklägers Ernst B. (gegen welche allein die Revision sich richtet) seien nicht zur Fortsetzung des Rechtsstreits legitimiert, da das Anfechtungsrecht nur von einem Genossen ausgeübt werden könne. Dieser Auffassung kann nicht zugestimmt werden.

Nach § 77 Abs. 1 GenG., mit dem § 8 der Satzung übereinstimmt, gilt ein Genosse im Falle des Todes mit dem Schluß des

Geschäftsjahrs, in dem der Tod erfolgt ist, als ausgeschieden. Bis zu diesem Zeitpunkt wird die Mitgliedschaft durch seine Erben fortgesetzt. Nach § 17 der Satzung läuft das Geschäftsjahr vom 1. Juli bis zum 30. Juni. Der am 6. April 1925 verstorbene Genosse B., der Erblasser der jetzigen Kläger, galt daher mit Ablauf des 30. Juni 1925 als ausgeschieden. Da bis dahin die Erben seine Mitgliedschaft fortsetzen konnten und fortgesetzt haben, sind sie kraft des insoweit vererblichen Mitgliedschaftsrechts sachlichrechtlich und durch Aufnahme des Rechtsstreits auch verfahrensrechtlich in die Rechtsstellung des Erblassers eingetreten. Da aber ihre Mitgliedschaft zeitlich begrenzt war und nur aus dem Mitgliedsrecht des Erblassers herzuleiten ist, so befinden sie sich, weil dieser mit Ablauf des 30. Juni 1925 als ausgeschieden galt, seitdem der Genossenschaft gegenüber in bezug auf ihr Anfechtungsrecht in der gleichen Lage wie ausgeschiedene Genossen.

Die Fortdauer der Befugnis des ausgeschiedenen Genossen zur Anfechtung eines Generalversammlungsbeschlusses wird in der Rechtsprechung des Reichsgerichts (RGZ. Bd. 66 S. 134 [138]) grundsätzlich bejaht; eine Ausnahme wird nur insofern gemacht, als die Sachbefugnis eines Genossen als Anfechtungskläger dann mit seinem Ausscheiden aufhört, wenn die Anfechtung gegen Beschlüsse gerichtet ist, an deren Vernichtung der ausgeschiedene Genosse kein Interesse mehr hat. Das Fehlen solchen Interesses ist dann anzunehmen, wenn der Erfolg der Anfechtung keinen dem Anfechtungskläger günstigen Einfluß auf das Ergebnis der Auseinandersetzung haben und auch seine trotz des Ausscheidens noch mögliche genossenschaftliche Haftung nicht herabsetzen würde. Grundsätzlich ist jedoch nicht vom Anfechtungskläger der Nachweis seines Interesses zu verlangen, vielmehr liegt es dem Anfechtungsgegner ob, das Fehlen des Interesses und damit den Wegfall der Sachbefugnis darzutun. Da sich die Auseinandersetzung des Ausgeschiedenen mit der Genossenschaft nach deren Vermögenslage und nach dem Bestand der Mitglieder zur Zeit seines Ausscheidens bestimmt (§ 73 GenG.), so konnte für die Kläger das Ergebnis der Auseinandersetzung beim Fortbestehen der Genossenschaft sehr wohl günstiger sein als bei der Auflösung; denn das ihnen auf Grund der Liquidation nach der Satzung auszuzahlende Geschäftsguthaben brauchte sich mit dem Auseinandersetzungsguthaben nicht zu decken. Die Revisionsklägerin hat aber nicht dargetan, daß der Erfolg der Anfechtung, also die Nichtigerklärung des Auflösungsbeschlusses, keinen günstigen Einfluß auf das Ergebnis der Auseinandersetzung hätte haben können.

Gegen die Fortdauer der Sachbefugnis der Kläger bestehen sonach keine rechtlichen Bedenken. Damit erledigt sich zugleich der Einwand der Revision, daß den Klägern das Rechtsschutzinteresse an der Anfechtung deshalb fehle, weil eine Generalversammlung der Beklagten am 10. April 1926 beschlossen habe, die Genossenschaft aufzulösen und zu liquidieren.

In der Sache selbst hat das Oberlandesgericht zum ersten Anfechtungsgrund (nicht rechtzeitige Bekanntgabe der Tagesordnung) dargelegt, daß er zwar schon in der Klage geltend gemacht worden sei, aber um deswillen versage, weil der Antrag auf Auflösung und Liquidation der Genossenschaft von den Antragstellern erst am 22. November 1922 eingereicht worden sei und nach § 24 Abs. 7 der Satzung nur 3 Tage vor der Generalversammlung habe bekannt gemacht werden müssen, was durch Veröffentlichung vom 23. November 1922 geschehen sei. Diese Ausführung beschwert die Revisionsklägerin nicht. Sie steht auch im Einklang mit § 24 Abs. 7 der Satzung und gibt für den Fall, daß auch der zweite Anfechtungsgrund versagen sollte, den Revisionsbeklagten keinen Anlaß zur Beanstandung.

Zum zweiten Anfechtungsgrund stellt das Berufungsgericht fest, daß die Aufnahme der neuen Mitglieder, die kurz vor der Generalversammlung vom 26. November 1922 ihren Beitritt angemeldet hatten, auf Grund der Zustimmung des Vorstands und von 7 Aufsichtsratsmitgliedern in der Versammlung erfolgt sei; sie sei daher jedenfalls für die in der Generalversammlung erschienenen neuen Genossen wirksam geworden. Der Beschluß auf Auflösung und Liquidation der Genossenschaft sei aber — so führt das angefochtene Urteil weiter aus — wegen Verstoßes gegen die guten Sitten bei der Art seines Zustandekommens anfechtbar, weil der Vorstand und ein Teil des Aufsichtsrats bei der Aufnahme der neuen Genossen ausschließlich den Zweck verfolgt hätten, eine sichere Mehrheit für die Auflösung der Genossenschaft zu gewinnen. Es seien nur solche Personen aufgenommen worden, die sich als Vereinigungsfreunde bekannt hätten, die also für die Auflösung zum Zwecke der Verschmelzung des U. S. P. D.-Blattes „Die Volksstimme" mit der sozialdemokratischen „Freien Presse" gewesen seien; Vereinigungsgegner habe man jedoch zurückgewiesen. Die neu aufgenommenen Mitglieder hätten keine andere Tätigkeit ausüben sollen, als die, für die Auflösung zu stimmen. Im Grunde hätten sie also gar nicht Genossen sein sollen. Ihr Wirken sei genossenschaftsfeindlich gewesen. Man könne nicht einwenden, daß sie bei Ablehnung des Antrags auf Auflösung Genossen geblieben wären. Denn bei dem Massenaufgebot von über 300 neuen Mitgliedern sei eine Ablehnung überhaupt nicht in Frage gekommen. Im Ergebnis sei daher das angewandte Verfahren, wenn auch nicht auf einen Stimmenkauf, so doch auf eine Fälschung des Stimmenverhältnisses innerhalb der Genossenschaft hinausgelaufen. Die alten Genossen, die den Antrag auf Auflösung früher zweimal zum Scheitern gebracht hätten, seien durch die „aufgetriebenen" Stimmen von Leuten, die tatsächlich außerhalb der Genossenschaft gestanden hätten, rechtlos gestellt worden. Eine solche gewaltsame Änderung des Stimmenverhältnisses in der Genossenschaft verstoße gegen die guten Sitten. Darauf, daß die Beweggründe der Mehrheit sittlich einwandfrei gewesen seien, komme es nicht an, denn dadurch werde die Verwerflichkeit des angewandten Mittels nicht beseitigt.

Mit Grund rügt die Revision Verletzung des § 51 GenG.

In der Klage haben die Kläger den Antrag angekündigt, festzustellen, daß die nach dem 12. November 1922 zum Genossenschaftsregister angemeldeten Personen keine Mitgliedsrechte bei der Beklagten erworben hätten. Dieser Antrag ist nicht verlesen worden. Gleichwohl haben beide Vordergerichte mit Recht die Frage geprüft, ob die neu angemeldeten Personen Genossen der Beklagten geworden sind oder nicht. Denn da die Kläger geltend gemacht haben, die Neuaufnahmen seien unter Verletzung der Satzung und unter Verstoß gegen die guten Sitten erfolgt, so ist die Anfechtungsklage — falls die Neuaufnahmen aus formellen oder sachlichrechtlichen Gründen nichtig sein sollten — schon deswegen begründet, weil dann der Beschluß der Generalversammlung mit den Stimmen der Nichtgenossen zustande gekommen ist und das Berufungsgericht die Behauptung, daß diese Stimmen ohne Einfluß auf das Ergebnis der Abstimmung gewesen seien, aus tatsächlichen Erwägungen abgelehnt hat.

Nach § 15 Abs. 3 des Genossenschaftsgesetzes entsteht die Mitgliedschaft des Beitretenden durch Eintragung in die Liste der Genossen, die auf Grund der Beitrittserklärung und ihrer Einreichung an das Registergericht stattgefunden hat. Diese Voraussetzungen sind hier erfüllt. Die Wirksamkeit der Beitrittserklärung und ihrer Einreichung ist aber entgegen der Meinung des Oberlandesgerichts nicht vom Zustandekommen oder Fortbestehen eines Aufnahmevertrags zwischen der Genossenschaft und dem Genossen abhängig (RGZ. Bd. 68 S. 351). Nach § 29 Abs. 3 der Verordnung über das Genossenschaftsregister vom 22. November 1923 hat bei der Eintragung eines Genossen, der nach Anmeldung der Satzung der Genossenschaft beitritt, das Registergericht nur zu prüfen, ob der Beitritt unbedingt erklärt ist, ob die Erklärung die Unterschrift des Genossen trägt und ob die Einreichung ordnungsgemäß durch den Vorstand erfolgt ist. Nach § 7 Abs. 2 dieser Verordnung müßte die Einreichung in der für die Willenserklärungen des Vorstands vorgeschriebenen Form, insbesondere unter Mitwirkung der hiernach erforderlichen Zahl von Vorstandsmitgliedern geschehen. Mündliche oder schriftliche Willenserklärungen des Vorstands sind aber nach § 22 Abs. 6 der Satzung für die Genossenschaft nur verbindlich, wenn zwei Mitglieder sie abgeben. Ob diesem Erfordernis hier genügt ist, hat das Berufungsgericht nicht festgestellt. Die Registerakten enthalten darüber nichts. Die Eintragung als solche heilt diesen Mangel, wenn er vorliegt, nicht, denn sie hat nur beurkundende Bedeutung. Durch Eintragung in die Liste nach Prüfung durch den Registerrichter wird aber die Vermutung begründet, der Eingetragene sei Mitglied der Genossenschaft (RGZ. Bd. 68 S. 90). Diese Vermutung besteht nicht nur dem Eingetragenen, sondern jedem gegenüber, der an der Ungültigkeit des Beitritts ein Interesse hat. Der Beweis, daß es an den gesetzlichen formalen Voraussetzungen des Beitritts gefehlt habe, ist aber nur durch Bezugnahme auf die Registerakten angetreten worden. Nun schreibt § 4 Abs. 2 der Satzung vor, daß die Aufnahme eines Mitglieds durch den Vorstand und den Aufsichtsrat zu geschehen hat. Darauf, ob diesem Erfordernis genügt ist, ob also auch der Aufsichtsrat vor der Anmeldung der neuen Genossen der Aufnahme zugestimmt hat, kommt es jedoch nicht an, weil der Vorstand die Erklärung kraft seiner nicht einschränkbaren gesetzlichen Befugnis, die Genossenschaft zu vertreten, für diese abgegeben hat. Der Vorstand hat nicht nachzuweisen und der Registerrichter hat vor der Eintragung nicht zu prüfen, ob diesem Erfordernis der Satzung genügt ist. Denn das Gesetz stellt den Erwerb der Mitgliedschaft auf die Einreichung der Beitrittserklärung durch den Vorstand ab, sodaß auch dann, wenn eine Aufnahme durch Vorstand und Aufsichtsrat nicht voranging, die Aufnahme in der Einreichung der Beitrittserklärung selbst zu finden ist. Das ist eine vom Gesetz ausdrücklich gewollte Folge der nach außen nicht beschränkbaren Vertretungsmacht des Vorstands (RGZ. Bd. 60 S. 412). Es kommt deshalb nicht auf die Feststellung des Berufungsgerichts an, daß in der Generalversammlung 7 von den 9 Aufsichtsratsmitgliedern den Neuaufnahmen zugestimmt haben.

Es fragt sich sonach nur noch, ob die Eintragung durch sachlichrechtliche Mängel, insoweit sie auf den Erwerb der Mitgliedschaft von Einfluß sind, also durch den behaupteten Verstoß gegen die guten Sitten in Frage gestellt werden kann. Das ist zu verneinen. Die Beitrittserklärung selbst kann nach ihrem Inhalt nicht sittenwidrig sein. Daß die Beitretenden nicht aus verwerflichen Beweggründen gehandelt und keine unlauteren Zwecke verfolgt haben, stellt der Vorderrichter fest. Dafür, daß der Vorstand nur Vereinigungsfreunde aufgenommen, Vereinigungsgegner aber zurückgewiesen hat, sind die Beitretenden nicht verantwortlich. Daß sie vor der Aufnahme gefragt worden sind, ob sie Vereinigungsfreunde seien, und daß sie diese Frage bejaht haben, ist nicht von Bedeutung, weil sie damit nur ihre politische Stellungnahme kundgaben.

Soweit die Aufnahme auf einem Tun der Genossenschaft, nämlich auf der Einreichung der Beitrittserklärung beim Registergericht beruht, ist sie nicht Vollzugsakt eines Aufnahmevertrags, auch nicht Annahme eines in der Beitrittserklärung enthaltenen Vertragsangebots. In ihr äußert sich nur die dem Vorstand vorbehaltene organschaftliche Mitwirkung bei der Aufnahme (RGZ. Bd. 68 S. 351). So wenig aber bei Nichtigkeit des zugrundeliegenden schuldrechtlichen Vertrags das dingliche Vollzugsgeschäft ohne weiteres ungültig ist, ebenso wenig kann das dem Vorstand vorgeworfene einseitige Verhalten die Gültigkeit der Beitrittserklärung und die Wirksamkeit des nur formalen Aktes seiner Mitwirkung durch Einreichung der Erklärung berühren. Das verbietet sich auch schon mit Rücksicht auf die Rechtssicherheit, da mit der Eintragung in die Liste der Genossen die Gläubiger mit der Haftung des eingetragenen Genossen rechnen dürfen.

Sind daher die neu aufgenommenen Personen Genossen geworden, so hatten sie auch das Stimmrecht und es war daher zunächst ihre Sache, wie sie abstimmen wollten. War die dem Vorstand vorgeworfene genossenschaftsfeindliche Handlungsweise bedeutungslos für den Erwerb ihrer Mitgliedschaft, so kann sie noch weniger die Frage berühren, ob die Stimmen der neuen Mitglieder zu zählen sind.

Es kann sich also entscheidend nur darum handeln, ob in der Generalversammlung vom 26. November 1922 die für die Auflösung stimmende Mehrheit ihre Macht mißbraucht und aus eigensüchtigen Interessen zum Schaden der Minderheit, ohne Rücksicht auf das Wohl der Genossenschaft, gestimmt und damit gegen die guten Sitten verstoßen hat. Für das Aktienrecht hat der erkennende Senat ein solches Handeln der Mehrheit in ständiger Rechtsprechung als Anfechtungsgrund anerkannt (RGZ. Bd. 107 S. 75, Bd. 108 S. 43, Bd. 112 S. 14, Bd. 113 S. 188 und Urteil vom 17. Dezember 1926 II 103/26). Man wird den gleichen Grundsatz auch für das Genossenschaftsrecht gelten lassen dürfen.

Indessen kann dem Berufungsgericht darin nicht beigetreten werden, daß ein solcher Verstoß gegen die guten Sitten hier vorliegt.

Ob die Beklagte, die sich im wesentlichen mit der Herausgabe einer politischen Tageszeitung von bestimmter Parteifärbung befaßt, damit überhaupt die Förderung des Erwerbs und der Wirtschaft ihrer Mitglieder mittels gemeinschaftlichen Geschäftsbetriebs bezweckt, ist, nachdem die Genossenschaft eingetragen worden, nicht mehr zu untersuchen. Auf dem Gebiet dieses für die Genossenschaft gesetzlich maßgebenden Zweckes lagen aber die Bestrebungen nicht, welche die Teilnehmer der Generalversammlung vom 26. November 1922 und die Genossen überhaupt auseinandergeführt haben, und zwar weder bei der Mehrheit noch bei der Minderheit, die in der Versammlung Stimmenthaltung geübt hat. Worum der Streit in Sachen der Auflösung der Genossenschaft ging, war nicht ein wirtschaftliches Ziel, sondern die rein politische Frage, ob die Volksstimme als Organ der U. S. P. D. oder einer dieser Partei politisch verwandten Gruppe fortbestehen oder ob sie nach Auflösung der Beklagten mit der Freien Presse verschmolzen werden sollte, die den Standpunkt der V. S. P. D. vertrat. Auch das Berufungsgericht betont dies, und zwar durch die Feststellung, daß es sich hier im Grunde weniger um wirtschaftliche Interessen als um politische Dinge gehandelt habe. Von wirtschaftlicher Bedeutung konnte nur sein, wem das Vermögen der Beklagten nach ihrer Auflösung zufallen sollte, und diese Frage konnte um deswillen keine Rolle spielen, weil nach einer in den Registerakten befindlichen Bilanz die Beklagte in den Jahren 1922 und 1923 mit Verlust gearbeitet hat, sodaß der Vorstand und Aufsichtsrat sich bei ihrem Antrag auf Auflösung der Genossenschaft von der Erwägung leiten ließen, das Unternehmen sei nicht zu halten und die örtlichen Verhältnisse zwängen daher, wenn man den Konkurs vermeiden wolle, zur Vereinigung mit der Freien Presse. Dieser wirtschaftlichen Erwägung haben sich die Auflösungsgegner versagt, nicht weil sie mit ihrer gegenteiligen Meinung dem Erwerb oder der Wirtschaft der Genossen hätten dienen oder dem darniederliegenden Unternehmen hätten aufhelfen wollen und können, sondern weil sie die Zeitung als Organ einer Gruppe der U. S. P. D., also aus politischen Gründen nicht eingehen lassen wollten. Beide Standpunkte mögen von politischen Gesichtspunkten aus verständlich und berechtigt sein, wie denn auch das Berufungsgericht mit Recht die Beweggründe der Vereinigungsfreunde als sittlich einwandfrei anerkannt hat. Dann kann aber weder die eine noch die andere Richtung der Gegenseite den Vorwurf machen, daß sie zum Nachteil der übrigen Genossen eigensüchtige Interessen vertreten habe. Daß die Mehrheit der Generalversammlung mit Vorstand und Aufsichtsrat sich als genossenschaftsfeindlich oder genossenschaftsschädlich erwiesen habe, kann vollends nicht geltend gemacht werden. Denn die Genossenschaft ist nicht Selbstzweck, und wenn sich das Ziel, den Erwerb oder die Wirtschaft ihrer Mitglieder zu fördern, mit den zu Gebote stehenden Mitteln nicht mehr erreichen läßt und ihre Lebensfähigkeit in Frage gestellt ist, so ist eine die Auflösung der Genossenschaft bejahende Abstimmung nur der nach der Lage der Genossenschaft wirtschaftlich gerechtfertigte Gebrauch eines Rechts und so wenig eine genossenschaftsfeindliche Handlung wie ein Antrag auf Konkurseröffnung, den der Vorstand bei Zahlungsunfähigkeit der Genossenschaft von Gesetzes wegen zu stellen hat. Ein sittenwidriger Mißbrauch der Macht der Mehrheit liegt daher nicht vor. Der Berufungsrichter scheint aber das Hauptgewicht darauf zu legen, daß der Generalversammlungsbeschluß bloß möglich geworden sei, indem der Vorstand, um den bisherigen Mehrheitswillen zu brechen, nur Auflösungsfreunde aufgenommen, Auflösungsgegner jedoch zurückgewiesen habe, und daß insofern, also wegen der vom Vorstand angewandten Mittel, der

Generalversammlungsbeschluß auf einem sittenwidrigen Verfahren beruhe. Auch mit diesen Erwägungen läßt sich die Anfechtbarkeit des Beschlusses nicht rechtfertigen. Das würde darauf hinauslaufen, daß ein bei Aufnahme von Mitgliedern begangener Verstoß des Vorstands, der auch nach der Auffassung des Berufungsgerichts nicht geeignet war, den Erwerb der Mitgliedschaft zu verhindern, fortwirken müßte auf die Beschlüsse der Generalversammlung, obwohl diese einwandfrei mit den Stimmen derjenigen Genossen zustande gekommen sind, für deren Aufnahme und Stimmrecht der Verstoß des Vorstands bedeutungslos war. Die Folge wäre, daß niemals mit diesen Stimmen die Auflösung beschlossen werden könnte, möchte sie sachlich auch noch so gerechtfertigt sein. Die Genossenschaft wäre daher insoweit dauernd handlungsunfähig, wenn die Mehrheitsverhältnisse sich nicht verschieben würden. Es ist deshalb daran festzuhalten, daß eine durch die Auswahl neu aufzunehmender Mitglieder (je nach ihrer Stellungnahme zur Frage der Auflösung) begangene Sittenwidrigkeit des Vorstands, wenn sie die Neuaufnahmen nicht beeinträchtigt hat, auch nicht von ursächlicher Bedeutung für die auf diesen Stimmen beruhenden Generalversammlungsbeschlüsse ist, weil sonst das Stimmrecht, das dieser Verstoß nicht beeinträchtigen konnte, notwendig verneint werden müßte.

Es kann dem Vorderrichter aber auch darin nicht beigepflichtet werden, daß das Handeln des Vorstands nach allgemeinem Sittenmaßstab als verwerflich zu betrachten sei. Dem Vorstand und dem Aufsichtsrat sind für die Auswahl neu aufzunehmender Personen durch die Satzung keinerlei Grenzen gezogen. Darum entscheidet über ihr Verhalten bei dieser Auswahl zwar nicht ihr freies Ermessen, wohl aber die Rücksicht auf das Wohl der Genossenschaft. Daß sie dieses pflichtwidrig vernachlässigt hätten, kann nicht anerkannt werden, weil die Auflösung eine nach der wirtschaftlichen Lage der Genossenschaft gebotene oder doch ratsame Maßnahme war. Daß sie sich durch die Neuaufnahmen mit dem bisherigen Mehrheitswillen der Genossen in Widerspruch gesetzt haben, ist nicht von entscheidender Bedeutung. War ihnen die Neuaufnahme von Mitgliedern überlassen, so mußte hierüber nach der Lage der Genossenschaft entschieden werden; denn durch den bisherigen Mehrheitswillen von Generalversammlungen waren für Neuaufnahmen keine Richtlinien gegeben, die hätten befolgt werden müssen.

Waren aber die Beweggründe des Vorstandes einwandfrei und war das verfolgte Ziel im Interesse der Genossenschaft nicht zu beanstanden, so reichte das angewandte Mittel, mochte es auch den Gegnern vom politischen Standpunkt aus als einseitige Parteinahme erscheinen, nicht aus, um eine Sittenwidrigkeit annehmen zu können. Denn das Mittel war weder durch die Satzung verboten, noch sonst unlauter oder gar ungesetzlich.

---

23. Zum Begriff des Schuldschein-Darlehens nach dem Gesetz vom 16. Juli 1925 über die Ablösung öffentlicher Anleihen.

AnlAblG. § 30 Abs. 3.

IV. Zivilsenat. Urt. v. 24. November 1927 i. S. Stadtg. Hannover (Bekl.) w. Stadtg. Essen (Kl.). IV 325/27.

I. Landgericht Hannover.

Im Februar 1921 trat der damalige Bürgermeister von Hannover Dr. B. namens der Beklagten an die städtische Sparkasse in Essen wegen Aufnahme eines Darlehens heran. Nach schriftlichen Verhandlungen über die Höhe des Darlehens und der Verzinsung nahm Dr. B. in einem Ferngespräch vom 7. Februar 1921 das Angebot der Sparkasse auf Gewährung eines Darlehens von 10 Millionen Mark zu $4^3/_4$% Jahreszinsen, rückzahlbar nach 6 Monaten, an. Die Sparkasse zahlte diese Summe in zwei Teilbeträgen aus. Nach den Meßzahlen des Aufwertungsgesetzes stellten sie einen Goldwert von zusammen 702960 ℳ dar. Nachträglich wurde das Darlehen unter den nämlichen Bedingungen bis 15. Februar 1922 verlängert; über eine in Aussicht genommene nochmalige Verlängerung wurden die Parteien wegen der Verzinsung nicht einig. Nachdem die Gläubigerin wiederholt endgültige Regelung der Angelegenheit verlangt hatte, zahlte ihr die Beklagte am 22. Dezember 1922 10 Millionen in Papiermark im Goldwert von 6340 Gℳ nebst entsprechenden Zinsen. Die Klägerin behauptet, daß sie nach dem Aufwertungsgesetz Aufwertung auf 25% vom Goldmarkbetrag des Darlehens verlangen könne; das seien 175740 Gℳ, wovon sie die erhaltenen 6340 Gℳ in Abzug bringe. Von dem ihr hiernach zustehenden Betrag von 169400 RM mache sie vorerst einen Teilbetrag von 5000 RM geltend. Sie beantragte Verurteilung der Beklagten zur Zahlung von 5000 RM und überließ die Festsetzung des Zahlungstermins und der Höhe der Zinsen dem Ermessen des Gerichts. Das Landgericht gab der Klage statt. Die von der Beklagten unmittelbar zum Reichsgericht eingelegte Revision führte zur Abweisung der Klage.

Gründe:

Die Beklagte bestreitet ihre Zahlungspflicht mit der Behauptung, daß das ihr gewährte Darlehen unter § 30 AnlAblG. falle, wonach dem Darlehensgeber kein Anspruch auf Zahlung zustehe, sondern nur ein nicht im Rechtsweg verfolgbarer Anspruch auf Umtausch.

Der Rechtsweg ist zulässig, da erst entschieden werden soll, ob die erwähnte Vorschrift auf den geltend gemachten Anspruch anwendbar ist (RGZ. Bd. 116 S. 168/69).

Daß unter § 30 auch solche Darlehen fallen, die nicht im Wege der öffentlichen Zeichnung zustande gekommen sind und bei denen die erlangten Gelder nicht für besondere Zwecke öffentlichrechtlicher Art bestimmt sind, ist in der Rechtsprechung anerkannt (RGZ. Bd. 116 S. 169, Bd. 117 S. 59, Urteil vom 9. Juli 1927 IV 95/27). Dem Landgericht ist also nicht beizustimmen, wenn es in einer Hilfserwägung sagt, es komme darauf an, ob das aufgenommene Darlehen der Erfüllung öffentlicher allgemeiner Verwaltungsaufgaben diene, was hier nicht zutreffe. Die Entscheidung hängt vielmehr ausschließlich von der Beantwortung der Frage ab, ob für das Darlehen ein Schuldschein ausgestellt ist, d. h. ob das Schriftstück vom 17. Februar 1921, das die Beklagte der Klägerin übersandt hat, als Schuldschein anzusehen ist.

Seinem Inhalt nach genügt das Schriftstück den Anforderungen, die in der Rechtsprechung über das Anleiheablösungsgesetz an einen Schuldschein gestellt werden. Es ist darin der Empfang der gesamten Darlehenssumme bestätigt, auch der Zeitpunkt der Rückzahlung und die Höhe der zu zahlenden Zinsen angegeben. Daß das in Form einer „Willenserklärung" geschehen müßte, wie die Klägerin meint, ist nicht anzuerkennen. Fraglich kann nur sein, ob mit dem Landgericht anzunehmen ist, die Art des Zustandekommens der Urkunde stehe der Annahme entgegen, daß sie ein Schuldschein sei.

Der Bürgermeister (Stellvertreter des Oberbürgermeisters) Dr. B. hat am 17. Februar 1921 eine zunächst an die Stadtkämmerei in Hannover gerichtete Verfügung erlassen, worin er ihr den Empfang des Darlehens, den Rückzahlungstermin, sowie die Höhe der Verzinsung und den Zahlungstermin für die Zinsen mitteilt und ihr zugleich die Anweisung gibt, die sich daraus ergebenden Zahlungen an die städtische Sparkasse in Essen zu leisten. Unter dieser Verfügung befindet sich ein Randvermerk folgenden Inhalts:

Ausfertigung für die städtische Sparkasse in Essen zur gefl. Kenntnis und als Erwiderung auf die Schreiben vom 7. und 10. ds. Mts.

Daß der Gläubigerin die hier angeordnete Ausfertigung übersandt worden ist, steht außer Streit. Das angefochtene Urteil zieht auch nicht in Zweifel, daß das Schriftstück seinem Inhalt nach den Erfordernissen eines Schuldscheins genügt, sagt aber, wenn es als solcher angesehen werden sollte, müßte noch weiter hinzukommen, daß es eigens zum Zweck der Beweisfunktion errichtet worden sei und in dieser Hinsicht den Gläubiger sichern solle. Richtig ist daran, daß zum Begriff eines Schuldscheins seine Ausstellung zum Zweck der Beweissicherung gehört (RGZ. Bd. 116 S. 173). Aber verfehlt ist es, wenn das Landgericht hier die Sache so behandelt, als ob es sich nur um ein Schriftstück handelte. Man muß vielmehr unterscheiden zwischen dem Schriftstück, das bei den Akten der Beklagten verblieb, und demjenigen, das der Gläubigerin übersandt wurde. Das erstere diente dem inneren Geschäftsbetrieb der Beklagten; das letztere hatte damit gar nichts zu tun, sondern diente ausschließlich dem Rechtsverhältnis zwischen der Beklagten und der Darlehensgeberin in der Art eines Schuldscheins. Daß zu seiner Herstellung das für den inneren Dienst der Beklagten bestimmte Schriftstück als Vorlage benutzt wurde, ist ohne rechtliche Bedeutung. Wenn man die Frage untersucht, zu welchem Zweck das Schriftstück hergestellt wurde, so darf man nur das der Gläubigerin zugesandte Schriftstück in Betracht ziehen. Daß dieses zu einem anderen Zweck hergestellt worden wäre, als zu dem Zweck, dem ein Schuldschein zu dienen pflegt, also auch dem der Beweissicherung, dafür liegt nichts vor. Das ist um so weniger anzunehmen, als der Übersendung des Schriftstücks ein Schreiben der Sparkasse vom 7. Februar vorausgegangen war, in dem es am Schluß heißt: „Die Annahme der Bedingungen sowie den Eingang der Überweisung wollen Sie uns gefl. umgehend bestätigen." Damit war der Sache nach die Ausstellung eines Schuldscheins verlangt worden, und dem Zwecke der Erfüllung dieses Verlangens diente die Übersendung des

Schriftstücks vom 17. Februar, wie sich aus der Bezugnahme des Randvermerks auf das vorausgegangene Schreiben der Sparkasse ohne weiteres ergibt. Solches Verfahren entsprach auch dem allgemeinen Brauch, daß über Darlehen von erheblicher Höhe Schuldscheine verlangt und ausgestellt werden. Es ist kein Grund ersichtlich, warum hier von diesem Brauch abgegangen worden sein sollte. Demgegenüber kann der Erwägung des Landgerichts, daß die Bezeichnung als Schuldschein vermieden worden sei, keine Bedeutung beigemessen werden, um so weniger, als sich aus der betreffenden Bemerkung kein Anhaltspunkt dafür ergibt, daß das Landgericht feststellen wollte, das Wort sei absichtlich vermieden worden. Jedenfalls wäre für eine solche Annahme keine tatsächliche Unterlage vorhanden. Und wenn weiter das Landgericht als gegen das Vorliegen eines Schuldscheins sprechend anführt, es sei nicht ein Anhaltspunkt dafür gegeben, daß das an die Klägerin gekommene Schreiben bei der Rückzahlung des Darlehens gemäß § 371 BGB. an die Beklagte zurückgegeben werden müßte, so ist dem entgegenzuhalten, daß ebensowenig ein Anhaltspunkt für die Annahme gegeben ist, die Gläubigerin sollte die Rückgabe des Schriftstücks verweigern dürfen.

Daß dem an die Sparkasse gelangten Schriftstück auch der oben bezeichnete Randvermerk beigefügt war, wird von beiden Seiten übereinstimmend angegeben; Meinungsverschiedenheit besteht nur darüber, ob dieser Randvermerk dort mit einer eigenen Unterschrift versehen war. Es kann hier die Darstellung der Klägerin zugrunde gelegt werden, wonach er keine Unterschrift getragen habe. Denn wenn es sich so verhielt, konnte die Klägerin erst recht erkennen, daß der Randvermerk mit dem Hauptinhalt des Schriftstücks, der den Schuldschein darstellt, in keinem inneren, diesen Inhalt beeinflussenden Zusammenhang stand, sondern nur dazu diente, die vom Aussteller angeordnete Übersendung des Schriftstücks an die Gläubigerin zu gewährleisten und dieser den Zweck der Übersendung bekanntzugeben. Die rechtliche Eigenschaft des Schriftstücks als eines Schuldscheins wurde deshalb durch den ihm beigefügten Randvermerk in keiner Weise beeinträchtigt.

Ob für einen von der Beklagten ausgestellten Schuldschein öffentlichrechtliche Formvorschriften eingreifen würden, kann unerörtert bleiben, nachdem die Klägerin ausdrücklich erklärt hat, die Legitimation des Bürgermeisters, der die Verhandlungen geführt und das Schriftstück unterzeichnet hat, nicht bestreiten zu wollen.

Nach alledem fällt das der Beklagten gewährte Darlehen unter § 30 AnlAblG., sodaß die Klägerin aus ihm keinen Anspruch auf Zahlung, sondern nur einen nicht im Rechtsweg verfolgbaren Anspruch auf Umtausch hat.

---

24. Zur Frage der Stempelfreiheit von Auflassungsvollmachten.

GBO. § 31. Preuß. Stempelsteuergesetz vom 27. Oktober 1924 Tarifnummer 19 Abs. 7b.

VII. Zivilsenat. Urt. v. 25. November 1927 i. S. S. u. Gen. (Kl.) w. Preuß. Staat (Bekl.). VII 361/27.

I. Landgericht Kiel.
II. Oberlandesgericht daselbst.

Der Kläger zu 1 bot am 15. März 1926 zum Protokoll des Notars B. in N. den Klägern zu 2, 3 und 4 ein Grundstück unter bestimmten Bedingungen zum Kauf für 21000 RM an. Im § 4 der Urkunde heißt es: „Beide Teile erteilen dem Hausmakler M. . . . unbeschränkt Vollmacht zur Abgabe der Auflassungserklärungen vor dem Grundbuchamt oder Notar . . ." Die Kläger zu 2, 3, 4 nahmen das Angebot des Klägers zu 1 in einem Protokoll des Notars B. vom 21. März 1926 an mit der Erklärung: „Wir nehmen den uns in seinem vollen Wortlaute bekannt gegebenen Antrag an und bestätigen damit die in dem Vertragsantrag vorgesehene Auflassungsvollmacht des Hausmaklers M. . . ." Die Auflassung wurde von dem Bevollmächtigten M. vorgenommen. Zu der Urkunde vom 15. März 1926 erhob die Stempelbehörde einen Vollmachtstempel von 21 RM; die Vertragsparteien bezahlten ihn je zur Hälfte. Sie sind der Meinung, daß ein Vollmachtstempel nicht in Ansatz komme, sondern nur ein Protokollstempel von 3 RM. Klagend verlangen sie Zurückzahlung von 18 RM. Beide Vorinstanzen wiesen die Klage ab. Die Revision der Kläger hatte Erfolg.

Gründe:

1. Die Urkunde vom 15. März 1926 ist als bedingte Vollmacht nach § 3 Abs. 2 und Tarifnummer 19 Abs. 1 des Preußischen Stempel-

steuergesetzes in der Fassung vom 27. Oktober 1924 versteuert worden. Die Revision meint, der Kläger zu 1 habe damals keine bedingte Vollmacht erklärt, sondern nur den Klägern zu 2, 3 und 4 das Angebot gemacht, gemeinsam mit ihm dem Hausmakler M. Auflassungsvollmacht zu erteilen. Es ist indessen dem Berufungsrichter darin beizupflichten, daß der Kläger zu 1 in der Urkunde vom 15. März 1926 für den Fall, daß die anderen Kläger das Kaufangebot annähmen und den M. mit der Entgegennahme der Auflassung betrauten, seinerseits bereits endgültig erklärt hat, M. solle ermächtigt sein, in seinem Namen die Auflassung zu erteilen. Eine andere Vollmachtserklärung hat der Kläger zu 1 auch in der Tat später nicht abgegeben. Dadurch, daß die Kläger zu 2, 3, 4 in der Urkunde vom 21. März 1926 das Kaufangebot annahmen und dem M. Auflassungsvollmacht gaben, wurde wohl die Bedingung erfüllt, an die der Kläger zu 1 seine Vollmachtserklärung geknüpft hatte; es läßt sich aber nicht sagen, daß damit die Vollmacht selbst erst erteilt worden wäre. Sie war vom Kläger zu 1 zu erteilen, dieser hat aber die Urkunde vom 21. März 1926 gar nicht unterzeichnet; seine Erklärungen sind ausschließlich in der Urkunde vom 15. März 1926 enthalten. Die Revision übersieht, daß die Vollmachten zur Erteilung und zur Entgegennahme der Auflassung wohl gemeinsam erklärt und auch in ein gegenseitiges Abhängigkeitsverhältnis gebracht werden können, daß sie aber immer selbständige Vollmachten bleiben. Jeder Teil erklärt die seinige allein.

2. Eine Verletzung des § 31 GBO. hat die Revision nicht gerügt. Sie kommt auch schon deshalb nicht in Frage, weil jene Vorschrift voraussetzt, daß die Auflassung durch Bevollmächtigte vor dem Grundbuchamt erklärt worden ist. Das haben die Kläger nicht behauptet. Die Vollmacht ermächtigte den M. zur Abgabe der Erklärungen vor dem Grundbuchamt oder vor dem Notar. Wo er sie abgegeben hat, steht nicht fest.

Im übrigen hat sich der erkennende Senat schon früher (RGZ. Bd. 102 S. 299) mit dem § 31 GBO. beschäftigt und dargelegt, daß diese Vorschrift nicht nur dem Wortlaut, sondern auch dem gesetzgeberischen Grundgedanken nach versagt, wenn die Auflassungsvollmacht nicht in einem Kaufvertrag, sondern in einem Kaufangebot erklärt wird. Daran würde, wenn es darauf ankäme, auch jetzt noch festzuhalten sein.

3. Mit Recht beruft sich aber die Revision auf die Tarifnummer 19 Abs. 7b StStG. Hier heißt es:

„Befreit sind Auflassungsvollmachten, wenn das der Einigung zugrunde liegende Rechtsgeschäft von einem Notar oder einer Behörde beurkundet und die Vollmacht in der Urkunde erteilt ist."

Damit ist der enge Rahmen des § 31 GBO. verlassen worden. Die neue Befreiungsvorschrift setzt weder voraus, daß die Auflassung vor dem Grundbuchamt vorgenommen wird, noch daß die Vollmacht vor einem Notar erklärt worden ist. Das liegt daran, daß der Ausgleich, den § 31 GBO. zwischen den verschiedenen Rechtsgebieten des Reichs und namentlich auch Preußens schaffen wollte, von Preußen inzwischen für seine sämtlichen Landesteile auf andere Weise erreicht worden war. Nach dem Gesetz über die Form der Auflassung vom 13. Mai 1918 (GS. S. 51) können nunmehr in ganz Preußen Grundstücke vor einem Notar aufgelassen werden. Danach ist Abs. 7 der Tarifnummer 19 StStG. keine Ausgleichsvorschrift, sondern eine allgemeine Befreiungsvorschrift, die den Grundstücksverkehr erleichtern will.

Nun sind im vorliegenden Falle Angebot und Annahme allerdings nicht zusammen, sondern einzeln beurkundet worden. Unter den besonderen Umständen des Falles vermag das aber einen Unterschied nicht zu begründen. Beide Erklärungen sind von demselben Notar aufgenommen worden, und die zweite, die Annahme des Angebots, lag schon vor, als die zweiwöchige Frist des § 15 Abs. 1 StStG. ablief, binnen welcher der Notar sich über die Verwendung eines zu der ersten Erklärung etwa erforderlichen Stempels schlüssig machen mußte. Man würde den Wortlaut über den Sinn des Gesetzes stellen, wenn man sich darauf beriefe, daß die Auflassungsvollmacht vom Kläger zu 1 nur in der Urkunde erklärt worden ist, die das Angebot enthält, und daß nach § 3 Abs. 1 StStG. lediglich der Inhalt dieser Urkunde über ihre Stempelpflichtigkeit entscheidet. Angebot und Annahme bilden nach der besonderen Lage des Falles zusammen „die Urkunde", von der Abs. 7 der Tarifnummer 19 spricht. Es ist auch kein innerer Grund ersichtlich, der zu einer abweichenden Behandlung zwänge je nachdem, ob bei der Entscheidung über den zu verwendenden Stempel Angebot und Annahme in derselben Urkunde oder in zwei gesonderten Urkunden vorliegen. Im einen wie im andern Falle gebührt dem Grundstücksverkehr die ihm vom Gesetz zugedachte

Erleichterung. Es gilt auch hier, was das Reichsgericht (RGZ. Bd. 117 S. 337/338) ausgesprochen hat:

„Über der Formulierung des Gesetzes steht sein leitender Gedanke. Versagt jene, so bleibt dieser maßgebend und zwingt zur Anwendung der Vorschrift auf einen Fall, der zwar unter den aufgezählten Fällen — ohne ersichtlichen Grund — nicht ausdrücklich aufgeführt ist, dessen gleiche rechtliche Beurteilung aber, sei es wegen Rechtsähnlichkeit mit einem der aufgezählten Fälle, sei es — ohne diesen Umweg — wegen unmittelbarer Anwendbarkeit jenes leitenden Gedankens des Gesetzes auf ihn geboten ist."

Danach mußte in Übereinstimmung mit der Ansicht der Revision die Befreiungsvorschrift auf den gegenwärtigen Fall angewendet und der Klage stattgegeben werden.

---

25. 1. Wann ist bei einer Vertragsbeurkundung ein Mangel im Verfügungsrecht für die Stempelpflichtigkeit der Urkunde von Bedeutung?

2. Wird ein neuer Mietvertrag geschlossen, wenn der Mieter seine Vertragsrechte an einen Dritten abtritt und dieser auch die Vertragspflichten des Mieters, sei es nach § 414, sei es nach § 415 BGB. übernimmt?

3. Kann der zu einer Urkunde erhobene Stempel schon zurückgefordert werden, wenn der Nachweis erbracht wird, daß der erhobene Stempel nicht zu bezahlen war, oder muß darüber hinaus nachgewiesen werden, daß die Urkunde überhaupt nicht stempelpflichtig ist?

Preuß. Stempelsteuergesetz vom 27. Oktober 1924 (GS. S. 627), Tarifnummer 10.

VII. Zivilsenat. Urt. v. 25. November 1927 i. S. Preuß. Staat (Bekl.) w. Firma L. GmbH. (Kl.). (VII) VI 322/27.

I. Landgericht I Berlin.
II. Kammergericht daselbst.

Durch Vertrag vom 4. März 1925 vermietete die Klägerin ein Hausgrundstück in Berlin auf die Zeit vom 1. März 1925 bis 31. März 1930 an die Firma B. & Co. GmbH. Dieser Vertrag wurde mit einem

Stempel in Höhe von 503 RM versteuert. Am 1. August 1925 wurde folgende Klausel auf die Vertragsurkunde gesetzt: „Vorstehender Mietvertrag geht mit allen Rechten und Pflichten auf Herrn Th. Bei. über". Unterschrieben wurde die Klausel von der Klägerin und von Bei., der damals Geschäftsführer der B. & Co. GmbH. war. Zu dieser Klausel entrichtete die Klägerin einen Mietstempel von 574 RM. Im Rechtsstreit fordert sie Zurückzahlung dieser Summe. Das Landgericht wies die Klage ab, das Kammergericht gab ihr statt. Die Revision des Beklagten hatte nur beschränkten Erfolg.

Gründe:

1. Die Angriffe der Revision versagen, soweit sie sich dagegen wenden, daß das Kammergericht den Mietstempel nicht in Ansatz gebracht hat. Diese Entscheidung beruht auf der Feststellung, daß Bei. die auf den Mietvertrag gesetzte Klausel vom 1. August 1925 auch in seiner Eigenschaft als damaliger Geschäftsführer der GmbH. B. & Co. unterzeichnet habe. Die rechtliche Möglichkeit dieser Annahme ist gegeben. An sich zwar hat der Geschäftsführer einer Gesellschaft m. b. H., wenn er für die Gesellschaft handelt, die Firma der Gesellschaft zu zeichnen und seine Namensunterschrift beizufügen (§ 35 GmbHG.), doch ist dies nur eine Ordnungsvorschrift, und jede schriftliche Erklärung ist gültig, die den Willen, für die Gesellschaft zu zeichnen, deutlich ergibt (vgl. Staub-Hachenburg Anm. 29 zu § 35 GmbHG.). Das trifft nach der Verkehrsauffassung immer dann zu, wenn der Geschäftsführer mit einem Dritten über eine Angelegenheit der Gesellschaft verhandelt (a. a. O. Anm. 3 zu § 36). Im Rahmen dieser Grundsätze hat sich der Berufungsrichter gehalten, als er zu dem Ergebnis gelangte, daß die aus der Klausel vom 1. August 1925 klar ersichtliche Abtretung aller Rechte aus dem Mietvertrag für die Inhaberin dieser Rechte, die Gesellschaft B. & Co., erklärt worden sei und daß Bei., der die Abtretung unterschrieben hat, das in seiner Eigenschaft als Geschäftsführer der Gesellschaft getan habe. Daß die Gesellschaft die Inhaberin der Rechte war, ergibt sich aus der Klausel selbst, denn sie verweist auf den „vorstehenden" Mietvertrag, macht ihn also zu ihrer Anlage, und in dem Mietvertrag ist die Gesellschaft B. & Co. als Mieterin aufgeführt. Die Tatsache, daß Bei. damals ihr Geschäftsführer war, ergibt sich allerdings nicht aus der Urkunde, doch das ist unerheblich. Ein Mangel im Ver-

fügungsrecht bleibt für die Stempelpflicht der Urkunde grundsätzlich ohne Bedeutung, es sei denn, daß das Vorhandensein des Mangels aus der Urkunde selbst ersichtlich wäre (vgl. Hummel-Specht, Anm. 5 zu § 3 des Preußischen Stempelsteuergesetzes). Diese Ausnahme liegt aber nicht vor; denn darüber, wer am 1. August 1925 Geschäftsführer der Gesellschaft gewesen ist, gibt weder die Urkunde noch ihre Anlage Aufschluß.

Die Revision hat ferner darauf hingewiesen, daß Bei. durch eine im Namen der Gesellschaft erklärte Abtretung der Rechte aus dem Mietvertrag an sich selbst ein Rechtsgeschäft vorgenommen hätte, das unter den § 181 BGB. gefallen wäre, und behauptet, daß ihm die Vornahme dieses nicht ausschließlich in der Erfüllung einer Verbindlichkeit bestehenden Rechtsgeschäfts von der Gesellschaft nicht in rechtsverbindlicher Weise gestattet gewesen sei. Die Revision meint, der Berufungsrichter hätte bei Würdigung dieses Umstandes nicht zu der Annahme gelangen können, daß Bei. die Abtretung im Namen der Gesellschaft erklärt habe, und sie meint weiter, der Berufungsrichter hätte jenen Umstand schon deshalb berücksichtigen müssen, weil sich „die Gestattung" im Sinne des § 181 BGB. nicht aus der Urkunde ergebe. Auch hier gilt indessen das schon oben Gesagte. Das Fehlen der Gestattung macht das Rechtsgeschäft nicht nichtig, weil es durch nachträgliche Genehmigung des Vertretenen noch volle Rechtswirksamkeit erlangen kann (RGZ. Bd. 56 S. 107, Bd. 67 S. 54); deshalb handelt es sich auch beim Fehlen der Gestattung nur um einen Mangel der Verfügungsbefugnis, und dieser kam, weil aus der Urkunde nicht ersichtlich, für das Berufungsgericht nicht in Betracht. Wollte der Beklagte aus dem Fehlen der Befugnis ein Beweisanzeichen gegen den von der Klägerin behaupteten Inhalt der Urkunde entnehmen, so mußte er das Fehlen zunächst behaupten. Das hat er aber nicht getan und in der Revisionsinstanz darf er es nicht mehr nachholen, weil er sich damit auf das der Revision verschlossene Gebiet der Tatsachen begeben würde.

Hilfsweise hat die Revision noch auszuführen versucht, daß selbst nach den Feststellungen des Berufungsrichters die in der Urkunde abgegebenen Erklärungen in ihrer Gesamtheit den Abschluß eines neuen Mietvertrags ergäben. Auch dem kann jedoch nicht beigepflichtet werden. Das Kammergericht findet in der Urkunde die Abrede, daß der alte Mietvertrag mit allen Rechten und Pflichten von der Gesellschaft B. & Co. auf Bei. übergehen sollte, oder, wie es weiterhin sagt, die Übertragung der Rechte und Pflichten aus dem alten Mietvertrag von der Gesellschaft B. & Co. auf Bei. Die Revision führt richtig aus, daß die Gesellschaft B. & Co. wohl ihre Rechte aus dem Vertrag ohne weiteres auf Bei. habe übertragen können, daß aber die Pflichten aus dem Vertrag auf Bei. nur übergegangen seien, wenn die Klägerin die von B. & Co. mit Bei. vereinbarte Schuldübernahme ihrerseits genehmigt habe (§ 415 BGB.). So findet die Revision in der Urkunde: 1. die Abtretung der Rechte aus dem Mietvertrag von B. & Co. auf Bei.; 2. den Schuldübernahmevertrag zwischen B. & Co. und Bei.; 3. dessen Genehmigung durch die Klägerin. Es hätte vielleicht näher gelegen, einen Schuldübernahmevertrag nach § 414 BGB. anzunehmen, den die Klägerin mit Bei. abgeschlossen hat, aber das mag unerörtert bleiben, weil es für die zu entscheidende Rechtsfrage unerheblich ist, und es soll deshalb im folgenden von den Annahmen der Revision ausgegangen werden.

Diese stellt den Rechtssatz auf, daß ein neuer Mietvertrag zwischen dem Vermieter und dem Dritten abgeschlossen werde, wenn der Mieter dem Dritten seine Vertragsrechte abtrete und der Dritte die Vertragspflichten rechtswirksam übernehme. Die Streitfrage ist früher lebhaft erörtert worden, vgl. Hoyer-Gaupp, Preuß. Stempelgesetzgebung (5. Aufl. 1895), S. 213 bis 217 Anm. 6c, 6e, 6f, 6h—l und Hummel-Specht, Preuß. Stempelsteuergesetz, Anm. 40 zu TSt. 48. Unter der Herrschaft der Stempelsteuergesetze von 1895 und 1909 verlor die Streitfrage ihre Bedeutung, weil danach alle Mietverträge jährlich zu versteuern waren, der Wechsel in der Person des Mieters steuerlich also nicht in Betracht kam und weil für die Abtretung der Rechte aus einem Mietvertrag keine besondere Stempelsteuer erhoben werden durfte (TSt. 48 Abs. 7 des Gesetzes von 1895 und TSt. 48 Abs. 19 des Gesetzes von 1909). Das Preußische Stempelsteuergesetz vom 27. Oktober 1924 ist in Tarifnummer 10 wieder zur einmaligen Versteuerung der Mietvertragsurkunde zurückgekehrt, es befreit auch die Abtretung der Rechte aus dem Mietvertrag nicht mehr von der Stempelsteuer. Unter diesen Umständen ist die alte Streitfrage von neuem erheblich geworden.

Die oben erwähnten Erläuterungsbücher zum Preußischen Stempelsteuergesetz teilen die Ansicht der Revision und Hoyer-Gaupp a. a. O. beruft sich dafür auch auf eine Anzahl von Entscheidungen des früheren Preußischen Obertribunals und des Reichsgerichts. Die sämtlichen Entscheidungen liegen aber, wie nach der geschichtlichen Entwicklung des preußischen Mietstempels nicht anders zu erwarten, vor dem Jahre 1900. Sie sind unter der Herrschaft des damals geltenden bürgerlichen Rechts ergangen und kommen für die jetzt zu treffende Entscheidung nur insoweit in Betracht, als ihre Gründe auch für das Recht des Bürgerlichen Gesetzbuchs anzuerkennen sind. Das ist aber nicht der Fall. Das Bürgerliche Gesetzbuch hat das Rechtsinstitut der Abtretung von Rechten und namentlich das der Schuldübernahme so ausgebildet, daß mit ihrer Hilfe der Eintritt eines Dritten in die Rechte und Pflichten, wie sie sich für den Mieter aus einem bestehenden Mietvertrag ergeben, mit dem Erfolg erreicht werden kann, daß der Dritte ursprünglich fremde Rechte erwirbt und ursprünglich fremde Verpflichtungen zu erfüllen hat. Diese rechtliche Möglichkeit kann dazu führen, daß das Aufheben eines alten und das Abschließen eines tatsächlich neuen Mietvertrags in die Form des Eintritts in den alten Mietvertrag gekleidet wird, um die Stempelsteuer zu umgehen. Ob das im gegenwärtigen Falle zutrifft, braucht an sich nicht erörtert zu werden; denn der erkennende Senat hat schon wiederholt ausgesprochen, daß der die Steuerumgehung behandelnde § 5 der Reichsabgabenordnung für die Landessteuern nicht in Betracht kommt (vgl. Urteil vom 28. Juni 1921 VII 17/21 und RGZ. Bd. 117 S. 92). Im übrigen ergibt aber die zu versteuernde Urkunde selbst, daß Bei. wirklich in den Mietvertrag der Gesellschaft V. & Co. eingetreten ist. Dieser Vertrag, auf den die Klausel vom 1. August 1925 verweist, bestimmt in seinem § 10 Abs. 2 ausdrücklich:

> „Genehmigt aber der Vermieter die Abtretung der Rechte aus diesem Vertrag, so bleibt, auch wenn der neue Mieter die vertraglichen Verpflichtungen übernimmt, der jetzige Mieter als Gesamtschuldner mit dem neuen Mieter für diese haftbar."

Der alte Mietvertrag ist also überhaupt nicht vollständig aufgehoben worden, es bestehen noch rechtliche Beziehungen zwischen der Klägerin und der V. & Co. GmbH. Diese Gesellschaft haftet sonach weiter für die Verbindlichkeiten, die sie durch den Vertrag vom

4. März 1925 übernommen hatte, und Bei. ist als Schuldner nur neben sie, nicht an ihre Stelle getreten.

2. Begründet aber ist das Bedenken der Revision, daß der Berufungsrichter dem Klagantrag nicht stattgeben durfte, bevor er nicht festgestellt hatte, daß zu der Urkunde vom 1. August 1925 überhaupt kein Stempel zu verwenden sei. Die Klage auf Zurückzahlung eines Stempelbetrags ist privatrechtlich als Bereicherungsklage anzusehen (RGZ. Bd. 76 S. 275, Bd. 93 S. 272). Ohne rechtlichen Grund hat aber der Beklagte den vereinnahmten Stempel seinem vollen Betrage nach nur dann erlangt, wenn gar kein Stempel zu erheben war. Hiervon ist auch die Klägerin selbst bei Erhebung ihrer Klage ausgegangen. Schon in der Klageschrift hat sie die Frage erörtert, ob etwa der Abtretungsstempel fällig geworden sei, und hat dies damals verneint. Wenngleich der Beklagte sich hierzu nicht geäußert und sich auch nicht hilfsweise auf den Standpunkt gestellt hat, daß mindestens der Abtretungsstempel oder ein sonstiger Stempel in Ansatz komme, so überhob das den Berufungsrichter nicht der Pflicht, die Frage, welchem Stempel die Urkunde vom 1. August 1925 unterliege, nach allen Gesichtspunkten zu prüfen, die dafür überhaupt in Betracht kommen können. Deshalb mußte das angefochtene Urteil aufgehoben und die Sache an das Berufungsgericht zurückverwiesen werden. Seine Aufgabe wird es nunmehr sein, festzustellen, welche einzelnen Rechtsgeschäfte in der Urkunde vom 1. August 1925 enthalten sind, ob sie einer Stempelpflicht unterliegen und wie hoch die etwa zu entrichtenden Stempelbeträge sind.

---

26. 1. Über die Erfordernisse des kaufmännischen Verpflichtungsscheins.
2. Bedeutung der Wendung „oder für Ihre Order" im kaufmännischen Briefverkehr.

HGB. §§ 363, 364, 346.

II. Zivilsenat. Urt. v. 25. November 1927 i. S. Deutsche Grundkreditbank A.-G. (Bekl.) w. Landbank A.-G. (Kl.). II 140/27.

I. Landgericht I Berlin, Kammer für Handelssachen.
II. Kammergericht daselbst.

Nachdem die Beklagte mit einer Firma W. als Darlehensnehmerin ein Beleihungsgeschäft in Höhe von zwei Millionen Goldmark in 5%igen Goldmarkpfandbriefen abgeschlossen hatte, stellte diese Firma durch Abtretung vom 24. Januar 1924 den gesamten auf diese Beleihung zur Ausreichung kommenden Betrag dem Bankier G. in Berlin zur Verfügung. Der Beklagten wurde die Urkunde hierüber am gleichen Tage vorgelegt; auf ihr befand sich der von G. unterzeichnete Vermerk: „für mich an die Order des Str.-Konzern, Finanzabteilung". Darauf übersandte die Beklagte dem Str.-Konzern, Finanzabteilung, ein von ihr unterzeichnetes, vom 25. Januar datiertes Schriftstück folgenden Wortlauts:

Wir halten für Sie oder Ihre Order die der Firma W. .... in Höhe von 2 Millionen Goldmark Pfandbriefen bewilligte Hypothekenvaluta abzüglich der uns vertraglich zustehenden Provision, Stempel und Spesen, sobald die Valuta zur Auszahlung gelangen kann, zu Ihrer freien unwiderruflichen Verfügung.

Laut vorliegender Bescheinigung des Amtsgerichts K. vom 22. Januar 1924 ist der Antrag auf Eintragung der Hypothek von 2 Millionen Goldmark am 22. d. M. beim Grundbuch eingetragen.

Dieses Schriftstück gelangte am 26. Januar 1924 in den Besitz der Preußischen Staatsbank (Seehandlung); dabei war es mit folgenden Indossamenten versehen:

1. Weiter an die Firma M. & R., Bankgeschäft, Berlin (Datum: 25. Januar 1924).

Str.-Konzern, Finanzabteilung.

2. Für uns an die Order der Landbank A.-G., Berlin (Datum: 26. Januar 1924).

M. & R.

3. Für uns an die Order der Preußischen Staatsbank (Seehandlung) (Datum: 26. Januar 1924).

Landbank.

Die Preußische Staatsbank (Seehandlung) schrieb unter dem 17. Februar 1925 an die jetzige Klägerin: sie trete hiermit die Rechte aus dem Verpflichtungsschein der Deutschen Grundkreditbank vom 25. Januar 1924 an die Klägerin zur Einziehung ab mit der Maßgabe, daß die Leistung aus dem Schein nur an die Preußische Staatsbank verlangt werden dürfe. Am 28. Mai 1925 versah sodann die Klägerin das Schriftstück mit der Erklärung, daß sie den vorstehenden Anspruch an die Preußische Staatsbank zurückabtrete. Dies geschah, nachdem die Klägerin (Ende April 1925) die gegenwärtige Klage erhoben hatte, mit der sie beantragt, die Beklagte zu verurteilen, daß sie 10000 GM nom. von den von ihr ausgegebenen 5%igen Goldmarkpfandbriefen an die Preußische Staatsbank (Seehandlung) herauszugeben habe.

Diesen Anspruch stützt die Klägerin in erster Linie darauf, daß die von der Beklagten dem Str.-Konzern, Finanzabteilung, übersandte Urkunde vom 25. Januar 1924 einen kaufmännischen Verpflichtungsschein (HGB. § 363) darstelle. Aber auch dann, wenn der Schein kein echtes Orderpapier sei, habe die Beklagte nach kaufmännischer Auffassung doch nur an den durch Giro legitimierten Inhaber der Urkunde leisten dürfen. Sie sei aber nicht berechtigt gewesen, die Pfandbriefe — wie es nach ihrer Behauptung geschehen sein solle — der Firma M. & R. ohne Rücksicht auf die dem Giro des Str.-Konzerns nachfolgenden Indossamente auszuantworten. Im übrigen sei es nicht richtig, daß die Beklagte die im Schreiben vom 25. Januar 1924 erwähnten 2 Millionen 5%ige Goldmarkpfandbriefe der Firma M. & R. ausgefolgt habe. Die Beklagte bestreitet, daß der Schein vom 25. Januar 1924 einen kaufmännischen Verpflichtungsschein darstelle, und macht geltend, sie habe die hier fraglichen Pfandbriefe auf Anweisung des Str.-Konzerns an M. & R. abgeführt und sei nach § 407 BGB. durch diese Leistung befreit. Dies sei aber auch deshalb der Fall, weil die Klägerin die Firma M. & R. ermächtigt habe, die Pfandbriefe bei der Beklagten abzuheben.

Das Landgericht wies die Klage ab; das Kammergericht dagegen gab ihr statt. Die Revision der Beklagten führte zur Aufhebung und Zurückverweisung.

Aus den Gründen:

Dem Berufungsgericht ist darin beizutreten, daß das Schreiben der Beklagten vom 25. Januar 1924 keinen kaufmännischen Verpflichtungsschein im Sinne des § 363 Abs. 1 Satz 2 HGB. darstellt. Schon die äußere Form des Schriftstücks legt eher den Gedanken an ein Bestätigungsschreiben nahe als den an einen kaufmännischen Verpflichtungsschein. Entscheidend ist aber, daß das Schreiben mit den Worten „sobald die Valuta zur Auszahlung gelangen kann" die Leistung der Beklagten (die Zurverfügungstellung der Hypothekenvaluta) von einer Gegenleistung abhängig macht. Denn diese Wendung kann nicht anders verstanden werden als dahin, daß die Hypothekenvaluta gewährt werde, sobald der Darlehensnehmer der Beklagten den Hypothekenbrief über die (an erster Stelle eingetragene) Hypothek von 2000000 GM ausgefolgt habe. Außerdem enthält das Schreiben nichts über die nähere Beschaffenheit der auszureichenden Goldmarkpfandbriefe, namentlich über ihren Zinsfuß, und endlich ist darin auch die Höhe des Abzugs an den 2000000 GM nicht genannt, den die Darlehensgeberin wegen ihrer „Provision, Stempel und Spesen" machen darf; das Schreiben verweist vielmehr in dieser Richtung auf das mit dem Str.-Konzern getroffene Abkommen.

Trotzdem hält der Vorderrichter das Schreiben für geeignet, den Klagantrag zu stützen. Wenn es auch kein Orderpapier nach § 363 HGB. darstelle, so sei doch — führt das Urteil aus — die Bedeutung der darin enthaltenen Orderklausel („wir halten für Sie oder Ihre Order ....") nicht auf die Feststellung einer selbstverständlichen Abtretungsmöglichkeit beschränkt. Eine solche Feststellung wäre — meint das Berufungsgericht — beim Verkehr unter Kaufleuten eine überflüssige Bemerkung gewesen. Das kaufmännische Leben verbinde mit der Orderklausel allgemein die Auffassung, daß die an Order lautende Urkunde das Recht selbst verkörpere und daß mithin der Besitz der Urkunde die Leistung an ihren Inhaber gewährleiste und dritte Personen vom Empfang der Leistung (ohne Vorlegung der Urkunde) ausschließe. Es sei daher aus dem Geben und Hinnehmen einer derartigen Urkunde zwischen der Beklagten und dem Str.-Konzern der übereinstimmende Vertragswille zu folgern, daß die Urkunde als Verkehrspapier zur Ermöglichung von Zwischenkrediten dienen und die Ausreichung der Pfandbriefe nur gegen Rückgabe des Scheins erfolgen solle. Da darin auch dem durch Indossament legitimierten dritten Inhaber der Urkunde die freie unwiderrufliche Verfügung eingeräumt sei, ergebe sich aus ihr als Vertragswille des weiteren, daß für den dritten Erwerber schon bei Erwerb des Papiers ein vom Rechte des Str.-Konzerns und etwaiger Zwischenmänner unabhängiges Recht habe entstehen sollen. Voll werde allerdings eine solche Wirkung der Orderklausel nur bei der Errichtung von Orderpapieren im Sinne des § 363 HGB. erreicht. Deshalb könne aber doch der Übernahme einer Verpflichtung, wie sie im Schreiben vom 25. Januar 1924 niedergelegt sei, die Bedeutung beigemessen werden, daß dem Papier diejenigen Wirkungen eines Orderpapiers beizulegen seien, die durch bloße Parteiabrede begründet werden könnten; das sei die Verpflichtung des Schuldners, nicht ohne Vorlegung und Quittierung des Papiers zu leisten. Darin liege eine zulässige vertragsmäßige Einschränkung des § 407 BGB. dahin, daß der Schuldner, der die Abtretung nicht kenne, durch die Leistung an den alten Gläubiger nur dann befreit werde, wenn dieser ihm dabei die Urkunde vorlege. Diese Rechtswirkung sei im vorliegenden Falle bezweckt gewesen. Das folge daraus, daß sie für die Umlauffähigkeit der zur Kreditbeschaffung ausgestellten Urkunde notwendig gewesen sei und daß sonst die Beifügung der Orderklausel rechtlich bedeutungslos gewesen wäre. Auf Grund dieser Erwägungen schließt das Berufungsgericht die Beklagte mit dem Einwand aus, daß sie die nach dem Schreiben vom 25. Januar 1924 dem Str.-Konzern, Finanzabteilung, zu liefernden Pfandbriefe im Laufe des Februar 1925 der Zessionarin Firma M. & R. ausgefolgt habe.

Mit Grund bekämpft die Revision die Annahme des Berufungsrichters, daß der Gebrauch der Wendung „.... für Sie oder Ihre Order" den Schluß auf einen übereinstimmenden Vertragswillen des erwähnten Inhalts gestatte oder gar notwendig mache. Es handelt sich hierbei nicht, wie die Klägerin meint, um eine im wesentlichen dem Gebiet des Tatsächlichen angehörende und deshalb der Nachprüfung durch den Revisionsrichter entzogene Feststellung einer bestimmten Übung, sondern um die Rechtsfrage, ob sich die Auffassung des Berufungsgerichts mit dem deckt, was nach der Erfahrung im kaufmännischen Verkehr unter einer Erklärung wie der von der Beklagten abgegebenen verstanden wird. Die Annahme des Vorderrichters würde allenfalls dann, aber auch nur dann zutreffen, wenn die Worte „oder (für) Ihre Order" im juristisch-technischen Sinne der Ermöglichung einer Art von originärem Erwerb der Rechte aus dem Papier zu verstehen wären, wenn also nach Absicht der Vertragschließenden mit jener Wendung eine das Recht auf Ausreichung der Goldmarkpfandbriefe selbst verkörpernde umlauffähige Urkunde hätte geschaffen werden sollen. Das Berufungsgericht nimmt dies allerdings an, indem es davon ausgeht, daß die

Worte „oder für Ihre Order", wenn sie nur die Abtretungsmöglichkeit hätten andeuten sollen, eine Selbstverständlichkeit ausdrückten und ohne besondere rechtliche Bedeutung wären, was bei einem derartigen Verkehr unter Kaufleuten nicht als annehmbar erscheine. Dieser Ausgangspunkt widerspricht aber der täglichen Erfahrung. Es ist nicht richtig, daß gerade der Kaufmann bei seinen rechtsgeschäftlichen Erklärungen, insbesondere im brieflichen Verkehr, jede an sich rechtlich überflüssige, Bekanntes wiederholende Wendung durchweg vermeide, so daß es grundsätzlich gerechtfertigt wäre, jedem einzelnen in einem kaufmännischen Briefe gebrauchten Ausdruck, wenn er vielleicht auch verschiedener Deutung fähig ist, eine selbständige rechtliche Bedeutung beizulegen. Zu den Wendungen, die im kaufmännischen Verkehr vielfach im nichttechnischen Sinne, als Betonung der bloßen Abtretungsmöglichkeit, gebraucht werden, gehört erfahrungsgemäß der Ausdruck „an Order", und zwar beschränkt sich diese Verwendung der Klausel keineswegs auf solche Fälle, wo an der Möglichkeit der Abtretung des Anspruchs aus irgendwelchem Grunde ein Zweifel bestehen könnte. Unter diesen Umständen geht es nicht an, lediglich aus dem Zusatz „oder für Ihre Order" die Folgerung zu ziehen, daß die Beklagte sich verpflichtet habe, die Pfandbriefe nur gegen Vorlegung und Quittierung des Papiers auszuhändigen und auf solchem Umwege den Rechtszustand herzustellen, wie er bei einem den Anforderungen des § 363 HGB. entsprechenden Papier im Hinblick auf die Vorschrift des § 364 Abs. 3 das. eintritt. An alledem vermag der von der Klägerin betonte Umstand nichts zu ändern, daß im Schreiben vom 25. Januar 1924 von der Bereithaltung der Pfandbriefe zur „freien unwiderruflichen Verfügung" des Empfängers oder dessen Order die Rede ist. Der Kaufmann besitzt, wenn er das ausdrücken will, was das Berufungsgericht im Schreiben vom 25. Januar 1924 findet, in der Verwendung von Ausdrücken wie „ich zahle gegen diesen Brief" oder „gegen Aushändigung des Briefes" ein ebenso zweifelfreies wie naheliegendes Mittel.

Allerdings hat das Reichsgericht in der RGZ. Bd. 78 S. 149 abgedruckten Entscheidung in bezug auf einen nach § 363 Abs. 2 HGB. wirkungslosen, an Order gestellten Lagerschein die Auffassung des damaligen Berufungsrichters gebilligt, die dahin gegangen war, daß bei Berücksichtigung der Form jenes Lagerscheins, der im Vordruck eben diese Bezeichnung aufwies, sowie seiner gedruckten Bestimmungen und des Vordrucks „oder Order" angenommen werden müsse, die Beteiligten hätten den Schein als eine Urkunde angesehen, die in Verkehr gesetzt und im Verkehr die Ware selbst darstellen sollte. Hieraus folge — so hieß es in der Begründung jenes Berufungsurteils weiter — der übereinstimmende Vertragswille, daß die Waren nur gegen Rückgabe des Scheins ausgeliefert werden sollten. Danach habe die Person, für die oder deren Order die Waren eingelagert wurden, das vertragliche Recht erworben, daß diese nur gegen Rückgabe des Lagerscheins ausgeliefert würden und daß eine Auslieferung ohne solche Rückgabe den Lagergeschäftsinhaber von seiner Schuld nicht befreie; dieser habe eine dem erwähnten Recht entsprechende Verpflichtung übernommen. Die Rechte aus dieser Abmachung seien infolge der Abtretung des Herausgabeanspruchs auf den Erwerber des Lagerscheins mitübergegangen und ständen einer Berufung des Beklagten (des Inhabers des Lagergeschäfts) auf § 407 BGB. entgegen. Das Reichsgericht führt in RGZ. Bd. 78 a. a. O. aus, daß Form und Inhalt des Lagerscheins diesen als ein zum Umlauf im Handelsverkehr bestimmtes Papier erkennen ließen und daß daher die Auslegung des Vorderrichters nicht zu mißbilligen sei. Gerade wegen des Umstands, daß in jenem Falle eine ausdrücklich als „Lagerschein" bezeichnete, nach einem Vordruck hergestellte Urkunde vorlag, die auch inhaltlich an der Absicht der Beteiligten, ein die Ware vertretendes Umlaufspapier zu schaffen, keinen Zweifel ließ, wurde damals eine Sachlage angenommen, bei der dem Beklagten die Berufung auf § 407 BGB. nicht gestattet werden könne. Jene Entscheidung läßt sich für den gegenwärtigen, anders liegenden Fall nicht verwerten....

Nach dem Gesagten ist die Beklagte durch ihre Erklärung vom 25. Januar 1924 nicht gehindert, sich auf § 407 BGB. zu berufen. Die Klage ist daher unbegründet, vorausgesetzt, daß die Behauptung der Beklagten zutrifft, sie habe im Februar 1924 die im Schreiben vom 25. Januar 1924 genannten 2 Millionen Goldmarkpfandbriefe (nach Abzug der ihr vertraglich zustehenden „Provision, Stempel und Spesen") an die Firma M. & R. oder in deren Auftrag an eine andere Person oder Firma ausgefolgt. Daß dies geschehen sei, bestreitet aber die Klägerin. Die Sache ist daher noch nicht zur Endentscheidung im Sinne der Abweisung der Klage reif....

27. Kann sich eine Aktiengesellschaft, die ein Grundstück nach Löschung einer darauf eingetragenen Hypothek erworben hat, gegenüber dem Anspruch des Hypothekengläubigers auf Wiedereintragung des Aufwertungsbetrags der Hypothek auch dann auf den öffentlichen Glauben des Grundbuchs berufen, wenn zu der Zeit, als der Antrag auf Eintragung der Aktiengesellschaft als neuer Eigentümerin beim Grundbuchamt einging, die Veräußerer ihre einzigen Aktionäre waren?

AufwG. § 20. BGB. § 892.

V. Zivilsenat. Urt. v. 26. November 1927 i. S. S. (Bekl.) w. Grundstücksges. B.straße 31/32 A.-G. (Kl.). V 468/26.

I. Landgericht II Berlin.
II. Kammergericht daselbst.

Auf dem Grundstück B.straße 31/32 in Neukölln war für die Beklagte eine Darlehenshypothek von 30000 ℳ eingetragen gewesen, die am 30. Juni 1922 in Papiermark zurückgezahlt und am 28. September 1922 im Grundbuch gelöscht worden war. Miteigentümer je zur Hälfte waren damals der Kaufmann B. und ein gewisser K. Von ihnen wurde das Grundstück am 6. Januar 1923 verkauft und aufgelassen an die Klägerin, eine am 12. Dezember 1922 gegründete und am 4. Januar 1923 in das Handelsregister eingetragene Aktiengesellschaft, deren alleiniger Vorstand der genannte frühere Miteigentümer B. war. Seit dem 26. Januar 1923 ist die Klägerin als Eigentümerin eingetragen. Schon vorher, am 17. Januar 1923, hatten B. und K. als alleinige Gesellschafter der Klägerin deren sämtliche Aktien notariell an einen gewissen W. aus Java verkauft. In § 3 des Vertrags heißt es hierüber, daß, da die Aktien noch nicht gedruckt seien, die Eigentumsübertragung dadurch ersetzt werde, daß der Vorstand der Gesellschaft, Herr B., zugleich für sich und Herrn K. handelnd, Interimsscheine über die zurzeit in ihrem Eigentum stehenden Aktien auf den Namen von Herrn W. ausstelle und Herrn W. übergebe. Am folgenden Tage traten B. und K. als alleinige Aktionäre der Gesellschaft unter Vorlegung der über die Aktien ausgeschriebenen Interimsscheine zu einer Generalversammlung der Gesellschaft zusammen, in der an Stelle von B. ein gewisser P. zum alleinigen Vorstand und ferner ein neuer Aufsichtsrat bestellt wurde. Seit dem 30. Juni 1924 ist zum alleinigen Vorstand der Klägerin wieder B. bestellt worden, der sämtliche Aktien der Gesellschaft von W. zurückerworben hat.

Die Parteien streiten über die Aufwertung der früheren Hypothek der Beklagten. Zugunsten der Beklagten ist auf dem Grundstück seit dem 2. Dezember 1925 ein Widerspruch gemäß § 16 Abs. 2 S. 2 AufwG. eingetragen. Die Klägerin verlangt, daß die Beklagte verurteilt werde, dessen Löschung zu bewilligen. Die Beklagte hat Widerklage erhoben auf Einwilligung der Klägerin, daß ihre Hypothek auf 5622 GM aufgewertet und eingetragen werde, hilfsweise auf Feststellung der Verpflichtung der Klägerin, die Wiedereintragung der Hypothek entsprechend dem Aufwertungsgesetz zu dulden und zu bewilligen. Das Landgericht hat unter Abweisung der Klage nach dem Hilfsantrag der Widerklage erkannt. Das Oberlandesgericht hat dagegen die Beklagte zur Löschung des Widerspruchs verurteilt und die Widerklage abgewiesen. Die Revision der Beklagten führte zur Aufhebung und Zurückverweisung.

Aus den Gründen:

Das Berufungsgericht hat die Bedenken nicht als gerechtfertigt anerkannt, welche die Beklagte gegen eine gültige Errichtung der klagenden Aktiengesellschaft und die Wirksamkeit ihres Eigentumserwerbs, also gegen die Befugnis der Klägerin zur Klage vortrug, und es hat — von seinem Standpunkt mit Recht — unentschieden gelassen, ob dem Löschungsbegehren der Klägerin etwa schon deshalb stattgegeben werden müsse, weil die Beklagte nicht mehr Gläubigerin der Hypothek und daher zur Erwirkung des Widerspruchs nicht befugt gewesen sei, oder weil sie die Anmeldefrist des § 16 AufwG. versäumt habe. Das Gericht ist zu seiner der Beklagten ungünstigen Entscheidung gelangt, indem es der Klägerin den Schutz des öffentlichen Glaubens des Grundbuchs über das Nichtmehrbestehen der gelöschten Hypothek der Beklagten zuerkannte und die erhobene Einrede der Arglist verwarf.

Seine Gründe tragen jedoch die Entscheidung zugunsten der der Klägerin nicht. Am 4. Januar 1923 in das Handelsregister eingetragen, hat die Klägerin am 6. Januar 1923 das Grundstück von den Voreigentümern B. und K. gekauft und aufgelassen erhalten. Nach ihrem eigenen Vortrag in den Vorinstanzen waren schon damals alle ihre Aktien von den Gründern auf B. und K. übertragen worden. Nach dem notariellen Vertrag vom 17. Januar 1923 haben B. und K. als alleinige Gesellschafter der Klägerin und Eigentümer ihrer sämtlichen Aktien diese an W. verkauft. Daß auch die Übertragung der verkauften Aktienrechte an W. schon an diesem Tage erfolgt sei, verneint das Berufungsgericht aus § 3 des Vertrags. Ob sie bis zur Umschreibung des Grundstücks auf die Klägerin (26. Januar 1923) durchgeführt war, ist bisher nicht festgestellt. Es besteht daher die Möglichkeit, daß während des ganzen Zeitraums zwischen dem Kaufe des Grundstücks und seiner Umschreibung, jedenfalls aber in dem für die Frage des gutgläubigen Erwerbs grundsätzlich in Betracht kommenden Zeitpunkte, dieselben natürlichen Personen die alleinigen Aktionäre der erwerbenden Klägerin waren, die ihr das Grundstück verkauft hatten und denen eine Berufung auf die Löschung der Hypothek nicht zustatten käme, wenn sie — ohne die Umwandlung ihres Eigentums in das einer nur aus ihnen beiden bestehenden Gesellschaft — als natürliche Personen Eigentümer des Grundstücks geblieben wären.

Das Berufungsgericht hat im Sinne des § 892 BGB. gleichwohl die Tatsache für entscheidend erachtet, daß das Grundstück rechtsgeschäftlich auf die klagende Aktiengesellschaft, eine selbständige juristische Person, übergegangen sei. Insoweit als es dabei die Ansicht des Landgerichts als rechtsirrig ablehnt, daß für die Vorschriften des öffentlichen Glaubens des Grundbuchs deshalb kein Raum sei, weil der Vorstand der Klägerin beim Erwerb des Grundstücks mit dem veräußernden Miteigentümer B. personengleich gewesen sei, ist ihm nicht entgegenzutreten. Denn der Vorstand einer Aktiengesellschaft ist nicht diese selbst, sondern nur ihr Organ, und Personengleichheit zwischen dem Veräußerer und ihm kann daher nur insoweit von Erheblichkeit sein, als es innerhalb des Anwendungsbereichs des § 892 auf die tatsächliche Frage der Kenntnis oder Nichtkenntnis der Unrichtigkeit des Grundbuchs ankommt. Hier aber steht die (gewissermaßen weiter zurückliegende) Frage zur Entscheidung, ob auf einen Fall der gegebenen Art § 892 BGB. nach seinem Grundgedanken und Zweck überhaupt anwendbar ist. Das Berufungsgericht bejaht dies mit der Begründung, daß das

Verkehrsbedürfnis, auf dem die Vorschriften über den öffentlichen Glauben des Grundbuchs beruhten und das nicht nur beim Erwerber, sondern auch beim Veräußerer vorhanden sei, in Fällen der vorliegenden Art in gleichem Grade gegeben sei wie sonst bei Veräußerungen eines Grundstücks. Dem kann jedoch nicht beigetreten werden. Die Vorschrift des § 892, die durch gesetzliche Unterstellung der Richtigkeit eines in Wahrheit unrichtigen Grundbuchs rechtsvernichtend in die wirkliche Rechtslage eingreift, läßt sich nicht von der Seite des Veräußerers her rechtfertigen, sondern nur von der des Erwerbers. Der öffentliche Glaube des Grundbuchs ist nicht bestimmt, die Lage des Veräußerers gegen den wahren Rechtsstand zu verbessern, sondern das Vertrauen des Erwerbers auf die Zuverlässigkeit der öffentlichen Einrichtung des Grundbuchs (mag dies Vertrauen auch im einzelnen Fall nicht mitgespielt haben) zu rechtfertigen und damit die Sicherheit des Rechtsverkehrs auch gegenüber einem abweichenden wirklichen Rechtsbestand zu schützen. Nun läßt sich zwar nicht verkennen, daß der bloße Wortlaut des § 892, auch wenn man in ihm eine lediglich von der Seite des Erwerbers her zu erklärende Vorschrift erblickt, für die Ansicht des Berufungsgerichts spricht. Denn an sich umfassen die Worte „zugunsten desjenigen, welcher ein Recht an einem Grundstück . . . durch Rechtsgeschäft erwirbt" in Anbetracht der selbständigen Rechtspersönlichkeit der von ihren Aktionären verschiedenen Aktiengesellschaft den hier gegebenen Fall mit. Der Wortlaut des Gesetzes muß aber bei seiner Auslegung aus seinem Grundgedanken und Zweck ergänzt werden. Es bedarf deshalb der Prüfung, ob es bei der Auslegung einer zum Schutze des Rechtsverkehrs bei Wechsel der Rechtsinhaberschaft bestimmten Vorschrift nicht eine Überspannung der formalrechtlichen Unterscheidung zwischen den Rechtspersönlichkeiten natürlicher Personen und der einer von ihnen gebildeten Gesellschaft bedeuten würde, wenn man den öffentlichen Glauben des Grundbuchs auch zugunsten einer Aktiengesellschaft wirksam werden ließe, die beim Erwerb keine anderen Personen in sich schließt als die der Veräußerer. Zugunsten eines Rechtsübergangs also, wo lediglich die Rechtsform wechselt, in der die Herrschaft derselben Personen über das Grundstück zum Ausdruck kommt, wo aber keine Rede ist von dem aus dem Zweckgedanken des § 892 zu entnehmenden Erfordernis eines Irrtums bei einem neu Hinzutretenden, dem Erwerber, der — im Gegensatz zum Veräußerer — dem Gegenstand des Rechtsgeschäfts bisher mehr oder weniger fern stand und daher auf die Richtigkeit des Grundbuchs angewiesen ist. Im vorliegenden Falle waren zwar die Veräußerer des Grundstücks nach der Feststellung des Berufungsgerichts gutgläubig über die Richtigkeit des Grundbuchs, aber sie waren hierdurch nicht gegen den gesetzlichen Aufwertungsanspruch der Beklagten gedeckt. Ihnen diesen Schutz von einem Augenblick an zu gewähren, wo sie das Grundstück nicht mehr als natürliche Personen, sondern in der rechtlichen Verbundenheit zu einer Aktiengesellschaft zu Eigentum besitzen, ohne daß hier das schutzbedürftige Vertrauen eines Fremderwerbers auf die Richtigkeit des Grundbuchs in Frage käme, dazu gibt der Zweck des § 892 um so weniger Veranlassung, als damit der Möglichkeit eines Mißbrauchs dieser Gesetzesvorschrift zu unlauterer Beseitigung oder Beeinträchtigung bestehender Rechte die Tür geöffnet würde.

In der Richtung dieses Gedankenganges war schon bisher in der Rechtslehre zu § 892 BGB. ausgesprochen, daß immer nur der dritte Erwerber geschützt werde, wenngleich das Gesetz selbst diesen Ausdruck vermeide (Staudinger § 892 III 3a), und war (bei Planck § 892 II 2, mit weiteren Nachweisen) ausgeführt, daß der öffentliche Glaube des Grundbuchs kein absolutes Dogma sei, das sich um seiner selbst willen betätigen müßte, sondern ein nachgiebiger Grundsatz, den das Gesetz lediglich zur Sicherung des Verkehrs gegen Täuschung durch das Grundbuch aufstelle. Im besonderen muß es aber auf dem Gebiete der Aufwertung als dem Willen des Gesetzes zuwiderlaufend angesehen werden, sonst begründete Aufwertungsansprüche daran scheitern zu lassen, daß vermöge eines juristischen Eigentumswechsels, bei dem in Wahrheit das Grundstück in der Hand derselben natürlichen Personen bleibt, der öffentliche Glaube des Grundbuchs zugunsten der erwerbenden juristischen Person angerufen werden darf, während den natürlichen Personen, aus denen die juristische Person besteht, sein Schutz versagt bleibt. In Übereinstimmung mit der Rechtsprechung des 1. Zivilsenats des Kammergerichts (vgl. dessen Beschlüsse vom 20. Januar und 17. Februar 1927 bei Ring AufwRspr. 4. Sonderh. S. 39, Bd. 2 (1927) S. 366flg.), der sich neuerdings das Oberste Landesgericht München (bei Ring a. a. O. 1927 S. 661, vgl. ferner dass. S. 752) und das Oberlandesgericht Karlsruhe (ebendort S. 669) angeschlossen haben, und in weiterem Ausbau der auch vom erkennenden Senat bereits in seiner Entscheidung vom 15. Juni 1927 (RGZ. Bd. 117 S. 257) eingeleiteten Rechtsprechung ergibt sich folgendes: der Schutz des öffentlichen Glaubens des Grundbuchs nach § 892 BGB. muß jedenfalls im Bereich der Aufwertung bei rechtsgeschäftlichem Erwerbe dann versagt werden, wenn sich als Veräußerer und Erwerber dieselben natürlichen Personen, obgleich in verschiedener rechtlicher Gestalt und Verbundenheit, gegenüberstehen und wenn daher, trotz juristischen Wechsels der Rechtsinhaberschaft, ein Schutzbedürfnis für das Vertrauen eines Nachmanns auf den grundbuchmäßig verbürgten Rechtsbestand eines Vormanns nicht in Frage kommt (vgl. auch Mügel § 20 AufwG. Anm. 7 S. 745, bes. 747; Quassowski § 20 S. 294flg.).

Diese Einschränkung der Anwendung des § 892 BGB. gegenüber seinem Wortlaut legt freilich die Frage nahe, ob sie nicht im umgekehrten Falle dazu nötige, über den Wortlaut des § 892 hinaus den Schutz öffentlichen Glaubens des Grundbuchs auch dann zu gewähren, wenn zwar nicht rechtlich das Eigentum des Grundstücks an einen neuen Eigentümer, aber wirtschaftlich die Verfügungsmacht darüber an andere natürliche Personen, z. B. durch Verkauf sämtlicher Aktien der Eigentümerin, übergeht. Das hat jedoch der erkennende Senat in seinem Urteil vom 10. November 1927 RGZ. Bd. 118 S. 385 auch für das Gebiet der Aufwertung bereits verneint. Aus der dort gegebenen näheren Begründung braucht hier nur hervorgehoben zu werden, daß sich eine ausdehnende Anwendung des § 892 auf Fälle, die von seinem Wortlaut nicht gedeckt werden, durch die rechtliche Natur dieser Vorschrift verbietet, die nur vermöge einer Fiktion bestehenden Rechten im Interesse der Sicherheit des Rechtsverkehrs die Geltendmachung gegenüber gutgläubigem Erwerb verschließt. Ein Widerspruch mit dem zur vorliegenden Sache eingenommenen Standpunkt liegt darin nicht: beidemale handelt es sich um eine Beschränkung des Anwendungsbereichs des § 892 BGB., nur in verschiedener Art, indem er hier einschränkend ausgelegt, dort dem Versuch seiner Ausdehnung widerstanden wird.

Der tragende Entscheidungsgrund des Berufungsgerichts läßt sich hiernach nicht aufrechterhalten. Es hätte vielmehr der Prüfung bedurft, ob nicht im maßgebenden Zeitpunkt die einzigen Aktionäre der Erwerberin personengleich waren mit den Veräußerern des Grundstücks. Eine etwaige Verschiebung in der Größe der Anteilsrechte ist dabei nicht von Bedeutung, weil der entscheidende Gesichtspunkt der ist, daß kein zu schützendes Vertrauen eines bisher der Sachlage fremd gegenüberstehenden Erwerbers in Frage kommt, dieses Vertrauen aber, wie es im Grunde nur bei natürlichen Personen denkbar ist, nur einheitlich bestehen und von der Größe der Anteile nicht beeinflußt sein kann. Dagegen bedarf mit Rücksicht auf die Möglichkeit eines Wechsels der Aktionäre innerhalb des Zeitraums zwischen Kauf und Umschreibung des Grundstücks der Zeitpunkt, auf den es ankommt, der näheren Bestimmung. Das Kammergericht (a. a. O. S. 370) sieht als maßgebenden Zeitpunkt nicht die Vollendung des Rechtserwerbs, sondern den im § 892 Abs. 2 bestimmten Zeitpunkt an, ohne dies freilich näher zu begründen. Aber auch hierin ist ihm beizustimmen. Zwar könnte entgegengehalten werden, daß das Gesetz dem im § 892 Abs. 2 bezeichneten Zeitpunkt Erheblichkeit nur für die Kenntnis des Erwerbers von einer Unrichtigkeit des Grundbuchs beilege, für die hier in Betracht kommenden Fälle aber die Erheblichkeit dieser Kenntnis, mit der grundsätzlichen Versagung des Schutzes aus dem öffentlichen Glauben des Grundbuchs, von vornherein ausschalte. Mindestens im Gebiete des Aufwertungsrechts ist jedoch dem im § 892 Abs. 2 bestimmten Zeitpunkt eine nach der Seite der objektiven Rechtslage erweiterte Bedeutung eingeräumt. Wenn namentlich § 22 Abs. 2 AufwG. dem Zeitpunkt der Vollendung des Rechtserwerbs den des § 892 Abs. 2 BGB. gleichstellt, so ist auch für die hier erhebliche Frage des Sichgegenüberstehens derselben natürlichen Personen die Maßgeblichkeit des im § 892 Abs. 2 bezeichneten Zeitpunkts als desjenigen anzuerkennen, mit dem die zur Herbeiführung der Rechtsänderung erforderliche Tätigkeit der Beteiligten ihren Abschluß erreicht.

Es kam hiernach darauf an, ob bei Stellung des Antrags auf Eintragung der Klägerin als neuer Eigentümerin des Grundstücks B. und K. ihre alleinigen Aktionäre waren. Wäre das zu verneinen, etwa weil in diesem Zeitpunkt die Anteilsrechte schon auf W. übergegangen waren, so würde das Hindernis für die Anwendung der Grundsätze über den öffentlichen Glauben des Grundbuchs wegfallen. Bei solcher Sachlage könnte der Klägerin auch, wie das Berufungsgericht mit Recht annimmt, eine Kenntnis ihrer Organe von der Zahlung der Hypothekenforderung in entwerteter Papiermark nur dann schädlich sein, wenn von ihnen aus dieser Kenntnis zugleich die Folgerung des Fortbestehens der Hypothek und der Unrichtigkeit des Grundbuchs gezogen worden wäre. Würde aber für den entscheidenden Zeitpunkt die Gleichheit der beiderseits als Veräußerer und Erwerber beteiligten natürlichen Personen festgestellt, so käme es auf Kenntnis oder Unkenntnis von einer Unrichtigkeit des Grundbuchs nicht weiter an. Dagegen würde sich für diesen Fall das Berufungsgericht einer Entscheidung der bisher offen gelassenen Fragen nicht entziehen können, ob die Beklagte zur Geltendmachung des Aufwertungsanspruchs — ganz oder teilweise, vgl. §§ 17flg. AufwG. — noch befugt war und ob sie die Anmeldefrist des Aufwertungsgesetzes eingehalten hat; denn es handelt sich hierbei um weitere selbständige Voraussetzungen ihrer Verteidigung und ihres Widerklaganspruchs.

Die hierdurch gebotene Aufhebung der Vorentscheidung und Zurückverweisung der Sache an die Vorinstanz würde unterbleiben können, soweit etwa dem Klagabweisungsantrag der Beklagten schon jetzt wegen Nichtigkeit der klagenden Aktiengesellschaft oder wegen Fehlens ihrer Klagebefugnis stattzugeben gewesen wäre. Aber auch in dieser Beziehung bedarf es weiterer tatsächlicher Aufklärung (folgen hier nicht in Betracht kommende Ausführungen).

---

28. 1. Hat der Verkäufer eines Grundstücks, der als persönlicher Schuldner von den Gläubigern der zur Zeit des Kaufabschlusses bereits gelöschten Hypotheken auf Zahlung des Aufwertungsbetrags nach § 15 AufwG. in Anspruch genommen wird, auch dann einen Ausgleichsanspruch gegen den Käufer, wenn der Kaufvertrag nach der Festigung der Mark, aber vor dem Erlaß des Aufwertungsgesetzes geschlossen war und von beiden Teilen schon vollständig erfüllt ist?

2. Darf der Käufer in einem solchen Falle nach § 242 BGB. vom Vertrag zurücktreten?

BGB. §§ 242, 346, 355. AufwG. §§ 15, 20.

VI. Zivilsenat. Urt. v. 30. Januar 1928 i. S. R. (Bekl.) w. B. (Kl.). VI 221/27.

I. Landgericht Hamburg.
II. Oberlandesgericht daselbst.

Durch Vertrag vom 6. Oktober 1924 verkaufte der Kläger sein Hausgrundstück in Hamburg an den Beklagten für 40000 GM, von denen 15000 GM in bar gezahlt und die restlichen 25000 GM für den Holländer B. in A. als Hypothek eingetragen wurden; der Kläger war Treuhänder des B. Auf dem Grundstück waren eine Rente und sechs Hypotheken eingetragen gewesen, die aber sämtlich zur Zeit des Kaufabschlusses bereits gelöscht waren. Nach dem Inkrafttreten des Aufwertungsgesetzes meldeten die Gläubiger die Rente und die Hypotheken gegenüber dem Kläger als dem persönlichen Schuldner gemäß § 15 AufwG. in Höhe von insgesamt 39655,73 GM bei der Aufwertungsstelle an. Da der Kläger nach der Feststellung des Berufungsgerichts von dem Kaufpreis zu 40000 GM nach Abzug der Unkosten nur 34831,96 GM behalten hat, so muß er, falls die Aufwertungsansprüche in voller Höhe durchdringen sollten, noch 4823,77 GM zuzahlen. Die Friedensmiete des Grundstücks beträgt 18360 RM, sein jetziger Wert nach der Behauptung des Klägers 110280 RM, nach der Behauptung des Beklagten 70000 bis 80000 RM. Die Feuerkassentaxe ist im Vertrag auf 240770 M, der Wehrbeitragswert vom Kläger auf 210000 M angegeben.

Das Landgericht hat die Klage abgewiesen. Beim Berufungsgericht hat der Kläger beantragt festzustellen, daß der Beklagte verpflichtet sei, wegen der fraglichen Aufwertungsansprüche einen billigen Ausgleich unter den Parteien zu schaffen, oder durch Teilurteil den Beklagten zur Zahlung von rund 5000 RM (4823,77 RM) zu verurteilen. Das Oberlandesgericht hat durch Teilurteil den Beklagten zur Befreiung des Klägers von den bezeichneten Aufwertungsansprüchen in Höhe von 5000 RM verurteilt. Die Revision des Beklagten wurde zurückgewiesen.

Gründe:

Das Berufungsgericht billigt dem Kläger entsprechend dem Urteil des Reichsgerichts in RGZ. Bd. 112 S. 329 einen Ausgleichsanspruch zu und bemißt dessen Höhe auf mindestens 5000 RM, weil der Kläger zur Befriedigung der angemeldeten Aufwertungsansprüche nicht nur den gesamten Kaufpreis, sondern darüber hinaus noch 4823,77 RM aufwenden müßte; ob und inwieweit eine höhere Beitragspflicht des Beklagten begründet sei, bedürfe noch weiterer tatsächlicher Aufklärung.

Die Rügen der Revision sind nicht begründet.

Da die zur Aufwertung angemeldeten Renten und Hypotheken zur Zeit des Eigentumserwerbs des Beklagten im Grundbuch bereits gelöscht waren, so findet gemäß § 20 AufwG. in Verbindung mit § 892 BGB. ihre Wiedereintragung in Höhe der Aufwertung nicht statt. Wohl aber sind den Gläubigern, die, wie zu unterstellen, die Leistungen in der Zeit vom 15. Juni 1922 bis zum 14. Februar 1924 angenommen haben, kraft der in § 15 AufwG. (vgl. § 68 Abs. 2 das.) angeordneten Rückwirkung ihre persönlichen Ansprüche in Höhe der Aufwertung erhalten geblieben, und Schuldner dieser Aufwertungsforderungen ist der Kläger. Die Frage ist, ob und welche Ansprüche in einem solchen Falle dem Veräußerer des Grundstücks gegen den Erwerber zustehen.

Es kann hier ununtersucht bleiben, ob der Veräußerer zum Rücktritt vom Vertrag wegen veränderter Umstände (Beschluß des Oberlandesgerichts Frankfurt a. M. vom 18. Dezember 1925 in JW. 1926 S. 198, Wolffsohn in JW. 1925 S. 1716) oder zur Anfechtung des Vertrags wegen Irrtums (Weigert in JW. 1925 S. 2550 unter III) befugt ist. Denn das Berufungsgericht hat dem Kläger nur einen Ausgleichsanspruch zuerkannt, und der Kläger hat kein Rechtsmittel eingelegt. Ein solcher Ausgleichsanspruch ist aber nach § 242 BGB., zunächst dem Grunde nach, gerechtfertigt.

In der grundlegenden Entscheidung vom 10. Februar 1926 (RGZ. Bd. 112 S. 329) hat das Reichsgericht die Frage behandelt, ob dem Verkäufer eines Grundstücks, der sich während der Inflationszeit im Kaufvertrag zur Löschung der darauf ruhenden Hypotheken verpflichtet und damit eine Pflicht noch ausdrücklich übernommen hat, deren Erfüllung ihm auch ohnedies kraft gesetzlicher Vorschrift (§§ 434, 439 Abs. 2 BGB.) oblag, ein Anspruch gegen den Erwerber auf Leistung eines angemessenen Beitrags zu der vom Veräußerer für die Beseitigung der Hypotheken aufzuwendenden Summe zusteht. Das Reichsgericht hat die Frage grundsätzlich für den Fall bejaht, daß infolge der Geldentwertung und der Gesetzgebung über die Aufwertung der Hypotheken ein unbilliges Mißverhältnis zwischen Leistung und Gegenleistung aus dem Grundstücksvertrag eingetreten ist. Wie die Frage dann zu entscheiden ist, wenn dem Geschäft ein spekulativer Einschlag in dem Sinne innewohnt, daß der Veräußerer schon bei Vertragsschluß mit der Aufgabe des Satzes „Mark gleich Mark" gerechnet hat, kann hier, wo es sich um einen nach der Festigung der Mark geschlossenen Vertrag handelt, auf sich beruhen. An dieser bedeutsamen Ergänzung der Aufwertungsgrundsätze bei gegenseitigen Verträgen hat das Reichsgericht seitdem in ständiger Rechtsprechung festgehalten (WarnRspr. 1926 Nr. 74, 75, 132, Ring AufwRspr. 1927 Nr. 2, Zeiler Aufwertungsfälle Nr. 450, 451, 511, 632, Komm. v. RGR. 6. Aufl. Bd. 1 S. 378), und diese Auffassung ist die herrschende in der Rechtsprechung (Urteile der Oberlandesgerichte München vom 12. November 1925 in JW. 1926 S. 266 und Köln vom 5. November 1925 das. S. 202) und im Schrifttum (Mügel Aufwertungsrecht 5. Aufl. Anm. 22flg. zu § 6 S. 485flg. nebst Nachweisungen). Von ihr abzugehen liegt um so weniger Anlaß vor, als sie inzwischen von der Gesetzgebung in der Novelle zum Aufwertungsgesetz vom 9. Juli 1927 in § 8 Abs. 2 als zutreffend anerkannt worden ist.

Nun unterscheidet sich zwar der vorliegende Fall von dem in RGZ. Bd. 112 S. 329 entschiedenen insofern, als einmal der zugrunde liegende Vertrag am 6. Oktober 1924, also nach der Festigung der Mark, geschlossen worden ist, als ferner der Vertrag, äußerlich wenigstens, schon vollständig abgewickelt ist und als endlich zur Zeit des Kaufabschlusses die Rente und die Hypotheken bereits gelöscht waren, der Kläger also seine Pflicht zur Gewährung eines vertragsmäßig lasten- und hypothekenfreien Grundstücks schon vor Vertragsschluß erfüllt hatte. Allein diese Unterschiede können keine abweichende Beurteilung des Ausgleichsanspruchs rechtfertigen.

Daß ein unbilliges Mißverhältnis zwischen Leistung und Gegenleistung aus dem Kaufvertrag noch nach der Festigung der Währung infolge Änderung der Aufwertungsgesetzgebung ebenso eintreten kann, wie bei Verträgen, die während der Inflationszeit geschlossen worden sind, zeigt der gegenwärtige Fall, und es ist vom Reichsgericht anerkannt (WarnRspr. 1926 Nr. 75), daß der Ausgleichsanspruch auch bei Verträgen berechtigt sein kann, die nach der Festigung der Mark liegen. Zu prüfen bleibt freilich, ob nicht der eine oder der andere Vertragsteil nach Erlaß der 3. Steuernotverordnung vom 14. Februar 1924 die Gefahr der Aufwertung oder der höheren Aufwertung vertragsmäßig übernommen hat (RGU. vom 2. März 1927 V 380/26, abgedruckt bei Zeiler a. a. O. Nr. 642, und vom 23. Februar 1927 in JW. 1927 S. 1412). Dahingehende Behauptungen sind jedoch von den Parteien nicht aufgestellt worden, eine solche Gefahrübernahme ergibt sich auch nicht aus dem Vertrag. Es darf davon ausgegangen werden, daß bei Vertragsschluß keine der Parteien mit der Möglichkeit gerechnet hat, der § 11 der 3. StNVo., der dem Gläubiger die Aufwertung bereits gelöschter Hypotheken im allgemeinen versagte (RGZ. Bd. 109 S. 111, Bd. 110 S. 74, 75, Bd. 111 S. 320), werde durch die spätere Gesetzgebung abgeändert werden. Es muß dies um so mehr gelten, als der Vertrag anfangs Oktober 1924 geschlossen worden ist und damals allgemein geglaubt wurde, daß vorbehaltlos gelöschte Hypotheken endgültig getilgt seien. Danach ist die Sachlage hier die folgende: Bei Vertragsschluß nahmen beide Parteien übereinstimmend an, daß der Kaufpreis von 40000 GM die angemessene Gegenleistung für die Übertragung des Eigentums an dem Grundstück sei; die Gleichwertigkeit zwischen Leistung und Gegenleistung bildete für beide Parteien die Grundlage des Vertrags. Diese wesentliche Vertragsgrundlage ist infolge einer Gesetzesänderung von Grund aus beseitigt worden, die von keiner Partei in Rechnung gestellt wurde; Leistung und Gegenleistung stehen nunmehr in einem von den Parteien nicht gewollten offensichtlichen und in hohem Maße unbilligen Mißverhältnis.

Eine vollständige Abwicklung des Vertrags vom 6. Oktober 1924 ist in Wahrheit noch nicht erfolgt; die Frage ist eben, ob dem Kläger nicht noch ein Ausgleichsanspruch wegen der Aufwertungslast zusteht. Die Sache liegt ähnlich wie bei gegenseitigen Verträgen, die durch Zahlung der Gegenleistung in entwerteter Papiermark nur dem äußeren Anschein nach voll erfüllt sind, bei denen aber die neuere Rechtsprechung des Reichsgerichts dem Gläubiger einen Aufwertungsanspruch mit der Begründung gewährt hat, daß die Papiermarkzahlungen nur Teilleistungen darstellten. Daß Ausgleichsansprüche der hier fraglichen Art anders zu behandeln seien, kann der Revision nicht zugegeben werden (a. M. Kammergericht in JW. 1927 S. 1031 und in Ring AufwRspr. 1928 S. 26, Kaufmann JW. 1927 S. 1921, Harmsen daselbst S. 2887).

Endlich kann es auch rechtlich keinen Unterschied für den Ausgleichsanspruch des Veräußerers machen, ob er einen Beitrag des Erwerbers zur Ablösung noch nicht gelöschter, aufgewerteter Hypothekenschulden verlangt, deren Tilgung dem Veräußerer obliegt, oder ob er vom Erwerber einen Ausgleich wegen der persönlichen Forderungen beansprucht, welche die früheren Hypothekengläubiger nur gegen den Veräußerer erheben können, da ihre dinglichen Ansprüche nicht wieder aufleben. Der Veräußerer kann nicht dann ungünstiger gestellt sein, wenn er seine Verpflichtung zur Gewährung eines hypothekenfreien Grundstücks schon zur Zeit des Vertragsschlusses erfüllt hatte, als wenn er die Erfüllung auf eine Zeit verschiebt, in der das mit den Hypotheken noch belastete Eigentum schon auf den Erwerber übergegangen ist. Entscheidend ist der Rechtsgedanke, daß es wegen des erheblichen Mißverhältnisses zwischen Leistung und Gegenleistung gegen Treu und Glauben und damit gegen den das Recht der Schuldverhältnisse beherrschenden Grundsatz des § 242 BGB. verstieße, wenn der Erwerber den Veräußerer an einem Vertrag festhalten wollte, der durch eine rückwirkende Veränderung der Gesetzgebung überholt ist. Dieser Rechtsgedanke trifft in beiden Fällen gleichmäßig zu. Die Erschütterung, welche die Geschäftsgrundlage durch die rückwirkende Kraft des § 15 AufwG. erfahren hat, zwingt dazu, dem Verkäufer den Ausgleichsanspruch zuzugestehen und den Gerichten das Recht einzuräumen, daß sie einen Eingriff in den Inhalt eines Vertrags vornehmen, den die Parteien unter der Herrschaft eines später von Grund aus geänderten Gesetzes im Vertrauen auf seinen Fortbestand geschlossen hatten (vgl. RGZ. Bd. 21 S. 178, Bd. 22 S. 81). Nicht minder aber verlangen dies die berechtigten Belange der früheren Hypothekengläubiger, die ohnehin schon durch den Verlust ihres dinglichen Rechts geschädigt und auf den persönlichen Anspruch gegen den Veräußerer beschränkt sind. Diese müßten sich auf Grund der Härteklauseln eine erhebliche Herabsetzung ihrer persönlichen Forderungsrechte gefallen lassen, wenn dem Veräußerer der Ausgleichsanspruch gegen den im Besitz des Grundstücks und damit des hauptsächlichsten Befriedigungsobjekts befindlichen Erwerber versagt bliebe. Das muß um so mehr gelten, wenn wie im vorliegenden Fall das Grundstück seit Abschluß des Kaufvertrags erheblich im Werte gestiegen ist. Wenn der Erwerber des Grundstücks mühelos einen großen Gewinn einstriche, während der Veräußerer und seine Gläubiger infolge der nicht voraussehbaren rückwirkenden Kraft eines neuen Gesetzes sich empfindliche Vermögenseinbußen gefallen lassen müßten, so wäre das ein so offenbar der Billigkeit widerstreitendes Ergebnis, daß es nicht annehmbar erscheint. Auf dem Boden der hier vertretenen Rechtsauffassung steht auch überwiegend das Schrifttum (Friedenthal JRsch. S. 483, Asch Grundstückskauf 2. Aufl. S. 153flg., Abraham-Löbinger AufwG. S. 204 Exkurs zu §§ 14—30, Abraham in JW. 1927 S. 1031 Fußnote, Roth daselbst S. 2494, vgl. auch Mügel a. a. O. S. 493 und Neukirch AufwG. S. 195, 196 sowie Beschluß des Kammergerichts in JW. 1927 S. 718 und dazu die Fußnote von Neukirch). Die Oberlandesgerichte haben, soweit bekannt geworden, bisher zumeist gegenteilig entschieden (vgl. die Nachweisungen bei Harmsen a. a. O.), doch ist der Ausgleichsanspruch des Verkäufers in Fällen der hier vorliegenden Art vom Oberlandesgericht Karlsruhe grundsätzlich anerkannt worden (vgl. Ring a. a. O. 1927 S. 386).

Allerdings ist nicht zu verkennen, daß sich durch die gänzliche oder teilweise Überbürdung der Aufwertungsansprüche der persönlichen Gläubiger auf den Grundstückserwerber für letzteren Härten und formelle Schwierigkeiten ergeben können, namentlich, weil für den Ausgleichsanspruch zwischen Erwerber und Veräußerer die ordentlichen Gerichte, für die Herabminderung der Ansprüche der Gläubiger gegen den Veräußerer aber die Aufwertungsstellen (§ 70 Nr. 2 AufwG.) zuständig sind. Ob sich die formellen Schwierigkeiten durch Streitverkündung des Veräußerers an die Gläubiger im Ausgleichsprozeß gemäß § 72 Abs. 1, §§ 74, 68 ZPO. mildern lassen, ist hier nicht zu entscheiden. Um so sorgfältiger und eingehender wird unter Berücksichtigung aller Umstände des Einzelfalls, wie sie beispielsweise in RGZ. Bd. 112 S. 334 aufgeführt sind, die Frage zu prüfen sein, ob und in welchem Umfang ein Ausgleichsanspruch des Veräußerers anzuerkennen ist, und es wird die Aufgabe der beteiligten Stellen sein, in dieser Frage einen billigen Ausgleich zwischen den berechtigten Belangen des Veräußerers, des Erwerbers und der ehemaligen Hypothekengläubiger zu finden. Der Gewährung des Ausgleichsanspruchs des Veräußerers gegen den Erwerber stehen die § 15 Nr. 2, § 20 AufwG. (insbesondere auch wegen der Möglichkeit einer Abtretung oder Pfändung des Anspruchs zugunsten der Gläubiger) nicht entgegen, wenn auch jene Vorschriften infolge des Ausgleichsanspruchs eine gewisse sachliche Einschränkung erleiden. Dies muß um so mehr hingenommen werden, als die gesetzgebenden Faktoren der Rechtsprechung der Gerichte für die Ausgleichung der Aufwertungslast keinerlei Bindungen haben auferlegen wollen und deshalb von der anfänglich in Aussicht genommenen gesetzlichen Regelung dieser Frage Abstand genommen haben (Kommissionsbericht S. 44, vgl. Mügel a. a. O. S. 484, 485).

Was die Höhe des Ausgleichsanspruchs anlangt, so besteht kein rechtliches Bedenken gegen die Auffassung des Berufungsgerichts, daß er unter allen Umständen in Höhe des zugesprochenen Teilbetrags von 5000 RM gerechtfertigt ist. Es genügt hierzu auf die Tatsachen zu verweisen, daß einerseits der Beklagte für 40000 GM ein jetzt auf mindestens 70000 RM zu bewertendes Grundstück mit einem Feuerkassenwert von rund 240000 RM und einem jährlichen Friedensmietertrag von 18360 RM erworben hat, während anderseits gegenüber dem Kläger Aufwertungsforderungen geltend gemacht werden, die seinen Reinerlös aus dem Verkauf um etwa 4800 RM übersteigen. Mag auch damit zu rechnen sein, daß die Gläubiger des Klägers sich einen mehr oder minder starken Abstrich an ihren angemeldeten Forderungen — je nach dem Ausfall des gegenwärtigen Rechtsstreits — gemäß § 15 Nr. 2 AufwG. gefallen lassen müssen, so steht das Maß dieses Abstrichs doch noch nicht fest, sondern wird erst von der Aufwertungsstelle festzusetzen sein. Der Ansicht des Berufungsrichters, daß bei solcher Sachlage dem Kläger als billiger Ausgleich mindestens 5000 RM gebühren, kann nicht aus Rechtsgründen entgegengetreten werden. Die Revision vermißt eine Feststellung, daß eine starke Erschütterung der Geschäftsgrundlagen des Vertrags vom 6. Oktober 1924 eingetreten sei; aber diese Erschütterung ergibt sich aus der nach Vertragsschluß mit rückwirkender Kraft erfolgten Änderung des § 11 der 3. StNVo. durch die §§ 15, 68 Abs. 2 AufwG. und aus dem dadurch bedingten Wiederaufleben der bei Vertragsschluß von den Parteien als erloschen angesehenen persönlichen Forderungen der früheren Hypothekengläubiger, und zwar in einer Höhe, die den dem Kläger verbliebenen Teil des Kaufpreises noch um etwa 4800 RM übersteigt. Von der Revision werden gegen den Ausgleich eine Reihe von Umständen geltend gemacht: die wirtschaftliche Lage des Treugebers des Klägers, B., und des Beklagten, ein etwaiger niedriger Erwerbspreis des B. während der Inflationszeit, eine etwaige besonders gewinnbringende Verwendung des vom Beklagten gezahlten Kaufpreises durch B. Diese Umstände werden, wenn sie sich als richtig erweisen, bei der Bemessung des dem Kläger etwa zuzuerkennenden Restanspruchs zu berücksichtigen sein. Zu einer gänzlichen oder teilweisen Abweisung des jetzt geltend gemachten Teilanspruchs von 5000 RM können sie gegenüber der rechtlich einwandfreien Beurteilung des Oberlandesgerichts nicht führen.

Endlich macht die Revision noch folgendes geltend. Der Wert, den das Grundstück zur Zeit des Vertragsschlusses gehabt habe, sei der damaligen Marktlage entsprechend von den Parteien auf 40000 GM angenommen worden; einen höheren Kaufpreis würde der Kläger damals nicht erzielt und insbesondere der Beklagte damals nicht bewilligt haben, auch wenn auf dem Grundstück noch die Hypotheken geruht hätten, für welche die ihnen zugrundeliegenden persönlichen Forderungen jetzt gegenüber dem Kläger geltend gemacht würden. Auch diese Rüge kann der Revision nicht zum Siege verhelfen. Denn ebensowenig wie der Käufer, der während der Inflationszeit zu einem der damaligen Marktlage entsprechenden Preis ein Grundstück erworben hat, sich durch den Hinweis darauf der Aufwertungsverpflichtung entziehen kann, darf auch der Käufer, der während der Geltung der 3. StNVo. ein Grundstück zu einem damals angemessenen Preise erworben hat (von hier nicht in Betracht kommenden oben angedeuteten Ausnahmefällen abgesehen) dem Veräußerer einen Ausgleich für die aus gelöschten Hypotheken entspringenden Ansprüche der Gläubiger verweigern. Unerheblich ist es für die Ausgleichspflicht auch, daß der Beklagte einen höheren Kaufpreis nicht bewilligt haben würde, da in diesem Falle der Veräußerer das Grundstück und damit das Befriedigungsobjekt für die Gläubiger behalten hätte.

Ob der Erwerber das Recht hat, vom Vertrag zurückzutreten, um der Ausgleichspflicht zu entgehen, könnte hier an sich unerörtert bleiben; denn ein solches Recht ist vom Beklagten bisher nicht in Anspruch genommen worden. Es mag jedoch zur Frage eines solchen Rücktrittsrechts des Käufers folgendes bemerkt werden. Wie dem Veräußerer, so steht auch dem Erwerber das Recht zu, sich auf § 242 BGB. zu berufen. Liegen hiernach die gesamten Umstände des Einzelfalls so, daß nach Treu und Glauben im Verkehr dem Erwerber wegen seiner wirtschaftlichen Lage und sonstiger Verhältnisse nicht zugemutet werden kann, außer den im Vertrag vorgesehenen Leistungen auch noch den Ausgleichsanspruch des Veräußerers zu befriedigen, so muß ihm das Recht zugestanden werden, von einem Vertrag zurückzutreten, der infolge der Änderung der Aufwertungsgesetzgebung ihn zu einer bei Vertragsschluß nicht vorausgesehenen, ihm nicht zumutbaren Mehrleistung zwänge. Er kann so zwar der Vorteile verlustig gehen, die der Erwerb des Grundstücks ihm bringen sollte und vielleicht auch gebracht hat, aber er kann dadurch auch weitere Leistungen vermeiden, mit denen er bei Vertragsschluß nicht gerechnet hat.

Ob der Beklagte von einem etwaigen Rücktrittsrecht noch Gebrauch machen will, wird Sache seiner Entschließung sein. Durch das vorliegende Teilurteil ist er an der Ausübung nicht gehindert. Denn macht er von diesem Rechte zulässigerweise Gebrauch, so folgt aus dem Grundsatz des § 346 BGB., dessen entsprechender Anwendung keine Bedenken entgegenstehen, daß die Parteien nicht nur einander die empfangenen Leistungen zurückzugewähren hätten, sondern daß auch der Kläger das vorliegende Teilurteil nicht vollstrecken lassen dürfte, ohne sich dem Vorwurf arglistigen Verhaltens auszusetzen; denn das Empfangene müßte er dem Beklagten alsbald zurückgewähren. Einer unangemessenen Verzögerung der Entschließung des Beklagten über die Ausübung seines etwaigen Rücktrittsrechts würde der Kläger auf dem in § 355 BGB. vorgesehenen Wege wirksam begegnen können, dessen Vorschriften entsprechend anwendbar sind.

---

29. Genügt eine Löschungsbewilligung vom 1. Juli 1925, um gegenüber dem dinglichen Aufwertungsanspruch des Hypothekengläubigers die Berufung auf den öffentlichen Glauben des Grundbuchs zu begründen?

AufwG. §§ 20, 22 Abs. 2.

V. Zivilsenat. Urt. v. 26. November 1927 i. S. L. L.-Vers.-Ges. a. G. (Bekl.) w. W. (Kl.). V 6/27.

I. Landgericht III Berlin.
II. Kammergericht daselbst.

Die Parteien streiten um den Vorrang bei der Befriedigung aus einer Streitmasse, die im Zwangsversteigerungsverfahren aus dem Erlös hinterlegt worden ist. Eigentümerin des Grundstücks war eine Gesellschaft m. b. H. Diese hatte durch ihren Geschäftsführer Pf., der nach der Behauptung der Beklagten auch Inhaber ihrer sämtlichen Geschäftsanteile war, zugunsten von dessen Ehefrau laut Urkunde vom 26. Juni 1925 eine Grundschuld von 30000 RM bewilligt, die, nachdem der Eintragungsantrag am 30. Juni 1925 beim Grundbuchamt eingegangen war, am 11. Juli 1925 eingetragen und demnächst von der Gläubigerin am 2. Dezember 1925 an den Kläger abgetreten worden ist.

Für die Beklagte waren auf dem Grundstück zwei Darlehenshypotheken von 260000 und 40000 M aus der Vorkriegszeit eingetragen gewesen, die sie laut Urkunde vom 9. Januar 1923 unter dem Bekenntnis, den Gegenwert empfangen zu haben, an die vorgenannte Ehefrau Pf. abgetreten hatte. Am 21. Februar 1923 auf Frau Pf. umgeschrieben, waren diese Hypotheken am 11. Juli 1925 gelöscht worden, nachdem die neue Gläubigerin in einer Urkunde vom 1. Juli 1925 unter Löschungsbewilligung bekannt hatte, wegen ihrer Forderungen einschließlich aller Zinsen, wie auch ihres Aufwertungsanspruchs von der Grundstückseigentümerin voll befriedigt zu sein.

Der Kläger ist mit der Klage als Zessionar der Grundschuld den im Zwangsversteigerungsverfahren geltend gemachten Aufwertungsansprüchen der Beklagten entgegengetreten, indem er beantragt hat, seinen Widerspruch gegen die Zuteilung der hinterlegten 44499,72 RM an die Beklagte (gemäß dem im Verteilungstermin vom 28. Januar 1926 aufgestellten Plan) in Höhe eines Teilbetrags von 30983,30 RM für begründet zu erklären und die Auszahlung dieses Teilbetrags nebst Hinterlegungszinsen an ihn anzuordnen. Die Vorinstanzen haben nach seinen Anträgen erkannt. Die Revision der Beklagten führte zur Aufhebung und Zurückverweisung aus folgenden

Gründen:

Das Berufungsgericht hat die Frage offen gelassen, ob nach den besonderen Umständen des Falles der Beklagten grundsäzlich ein Anspruch auf Aufwertung der früher für sie eingetragenen Hypothekenforderungen gemäß den Vorschriften der §§ 17flg. AufwG. zuerkannt werden könne; es hat mit dem Landgericht jedenfalls dem Kläger — und zwar aus der Person seiner Rechtsvorgängerin, der Ehefrau Pf., heraus, da sein eigener Rechtserwerb erst nach dem 30. Juni 1925 lag (§ 22 Abs. 2 AufwG.) — den Schutz des öffentlichen Glaubens des Grundbuchs zugesprochen, ohne zugunsten der Beklagten einen der Ausnahmefälle des § 22 AufwG. als gegeben anzuerkennen. Den Abs. 2 des § 22 berührt der Berufungsrichter in seinen Entscheidungsgründen nur insofern, als er ausführt: eine Ausnahme (vom Vorrang kraft öffentlichen Glaubens des Grundbuchs) lasse lediglich der § 22 in den Abs. 1, 2 und 3 zu; auf diese Ausnahme berufe sich die Beklagte, und zwar, da die Voraussetzungen des Abs. 2 nicht gegeben seien, lediglich auf die Abs. 1 und 3.

(Es wird zunächst ausgeführt, daß die Annahme, die Beklagte wolle sich auf § 22 Abs. 2 für sich allein nicht stützen, unzutreffend sei, und fortgefahren:) Die demnach gebotene rechtliche Nachprüfung ergibt aber, daß nach dem unstreitigen Tatbestand die Ansicht des Berufungsgerichts, § 22 Abs. 2 AufwG. greife nicht ein, auf Rechtsirrtum beruht. Beide Vorinstanzen haben nicht beachtet, daß die Löschungsbewilligung der Ehefrau Pf. als der Erwerberin der früher für die Beklagte eingetragen gewesenen Hypothekenforderungen erst am 1. Juli 1925, also nach dem Zeitpunkt ausgestellt worden ist, mit dem gemäß § 22 Abs. 2 AufwG. der öffentliche Glaube des Grundbuchs außer Kraft gesetzt wurde, daß sie also auch nicht früher erteilt gewesen sein kann. Allerdings ist der Antrag auf Eintragung der demnächst an den Kläger abgetretenen Grundschuld von 30000 RM für dieselbe Ehefrau Pf. schon am 30. Juni 1925 beim Grundbuchamt eingelaufen. Dieser Zeitpunkt hätte an sich unter Umständen dem Kläger nach § 22 Abs. 2 AufwG. in Verbindung mit § 892 Abs. 2 BGB. die Berufung auf den öffentlichen Glauben des Grundbuchs aus der Person seiner Rechtsvorgängerin retten können, nämlich dann, wenn die Einigung und eine die Übergabe des Briefs ersetzende Vereinbarung (§ 1117 Abs. 2, § 1192 Abs. 2 BGB.) vorausgegangen waren. Aber in diesem Zeitpunkt lag weder Löschung der Hypothekenforderungen im Grundbuch vor, noch die Voraussetzung des § 20 Abs. 2 AufwG., daß Löschungsurkunde bereits erteilt war oder gleichzeitig erteilt wurde. Bis zum Augenblick der Außerkraftsetzung des öffentlichen Glaubens des Grundbuchs waren vielmehr die Hypothekenforderungen noch eingetragen, ohne daß Löschungsurkunde erteilt war. Die Umschreibung auf die Ehefrau Pf. als neue Gläubigerin genügte nach der Rechtsprechung des erkennenden Senats (RGZ. Bd. 116 S. 177) nicht, um kraft des öffentlichen Glaubens des Grundbuchs die Aufwertung zugunsten der Abtretenden auszuschließen. Ein berechtigtes Vertrauen auf Löschung im Grundbuch oder Erteilung der Löschungsurkunde, wie es auch im Falle des § 22 Abs. 2 AufwG. als möglich vorausgesetzt wird, konnte aber erst in einem Zeitpunkt in Frage kommen, als der öffentliche Glaube des Grundbuchs nicht mehr wirksam war. Gegenüber dem Anspruch auf Eintragung des Aufwertungsbetrags der Hypotheken für die Beklagte als Abtretende am 30. Juni 1925 war das Grundbuch noch richtig und bestand daher gar keine Möglichkeit eines guten Glaubens an ein in Wahrheit durch Löschung unrichtig gewordenes Grundbuch. Der Umstand aber, daß die Ehefrau Pf., zu deren Gunsten der öffentliche Glaube in Betracht kam, als Inhaberin der Hypotheken jederzeit in der Lage war, die Löschung zu bewilligen, genügt den streng zu nehmenden Anforderungen der § 22 Abs. 2, § 20 AufwG. nicht. Eine Erteilung der Löschungsurkunde nach dem Ablauf des 30. Juni 1925 kam zu spät. Bei dieser Sachlage bedurfte es keines Eingehens mehr auf die von der Revision zur Erörterung gestellte Frage, ob nach den Umständen des Falles dem Kläger der Schutz des öffentlichen Glaubens des Grundbuchs aus der Person der Ehefrau Pf. nicht schon deshalb zu versagen gewesen wäre, weil diese zugleich Erwerberin der neu bestellten Grundschuld, aber auch Gläubigerin der vorgehenden Hypotheken war, die sie selbst gegen Zahlung des Nennbetrags in Papiermark durch Abtretung erworben hatte und nunmehr zugunsten ihrer Reichsmarkgrundschuld löschen ließ.

Schon der § 22 Abs. 2 AufwG. würde hiernach zugunsten der Beklagten durchgreifen, falls ihr überhaupt in ihrer Eigenschaft als früherer Gläubigerin der beiden Hypotheken von 260000 und 40000 ℳ mit dem Inkrafttreten des Aufwertungsgesetzes ein Aufwertungsanspruch erwachsen war, und es würde deshalb unter dieser Voraussetzung keiner Nachprüfung mehr bedürfen, ob die Vorinstanzen den weiteren Einwendungen der Beklagten mit Recht die Beachtung versagt haben, welche sie aus den Vorschriften des § 22 Abs. 1 und Abs. 3 AufwG. gegen den Klaganspruch herleiten will. Das Berufungsgericht hat aber zu den tatsächlichen Behauptungen noch nicht Stellung genommen, mit denen der Kläger bestreitet, daß überhaupt ein Aufwertungsanspruch der Beklagten zur Entstehung gelangt ist. Aus diesem Grunde gebot sich die Aufhebung des angefochtenen Urteils und die Zurückverweisung an die Vorinstanz (zur Prüfung des für erheblich erklärten Einwands eines zwischen der Ehefrau Pf. und der Grundstückseigentümerin geschlossenen Aufwertungsvergleichs).

---

30. 1. Zum Begriff der unrichtigen Inhaltsangabe nach Art. 7 Abs. 4 des Internationalen Übereinkommens über den Eisenbahn-Frachtverkehr vom 14. Oktober 1890 (JÜ.).

2. Ist die unrichtige Angabe des Inhalts einer Sendung im Frachtbrief zur Herbeiführung einer Frachtverkürzung im Sinne des § 3 Abs. 2 der Ausführungs-Bestimmungen zu Art. 7 JÜ. geeignet, wenn die Eisenbahnbeamten bei pflichtmäßiger Prüfung die Unrichtigkeit erkennen können?

3. Erlischt der Anspruch der Eisenbahn auf Zahlung eines Frachtzuschlags, wenn ihre Beamten es unterlassen, den Empfänger vor der Annahme der Sendung darauf hinzuweisen, daß deren Inhalt im Frachtbrief unrichtig angegeben ist?

4. Rechtliche Natur der Frachtzuschläge nach Art. 7 Abs. 4 JÜ. Wann haftet der Empfänger dafür?

I. Zivilsenat. Urt. v. 26. November 1927 i. S. K. & S., A.-G. (Bekl.) w. Deutsche Reichsbahn-Gesellschaft (Kl.). I 124/27.

I. Landgericht Gotha.
II. Oberlandesgericht Jena.

Im April und Mai 1924 bezog die Beklagte, die in G. in Thüringen ein Holzsägewerk betreibt, von der Mittelböhmischen Holzindustrie GmbH. in D. in der Tschechoslowakei durch die Bahn eine große Anzahl Wagenladungen von Holz. Die Bezeichnung der Ware in den durchgehenden Frachtbriefen lautet: „Rundhölzer zu Grubenzwecken bestimmt bis 24 cm (teilweise „über 24 cm" oder „über 20 cm") Zopfstärke am dünnen Ende ohne Rinde gemessen, bis 7 m Länge"; als Empfängerin war die „Th. H. & S. Aktiengesellschaft, Dampfsägewerke" angegeben. An der Grenze wurde die Fracht für die deutsche Beförderungsstrecke von der Klägerin zutreffend nach Tarifklasse D des vom 15. April 1924 ab gültigen deutschen Eisenbahn-Gütertarifs berechnet, nicht nach Klasse E, wo S. 95 unter Nr. 7 aufgeführt sind: „Folgende zu Grubenzwecken des Bergbaues bestimmte Hölzer: Rundhölzer bis zu 20 cm Durchmesser, am dünnen Ende ohne Rinde gemessen, und bis zu 7 m Länge, Schwellen, Schwartenbretter und Schwartenpfähle, sämtlich bis zu 6 m Länge, und dünne Brettchen bis zu 1,50 m Länge, sämtlich auch getränkt." In Ilmenau übergab die Klägerin die Sendungen der Süddeutschen Eisenbahngesellschaft in Darmstadt, der die Bahn Ilmenau-Großbreitenbach gehört. Die Süddeutsche Eisenbahngesellschaft beförderte sie auf dieser Strecke bis G. und händigte sie dort der Beklagten gegen Zahlung der berechneten Fracht aus. Die Deutsche Reichsbahn-Gesellschaft fordert von der Beklagten, welche die Hölzer nicht zu Grubenzwecken verwendet, sondern zersägt hat, mit der vorliegenden Klage auf Grund des Internationalen Übereinkommens über den Eisenbahn-Frachtverkehr vom 14. Oktober 1890 wegen unrichtiger Inhaltsangabe die Zahlung von Frachtzuschlägen in Höhe des doppelten Frachtunterschieds der Tarifklassen D und E im Gesamtbetrag von 21391,60 RM nebst Zinsen. Das Landgericht hat den Klaganspruch, von einer Wagenladung abgesehen, dem Grunde nach für gerechtfertigt erklärt. Die Berufung der Beklagten ist zurückgewiesen worden. Ihre Revision hatte Erfolg.

Gründe:

Nach Art. 7 Abs. 4 JÜ. ist bei unrichtiger Angabe des Inhalts einer Sendung ein Frachtzuschlag an die bei der Beförderung beteiligten Eisenbahnen nach Maßgabe der Ausführungsbestimmungen zu zahlen. Nach § 3 Abs. 2 der Ausführungsbestimmungen hierzu beträgt dieser Frachtzuschlag, sofern die unrichtige Inhaltsangabe eine Frachtverkürzung herbeizuführen nicht geeignet ist, einen Franken für den Frachtbrief, sonst das Doppelte des Unterschieds der Fracht von der Aufgabe- bis zur Bestimmungsstation für den angegebenen und der für den ermittelten Inhalt, mindestens aber einen Franken. Das Berufungsgericht nimmt an, daß der Inhalt der Sendungen in den Frachtbriefen unrichtig im Sinne dieser Bestimmungen angegeben gewesen sei, weil es sich nicht um Gruben-, sondern um Schnittholz gehandelt habe, und zwar gleichviel, ob die Frage nach dem deutschen oder nach dem tschechoslowakischen Gütertarif beurteilt werde, weil in beiden die Frachtvergünstigungen für Grubenhölzer vorgesehen seien. Diese Annahme ist zutreffend. Es ist nicht zweifelhaft, daß für die Anwendung des vom 15. April 1924 an gültigen Deutschen Eisenbahn-Gütertarifs Teil I Abteilung B die künftige Verwendung des versandten Holzes von Bedeutung ist. Das ergibt sich schon aus dem Wortlaut der Tarifstelle „Holz“ Klasse E Nr. 7 S. 95 „Folgende zu Grubenzwecken des Bergbaues bestimmte Hölzer“ und wird durch die Erläuterungen dazu (S. 97) bestätigt; denn danach beruht die Frachtvergünstigung für Grubenhölzer auf der hervorragenden wirtschaftlichen Bedeutung des Bergbaues. Für den tschechoslowakischen Tarif, gültig vom 1. März 1924, gilt das gleiche (S. 72 Nr. 32). Daß in Fällen, in denen die künftige Verwendung einer Sendung für den Tarif von Bedeutung ist, die Angabe der Verwendung zur Angabe des Inhalts der Sendung gehört, ist für die deutsche Eisenbahn-Verkehrsordnung in RGZ. Bd. 84 S. 238 vom II. Zivilsenat des Reichsgerichts mit Recht anerkannt und vom erkennenden I. Zivilsenat in RGZ. Bd. 116 S. 289 auch schon für das Berner Frachtübereinkommen angenommen worden. Auch nach allgemeiner Verkehrsauffassung, die für die Frage der unrichtigen Inhaltsangabe von Frachtsendungen ganz besonders zu berücksichtigen ist (vgl. RGZ. Bd. 67 S. 289), muß die Angabe in den Frachtbriefen „Rundhölzer zu Grubenzwecken bestimmt“ für Holz, das in einem Sägewerk zerschnitten werden soll, als falsch bezeichnet werden. Das scheint auch die Revision nicht zu bezweifeln. Sie sucht aber darzulegen, daß die unrichtige Angabe des Inhalts der Sendungen nicht zur Herbeiführung einer Frachtverkürzung geeignet gewesen sei, weder nach dem tschechoslowakischen noch nach dem deutschen Gütertarif, und insoweit ist ihr auch beizupflichten. Das Berufungsgericht begründet seine gegenteilige Meinung damit, daß in beiden Tarifen die Frachtvergünstigungen für Grubenhölzer vorgesehen seien und daß hinter diesem Kennwort die näheren Angaben (im tschechoslowakischen

Tarif: Adressierung an ein Bergwerk, im deutschen Tarif: Zopfstärke bis 20 cm) sehr zurückträten. Dem ist eine gewisse Berechtigung nicht abzusprechen. Wenn aber die Eisenbahnbeamten mit der erforderlichen Sorgfalt verfahren und die Inhaltsangabe in den Frachtbriefen mit den Bestimmungen des Gütertarifs genauer vergleichen, müssen sie in solchen Fällen erkennen, daß eine Frachtvergünstigung nicht Platz zu greifen hat, wie sie das ja tatsächlich auch erkannt und die Fracht auf der Grenzstation richtig berechnet haben. Trotz des Massenverkehrs, mit dem bei der Eisenbahn zu rechnen ist, bedeutet das keine Überspannung der Sorgfaltspflicht. Dies gilt für den deutschen Eisenbahngütertarif und erst recht für den tschechoslowakischen, nach dem die ermäßigte Fracht nur für Hölzer zu berechnen ist, die an ein Bergwerk adressiert sind, während die Empfängerin hier in den Frachtbriefen als Dampfsägewerk bezeichnet worden ist. Die Angabe des Inhalts einer Sendung aber im Frachtbrief, deren Unrichtigkeit die Eisenbahnbeamten bei pflichtmäßiger Prüfung erkennen können, ist im Sinne von § 3 Abs. 2 der Ausführungsbestimmungen zu Art. 7 IÜ. eine Frachtverkürzung herbeizuführen nicht geeignet. Das Verlangen der Klägerin nach Zahlung des doppelten Frachtunterschieds ist deshalb nicht gerechtfertigt.

Die Revision meint ferner, der Anspruch auf Zahlung der Frachtzuschläge sei infolge unrichtigen Verhaltens der Eisenbahnbeamten erloschen. Denn die Unrichtigkeit der Bezeichnung als Grubenholz sei schon in Eger bei der Umbehandlung erkannt und deshalb die Fracht nach der Tarifklasse D berechnet worden. Trotzdem habe man es unterlassen, die Beklagte auf die Unrichtigkeit der Bezeichnung hinzuweisen, und dadurch verschuldet, daß sie die Sendungen angenommen habe. Dazu komme, daß man auch auf der Empfangsstation G. die Unrichtigkeit der Inhaltsangabe gekannt habe. Die Beklagte habe deswegen mit dem Assistenten Sch. verhandelt und von ihm die Auskunft erhalten, daß sie sich darum nicht zu sorgen brauche, da sie ja die Fracht bezahlt habe und damit auf jeden Fall gedeckt sei. Indessen hat das Berufungsgericht diese Behauptungen mit Recht für unerheblich erachtet. Allerdings haftet nach Art. 29 IÜ. die Eisenbahn für ihre Leute und für andere Personen, deren sie sich bei der Beförderung bedient. Aber es handelt sich hierbei ebenso wie in § 5 EVerkO. und in § 458 HGB. nur um die Haftung aus dem Frachtvertrag, und aus ihm läßt sich keine Verpflichtung der Bahn herleiten, die Beklagte als Empfängerin der Frachtsendungen von den unrichtigen Inhaltsangaben in den Frachtbriefen alsbald in Kenntnis zu setzen. Wenn die Eisenbahnbeamten bei der Umbehandlung auf der Grenzstation es unterlassen haben, die Frachtzuschläge in die Frachtbriefe einzutragen, so mag darin eine Pflichtwidrigkeit liegen, die sie der Eisenbahnverwaltung gegenüber verantwortlich macht; gegen die Pflichten aus dem Frachtvertrag ist dadurch aber nicht verstoßen worden. Mangels einer Mitteilungspflicht kann auch von einer Haftung der Klägerin aus §§ 31, 89 BGB. oder aus § 831 BGB. nicht die Rede sein, wobei dahingestellt bleiben mag, ob und inwieweit die sonstigen Voraussetzungen dieser Gesetzesstellen gegeben sind. Dafür, daß die Leute der Klägerin, insbesondere ihre verfassungsmäßig berufenen Vertreter, der Beklagten vorsätzlich Schaden zugefügt haben, indem sie die Beklagte zur Annahme der Sendungen veranlaßten (§ 826 BGB.), fehlt es an jedem Anhalt. Auf die ihr angeblich von einem Eisenbahnbeamten in G. erteilte Auskunft kann sich die Beklagte schon deshalb nicht berufen, weil ihr die Unrichtigkeit der Inhaltsangabe in den Frachtbriefen bekannt war.

Die Revision vertritt endlich die Ansicht, daß der Anspruch der Klägerin auf Zahlung der Frachtzuschläge gemäß § 341 Abs. 3 BGB. durch vorbehaltlose Annahme der Frachten erloschen sei. Sie wendet sich dabei besonders gegen die Bemerkung des Berufungsgerichts, daß den maßgeblichen Stellen der Klägerin zur Zeit der Ablieferung der Sendungen ihr Recht auf die Frachtzuschläge noch gar nicht bekannt gewesen sei, weshalb die Klägerin keinen Vorbehalt hätte machen können. In der Tat gibt dieser Satz der Urteilsgründe zu Bedenken Anlaß, weil nach der im Schrifttum vertretenen zutreffenden Ansicht den Gläubiger auch ein Unterlassen des Vorbehalts aus Unkenntnis seines Rechts nicht vor dem Verlust zu schützen vermag. Jedoch kommt es hierauf nicht an; denn das Berufungsgericht hält nach seinen weiteren Ausführungen die angezogene Vorschrift überhaupt nicht für anwendbar, indem es annimmt, daß die nachträgliche Geltendmachung der Ansprüche aus dem Frachtvertrag, auch der auf Zahlung von Frachtzuschlägen, keiner anderen Beschränkung unterliege als der in Art. 7 JÜ. geregelten Verjährung. Dem ist im Ergebnis beizutreten.

Die rechtliche Natur des Frachtzuschlags nach dem Berner Frachtübereinkommen und der deutschen Eisenbahn-Verkehrsordnung ist bestritten. Die einen erblicken darin eine Vertragsstrafe, und auf dieser Auffassung beruht die Annahme der Anwendbarkeit des § 341 Abs. 3 BGB., die anderen eine unmittelbar auf dem Gesetz beruhende Verpflichtung. Der Senat hat bisher stets und bis in die neueste Zeit die erstere Ansicht vertreten (RGZ. Bd. 20 S. 33, Bd. 47 S. 37, Bd. 64 S. 286, Bd. 96 S. 281, Bd. 108 S. 408 für die deutschen Eisenbahn-Verkehrsordnungen). Der II. Zivilsenat hat in RGZ. Bd. 84 S. 239 Zweifel daran geäußert, ob sie noch zutreffe, seitdem die Eisenbahn-Verkehrsordnung bestimme, daß ein Verschulden des Absenders nicht vorzuliegen brauche; er hat die Frage aber nicht entschieden.

Auch im vorliegenden Fall ist es nicht erforderlich, die rechtliche Natur des Frachtzuschlags näher zu untersuchen. Denn auch wenn man ihn als Vertragsstrafe betrachtet, können doch jedenfalls nicht alle Vorschriften des Bürgerlichen Gesetzbuchs über Vertragsstrafen darauf angewendet werden. Das gilt z. B. von dem richterlichen Ermäßigungsrecht nach § 343 BGB. und muß auch für § 341 Abs. 3 das. angenommen werden. Zutreffend weist Rundnagel (Beförderungsgeschäfte S. 361) darauf hin, daß die gegenteilige Annahme nicht vereinbar wäre mit § 60 Abs. 4 Satz 2 und 3 EVerkO. („Zur Zahlung des Zuschlags ist der Absender verpflichtet. Hat der Empfänger den Frachtbrief und das Gut angenommen, so haftet er gemäß § 76 Abs. 4 neben dem Absender als Gesamtschuldner für den Zuschlag"). Dementsprechende Bestimmungen fehlen nun zwar im Berner Frachtübereinkommen, sie gelten aber nach der herrschenden Ansicht trotzdem auch hier, wobei nicht erforderlich ist, daß der Frachtzuschlag zahlenmäßig aus dem Frachtbrief hervorgeht, wenn er sich nur aus den darin in Bezug genommenen Vorschriften ergibt. Der Bestimmung in Art. 7 Abs. 6 JÜ. über die Verjährung des Anspruchs auf Zahlung von Frachtzuschlägen würde praktisch eine sehr geringe Bedeutung zukommen, wenn man § 341 BGB. anwenden wollte. Letztere Vorschrift paßt nicht für den Eisenbahnfrachtverkehr, in dem die berufenen Vertreter der Eisenbahn von ihrer Berechtigung zur Erhebung von Frachtzuschlägen vielfach erst nach Aushändigung des Frachtguts an den Empfänger Kenntnis erhalten. Sie ist deshalb hier nicht anwendbar, ohne daß geprüft zu werden braucht, ob sie mit der zwischenstaatlichen Geltung des Berner Frachtübereinkommens vereinbar wäre (vgl. RGZ. Bd. 95 S. 36).

Die sämtlichen Angriffe der Revision mit Ausnahme des zuerst erörterten sind hiernach unbegründet. Auch sonst liegt kein Rechtsirrtum vor. Die Beklagte ist daher allerdings zur Zahlung von Frachtzuschlägen an die Klägerin verpflichtet, aber nicht, wie das Berufungsgericht irrtümlich angenommen hat, in Höhe des doppelten Frachtunterschieds.

---

31. 1. Wird der Besitzstand des bisherigen mittelbaren Besitzers beseitigt, wenn der unmittelbare Besitzer, der eine Sache gemäß § 868 BGB. für ihn im Besitz hat, mit einem Dritten ebenfalls ein Rechtsverhältnis nach § 868 BGB. begründet, dem zufolge er nunmehr den Besitz für diesen ausüben will?

2. Gilt der Satz, daß für den Wertersatz der Tag des Urteils maßgebend ist, auch dann, wenn es sich um Wertersatz für Waren handelt, die zum Verkauf bestimmt sind?

3. Zur Frage der Anwendbarkeit des § 254 Abs. 2 Satz 2 BGB. bei Schadensersatzansprüchen, die auf die §§ 989, 990 BGB. gegründet sind.

VII. Zivilsenat. Urt. v. 29. November 1927 i. S. Firma A. (Bekl.) w. Firma K. (Kl.). (VII) VI 357/27.

I. Landgericht Düsseldorf, Kammer für Handelssachen.
II. Oberlandesgericht daselbst.

Die Firma D. hatte im Herbst 1918 größere Posten Stahlwellen auf Lager, die zum Teil der Klägerin, zum Teil der Beklagten gehörten. Im Oktober 1918 verkaufte die Beklagte Stahlwellen an die M.-Werke und ließ an diese durch die Firma D. zur Erfüllung des Kaufvertrags unabsichtlich auch drei der Klägerin gehörige Stahlwellen zum Versand bringen. Die Klägerin nahm daraufhin die Beklagte zunächst in einem Vorprozeß auf Schadensersatz in Anspruch und erwirkte ein rechtskräftiges Urteil auf Zahlung von 200000 P.M. Die Urteilssumme nebst Kosten und der für die drei Wellen erzielte Kaufpreis von 15082,42 PM wurden gezahlt. Mit der gegenwärtigen, auf Eigentum und unerlaubte Handlung gestützten Klage verlangt die Klägerin weiteren Schadensersatz in Höhe von 13734,50 RM. Das Landgericht erkannte auf Zahlung von 12059,30 GM. Das Oberlandesgericht setzte die Urteilssumme auf 5304,50 RM herab. Die Revision der Beklagten blieb erfolglos.

Gründe:

Das Berufungsgericht hat die Verurteilung der Beklagten zum Schadensersatz auf die §§ 990, 989 BGB. gestützt. Es hat angenommen, die Beklagte sei dadurch, daß ihr Angestellter A. in ihrem Namen über die der Klägerin gehörigen drei Wellen verfügte und deren Lieferung durch die Firma D. an die M.-Werke bewirkte, mittelbare Besitzerin der Wellen an Stelle der Klägerin geworden. Die Firma D. habe sich durch Annahme des ihr von A. erteilten Versendungsauftrags zur Ablieferung der Wellen an die Käuferin verpflichtet und von nun ab die Beklagte als diejenige anerkannt, für welche sie die Wellen auf Lager halte. Dadurch sei zwischen der Beklagten und der Firma D. ein Rechtsverhältnis zustande gekommen, das nach § 868 BGB. mittelbaren Besitz der Beklagten begründet habe.

Die Revision greift dies als rechtsirrtümlich an. Sie meint, eine Änderung der Besitzverhältnisse, insbesondere eine Entsetzung der Klägerin aus ihrem mittelbaren Besitz und eine Einsetzung der Beklagten in einen solchen, könne durch die bloße Veranlassung und Ausführung der Versendung nicht eingetreten sein, und zwar um so weniger, als weder die Beklagte noch die Firma D. der Klägerin gehörige Wellen hätten versenden wollen, eine Besitzänderung also gar nicht beabsichtigt gewesen sei.

Dieser Angriff der Revision ist unbegründet. Zur Erlangung des mittelbaren Besitzes einer Sache genügt die Begründung eines Rechtsverhältnisses der in § 868 BGB. bezeichneten Art. Hat der unmittelbare Besitzer, obwohl er einem anderen gegenüber zum Besitz einer Sache gemäß § 868 berechtigt oder verpflichtet war, wegen dieser Sache mit einem Dritten ein ebensolches Rechtsverhältnis begründet, demzufolge er nunmehr den Besitz für diesen ausüben will, so ist dadurch der Besitzstand des früheren mittelbaren Besitzers beseitigt worden (RGR. Komm. Anm. 6 zu § 868).

Ob dies mit Recht oder Unrecht geschah, ist für den tatsächlichen Besitzerwerb des Dritten ohne Bedeutung. Es kommt auch für die Tatsache des Besitzerwerbs nicht darauf an, ob eine Besitzänderung beabsichtigt war oder ob der unmittelbare Besitzer und der Dritte über die Eigentumsverhältnisse an der Sache im Irrtum waren. Es kann sich nur fragen, ob in dem vom Berufungsgericht festgestellten Vorgang zwischen dem Angestellten der Beklagten A. und der Firma D. die Begründung eines Rechtsverhältnisses im Sinne des § 868 zu finden ist. Die Frage ist zu bejahen. Wenn A. nach Verfügung über die drei Wellen der Klägerin durch deren Verladung, zusammen mit den der Beklagten gehörigen, der Firma D. den Auftrag erteilte, die gesamten Wellen an die M.-Werke zum Versand zu bringen, und wenn die Firma D. diesen Auftrag annahm, so wurde dadurch die letztere auf Grund des Speditionsvertrags von nun ab der Beklagten gegenüber auf Zeit zum Besitz der drei Wellen berechtigt und verpflichtet. Die Beklagte hatte also durch den Vertragsabschluß, der die Firma D. ihr gegenüber zur Aufbewahrung und Beförderung der Wellen verpflichtete, den mittelbaren Besitz erlangt und haftet der Klägerin nach § 985 BGB. auf Herausgabe der Wellen und, falls diese infolge Verschuldens der Beklagten nicht mehr herausgegeben werden können, nach §§ 989, 990 BGB. auf Schadensersatz.

Unbegründet ist die Revisionsrüge wegen der Wertberechnung der Wellen. Das Berufungsgericht legt der Wertberechnung das Gutachten des Sachverständigen M. zugrunde und kommt auf einen Wert für Mai 1919 von 22702,50 *P.M.* Diese rechnet es nach den Zeilerschen Umwertungszahlen in 9932,50 *R.M.* um, zieht eine nach dem gleichen Maßstab in 2817,80 *R.M.* umgerechnete Papiermarkzahlung und von der verbliebenen Summe einen Verarmungsfaktor mit 25% ab und kommt so auf einen noch zu ersetzenden Betrag von 5304,50 *R.M.* Die Revision meint, die Umwertung nach den Zeilerschen Zahlen führe im vorliegenden Falle zu dem unangemessenen Ergebnis, daß der Urteilsbetrag weit höher sei als der heutige Wert der Wellen. Es sei aber ausgeschlossen, daß die Wellen im Mai 1919 dem inneren Verkaufswert nach wesentlich teurer gewesen sein sollten als heute. Mit dieser Rüge betritt die Revision unzulässigerweise das Gebiet der Tatsachenwürdigung. Sollte sie aber geltend machen wollen, für die Berechnung des

Schadensersatzes käme der heutige Wert der Wellen, d. h. ihr Wert zur Zeit des Urteils, in Betracht, so wäre auch das nicht gerechtfertigt. Das Reichsgericht hat zwar in einer Reihe von Fällen (RGZ. Bd. 98 S. 57, Bd. 101 S. 418, Bd. 102 S. 384) ausgesprochen, daß der Tag des Urteilserlasses für den Werterſatz maßgebend ist; aber in diesen Fällen lag die Sache so, daß der Wert in der Zeit zwischen Klagerhebung und Urteilserlaß gestiegen war. Es ist in den Entscheidungen stets betont worden, daß nach den §§ 249, 250, 251 BGB. der Geschädigte Anspruch auf vollen Wertersatz hat, und gerade deswegen ist bei mittlerweile eingetretener Wertsteigerung der Zeitpunkt der Urteilsfällung für maßgebend erklärt worden. Jedenfalls muß hier, wo der Streit zum Verkauf bestimmte Waren betrifft, der Klägerin der Geldbetrag ersetzt werden, den sie damals durch Verkauf hätte erzielen können. Wenn also nach der Annahme des Berufungsgerichts die drei Wellen im Mai 1919 zu dem durch Sachverständige ermittelten Preise verkäuflich waren, so war grundsätzlich von diesem Preise für die Bemessung des Schadensersatzes auszugehen, wie das Berufungsgericht es getan hat.

Unbegründet ist schließlich auch die Rüge der Revision, daß der Vorderrichter das Gesetz durch Nichtanwendung des § 254 BGB., insbesondere des Abs. 2 Satz 2, verletzt habe. Hier liegt der Fall so, daß die Firma D., welche die Wellen der Klägerin für diese in Verwahrung genommen hatte, bei der Entstehung des der Klägerin erwachsenen Schadens durch ihr oder ihrer Angestellten Verhalten mitgewirkt hat. Es kommt also der erste Absatz des § 254 in Betracht. Nun ist in der Rechtsprechung des Reichsgerichts zwar anerkannt, daß Abs. 2 Satz 2 auch auf den Fall des Abs. 1 anwendbar ist (RGZ. Bd. 62 S. 106, Bd. 75 S. 114). Voraussetzung seiner Anwendbarkeit ist aber stets, daß es sich um die Erfüllung einer Verbindlichkeit handelt, die dem Geschädigten gegen den Schädiger schon vor Eintritt des schädigenden Ereignisses oblag. Deshalb hat das Reichsgericht die Mitverwertung des § 278 BGB. bei Schädigungen durch unerlaubte Handlungen für unzulässig erklärt (RGZ. Bd. 62 S. 346, Bd. 75 S. 258, Bd. 79 S. 319, Bd. 91 S. 138). Nun wird zwar hier der Schadensersatzanspruch nicht auf unerlaubte Handlung, sondern auf die §§ 990, 989 BGB. gestützt, also auf Eigentumsverletzung. Was aber für Schadensersatzansprüche aus unerlaubter Handlung gilt, muß auch für den so begründeten Schadensersatzanspruch gelten; denn auch hier fehlt es vor Eintritt des schädigenden Ereignisses an einem Schuldverhältnis zwischen der geschädigten Klägerin als Eigentümerin und der Beklagten als bösgläubiger Besitzerin, wobei sich die Klägerin der Firma D. zur Erfüllung ihrer Verbindlichkeit bedient hätte. Dem Berufungsgericht kann also der Vorwurf einer Rechtsverletzung durch Nichtanwendung des § 254 BGB. nicht gemacht werden.

---

32. 1. Über die Ansprüche, die deutschen Verkäufern oder Unternehmern aus Reparations-Sachlieferungsverträgen gegen das Deutsche Reich zustehen.

2. Ist zurzeit der Rechtsweg für solche Ansprüche zulässig?

3. Inwieweit ist das im Schlußprotokoll der Londoner Konferenz vom 16. August 1924 enthaltene Abkommen als innerdeutsches Recht zu behandeln?

Vereinbarung zwischen der Deutschen Regierung und der Reparationskommission (sog. Cuntze-Bemelmans-Abkommen) vom 2. Juni 1922 (RGBl. II S. 638); Verordnung über Aussetzung der Zahlungen auf Sachlieferungen vom 29. Oktober 1923 (RGBl. II S. 406); Gesetz über die Londoner Konferenz vom 30. August 1924 (RGBl. II S. 289); Verordnung vom gleichen Tag über das Inkrafttreten dieses Gesetzes (RGBl. II S. 358).

II. Zivilsenat. Urt. v. 29. November 1927 i. S. Firma B. K. & Co. (Kl.) w. Deutsches Reich (Bekl.). II 242/27.

I. Landgericht I Berlin.

Die Klägerin hat im Rahmen des sog. Cuntze-Bemelmans-Abkommens vom 2. Juni 1922 mit der Regierung des Königreichs der Serben, Kroaten und Slowenen, vertreten durch die serbische Reparationskommission, am 16. Juni 1923 in Wiesbaden einen Liefervertrag über 1000000 m Wäschestoff, zu 0,98 GM das Meter und 60000 Handtücher zu 1,80 GM das Stück abgeschlossen. Es sollte in Teilleistungen von September 1923 bis Ende Januar 1924 geliefert werden. Das Reich leistete die vertraglich vorgesehene Vorauszahlung von 320000 GM am 21. August 1923 in Papiermark auf Reparationsscheck. Ende September 1923 machte die Klägerin die erste Teillieferung von 300000 m Wäschestoff für 294000 GM. Dabei blieb es. Das Reich lehnte weitere Zahlungen ab; Verhandlungen der Klägerin mit der serbischen Regierung verliefen fruchtlos. Die Klägerin hat deshalb im Laufe des Jahres 1924 die nicht zur Ablieferung gelangte Ware freihändig und, wie sie behauptet, bestmöglich anderweitig verkauft und verlangt nunmehr vom Reich den ihr durch seine Zahlungsweigerung und die hierdurch vereitelte Vertragsausführung erwachsenen „effektiven" Schaden, den sie auf insgesamt 63738,69 RM beziffert. Davon sind in diesem Rechtsstreit 5000 RM nebst Zinsen eingeklagt. Die Klägerin macht hierzu geltend, der Vertrag, der die Klausel enthalten habe, daß die Zahlung durch die Deutsche Regierung erfolgen solle, sei vom Reichskommissar für Ausführung von Aufbauarbeiten am 3. August 1923 genehmigt und damit die Zahlungspflicht des Reichs ausdrücklich übernommen und anerkannt worden; eine solche Anerkennung ergebe sich auch aus der vom Reich nachher geleisteten Teilzahlung von 320000 GM. Der Beklagte hat unter Berufung auf § 5 der Verordnung über Aussetzung der Zahlungen auf Sachlieferungen vom 29. Oktober 1923 den Einwand der Unzulässigkeit des Rechtswegs erhoben und außerdem seine Passivlegitimation bestritten. Nach Art. X Nr. 2 und 5 des Cuntze-Bemelmans-Abkommens habe das Reich nur die Verpflichtung übernommen, die vom Lieferer mit dem Besteller vereinbarten Zahlungen an den ersteren zu entrichten; die Stellung des Reichs sei nur diejenige einer Bank; mit der Abnahme der Lieferung durch den Besteller habe das Reich nichts zu tun, es könne daher auch nicht für die durch Nichtabnahme der Restlieferung entstandenen Schäden und Kosten in Anspruch genommen werden. Die Klägerin berief sich demgegenüber darauf, daß die Verordnung vom 29. Oktober 1923 durch das Gesetz über die Londoner Konferenz vom 30. August 1924 aufgehoben worden sei; im übrigen liege eine Schuldübernahme durch das Reich vor, aus der sich ohne weiteres auch seine Schadenshaftung ergebe.

Das Landgericht wies die Klage ab, weil der Rechtsweg unzulässig sei. Die unmittelbar beim Reichsgericht eingelegte Revision der Klägerin hatte keinen Erfolg.

Gründe:

Die nach Teil VIII des Versailler Vertrags dem Reich obliegenden Sachlieferungen wurden ursprünglich in der Weise bewirkt, daß das Reich die fraglichen Waren entweder im freien Verkehr erwarb oder sie auf Grund der Bestimmungen des Ausführungsgesetzes zum Friedensvertrag vom 31. August 1919 (II. Abschnitt §§ 4flg.) durch Verfügung von hoher Hand anforderte und sie dann der Reparationskommission zur Verteilung an die Gläubigerstaaten übergeben ließ. Die Bezahlung und Abfindung der deutschen Lieferanten war ausschließlich Sache des Reichs. In der Folge brachten das Wiesbadener Abkommen vom 6. Oktober 1921, im besonderen aber das sog. Cuntze-Bemelmans-Abkommen vom 2. Juni 1922 (beide Abkommen erlangten durch das Gesetz betreffend die Anwendung der Verträge zwischen dem Deutschen Reich und Frankreich usw. vom 29. Juni 1922 auch innerstaatliche Verbindlichkeit) erhebliche Abänderungen insofern, als Sachleistungen, wie sie der Friedensvertrag im Auge hatte, nunmehr auch auf Grund privatrechtlicher Verträge zwischen deutschen Staatsangehörigen und Angehörigen der alliierten und assoziierten Mächte erfolgen konnten. Mit den Voraussetzungen, dem Inhalt und den Rechtswirkungen solcher Verträge befaßt sich namentlich das Cuntze-Bemelmans-Abkommen nebst Anlagen, das zwischen der Deutschen Regierung und der Reparationskommission abgeschlossen worden ist und den beteiligten alliierten Regierungen freistellt, ob sie für die von ihnen angeforderten Sachleistungen diesem Abkommen beitreten wollen. Unter den alliierten Mächten, die ihren Beitritt erklärt haben, befindet sich laut Bekanntmachung vom 15. März 1923 auch das Königreich der Serben, Kroaten und Slowenen. Während durch Bekanntmachung vom 13. Januar 1923 im Verhältnis zu Frankreich und Belgien infolge des Ruhreinbruchs die Durchführung der Sachlieferungsverträge einstweilen eingestellt wurde (wiederaufgehoben durch Bekanntmachung vom 28. September 1923), ist Serbien gegenüber eine solche allgemeine Einstellung nicht erfolgt. Insoweit griff nur die Bekanntmachung vom 11. August 1923 ein, welche die vorläufige Einstellung der Reparations-Sachleistungen nach dem Cuntze-Bemelmans-Abkommen für solche Verträge anordnete, die nicht bis zum 11. August 1923 entweder durch Fristablauf endgültig geworden oder von der Reparationskommission der Deutschen Kriegslastenkommission in Paris als endgültig genehmigt bekanntgegeben worden waren. Keine dieser Voraussetzungen trifft hier zu. Wohl aber handelt es sich unbestrittenermaßen um einen Sachlieferungsvertrag, der auf Grund des Cuntze-Bemelmans-Abkommens zwischen der in Deutschland ansässigen und den deutschen Gesetzen unterliegenden Klägerin und der Regierung des Königreichs der Serben, Kroaten und Slowenen zustande gekommenen ist. Solche Verträge werden nach rein privatrechtlichen Grundsätzen abgeschlossen (Art. VIII des Abkommens); sie müssen nur u. a. die Klausel enthalten, daß die Beteiligten mit der Zahlung über Reparationskonto einverstanden sind. Die Verträge sind dann binnen einer Frist von 14 Tagen der Reparationskommission zur Genehmigung vorzulegen, die sie alsbald der Deutschen Regierung zustellt. Die Zustellung hat die Bedeutung der vorläufigen Genehmigung; letztere wird binnen 14 Tagen endgültig, falls nicht eine der beteiligten Regierungen einen begründeten Antrag auf Aufhebung bei der Reparationskommission stellt, der aber nur auf ganz bestimmte Gründe gestützt werden kann. Der Vertrag selbst wird und bleibt, wie ein gewöhnliches Privatrechtsgeschäft, mit seinem Abschluß wirksam, und zwar auch dann, wenn die Genehmigung aufgehoben wird, vorbehaltlich einer gegenteiligen Parteiabmachung (Art. IX Abs. 1, 2, 3, 7, 8 des Cuntze-Bemelmans-Abkommens). Das Reich ist demnach beim Abschluß der Verträge selbst in keiner Weise beteiligt. Es kann nur gegebenenfalls seine Verpflichtung zur Zahlung über Reparationskonto durch begründeten Widerspruch ausschließen.

Über die Wirkung der endgültigen Genehmigung des Vertrags durch die Reparationskommission bestimmt Art. X Nr. 2 des Cuntze-Bemelmans-Abkommens noch folgendes: „Die Deutsche Regierung übernimmt unverzüglich alle dem alliierten Staatsangehörigen gegenüber dem deutschen Staatsangehörigen erwachsenden finanziellen Verpflichtungen zu den vereinbarten Zahlungsterminen vorbehaltlich der in Art. VII vorgesehenen Barzahlungen.“ Im übrigen wird der Vertrag ausschließlich zwischen den Vertragsparteien ausgeführt, die „untereinander durch die Bedingungen dieses Vertrags vollständig gebunden sind“. Dem Reich wird der Gegenwert der geleisteten Zahlungen in Goldmark von der Reparationskommission zu Lasten der beteiligten Regierung gutgeschrieben. Zur „Erleichterung der Durchführung“ der Nr. 2 und 3 des Art. X trifft Art. XII in Verbindung mit den Anlagen C und D des Abkommens weitere

Bestimmungen. Hiernach hat das Reich seine Zahlungen in der Weise zu bewerkstelligen, daß es Schecks, die nach bestimmtem Muster auf ein oder mehrere von ihm ausgewählte Bankinstitute ausgestellt sind, rechtzeitig der beteiligten Regierung übermittelt, die sie dem Besteller ausfolgt. Dieser hat sich ausschließlich mit der beteiligten Regierung finanziell auseinanderzusetzen (Art. X Nr. 4). Er übersendet dann den Scheck seinem deutschen Vertragsgegner, der ihn dem bezeichneten Bankinstitut zur Einlösung für Rechnung des Reichs vorlegt (Anlage D zum Cuntze-Bemelmans-Abkommen Nr. I bis III). Das Reich trägt nach Art. XII Abs. 3 allein die Verantwortung für alle Folgen des Unterbleibens einer Zahlung.

Aus diesen Bestimmungen will die Klägerin, obwohl es wegen des Kaufpreisrestes nicht mehr zur Ausstellung und Ausfolgung eines Schecks an sie gekommen ist, einen unmittelbaren Anspruch gegen das Reich auf Zahlung des Kaufpreises oder Werklohns herleiten und aus der Nichterfüllung dieses Anspruchs das Reich auf Ersatz des ihr erwachsenen Schadens haftbar machen. Es ist der Klägerin zuzugeben, daß ein solcher Anspruch, wenn er bestünde, allerdings rein privatrechtlichen Charakter hätte. Er würde sich auf einen bürgerlichrechtlichen Vertrag stützen, bei dem das Reich auf Grund des durch das Gesetz vom 29. Juni 1922 auch innerstaatlich verbindlich gewordenen Cuntze-Bemelmans-Abkommens die dem Käufer obliegenden Zahlungspflichten zu erfüllen hätte. Für diesen Anspruch wären seiner Natur nach, da er auf einem privatrechtlichen Geschäft beruhen würde, die bürgerlichen Gerichte zuständig (§ 13 GVG.). Es würde sich dabei nirgends um ein auf die Unterwerfung unter die öffentliche Gewalt begründetes oder hierwegen besonders ausgestaltetes Verhältnis handeln. Eine abweichende gesetzliche Regelung ist insoweit, abgesehen von der Verordnung vom 29. Oktober 1923, ebenfalls nicht getroffen, wird auch vom Beklagten selbst nicht behauptet. Die Vorfrage, ob nach der Rechtsgrundlage des geltendgemachten Anspruchs an und für sich der Rechtsweg zulässig ist, muß demnach bejaht werden. Insoweit hat das Reich auch keine Einwendungen erhoben. Es stützt vielmehr den Einwand der Unzulässigkeit des Rechtswegs auf § 5 der Verordnung über Aussetzung der Zahlungen auf Sachlieferungen vom 29. Oktober 1923/6. Dezember 1923, RGBl. II S. 406/435 (vgl. auch die Verordnung über Aussetzung der Zahlungen auf Sachlieferungen der Unterlieferanten vom

6. Februar 1924, RGBl. II S. 39). Nach der Verordnung vom 29. Oktober 1923/6. Dezember 1923 werden ausgesetzt alle Zahlungen des Reichs auf Grund von Verträgen, die abgeschlossen sind zur Durchführung von Sachlieferungen in Erfüllung des Versailler Vertrags und seiner Zusatzabkommen zwischen einer im Reichsgebiet ansässigen Person oder Firma und a) der Regierung oder einem Angehörigen eines alliierten und assoziierten Staates, b) einer Reichsstelle, insbesondere dem Reichskommissariat für Reparationslieferungen.

Der Vertrag, auf den die Klägerin ihre Ansprüche gegen das Reich stützen will, fällt unstreitig unter § 1 Abs. 1 a der Verordnung. § 2 das. sieht nun weiter vor, daß das Reich, soweit die in § 1 Abs. 1 a genannten Verträge noch nicht oder noch nicht vollständig erfüllt sind, binnen einer Frist von 5 Wochen (durch die Verordnung vom 6. Dezember 1923 um weitere 6 Wochen verlängert) verlangen kann, der Lieferungspflichtige habe nicht an den Besteller, sondern zu den Vertragsbedingungen an das Reich zu liefern, mit der Maßgabe, daß dann die für den freien Sachlieferungsverkehr vorgesehene Zahlungsweise außer Kraft tritt und das Reich unmittelbar an den Lieferungspflichtigen zu zahlen hat, eine Zahlungspflicht, auf die sich das Moratorium des § 1 Abs. 1 der Verordnung nach der ausdrücklichen Vorschrift des Abs. 4 ebendaselbst nicht erstreckt. Außer Streit ist, daß das Reich von der Befugnis des § 2 der Verordnung keinen Gebrauch gemacht hat. Es blieb demnach bei der Zahlungsaussetzung. Diese ist nach der Verordnung nicht befristet, insbesondere, wie sich aus den §§ 2 und 3 verglichen mit § 1 Abs. 1 und 3 der Verordnung ergibt, nicht beschränkt auf die Fristen von 5 oder weiteren 6 Wochen. Die Verordnung, die auf Grund des Ermächtigungsgesetzes vom 13. Oktober 1923 rechtsgültig erlassen und inhaltlich durch dieses Gesetz gedeckt ist, verlor auch nicht etwa um deswillen ihre Gültigkeit, weil das Ermächtigungsgesetz, das von vornherein zeitlich auf die damalige Reichsregierung oder ihre parteipolitische Zusammensetzung beschränkt war, später durch den Wegfall dieser Voraussetzungen außer Kraft getreten ist. Vielmehr behielten die auf Grund des Ermächtigungsgesetzes getroffenen Anordnungen und Verordnungen nach wie vor ihre Gültigkeit (RGZ. Bd. 107 S. 315 [319], Bd. 111 S. 291). Ausdrücklich ist die Verordnung vom 29. Oktober 1923 nirgends aufgehoben (anders bei der Verordnung über Aussetzung der Zahlungen zur Erstattung der von der englischen Regierung erhobenen Reparationsabgabe vom 15. November 1923, RGBl. II S. 411, und bei der Verordnung vom 12. Februar 1924, RGBl. II S. 42, die beide durch die Verordnung vom 3. März 1924, RGBl. II S. 62, aufgehoben worden sind). Ist aber die Verordnung vom 29. Oktober 1923 noch in Kraft, so hat nicht nur ihr § 1 mit seinem Zahlungsmoratorium, sondern auch ihr § 5 noch Geltung, wonach Ansprüche, deren Erfüllung ausgesetzt ist, weder gerichtlich noch außergerichtlich geltend gemacht werden können und aus der Zahlungsaussetzung selbst keinerlei Ansprüche gegen das Reich entstehen. Für einen Anspruch aber, dessen gerichtliche Geltendmachung ausgeschlossen ist, der also, sei es überhaupt, sei es zeitweilig, vor den Gerichten nicht eingeklagt werden kann, ist eben damit der Rechtsweg ausgeschlossen. Dieser Ausschluß bezieht sich nicht nur auf den Erfüllungsanspruch selbst, sondern ohne weiteres auch auf den an seine Stelle tretenden Schadensersatzanspruch wegen Nichterfüllung.

Die Klägerin will die Aufhebung der Verordnung vom 29. Oktober 1923 aus dem Schlußprotokoll der Londoner Konferenz vom 16. August 1924 nebst Anlagen herleiten. Das Landgericht hält dem entgegen, daß dieses Abkommen nur völkerrechtliche Bedeutung habe und deshalb schon an und für sich die Gültigkeit und den Fortbestand innerstaatlicher Gesetze nicht berühre, zu denen auch Rechtsverordnungen zählten. Der erste Richter übersieht dabei aber, daß die auf jener Konferenz getroffenen Vereinbarungen durch das Gesetz vom 30. August 1924 (RGBl. II S. 289), das laut Verordnung vom selben Tag (RGBl. II S. 358) mit dem 1. September 1924 in Kraft trat, auch innerstaatliche Wirkung erlangt haben. Das Londoner Abkommen ist damit „innerdeutsches Recht" geworden. Soweit seine Vorschriften nach Inhalt, Zweck und Fassung ohne weiteres, d. h. ohne daß es noch eines weiteren völker- oder staatsrechtlichen Aktes bedarf, rechtliche Folgen auszulösen geeignet sind, kann sich auch der einzelne darauf berufen (RGZ. Bd. 117 S. 284). Allein im Ergebnis ist dem Landgericht beizutreten. Wohl befassen sich der Dawesplan (Teil I Nr. XI a und b, Nr. XII) und das Londoner Abkommen (Anl. I und II) auch mit den Reparations-Sachleistungen und im besonderen behandelt die am 1. Mai 1925 in Geltung getretene Verfahrensvorschrift für Sachleistungen (vgl. Cuntze, „Das neue Sachleistungsverfahren nach dem Londoner Protokoll" S. 109flg.) im Titel VIII die nach dem Cuntze-Bemelmans-Abkommen geschlossenen

Verträge. Allein nirgends bietet sich ein Anhaltspunkt dafür, daß die Verordnung vom 29. Oktober 1923 aufgehoben sein soll und daß ihre Weitergeltung mit der neuen Regelung unvereinbar wäre. Titel VIII Nr. 1 der genannten Verfahrensvorschrift unterscheidet bei den auf Grund des Cuntze-Bemelmans-Abkommens geschlossenen Verträgen, ob es zu einem Nachtragsvertrag über ihre Ausführung gekommen ist oder nicht. Ersterenfalls ist das Reich dem deutschen Lieferanten gegenüber von jeder Haftung für die Zahlung geradeso befreit, wie dies bei sonstigen Sachlieferungsverträgen nach dem Londoner Abkommen oder dem Dawesplan in Verbindung mit der Verfahrensvorschrift vom 1. Mai 1925 gilt. Die Haftung trifft dann die beteiligte Gläubigerregierung und die Zahlungen erfolgen nach Titel IX der Verfahrensvorschrift. Ist wie hier kein Nachtragsvertrag geschlossen, so werden die ursprünglichen Verträge „als annulliert angesehen" (Titel VIII Nr. 1 der Verfahrensvorschrift). Aus dieser Art der Regelung läßt sich gegen den Fortbestand der Verordnung vom 29. Oktober 1923 kein Bedenken herleiten.

Es muß deshalb bei der Unzulässigkeit des Rechtswegs sein Bewenden haben. Die vorstehenden Ausführungen ergeben gleichzeitig, daß die Klägerin ihre Ansprüche auch sachlich nicht auf das Londoner Abkommen mit Nachtragsabmachungen stützen kann.

---

33. 1. Zur Frage der Kondiktion der Auflassung.

2. Kann noch, nachdem die Klage eines Miteigentümers gegen den Besitzer auf Herausgabe eines Grundstücks an ihn rechtskräftig abgewiesen ist, ein anderer Miteigentümer gegen den Besitzer auf Herausgabe des Grundstücks an alle Miteigentümer klagen?

3. Nach welchen Grundsätzen ist die Höhe der Sicherheit zu bemessen, wenn ein Miteigentümer auf Herausgabe eines Grundstücks an alle Miteigentümer klagt und der Beklagte ein Zurückbehaltungsrecht wegen Gegenforderungen geltend macht, der Kläger sich aber erbietet, die Ausübung dieses Zurückbehaltungsrechts durch Sicherheitsleistung abzuwenden?

BGB. §§ 273, 432, 812, 814, 1011. Preuß. Gesetze über den Verkehr mit Grundstücken vom 10. Februar 1923 §§ 1, 15 und vom 20. Juli 1925 Art. I.

V. Zivilsenat. Urt. v. 30. November 1927 i. S. W. (Bekl.) w. W. u. Gen. (Kl.). V 135/27.

I. Landgericht III Berlin.
II. Kammergericht daselbst.

Durch Vertrag vom 18. September 1922 verkauften die beiden Kläger ihr in Berlin gelegenes Grundstück an den Beklagten. Der Kaufpreis war im Vertrag auf 800000 *M* angegeben. Die Auflassung erfolgte am 25. Oktober 1922; die Eintragung des Eigentums des Beklagten im Grundbuch hat noch nicht stattgefunden. In Wirklichkeit betrug der vereinbarte Kaufpreis 1100000 *M*; in dieser Höhe ist er auch getilgt worden. Zur Genehmigung des Kaufvertrags durch das Bezirksamt ist es nicht gekommen. Da der Vertrag wegen der unrichtigen Beurkundung des Kaufpreises nichtig ist, verlangten die Kläger vom Beklagten Herausgabe des Grundstücks, Erklärung des Verzichts auf die Rechte aus der Auflassung, sowie Unterlassung des Antrags auf Eintragung im Grundbuch. Der Beklagte erhob den Einwand der Arglist. Die Kläger, insbesondere Heinrich W., hätten ihn veranlaßt, sich mit der unrichtigen Kaufpreisangabe einverstanden zu erklären, indem sie ihm gesagt hätten, dieses Verfahren sei in Berlin üblich, irgendwelche nachteiligen Folgen könnten daraus nicht entstehen. Der Beklagte habe als Ausländer diesen Versicherungen Glauben geschenkt, während die Kläger gewußt hätten, daß der Vertrag bei unrichtiger Angabe des Kaufpreises nichtig sei. Das Landgericht wies die Klage ab. Beide Kläger legten Berufung ein. Die Berufung des Klägers Robert W. wurde als unzulässig verworfen. Der Kläger Heinrich W. verblieb bei dem in erster Instanz gestellten Antrag, hilfsweise beantragte er aber auszusprechen, daß der Beklagte verurteilt werde, das Grundstück an ihn und Robert W. zurückzugeben, auf die Rechte aus der Auflassung zu verzichten und seine Eintragung in das Grundbuch nicht zu betreiben. Der Beklagte machte in zweiter Instanz noch das Zurückbehaltungsrecht an dem Grundstück wegen seiner Forderungen auf Rückzahlung des aufzuwertenden Kaufpreises und auf Erstattung seiner Verwendungen geltend. Heinrich W. erklärte sich bereit, die Ausübung des Zurückbehaltungsrechts durch Sicherheitsleistung abzuwenden. Das Kammergericht verurteilte den Beklagten für den Fall, daß Heinrich W. eine

Sicherheit von 5000 RM hinterlegt habe, das Grundstück an beide Kläger herauszugeben und auf die Rechte aus der Auflassung gegenüber dem Kläger Heinrich W. zu verzichten. Die Revision des Beklagten hatte Erfolg.

Gründe:

Den Herausgabeanspruch des Klägers Heinrich W. hält das Berufungsgericht gemäß §§ 985, 1011, 432 BGB. für begründet, da dieser als Miteigentümer von dem im Besitz des Grundstücks befindlichen Beklagten, der seine Eintragung als Eigentümer bisher nicht erlangt habe, die Herausgabe des Grundstücks an alle Miteigentümer beanspruchen könne. Der weiter vom Kläger Heinrich W. begehrte Verzicht auf die Rechte aus der Auflassung stelle sich als Bereicherungsanspruch dar, der mit Rücksicht darauf gerechtfertigt sei, daß der Kaufvertrag nichtig sei und der Beklagte durch die Auflassung eine vorteilhaftere Rechtsstellung erlangt habe. Die Herausgabe des Erlangten erfolge hier durch Verzicht auf die Rechte aus der Auflassung, sodaß die ferner verlangte Verurteilung zur Unterlassung der Eintragung in das Grundbuch überflüssig sei.

Nicht eingegangen ist das Berufungsgericht auf die der Einrede der Arglist zugrunde liegende Behauptung, daß die Kläger als fachkundige Männer den Beklagten, einen mit den gesetzlichen Bestimmungen nicht vertrauten Ausländer, arglistig dazu verleitet hätten, die falsche Beurkundung mitzumachen; es nahm an, daß gegenüber dem öffentlichrechtlichen, im Staatsinteresse gesetzten Erfordernis der behördlichen Genehmigung die privatrechtliche Einrede aus dem persönlichen Verhalten der Kläger nicht durchzudringen vermöchte. Aus demselben Gesichtspunkt könne die Bezugnahme des Beklagten auf § 814 BGB. keinen Erfolg haben, da sonst auch hier eine bürgerlichrechtliche Vorschrift eine öffentlichrechtliche Vorschrift zu Fall bringen würde. Ebensowenig könne aus demselben Grunde der vom Beklagten dem Kläger Heinrich W. gemachte Vorwurf des Verschuldens beim Vertragsschluß durchgreifen.

Verfehlt sei auch die Ausführung des Beklagten, daß die Genehmigung des Bezirksamts noch nachträglich beigebracht werden könne und daß auch der Kläger Heinrich W. verpflichtet sei, zur Erteilung dieser Genehmigung mitzuwirken. Eine solche Mitwirkungspflicht bestehe hier nicht, da der Kaufvertrag wegen Formmangels nichtig sei.

Rechtlich begründet ist nach der Auffassung des Berufungsgerichts allein die Geltendmachung des Zurückbehaltungsrechts durch den Beklagten wegen seines Anspruchs auf Rückzahlung des aufgewerteten Kaufpreises und Erstattung seiner Verwendungen. Auf die Prüfung der Gegenansprüche des Beklagten einzugehen, lehnt das Berufungsgericht aber ab, da sich der Kläger Heinrich W., um die Ausübung des Zurückbehaltungsrechts abzuwenden, zur Sicherheitsleistung erboten habe. Die Höhe dieser Sicherheit hat das Berufungsgericht für den Anteil des Klägers Heinrich W. auf 5000 RM bemessen.

Die Revision rügt zunächst Verletzung des Grundstücksverkehrsgesetzes vom 10. Februar 1923 und der §§ 249, 812 flg. BGB. Sie führt aus, die Kläger seien infolge ihres für die Revisionsinstanz zu unterstellenden Verschuldens beim Vertragsschluß verpflichtet, dem Beklagten den ihm zugefügten Schaden zu ersetzen, d. h. den Zustand herzustellen, der ohne die schädigende Handlung vorhanden wäre. Sie seien deshalb im Verhältnis zum Beklagten so zu behandeln, als ob ein formgültiger Vertrag abgeschlossen wäre, und seien demgemäß auch zur Treupflicht bei der Nachsuchung der behördlichen Genehmigung verpflichtet. Es sei dann Sache des Bezirksamts, zu entscheiden. Die gleiche Rechtslage ergebe sich aus dem Einwande der allgemeinen Arglist. Es sei den Klägern auch verboten, die Eintragung des Eigentums des Beklagten durch Kondiktion der Auflassungserklärung zu hintertreiben.

Diesem Revisionsangriff war der Erfolg nicht zu versagen.

(Es wird zunächst unter Bezugnahme auf RGZ. Bd. 115 S. 43 ausgeführt, daß die Einrede der Arglist auch gegenüber dem im preußischen Grundstücksverkehrsgesetz aufgestellten Erfordernis der behördlichen Genehmigung des Kaufvertrags durchdringen könne. Derselbe Gesichtspunkt gelte für Einwand des Verschuldens beim Vertragsschluß.)

Hiernach bedarf die Einrede der Arglist und erforderlichenfalls das Verschulden beim Vertragsschluß erneuter Prüfung durch das Berufungsgericht.

Außer dem Eigentumsanspruch hatte der Kläger Heinrich W. in dem Verlangen nach Verzicht des Beklagten auf die Rechte aus der Auflassung auch die Kondiktion der Auflassung geltend gemacht.

Diesem Anspruch hatte der Beklagte die Einrede aus § 814 BGB. entgegengesetzt, indem er behauptete, die Kläger hätten bei der Auflassung gewußt, daß sie aus dem nichtigen Vertrage nicht zur Auflassung verpflichtet seien. Das Berufungsgericht hat auch diesen Einwand mit der Erwägung zurückgewiesen, daß sonst eine privatrechtliche Bestimmung eine öffentlichrechtliche Vorschrift zu Fall bringen würde. Hier liegt also derselbe Rechtsirrtum vor, aus dem das Berufungsgericht die Einrede der Arglist abgelehnt hat. Die in dieser Hinsicht oben gemachten Ausführungen treffen deshalb auch hier zu. Es bedurfte eines sachlichen Eingehens auf diesen Einwand. Wäre die Kenntnis der Kläger davon festzustellen, daß sie nicht zur Auflassung verpflichtet waren, so würde die Bestimmung des § 814 BGB. Platz greifen und die Bereicherungsklage, soweit sie auf § 812 Abs. 1 Satz 1 BGB. gestützt ist, hieran scheitern. Wenn der Revisionsbeklagte die Anwendbarkeit dieser Bestimmung deshalb leugnet, weil die Auflassung von den Klägern gerade in der Absicht vorgenommen worden sei, auf diesem Wege die Heilung des unwirksamen Grundgeschäfts herbeizuführen und so ein Recht auf die Gegenleistung zu erlangen, so ist auch dies nicht zutreffend. Denn wie der Senat im Urteil RGZ. Bd. 108 S. 334 näher dargelegt hat, kann die Kondiktion der Auflassung, die sich auf § 812 Abs. 1 Satz 2 stützt (condictio causa data causa non secuta), erst durchdringen, wenn feststeht, daß der mit der Auflassung bezweckte Erfolg fehlgeschlagen ist. Soweit der Kläger Heinrich W. die Kondiktion also auf den Nichteintritt des mit der Auflassung bezweckten Erfolgs gründet, müßte feststehen, daß die Auflassung nicht zur Eintragung oder trotz dieser nicht zur Heilung der Nichtigkeit des Grundgeschäfts führen wird, z. B. weil diese noch auf anderen als Formmängeln beruht. An dieser Voraussetzung fehlt es hier. Die Genehmigung des Kaufvertrags, die zur Eintragung des Eigentumsübergangs notwendig ist, weil es sich nicht um die Erfüllung eines vor dem 1. Januar 1923 rechtswirksam abgeschlossenen Verpflichtungsgeschäfts handelt, ist noch keineswegs ausgeschlossen. Die Kläger wären sogar zur Mitwirkung für Erlangung dieser Genehmigung verpflichtet, wenn sie dem Beklagten wider besseres Wissen vorgeredet hätten, der Vertrag sei auch bei unrichtiger Angabe des Kaufpreises gültig. Durch die Erhebung des Kondiktionsanspruchs darf nicht erst der Eintritt des bezweckten

Erfolgs vereitelt und durch das erstrebte Urteil der Konditionsgrund nicht erst geschaffen werden. Aus § 812 Abs. 1 Satz 2 BGB. ließe sich daher die Kondiktion der Auflassung nicht rechtfertigen.

Sodann führt die Revision aus, daß das rechtskräftige Urteil gegen den Kläger Robert W., wenn es auch keine Rechtskraft gegenüber dem Kläger Heinrich W. schaffe, doch die Wirkung habe, daß der Beklagte den Mitbesitz am Grundstück an Stelle des Klägers Robert W. verlangen könnte. Es sei unzulässig, den Beklagten zu einer Leistung zu verurteilen, die er sofort wieder zurückverlangen könne.

Diese Rüge ist unbegründet. Das Berufungsgericht hat das Vorhandensein einer notwendigen Streitgenossenschaft verneint mit der Erwägung: im vorliegenden Fall, wo jeder Miteigentümer nach § 1011 BGB. befugt sei, Dritten gegenüber die Ansprüche wegen der ganzen Sache geltend zu machen und wo das von einem Miteigentümer erstrittene Urteil gegenüber dem anderen Miteigentümer keine Rechtskraft schaffe, sei es ausgeschlossen, daß das streitige Rechtsverhältnis nur einheitlich festgestellt werden könne; ebensowenig liege aus einem sonstigen Grunde eine notwendige Streitgenossenschaft vor. Es könnte zweifelhaft sein, ob diese Betrachtungsweise erschöpfend ist; denn wenn auch Einzelklagen der Genossen an sich nicht ausgeschlossen waren, so waren doch hier von den mehreren Teilhabern die Sonderrechte gemeinschaftlich in einer Klage geltend gemacht und es handelte sich aus diesem Grund allen Streitgenossen gegenüber um ein einheitliches Rechtsverhältnis, das nicht innerhalb desselben Prozesses verschieden beurteilt werden konnte (vgl. RGZ. Bd. 60 S. 270, Bd. 61 S. 398, Bd. 96 S. 52; JW. 1905 S. 533 Nr. 17). Aber das kann dahingestellt bleiben, nachdem nun einmal durch den die Berufung des Robert W. als unzulässig verwerfenden Beschluß des Kammergerichts das die Klage abweisende Urteil des Landgerichts diesem Kläger gegenüber rechtskräftig geworden ist. Wenn aber auch insoweit Rechtskraft des Urteils erster Instanz eingetreten ist, hat dieser Umstand doch nicht die von der Revision daraus hergeleiteten Wirkungen. Nach § 1011 BGB. kann jeder Miteigentümer die Ansprüche aus dem Eigentum Dritten gegenüber in Ansehung der ganzen Sache geltend machen, den Anspruch auf Herausgabe jedoch nur gemäß § 432 BGB., d. h. er kann die Herausgabe nur an alle fordern.

Die Herausgabe einer Sache stellt eine unteilbare Leistung dar. Eine Teilung der Herausgabe unter die Mitberechtigten in der Weise, daß jeder von ihnen einen selbständigen und getrennten Anspruch auf Zulassung zum Mitbesitz hat, kennt das Bürgerliche Gesetzbuch nicht. Das dem einzelnen Miteigentümer beigelegte Recht, auf Leistung an alle oder auf Hinterlegung für alle Miteigentümer zu klagen, ist ein von dem gleichen Recht der übrigen Miteigentümer unabhängiges Sonderrecht. Das Urteil, das im Rechtsstreit des einzelnen Miteigentümers mit dem Besitzer ergeht, schafft nur unter den Prozeßparteien Rechtskraft, und hat für und gegen die untätig gebliebenen Teilhaber keine Wirkung. Das Unterliegen des einen Miteigentümers hindert keinen der übrigen, das eigene Sonderrecht hinterher für sich geltend zu machen. Der Schuldner ist, wenn der Kläger abgewiesen ist, nach § 432 BGB. trotzdem noch späteren Angriffen der übrigen Mitgläubiger ausgesetzt. Man hat bei der Abfassung des Bürgerlichen Gesetzbuchs die Härte nicht verkannt, die sich für den Anspruchsverpflichteten daraus ergibt, daß er, auch wenn er gegen den ersten Kläger gesiegt hat, doch noch von den mehreren Mitberechtigten nacheinander von neuem in Anspruch genommen werden kann. Der Gesetzgeber hat sich aber trotz dieser Bedenken zu der Regelung entschlossen, wie sie in § 432 BGB. enthalten ist (Motive Bd. 3 S. 445, 446; Planck BGB. § 1011 Anm. 2c, Dernburg BGB. Bd. II 1 § 167 II 4 Abs. 4; Hellwig Anspruch und Klagerecht in Fischers Abhandlungen Bd. 5 S. 185; Hellwig Wesen und subjektive Begrenzung der Rechtskraft S. 23, 24; WarnRspr. 1913 Nr. 235). Hiernach steht die Rechtskraft des die Klage gegen Robert W. abweisenden Urteils dem Herausgabeanspruch des Heinrich W. nicht entgegen.

Endlich führt die Revision noch darüber Beschwerde, daß die Sicherheit, zu welcher der Kläger Heinrich W. sich zur Abwendung des Zurückbehaltungsrechts erboten hat, nur in Höhe des auf seinen Anteil entfallenden Betrags der Gegenforderungen bemessen sei, während es doch geboten gewesen wäre, die Sicherheit so zu bemessen, daß sie auch den auf den Anteil des Robert W. entfallenden Teil der Gegenansprüche des Beklagten gedeckt hätte. In diesem Punkt war der Revision beizupflichten. Das Berufungsgericht hat das Zurückbehaltungsrecht des Beklagten wegen seines Anspruchs auf Erstattung des aufgewerteten Kaufpreises und seiner Verwendungen grundsätzlich anerkannt, hat aber von einer genauen Feststellung dieser Ansprüche Abstand genommen, weil der Kläger gemäß § 273 Abs. 3 BGB. erklärt hat, die Ausübung des Zurückbehaltungsrechts durch Sicherheitsleistung abwenden zu wollen. Ohne Befriedigung oder Sicherstellung seiner Gegenansprüche braucht der Beklagte das Grundstück nicht herauszugeben und auf die Rechte aus der Auflassung nicht zu verzichten. Dies muß auch gelten, wenn der Beklagte nur von einem Miteigentümer wegen Herausgabe des Grundstücks an alle belangt wird. Denn sonst ginge er seines Zurückbehaltungsrechts für einen Teil seiner Ansprüche verlustig (Biermann Sachenrecht 3. Auflage § 1011 Anm. 2d). Will der klagende Miteigentümer daher die Ausübung des Zurückbehaltungsrechts durch Sicherheitsleistung abwenden, so muß er Sicherheit in solcher Höhe leisten, daß dadurch die gesamten Ansprüche des Besitzers gedeckt werden, nicht bloß derjenige Teil seiner Gegenansprüche, der auf den Miteigentümeranteil des Klägers fallen würde.

---

34. Kann eine in der Inflationszeit gegründete Aktiengesellschaft von einem Gründer, der bei der Feststellung des Gesellschaftsvertrags Aktien übernommen hat, wegen der später eingetretenen weiteren Geldentwertung nachträglich Aufwertung der Einlage verlangen?

HGB. § 211. BGB. § 723.

II. Zivilsenat. Urt. v. 22. November 1927 i. S. G. Kr. A.-G. (Kl.) w. A. D. K. (Bekl.). II 178/27.

I. Landgericht Chemnitz, Kammer für Handelssachen.
II. Oberlandesgericht Dresden.

Die obige Frage wurde in Übereinstimmung mit den Vorinstanzen verneint.

Gründe:

Die Ansicht des Berufungsgerichts, daß die Hinfälligkeit des Aufwertungsanspruchs der Klägerin ohne weiteres aus § 211 HGB.

folge, wird von der Revision mit Recht beanstandet. Diese Vorschrift, wonach die Verpflichtung des Aktionärs durch den Nennbetrag der Aktie und, falls der Ausgabepreis höher ist, durch diesen begrenzt wird, beruht auf dem früher selbstverständlich gewesenen Grundsatze, daß Mark gleich Mark ist. Sie hat deshalb, soweit es sich um den Erwerbspreis der übernommenen Aktien handelt, für Zahlungen aus einer Zeit, wo die Mark aufgehört hatte, Wertmesser zu sein, an sich nur die Bedeutung, daß der geschuldete Betrag dem Werte nach den Ausgabekurs nicht übersteigen kann. Zu Unrecht glaubt das Berufungsgericht seine Auffassung auf das Urteil dieses Senats RGZ. Bd. 113 S. 152 stützen zu können. Dort stand zur Entscheidung, ob bei Papiermarkaktien, auf die nur ein gewisser Hundertsatz eingezahlt war, die Generalversammlung schon vor der Genehmigung der Goldbilanz und der Umstellung des Kapitals den noch einzuzahlenden Goldmarkbetrag festsetzen konnte. Diese Befugnis wurde der Versammlung abgesprochen, weil sie wegen der noch ausstehenden Umstellung mit dem Grundsatz des § 211 HGB. unvereinbar erschien. Hier steht dagegen in Frage, ob die Beklagte, welche Vollzahlung zu leisten hatte, durch den als Vollzahlung entrichteten Betrag ihrer Leistungspflicht genügt hat.

Im Ergebnis ist aber dem Berufungsgericht darin beizupflichten, daß in einem Falle wie dem vorliegenden für eine Aufwertung kein Raum ist. In der Zeit zwischen dem Abschluß des Gesellschaftsvertrags vom 26. Juni 1922 bis zu der am 21. Dezember 1922 erfolgten Eintragung der Klägerin in das Handelsregister bestand zwischen den fünf Gründern eine Gesellschaft bürgerlichen Rechts, die den Zweck hatte, die nach § 200 HGB. mit der Eintragung ins Leben tretende Aktiengesellschaft vorzubereiten und zur Entstehung zu bringen. Diese Gesellschaft bürgerlichen Rechts, die nach den Vorschriften der §§ 705flg. BGB. zu beurteilen ist, hätte nach § 723 BGB. von jedem der Beteiligten beim Vorliegen eines wichtigen Grundes gekündigt werden können, und ein solcher Grund mochte sich in der damaligen Inflationszeit, wenn sich die Anmeldung und die Eintragung verzögerten, insbesondere auch aus der vor der Leistung eingetretenen Entwertung einer Geldeinlage ergeben. Die Entwertung hatte aber nicht zur Folge, daß die Zahlung des Nennbetrags nur eine Teilleistung war, deren Ergänzung nachträglich unter dem Gesichtspunkt der Aufwertung verlangt werden kann.

Der Nennbetrag des Grundkapitals, mit dem die Aktiengesellschaft ins Leben trat, blieb der im Gesellschaftsvertrag vom 26. Juni 1922 festgesetzte. Anders wäre es nur gewesen, wenn die Gründer, was ihnen selbstverständlich freistand, vor der Eintragung eine neue Vereinbarung wegen der Höhe des Kapitals und der Einlagen getroffen und damit an die Stelle des ursprünglichen Gesellschaftsvertrags einen abgeänderten, nunmehr maßgebenden, gesetzt hätten. Daraus folgt, daß die Zahlung der Beklagten notwendig eine der Aufwertung nicht zugängliche Volleistung gewesen ist. Denn eine Zahlung, die den festgesetzten Nennbetrag überstieg, hätte entweder ein Grundkapital ergeben, das nicht mit dem Gesellschaftsvertrag noch auch mit der Anmeldung und dem Registereintrag übereinstimmte, oder sie hätte zur Bildung eines Reservekontos und damit zu einer Leistung der Beklagten geführt, die ihr nach der insoweit zutreffenden Vorschrift des § 211 HGB. nicht angesonnen werden konnte. Nachdem die bürgerlichrechtliche Gesellschaft nicht gekündigt worden ist, und die Gründer am ursprünglichen Gesellschaftsvertrag festgehalten haben, ist das Verhältnis ebenso anzusehen, wie wenn die Einlageverpflichtung der Beklagten erst im Augenblick der Zahlung so begründet worden wäre, wie es im Vertrag vom 26. Juni 1922 geschehen ist. Eine aus anderem rechtlichen Gesichtspunkt als dem der Aufwertung folgende Nachzahlungspflicht der Beklagten, insbesondere eine Haftung aus Verzug, kommt nach dem festgestellten Sachverhalt nicht in Frage.

---

35. Inwieweit wird das Recht des ursprünglichen Gläubigers auf Aufwertung einer abgetretenen Forderung durch Vereinbarungen beeinflußt, die der Schuldner mit dem neuen Gläubiger getroffen hat, oder durch Zahlungen, die der Schuldner an den neuen Gläubiger geleistet hat?

AufwG. §§ 17, 18, 67.

IV. Zivilsenat. Urt. v. 1. Dezember 1927 i. S. L. L.-Ges. (Kl.) w. Gesch. GmbH. (Bekl.) IV 465/27.

I. Landgericht Breslau.
II. Oberlandesgericht daselbst.

Im Jahre 1911 erhielt die Beklagte von der Klägerin ein Darlehen von 800000 ℳ und bestellte ihr dafür eine Hypothek auf ihrem Grundstück. Am 15. August 1923 trat die Klägerin die Hypothek in 6 Teilbeträgen an 6 Personen ab, von denen fünf die Gesellschafter der beklagten Gesellschaft sind, die sechste die Ehefrau des Geschäftsführers dieser Gesellschaft ist. Die Klägerin erhielt 40 Millionen Papiermark als Abtretungsentgelt. Die Abtretung an die sechs genannten Personen ist unstreitig auf Wunsch der Beklagten erfolgt. Im Januar 1925 verkaufte die Beklagte das Grundstück an die R.-Bank und verpflichtete sich dabei, die Hypothek zur Löschung zu bringen. Die Löschung wurde von den neuen Gläubigern erklärt gegen Zahlung eines Betrags durch die Schuldnerin, dessen Höhe nicht feststeht, der aber unstreitig mehr als 25% der Darlehenssumme, also mehr als 200000 RℳM betrug.

Die Klägerin vertritt den Standpunkt, daß sie nach § 17 AufwG. einen Anspruch gegen die Beklagte als ihre frühere Schuldnerin auf Aufwertung der Forderung habe. Sie erklärt, sie wolle einen dinglichen Anspruch gegen die jetzige Eigentümerin des Grundstücks nicht geltend machen, da sie mit der Möglichkeit rechne, daß diesem Anspruch die Berufung der Eigentümerin auf den Inhalt des Grundbuchs entgegenstehe; dagegen bestehe in jedem Fall ihr persönlicher Anspruch gegen ihre frühere Schuldnerin, die Beklagte. Sie hat Klage erhoben mit dem Antrag festzustellen, daß die der Hypothek zugrundeliegende persönliche Forderung mit 25% aufzuwerten sei und zwar zunächst für einen Teilbetrag von 80000 ℳ. Die Vorinstanzen haben die Klage abgewiesen. Auf die Revision der Klägerin wurde erkannt, daß die Aufwertung der 80000 ℳ nach dem Aufwertungsgesetz zu erfolgen habe.

Gründe:

Die Beklagte bestreitet, daß die Klägerin als frühere Gläubigerin der abgetretenen Hypothekenforderung einen Aufwertungsanspruch aus § 17 AufwG. herleiten könne; sie behauptet, daß einem solchen Anspruch das von der Beklagten mit den neuen Gläubigern getroffene Abkommen über die Aufwertung entgegenstehe, das einen Vergleich im Sinne von § 67 AufwG. darstelle.

Kein Bedenken besteht zunächst gegen die Anwendbarkeit der §§ 17, 18 AufwG. auf die persönliche Forderung, die hier allein geltend gemacht wird (RGZ. Bd. 116 S. 259).

Die Frage, ob ein vom Schuldner mit dem neuen Gläubiger über die Aufwertung geschlossener Vergleich dem Aufwertungsanspruch des früheren Gläubigers entgegensteht (RGZ. Bd. 116 S. 184, Bd. 117 S. 308), kommt für den Streitfall nicht in Betracht, weil die Beklagte das Vorliegen eines solchen Vergleichs nicht dargetan hat.

Das Berufungsgericht geht allerdings von dieser Grundlage, dem Vorliegen eines Vergleichs, aus, ohne ihm übrigens die in den bezeichneten Urteilen angenommene Bedeutung beizumessen; es ist zur Abweisung der Klage aus der Erwägung gelangt, daß die Klägerin sich auf ihren an sich bestehenden Aufwertungsanspruch die Zahlungen anrechnen lassen müsse, welche die Beklagte an die neuen Gläubiger geleistet habe. Die Frage, ob ein Vergleich im Sinne von § 67 AufwG. vorliegt, ist jedoch keine reine Tatfrage, bei der die Annahme des Berufungsgerichts für das Revisionsgericht bindend wäre; es handelt sich dabei um einen Rechtsbegriff. Dem Umstand, daß die Klägerin in ihren Prozeßschriften bei Erwiderung auf die Einwendungen der Beklagten gelegentlich auch ihrerseits den Ausdruck Vergleich gebraucht hat, ist keine ausschlaggebende Bedeutung beizumessen. Ein Anerkenntnis liegt darin nicht, wird übrigens auch vom Berufungsgericht nicht angenommen. Die Beklagte hat vielmehr den Abschluß eines Vergleichs, wie in dieser Instanz, so auch schon in der Vorinstanz bestritten.

Der genaue Inhalt des Abkommens steht nicht fest; die Beklagte hat zwar angegeben, daß es schriftlich getroffen worden sei, hat aber das Schriftstück nicht vorgelegt. Unstreitig ist nur, daß um die Jahreswende 1924/25 die beklagte Gesellschaft an die oben bezeichneten Personen 200000 RM oder mehr gezahlt hat und daß diese die Löschung der Hypothek erklärt haben. Es handelt sich dabei um eine Zeit, in der die Vorschriften der 3. Steuernotverordnung noch in Kraft, jedoch schon Bestrebungen nach anderer Gestaltung des Aufwertungsrechts im Gang waren und eine Änderung durch die Verordnung des Reichspräsidenten vom 4. Dezember 1924 in Aussicht gestellt wurde. Die Beklagte beruft sich selbst darauf, daß damals Ungewißheit über die Höhe der Aufwertung bestanden habe, aber nur über die Aufwertung gegenüber demjenigen, an den eine Hypothek abgetreten war; daß man damals auch an eine Aufwertung für die früheren Gläubiger gedacht habe, bestreitet sie. Wenn sie dabei vorträgt, eine Aufwertung für den früheren Gläubiger sei anfänglich nur für den Fall der sog. unechten Abtretung — Abtretung anstatt Löschung, auf Veranlassung des Schuldners — ins Auge gefaßt gewesen, so scheint sie zu übersehen, daß hier gerade ein Fall dieser unechten Abtretung vorliegt. Das Berufungsgericht sagt, es sei davon auszugehen, daß damals Ungewißheit darüber bestanden habe, ob nicht durch die künftige Gesetzgebung den Zessionaren ein höherer Aufwertungsbetrag zugebilligt werden würde als nach der 3. Steuernotverordnung, und deshalb stelle sich das Abkommen als ein über die Aufwertung geschlossener Vergleich dar. Aber zur Anwendung des § 67 AufwG. genügt es nicht, daß eine Ungewißheit über die Höhe der Aufwertung bestand, sondern es ist erforderlich, daß der Vergleich den Zweck hatte, den Streit oder die Ungewißheit über die Höhe der zu zahlenden Beträge zu beseitigen. Eine Feststellung im letzteren Sinn hat das Berufungsgericht nicht getroffen. Als selbstverständlich kann ein solcher Zweck der Vereinbarungen schon im allgemeinen nicht angesehen werden (vgl. Quassowski Anm. VI zu § 67 AufwG.), ganz gewiß aber nicht bei dem hier zwischen der Schuldnerin und den neuen Gläubigern bestehenden Rechtsverhältnis.

Es ist schon bedenklich, überhaupt von einem Vergleich zu sprechen in einem Falle, wo sich auf beiden Seiten die nämlichen (natürlichen) Personen gegenüberstehen und sich über die Verteilung eines Vermögenswerts schlüssig machen, sodaß jede von ihnen das, was sie etwa mit der einen Hand hergibt, mit der andern wieder erhält. Es fehlt in solchem Fall an dem gegenseitigen Nachgeben, an dem Bringen eines Opfers, das zum Grundbegriff des Vergleichs gehört, wenn auch ein vorausgegangenes Feilschen nicht erforderlich ist (RGZ. Bd. 116 S. 143, Bd. 117 S. 226, 298). Namentlich trifft alles das nicht zu, was in RGZ. Bd. 116 S. 186 als Grund für die Begünstigung der Vergleiche gesagt wird: daß dem Schuldner das hohe Gut des Rechtsfriedens nicht vorenthalten werden dürfe, daß er keinen Schaden davon haben dürfe, wenn zufälligerweise das Recht weiter übertragen worden sei. Die Beklagte hat nichts dafür vorgebracht, daß beide Teile verschiedene Meinungen über die Höhe des zu verteilenden Betrags vertreten hätten; die Sache kann ebensogut in der Weise verlaufen sein, daß man sich in allseitigem Einverständnis und nach bloßen Zweckmäßigkeitsrücksichten schlüssig machte, in welcher Höhe der erzielte Kaufpreis an die Gesellschafter (und die Ehefrau des Geschäftsführers) hinausgezahlt werden solle.

Einen Vergleich im Sinne des § 67 AufwG. kann deshalb die Beklagte dem Anspruch der Klägerin nicht entgegenhalten. Inwieweit eine andere Vereinbarung nach § 67 Abs. 3 AufwG. in Betracht kommen kann, ist unten noch zu besprechen. Denn es fragt sich weiter, ob dem Aufwertungsanspruch der Klägerin die Tatsache im Wege steht, daß die Beklagte an die neuen Gläubiger einen Betrag gezahlt hat, der 25% der ursprünglichen Forderung der Klägerin erreicht oder übersteigt, sodaß bei seiner Anrechnung nichts für die Aufwertung gegenüber der Klägerin übrig bliebe.

Wenn es in § 18 Abs. 2 AufwG. heißt, daß die Hypothek für den früheren Gläubiger nur insoweit aufgewertet wird, als sein Aufwertungsbetrag die Aufwertungsbeträge der ihm zeitlich nachfolgenden Gläubiger übersteigt, so ist hier zunächst an die diesen Gläubigern nach dem Gesetz zustehenden Beträge gedacht. Das waren nach der damals geltenden 3. Steuernotverordnung 15% und sind jetzt 25% von demjenigen Betrag, für welchen der neue Gläubiger die Hypothek erworben hatte. In dieser Hinsicht trägt die Klägerin ohne Widerspruch der Beklagten vor, daß die 40 Millionen Mark, welche die neuen Gläubiger als Abtretungsentgelt gezahlt haben, einen Goldwert von 58,80 *M* gehabt hätten, sodaß der damalige gesetzliche Aufwertungsbetrag für die neuen Gläubiger etwa 9 *RM*, der jetzige etwa 15 *RM* ausmache.

Hat nun die Beklagte an die neuen Gläubiger anstatt der ihnen gesetzlich zustehenden 9 *RM* mehr als 200000 *RM* bezahlt, so läßt sich dies keinesfalls in dem Sinne auffassen, daß sie lediglich eine Leistung zur Tilgung einer ihr obliegenden Verpflichtung vorgenommen habe. Vielmehr liegt dabei offenbar, wie ja auch die Beklagte behauptet, ein Rechtsgeschäft in Mitte, durch das der an die neuen Gläubiger zu zahlende Betrag im beiderseitigen Einverständnis festgesetzt wurde. Dieses Rechtsgeschäft war aber, wie oben dargelegt, kein Vergleich; es war eine Vereinbarung anderer Art. Eine solche Vereinbarung braucht sich der frühere Gläubiger nicht mit der Rechtswirkung entgegenhalten zu lassen, wie sie der V. Senat in seinem angeführten Urteil einem Vergleich beimißt (RGZ. Bd. 117 S. 296). Er braucht sie namentlich nicht gegen sich gelten zu lassen, wenn sich hinter ihr eine unentgeltliche Zuwendung an den neuen Gläubiger verbirgt oder wenn der Einwand der Arglist begründet ist (Mügel Anm. 16 mit Anm. 15 Abs. 4 zu § 18 AufwG.). Für eine Annahme der letzteren Art liegt kein Anhalt vor; wohl aber kann auf Grund der feststehenden Tatsachen von hier aus gesagt werden, daß es sich der Hauptsache nach um eine unentgeltliche Zuwendung handelt. Nicht erforderlich ist es, um einer solchen Zuwendung die Wirkung gegen den früheren Gläubiger zu versagen, daß das Vorliegen aller Merkmale einer Schenkung im Sinne von § 516 BGB. dargetan sein müßte.

Das Berufungsurteil sagt über das Mißverhältnis zwischen dem Abtretungsentgelt und der Zahlung an die neuen Gläubiger, man brauche nicht, wie die Klägerin wolle, an ein gegen die guten Sitten verstoßendes Zusammenwirken zwischen Schuldnerin und neuen Gläubigern zu denken, weil ja damals noch nicht festgestanden habe, daß es zu einem Aufwertungsrecht für den früheren Gläubiger kommen werde. Näher liege die Vermutung, daß die Beklagte den großen Verdienst, den sie durch Verkauf des Grundstücks ohne die hypothekarische Belastung habe machen können, zur Ausschüttung habe bringen wollen. Die Revision macht dagegen geltend, daß die Beklagte selbst den Gedanken einer Gewinnausschüttung gar nicht vorgebracht habe, und rügt Verletzung des Verhandlungsgrundsatzes. Es bestehen aber auch sachliche Bedenken gegen die Erwägung des Berufungsgerichts. Zunächst einmal, daß eine der Personen, an die der Gewinn ausgeschüttet worden sein soll, nicht zu den Gesellschaftern gehörte. Weiter konnte man aber auch in jener Zeit der Ungewißheit über die künftige Gestaltung des Aufwertungsrechts nicht wohl von einem bereits gemachten, zur Ausschüttung reifen Gewinn sprechen; vielmehr wird die unentgeltliche Verteilung des Geldes an diejenigen Personen, die auf eigenen Wunsch der Beklagten die neuen Gläubiger der Hypothek geworden waren, gerade eine der zur Erzielung oder Sicherstellung des Gewinns bestimmten Maßnahmen gewesen sein. Die Ausführungen des Berufungsurteils stehen deshalb der Annahme einer unentgeltlichen und deshalb gegenüber dem früheren Gläubiger unwirksamen Verfügung nicht entgegen.

Läge die Sache so, daß die Schuldnerin an einen unbeteiligten Dritten 25% der aufzuwertenden Summe, wenn auch ohne Rechtspflicht, gezahlt hätte, so müßte man vielleicht fragen, ob es nicht unbillig wäre, sie zur nochmaligen Zahlung an den früheren Gläubiger anzuhalten. Aber wie die Sache hier liegt, bei dem eigenartigen Verhältnis zwischen der Schuldnerin und den neuen Gläubigern, stehen solche Billigkeitserwägungen dem Aufwertungsanspruch der Klägerin nicht im Wege.

Nicht zu verkennen ist, daß es kein wünschenswerter Zustand ist, wenn in der Rechtsprechung zwischen Vergleichen und anderen Vereinbarungen ein Unterschied in der Richtung ihrer Wirksamkeit gegen den früheren Gläubiger gemacht wird, weil in vielen Fällen diese Begriffe schwer auseinanderzuhalten sein werden (vgl. dazu Abraham in JW. 1927 S. 1361 Spalte 2 Nr. 2, Mügel Anm. 7 zu § 17). Aber im gegebenen Falle zwingt die Sachlage dazu, diesen Unterschied zu machen. Er ist übrigens auch schon im Urteil des V. Senats RGZ. Bd. 117 S. 296 gemacht worden.

Nicht in Betracht kommt im Streitfalle die Frage, ob sich der frühere Gläubiger das an ihn gezahlte Abtretungsentgelt auf seinen Aufwertungsanspruch anrechnen lassen muß (RGZ. Bd. 116 S. 255); denn die Klägerin hat sich diesen Betrag (seinem geringfügigen Goldmarkbetrag nach) selbst schon in der Klage abgerechnet.

Hiernach steht der Klägerin der geltend gemachte Anspruch auf Aufwertung nach dem Aufwertungsgesetz zu. Da über die Höhe der Aufwertung noch nicht verhandelt worden ist, konnte über diesen Punkt keine Entscheidung getroffen werden.

---

36. Wann ist im Sinne des Art. III § 14 der Aufwertungsnovelle vom 9. Juli 1927 (RGBl. I S. 171) eine Hypothek als vom Erwerber des belasteten Grundstücks oder für seine Rechnung abgelöst anzusehen?

V. Zivilsenat. Urt. v. 25. Februar 1928 i. S. der Grundstücksverwertungs-Aktienges. K.str. 42 (Bekl.) w. B. (Kl.). V 122/27.

I. Landgericht I Berlin.

Laut Kaufvertrags vom 31. August und Auflassung vom 19. Oktober 1922 hat die Beklagte das Grundstück K.straße 42 in B. erworben, das auf ihren Antrag vom 23. Februar 1923 am 14. April 1923 auf sie umgeschrieben worden ist. Auf diesem Grundstück haftete für die Klägerin eine Darlehenshypothek von 28500 ℳ aus dem Jahr 1904, die am 27. Februar 1923 gelöscht wurde, nachdem die Klägerin in notariell beglaubigter Urkunde vom 20. Oktober 1922 erklärt hatte, die Eigentümerin des Grundstücks, Grundstücksverwertungs-A.-G. K.straße 42 zu B., habe die Hypothek mit allen Zinsen bar gezahlt, sie quittiere ihr darüber und bewillige die Löschung. Die Auszahlung ist in Papiermark erfolgt. Die Klägerin beansprucht dingliche Aufwertung; die Beklagte verweigert sie, indem sie sich auf § 20 Abs. 2 AufwG. beruft; sie bestreitet zwar nicht, daß die Auszahlung der Hypothek mit Mitteln erfolgt sei, die sie zur Verfügung gestellt habe, will aber nicht für ihre Rechnung, sondern für die des Veräußerers gezahlt haben und behauptet, daß der Wortlaut der Löschungsurkunde insoweit ungenau sei. Das Landgericht hat die Aufwertungspflicht der Beklagten festgestellt. Die von dieser unmittelbar beim Reichsgericht eingelegte Revision blieb ohne Erfolg.

Gründe:

Zwar hätte der angefochtenen Entscheidung nach der zur Zeit ihrer Erlassung bestehenden Rechtslage nicht beigetreten werden können. Denn damals wurde dem Grundstückserwerber durch die Tatsache, daß er selbst die Mittel zur Auszahlung der Hypothek zur Verfügung gestellt hatte, nicht, wie das Landgericht rechtsirrig angenommen hat, die Berufung auf den öffentlichen Glauben des Grundbuchs verschlossen (RGZ. Bd. 116 S. 161; RG. vom 26. Januar 1927 in AufwRspr. 1927 S. 202, JW. 1927 S. 460 Nr. 1), und es konnte deshalb diese Verteidigung nicht mit dem Landgericht als wider die guten Sitten verstoßend erachtet werden.

Inzwischen hat aber die Rechtslage durch die noch in der Revisionsinstanz Beachtung erheischende Vorschrift des § 14 der Aufwertungsnovelle vom 9. Juli 1927 eine Änderung dahin erfahren, daß nunmehr, wenn eine Hypothek vom Erwerber eines Grundstücks oder für seine Rechnung abgelöst worden ist, dieser sich dem dinglichen Aufwertungsanspruch gegenüber nicht darauf berufen darf, es sei in dem im § 892 BGB. bestimmten Zeitpunkt bereits eine dem § 29 GBO. entsprechende Löschungsbewilligung oder löschungsfähige Quittung erteilt gewesen. Die Parteien streiten darüber, ob ein Fall dieser Art hier vorliegt. Unstreitig war eine dem § 29 GBO. entsprechende Löschungsurkunde vor dem in § 892 BGB. bestimmten Zeitpunkt, nämlich dem Zeitpunkt des Umschreibungsantrags vom 23. Februar 1923, erteilt. Die Anwendbarkeit des § 14 der Aufwertungsnovelle hängt demnach davon ab, ob die Hypothek im Sinne der neuen Vorschrift von der Beklagten als Grundstückserwerberin oder doch für ihre, als der Grundstückserwerberin, Rechnung abgelöst worden war. Das ist aber nach Sinn und Zweck des § 14 auf Grund des festgestellten Tatbestands zu bejahen.

Gegenüber dem Regierungsentwurf hat § 14 in der Fassung, die zum Gesetz erhoben ist, eine Erweiterung zugunsten der Gläubiger insoweit erfahren, als das früher aufgestellte Erfordernis fallen gelassen worden ist, daß die Hypothek vom Erwerber des Grundstücks durch Vereinbarung mit dem Veräußerer übernommen sein müsse. Der Umstand, daß eine solche Übernahme hier nicht erfolgt ist, steht daher der Anwendung des § 14 nicht entgegen. Zur Begründung der neuen Vorschrift nach der Fassung des Entwurfs hatte die Regierungsvorlage ausgeführt:

„In zahlreichen Fällen hat der Erwerber des Grundstücks die Hypothek übernommen und bereits vor dem Eigentumsübergang selbst abgelöst oder für eigene Rechnung ablösen lassen. Hier hat der Erwerber selbst durch die Ablösung der Hypothek den Rechtszustand herbeigeführt, der die Grundlage für den gutgläubigen Erwerb bilden soll, nämlich die Löschung oder die Erteilung der Löschungsbewilligung beziehungsweise löschungsfähigen Quittung. Es wäre unbillig, wenn es dem Erwerber gestattet sein sollte, sich auf die von ihm selbst herbeigeführte Ablösung zum Zwecke der Befreiung von der Aufwertungsschuld zu berufen. Der Erwerber darf nicht besser gestellt werden als in dem Falle, daß er nach dem Eigentumsübergang die Hypothek abgelöst hat oder hat ablösen lassen. Wie im letzteren Fall eine Berufung auf den öffentlichen Glauben des Grundbuchs nicht in Frage kommen kann, weil die Löschung erst nach dem Eigentumserwerb stattgefunden hat, so darf auch dann, wenn die Ablösung vorher erfolgt ist, der Schutz des öffentlichen Glaubens nicht eingreifen. Der zufällige Umstand, daß die Ablösung früher erfolgt ist, darf dem Erwerber nicht den weitgehenden materiellen Vorteil der Befreiung von der Aufwertungsschuld bringen. Hier im Interesse der Gläubiger Klärung zu schaffen, erschien ein Gebot der Gerechtigkeit. Die Auffassungen darüber, wie diese Frage nach bisherigem Recht zu beurteilen ist, waren in Rechtsprechung und Schrifttum geteilt, so daß die vorgeschlagene Regelung letzten Endes nur eine authentische Auslegung des Aufwertungsgesetzes bringt."

Aus diesen Sätzen ergibt sich deutlich als Absicht der vom Entwurf vorgeschlagenen neuen Vorschrift, daß der Schutz des öffentlichen Glaubens des Grundbuchs in bestimmten Fällen ausgeschaltet werden sollte, nämlich dann, wenn der Erwerber eines Grundstücks, indem er schon vor dem Eigentumsübergang die Hypothek entweder ablöste oder für seine Rechnung ablösen ließ, selbst den Rechtszustand herbeigeführt hatte, der die Grundlage für seinen gutgläubigen Erwerb bilden sollte: die Löschung der Hypothek oder doch die Erteilung der Löschungsurkunde. Hier war kein weiteres Erfordernis für die Ausschaltung des öffentlichen Glaubens des Grundbuchs aufgestellt, als daß im Zusammenhang mit dem beabsichtigten Erwerb eines Grundstücks (wie den Worten „Erwerber des Grundstücks" zu entnehmen ist) vom Erwerber oder für dessen Rechnung die Hypothek abgelöst worden ist. Als Kennzeichen der erfolgten Ablösung wird die Herbeiführung der Löschung oder doch wenigstens Erwirkung der Löschungsurkunde beim Gläubiger bezeichnet. Von den beiden hier unterschiedenen Fällen ist seinem eindeutigen Tatbestand nach zweifelsfrei der der Ablösung durch den Grundstückserwerber selbst. Ihm gleichgestellt wird der andere, daß der Grundstückserwerber zwar die Ablösung nicht nach außen hin selbst vorgenommen hat, sie aber durch einen anderen für seine Rechnung hat vornehmen lassen. Begründet war dies — ohne Rücksichtnahme auf das innere Verhältnis zwischen Veräußerer und Erwerber und auf die doch in aller Regel stattfindende Beeinflussung des Kaufpreises durch die Hypothek — lediglich mit der Unbilligkeit, die darin liegen würde, daß dem Erwerber gestattet sein sollte, sich zur Befreiung von der Aufwertungsschuld auf die von ihm selbst herbeigeführte Ablösung zu berufen. Leitender Zweck war, wie die Begründung ausdrücklich sagt, Klärung „im Interesse der Gläubiger". Es bestände nun allerdings die Möglichkeit, daß die bezeichnete Absicht der Regierungsvorlage im Gesetze selbst nicht den genügenden Ausdruck gefunden hätte. Aber die maßgebende Fassung, die der Vorschlag des Regierungsentwurfs im Gesetz bekommen hat, enthält nichts, was dazu nötigte, die Bedeutung der wiedergegebenen Sätze der Begründung für die Auslegung des Gesetzes und für die Ermittlung seiner Tragweite zum Nachteil des Gläubigers einzuschränken. Auch aus dem Verlauf der Beratung im Reichstag ist nach dieser Richtung nichts zu entnehmen. Im Gegenteil ist dadurch, daß das Erfordernis einer Übernahme der Hypothek durch den Grundstückserwerber gestrichen wurde, nur noch klarer zum Ausdruck gebracht worden, daß es für die Zulässigkeit der Berufung auf den öffentlichen Glauben des Grundbuchs nicht darauf ankommen soll, wen im inneren Verhältnis zwischen Veräußerer und Erwerber die Hypothek belastete, sondern darauf, ob der Erwerber den im Grundbuch bescheinigten Zustand bereits vorgefunden oder selbst erst herbeigeführt hat. Daraus ergibt sich auch, daß den Worten „für seine Rechnung" hier eine andere Bedeutung zukommt, als ihnen in anderen Gesetzen oder im gewöhnlichen rechtlichen Sprachgebrauch regelmäßig innewohnen mag. Sie sollen hier nicht sagen, daß im wirtschaftlichen Endergebnis die Ablösung im Verhältnis zwischen Veräußerer und Erwerber auf Kosten des Erwerbers erfolgt sein müsse, den Kaufpreis also nicht herabmindernd beeinflußt haben dürfe; eine solche Auffassung würde gegen die offenbare Absicht des Gesetzgebers der Vorschrift nur ein ganz beschränktes Anwendungsfeld belassen. Jene Worte dürfen vielmehr sprachlich und müssen nach der offenliegenden Absicht des Gesetzes — die ausdrücklich an eine bereits nach dieser Richtung gehende Rechtsprechung und Rechtsmeinung anknüpfte — dahin verstanden werden: der Ablösung durch den Erwerber selbst soll der Fall gleichstehen, daß nach außen hin ein anderer als der Erwerber, jedoch für ihn, im Zusammenhang mit seinem Erwerb und nach seinem Gestaltungswunsch („Herbeiführung"), insbesondere also mit den von ihm hierfür zur Verfügung gestellten Mitteln, die Ablösung bewirkt hat.

Soweit im Schrifttum abweichende Meinungen geäußert worden sind, kann ihnen nicht beigetreten werden. Teilweise sind sie (so namentlich Roth § 14 Anm. 1flg.) von der irrigen Grundanschauung beeinflußt, daß es sich hier um eine — engste Auslegung erfordernde — Ausnahmeregelung handle; in Wahrheit liegt eine Einschränkung derjenigen Ausnahme vor, welche die Vorschriften über den öffentlichen Glauben des Grundbuchs in ihrer Gesamtheit darstellen, indem sie zum Schutze der Rechtssicherheit in die materielle Rechtslage eingreifen. Zum Teil fühlt man sich, wie Nadler § 14 Anm. 5 (der im übrigen Roth entgegentritt), zu sehr gebunden durch die streng juristisch-technische Bedeutung der Worte „für seine Rechnung", die aber hier nicht für zutreffend erachtet werden kann. Dagegen stimmen mit dem hier eingenommenen Standpunkt, jedenfalls im Ergebnis, überein Mügel 5. Aufl. S. 757flg.; Quassowski 5. Aufl. S. 894; Roß, AufwNov. S. 32, auch wohl Schlegelberger-Harmening 5. Aufl. S. 731flg. In der Rechtsprechung hat sich auf den gleichen Standpunkt das Oberlandesgericht Dresden gestellt (Beschluß vom 3. Oktober 1927, AufwRspr. S. 800), während die für die Gegenmeinung herangezogene Entscheidung des Oberlandesgerichts Karlsruhe vom 5. Oktober 1927 (ebendort S. 727) lediglich ausspricht, zur Erfüllung des § 14 der Novelle genüge nicht die bloße Tatsache, daß die Veräußerer mit dem vom Erwerber empfangenen Geld die Hypothekenschuld bezahlten (und zwar ist, wie der Zusammenhang ergibt, gemeint: ohne Hinzufügung der Behauptung, der Erwerber habe das Geld zu dem Zweck gegeben, daß die Veräußerer für sie die Hypothek zurückzahlten).

Im gegebenen Fall ist unstreitig sowohl, daß die Ablösung der Hypothek der Klägerin im Zusammenhang mit dem Erwerb des Grundstücks durch die Beklagte, als auch daß sie mit Mitteln erfolgt ist, welche die Beklagte zur Verfügung gestellt hatte. Bestritten ist nur, ob — wofür der Wortlaut der Löschungsurkunde spricht — als Ablösender auch nach außenhin die Beklagte aufgetreten ist, oder ob — wie die Beklagte vorträgt — deren Rechtsvorgängerin die Zahlende gewesen ist und ihr die Beklagte lediglich die Mittel dazu aus dem Kaufpreis des Grundstücks bereit gestellt hatte. Aber einer Feststellung hierüber bedurfte es nach dem oben Gesagten nicht. Denn wollte man auch entsprechend der Darstellung der Beklagten verneinen, daß diese selbst abgelöst habe, so würde sie doch im Sinne des § 14 als diejenige anzusehen sein, für deren — als der Grundstückserwerberin — Rechnung die Ablösung erfolgte, indem sie die Mittel zur Herbeiführung der Rechtslage hergegeben hatte, die demnächst ihrer Behauptung gutgläubigen Erwerbs als Grundlage dienen sollte.

Hiernach erwies sich die angefochtene Entscheidung im Ergebnis als richtig.

37. Welche Rechtsfolgen hat ein den Vereinszweck ändernder, wegen Verstoßes gegen § 33 Abs. 1 S. 2 BGB. ungültiger Vereinsbeschluß, der von der Mehrheit durchgeführt wird? Kann die satzungstreue Minderheit der Mitglieder, insbesondere eines eingetragenen Vereins, Herausgabe des Vereinsvermögens von der Mehrheit verlangen?

BGB. §§ 33, 21.

IV. Zivilsenat. Urt. v. 1. Dezember 1927 i. S. Turn- u. Sportklub Z. (Kl.) w. Turnverein Turnerbund Z. (Bekl.). IV 290/27.

I. Landgericht Naumburg a. S.
II. Oberlandesgericht daselbst.

Der Turnverein Turnerbund Z. ist im Jahre 1902 gegründet und ins Vereinsregister eingetragen worden. Der Zweck des Vereins ist nach der Satzung „Gelegenheit und Anleitung zu geregelten Turnübungen zu geben als Mittel zur körperlichen und sittlichen Kräftigung, sowie die Pflege deutschen Volksbewußtseins und vaterländischer Gesinnung". § 1 bestimmt ferner, daß alle politischen und Parteibestrebungen ausgeschlossen sind und daß der Verein Mitglied der Deutschen Turnerschaft ist. In einer Mitgliederversammlung vom 4. Juli 1920 wurde mit 57 gegen 8 Stimmen beschlossen, aus der Deutschen Turnerschaft auszutreten, zum Arbeiterturnerbund überzutreten und den § 1 der Satzung entsprechend zu ändern. Die in der Minderheit gebliebenen Mitglieder schlossen sich, ohne den Austritt zu erklären, zu einer Sondergruppe unter dem Namen Turn- und Spielabteilung Z. zusammen und ließen am 23. April 1925 die Vereinigung unter dem Namen Turn- und Sportklub Z. ins Vereinsregister eintragen.

Dieser Verein klagt im vorliegenden Rechtsstreit gegen den Turnverein Turnerbund Z. auf Herausgabe des Vereinsvermögens.

Die Vorinstanzen wiesen die Klage ab. Die Revision des Klägers hatte Erfolg.

Gründe:

Das Reichsgericht hat in einer Reihe von Entscheidungen, die sich auf nicht rechtsfähige Vereine beziehen (Recht 1912 Nr. 541, SeuffArch. Bd. 77 Nr. 53, Urt. v. 31. Januar 1924 IV 266/23, JW.

S. 237 Nr. 24) die Rechtsfolgen eines den Vereinszweck ändernden Beschlusses, der wegen Verstoßes gegen die Vorschrift des § 33 Abs. 1 Satz 2 BGB. der Gültigkeit ermangelt, folgendermaßen beurteilt: Der Zusammenschluß der Mehrheit zur Durchführung des neuen Vereinszwecks kommt der Bildung eines neuen Vereins gleich. Die in der Minderheit gebliebenen, auf dem Boden der bisherigen Satzung stehenden Mitglieder bilden, auch wenn sie zur Unterscheidung von der Mehrheit einen anderen Namen annehmen, die Fortsetzung des ursprünglichen Vereins. Hieran wird auch dadurch nichts geändert, daß die Mehrheit die Absicht haben mag, den alten Verein fortzusetzen. Eine andere Beurteilung kann nur dann Platz greifen, wenn die Minderheit kein Interesse an der Fortsetzung des Vereins hat und sich ausdrücklich oder stillschweigend außerhalb des Vereins stellt.

Das Berufungsgericht meint, diese Grundsätze seien auf den vorliegenden Fall nicht anwendbar, da es sich hier um einen eingetragenen Verein handle. Es wird unterstellt, daß der den satzungsmäßig festgestellten Vereinszweck ändernde Beschluß vom 4. Juli 1920 ungültig sei. Durch diese Ungültigkeit seien aber Bestand und Rechtspersönlichkeit des eingetragenen Vereins nicht berührt worden. Die in der Minderheit gebliebenen Mitglieder seien allerdings zunächst nicht aus dem Verein ausgeschieden; dies sei aber dann dadurch geschehen, daß sie im Jahre 1925 einen besonderen Verein gegründet und dessen Eintragung ins Vereinsregister unter dem Namen Turn- und Sportklub Z. bewirkt hätten. Damit sei eine neue Rechtspersönlichkeit begründet worden, die mit dem bestehen gebliebenen alten Turnverein Turnerbund Z. in keinem rechtlichen Zusammenhang stehe.

Diese Ausführungen unterliegen durchgreifenden rechtlichen Bedenken. Auch in diesem Rechtszug ist zu unterstellen, daß der Beschluß vom 4. Juli 1920 eine Änderung des Vereinszwecks enthielt und als bloßer Mehrheitsbeschluß ungültig war. Auszugehen ist sodann von der unstreitigen Tatsache, daß die in der Minderheit gebliebenen Mitglieder nicht aus dem Verein ausgetreten sind. Für die Annahme, daß diese Mitglieder kein Interesse an der Fortsetzung des Vereins gehabt und sich stillschweigend außerhalb des Vereins gestellt hätten, geben die Feststellungen des Berufungsgerichts keinen Anhalt. Richtig ist, daß die Ungültigkeit des gedachten Beschlusses noch nicht den Bestand des Vereins in Frage stellen konnte; im übrigen kann aber dem Berufungsgericht in der Beurteilung der Folgen der Ungültigkeit des Beschlusses nicht zugestimmt werden. Vom Standpunkt der Rechtsprechung des Senats lief der Zusammenschluß der Mehrheit zur Durchführung des neuen Vereinszwecks auf die Bildung eines neuen Vereins hinaus. Dieser Beurteilung steht der Umstand nicht entgegen, daß es sich hier um einen eingetragenen Verein handelt. Es kann unentschieden bleiben, ob eine der Vorschrift des § 33 Abs. 1 Satz 2 BGB. entsprechende Änderung des Vereinszwecks bereits eine Aufhebung des alten Vereins bedeutet (vgl. Oertmann Anm. 3a zu § 33 BGB.). Jedenfalls aber kann das Vorgehen einer Mehrheit, die sich über die gedachte, den Schutz der Minderheit bezweckende Vorschrift hinwegsetzt und einen anderen als den satzungsmäßig festgelegten Vereinszweck verfolgt, nur in dem Sinne aufgefaßt werden, daß die Mehrheit sich vom Verein lossagen und einen neuen Verein mit verändertem Vereinszweck gründen will. Denn der Schutzvorschrift ist unbedenklich zu entnehmen, daß der satzungsmäßig festgelegte Zweck für das Wesen der Rechtspersönlichkeit des Vereins maßgebend ist. Das Verhalten der Mehrheit ist somit einem Austritt aus dem Verein gleichzustellen. Treten nunmehr die Organe des Vereins auf, um den ungesetzlichen Beschluß durchzuführen, so sind ihre Handlungen der Minderheit gegenüber unwirksam; sie haben ihr gegenüber kein Recht mehr, über das Vereinsvermögen zu verfügen. Aus der Loslösung der Mehrheit vom Verein aber folgt, daß die Rechtspersönlichkeit des Vereins bei der Minderheit verbleibt und daß die Minderheit, die an der Satzung, insbesondere am alten Vereinszweck, festhält und sich ihrerseits neu konstituiert, indem sie neue Organe wählt, in Wirklichkeit den Verein fortsetzt. In diesem Falle kann hiernach unbedenklich die Minderheit die Herausgabe des Vereinsvermögens von der Mehrheit verlangen. Wollte man dagegen annehmen, daß sämtliche Mitglieder Träger der Rechtspersönlichkeit des Vereins bleiben, so würde man zu unannehmbaren Ergebnissen gelangen. Die in der Minderheit gebliebenen Mitglieder würden durch eine im Rechtsweg erwirkte Feststellung der Ungültigkeit des Beschlusses über die Änderung des Vereinszwecks praktisch nicht viel erreichen, wenn die Mehrheit gleichwohl auf dem satzungswidrigen Standpunkt verharrt und ihn durch die ihr angehörigen Vereinsorgane durchsetzt. Die satzungstreuen Mitglieder dürfen nicht zum Austritt aus dem Verein und zum Verzicht auf die Nutzung des Vereinsvermögens genötigt werden. Das Rechtsempfinden fordert, daß umgekehrt die Mehrheit, welche die Änderung des Vereinszwecks auf gesetzmäßigem Wege nicht durchzusetzen vermag, ihrerseits aus dem Verein ausscheidet und damit auf die Vorteile der Nutzung des Vereinsvermögens verzichtet.

Es fragt sich weiter, ob im vorliegenden Fall die Minderheit die bei ihr verbliebene Rechtspersönlichkeit etwa dadurch verloren hat, daß sie unter verändertem Namen in das Vereinsregister eingetragen worden ist. Daß die Änderung des Namens allein diese Wirkung nicht haben kann, bedarf keiner näheren Ausführung. Im übrigen läßt sich die Auffassung vertreten, daß die bereits vorhandene Rechtsfähigkeit durch Eintragung in das Vereinsregister nicht beseitigt werden konnte, daß vielmehr in einem solchen Falle der nach § 21 BGB. eintretenden Erlangung der Rechtsfähigkeit eine nur formale Wirkung zukommt. Wollte man aber auch annehmen, daß die Minderheit durch Eintragung in das Vereinsregister eine neue Rechtspersönlichkeit erworben hat, so steht doch nichts im Wege, diese als Fortsetzung der früheren Rechtspersönlichkeit anzusehen. Es ist auf die Rechtsprechung des Reichsgerichts zu verweisen, wonach im Falle der Eintragung eines bisher nicht eingetragenen Vereins ins Vereinsregister das neue Rechtssubjekt als Fortsetzung des schon vorher vorhandenen Rechtsgebildes anzusehen ist (vgl. RGZ. Bd. 85 S. 256; SeuffArch. Bd. 67 Nr. 171, Bd. 77 Nr. 53). In jedem Falle steht also hier hinter dem klagenden Verein der alte Turnverein Turnerbund Z.; er tritt jetzt nur anders, insbesondere unter einem anderen Namen in die Erscheinung. Die Eintragung ins Vereinsregister steht also dem Klaganspruch nicht entgegen.

Verfehlt ist endlich auch der vom Revisionsbeklagten erhobene Einwand, daß der Kläger, wenn er den eingetragenen Turnverein Turnerbund Z. darstelle oder fortsetze, nicht eben diesen Verein verklagen könne. Dabei ist übersehen, daß nach obigen Ausführungen die Mehrheit dadurch, daß sie, wie zu unterstellen, an dem ungültigen Beschluß vom 4. Juli 1920 festgehalten und ihn durchgeführt hat, aus dem Turnverein Turnerbund Z. ausgeschieden ist.

Nur äußerlich setzen diese früheren Mitglieder und die ihnen inzwischen etwa beigetretenen Personen den alten eingetragenen Verein fort. In Wirklichkeit bilden sie einen trotz Beibehaltung des Namens von diesem verschiedenen Verein. Dieser wäre zwar, immer die Ungültigkeit des gedachten Beschlusses vorausgesetzt, als nicht eingetragener Verein anzusehen, könnte aber verklagt werden (§ 50 Abs. 2 ZPO.) und wäre auch der richtige Verklagte, weil er sich im Besitz des Vermögens des eingetragenen Turnvereins Turnerbund Z. befindet.

---

38. Bemessung und Aufwertung des Wiederkaufpreises bei dem sog. Ulmer Wiederkaufvertrag.

BGB. § 497 Abs. 2, §§ 501, 242.

VI. Zivilsenat. Urt. v. 1. Dezember 1927 i. S. L. (Kl.) w. Stadtgemeinde G. (Bekl.). VI 161/27.

I. Landgericht Görlitz.

Durch Vertrag vom 9. Februar 1922 verkaufte die Beklagte an den Kläger ein ihr gehöriges Grundstück in Größe von 1100 qm zum Preise von 5500 *M*. Der Kläger übernahm die Verpflichtung, bis zum 1. Oktober 1922 auf dem Grundstück ein Wohngebäude herzustellen, wogegen die Beklagte ein Baudarlehen in Höhe von 650 *M* für jeden Quadratmeter nutzbarer Wohnungsfläche zusagte. Der Preis für das der Beklagten eingeräumte Wiederkaufrecht sollte nach § 9 durch Sachverständige festgesetzt werden. § 10 lautet:

„Die Sachverständigen haben bei der Festsetzung des Wiederkaufpreises folgende Grundsätze zu beachten:

1. a) Als Bauaufwand werden gerechnet die nachgewiesenen Herstellungskosten der Gebäude und Anlagen ....

   b) Zu dem nach Ziffer 1a sich ergebenden Betrage werden 5500 *M* als Kaufpreis für den Grund und Boden und ferner die vom Käufer nach § 13 des Vertrags aufgewendeten Kosten hinzugerechnet ....

3. Verbesserungen der Gebäude und Anlagen sowie des Grundstücks werden nur dann berücksichtigt, wenn die Verkäuferin diese genehmigt hat ...."

Der Kläger ist als Eigentümer im Grundbuch eingetragen. Das Wohngebäude wurde von ihm auf dem Grundstück errichtet, und zwar im wesentlichen mit Hilfe des ihm von der Beklagten gewährten Baudarlehens. Der Kaufpreis wurde bezahlt und das Baudarlehen zurückerstattet. Insgesamt hat der Kläger für das Grundstück 328904 ℳ aufgewendet, die nach der Reichsrichtzahl umgerechnet 915,91 RℳM entsprechen. Während die Parteien darüber einig sind, daß die Beklagte ihr Wiederkaufrecht zu Recht ausgeübt hat, streiten sie über die Höhe des Wiederkaufpreises. Der Kläger verlangt 8800 Rℳ, was unstreitig dem heutigen Wert des Grundstücks entspricht; die Beklagte will nur 915,91 Rℳ zahlen. In ersterem Betrag sind 357 Rℳ enthalten, die der Kläger außer dem erwähnten Papiermarkbetrag ohne Genehmigung der Beklagten für Verbesserungen aufgewendet hat. Die Parteien haben vereinbart, daß unter Aufhebung des § 9 des Vertrags über die Höhe des Wiederkaufpreises die Gerichte entscheiden sollen, die jedoch ihrer Entscheidung den § 10 des Vertrags zugrunde legen sollen. Der Kläger hat daher Klage auf Zahlung von 8800 Rℳ erhoben.

Das Landgericht hat die Beklagte entsprechend ihrem Anerkenntnis zur Zahlung von 915,91 Rℳ verurteilt, im übrigen aber die Klage abgewiesen.

Die hiergegen unmittelbar eingelegte Revision ist zurückgewiesen worden.

Gründe:

Die Revision rügt zunächst, daß das Landgericht unter Verletzung des § 157 BGB. den § 10 des Vertrags rechtsirrig ausgelegt habe, da hier nichts darüber gesagt sei, daß als Wiederkaufpreis nur der Bauaufwand zu erstatten sei. Diese Rüge ist unbegründet. Wie die § 497 Abs. 2, § 501 BGB. ergeben, unterliegt die Bemessung des Wiederkaufpreises der freien Vereinbarung der Parteien. Eine solche Vereinbarung liegt hier vor. Zwar sollen nach dem Wortlaut des Vertrags die gemäß § 9 daselbst berufenen Sachverständigen an die in § 10 aufgestellten Grundsätze über die Preisfestsetzung gebunden sein. Allein es unterliegt keinem rechtlichen Bedenken, wird auch von der Revision nicht bemängelt, daß das Landgericht die Bemessung des Wiederkaufpreises gemäß § 10 des Vertrags vorgenommen hat, um so weniger, als der Kläger selbst unwidersprochen vorgetragen hatte, daß nach der Vereinbarung der Parteien zwar unter Aufhebung des § 9 die Gerichte den Preis festsetzen, aber auch diese hierbei von § 10 ausgehen sollten. Die Auslegung des Landgerichts, daß der Kläger nach § 10 nur das als Wiederkaufpreis erhalten sollte, was er selbst für das Grundstück aufgewendet hatte, daß also nicht etwa der gegenwärtige Wert des Grundstücks als Wiederkaufpreis in Frage komme, entspricht dem Wortlaut des § 10 und auch dem Sinn und Zweck des ganzen, von bodenreformerischen Anschauungen beherrschten Siedelungsvertrags, der in Ansehung des Wiederkaufrechts dem sog. Ulmer Vertrag (vgl. Wagner, Tätigkeit der Stadt Ulm auf dem Gebiete der Wohnungsfürsorge, Ulm 1903, und Eychmüller, Grundstücksmarkt und städtische Bodenpolitik in Ulm, in den Tübinger Staatswissenschaftlichen Abhandlungen N. F. Heft 9, Stuttgart 1915) nachgebildet ist. Nach dem Ulmer Vertrag soll jede Möglichkeit einer Gewinnerzielung bei Veräußerung des Grundstücks durch den Siedler ausgeschlossen werden. Zum mindesten aber läßt die Auslegung des Landgerichts keinen rechtlichen Verstoß erkennen.

In zweiter Linie wendet sich die Revision dagegen, daß das Landgericht die Aufwendungskosten des Klägers von 328904 ℳ und damit den Wiederkaufpreis ausschließlich unter Berücksichtigung der Ziffer für den Lebenshaltungsindex aufgewertet hat. Nach Ansicht der Revision hätten für die Höhe der Aufwertung einmal die vom Kläger vorgenommenen, wenn auch von der Beklagten nicht genehmigten Verbesserungen, ferner die gerade auf dem Gebiete des Baumarktes erheblich höhere Kaufkraft der Mark, endlich auch der jetzige Wert des Grundstücks Berücksichtigung finden müssen. Auch diese Rüge geht fehl.

Für die Aufwertung vereinbarter Wiederkaufpreise gilt nichts anderes als für die Kaufpreise beim gewöhnlichen Kaufvertrag (Urteil des RG. vom 24. April 1926 V 439/25, abgedruckt bei Zeiler Aufwertungsfälle 2. Aufl. S. 98 Nr. 132 und in WarnRspr. 1926 Nr. 97; RGR. Komm. Erl. 6 zu § 497). Es ist also regelmäßig davon auszugehen, daß der Wiederkäufer einen angemessenen Gegenwert für die Rückübereignung gewähren soll (RG. in LZ.

1925 S. 711). Anders ist jedoch die Frage der Aufwertung des Wiederkaufpreises dann zu behandeln, wenn Anhaltspunkte dafür vorliegen, daß die Parteien die Anwendung der allgemeinen Aufwertungsgrundsätze auf die Festsetzung des Wiederkaufpreises überhaupt oder in einzelnen Punkten haben ausschließen wollen (vgl. RGU. vom 29. Mai 1926 V 512/25, teilweise abgedruckt bei Zeiler a. a. O. Nr. 593, und vom 15. Januar 1927 V 286/26, teilweise abgedruckt bei Zeiler a. a. O. Nr. 579 und in JW. 1927 S. 1082). Solche Anhaltspunkte liegen hier nach der Richtung vor, daß, wie offenbar auch das Landgericht annimmt, der gegenwärtige Grundstückswert außer Betracht bleiben soll. Denn sonst würde auf dem Umweg über die Aufwertung doch eben das wieder herbeigeführt, was der hier zu beurteilende Vertrag gerade verhindern will, daß nämlich der Siedler an der Wertsteigerung von Grund und Boden, sowie des darauf errichteten Gebäudes teil hat. Übrigens wird in der reichsgerichtlichen Rechtsprechung die Auffassung, daß bei der Bemessung der Höhe der Aufwertung von Grundstückskaufpreisen auch der gegenwärtige Grundstückswert mitzuberücksichtigen sei, daraus abgeleitet, daß dieser Wert einen Rückschluß auf die Kaufkraft der Mark im Grundstücksverkehr gestatte. Die Mitberücksichtigung dieses Gesichtspunktes aber würde, selbst wenn sie entgegen den vertraglichen Abmachungen der Parteien an sich zulässig wäre, doch hier deshalb ausgeschlossen sein, weil der Kläger ohne die ihm aus öffentlichen Mitteln zur Verfügung gestellten Baugelder und ohne daß ihm Siedelungsland zu billigem Preise übergeben wurde, gar nicht in der Lage gewesen wäre, den geringfügigen Betrag, den er aus seinem Vermögen zum Ankauf und Bau seines Hausgrundstücks verwendet hat, in Grundstückswerten anzulegen (vgl. Urteil des RG. vom 19. Februar 1927 V 265/26; Zeiler Aufwertungsfälle Nr. 633, auch JW. 1927 S. 1631 Nr. 3). Aus dem gleichen Grunde müßte der Umstand außer Betracht bleiben, daß die Mark auf dem Baumarkt eine höhere Kaufkraft gehabt haben mag, als es der Reichsrichtzahl entsprechen würde. Die für die Ausführung von Verbesserungen aufgewendeten 357 RM sind durch Parteivereinbarung (§ 10 Nr. 3 des Vertrags) von der Berücksichtigung ausgeschlossen, wie das Landgericht zutreffend annimmt; dabei kann hier die Frage offen bleiben ob der Kläger zur Wegnahme dieser Verbesserungen unter Wiederherstellung des früheren Zustands befugt und in der Lage ist. Dafür, daß die persönlichen Verhältnisse der Parteien, insbesondere ihre Vermögensverhältnisse, oder sonstige Umstände eine besonders hoch zu bemessende Aufwertung rechtfertigen könnten, hat der Kläger nichts vorgetragen; es wäre aber auch wenn der Kläger sich in ungünstigen Vermögensverhältnissen befinden sollte, anderseits nicht außer acht zu lassen, daß die im gemeinwirtschaftlichen Interesse tätig werdenden öffentlichen Siedelungsunternehmen wie die Beklagte erfahrungsgemäß nicht mit Gewinn, sondern mit Verlust arbeiten. Besonders muß endlich darauf hingewiesen werden, daß die Beklagte durch den Wiederkauf nur den Grund und Boden wieder erhält, der früher ihr Eigentum war und den sie zu Siedelungszwecken für einen sehr niedrig bemessenen Preis dem Kläger überlassen hatte, und ferner darauf, daß das Gebäude, das sie zurückerhält, im wesentlichen aus einem Bauzuschußdarlehen errichtet worden ist, das sie dem Kläger gewährt und durch das sie überhaupt erst den Kläger zur Errichtung des Hauses instand gesetzt hatte. Sie hat den Kläger auf diese Weise in die Lage gebracht, die kleinen Beträge, die er aus seinem Vermögen in das Grundstück gesteckt hat und die er sonst gespart oder für Lebensbedürfnisse ausgegeben hätte, wertbeständig anzulegen.

Überblickt man alle Umstände des Falles, unter deren Berücksichtigung nach der reichsgerichtlichen Rechtsprechung (vgl. insbesondere JW. 1925 S. 2241) ein billiger Ausgleich bei der Bemessung der Aufwertung gefunden werden soll, so ist es gerade vom Standpunkt des Klägers aus rechtlich keineswegs zu beanstanden, daß das Landgericht nicht den weniger günstigen Dollarkurs oder die Tabelle zum Aufwertungsgesetz, sondern ausschließlich die Reichsrichtzahl zugrunde gelegt und dem Kläger überdies, entsprechend dem Anerkenntnis der Beklagten, ohne Berücksichtigung des sog. Verarmungsfaktors den vollen Betrag zugesprochen hat, der sich aus der Umrechnung der vom Kläger aufgewendeten Markbeträge ergab. Den weitergehenden Anspruch des Klägers hat das Landgericht hiernach mit Recht abgewiesen.

39. 1. Sind die ordentlichen Gerichte befugt nachzuprüfen, ob Schlichter und Schlichtungskammer einer bestimmten Persönlichkeit die Zulassung als Parteivertreter zu den Verhandlungen mit Recht versagt haben?

2. Ist der Reichsarbeitsminister zur Verbindlicherklärung eines Schiedsspruchs befugt, den eine Schlichtungskammer unter dem Vorsitz eines von ihm für den einzelnen Fall bestellten besonderen Schlichters gefällt hat?

Verordnung über das Schlichtungswesen vom 30. Oktober 1923 §§ 2, 5, 6. Zweite Ausführungsverordnung dazu vom 29. Dezember 1923 § 15.

III. Zivilsenat. Urt. v. 2. Dezember 1927 i. S. A. L.=Werke u. Gen. (Kl.) w. Deutschnationalen Handlungsgehilfenverband u. Gen. (Bekl.). III 158/27.

I. Landgericht Braunschweig.
II. Oberlandesgericht daselbst.

Die jetzigen Beklagten sind Arbeitnehmer=Zentralverbände. Sechs ihrer Unterverbände baten im November 1925 den Reichsarbeitsminister um Schlichtung eines Streites mit den klagenden Firmen, die als Arbeitgeber den Abschluß eines Tarifvertrags verweigerten. Der Reichsarbeitsminister bestellte gemäß Artikel I § 2 Abs. 1 Satz 2 der Verordnung über das Schlichtungswesen vom 30. Oktober 1923 (RGBl. I S. 1043) den Oberregierungsrat K. zum Schlichter. Vor ihm fand am 10. Dezember 1925 eine Verhandlung statt. Darin erschien für die Arbeitgeber der Syndikus des Vereins Braunschweiger Metallindustrieller, Rechtsanwalt Dr. S. unter Überreichung von Urkunden, in denen die einzelnen Firmen ihm „Handlungsvollmacht im Sinne des § 54 HGB." erteilt hatten. Nach der Behauptung der Klägerinnen soll er angegeben haben, daß er auch als bevollmächtigter Angestellter des genannten Vereins auftrete, der seinerseits von den einzelnen Klägerinnen Vertretungsvollmacht erhalten habe. Der Schlichter erklärte die Vertretung der Arbeitgeber durch Dr. S. nach § 15 der zweiten Ausführungsverordnung zur Schlichtungsverordnung vom 29. Dezember 1923 (RGBl. 1924 I S. 9) für unzulässig und, da er die

Arbeitgeber demgemäß als nicht vertreten ansah, jeden Einigungsversuch für gegenstandslos. In unmittelbarem Anschluß hieran schritt er zur Bildung einer Schlichtungskammer und berief den Generaldirektor H. und den Abteilungsleiter F., beide aus B., als Arbeitgeber, sowie die Gewerkschaftssekretäre L. aus B. und A. aus Br. als Arbeitnehmer zu Beisitzern. Die Schlichtungskammer, welche die Verbindung der Streitsachen zur gemeinsamen Verhandlung beschloß und den Dr. S. gleichfalls nicht als Vertreter der Arbeitgeber zuließ, machte noch am 10. Dezember in jeder Streitsache den Parteien im Wege des Schiedsspruchs einen Tarifvertragsvorschlag gleichen Inhalts, der von der Arbeitgeberseite abgelehnt wurde. Auf Antrag der Arbeitnehmerverbände wurde der Schiedsspruch am 29. Januar 1926 vom Reichsarbeitsminister für verbindlich erklärt. Auf besondere Einladung hatten am 21. Januar unter dem Vorsitz des Oberregierungsrats G. im Reichsarbeitsministerium Besprechungen stattgefunden, bei denen die Vertretungsbefugnis des für die Arbeitgeber erschienenen Dr. S. wiederum nicht anerkannt worden war. Dagegen war Justizrat B. aus B., der als Syndikus des von den klagenden Firmen mit ihrer Vertretung beauftragten Gesamtverbands deutscher Metallindustrieller auftrat, zugelassen und gehört worden.

Mit der zunächst gegen die sechs Arbeitnehmer-Unterverbände gerichteten Klage verlangten die Arbeitgeber die Feststellung, daß zwischen keinem von ihnen einerseits und keinem der Beklagten anderseits eine Gesamtvereinbarung mit dem Inhalte des für verbindlich erklärten Schiedsspruchs bestehe. Sie machten geltend, daß Schiedsspruch und Verbindlicherklärung wegen wesentlicher Verfahrensmängel, insbesondere wegen Versagung des rechtlichen Gehörs, nichtig seien. Das Landgericht gab der Klage statt. Im Laufe des Berufungsverfahrens bezeichneten die Klägerinnen die Zentralverbände der beklagten Unterverbände als die richtigen Beklagten. Daraufhin traten die Hauptverbände widerspruchslos an Stelle der ursprünglichen Beklagten in den Rechtsstreit ein. Das Oberlandesgericht wies die Klage wider sie ab. Die Revision der Klägerinnen blieb erfolglos.

Gründe:

Die Revision sucht in erster Reihe darzulegen, daß die Geschäftsstellen der beklagten Zentralverbände vor dem Schlichter und der

Schlichtungskammer für sich und in eigenem Namen aufgetreten und daher auch allein am Schlichtungsverfahren beteiligt gewesen seien. Mit dieser Auffassung vermag sie jedoch nicht durchzudringen. Die Klägerinnen haben dem Eintritt der Zentralverbände in den Rechtsstreit zugestimmt. Das konnten sie verständigerweise nur, wenn sie annahmen und erklärten, im Schlichtungsverfahren hätten ihnen die Hauptverbände, vertreten durch ihre Unterverbände, als Gegner gegenübergestanden und seien auch von den Schlichtungsbehörden bei Fällung ihrer Entscheidungen als solche angesehen und behandelt worden. Eine Erklärung dieses Inhalts mußte in ihrem Prozeßverhalten gefunden werden und ist auch vom Berufungsrichter ohne Rechtsirrtum darin gefunden worden. Er hält diese Erklärung aber auch für zutreffend, denn er stellt auf Grund einer Reihe tatsächlicher Erwägungen fest, daß die Geschäftsstellen bei den streitigen Tarifvertragsverhandlungen in vollem Einvernehmen mit den Zentralverbänden lediglich als deren Bevollmächtigte tätig geworden, daß Schiedssprüche und Verbindlicherklärung nur für und gegen die Hauptverbände ergangen und daß etwaige falsche Bezeichnungen ihrer Sitze in den Entscheidungen der Schlichtungsbehörden als belanglose Ungenauigkeiten anzusehen seien.

Es ist der Revision zuzugeben, daß einzelne Hilfserwägungen des Berufungsgerichts nicht bedenkenfrei sind. Die obige Feststellung aber kann von der Revision nicht mit der Behauptung entkräftet werden, sie sei mit dem klaren Wortlaute der Schiedssprüche und der Verbindlicherklärung unvereinbar; denn sie enthält eine durchaus mögliche und daher für den Senat bindende Auslegung der Schiedssprüche. Für ihre Richtigkeit spricht übrigens der Umstand, daß im Eingang der Schlichtungsentscheidungen bei allen Arbeitnehmerverbänden das Wort „Geschäftsstelle" oder „Gaugeschäftsstelle" fehlt. Es bedarf daher keines Eingehens auf den ausreichender Begründung entbehrenden Ausspruch des Berufungsgerichts, daß die Unterverbände schlechthin tarifunfähig — das Berufungsgericht gebraucht den Ausdruck „schlichtungsunfähig" — seien. Der Senat hat schon wiederholt ausgesprochen, daß Ortsgruppen eines Arbeitnehmer-Hauptverbands im Verhältnis zu diesem unselbständige Geschäftsstellen und doch, soweit ihre eigenen Angelegenheiten und Interessen in Frage kommen, zugleich selbständige, nicht rechtsfähige Vereine im Sinne des § 54 BGB. und tariffähig sein können (RGZ. Bd. 118 S. 196). Ob das zutrifft, d. h. ob die Unterverbände eine korporative Verfassung haben, vom Wechsel ihrer Mitglieder nicht in Mitleidenschaft gezogen werden und trotz ihrer Abhängigkeit vom Hauptverband in Verbandsangelegenheiten ihre eigenen Interessen nach außen hin selbständig wahrnehmen und vertreten dürfen, muß im Einzelfall an der Hand ihrer Satzungen oder derjenigen der Hauptverbände geprüft werden. Eine solche Prüfung erübrigt sich aber hier auf Grund der einwandfreien Feststellung des Berufungsrichters, daß nur die Hauptverbände Tarifvertragsparteien sind.

Die von den Klägerinnen vor dem Berufungsgericht erhobenen Rügen der Unzuständigkeit des vom Reichsarbeitsminister ernannten Schlichters, der unvorschriftsmäßigen Besetzung der Schlichtungskammer, der Unstatthaftigkeit der Verbindung aller Streitsachen und des Erlasses eines für alle Arbeitgeber gleichlautenden Schiedsspruchs hat die Revision nicht wiederholt. Sie erachtet es aber als nicht mit § 15 Abs. 1 bis 3 der zweiten Ausführungsverordnung zur Schlichtungsverordnung vereinbar, daß Schlichter und Schlichtungskammer den Dr. S. nicht als Bevollmächtigten der Klägerinnen zu den Verhandlungen zugelassen haben. Auch dieser Angriff vermag der Revision nicht zum Siege zu verhelfen. Die ständige Rechtsprechung des Senats geht dahin, daß die Gerichte nicht zu prüfen berechtigt sind, ob Verwaltungsbehörden, insbesondere die durch die neuzeitliche Gesetzgebung geschaffenen Verwaltungsorgane, wie Miet- und Pachteinigungsämter, Betriebsräte, Schlichtungsausschüsse, Schlichter usw., die für sie geltenden Verfahrensvorschriften bei ihren Entscheidungen beobachtet haben (RGZ. Bd. 101 S. 53 und S. 115, Bd. 103 S. 315, Bd. 105 S. 59, Bd. 116 S. 9). Dagegen ist die Zuständigkeit der genannten Behörden zum Erlaß einer die Gerichte sachlich bindenden Entscheidung unter allen Umständen nachzuprüfen, und ebenso ist der Behauptung solcher Mängel nachzugehen, die, wenn sie erwiesen werden, ohne weiteres ergeben, daß ein behördliches Verfahren und eine behördliche Entscheidung überhaupt nicht vorliegen. So ist z. B. ein von einer unzuständigen Behörde eingesetzter Schlichtungsausschuß kein Schlichtungsausschuß im Sinne der Schlichtungsverordnung und daher auch nicht imstande, einen der Verbindlicherklärung fähigen Schiedsspruch zu fällen.

Gegen die Zuständigkeit der im vorliegenden Falle tätig gewordenen Schlichtungsbehörden lassen sich aber keine Bedenken erheben. Der Reichsarbeitsminister ist nach Artikel I § 2 Abs. 1 Satz 2 der Schlichtungsverordnung zur Ernennung eines besonderen Schlichters für einen einzelnen Streitfall befugt. Wann er unter Übergehung des ordentlichen Schlichters von dieser Befugnis Gebrauch machen will, hängt lediglich von seinem pflichtmäßigen Ermessen ab. Der Schlichter konnte nach § 5 Abs. 3 a. a. O. als Beisitzer zur Schlichtungskammer zwei Arbeitgeber und zwei Arbeitnehmer einberufen. Eine so gebildete und zusammengesetzte Schlichtungskammer war daher befugt, den Parteien einen der Verbindlicherklärung zugänglichen Tarifvertragsvorschlag zu machen. Damit ist aber das Prüfungsrecht der Gerichte im gegebenen Falle erschöpft. Es noch weiter auf die Gesetz- oder Zweckmäßigkeit des vom Schlichter und von der Schlichtungskammer eingeschlagenen Verfahrens auszudehnen, geht nicht an. § 15 der zweiten Ausführungsverordnung zur Schlichtungsverordnung enthält Verfahrensvorschriften, und die Frage, ob eine bestimmte Persönlichkeit als Parteivertreter zuzulassen sei, ist lediglich eine Verfahrensfrage, deren Prüfung und Entscheidung den ordentlichen Gerichten entzogen ist. Die Zurückweisung des Dr. S. bedeutet keineswegs eine Versagung des rechtlichen Gehörs, so daß sich im gegebenen Falle eine Erörterung darüber erübrigt, wie zu entscheiden wäre, wenn wirklich eine solche Versagung stattgefunden hätte. Dieser Auffassung steht das Urteil des VII. Zivilsenats vom 7. März 1922 (RGZ. Bd. 104 S. 181) nicht entgegen. Es bezieht sich auf nicht mehr in Geltung befindliche Vorschriften der Tarifvertragsverordnung vom 23. Dezember 1918. Selbst wenn es daher die Prüfungsbefugnis der Gerichte etwa über die ihnen nach vorstehenden Ausführungen gesteckten Grenzen hinaus ausdehnen wollte, liegt zu einer Anrufung der Vereinigten Zivilsenate kein Anlaß vor.

Die von der Revision bemängelte Zuständigkeit des Reichsarbeitsministers zur Verbindlicherklärung des Schiedsspruchs ist gegeben, da Artikel I § 6 Abs. 2 Satz 1 der Schlichtungsverordnung sich nur auf die Verbindlicherklärung derjenigen Schiedssprüche bezieht, die von den ordentlichen Schlichtungsausschüssen oder von den vom ordentlichen Schlichter gebildeten Schlichtungskammern gefällt sind. Nachdem der Reichsarbeitsminister das Schlichtungsverfahren einmal an sich gezogen hatte, war der ordentliche Schlichter endgültig ausgeschaltet. Der vom Reichsarbeitsminister bestellte außerordentliche Schlichter war aber zur Verbindlicherklärung des unter seiner Leitung zustande gekommenen Schiedsspruchs nicht befugt. Mit dessen Verkündung erlosch der ihm erteilte Auftrag. Es fehlte deshalb an den Voraussetzungen für die Anwendung des angeführten § 6 Abs. 2 Satz 1. Der ordentliche Schlichter, in dessen Bezirk der Geltungsbereich der vorgeschlagenen Gesamtvereinbarung lag, kam für den vorliegenden Fall nicht mehr in Betracht, sodaß nach § 6 Abs. 2 Satz 2 a. a. O. allein der Reichsarbeitsminister die für die Verbindlicherklärung zuständige Stelle war.

---

40. 1. Inwieweit hängt die formelle Gültigkeit eines Wechsels von der nach Firmenrecht richtigen Bezeichnung der bezogenen Firma ab?

2. Ist es für die verpflichtende Kraft des Wechselakzepts erforderlich, daß dem Bezogenen der Name oder die Firma, die er auf den Wechsel schreibt, von Rechts wegen zusteht, oder genügt es, daß er sich dieses Namens oder dieser Firma üblicher Weise bedient?

HGB. § 18. WO. Art. 4 Nr. 3 und 7.

II. Zivilsenat. Urt. v. 2. Dezember 1927 i. S. Fürstl. Sch.-L.'sche Dampfmühle (Bekl.) w. B. Bank, eingetr. Gen. m. beschr. Haftpfl. (Kl.). II 269/27.

I. Landgericht Bielefeld.
II. Oberlandesgericht Hamm.

Die Klägerin ist Indossatarin und Inhaberin eines am 18. September 1925 fällig gewesenen, von der Firma R. B. an eigene Order ausgestellten Wechsels über 5130 RM, der auf die Fürstliche Dampfmühle in B. gezogen und bei der Reichsbank in M. zahlbar ist. Der Akzeptvermerk lautet: „Fürstliche Dampfmühle" (Stempelaufdruck) mit nachfolgender Namensunterschrift „D. . . ." (in Tinte). D. war bis Anfang September 1925 als Leiter der Mühle angestellt. Der Wechsel ist am 21. September 1925 bei der Domiziliatin mangels Zahlung protestiert worden.

Die Klägerin hat mit der Behauptung, D. sei von der Beklagten, der Fürstlich Sch.-L.'schen Dampfmühle, zur Annahme des Wechsels ermächtigt gewesen, im Wechselprozeß Klage auf Zahlung der Wechselsumme nebst Zinsen und Wechselunkosten erhoben. Die Beklagte wandte ein: Der Klägerin sei nach ihrer Satzung und nach dem Inhalt ihrer Eintragung ins Genossenschaftsregister die Diskontierung fremder Wechsel nicht gestattet. D. habe den Wechsel aus Gefälligkeit gegenüber dem Aussteller akzeptiert und die Beklagte habe keinen Gegenwert dafür erhalten. Dem D. habe es an der nötigen Wechselvollmacht gefehlt, namentlich habe er keine Vollmacht zur Ausstellung von Gefälligkeitsakzepten gehabt. Daß es sich um ein Gefälligkeitsakzept gehandelt habe, sei der Klägerin beim Erwerb des Wechsels bekannt gewesen; auch den Mangel der Vollmacht des D. habe sie gekannt oder doch kennen müssen. Der verklagte Fürst A. zu Sch.-L. sei auch nicht passiv legitimiert, denn nicht er, sondern das Fürstlich Sch.-L.'sche Haus sei Inhaber der Dampfmühle.

Das Landgericht hat nach dem Klagantrag erkannt. Die Berufung und ebenso die Revision der Beklagten blieb ohne Erfolg, abgesehen von einem Abstrich an den Zinsen.

Aus den Gründen:

Den Einwand der Beklagten, der verklagte Fürst A. zu Sch.-L. sei nicht passiv legitimiert, weist der Berufungsrichter mit der Begründung zurück, nicht der Fürst, sondern die Firma „Sch.-L.'sche Dampfmühle" sei die Beklagte. Daß im Zahlungsbefehl ursprünglich bloß die „Fürstliche Dampfmühle in B." als Beklagte angegeben gewesen sei, mache nichts aus, da diese Bezeichnung schon im erstinstanzlichen Urteil berichtigt worden sei. Ein Anlaß, den Firmeninhaber im Rechtsstreit anzugeben, habe im vorliegenden Fall nicht vorgelegen; die Auferlegung eines Parteieides habe nicht in Frage gestanden. Diese Ausführungen sind bedenkenfrei. Das gleiche gilt von der Annahme, daß ein etwaiger Verstoß gegen das Genossenschaftsgesetz (§ 8 Abs. 2), der in der Diskontierung fremder Wechsel durch die Klägerin und in der darin möglicherweise zu erblickenden Gewährung von Darlehen an andere Personen als Genossenschaftsmitglieder zu finden sein könnte, keinen Einfluß auf die zivilrechtliche Gültigkeit der verbotswidrigen Geschäfte, sondern nur rechtspolizeiliche Bedeutung habe.

Die Bemängelung des Akzeptvermerks „Fürstliche Dampfmühle, D . . .“ ist nach Ansicht des Berufungsrichters unbegründet, weil zur Bezeichnung des Akzeptanten eine Angabe erforderlich und ausreichend sei, welche der Name oder die Firma einer aktiv wechselfähigen Person sein könne; es komme nicht darauf an, ob die als Akzeptant bezeichnete Person auch wirklich existiere und ob das Rechtssubjekt, das damit bezeichnet werde, auch wirklich diesen Namen oder diese Firma führe. Deshalb sei der Akzeptvermerk auf dem Wechsel gültig; denn die Bezeichnung „Fürstliche Dampfmühle“ sei als Sachfirma zur Herbeiführung eines vollgültigen Wechselakzepts geeignet. Sie könne z. B. die Firma einer vor 1900 gegründeten Aktiengesellschaft darstellen, da eine solche nach früherem Recht den Zusatz „Aktiengesellschaft“ nicht habe zu enthalten brauchen und die nach früherem Recht gültigen Firmen auch unter dem neuen Recht hätten beibehalten werden dürfen (AllgDHGB. Art. 18 Abs. 1; EG. z. HGB. Art. 22). Da die Beklagte im Wechselverkehr ständig unter der Bezeichnung „Fürstliche Dampfmühle“ und nicht unter der im Handelsregister eingetragenen Firma „Fürstlich Sch.-L.'sche Dampfmühle in B.“ aufgetreten sei, so genüge jene Bezeichnung, um die Beklagte wechselmäßig zu verpflichten. Denn trotz der Strenge des Wechselrechts sei auch auf diesem Gebiet an dem im bürgerlichen Recht anerkannten Grundsatz festzuhalten, daß, wenn jemand im Rechtsverkehr ständig eine bestimmte Bezeichnung verwende, diese als sein Name oder seine Firma angesehen werden müsse, auch wenn er von Rechts wegen sich eines anderen Namens oder einer anderen Firma hätte bedienen sollen. Wenn man, was zulässig sei, die bei der Adresse enthaltene Bezeichnung „in B.“ zur Erläuterung des Akzeptvermerks heranziehe, so beständen auch keine Bedenken wegen der Personengleichheit zwischen der Bezogenen und der Akzeptantin, denn in B. gebe es keine andere „Fürstliche Dampfmühle“ als die Beklagte.

In diesen Ausführungen werden zwei Fragen nicht scharf genug auseinander gehalten, nämlich:

a) Welche Voraussetzungen für die formelle Gültigkeit des Wechsels (und nicht, wie der Berufungsrichter ausführt, des Akzepts) bestehen hinsichtlich der Bezeichnung des Bezogenen?

b) Welche Erfordernisse bestehen für die verpflichtende Kraft des Akzepts?

Für die formelle Gültigkeit des Wechsels ist es allerdings ohne Bedeutung, ob im einzelnen Fall die in Betracht kommenden Personen oder Firmen in Wirklichkeit existieren und ob ein solcher Name oder eine solche Firma überhaupt geführt wird; es genügt vielmehr, wenn der Bezogene durch Worte bezeichnet wird, die den Namen oder die Firma einer Person bilden können (so RGZ. Bd. 100 S. 167; JW. 1927 S. 1354 Nr. 5 und Bernstein in der Anm. hierzu; außerdem Thöl, Handelsrecht 4. Aufl. § 33 Nr. 4; Jacobi, Grundriß des Wechsel- und Scheckrechts S. 29 Anm. 3; a. M. RGZ. Bd. 14 S. 18). Entgegen den in einem Privatgutachten Hachenburgs enthaltenen Ausführungen, die auf den Rechtszustand vor dem 1. Januar 1900 nicht die gebührende Rücksicht nehmen, muß mit dem Berufungsrichter angenommen werden, daß die Bezeichnung der bezogenen Beklagten als „Fürstliche Dampfmühle in B." an sich die Firma einer vor 1900 gegründeten Aktiengesellschaft sein könnte. Zuzugeben ist aber, daß dies immerhin eine höchst eigentümliche Firmenbezeichnung für eine Aktiengesellschaft wäre. Deshalb ist es nicht ohne Bedeutung, zu prüfen, ob dieser Wortlaut nicht auch als Firmenbezeichnung eines Einzelkaufmanns möglich wäre. Die Frage ist zu bejahen. Laut Bekanntmachung des Amtsgerichts B. vom 29. April 1901 ist in das Handelsregister die Firma „Fürstlich Sch.-L.'sche Dampfmühle" mit dem Sitze in B. und als deren Inhaber der regierende Fürst zu Sch.-L., vertreten durch die fürstliche Hofkammer zu B., eingetragen. Eine solche Firma war als Firma eines Einzelkaufmanns nach Art. 16 des AllgDHGB. bis zum 1. Januar 1900 zulässig. Denn dem Erfordernis, daß der Familienname des Einzelkaufmanns in der Firma enthalten sein mußte, wurde dadurch genügt, daß dies in der adjektivischen Form „Fürstlich Sch.-L.'sche" zum Ausdruck gelangte (vgl. Staub, HGB. § 18 Anm. 5 a. E.). Namentlich wenn es sich um kaufmännische Betriebe von Landesherren, adligen Besitzern oder von Städten oder sonstigen Kommunalverbänden handelte, hat die Praxis die adjektivische Form des Namens stets zugelassen. Da es nach Art. 16 AllgDHGB. im Gegensatz zu § 18 HGB. nicht der Aufnahme eines Vornamens in die Firma des Einzelkaufmanns bedurfte, wäre vor dem 1. Januar 1900 die Bezeichnung „Fürstlich Sch.-L.'sche Dampfmühle in B." als Firma eines Einzelkaufmanns zulässig gewesen. Und wenn sie schon vor dem 1. Januar 1900 im Handelsregister eingetragen war, durfte sie gemäß Art. 22 EG. z.

HGB. auch künftig noch weitergeführt werden, ist also dann noch heute als Firma eines Einzelkaufmanns möglich.

Nun stellt aber der Berufungsrichter fest, daß die Beklagte schon lange Jahre vor ihrer Eintragung ins Handelsregister unter der Bezeichnung „Fürstliche Dampfmühle in B." bestanden, unter dieser Bezeichnung auch nach ihrer Eintragung als „Fürstlich Sch.-L.'sche Dampfmühle" ihre Geschäfte betrieben hat und im Handel und Verkehr allgemein in dieser abgekürzten Weise bezeichnet worden ist. Diese Tatsache ist nicht ohne Bedeutung. Wird ein Betrieb im täglichen Leben ganz allgemein durch eine derartige schlagwortartige Bezeichnung gekennzeichnet, so muß das für den Verkehr und namentlich auch für den Wechselverkehr als eine zulässige Bezeichnung genügen, mag sie auch mit den für die Firma eines Einzelkaufmanns geltenden Vorschriften des Art. 16 AllgDHGB. und § 18 HGB. streng genommen nicht im Einklang stehen. Insofern weicht der erkennende Senat ab von der früheren Rechtsprechung (RGZ. Bd. 14 S. 18, Bd. 63 S. 380, Bd. 71 S. 274, Bd. 77 S. 192, Bd. 100 S. 169), die schlechthin verlangte, daß die Firmenbezeichnung nach den gesetzlichen Vorschriften zulässig sei. Es genügt für die formelle Gültigkeit des Wechsels, wenn sich im Handel und Verkehr allgemein und unzweifelhaft die Übung herausgebildet hat, daß unter dem als Wechselbeteiligter Bezeichneten eine ganz bestimmte Person oder Firma verstanden wird, mag dann die Bezeichnung nach den gesetzlichen Vorschriften an sich zulässig sein oder nicht.

An der Gültigkeit des Wechsels bestehen hiernach keine Bedenken, da es, wie der Berufungsrichter feststellt, in B. nur eine „Fürstliche Dampfmühle", nämlich die Beklagte, gibt.

Was sodann die verpflichtende Kraft des Akzepts anlangt, so ist es nicht erforderlich, daß dem Bezogenen der Name oder die Firma, die er auf den Wechsel schreibt, von Rechts wegen zusteht; es genügt vielmehr, daß er sich des Namens oder der Firma üblicherweise bedient (RGZ. Bd. 100 S. 167; JW. 1927 S. 1354 Nr. 5). Wie schon bemerkt ist und wie der Berufungsrichter ausdrücklich feststellt, hatte sich die Abkürzung „Fürstliche Dampfmühle" für die Beklagte im Verkehr durchgesetzt. Das Akzept sollte also für die Beklagte abgegeben werden.

Auch das Fehlen eines das Vollmachtsverhältnis des D. ausdrückenden Zusatzes im Akzeptvermerk ist bedeutungslos, da es sich bei den einschlägigen Vorschriften des Handelsgesetzbuchs um bloße

Ordnungsvorschriften handelt. Dadurch, daß D. seiner Machtgeberin, der Fürstlichen Dampfmühle, seinen Namen beigefügt hat, ist genügend erkennbar gemacht, daß er für sie handelte und sie verpflichten wollte. Der Text der Urkunde läßt also trotz Fehlens eines Zusatzes über das Vertretungsverhältnis deutlich genug ersehen, daß D. für seine Machtgeberin auftrat.

Mit zutreffender Begründung weist der Vorderrichter den Einwand zurück, die Klägerin habe gewußt, daß es sich um ein Gefälligkeitsakzept handle. Ein Zusammenwirken der Klägerin mit dem Aussteller zu dem Zweck, der Beklagten den Einwand des Gefälligkeitsakzepts abzuschneiden, ist von der Beklagten nicht behauptet worden.

Dem Einwand der mangelnden Wechselvollmacht des D. gibt der Vorderrichter aus doppeltem Grunde keine Folge. Zunächst erblickt er in einer Anweisung des Generalbevollmächtigten des Fürsten an D. eine Wechselvollmacht, deren Umfang er dahin auslegt, daß D. nach außen unbeschränkte Vollmacht besessen habe, daß aber im Innenverhältnis zwischen dem Vollmachtgeber und dem Bevollmächtigten alle beschränkenden Weisungen hätten Geltung haben sollen. Der Berufungsrichter gelangt zu dieser Auffassung deshalb, weil die Vollmacht, falls die Beschränkungen nach außen hätten wirken sollen, praktisch jeder Bedeutung entbehrt hätte; zum mindesten — sagt er — sei der mit D. verhandelnde Dritte berechtigt gewesen, die Vollmacht in diesem Sinne aufzufassen. Für diese seine Auslegung beruft sich der Vorderrichter auch auf einen zwischen der Getreide-Kreditbank A.-G. und der fürstlichen Hofkammer geführten Briefwechsel, aus dem gefolgert werden müsse, daß nach der eigenen Erklärung der Hofkammer dem D. nach außen unbeschränkte Wechselvollmacht habe erteilt werden sollen. Die Meinung der Revision, jener Briefwechsel sei für die gegenwärtige Entscheidung belanglos und müsse für das Verhältnis zwischen den Prozeßparteien ausscheiden, geht fehl. Jener Briefwechsel ist tatsächlich eine genügende Grundlage für die Beurteilung des Umfangs der Vollmacht und für den bei ihrer Erteilung erklärten Willen des Vollmachtgebers

Abgesehen hiervon wird aber die Entscheidung zur Frage der Wechselvollmacht schon durch den Hinweis darauf getragen, daß die Beklagte durch ihr Verhalten bei den Dritten, die mit D. in seiner Eigenschaft als Leiter der Fürstlichen Dampfmühle zu tun hatten, den Anschein erweckt hat, als stünde dem D. Wechselvollmacht in unbeschränktem Maße zu (HGB. § 54). Denn die Beklagte hat zahlreiche Wechsel, die von D. für sie unterzeichnet worden waren, ohne Beanstandung eingelöst. Dadurch hat sie, da irgendwelche Einschränkungen der Vollmacht des D. nicht erkennbar waren, der Öffentlichkeit gegenüber kundgegeben, daß dieser die Stellung eines unbeschränkt zur Wechselvollmacht befugten Bevollmächtigten haben solle.[1])

---

41. 1. Über den ursächlichen Zusammenhang zwischen einer unerlaubten Handlung, welche die Körperverletzung eines Menschen verursacht hat, und demjenigen Schaden, den der Verletzte durch einen späteren, mit seinem körperlichen Zustand zusammenhängenden Unfall erleidet.

2. Wann beginnt die Verjährung eines Schadensersatzanspruchs wegen neu hervorgetretener Folgen einer unerlaubten Handlung?

BGB. §§ 823, 852.

VI. Zivilsenat. Urt. v. 5. Dezember 1927 i. S. Deutsche Reichsbahn-Gesellschaft (Bekl.) w. S. (Kl.). VI 257/27.

I. Landgericht Frankfurt a. M.
II. Oberlandesgericht daselbst.

Am 24. August 1903 wurde der Kläger von einem Fuhrwerk der Gesellschaft H. überfahren. Der Unfall hatte zur Folge, daß ihm ein Bein abgenommen wurde; er trägt seitdem ein künstliches Bein. Auf seine gegen die Gesellschaft auf Grund des § 823 BGB. erhobene Klage auf Schadensersatz wurden ihm durch Urteil des Oberlandesgerichts vom 1. Juli 1907 Jahresrenten von 1800 und 100 *M* und ferner 141 *M* zuerkannt. In diesem Prozeß war der Preußische Eisenbahnfiskus, der Rechtsvorgänger der jetzigen Beklagten, der bezeichneten Gesellschaft als Nebenintervenient beigetreten, und zwar wegen eines ihm mit der Behauptung angedrohten Rückgriffs, daß die Pferde des Wagens durch das von einer Lokomotive

---

[1]) Vgl. hierzu RGZ. Bd. 117 S. 164. D. R.

ausgehende Geräusch scheu geworden seien und sich der Gewalt des Kutschers entzogen hätten.

Im Jahre 1921 erhob der Kläger wegen des Währungsverfalls auf Grund von § 323 ZPO. eine neue Klage gegen die Gesellschaft und beantragte Erhöhung der Rente. Dieser Rechtsstreit fand durch einen am 3. April 1922 vor dem Oberlandesgericht geschlossenen Vergleich sein Ende. Darin verpflichtete sich der Reichseisenbahnfiskus, für Rechnung der Gesellschaft an den Kläger für die Zeit vom 20. August 1921 bis zum 31. Dezember 1924 eine veränderliche Jahresrente von 17000 *M* zu zahlen, die sich je nach dem Durchschnittsgehalt eines Lokomotivheizers erhöhen oder ermäßigen sollte. Für die Zeit vom 1. Januar 1925 ab sollte die Rente durch eine Ärztekommission neu festgesetzt werden, was am 6. November 1924 geschehen ist.

Am 23. August 1925 erlitt der Kläger durch einen Sturz in seinem Zimmer einen neuen Unfall; er brach das rechte Schulterblatt, wodurch eine Lähmung des rechten Oberarms herbeigeführt wurde. Der Kläger behauptet, der Sturz sei eine Folge der Abnahme des Beines und somit seines Unfalls vom Jahre 1903. Er hat daher gegen die Beklagte Klage erhoben auf Zahlung von Heilungskosten und einer weiteren Rente von monatlich 85 *RM* zur Deckung der durch die notwendig gewordene dauernde Annahme einer Pflegerin erwachsenden Kosten.

Das Landgericht erklärte den Anspruch des Klägers dem Grunde nach für gerechtfertigt, das Oberlandesgericht wies die Berufung der Beklagten zurück.

Die Revision der Beklagten hatte keinen Erfolg.

Gründe:

In erster Linie rügt die Revision, daß das Berufungsgericht die Frage, ob dem Klagebegehren die Einrede des Vergleichs entgegenstehe, unter Verletzung des § 157 BGB. verneint und daher den § 323 ZPO. zu Unrecht angewendet habe. Denn durch den Vergleich vom 3. April 1922 sei die dem Kläger im Urteil vom 1. Juli 1907 zugesprochene Rente in ein festes Verhältnis zu dem Gehalt einer bestimmten Beamtenklasse gebracht worden; hierdurch und durch die weiteren Vergleichsbestimmungen habe der veränderlichen Kaufkraft des Geldes und nicht, wie das Berufungsgericht annehme, den veränderten Verhältnissen im Sinne des § 323 ZPO. Rechnung getragen werden sollen. Diese Ausführungen treffen nicht den Kern der Sache. Entscheidend ist die Frage, ob nach dem im Vergleich vom 3. April 1922 zum Ausdruck gebrachten übereinstimmenden Willen der Parteien jede künftige Änderung in den Verhältnissen des Klägers, die sich als eine Folge des Unfalls vom 24. August 1903 darstellen würde, von der Berücksichtigung bei der anderweitigen Bemessung der Rente ausgeschlossen sein sollte. Diese Frage hat das Oberlandesgericht verneint, indem es den Vergleich dahin auslegte, daß keine der Parteien bei seinem Abschluß an die entfernte Möglichkeit gedacht habe, der Kläger werde infolge des Verlustes des Beines einen neuen Unfall erleiden; daher könne der Vergleich seinem Wortlaut und Sinn nach nicht dahin verstanden werden, daß durch ihn der Kläger auch für die Schäden abgefunden sein sollte, die ihm durch einen solchen neuen Unfall erwachsen würden. Diese Auslegung enthält keinen Rechtsirrtum, insbesondere verstößt sie nicht gegen die Denkgesetze oder gegen gesetzliche Auslegungsregeln (§§ 133, 157 BGB.). Steht aber hiernach der Einwand des Vergleichs dem Klaganspruch nicht entgegen, so findet dieser in § 323 Abs. 1, 4 ZPO. seine gesetzliche Grundlage. Denn die Annahme des Berufungsgerichts, daß durch den Sturz vom 23. August 1925 und seine Folgen eine wesentliche Veränderung derjenigen Verhältnisse des Klägers eingetreten ist, die für die Bemessung der im Vergleich vom 3. April 1922 festgesetzten Rente maßgebend waren, ist rechtsbedenkenfrei und wird von der Revision auch nicht bekämpft.

Ferner stellt die Revision zur Nachprüfung, ob nach dem festgestellten Sachverhalt ein ursächlicher Zusammenhang im Rechtssinn zwischen den beiden Unfällen des Klägers bestehe. Eine solche Nachprüfung ist in der Revisionsinstanz trotz des zur Zeit noch geltenden Entlastungsgesetzes vom 21. Dezember 1925 zulässig. Denn der § 287 ZPO. enthält keine Bestimmung darüber, wann ein ursächlicher Zusammenhang vorliegt, die Frage ist vielmehr nach bürgerlichem Recht zu entscheiden (Urteil des erkennenden Senats vom 10. Oktober 1927 VI 52/27). Sachlich gibt die Annahme des Berufungsgerichts, daß der Kläger infolge des Fehlens eines natürlichen Beines und des dadurch bedingten Tragens eines Kunstbeins den zweiten Unfall erlitten hat, keinen Anlaß zu rechtlichen

Bedenken. Insbesondere ist dabei der Begriff der sog. adäquaten Verursachung im Sinne der reichsgerichtlichen Rechtsprechung (Komm. v. RGR. Erl. 5a vor § 823 BGB.) nicht verkannt. Denn es war nach allgemeiner menschlicher Erfahrung immerhin mit der, wenn auch vielleicht nicht naheliegenden, Möglichkeit zu rechnen, daß der Kläger infolge der durch das Tragen eines künstlichen Beines bedingten verminderten Standsicherheit eher als andere Menschen und in schwererer Weise zu Falle kommen und sich dabei neue Verletzungen zuziehen werde.

Gerade mit Rücksicht auf letztere Erwägung rügt endlich die Revision, daß das Berufungsgericht die Einrede der Verjährung zurückgewiesen hat. Sie erachtet es für folgewidrig, daß das angefochtene Urteil den ursächlichen Zusammenhang bejaht habe, weil der zweite Unfall durch die Abnahme des Beines habe entstehen können, aber den Verjährungseinwand nicht gelten lassen wolle, weil der Unfall vom 23. August 1925 nicht oder nicht mit einer gewissen Möglichkeit voraussehbar gewesen sei. Da alle Folgezustände des Unfalls vom 24. August 1903, die damals als möglich hätten vorausgesehen werden können, als dem Verletzten von vornherein bekannt anzunehmen seien, so sei der Klaganspruch verjährt; denn auf Feststellung des Anspruchs auf Ersatz des ihm durch den Unfall vom Jahre 1903 erwachsenen Schadens habe der Kläger niemals geklagt. Auch diese Rüge kann der Revision nicht zum Siege verhelfen. Zuzugeben ist ihr allerdings so viel, daß die Begründung, mit der das Oberlandesgericht die Verjährungseinrede zurückweist, vielleicht mißverständlich ist. Denn das angefochtene Urteil führt hierzu aus, wenn die neuen Folgen eines früheren Unfalls — hier der zweite Sturz des Klägers mit seinen Folgen — nicht oder nicht mit einer gewissen Möglichkeit voraussehbar gewesen seien, so verjährten Ersatzansprüche, die sich auf die neuen Folgen stützten, erst von dem Zeitpunkt an, in welchem der Verletzte von den neuen Folgen Kenntnis erlange (RG. in JW. 1925 S. 1151, auch abgedruckt in SeuffArch. Bd. 79 Nr. 170). Mit dieser Begründung setzt sich das Berufungsgericht allerdings in einen gewissen Widerspruch mit seiner auf die Ausführungen des landgerichtlichen Urteils gestützten Annahme, daß adäquate Verursachung vorliege. Aber im Ergebnis ist ihm beizutreten. Grundsätzlich ist zwar nach der zu dieser Frage sehr reichhaltigen, im Komm. v. RGR.

Erl. 4a zu § 852 zusammengestellten reichsgerichtlichen Rechtsprechung (vgl. auch RGZ. Bd. 106 S. 285) davon auszugehen, daß der gesamte aus einer unerlaubten Handlung entspringende Schaden sich als eine Einheit darstellt und nicht als eine Summe einzelner selbständiger, unzusammenhängender Schäden erscheint, daß daher die Ungewißheit über den Umfang und die Höhe des Schadens den Beginn der Verjährung nicht ausschließt, daß vielmehr alle Folgezustände, die im Zeitpunkt der erlangten Kenntnis von dem Schaden überhaupt auch nur als möglich vorauszusehen waren, mit dieser allgemeinen Kenntnis als dem Verletzten bekannt geworden zu gelten haben. Aber diesen Grundsatz hat das Reichsgericht mit Recht in den Fällen nicht zur Anwendung gebracht, in denen sich wider Erwarten aus leichten Erkrankungen schwerere Folgezustände herausbilden (WarnRspr. 1912 Nr. 432) oder aus anscheinend vorübergehenden Krankheiten chronische Leiden entwickeln (das. 1914 Nr. 56 und 84). In gleicher Weise hat das Reichsgericht die Verjährung dann verneint, wenn später neue Wirkungen einer unerlaubten Handlung hervortreten, die erst infolge nachträglich eintretender Umstände dem Verletzten weitere Nachteile bereiten (JW. 1909 S. 725 Nr. 19). Ein Fall letzterer Art liegt hier vor. Die Möglichkeit, daß der Kläger infolge des Tragens eines künstlichen Beines, also infolge des Unfalls vom Jahre 1903 stürzen und sich dadurch ein neues Leiden zuziehen würde, war von vornherein gegeben und voraussehbar, aber jener erste Unfall hat doch nur eine der Bedingungen für den Eintritt des Sturzes vom August 1925 gesetzt und erst dieser zweite Unfall hat beim Kläger ein neues Leiden und einen neuen Schaden herbeigeführt. Vielleicht hätte der Kläger vorsichtiger gehandelt, wenn er mit der ursprünglich erhobenen Leistungsklage die allgemeine Feststellungsklage verbunden hätte; daß er aber durch die Unterlassung der Feststellungsklage seines erst etwa 22 Jahre nach dem ersten Unfall entstandenen Schadensersatzanspruchs aus dem zweiten Unfall durch Ablauf der Verjährungsfrist verlustig gegangen wäre, kann der Revision nicht zugegeben werden.

42. Fließt die Vergütung, welche die Deutsche Rentenbank den von ihr verwendeten Personen gewährt, aus öffentlichen Mitteln?

Reichsbeamtengesetz § 57 Nr. 2 Abs. 2.

III. Zivilsenat. Urt. v. 6. Dezember 1927 i. S. W. (Kl.) w. Deutsches Reich (Bekl.). III 143/27.

I. Landgericht I Berlin.
II. Kammergericht daselbst.

Der Kläger ist, nachdem er als Finanzamtmann des Reichs in den einstweiligen Ruhestand versetzt worden war, in den Dienst der Deutschen Rentenbank getreten und bezieht von ihr Vergütung. Mit Rücksicht hierauf hat das Reich unter Hinweis auf § 57 Nr. 2 und § 30 RBG. die Auszahlung der dem Kläger an sich zustehenden Bezüge verweigert. Der Kläger hat deshalb nach fruchtloser Anrufung des Reichsfinanzministers den Rechtsweg beschritten. Vom Berufungsgericht abgewiesen, hat er Revision eingelegt. Diese wurde zurückgewiesen, und zwar aus folgenden

Gründen:

Die Parteien streiten darüber, ob der Kläger sich das ihm von der Deutschen Rentenbank gewährte Diensteinkommen anrechnen lassen muß. Er bestreitet das und behauptet, der hier maßgebende Abs. 2 des § 57 Nr. 2 RBG. finde keine Anwendung auf Vergütungen, welche die Rentenbank den von ihr verwendeten Personen leiste. Das ist rechtsirrig. Die genannte Bestimmung lautet in der ihr durch die 9. Ergänzung des Besoldungsgesetzes vom 18. Juni 1923 gegebenen Fassung:

Als Verwendung im Reichs- oder in einem sonstigen öffentlichen Dienst im Sinne dieser Vorschrift gilt ohne Rücksicht auf die Art und Dauer der Beschäftigung jede Tätigkeit, für die eine Vergütung gewährt wird, die ganz oder zum Teil unmittelbar oder mittelbar aus öffentlichen Mitteln fließt. Auch die Beschäftigung im Kirchendienst und bei der Reichsbank gilt als Verwendung im sonstigen öffentlichen Dienst im Sinne dieser Vorschrift.

Hiernach ist allein maßgebend, ob die dem Kläger von der Rentenbank gewährte Vergütung — wenn auch nur teilweise und mittelbar — aus öffentlichen Mitteln fließt, und es ist nicht entscheidend, welchen Rechtscharakter die genannte Bank hat. Übereinstimmend mit der Auffassung des Reichsarbeitsministers, der — in unverkennbarer Anlehnung an die Begründung des Entwurfs der 9. Ergänzung zum Besoldungsgesetz (Drucks. des Reichsrats Nr. 172/23) — für den Geschäftsbereich der Reichsversicherungsbehörden das bereits ausgesprochen hat (RVersBl. 1925 S. 79), nimmt das Berufungsgericht zutreffend an, daß als Einkommen aus öffentlichen Mitteln auch die Bezahlung für eine Tätigkeit bei der Deutschen Rentenbank anzusehen ist. Mit Recht legt es das wesentliche Gewicht darauf, daß die Mittel, mit denen die Rentenbank wirtschaftet und die sie für ihre Zahlungen an den Kläger verwendet, aus der Emission der Rentenbankscheine stammen und daß deren Ausgabe nur durch die Entstehung der Zwangsgrundschulden möglich geworden ist, daß also die dem Kläger von der Rentenbank geleisteten Zahlungen mittelbar ein Ergebnis der Zwangsgrundschulden sind, welche sich als obrigkeitlich erzwungene Leistungen der dazu herangezogenen Staatsangehörigen darstellen (§ 6 der Verordnung über die Errichtung der Deutschen Rentenbank vom 15. Oktober 1923). Aus welchen Gründen dieser rein staatlich auferlegte und staatlich durchgeführte Zwang (RGZ. Bd. 115 S. 212) geübt und wer ihm unterworfen wurde, ist für die hier zu entscheidende Rechtsfrage nicht von Belang; maßgebend ist hier, daß er geübt worden ist und die Mittel herbeigeschafft hat und herbeischaffen sollte, mit denen der Geschäftsgang der Rentenbank und damit auch die Bezahlung der von ihr angestellten Personen, so auch des Klägers, bewirkt wird (§§ 12 flg. RentenbankVo.). Diese Bezahlung erfolgt also, wenigstens mittelbar, nicht aus Geldern, die privatrechtlich beschafft, sondern aus solchen, die den Pflichtigen obrigkeitlich abgefordert und der Bank zugeführt wurden, die daher als öffentliche Mittel im Sinne des § 57 Nr. 2 Abs. 2 RBG. anzusehen sind. Der Kläger muß sie sich daher anrechnen lassen.

Die Revision leitet ein Bedenken gegen diese Auffassung daraus her, daß in § 57 Nr. 2 Abs. 2 RBG. ausdrücklich gesagt ist, die Beschäftigung im Kirchendienst und bei der Reichsbank gelte als Verwendung im öffentlichen Dienst, während die Rentenbank dort nicht genannt ist. Sie verkennt hierbei nicht, daß bei Einfügung der fraglichen Bestimmung in das Reichsbeamtengesetz die Rentenbank noch nicht ins Leben gerufen war; sie will aber aus dem Umstand, daß bei Erlaß der Rentenbankverordnung die genannte Gesetzesstelle nicht geändert und nicht durch nachträgliche Anführung der Rentenbank ergänzt worden ist, die Folgerung ziehen, daß nach der Absicht des Gesetzgebers Dienstvergütungen der Rentenbank nicht unter diese Gesetzesbestimmung fallen. Das ist nicht anzuerkennen; denn die von der Rentenbank gewährten Dienstvergütungen entsprechen ohnehin, wie ausgeführt, den Voraussetzungen des §57 Nr. 2 Abs. 2 RBG. Der von der Revision vermißten gesetzlichen Vorschrift bedurfte es daher nicht.

---

43. 1. Ist eine beschränkte persönliche Dienstbarkeit des Inhalts zulässig, daß der jeweilige Eigentümer eines Grundstücks die von einem Bergbaubetrieb ausgehenden Einwirkungen auch über die vom Gesetz gezogenen Grenzen hinaus zu dulden hat?

2. Wie ist die Rechtsgültigkeit der Eintragung einer solchen Dienstbarkeit zu beurteilen, wenn sie zugleich zugunsten der Rechtsnachfolger des Berechtigten erfolgt ist?

BGB. §§ 1090, 1092.

V. Zivilsenat. Urt. v. 8. Dezember 1927 i. S. Steinkohlenbergwerk G. B. u. Gen. (Bekl.) w. St. (Kl.). V 100/27.

I. Landgericht Essen.
II. Oberlandesgericht Hamm.

Der Kläger hat gegen die beiden Beklagten einen Bergschadenprozeß geführt. Dieser wurde durch Vergleich vom 24. November 1921 beendet, worin der Kläger erklärte, daß er für sich und seine Rechtsnachfolger auf alle zukünftigen Ansprüche aus Bergschaden irgendwelcher Art an dem jeweils auf seinem Grundstück errichteten Backofen gegen die beiden Beklagten oder ihre Rechtsnachfolger verzichte. Um den Verzicht dinglich zu sichern, wurde auf Bewilligung des Klägers folgendes auf seinem Grundbesitz im Grundbuch eingetragen: „Der Eigentümer ist verpflichtet, schädliche, von dem ordnungsmäßig betriebenen Bergbau des Steinkohlenbergwerks G. B. zu G. und der Bergwerksgesellschaft H. zu H. oder deren Rechtsnachfolgern ausgehende Einwirkungen, wie Bodensenkungen, Zuführung von Rauch, Ruß, Staub, Wasser, Entziehung von Wasser und dergleichen mehr, auch über die vom Gesetz gezogenen Grenzen hinaus zu dulden, soweit sich die Einwirkungen auf den für den Bäckereibetrieb auf dem belasteten Grundstück jeweils errichteten Backofen erstrecken". Der Kläger begehrt die Löschung dieser Eintragung, da sie ihrem Inhalt nach unzulässig sei. Das Landgericht wies die Klage ab. Das Berufungsgericht verurteilte die Beklagten zur Bewilligung der Löschung. Es nimmt an, daß beabsichtigt gewesen sei, mit der Eintragung ein Recht für die beiden Beklagten persönlich, also eine persönliche Dienstbarkeit, und nicht etwa eine Grunddienstbarkeit für eines der den Beklagten gehörigen Bergwerke, zu begründen.

Die Revision der Beklagten hatte Erfolg.

Aus den Gründen:

Das Berufungsgericht hält die Eintragung der beschränkten persönlichen Dienstbarkeit aus mehreren Gründen für unzulässig:

1. Als Inhalt der Dienstbarkeit (§ 1090 BGB.) käme hier in Frage der letzte Fall des § 1018 BGB.: Ausschließung der Ausübung eines Rechts, das sich aus dem Eigentum an dem belasteten Grundstück (des Klägers) dem anderen Grundstück gegenüber (in Anwendung auf persönliche Dienstbarkeit also den Beklagten persönlich gegenüber) ergibt, nämlich Ausschließung des Rechts, Bergbaueinwirkungen zu verbieten. Da nun aber nach dem Berggesetz der Grundeigentümer überhaupt kein Verbietungsrecht gegenüber solchen Einwirkungen habe, so sei auch die Ausschließung eines Verbietungsrechts nicht möglich. Auch damit könne die Eintragung nicht gerechtfertigt werden, daß die vertragliche Vereinbarung der Duldungspflicht die Ausschließung einer Schadensersatzpflicht ergebe; denn die Frage der Entschädigung habe mit der Duldungspflicht nichts zu tun.

2. Jedenfalls aber könne die Duldungspflicht nicht Gegenstand einer persönlichen Dienstbarkeit sein, weil der hier in Betracht kommende letzte Fall des § 1018 BGB. Beziehungen zwischen zwei Grundstücken voraussetze, also nicht passe für Beziehungen zwischen einem Grundstück und einer Person.

3. Endlich sei die Eintragung deshalb unzulässig, weil sie auch für die Rechtsnachfolger der Beklagten erfolgt sei; das widerspreche dem Grundsatz der Nichtübertragbarkeit einer persönlichen Dienstbar-

keit (§ 1092 BGB.). Angesichts dieses Fehlers könne auch nicht etwa die Eintragung unter Anwendung des § 139 BGB. ohne diesen Zusatz gehalten werden; denn ein dingliches Recht sei bisher nicht entstanden, da das eingetragene veräußerliche Recht dem Bürgerlichen Gesetzbuch fremd sei.

Die Revision rügt Verletzung des materiellen Rechts, insbesondere der §§ 1018, 1090 BGB. Sie ist begründet.

Die vom Berufungsgericht gegen die Gültigkeit der Eintragung geäußerten beiden ersten Bedenken sind nicht gerechtfertigt; die an dritter Stelle behandelte Beanstandung macht noch weitere tatsächliche Erörterung erforderlich.

1. Eine Eintragung des vorliegenden Inhalts wäre zunächst für gültig zu halten aus § 1018 BGB. zugunsten eines anderen herrschenden Grundstücks. Im Schlußsatz des Urteils vom 20. März 1915 (JW. 1915 S. 602) geht auch das Reichsgericht von der Gültigkeit einer solchen Eintragung aus. Würde die Eintragung, als ganzes genommen, nur das wiedergeben, was schon nach dem preußischen Allgemeinen Berggesetz Rechtens ist, so wäre sie allerdings unzulässig; denn dann würde es sich um eine überflüssige Belastung des Grundbuchs handeln (Güthe-Triebel GBO. 4. Aufl. S. 233). Auch könnte beim Verzicht auf die Untersagung der Einwirkungen nicht von einem Ausschluß der Ausübung eines bestehenden Rechts gesprochen werden, wenn ein solches Untersagungsrecht schon nach dem Berggesetz ausgeschlossen ist, wenn also gar kein Recht besteht, auf dessen Ausübung verzichtet werden kann.

Die Eintragung enthält aber mehr, als ohnehin schon gilt: abgesehen von den reinen Bergschäden sind hier auch Immissionen über das nach § 906 BGB. zulässige Maß hinaus vertraglich gestattet worden. Was die reinen Bergschäden anlangt, so besteht die nach Inhalt des Berggesetzes gegebene gesetzliche Duldungspflicht nur in Verbindung mit einer Schadensersatzpflicht (§ 148 Preuß. Allg. BergG.); durch Vertrag aber soll die Einwirkung ohne nachfolgende Schadensersatzpflicht gestattet werden. Damit geht, mag auch die Einwirkung selbst im einen Fall nicht größer sein als im anderen, doch die vertragliche Duldung im wirtschaftlichen und rechtlichen Endergebnis erheblich weiter als die nur auf dem Gesetz beruhende Duldung. Wenn auch der Verzicht auf Schadensersatz als solcher nicht verdinglicht werden kann (so KGJ. Bd. 49 A 195), so besagt das doch nichts dagegen, daß eine Duldungspflicht mit Schadensersatzfolge einen anderen Inhalt hat als eine solche ohne diese Folge. Übrigens könnten im Einzelfalle Zweifel auch über den Inhalt der gesetzlichen Einwirkungsbefugnis des Bergwerkseigentümers bestehen. Hier aber wird jede Einwirkung aus ordnungsmäßigem Bergbau gestattet. Aus alledem ergibt sich, daß diese vertraglich eingeräumte Duldung, die inhaltlich weiter geht als die rein gesetzliche Duldungspflicht, nach § 1018 BGB. verdinglicht werden kann (so auch KGJ. a. a. O.).

2. Kann hiernach das vertraglich eingeräumte Recht unbeschränkter Immissionen und Bergbaueinwirkungen Gegenstand einer Grunddienstbarkeit sein, so kann es auch nach § 1090 BGB. zum Inhalt einer persönlichen Dienstbarkeit gemacht werden. Die hiergegen im Schrifttum geäußerten Bedenken (Komm. v. RG.-Räten Anm. 6 zu § 1090 BGB.; Biermann Sachenrecht Anm. 1 zu § 1090 BGB.) sind angesichts des klaren Wortlauts des § 1090 nicht gerechtfertigt (so auch Planck Anm. 3c zu 1090; Güthe-Triebel GBO. 4. Aufl. S. 1737; KGJ. Bd. 51 A 248). An die Stelle des herrschenden Grundstücks tritt die berechtigte Person.

3. Zutreffend ist die Meinung des Berufungsgerichts, daß eine Berechtigung der Rechtsnachfolger der Beklagten nicht eintragungsfähig war. Die persönliche Dienstbarkeit ist unübertragbar (§ 1092 BGB.) und endet mit dem Tode des Berechtigten, bei der juristischen Person mit deren Erlöschen (§ 1061 BGB.). Aber es ist nicht zutreffend, daß durch diesen unzulässigen Zusatz notwendig die Eintragung im ganzen unzulässig und unwirksam geworden sei. Auch auf solche Eintragungen kann § 139 BGB. angewandt werden (Güthe-Triebel GBO. 4. Aufl. S. 265). Es handelt sich bei dem unzulässigen Zusatz um eine Nebenbestimmung, die wegfallen kann, ohne den Zweck und Inhalt der Hauptabmachung zu stören. Es hängt von der vermutlichen Parteiabsicht zur Zeit der Vornahme des Geschäfts ab, ob man annehmen darf, daß die Eintragung auch ohne den Zusatz dem Willen der Parteien entspricht. Zutreffendenfalls besteht kein Bedenken dagegen, nur den unzulässigen Zusatz zu löschen, die Eintragung aber im übrigen aufrechtzuerhalten. Die zur Ermittlung des vermutlichen Willens der Parteien notwendige tatsächliche Erörterung wird vom Berufungsgericht anzustellen sein.

44. 1. Kann am Frachtgut Eigentum durch Abtretung des dinglichen Herausgabeanspruchs unter Übergabe des an Order lautenden, nicht indossierten Ladescheins übertragen werden?

2. Steht dem Erwerb des Eigentums durch Übergabe des Frachtgutes die Kenntnis des Erwerbers vom Vorhandensein eines nicht vorgelegten Ladescheins entgegen?

HGB. §§ 450, 366. Binnenschiffahrtsges. §§ 72, 26.
BGB. §§ 931, 932.

VI. Zivilsenat. Urt. v. 8. Dezember 1927 i. S. Rh. E.- u. M.-G.m.b.H. (Bekl.) w. B. S. & Co. (Kl.). VI 108/27.

I. Landgericht Düsseldorf.
II. Oberlandesgericht daselbst.

Die Beklagte hatte von der Firma St. & Co. in D. die schwimmende Ladung des Kahnes Noord Beeveland, bestehend in Schrott, gekauft. Die Verkäuferin hatte ihrerseits die Ware von N. V. P. in Amsterdam gekauft und das von dem Schiffer V. in holländischer Sprache ausgestellte Binnenschiffahrts-Konnossement mit dem Kaufpreis eingelöst, den sie von der Beklagten im voraus erhalten hatte. Als die Ladung in D. ankam, wurde sie, ohne daß das Konnossement zur Stelle war, von der Speditionsfirma C. & A. gelöscht und der Beklagten zugeführt, welche die Ware mit ihren Beständen vermischte und verarbeitete.

Unter Vorlegung des Konnossements erhebt die Klägerin Anspruch aus ungerechtfertigter Bereicherung und unerlaubter Handlung mit der Behauptung, daß sie Eigentümerin der Ware gewesen sei; denn diese sei ihr von der Firma St. & Co. durch Übergabe des Konnossements zur Sicherheit für ein gewährtes Darlehen bereits vor der Löschung übereignet worden. Die Beklagte habe gewußt, daß daß das Konnossement sich im Besitz der Klägerin befinde; dennoch hätten Angestellte der Beklagten und die von der Beklagten beauftragte Speditionsfirma C. & A. die Bedenken des Schiffers, der mehrmals Vorlegung des Konnossements verlangt habe, zu zerstreuen gewußt. Sie verlangt 17000 RM nebst Zinsen.

Die Beklagte bestreitet die behauptete Sicherheitsübereignung oder doch ihre Ernstlichkeit. Sie will an der Ware schon vor der

Verarbeitung Eigentum erworben haben. Nach ihrer Behauptung hat bei der Übergabe der Ware an sie das Konnossement zur Verfügung von St. & Co. gestanden und die Klägerin die Übergabe gestattet. Sie will vom Verbleib des Konnossements nichts gewußt und auch in früheren Fällen die Konnossemente niemals zu Gesicht bekommen haben, da St. & Co. ihr die Lieferanten nicht habe bekannt geben wollen. Sie will auch den Schiffer nicht beeinflußt haben und bestreitet, daß C. & A. von ihr beauftragt worden seien; diese Firma sei vielmehr Beauftragte von St. & Co. gewesen. Bei dieser Sachlage meint sie sich zum mindesten auf Eigentumserwerb kraft guten Glaubens berufen zu können.

Das Landgericht hat dem Klagantrag entsprochen, das Oberlandesgericht hat die Berufung der Beklagten zurückgewiesen, indem es den Klagegrund der ungerechtfertigten Bereicherung als durchgreifend ansieht und den der unerlaubten Handlung dahingestellt läßt. Die Revision der Beklagten wurde zurückgewiesen.

Gründe:

Die Rügen der Revision sind nicht begründet.

1. Das Konnossement, nach dem Sprachgebrauch der deutschen Gesetzgebung ein Ladeschein (vgl. §§ 642flg., 363 Abs. 2, §§ 444flg. HGB., § 16 Abs. 2 des Binnenschiffahrtsgesetzes), ist in Holland von einem holländischen Schiffer in holländischer Sprache ausgestellt und unterliegt daher unzweifelhaft dem holländischen Recht. Für den vorliegenden Rechtsstreit kommt aber das Konnossement nur insoweit in Betracht, als die Klägerin mit dessen Hilfe Eigentum an der Schiffsladung erworben haben will und als das Vorhandensein des Konnossements den Eigentumserwerb der Beklagten gehindert haben soll. Für den Erwerb von dinglichen Rechten gilt aber das Recht der belegenen Sache (RGU. vom 30. November 1923 VII 186/23). Da sich die Ladung in Düsseldorf befand, hat das Berufungsgericht mit Recht deutsches Recht angewendet.

2. Das Konnossement lautet: . . „op aanwijzing aan Firma St. & Co. D. Order Firma H. M. Speditions D.-R. . . ." Hiernach sollte die Firma St. & Co. Empfangsberechtigte sein, auf ihre Anweisung aber die Ladung von der Speditionsfirma M. gelöscht werden (Meldeadresse im Sinne des § 72 Abs. 3 BSchG.). Letztere Firma hat unstreitig die Löschung nicht vorgenommen, das Schiff wurde vielmehr von D.-R. nach D. zu der Speditionsfirma C. & A.

geschickt. Das Konnossement ist nach der Feststellung des Berufungsgerichts weder der einen noch der anderen Speditionsfirma zugegangen, sondern von St. & Co., die es eingelöst hatten, der Klägerin unmittelbar übergeben worden. Hiernach stehen der Annahme, daß St. & Co. bei dieser Übergabe verfügungsberechtigt über das Konnossement und gemäß § 450 HGB., § 26 BSchG. Eigentümerin der Ladung waren, keine Bedenken entgegen; solche sind von der Revision auch nicht geltend gemacht worden.

3. Das Berufungsgericht hat nun angenommen, daß die Klägerin durch Abtretung des Herausgabeanspruchs, verbunden mit der Übergabe des Konnossements, Eigentümerin der Ladung vor der Löschung geworden sei, und zwar zur Sicherung eines Kredits von 30000 RM, den sie St. & Co. gewährt hatte. Die Revision bezweifelt, daß auf diesem Wege das Eigentum an einem, wie es hier unstreitig der Fall ist, an Order lautenden Konnossement oder Ladeschein (§ 363 Abs. 2 HGB.) und an der Ladung habe übertragen werden können. Dieses Bedenken ist unbegründet. Ebenso wie es anerkannten Rechtens ist, daß die Rechte aus einem Wechsel durch Abtretung, verbunden mit der Übergabe des Papiers, übertragen werden können (vgl. Staub-Stranz WO. Anm. 9 zu Art. 9 nebst Nachweisungen), gilt das gleiche auch für die an Order lautenden Konnossemente und Ladescheine, wenn auch auf diesem Wege — im Gegensatz zu der Rechtsübertragung mittels Indossaments — die in §§ 364, 365 HGB. vorgesehene Beschränkung der Einwendungen des Schuldners nicht herbeigeführt wird. Die Indossierung ist nicht der einzige Weg, um die in jenen Papieren verbrieften Forderungsrechte auf einen anderen zu übertragen; gemäß der allgemeinen, durch § 363 Abs. 2 HGB. nicht ausgeschlossenen Vorschrift des § 398 BGB. genügt vielmehr wie beim Wechsel die formlose Abtretung dann, wenn mit ihr die Übergabe des Papiers verbunden wird (Staub-Könige HGB. Anm. 13 zu § 364, Anm. 10 unter 3b zu § 365). Es ist freilich zuzugeben, daß sich auf diese Weise der dingliche Rechtserwerb an der Ladung nicht gemäß § 450 HGB., §§ 72 Abs. 1, 26 BSchG. vollzieht; denn nach diesen Vorschriften hat die Übergabe des Ladescheins nur dann dieselben dinglichen Wirkungen wie die Übergabe des Gutes, wenn die Übergabe des Ladescheins an denjenigen erfolgt, der durch den Schein zur Empfangnahme des Gutes legiti-

miert wird. Hiernach hatten zwar St. & Co. das Eigentum an der Ladung nach jenen Vorschriften erworben, dagegen kann sich die Klägerin für ihren Eigentumserwerb nicht auf sie berufen; denn sie war im Ladeschein nicht benannt, insbesondere fehlte ein Blankoindossament oder ein auf die Klägerin lautendes Indossament der Firma St. & Co. Nimmt man aber an, daß die Rechte aus dem Ladeschein durch Abtretung in Verbindung mit der Übergabe des Papiers übertragen werden können, so ist auch die weitere Annahme gerechtfertigt, daß außer dem Wege des § 450 HGB. ein Eigentumserwerb am Frachtgut rechtlich möglich ist, der sich durch Abtretung des dinglichen Herausgabeanspruchs (§ 931 BGB.), verbunden mit der Übergabe des nicht (oder nicht richtig) indossierten Ladescheins, vollzieht (Staub-Könige a. a. O. Anm. 10 unter 3c zu § 365, Mittelstein Binnenschiffahrtsrecht 2. Aufl. Bd. 1 S. 307, vgl. auch RGU. vom 14. Mai 1924 I 295/23). Denn ein Grundsatz, wonach die ausschließliche Möglichkeit der Übertragung des Eigentums an der Ladung in der Begebung des indossierten Ladescheins liegt, ist weder aus § 450 HGB. noch aus sonstigen gesetzlichen Vorschriften abzuleiten. Neben § 450 gilt vielmehr die allgemeine Vorschrift des § 931 BGB., die es den Parteien gestattet, durch Abtretung des Herausgabeanspruchs unter Übergabe des Papiers das Eigentum am Frachtgut zu übertragen, wenn auch mit wesentlich schwächerer Wirkung als auf Grund einer Übergabe des indossierten Ladescheins (Staub-Könige a. a. O.). Insbesondere tritt eine Beeinträchtigung der Verkehrssicherheit nicht ein, da Rechte Dritter aus dem Papier bei fehlender Übergabe des Ladescheins an sie regelmäßig nicht in Frage kommen können.

Daß im vorliegenden Falle St. & Co. einen dinglichen Herausgabeanspruch und zwar gegen den Schiffer hatten, ergibt sich aus ihrem Eigentumserwerb; sie waren mittelbare, der Schiffer unmittelbarer Besitzer. Sie konnten daher ihr Eigentum durch Abtretung des Herausgabeanspruchs unter Übergabe des Ladescheins übertragen, und das Berufungsgericht hat den Vorgang zwischen ihnen und der Klägerin so gedeutet, daß darin diese Form der Eigentumsübertragung gelegen habe. Damit ist nicht, wie die Revision meint, der Verhandlungsgrundsatz verletzt; denn die rechtliche Deutung des Vorgangs war Sache des Gerichts. Mit dem Satze, daß in der ersichtlich vorhandenen Einigung über den Eigentumsübergang nach der Ansicht der damaligen Vertragsparteien die Abtretung des Herausgabeanspruchs nach § 931 BGB. enthalten gewesen sei, will das Berufungsgericht offenbar nur sagen, daß neben dem, was hier geschehen sei, eine besondere Abtretungserklärung entbehrlich war, weil sie sich aus den Umständen von selbst ergab. Aus dem Ausdruck „Hinterlegung" im Schreiben der Klägerin vom 24. Juni 1925 brauchte der Berufungsrichter nicht, wie die Revision will, zu schließen, daß eine Übereignung zur Sicherheit, wie das Gericht sie nach dem übrigen Beweisergebnis als erwiesen angesehen hat, nicht stattgefunden habe. Das Berufungsgericht hat auch die Beweislast nicht verkannt; der von der Revision beanstandete Satz des Urteils, die Beklagte habe die — durch die vorher gewürdigte Beweisaufnahme erwiesene — Behauptung der Klägerin nicht entkräftet, daß ihr die Ware zur Sicherung ihrer Darlehensforderung an St. & Co. übereignet worden sei, soll offenbar nur besagen, daß es der Beklagten nicht gelungen sei, den von ihr behaupteten Mangel der Ernstlichkeit des Geschäfts zu beweisen.

4. Einen Eigentumserwerb der Beklagten durch Empfangnahme der Ladung hat das Berufungsgericht wegen Bösgläubigkeit der Beklagten verneint. Die grobe Fahrlässigkeit der Beklagten (§ 932 Abs. 2 BGB.) hat es darin gefunden, daß sie vom Vorhandensein eines Konnossements gewußt, sich aber um seinen Verbleib nicht gekümmert habe, obwohl ihr als einer Großfirma die Bedeutung des Ladescheins bekannt gewesen sei. Ein Rechtsirrtum liegt hierbei nicht vor. Nicht klar ist allerdings, welche vertretungsberechtigten Angestellten der Beklagten der Vorwurf der groben Fahrlässigkeit treffen soll; insbesondere ist nicht festgestellt, ob der im Urteil erwähnte „Meister" vertretungsberechtigt war. Aber das Urteil wird in diesem Punkte schon durch die Feststellung getragen, daß die Firma C. & A. von der Beklagten mit der Empfangnahme des Gutes beauftragt war und sie dabei vertreten hat und daß diese Speditionsfirma in grobfahrlässiger Weise auf den Schiffer eingewirkt hat, damit er trotz Fehlens des Ladescheins die Löschung der Ladung gestatte. Der Beklagten ist mit Recht der böse Glaube ihrer Vertreterin zur Last gelegt worden (§ 166 BGB.). Daß das angefochtene Urteil die Anforderungen an die Sorgfaltspflicht (§ 276 BGB.) überspannt hätte, kann der Revision nicht zugegeben werden.

Ladeschein und Konnossement würden ihren Wert im Handelsverkehr zu einem erheblichen Teil einbüßen, wenn man unter den vorliegenden Umständen eine grobe Fahrlässigkeit der Vertreterin der Beklagten verneinen und einen gutgläubigen Eigentumserwerb der Beklagten annehmen wollte. Bei dieser Sachlage kann es dahingestellt bleiben, ob überhaupt und unter welchen Voraussetzungen ein Eigentumserwerb der Beklagten kraft guten Glaubens in der Weise denkbar gewesen wäre, daß sie etwa trotz mangelnder Vorlegung des ausgestellten Ladescheins in dem Schiffer den Vertreter des Verfügungsberechtigten gesehen und daß sich der Erwerb nach § 932 BGB. in Verbindung mit § 366 HGB. (§ 934 BGB. käme mangels Abtretung des Herausgabeanspruchs durch die Firma St. & Co. an die Beklagte nicht in Frage) vollzogen hätte (vgl. Staub-Könige a. a. O. Anm. 10 unter 3a zu § 365), wie die Revision auszuführen versucht hat.

---

45. 1. Kann der Konkursverwalter im Konkurs über das Vermögen einer Aktiengesellschaft die Aufwertung rückständiger Aktieneinlagen geltend machen, namentlich dann, wenn es vor der Konkurseröffnung nicht zu einer rechtswirksamen Umstellung des Aktienkapitals auf Goldmark gekommen war?

2. Dürfen die Gesellschaftsorgane die bei Konkurseröffnung noch nicht abgeschlossen gewesene Umstellung des Aktienkapitals auf Goldmark noch nach der Konkurseröffnung betreiben?

3. Hat im Konkurs einer Aktiengesellschaft, deren Aktienkapital bei Konkurseröffnung noch nicht auf Goldmark umgestellt war, die Aufwertung rückständiger Aktieneinlagen nach allgemeinen Grundsätzen zu geschehen?

KO. § 6. Zweite Durchf.Vo. zur Goldbil.Vo. §§ 14, 26. AufwG. § 63. HGB. §§ 277, 278.

II. Zivilsenat. Urt. v. 9. Dezember 1927 i. S. B. u. Gen. (Bekl.) w. U. als Verwalter im Konkurs der S. Versicherungsbank-A.-G. (Kl.). II 200/27.

I. Landgericht Nürnberg.
II. Oberlandesgericht daselbst.

Die S. Versicherungsbank-A.-G. in N. wurde am 17. November 1920 als Tochterunternehmen der N. Versicherungsbank in B. mit einem Grundkapital von 3 Millionen Mark, eingeteilt in 3000 auf den Namen lautende Aktien zu 1000 *M*, gegründet; auf jede Aktie waren satzungsgemäß 25% des Nennbetrags einzuzahlen. Gegenstand des Unternehmens war neben dem Abschluß eigener Transportversicherungen und der Beteiligung an anderen Versicherungsbetrieben das Rückversicherungsgeschäft. Die Aktiengesellschaft wurde am 7. März 1921 ins Handelsregister eingetragen. Nach der Satzung konnte das Grundkapital vor voller Einzahlung erhöht werden. Im Jahre 1922 fand eine Erhöhung um 4 Millionen durch Ausgabe von 4000 Namensaktien zu 1000 *M*, im Jahre 1923 eine weitere Erhöhung um 18 Millionen durch Ausgabe von 1800 Namensaktien von je 10000 *M* statt. Auch auf diese Aktien wurden nur 25% ihres Nennwertes eingezahlt.

In der Generalversammlung vom 15. September 1924 wurde die vorgelegte Papiermarkbilanz für 1923 genehmigt, in der das Aktienkapital mit 25 Millionen Mark auf der Passivseite und die Rückstände mit 18750000 *M* auf der Aktivseite eingesetzt waren, und ferner beschlossen, den ausgewiesenen Gewinn von 76062 Billionen Mark zur Umstellung in Goldmark zu verwenden. In derselben Versammlung wurde die Genehmigung der Goldmark-Eröffnungsbilanz für den 1. Januar 1924, die Umstellung des Grundkapitals in Goldmark und zugleich eine Erhöhung des Aktienkapitals um 175000 G*M* beschlossen. Die Umstellung sollte in der Weise geschehen, daß das Stammkapital unter Verminderung der Aktienzahl auf 1250 und des Nennbetrags der einzelnen Aktie auf 20 G*M* auf 25000 G*M* ermäßigt würde, so daß auf 20000 P*M* Nennwert eine Aktie von 20 G*M* käme. Die Verpflichtung der Aktionäre zur Einzahlung auf die nur zu 25% eingezahlten Aktien wurde im ganzen auf 18750 G*M* festgestellt und mit diesem Betrag in die Goldmark-Eröffnungsbilanz eingesetzt.

Die Beschlüsse vom 15. September 1924 wurden vom Vorstand noch zum Handelsregister angemeldet. Zur Eintragung kam es jedoch nicht mehr, sie wurde vielmehr, nachdem am 19. November 1924 über das Vermögen der S. Versicherungsbank das Konkursverfahren eröffnet worden war, auf Widerspruch des Konkursverwalters vorläufig abgelehnt.

Mit der im März 1925 erhobenen Klage verlangte der Konkursverwalter von 17 in das Aktienbuch eingetragenen Aktionären die rückständigen Einlagen, und zwar aufgewertet nach dem Goldmarkwert zur Zeit der Ausgabe der Aktien; den Goldmarkwert der Aktien von 1000 *M* der ersten Ausgabe berechnete er auf 55,25 G*M*; 75% davon betragen demgemäß 41,44 G*M*. Von den beiden für die Revisionsinstanz allein noch in Betracht kommenden Beklagten B. und St., die mit 100 und 250 Aktien beteiligt waren, forderte er in erster Linie 4144 und 10360 G*M*, stellte aber die Höhe ihrer Verpflichtung hilfsweise in das Ermessen des Gerichts. Der Kläger geht davon aus, daß er für seine Nachforderung auf die Beschlüsse vom 15. September 1924 keine Rücksicht zu nehmen brauche, weil sie wegen Nichteintragung in das Handelsregister keine Wirksamkeit erlangt hätten und auch inhaltlich wegen zu geringer Umstellung der Aktien (die man lediglich vorgenommen habe, um die Nachzahlungspflicht der Aktionäre zu vermindern) nichtig seien. In zweiter Linie will der Kläger die Beschlüsse anfechten, soweit sie die Verpflichtung zur Nachzahlung betreffen, weil sie in der Absicht gefaßt worden seien, die Gläubiger der Gesellschaft zu benachteiligen.

Die Beklagten haben die Befugnis des Konkursverwalters zur Geltendmachung der rückständigen Einlagen bestritten. Weiter machen sie geltend, die Verpflichtungen zur Einlage seien als Papiermarkforderungen durch die Inflation wertlos geworden; eine Aufwertung komme nicht in Frage und könne äußerstenfalls nur in Verbindung mit der Umstellung stattfinden; diese bestimme das Recht der Umwertung. Jedenfalls stelle eine Umwertung nach den Beschlüssen vom 15. September 1924 das äußerste Maß dar, zu dem die Beklagten verpflichtet sein könnten.

Das Landgericht hat gegen 6 von den Beklagten, darunter die beiden jetzigen Revisionskläger, ein Teilurteil dahin erlassen, daß der Klaganspruch dem Grunde nach gerechtfertigt sei. Es handelt sich dabei um Personen, welche Aktien der ersten Ausgabe innehaben. Das Oberlandesgericht hat die gegen das landgerichtliche Urteil eingelegten Berufungen zurückgewiesen. Die Revisionen der Beklagten B. und St. blieben erfolglos.

Aus den Gründen:

Der Kläger macht als Konkursverwalter die Ansprüche der Aktiengesellschaft gegen ihre Aktionäre auf Leistung der rückständigen

Einlagen auf die nur zu 25% eingezahlten Aktien geltend. Mit Unrecht beanstandet die Revision des Beklagten B. die Berechtigung des Konkursverwalters zur Erhebung solcher Ansprüche. Zutreffend nimmt das Berufungsgericht an: da das durch Einlagen der Aktionäre aufgebrachte Stammkapital die Grundlage des Unternehmens bilde und den Gläubigern hafte, so gehörten Rückstände auf diese Einlagen nach § 1 KO. zur Konkursmasse und die Ansprüche darauf unterlägen nach § 6 das. der Verfügung des Konkursverwalters. Dieser ist berufen, die Haftung der Aktionäre, soweit sie die auf die Aktien zu leistenden Einlagen noch nicht erfüllt haben, zur Befriedigung der Konkursgläubiger geltend zu machen (RGZ. Bd. 45 S. 153, Bd. 79 S. 174, Bd. 94 S. 61), und zwar insoweit, als die Ansprüche der Aktiengesellschaft selbst zustehen, also auch mit etwaigen Aufwertungsrechten. Die Befugnis hierzu ergibt sich also schon aus den angegebenen Vorschriften der Konkursordnung und wird auch vom Oberlandesgericht in erster Linie damit begründet. Wenn das Urteil unterstützend noch auf § 217 Abs. 2 HGB. hinweist, so ist das allerdings nicht zutreffend, da der dort geregelte Fall hier nicht vorliegt. Aber es kommt darauf nicht weiter an, da jedenfalls die Haupterwägung durchgreift. . . .

Das angefochtene Urteil geht davon aus, daß Ansprüche einer Aktiengesellschaft auf rückständige Einlagen, wenn sie als Papiermarkansprüche begründet sind, ebenso wie andere Geldansprüche infolge der Geldentwertung nicht wertlos geworden seien, sondern aufgewertet werden müßten, und daß § 26 der 2. Durchführungsverordnung zur Goldbilanzverordnung dem nicht entgegenstehe. Es nimmt weiter im Anschluß an RGZ. Bd. 113 S. 152 an, daß die Umwertung der Rückstände auf Aktieneinlagen regelmäßig im Rahmen derjenigen Maßnahmen zu geschehen habe, die für die Umstellung des Aktienkapitals auf Goldmark nach der Goldbilanzverordnung notwendig seien, und daß die unter Beachtung der Grundsätze des Handelsgesetzbuchs und der Goldbilanzverordnung ordnungsmäßig zustande gekommenen, in das Handelsregister eingetragenen Umstellungsbeschlüsse konstitutive Wirkung hätten. Das Berufungsgericht läßt dahingestellt, ob die in der Generalversammlung vom 15. September 1924 zum Zweck der Umstellung gefaßten Beschlüsse den gesetzlichen Bestimmungen entsprächen, hält aber diese Beschlüsse schon deshalb für unwirksam, weil sie nicht in das Handelsregister eingetragen seien. Die Eintragung sei jedenfalls insoweit erforderlich gewesen, als eine Herabsetzung des Grundkapitals und eine Minderung der Zahl der Aktien sowie eine gleichzeitige Erhöhung des Grundkapitals stattgefunden habe. Da sonach im Umstellungsverfahren eine wirksame Aufwertung der Einlagenrückstände vor der Konkurseröffnung nicht erfolgt sei, so müsse sie jetzt, im Rechtsstreit der Parteien, geschehen. Der Vorderrichter billigt demgemäß die Auffassung des Landgerichts, daß die Beklagten als Aktionäre verpflichtet seien, den ohne Rücksicht auf die Beschlüsse vom 15. September 1924 im Wege der Aufwertung zu bestimmenden Reichsmarkwert der noch nicht eingezahlten 75% ihrer Einlagen an die Konkursmasse zu zahlen.

Wenn die Revision des Beklagten B. die Möglichkeit einer Aufwertung der hier in Betracht kommenden Geldansprüche schon deshalb bestreitet, weil es sich nicht um Gläubigerrechte, sondern um Ansprüche der Gesellschaft gegen ihre eigenen Gesellschafter handle, so geht dieser Angriff fehl. Durch § 12 Abs. 2 der 3. Steuernotverordnung und § 63 Abs. 2 Nr. 1 AufwG. ist die Möglichkeit anerkannt, Ansprüche aus Gesellschaftsverträgen nach allgemeinen Grundsätzen aufzuwerten. Zu den Ansprüchen aus Gesellschaftsverträgen im Sinne dieser Vorschriften gehören auch die Ansprüche der Gesellschaft gegen die Gesellschafter auf Nachzahlung ausstehender Einlagebeträge. Daß auch bei Aktiengesellschaften Ansprüche auf rückständige Einlagen in irgendeiner Weise aufzuwerten sind, wird jetzt allgemein angenommen. Diese Auffassung liegt auch der Entscheidung des erkennenden Senats in RGZ. Bd. 113 S. 152 zugrunde. Der § 211 HGB. steht einer solchen Aufwertung nicht entgegen. An sich bleibt bei der Aufwertung der Nennbetrag maßgebend; nur wird die Forderung durch die Aufwertung auf ihren wirklichen Wert zurückgeführt, nachdem die Papiermark ihre Eigenschaft als Wertmesser verloren hat.

Beide Revisionen nehmen in Übereinstimmung mit dem Berufungsgericht an, daß bei der S. Versicherungsbank keine wirksame Umstellung auf Goldmark stattgefunden habe, weil die Eintragung der Umstellungsbeschlüsse in das Handelsregister fehle. Sie wollen daraus auf Grund der soeben erwähnten Entscheidung folgern, daß die Möglichkeit einer Aufwertung der Ansprüche auf Nachzahlung ganz weggefallen sei, da die rückständigen Einlagen nur im Rahmen einer gültigen Umstellung hätten aufgewertet werden können.

Hilfsweise machen die Beschwerdeführer geltend, daß keinesfalls eine höhere Aufwertung in Frage komme, als sie sich bei Annahme der Gültigkeit der Umstellungsbeschlüsse ergeben würde. Denn durch die Konkurseröffnung hätten die Ansprüche der Aktiengesellschaft gegen ihre Aktionäre nicht größer werden können, als sie vorher waren, und damals seien sie von der zukünftigen Umstellung abhängig gewesen.

Wenn die Beschwerdeführer aus der Entscheidung RGZ. Bd. 113 S. 152 entnehmen wollen, daß die Aufwertung rückständiger Einlagen dann ausgeschlossen sei, wenn es aus irgendwelchem Grunde überhaupt nicht zu einer rechtswirksamen Umstellung komme, so wird damit den Ausführungen jenes Urteils eine Bedeutung beigemessen, die ihnen nicht zukommt. Nur für den regelmäßigen Fall, daß die Umstellung einer Aktiengesellschaft auf Goldmark noch bevorstand und demnächst stattfinden sollte, wird dort betont, daß die Frage der Bewertung von Einlagerückständen nicht losgelöst von den sonstigen Umstellungs-Maßnahmen durch besonderen vorherigen Beschluß der Generalversammlung geregelt werden könne, daß vielmehr über die Umwertung der Rückstände nur im Zusammenhang mit der ganzen Umstellung Beschluß gefaßt werden dürfe. Damit sollte aber für den besonderen Fall, daß es überhaupt nicht zur Umstellung kommt, die Möglichkeit der Aufwertung rückständiger Einlagen auf Aktien nicht ganz ausgeschlossen werden. Eine andere Auffassung würde gerade dann, wenn über das Vermögen einer Versicherungs-Aktiengesellschaft vor der Umstellung Konkurs eröffnet worden ist, zu dem unhaltbaren Ergebnis führen, daß die Heranziehung der Aktionäre, um mit ihren rückständigen Einlagen die Schulden der Gesellschaft zu decken, jede Bedeutung verlieren würde. Bei Versicherungs-Aktiengesellschaften werden regelmäßig nur 25% des Grundkapitals für den unmittelbaren Betrieb eingezahlt, die übrigen 75% dagegen sollen wirtschaftlich als Garantiefonds dienen für die Möglichkeit, daß die Gesellschaft bei Schadensfällen besonders in Anspruch genommen wird. Dem trägt § 278 Abs. 1 Satz 2 HGB. Rechnung, indem er bei Versicherungsgesellschaften in Abweichung von der allgemeinen Regel eine Erhöhung des Grundkapitals schon vor der vollen Einzahlung des bisherigen Kapitals zuläßt. Würde die Haftung der Aktionäre für die Schulden der Gesellschaft mit den rückständigen Einlagen schlechthin vom Zustandekommen der Umstellung auf Goldmark abhängig gemacht, so hätte es die Mehrheit der Aktionäre in der Hand, durch ihre Beschlüsse eine Umstellung überhaupt zu verhindern und dadurch ihre Haftung wirkungslos zu machen. Die Haftung der Aktionäre für die Schulden der Aktiengesellschaft nach Maßgabe der geleisteten oder noch zu leistenden Einlagen würde also gerade dann versagen, wenn die Gesellschaft in Vermögensverfall geraten ist und auf die Haftung der Aktionäre zur Deckung der Schulden zurückgegriffen werden muß. Die Auffassung der Revision ist hiernach verfehlt. Es muß, wenn auch feststeht, daß es nicht mehr zu einer wirksamen Umstellung der Aktiengesellschaft auf Goldmark kommen wird, trotzdem eine Aufwertung der rückständigen Einlagen stattfinden, soweit sie zur Deckung der Gesellschaftsschulden erforderlich sind, und zwar ohne daß darauf Rücksicht zu nehmen ist, wie möglicherweise die Ergebnisse der Umstellung gewesen wären.

Sachlich ist dem Berufungsgericht darin beizutreten, daß im vorliegenden Falle die Beschlüsse vom 15. September 1924 nicht zu einer rechtswirksamen Umstellung geführt haben, weil die zu ihrer Gültigkeit erforderliche Eintragung in das Handelsregister fehlt. Da die Umstellung nicht nur in einer Ermäßigung des Grundkapitals und des Nennbetrags der Aktien, sondern auch in einer Verminderung der Zahl der Aktien durch Zusammenlegung, jedenfalls also in einer Abänderung des Gesellschaftsvertrags besteht, so konnten die Beschlüsse nach § 277 Abs. 3 HGB. vor der Eintragung keine Wirkung haben. Der § 14 der 2. Durchführungsverordnung zur Goldbilanzverordnung bestimmt außerdem ausdrücklich, daß eine im Umstellungsverfahren erfolgte Ermäßigung des Grundkapitals nicht vor ihrer Eintragung in das Handelsregister wirksam wird. Hiernach nimmt das angefochtene Urteil zutreffend an, daß alle auf Umstellung abzielenden Maßnahmen der Beschlüsse vom 15. September 1924, namentlich auch der Beschluß über die Höhe der Nachforderungen auf die rückständigen Einlagen, wegen Nichteintragung wirkungslos sind, weil sie unter sich ein einheitliches Ganzes bilden.

Das Berufungsgericht hat sich nicht mit der Frage befaßt, ob die Verpflichtungen, welche die Goldbilanzverordnung den Aktiengesellschaften für die Aufstellung der Goldmark-Eröffnungsbilanz und für die Umstellung ihres Grundkapitals auf Goldmark auferlegt, auch solchen Aktiengesellschaften gegenüber bestehen, die vor Abschluß ihrer Umstellungsmaßnahmen in Konkurs geraten, ob also auch nach der Konkurseröffnung noch eine Umstellung stattfinden muß oder überhaupt möglich ist. Wäre dies zu bejahen, so könnte daraus hergeleitet werden, daß auch im Konkursverfahren die Umstellung erst abgewartet werden müßte, um das Maß der Umwertung festzustellen. Tatsächlich muß aber die Möglichkeit von Umstellungsmaßnahmen nach erfolgter Konkurseröffnung verneint werden. Mit der Auflösung der Gesellschaft, wie sie nach § 242 Nr. 3 HGB. mit der Konkurseröffnung eintritt, fallen die Voraussetzungen fort, welche Umstellungsmaßnahmen notwendig machten. Die Goldmark-Eröffnungsbilanz und die Umstellung auf Goldmark sollen dazu dienen, die Verhältnisse der Aktiengesellschaft, insbesondere hinsichtlich des Grundkapitals, der durch die Festigung der Währung herbeigeführten Veränderung der Lage anzupassen. Sie sollen eine neue Grundlage für den Weiterbetrieb des Unternehmens schaffen. Diese Zweckbestimmung entfällt, wenn das Unternehmen infolge der Konkurseröffnung dem Untergang verfallen ist. Mit der Konkurseröffnung hört die produktive Seite der Aktiengesellschaft ohne weiteres auf; die Gesellschaft gilt nur noch insoweit als fortbestehend, als es die Durchführung des Konkursverfahrens, die Befriedigung der Konkursgläubiger und die Verteilung eines etwaigen Überschusses an die Aktionäre verlangt. Die Organe der Gesellschaft bleiben zwar vorläufig in Tätigkeit, um diejenigen Handlungen wahrzunehmen, die nach der Konkursordnung dem Gemeinschuldner obliegen, aber ihre Tätigkeit beschränkt sich auf die Handlungen, die das Konkursverfahren der Aktiengesellschaft als Gemeinschuldnerin neben dem Konkursverwalter noch übrig läßt. Alle Rechtshandlungen der Organe, die in das auf den Konkursverwalter übergegangene Verwaltungs- und Verfügungsrecht eingreifen, sind der Konkursmasse gegenüber wirkungslos. Namentlich kann auch die Generalversammlung keine Beschlüsse mehr fassen, die geeignet sind, die Rechte der Konkursgläubiger auf Befriedigung aus der Masse zu beeinträchtigen. Zu solchen Maßnahmen würde auch eine Tätigkeit der Organe gehören, die darauf gerichtet ist, die Umstellung der Aktiengesellschaft auf Goldmark herbeizuführen oder zum Abschluß zu bringen. Denn die Umstellung würde in ihren Wirkungen auch für den Umfang der Masse, insbesondere für die Verpflichtungen der Aktionäre, von Bedeutung sein. Demgemäß fehlte auch hier dem Vorstand der Aktiengesellschaft die Befugnis, die Eintragung der bereits beschlossenen Umstellung in das Handelsregister, wie sie zur vollen Wirksamkeit der Umstellungsmaßnahmen erforderlich wäre, gegen den Widerspruch des Konkursverwalters zu betreiben.

Hiernach steht fest, daß die Festsetzung der Nachzahlungs-Verpflichtung der Aktionäre auf 18750 GM, die in dem noch nicht abgeschlossenen Umstellungsverfahren stattfand, infolge der Konkurseröffnung keine Wirksamkeit erlangt hat und eine solche auch nicht mehr erlangen wird. Es braucht deshalb nicht darauf eingegangen zu werden, ob, wie der Kläger behauptet, die Beschlüsse der Generalversammlung auch wegen ihres Inhalts (Verstoß gegen die guten Sitten und gegen § 221 HGB.) nichtig wären oder doch aus dem Gesichtspunkt der Gläubigeranfechtung (§ 31 KO.) den Konkursgläubigern gegenüber der Wirksamkeit entbehrten.

Mit der Unwirksamkeit der Umstellungsbeschlüsse entfällt die Möglichkeit, eine Umwertung der rückständigen Einlagen entsprechend dem Inhalt der Umstellungsmaßnahmen vorzunehmen. Dies hat, wie schon dargelegt ist, nicht zur Folge, daß eine Aufwertung der Ansprüche der Aktiengesellschaft auf die rückständigen Einlagen im Konkursverfahren überhaupt nicht mehr stattfinden kann. Es bleibt in solchen Fällen nichts anderes übrig, als ohne Rücksicht auf die eingeleitete Umstellung die Aufwertung dieser Ansprüche aus dem Gesellschaftsverhältnis gemäß § 63 Abs. 2 Nr. 1 und § 62 AufwG. nach den allgemeinen Vorschriften (§ 242 BGB.) vorzunehmen. Auch im Konkursverfahren wird, ebenso wie bei einer Regelung durch Beschluß der Generalversammlung (RGZ. Bd. 113 S. 156), die Aufwertung schematisch, d. h. für alle Inhaber von Aktien der gleichen Ausgabe nach dem gleichen Maßstab und in gleicher Höhe zu erfolgen haben. Das verlangt der das Aktienrecht beherrschende Grundsatz der gleichmäßigen Behandlung der Aktionäre, dem gegenüber die Rücksichtnahme auf die besonderen Verhältnisse des einzelnen Schuldners zurücktreten muß.

Es handelt sich hier um die Aufwertung von Rückständen auf Aktieneinlagen, nicht (wie im Urteil des erkennenden Senats vom 22. November 1927 RGZ. Bd. 119 S. 170) um die Frage, ob ein Aktionär, der Vollzahlung zu leisten hatte, durch den als Vollzahlung geleisteten Papiermarkbetrag seiner Leistungspflicht genügt hat. Die in jener Entscheidung ausgesprochenen Grundsätze kommen deshalb hier nicht in Betracht.

Abzulehnen ist auch die Auffassung der Revision, daß beim Fehlen von wirksamen Umstellungsbeschlüssen nötigenfalls eine fiktive Umstellung erfolgen müsse, aus der sich die Grundlagen für den Aufwertungsanspruch ergeben würden, und daß deshalb die am 15. September 1924 beschlossene, aber infolge der Konkurseröffnung nicht mehr wirksam gewordene Umstellung für die Umwertung der rückständigen Einlagen zugrunde zu legen sei, solange nicht der Konkursverwalter den Nachweis erbringe, daß dieses Verfahren den gesetzlichen Vorschriften über Umstellung zuwiderlaufe. Die infolge der Konkurseröffnung nicht zum Abschluß gekommenen Umstellungsmaßnahmen können ohne Rücksicht darauf, ob sie inhaltlich den gesetzlichen Vorschriften entsprechen, gegenüber dem Konkursverwalter keine Rechtswirksamkeit äußern. Sie sind nicht geeignet, das Maß der Aufwertung für die rückständigen Einlagen zu bestimmen. Nur eine wirksam abgeschlossene Umstellung könnte auch dem Konkursverwalter gegenüber von Bedeutung sein; ihr gegenüber müßte er den Nachweis für einen Verstoß gegen zwingende Vorschriften oder für das Vorhandensein der Voraussetzungen der Gläubigeranfechtung erbringen. Auf eine noch nicht rechtswirksam gewordene Umstellung braucht der Konkursverwalter bei der Aufwertung der rückständigen Einlagen keine Rücksicht zu nehmen; er kann vielmehr, soweit es für die Befriedigung der Konkursgläubiger erforderlich ist, von den Aktionären ohne weiteres Aufwertung nach allgemeinen Grundsätzen verlangen. Diese Auffassung liegt auch der Entscheidung der Vorinstanzen zugrunde, wenn sie den Klaganspruch dem Grunde nach für gerechtfertigt erklärt haben. Etwaige Zahlungen, welche einzelne Aktionäre gemäß den im Umstellungsverfahren gefaßten Beschlüssen auf ihre rückständigen Einlagen geleistet haben, sind im Nachverfahren über den Betrag des Anspruchs zu berücksichtigen und abzusetzen.

---

46. Kann dem Vorstand oder dem Aufsichtsrat einer Aktiengesellschaft, bei der alle Aktien in einer Hand vereinigt sind, ohne Einhaltung der Formen der Generalversammlung Entlastung erteilt werden?

HGB. §§ 259, 260.

II. Zivilsenat. Urt. v. 9. Dezember 1927 i. S. K. Fr. A.-G. (Kl.) w. R. (Bekl.). II 161/27.

I. Landgericht Frankfurt a. M., Kammer für Handelssachen.
II. Oberlandesgericht daselbst.

Die Frage wurde verneint.

Aus den Gründen:

Das Berufungsgericht geht zutreffend davon aus, daß es nach § 260 Abs. 1 HGB. an sich Sache der Generalversammlung sei, über die Entlastung des Aufsichtsrats und damit über den Verzicht auf einen Ersatzanspruch, wie er hier in Rede steht, zu beschließen. Wenn es aber dann weiter annimmt, daß im vorliegenden Falle, wo nur ein einziger Aktionär vorhanden gewesen sei, die Entlastung ohne Einhaltung der Form der Generalversammlung habe erteilt werden können, so steht dieser Auffassung § 259 HGB. entgegen. Dort ist bestimmt, daß jeder Beschluß der Generalversammlung zu seiner Gültigkeit der Beurkundung durch ein über die Verhandlung gerichtlich oder notariell aufgenommenes Protokoll bedarf und daß das Protokoll in beglaubigter Abschrift zum Handelsregister einzureichen ist. Diese Vorschrift ist auch bei der sog. Einmanngesellschaft keineswegs ohne sachliche Bedeutung. Sie dient dazu, die geschäftlichen Verhältnisse der Aktiengesellschaft, soweit sie sich aus Beschlüssen der Generalversammlung ergeben, klarzustellen und sie außerdem offenkundig zu machen, da das eingereichte Protokoll nach § 9 HGB. von jedem eingesehen werden kann. Soweit deshalb das Gesetz, wie es bei der Entlastung von Vorstand und Aufsichtsrat der Fall ist, einen Generalversammlungsbeschluß verlangt, sind die gesetzlichen Formvorschriften einzuhalten, einerlei, ob eine Mehrheit von Aktionären oder nur ein einziger vorhanden ist. In beiden Fällen trifft der Grund der gesetzlichen Regelung in gleicher Weise zu. Mit Unrecht glaubt sich das Oberlandesgericht auf das Urteil RGZ. Bd. 35 S. 83 berufen zu können. Dieses Urteil behandelt ein ganz anderes Verhältnis; es bezieht sich nicht auf eine Einmanngesellschaft und nicht auf den Fall einer durch das Gesetz der Generalversammlung vorbehaltenen Entschließung, sondern will nur in Fällen, wo der Vorstand die Zustimmung der Generalversammlung zu einem von ihm vorgenommenen Geschäft hätte einholen sollen, den Beweis zulassen, daß die Versammlung zugestimmt hätte....

47. Über den Verlust des Aufwertungsrechts durch Zeitablauf.

BGB. § 242.

II. Zivilsenat. Urt. v. 9. Dezember 1927 i. S. E. Brauerei-Aktiengesellschaft (Bekl.) w. B. (Kl.). II 224/27.

I. Landgericht I Berlin.
II. Kammergericht daselbst.

Als Eigentümer der Stadtbrauerei Sch. und Inhaber sämtlicher Anteile der Genossenschaftsbrauerei R. verkauften der Kläger und zwei andere Personen am 13. März 1921 an die Beklagte die Stadtbrauerei Sch. und ihre gesamten Anteile an der Genossenschaftsbrauerei. Hierbei stellte sich unter Berücksichtigung von gegenseitigen Verrechnungen und einer Zahlung der Beklagten das Guthaben des Klägers schließlich auf 172866,04 Papiermark. Nach dem Vertrag hatte der Kläger von diesem Guthaben jährlich am 1. April 10000 ℳ zu fordern, doch konnte er jederzeit den noch vorhandenen Kapitalbetrag dergestalt kündigen, daß die Hälfte nach 6 Monaten, die andere Hälfte nach weiteren 6 Monaten fällig wurde. Auch sollte der Kläger im Falle der Kündigung berechtigt sein, die Auszahlungen nach seiner Wahl in bar oder in Aktien der Beklagten zu fordern; diese waren dann mit 30% unter dem am Tage der Kündigung an der Berliner Börse notierten Kurs, mindestens jedoch mit 375% anzurechnen. Am 5. Februar 1923 bat der Kläger die Beklagte um alsbaldige Bereinigung seines Guthabens, worauf diese ihm Ende Februar 1923 die obengenannten 172866,04 ℳ nebst Zinsen, insgesamt 179861 ℳ überwies, die ohne Vorbehalt angenommen wurden.

Mit seiner Mitte März 1926 erhobenen Klage verlangte der Kläger eine 100%ige Aufwertung seines Guthabens, d. h. den Betrag von 12256,20 RM. Das Landgericht sprach ihm jedoch nur 3064,05 RM zu. Das Kammergericht verurteilte die Beklagte zur Zahlung von 8000 RM. Die Revision der Beklagten blieb erfolglos.

Aus den Gründen:

Es handelt sich um eine nicht nach dem Aufwertungsgesetz, sondern nach allgemeinen Grundsätzen zu beurteilende Aufwertung eines Anspruchs aus Kauf. Nach den allgemeinen Vorschriften ist daher zu beurteilen, ob das Aufwertungsverlangen des Klägers durch die vorbehaltlose Annahme der Zahlung ausgeschlossen ist.

Der Berufungsrichter stellt fest, daß die dem Kläger geschuldete Restforderung von 172866,04 Papiermark zur Zeit der Entstehung der Schuld, d. h. am 13. März 1921, einen Goldwert von 12256,20 und zur Zeit der Zahlung, Ende Februar 1923, einen solchen von 33,45 Goldmark gehabt hat. Daraus folgert er mit Recht, daß die Ende Februar 1923 (zu welcher Zeit der Satz „Mark gleich Mark" nicht mehr gegolten habe) von der Beklagten bewirkte Leistung unvollständig gewesen sei und daß sich der Kläger auf diese Unvollständigkeit auch dann berufen könne, wenn er die ihm angebotene Leistung als Erfüllung angenommen habe. Die Berufung hierauf wäre nach Ansicht des Vorderrichters nur dann ausgeschlossen, wenn die Parteien bei Auszahlung des Geldes ihren Willen klar dahin zum Ausdruck gebracht hätten, daß durch die Leistung die gesamte Schuld getilgt sein solle. Eine solche Einigung der Parteien wird vom Berufungsrichter verneint. Denn die Beklagte habe bei ihrer Stellung im Wirtschaftsleben gewußt, daß ihre Leistung nur ganz geringfügig sei und daß sie deshalb möglicherweise noch eine weitere Leistung werde machen müssen. Ob der Kläger sich darüber klar gewesen sei, daß er nicht die volle ihm gebührende Leistung erhalten habe, sei bedeutungslos. Jedenfalls habe er auf sein Aufwertungsrecht, das er auch gar nicht gekannt habe, nicht verzichten wollen, und die Beklagte sei nicht im Zweifel darüber gewesen, daß der Kläger auf die ihm damals nicht bekannte Möglichkeit, Nachzahlung zu fordern, also auf sein Aufwertungsrecht nicht habe verzichten wollen.

Die Beklagte wendet ein, aus den Feststellungen des Berufungsgerichts ergebe sich eine Einigung der Parteien dahin, daß die Schuld der Beklagten vollständig habe getilgt sein sollen. Denn wenn damals die Zahlung in entwerteter Papiermark allgemein schon nicht mehr als vollständige Leistung angesehen worden sei, so müsse diese Kenntnis notwendig bei beiden Parteien angenommen werden. Wenn unter solchen Umständen der Kläger die Beklagte am 5. Februar 1923 gebeten habe, „zur Auflösung des Kontos sein Gesamtguthaben vorzeitig in Papiermark zur Auszahlung zu bringen", und wenn die Beklagte dieser Bitte alsbald nachgekommen sei, so sei damit die vom Berufungsgericht vermißte Einigung über die vollständige Erledigung der Angelegenheit gegeben. Der ausdrücklichen Erklärung des Klägers, sich mit dem Nennbetrag in Papiermark begnügen zu wollen, habe sich die Beklagte nicht lediglich deshalb zu widersetzen brauchen, weil der Goldwert ihrer Zahlung nur gering gewesen sei.

Diese Auffassung wird den Ausführungen des Berufungsrichters nicht gerecht. Wenn die Rechtsprechung annahm, daß jedenfalls seit Mitte August 1922 der Grundsatz „Mark gleich Mark" nicht mehr gegolten habe (RGZ. Bd. 113 S. 136), so beruht dies allerdings auf der Erwägung, daß die Papiermark bei ihrem damaligen unaufhaltsamen tiefen Sturz den Charakter eines allgemeinen Wertmessers eingebüßt habe, und daß sich mehr und mehr die Überzeugung Bahn gebrochen habe, dem Gläubiger sei ein Recht auf Aufwertung zuzubilligen. Allein diese Rechtsprechung setzte doch erst in der zweiten Hälfte des Jahres 1923 ein. Bis dahin suchte man sich auch beim Währungsverfall mit der clausula rebus sic stantibus gegen allzu große Unbilligkeiten zu schützen. Seit Mitte August 1922 wurde es allerdings als unbillig empfunden, daß eine bei sehr viel höherem Goldwert entstandene Papiermarkforderung mit dem Nennbetrag des inzwischen im Werte stark gesunkenen Papiermarkgelds sollte beglichen werden dürfen. Daraus folgt aber noch nicht die Kenntnis des betreffenden Gläubigers davon, daß er sich einer solchen Zahlung widersetzen dürfe und daß ihm Rechtsbehelfe dagegen zur Seite ständen. Tatsächlich hat ja auch die Rechtsprechung erst in der zweiten Hälfte des Jahres 1923 diesen Gedanken aufgenommen. Der Berufungsrichter benutzt auch seine Ausführung nur zu der Feststellung, daß sachlich betrachtet die von der Beklagten Ende Februar 1923 gemachte Zahlung keine vollständige Leistung gewesen sei. Das schließt aber nicht aus, daß der Kläger bei Empfang der Zahlung geglaubt hat, er müsse sich mit der Leistung zufrieden geben. Stand ihm eine Leistung im Werte von 12256,20 GM zu und empfing er eine solche im Werte von nur 33,45 GM, so könnte eine Willensübereinstimmung dahin, daß mit der Hingabe eines Wertes von 33,45 GM der ganze Anspruch erfüllt sein solle, nur dann angenommen werden, wenn dem Kläger zum Bewußtsein gekommen wäre, daß er an sich, wenn auch nur möglicherweise, mehr als das ihm Gezahlte zu beanspruchen habe, und wenn er auf den Mehrbetrag verzichten wollte. Die Erklärung des Klägers vom 5. Februar 1923 ging nach Treu und Glauben nur dahin, es solle ihm so viel gezahlt werden, daß sein Konto bei der Beklagten glatt gestellt werde. Dem ist die Beklagte nicht nachgekommen; denn was sie zahlte, war nur ein ganz geringer

Teilbetrag, und der Berufungsrichter stellt ausdrücklich fest, der Beklagten als einer im Wirtschaftsleben an nicht unbedeutender Stelle stehenden Aktiengesellschaft sei klar gewesen, daß ihre Leistung nur ganz geringfügig sei und daß sie deshalb möglicherweise noch eine weitere Leistung werde machen müssen. Nun hat allerdings der Kläger sofortige Auszahlung erbeten, während er nach den Vertragsbedingungen eine solche erst nach 6 oder 12 Monaten zu beanspruchen hatte. Da er aber nur etwa $^1/_{400}$ der ihm gebührenden Leistung erhielt, kann keine Rede davon sein, daß seine Gegenleistung für das Entgegenkommen der Beklagten in seinem Verzicht auf die Mehrforderung (von $^{399}/_{400}$) bestanden haben könnte.

Wenn der Berufungsrichter weiterhin verneint, daß sich der Kläger durch sein Schweigen des Aufwertungsanspruchs begeben habe, so geht er hierbei von dem Grundsatz aus, daß eine Verwirkung des Aufwertungsrechts unter Umständen dann eintritt, wenn der Berechtigte nach erlangter sicherer Kenntnis vom Bestehen eines Aufwertungsrechts sich stillschweigend und untätig verhält. Auf Grund seiner Erfahrung stellt das Berufungsgericht fest, der Kläger sei sich vor Erlassung des Aufwertungsgesetzes nicht darüber klar gewesen, daß er einen Anspruch auf Aufwertung habe, und es seien Umstände, die gegen diese Annahme sprächen, nicht dargetan. Selbst dann, wenn der Kläger diese Kenntnis alsbald nach Erlassung des Aufwertungsgesetzes erlangt haben sollte, sei ihm — so führt das Urteil weiter aus — kein Vorwurf daraus zu machen, daß er bis zum März 1926, also nur noch eine verhältnismäßig kurze Zeit, mit der Erhebung seines Anspruchs gewartet habe.

Diese Darlegungen enthalten keinen Rechtsirrtum, zumal wenn man ergänzend die Erörterungen heranzieht, die das Berufungsgericht an anderer Stelle gibt.

Über den Zeitpunkt, zu dem im Publikum allgemein bekannt geworden war, daß die Rechtsprechung des Reichsgerichts trotz vorbehaltloser Annahme der Leistung die Aufwertung zulasse, besteht bei den einzelnen Senaten des Reichsgerichts keine Übereinstimmung. Näheres hierüber findet sich in der Anmerkung von Mügel zum Urteil des VII. Zivilsenats vom 23. September 1927 in JW. 1927 S. 2915. Der VII. Zivilsenat führt in diesem Erkenntnis aus, daß jene Rechtsprechung durch die Tagespresse bereits im Jahre 1924 allgemein bekannt geworden sei; dagegen sagt der VI. Zivilsenat im Urteil vom

11. Juli 1927 VI 14/27 (Zeiler, Aufwertungsfälle Nr. 707), erst aus dem Urteil vom 3. Dezember 1924 (RGZ. Bd. 109 S. 111) sei zu ersehen gewesen, daß auch bei vorbehaltloser Annahme noch Aufwertung verlangt werden könne, und es sei bis zum allgemeinen Bekanntwerden dieser Entscheidung immerhin einige Zeit verstrichen. Deshalb sieht jenes Erkenntnis ein am 19. September 1925 gestelltes Aufwertungsverlangen nicht als verspätet an, und im Urteil vom 7. Juli 1927 VI 139/27 (Zeiler, Aufwertungsfälle Nr. 733) erklärt der VI. Zivilsenat eine erst im März 1926 erhobene Klage auf Aufwertung noch für zulässig. Sonntag, Hoche, und Zeiler weisen denn auch darauf hin, daß sich erst im Jahre 1927 einige Klarheit über das Recht auf Aufwertung bei vorbehaltloser Zahlung herausgebildet habe. Hiernach läßt sich die Annahme des Berufungsrichters, daß der Kläger zur Zeit der Erlassung des Aufwertungsgesetzes keine Kenntnis vom Aufwertungsrecht besessen habe, nicht durch einen aus der Rechtsprechung des Reichsgerichts zu schöpfenden gegenteiligen Erfahrungssatz über die allgemeine Verbreitung der Kenntnis vom Aufwertungsrecht erschüttern. In jedem Falle bestimmt sich das Aufwertungsrecht nach § 242 BGB., mag man nun den Hauptnachdruck auf das Verhalten des Aufwertungsberechtigten, namentlich auf seine längere Untätigkeit, legen und deshalb einen stillschweigenden Verzicht annehmen oder von Verwirkung, d. h. vom Verlust eines an sich entstandenen Rechts durch Zeitablauf sprechen. Nicht anders ist es dann, wenn man vom Verhalten des Berechtigten und von den Gründen seiner Untätigkeit wie auch davon absieht, wann er von seinem Aufwertungsrecht sichere Kenntnis erlangt hat oder sich wenigstens der Möglichkeit einer solchen Berechtigung bewußt geworden ist, und wenn man demgemäß einfach an die Tatsache des Zeitablaufs die Folge knüpft, daß die Aufwertung unter Berücksichtigung der Interessen des Schuldners und aus Gründen der Rechtssicherheit zu versagen sei.

Treu und Glauben sowie Recht und Billigkeit verlangen übrigens, daß man die Interessen beider Teile berücksichtigt. Im Interesse des Gläubigers ist zu erwägen, ob und inwieweit ihm zuzumuten ist, sein Aufwertungsrecht trotz mangelnder Klärung der Rechtsprechung gerichtlich zu verfolgen. Der Schuldner aber soll davor geschützt werden, daß er, nachdem er sich längere Zeit hindurch in bestimmter Weise geschäftlich eingerichtet hat, nachträglich unerwartet in seinen Berechnungen und Maßnahmen gestört wird.

Der Berufungsrichter will die Rücksichtnahme auf den Schuldner im vorliegenden Falle nicht von entscheidender Bedeutung sein lassen, weil die Beklagte von vornherein nicht daran geglaubt habe, daß die Kaufpreisschuld durch ihre Ende Februar 1923 erfolgte Zahlung endgültig erledigt sei. Sollte damit gesagt werden (und die Ausführungen des Urteils lassen diese Auslegung zu), daß die Beklagte bei ihren späteren Maßnahmen mit der Möglichkeit der Erhebung von Aufwertungsansprüchen durch den Kläger gerechnet und ihre wirtschaftlichen Berechnungen danach eingestellt habe, so ist es vom Rechtsstandpunkt aus nicht zu mißbilligen, wenn angenommen wird, die Beklagte habe unter den gegebenen Umständen das Aufwertungsverlangen des Klägers nicht als eine ihr nach Treu und Glauben nicht zuzumutende Beeinträchtigung ihrer Interessen empfinden dürfen.

Es ist auch nicht außer acht zu lassen, daß unter Umständen die Eigenart des Rechtsverhältnisses, dem der Aufwertungsanspruch entsprungen ist, eine Rolle spielen kann. Letzteres ist auch hier der Fall. Geschäfte des kaufmännischen Umsatzes oder des täglichen Wirtschaftslebens verlangen es, daß die Rechtslage möglichst bald klargestellt wird, und deshalb gebieten Treu und Glauben, daß dem Aufwertungsberechtigten die Geltendmachung seiner Aufwertungsansprüche unter Umständen selbst dann zugemutet wird, wenn der Erfolg einer etwaigen Klage in der Rechtsprechung noch nicht ganz gesichert ist. Um ein Geschäft, das alsbaldige Klarstellung verlangt, handelt es sich hier nicht. Den Gegenstand des vorliegenden Kaufgeschäfts bildeten das Eigentum an einer Brauerei und die gesamten Anteile an einer anderen, genossenschaftlich betriebenen Brauerei, wobei der Restkaufpreis nach der ursprünglichen Vereinbarung erst nach einer Reihe von Jahren gezahlt werden sollte. Es handelt sich also erkennbar um ein für den Kläger immerhin lebenswichtiges Geschäft. Unter solchen Umständen wäre es bedenklich, ein für allemal eine feste Grenze für die Geltendmachung des Aufwertungsanspruchs festzusetzen; vielmehr läßt sich nur im einzelnen Falle unter Berücksichtigung der gesamten Umstände beurteilen, ob der Anspruch auf Aufwertung nach den Grundsätzen der Billigkeit noch als zulässig anzusehen ist. Mit dieser Auffassung hat sich der Berufungsrichter nicht in Widerspruch gesetzt.

Was die Höhe der Aufwertung betrifft, so handelt es sich hier nur noch um einen Kaufpreisrest im Gegensatz zu dem sofort durch

Lieferung von Aktien der Beklagten beglichenen sehr erheblichen übrigen Teil des Kaufpreises. Mit Recht läßt der Berufungsrichter die vom Kläger in Zahlung genommenen 75000 ℳ Aktien nebst den darauf entfallenden Bezugsrechten außer Ansatz. Die hierin liegenden Sachwerte bilden zusammen mit der Restkaufgeld-Forderung in Papiermark den Gegenwert für die vom Kläger weggegebenen Rechte. Zwischen beiden bestand beim Vertragsabschluß nach der Auffassung der Parteien das Gleichgewicht von Leistung und Gegenleistung. Wie sich das Schicksal der Brauereien, die in das Eigentum der Beklagten übergingen, später gestalten würde, war für die Beklagte ebenso unsicher, wie es das Risiko des Klägers war, ob er durch Steigen oder Sinken des Kurses der erhaltenen Aktien und durch die Ausnutzung des Bezugsrechts Vorteil oder Schaden haben würde. Dies spielt also bei der Höhe der Aufwertung keine Rolle. Im übrigen bieten die Erwägungen, auf Grund deren der Berufungsrichter zu einer Aufwertung in Höhe von rund $66^2/_3$% gelangt ist, keinen Anlaß zu rechtlichen Bedenken. Den allgemeinen Verarmungsfaktor erwähnt der Berufungsrichter nicht ausdrücklich, offenbar ist er aber in den aberkannten rund $33^1/_3$% mitberücksichtigt. Außerdem wird die günstige wirtschaftliche Lage der Beklagten in Betracht gezogen.

---

48. Erwirbt ein Schiffseigentümer, der sein Schiff einem anderen für eine Ladung verfrachtet hat, aus einem zwischen diesem und dem Absender des Ladungsguts geschlossenen Beladungsvertrag eigene Rechte gegen den letzteren, für den Fall, daß bei der vom Absender ausgeführten Beladung das Schiff beschädigt wird?

BGB. § 328.

I. Zivilsenat. Urt. v. 10. Dezember 1927 i. S. R. (Kl.) w. A. Th. Gewerkschaft H. u. Kranführer J. (Bekl.). I 230/27.

I. Landgericht Duisburg, Kammer für Handelssachen.
II. Oberlandesgericht Düsseldorf.

Der Kläger hatte als Eigentümer des Schiffes „Albatros" im Juli 1925 mit einer holländischen Gesellschaft „Vulcaan" einen Vertrag über Verfrachtung einer Ladung Kohlen abgeschlossen. Die Erstbeklagte nahm unter Benutzung eines ihrer Kräne die Beladung vor. Dabei wurde durch Verschulden des Kranführers J. das Schiff beschädigt. Der Kläger verlangte von der Gewerkschaft und dem Kranführer Schadensersatz. Landgericht und Oberlandesgericht wiesen die Klage gegen die Gewerkschaft ab. Im zweiten Rechtszug hatte der Kläger auch geltend gemacht, die Gewerkschaft habe sich im Vertrag mit dem „Vulcaan" diesem gegenüber zu seinen, des Klägers, Gunsten verpflichtet, die Beladung mit der erforderlichen Sorgfalt vorzunehmen, und hafte daraus auch ihm, dem Kläger, nach § 278 BGB. unmittelbar für das Verschulden ihres Kranführers bei Erfüllung dieser Vertragsschuld.

Die Revision des Klägers blieb ohne Erfolg.

Aus den Gründen:

Bei einem Frachtvertrag zur Beförderung von Gütern auf Binnengewässern entstehen an und für sich keine vertraglichen Beziehungen zwischen demjenigen, der für Rechnung des Absenders das Frachtgut auf oder in das Schiff liefert, und dem Frachtführer. Der die Beladung Ausführende haftet daher für schuldhaftes Verhalten der von ihm dazu bestellten Personen nicht gemäß § 278, sondern gemäß § 831 BGB. Bei Verletzung der allgemeinen Aufsichtspflicht kommt auch eine Haftung nach § 823 BGB. in Frage. Das Berufungsgericht ist von den gleichen Gesichtspunkten ausgegangen. Könnte sich allerdings der Kläger, wie er glaubt, darauf berufen, daß ihm bei dem Vertrag, den die Gewerkschaft mit ihrem Auftraggeber über die Übernahme der Beladung abgeschlossen hat, ein eigenes Recht auf ordnungsmäßige Beladung seines Fahrzeugs zugestanden worden sei, so wären damit die Voraussetzungen für eine Haftung dieser Beklagten nach § 278 BGB. gegeben. Der Berufungsrichter hat dies jedoch ohne Rechtsirrtum verneint. Er hat geprüft, ob nach den Umständen des Falles, insbesondere dem Zwecke des Vertrags, dem Kläger selbst ein Recht auf sorgfältige Ausführung der Beladung habe erwachsen sollen, und kommt zur Verneinung dieser Frage, weil es sich nicht um einen Vertrag handle, der unter Berücksichtigung der Gepflogenheiten des Verkehrs als im Interesse des Klägers und aus Fürsorge für ihn geschlossen zu betrachten sei. Die Revision rügt, der Vorderrichter habe unter Verletzung von § 157 BGB. und entgegen den in RGZ. Bd. 98 S. 210 niedergelegten Rechtsgrundsätzen dem Umstande nicht genügend Rechnung getragen, daß nach Lage der Dinge der

Beladungsvertrag nicht anders als durch Inanspruchnahme des Schiffes des Klägers habe ausgeführt werden können. Diese Rüge ist jedoch unbegründet.

Im wesentlichen beruht die Entscheidung darüber, ob ein Dritter aus einem Vertrag selbständige Rechte erworben hat, auf tatsächlichen Erwägungen (RGZ. Bd. 87 S. 292, Bd. 98 S. 210). Insoweit unterliegt die Würdigung, welche die Willenserklärungen der am Beladungsvertrag Beteiligten durch den Berufungsrichter gefunden haben, nicht der Nachprüfung in diesem Rechtszug. Es läßt sich auch nicht ersehen, daß das Berufungsgericht bei der Beurteilung der Willenserklärungen Auslegungsgrundsätze verletzt hätte. Auszugehen ist davon, daß die Gewerkschaft ihrem Auftraggeber gegenüber zu sorgfältiger Ausführung des Beladungsvertrags verbunden war. Die Entscheidung des streitigen Punktes hängt daher nach § 328 Abs. 2, § 157 BGB. davon ab, ob die Parteien des Beladungsvertrags nach seinem Zweck, wie er sich aus den Begleitumständen und der allgemeinen Verkehrsauffassung ergibt, eine Abrede des vom Kläger behaupteten Inhalts getroffen haben würden, wenn sie diesen Punkt geregelt hätten (RGZ. Bd. 98 S. 213; JW. 1915 S. 916 Nr. 4; WarnRspr. 1915 Nr. 203). Da dem Kläger der allgemeine Rechtsschutz, wie ihn die §§ 823, 831 BGB. gewähren, bei einer Schädigung durch die Beladung auf jeden Fall zugute kommt, so kann es sich nur darum handeln, ob nach dem beim Abschluß des Beladungsvertrags verfolgten Zweck anzunehmen ist, daß die Vertragschließenden dem Kläger über die Berechtigung aus § 831 BGB. hinaus die günstigere Rechtsstellung gemäß § 278 BGB. zugestanden hätten. Voraussetzung dafür wäre jedoch, daß für die Vertragschließenden irgendeine Veranlassung bestanden hätte, das Interesse des Klägers in dieser Richtung wahrzunehmen. Dafür läßt sich aber weder aus den Umständen des Falles, noch aus der allgemeinen Verkehrsauffassung etwas entnehmen.

In dieser Stellungnahme liegt keine Abweichung von den in früheren Entscheidungen (zu vergl. außer den angeführten auch noch RGZ. Bd. 87 S. 64, Bd. 91 S. 24; WarnRspr. 1919 Nr. 14) ausgesprochenen Grundsätzen. Insbesondere lag der Fall in RGZ. Bd. 98 S. 210 anders. Dort war der Geschädigte, der im Auftrag der einen Vertragspartei tätig wurde und sich an der von der Gegenseite gestellten Maschine verletzte, der militärische Untergebene seines Auftraggebers. Daraus folgte eine gewisse Gebundenheit des Beauftragten zur Ausführung des Auftrags und eine damit verbundene Fürsorgepflicht des Auftraggebers. Solche Gesichtspunkte, die dort möglichenfalls zur Annahme eines Vertrags zugunsten des Beauftragten führen konnten, fehlen im vorliegenden Fall; hier stehen sich die Beteiligten im freien Wirtschaftsleben gegenüber. Wenn daher das Berufungsgericht zu dem Ergebnis gelangt ist, es handle sich hier nicht um ein Geschäft, bei dessen Abschluß die Beteiligten irgendwie das Interesse des Klägers im Auge gehabt hätten, und wenn es daraus ableitet, daß die Vertragsparteien nicht die Absicht gehabt hätten, dem Kläger eine gegenüber der gesetzlichen Regelung günstigere Rechtsstellung zu gewähren, so ist es damit weder von anerkannten Rechtsgrundsätzen abgewichen, noch hat es erhebliche Begleitumstände außer Betracht gelassen....

---

49. Steht einem auf Grund des § 13 der preußischen Verordnung vom 26. Februar 1919 in den Ruhestand versetzten Beamten nach dem Inkrafttreten des preußischen Beamtendiensteinkommengesetzes vom 17. Dezember 1920/13. Mai 1924 und des preußischen Beamten-Altruhegehaltsgesetzes vom 17. Dezember 1920 ein Anspruch auf Neufestsetzung seines Besoldungsdienstalters oder auf die einer Neufestsetzung entsprechenden Bezüge zu?

Beamtendiensteinkommengesetz v. 17. Dezember 1920/13. Mai 1924 § 3 Abs. 10, § 23 Abs. 2. Beamten-Altruhegehaltsgesetz vom 17. Dezember 1920 §§ 1, 10.

III. Zivilsenat. Urt. v. 13. Dezember 1927 i. S. St. (Kl.) w. Preuß. Staat (Bekl.). III 121/27.

I. Landgericht Lüneburg.
II. Oberlandesgericht Celle.

Der Kläger trat auf Grund des § 13 der preußischen Verordnung, betr. die einstweilige Versetzung der unmittelbaren Staatsbeamten in den Ruhestand, vom 26. Februar 1919 (GS. S. 33) zum 1. Januar 1920 in den Ruhestand. Als Anfangstag für die Berechnung seines Dienstalters wurde dabei der 19. Juni 1913 festgesetzt. Er trägt vor, der Beklagte habe allerdings bei Berechnung des Besoldungsdienstalters die in der oben bezeichneten späteren Gesetzgebung, sowie in den Ministerialerlassen vom 7. Oktober 1921 und vom 31. März 1922 (Preuß. MinBl. f. d. inn. Verw. 1921 S. 332 und 1922 Sp. 352) vorgeschriebene Anrechnung von Teilen der Wartezeit, des Vorbereitungs- und des Militärdienstes nicht berücksichtigen können; er verweigere aber zu Unrecht eine Neufestsetzung nach den angezogenen Bestimmungen. Der Kläger verlangt daher für die Zeit seit dem Inkrafttreten der Besoldungsgesetze vom 17. Dezember 1920 die Nachzahlung zunächst eines Teilbetrags von 346,25 RM. Vom Landgericht und vom Oberlandesgericht wurde er abgewiesen. Im dritten Rechtszug stellte er den Hilfsantrag auf Feststellung der Verpflichtung des Beklagten, sein Besoldungsdienstalter nach den Vorschriften des Beamten-Diensteinkommengesetzes zu berechnen. Seine Revision blieb jedoch erfolglos.

Gründe:

Der Beklagte hat in den beiden ersten Rechtszügen das Klagebegehren und seine Begründung als sachlich ungerechtfertigt bekämpft, da sich § 23 Abs. 2 (früher § 25 Abs. 2) BDEG., auf den sich der Kläger stütze, nur auf die am 1. April 1920 noch im Dienste befindlichen Beamten beziehe und gemäß § 10 BARG. auf die vor diesem Zeitpunkt in den Ruhestand getretenen Pensionäre keine Anwendung finde. Das Landgericht erkannte diesen Einwand als durchgreifend an. Das Oberlandesgericht wies die Klage jedoch ab, weil die Festsetzung des Besoldungsdienstalters der Nachprüfung der Gerichte entzogen sei. Es hat also nicht, wie die Revision unterstellt, die Zulässigkeit des Rechtswegs für den Klaganspruch verneint, sondern angenommen, daß bei der Ruhegehaltsberechnung die Entscheidung der Verwaltungsbehörde über das Besoldungsdienstalter für die Gerichte maßgebend sei. Dem ist beizupflichten.

Die Revision meint zwar, die Annahme des Berufungsrichters, wonach sich der Kläger über unrichtige Festsetzung seines Besoldungsdienstalters beschwere, sei ungenau und irreführend; der Streit der Parteien drehe sich vielmehr darum, ob die Bemessung des Besoldungsdienstalters nach § 23 Abs. 2 BDEG. zu erfolgen habe oder nicht. Das letztere ist an sich richtig, trifft aber nicht den Kernpunkt der Sache. Denn die Klageforderung ist nur dann begründet, wenn der Kläger einen Rechtsanspruch darauf hat, daß sein Besoldungsdienstalter nach § 23 Abs. 2 a. a. O. neu und anders berechnet werde, als es bisher geschehen ist. Nun ist nach § 3 Abs. 10 BDEG. die Entscheidung der Verwaltungsbehörden über die Festsetzung des Besoldungsdienstalters für die Gerichte bei Beurteilung der vor ihnen erhobenen vermögensrechtlichen Diensteinkommensansprüche bindend. Daß diese Bestimmung ebenso für die im Dienst wie für die im Ruhestand befindlichen Beamten gilt, liegt in der Natur der Sache. Die entgegengesetzte Ansicht würde zu einer ungleichen Behandlung beider und zu einer Schlechterstellung der ersteren führen, die jeder inneren Berechtigung entbehrt.

Die Revision stellt weiter zur Erwägung, ob nicht die Anwendung des § 3 Abs. 10 a. a. O. auf die gemäß der Verordnung vom 26. Februar 1919 in den Ruhestand versetzten Beamten in ihre wohlerworbenen Rechte eingreife, da bis zu seinem Inkrafttreten eine Befugnis des Finanzministers zu unanfechtbaren Entscheidungen über Elemente eines Ruhegehaltsanspruchs dem preußischen Beamtenrecht fremd gewesen sei. Diese Auffassung ist rechtsirrig. Es war von jeher ein anerkannter Grundsatz des öffentlichen Rechts, daß ein Beamter oder Ruheständler kein Recht auf anderweitige Festsetzung seines Besoldungsdienstalters und auf die einer solchen anderweitigen Festsetzung entsprechenden Bezüge habe (Urteile des erkennenden Senats vom 19. März 1912 III 369/11, vom 16. April 1918 III 464/17 und vom 1. April 1919 III 454/18). § 3 Abs. 10 BDEG. enthält also nur den Niederschlag eines bisher ungeschriebenen Satzes des öffentlichen Rechts. Die Festsetzung des Besoldungsdienstalters ist ein Ausfluß der staatlichen Ämterhoheit, eine Verwaltungsmaßnahme, die im Rechtsweg nicht angefochten und vom ordentlichen Richter nicht abgeändert werden kann. Der § 23 Abs. 2 BDEG. gibt den höheren Verwaltungsbehörden Anweisungen, deren Beachtung zu ihren Dienstpflichten gehört, aber nicht im Rechtsweg erzwingbar ist. Ob dieser Paragraph die Neuberechnung des Besoldungsdienstalters eines Altruheständlers, insbesondere des Klägers, fordert und ob er ihr zugrunde zu legen ist, darüber haben nur die Verwaltungsbehörden und nicht die ordentlichen Gerichte zu befinden. Die Verwaltungsbehörden haben diese Frage verneint und dadurch, daß sie einen Antrag auf Neufestsetzung des Besoldungsdienstalters ablehnten, ihre frühere Festsetzung vom Jahre 1919 aufrechterhalten; diese rechtfertigt aber den Klaganspruch nicht.

Wenn der Revision auch zuzugeben ist, daß § 1 BARG. die Altpensionäre den Neupensionären im allgemeinen gleich, d. h. so stellen wollte, als wäre das Beamten-Altruhegehaltsgesetz zur Zeit ihres Übertritts in den Ruhestand schon in Kraft gewesen, so wird dadurch doch nicht die Bindung der ordentlichen Gerichte an die Entscheidungen der Verwaltungsbehörden über Anrechnung oder Nichtanrechnung bestimmter Dienstjahre auf das Besoldungsdienstalter beseitigt. . . .

---

50. 1. Kann eine unzulässige Einwirkung auf die Abstimmung darin gefunden werden, daß in der Vertreterversammlung einer Genossenschaft Stimmzettel ausgegeben werden, die zur Ablehnung des gestellten Antrags nur nach Abänderung des Aufdrucks verwendbar sind?

2. Kann die Vertreterversammlung einer Genossenschaft durch eine Abänderung der Satzung die Dauer ihrer Vertretungsbefugnis verlängern?

GenG. §§ 43a, 51.

II. Zivilsenat. Urt. v. 18. Oktober 1927 i. S. Konsum-Genossenschaft Berlin und Umgegend, e. G. m. b. H. (Bekl.) w. V. und H. (Kl.). II 93/27.

I. Landgericht I Berlin.
II. Kammergericht daselbst.

Die Beklagte ist eine große Genossenschaft, bei der die Generalversammlung gemäß dem durch die Novelle vom 1. Juli 1922 (RGBl. I S. 567) in das Genossenschaftsgesetz eingefügten § 43a und der hierzu ergangenen Verordnung vom 24. Oktober 1922 (RGBl. I S. 807) aus gewählten Vertretern der Genossen besteht. Die Zahl dieser Vertreter, zu denen die Kläger gehörten, beträgt mehrere hundert; ihre Wahl hatte nach § 31 der in einer Generalversammlung vom 1. Februar 1923 beschlossenen Satzung jährlich stattzufinden.

Die ordentliche Vertreterversammlung vom 17. November 1925 hatte sich mit Anträgen auf Abänderung der Satzung zu befassen. Zu § 26 sah der Abänderungsantrag eine Ausdehnung des Stimmrechts in der Vertreterversammlung auf Aufsichtsratsmitglieder vor; zu § 27 sollte die Zahl der Genossen, auf die ein Vertreter entfällt, von 200 auf 250 erhöht werden; in dem die Dauer der Vertretungsbefugnis betreffenden § 31 sollte „jährlich" durch „alle drei Jahre" ersetzt werden; außerdem sollte zu diesem Punkte beschlossen werden: „die nächste Wahl findet demgemäß 1928 statt". Die Anträge wurden mit der erforderlichen Dreiviertelmehrheit angenommen, und zwar zu § 26 mit 364 gegen 106, zu § 27 mit 368 gegen 99, zu § 31 mit 363 gegen 106 Stimmen. Die Abstimmungen erfolgten durch Zettel, die vom Vorstand ausgegeben waren und den Aufdruck enthielten: „Ich stimme für die vorgeschlagene Änderung des Statuts".

Auf die Anfechtungsklage der Kläger erklärten beide Vorinstanzen die Beschlüsse für nichtig. Die Revision der Beklagten hatte keinen Erfolg.

Gründe:

Die Kläger haben in der Vertreterversammlung vom 17. November 1925 den Widerspruch, den sie zu Protokoll erklärten, damit begründet, daß durch die Art der Abstimmung gegen die Satzung der Beklagten verstoßen sei; die Abstimmung habe geheim sein müssen, sei dies aber nicht gewesen, weil die ausgegebenen Stimmzettel nur den Aufdruck „für" getragen hätten und deshalb von denjenigen, die gegen die Anträge stimmen wollten, im Beisein der übrigen Versammlungsteilnehmer hätten abgeändert werden müssen. Das Landgericht hat auf diesen Anfechtungsgrund hin der Klage stattgegeben.

Das Berufungsgericht hat zutreffend diese Auffassung abgelehnt, indem es erwägt, daß weder in der Satzung der Beklagten noch in der Geschäftsordnung für die General- (oder Vertreter-) Versammlungen die geheime Vornahme von Zettelabstimmungen, wie sie hier stattgefunden hätten, vorgeschrieben sei, und daß an sich der Abstimmung durch Zettel gegenüber der Abstimmung durch bloßes Handaufheben nur Bedeutung für eine sicherere Ermittlung des Ergebnisses zukomme. Trotzdem tritt es der Entscheidung des Landgerichts bei, weil bei den streitigen Abstimmungen in einer anderen Richtung gegen wesentliche Vorschriften verstoßen worden sei, die nach der Verkehrssitte bei Abstimmungen aller Art unbedingt zu beachten seien und deshalb auch als Bestandteil der Satzung der Beklagten betrachtet werden müßten. Es handle sich hierbei, wie weiter ausgeführt wird, um den Grundsatz, daß das satzungsgemäß die Abstimmung leitende Organ — hier der Vorstand der Beklagten — nur berufen sei, für die Förmlichkeiten des Abstimmungsverfahrens zu sorgen, sich dagegen bei der Leitung der Abstimmung jeder Einflußnahme auf den Ausfall peinlichst zu enthalten habe. Gegen diesen Grundsatz habe der Vorstand der Beklagten dadurch erheblich verstoßen, daß er nur Stimmzettel habe verteilen lassen, deren Aufdruck bloß die Möglichkeit einer Abstimmung für die vorgeschlagenen Satzungsänderungen enthalten habe. Daß die Aushändigung solcher Stimmzettel geeignet gewesen sei, die Abstimmung der Vertreter mindestens bis zu einem gewissen Grade zugunsten der Satzungsänderung zu beeinflussen, lasse sich nicht von der Hand weisen. Der Wunsch des Vorstands, daß die vorgeschlagenen Änderungen durchgehen möchten, werde durch die Einseitigkeit des Inhalts der Stimmzettel stark unterstrichen, wozu komme, daß Abgabe des unveränderten gedruckten Zettels das Bequemste gewesen sei. Die Tatsache, daß bei dieser Sachlage mindestens objektiv eine Beeinflussung der Stimmberechtigten vorgelegen habe, werde auch dadurch nicht beseitigt, daß der Vorstand vor der Abstimmung die Versammlung auf die Möglichkeit einer Abänderung der Zettel hingewiesen habe. Nicht stichhaltig sei auch die Behauptung der Beklagten, daß das eingeschlagene Verfahren zur Aufrechterhaltung der Ordnung notwendig gewesen sei, denn die Ausgabe unbedruckter Zettel hätte sich leicht ermöglichen lassen. Habe aber danach eine Beeinflussung der Abstimmung — sei; es bewußter, sei es unbewußter Art — bis zu einem gewissen Grade stattgefunden, so seien die streitigen Beschlüsse unter Verletzung wesentlicher Satzungsbestimmungen zustande gekommen und deshalb nach § 51 GenG. anfechtbar. Darauf, ob das Verhalten des Vorstands das Ergebnis der Abstimmung tatsächlich beeinflußt habe, komme es nicht an.

Dieser Beurteilung liegt, entgegen den Ausführungen der Revision, kein Rechtsirrtum zugrunde.

Der Vorstand der Beklagten, dessen Mitglieder nach § 26 der Satzung, auch soweit sie nicht als Vertreter gewählt sind, mit beratender Stimme an den Vertreterversammlungen teilnehmen, hatte wie jeder andere zur Teilnahme an der Versammlung vom 17. November 1925 Berufene das Recht, zu den Beratungsgegenständen Stellung zu nehmen und auf eine seinen Wünschen entsprechende Beschlußfassung hinzuwirken. Das hatte sich aber auf die dem Abstimmungsakt vorausgehende Verhandlung zu beschränken und durfte nicht in der Weise geschehen, daß auf die Abstimmung als solche, wenn auch vielleicht nur unabsichtlich, eingewirkt wurde. Denn dem Wesen einer ordnungsmäßigen Abstimmung widerspricht es, wenn das eingeschlagene Verfahren das eine Ergebnis auf Kosten des anderen begünstigt. Wurde hiergegen verstoßen, so lag nicht sowohl, wie das Berufungsgericht meint, eine Verletzung der Satzung als vielmehr eine Verletzung des Gesetzes vor. Es ist selbstverständlich, daß das Gesetz unter den die Beschlüsse der General- oder Vertreterversammlung ergebenden Abstimmungen nur solche versteht, die den Anforderungen genügen, wie sie dem Wesen der Sache nach an eine ordnungsmäßige Abstimmung zu stellen sind. Eine hiervon abweichende Satzungsbestimmung wäre gar nicht zulässig gewesen. Sodann kann aber auch dem Berufungsgericht nicht entgegengetreten werden, wenn es die hier in Rede stehenden Abstimmungen nicht als ordnungsmäßig ansieht. Mag auch eine Abänderung der ausgeteilten Zettel ohne Schwierigkeit möglich gewesen sein und mag auch der Vorstand, wie die Beklagte geltend macht, vor den Abstimmungen auf diese Möglichkeit ausdrücklich hingewiesen haben, so blieb es doch dabei, daß die Abgabe des unveränderten Zettels das Einfachere und Bequemere war. Daraus ergab sich die Gefahr, daß einzelne Versammlungsteilnehmer, besonders solche, die schwankend in ihrer Entschließung waren, veranlaßt wurden, für die Anträge zu stimmen, während sie sich bei einem Verfahren, das nicht die Annahme der Anträge begünstigte, für Ablehnung entschieden hätten. Die weitere Erwägung des Berufungsgerichts, es komme nicht darauf an, ob das ordnungswidrige Verfahren das Ergebnis der Abstimmung tatsächlich beeinflußt habe, ist in dem Sinne richtig, daß es nicht des Nachweises dieser Beeinflussung bedarf. Dem Verstoß wäre vielmehr nur dann die Erheblichkeit abzusprechen, wenn klar zutage läge, daß die beanstandeten Beschlüsse nicht auf ihm beruhen können (RGZ. Bd. 110 S. 194). Davon kann jedoch schon im Hinblick auf die starken Minderheiten, gegen die es zu den Beschlüssen gekommen ist, hier keine Rede sein. Die bei den drei Beschlußfassungen für die

Anträge abgegebenen 364, 368 und 363 Stimmen haben die notwendige Dreiviertelmehrheit nur um 11, 17 und 11 Stimmen überschritten.

Die Revision ist deshalb zurückzuweisen, ohne daß es der Prüfung bedarf, ob das Berufungsgericht zutreffend annimmt, der zu § 31 der Satzung gefaßte Beschluß sei, mindestens zum Teil, auch wegen seines Inhalts nichtig.

Übrigens wäre dem Vorderrichter auch in diesem Punkte beizutreten. Nach § 43a Abs. 2 GenG. sind die näheren Bestimmungen über die Zahl der zu wählenden Vertreter der Genossen, über die Voraussetzungen der Wählbarkeit, die Durchführung der Wahl sowie über den Nachweis und die Dauer der Vertretungsbefugnis durch die Satzung zu treffen. Die Satzung der Beklagten enthielt in § 31 Abs. 1 die Bestimmung, daß die Wahlen jährlich stattfinden und daß die Vertretungsbefugnis erlischt mit der Bekanntgabe des Ergebnisses einer allgemeinen Neuwahl durch den Zentralwahlleiter. Diese Bestimmung hat die Vertreterversammlung vom 17. November 1925 dahin abgeändert, daß „jährlich" durch „alle drei Jahre" ersetzt wurde. Dazu war sie nach dem Gesetz und den Ausführungsvorschriften vom 24. Oktober 1922 zuständig, weil die Befugnisse der Generalversammlung auf sie übergegangen sind. Eine andere Frage aber ist, ob die Versammlung, wie sie das getan hat, außerdem beschließen konnte, daß die nächste Vertreterwahl demgemäß (d. h. gemäß der beschlossenen Satzungsänderung) erst im Jahre 1928 stattfinde. Das Berufungsgericht hat diese Frage ohne Rechtsirrtum verneint. Die Vertreter, die den Beschluß faßten, waren unter der Herrschaft der bisherigen Satzung und damit auf ein Jahr gewählt. Kam es während dieses Jahres zu der erwähnten Satzungsänderung, so hatte dies nicht die Folge, daß die erteilte Vertretungsbefugnis sich nachträglich in eine dreijährige umwandelte, sondern das Mandat endigte mit dem Ablauf der Zeit, für die es erteilt war, und erst bei der nächsten Wahl konnte die neue Satzungsbestimmung wirksam werden. Das Berufungsgericht hat es mit Recht abgelehnt, aus der den parlamentarischen Körperschaften zustehenden Befugnis, ohne nochmalige Befragung der Wähler ihre Legislaturperiode im Wege der Gesetzgebung zu verlängern, einen Schluß auf das vorliegende Verhältnis zu ziehen. Der Gesetzgeber ist souverän und kann deshalb auch rückwärts liegende Vorgänge und zwar auch solche, die, wie die Wahl zu der parlamentarischen Körperschaft, seine eigenen Befugnisse betreffen, mit einer Wirkung ausstatten, die sie ursprünglich nicht hatten. Die Vertreterversammlung einer Genossenschaft hat diese Machtvollkommenheit nicht. Ihre Beschlüsse müssen im Einklang stehen mit der jeweiligen Satzung und können diese nur mit Wirkung für die Zukunft abändern.

---

51. Unter welchen Voraussetzungen ist ein auf Schaffung von Schutzaktien gerichteter Beschluß der Generalversammlung einer Aktiengesellschaft nichtig?

HGB. §§ 185, 252, 271, 278. BGB. § 138.

II. Zivilsenat. Urt. v. 13. Dezember 1927 i. S. Schutzverband Norddeutscher Aktionäre e. V. und Gen. (Kl.) w. H. S. D. G. A.-G. (Bekl.). II 401/27.

I. Landgericht Hamburg.
II. Oberlandesgericht daselbst.

Am 17. Februar 1927 fand die ordentliche Generalversammlung der verklagten Aktiengesellschaft statt, in der u. a. über Anträge der Verwaltung auf Erhöhung des Stammkapitals der Gesellschaft und damit zusammenhängende Satzungsänderungen Beschluß gefaßt wurde. Das Grundkapital hatte bis dahin 30640000 RM betragen, eingeteilt in:

I.	21670 Stammaktien zu je 300 RM mit je 1 Stimme	=	6501000 RM und	21670 Stimmen
	39165 Stammaktien zu je 600 RM mit je 2 Stimmen	=	23499000 RM und	78330 Stimmen
zus.	60835 Stammaktien	mit	30000000 RM und	100000 Stimmen

II.	5000	Vorzugsaktien, I. Ausgabe,	über je 20 RM	100000 RM
	20000	Vorzugsaktien, II. Ausgabe,	über je 20 RM	400000 RM
	7000	Vorzugsaktien, III. Ausgabe,	über je 20 RM	140000 RM
zus.	32000	Vorzugsaktien über		640000 RM.

Die Stammaktien sind Inhaberaktien, ebenso die Vorzugsaktien II. Ausgabe; die Vorzugsaktien I. und III. Ausgabe sind Namensaktien, die nur mit Zustimmung des Aufsichtsrats übertragbar sind. An Stimmrecht haben:

1. die Vorzugsaktien I. Ausgabe
(bei gesonderter Abstimmung je 1 Stimme = 5000 Stimmen)
bei gemeinschaftlicher Abstimmung je 6 Stimmen = 30000 Stimmen,
2. die Vorzugsaktien II. Ausgabe,
je 2 Stimmen = 40000 Stimmen,
3. die Vorzugsaktien III. Ausgabe,
je 2 Stimmen = 14000 Stimmen

zus. 59000 Stimmen bzw. 84000 Stimmen.

Es standen sich demnach bei gemeinsamer Abstimmung gegenüber:
100000 Stimmen von Stammaktien = 30000000 RM Kapital.
und
84000 Stimmen von Vorzugsaktien = 640000 RM Kapital.

Satzungsgemäß ist zum Zustandekommen von Beschlüssen, soweit nicht eine stärkere Mehrheit erfordert wird, Übereinstimmung der Inhaber der Stamm- und der Vorzugsaktien in gesonderten Abstimmungen nötig. Ist solche nicht zu erzielen, so findet eine gemeinsame Abstimmung statt. Stärkere Mehrheiten sind im besonderen für Beschlüsse nötig, die „den Verlust oder die Einschränkung der Selbständigkeit der Gesellschaft zugunsten ausländischer Unternehmer zur Folge haben würden", ferner für Beschlüsse wegen Verlegung des Sitzes, Auflösung der Gesellschaft und Änderungen der Satzungsbestimmungen über das Erfordernis der deutschen Reichsangehörigkeit der Mitglieder von Vorstand und Aufsichtsrat und über ihren Wohnsitz, endlich für Beschlüsse über die satzungsmäßigen Stimmrechtsvorschriften. Bei Beschlußfassungen über sonstige Änderungen des Gesellschaftsvertrags, insbesondere über eine Erhöhung des Grundkapitals, genügt dagegen, soweit gesetzlich zulässig, die Mehrheit des jeweils vertretenen Aktienkapitals jeder einzelnen Gattung. Nach den von der Verwaltung in der Generalversammlung vom 17. Februar 1927 gestellten Anträgen sollte nun das Grundkapital der Gesellschaft unter Ausschluß des gesetzlichen Bezugsrechts der Aktionäre von 30640000 RM auf 40973540 RM erhöht werden, und zwar durch Ausgabe von 33334 Inhaberstammaktien zu 300 RM = 10000200 RM und 16667 auf den Namen gestellten, nur mit Zustimmung des Aufsichtsrats übertragbaren Vorzugsaktien über je

20 RM = 333340 RM mit zweifachem Stimmrecht und 6%iger kumulativer Dividendenberechtigung. Der Erhöhungsantrag lautet dann weiter:

„Die neuen Stammaktien werden mit 25% Einzahlung zum Nennwert an ein Konsortium begeben, das sich verpflichten soll, die neuen Stammaktien nur nach den im Interesse der Gesellschaft zu erteilenden Weisungen von Vorstand und Aufsichtsrat und zu einer den letzteren geeignet erscheinenden Zeit weiterzuverwerten. Das Konsortium ist ferner verpflichtet, bei Vollzahlung der Aktien den Besitzern der alten Stammaktien das Bezugsrecht anzubieten, und zwar zu einem Kurse von nicht über 150%. Dies gilt auch für den Fall, daß die Vollzahlung für Teilbeträge der 10000200 RM erfolgt."

Die Anträge der Verwaltung wurden aus der Mitte der Generalversammlung, in der das ganze in Händen der Hamburg-Amerika-Linie befindliche Vorzugsaktienkapital und vom Stammaktienkapital 20602800 RM mit 68676 Stimmen — darunter der Kläger zu 1 mit 2 Stimmen — vertreten waren, teils unterstützt, teils bekämpft und schließlich in getrennter Abstimmung mit den sämtlichen Stimmen der Vorzugsaktien und 52870 Stimmen von Stammaktionären gegen 15499 Stimmen von Stammaktionären angenommen. Der Kläger zu 1 gab sofort Widerspruch zu Protokoll; weitere Widersprüche wurde nicht angebracht.

Gegen den Generalversammlungsbeschluß hat der Kläger zu 1 Nichtigkeits- und Anfechtungsklage, die Klägerin zu 2 Nichtigkeitsklage erhoben mit dem Antrag, den Beschluß für nichtig zu erklären. Die Kläger machen geltend, der Beschluß verstoße gegen das Gesetz und die guten Sitten. Er laufe dem Geist und den Zwecken des Aktienrechts zuwider, drücke das gesetzlich gewährleistete Recht der Aktionäre, durch ihr Stimmrecht auf die Verwaltung und auf die Überwachung der Geschäftsführung der Gesellschaft einzuwirken, zur völligen Bedeutungs- und Einflußlosigkeit herab und spiele der Verwaltung durch die Stimmenübermacht der Vorzugs- und Vorratsaktien ohne nennenswerte Kapitaleinlage und ohne Kapitalrisiko die absolute Herrschaft über die Gesellschaft in die Hand; denn die Verwaltung verfüge nunmehr über 150668 Stimmen gegenüber den 100000 Stimmen der alten Stammaktionäre. Durch die Begebung der jungen Stammaktien zum Nennwert bei einem um das Mehrfache höheren

Börsenkurs der alten Aktien und durch die volle Dividendenberechtigung trotz einer nur 25%igen Einzahlung fielen den neuen Stammaktionären zum Schaden der alten auch geldlich ganz erhebliche Vorteile zu. Irgendwelche sachliche Gründe für eine solche Entrechtung und Knebelung der übrigen Stammaktionäre bestünden nicht. Die von der Verwaltung ins Feld geführten Umstände (drohende innere Überfremdung, Bedrohung der Selbständigkeit und Unabhängigkeit der Gesellschaft, Vorkehrung für zu erwartenden Kapitalbedarf) träfen nicht zu. Der Kläger zu 1 hat sich sodann noch darauf berufen, daß bei dem Beschluß Banken als Legitimationsaktionäre für Depotaktien auf Grund einer in ihren allgemeinen Geschäftsbedingungen enthaltenen Ermächtigung mitgestimmt hätten. Die Beklagte hat geltend gemacht, die gefaßten Beschlüsse lägen durchaus im Interesse der Beklagten und ihrer Aktionäre und seien nötig gewesen, um die Unabhängigkeit der Beklagten und ihrer finanziellen Grundlagen sicherzustellen; von einer Entrechtung, Knebelung oder geldlichen Schädigung der Stammaktionäre könne keine Rede sein.

Die Klage wurde in den Vorinstanzen abgewiesen. Die Revision der Kläger hatte keinen Erfolg.

Gründe:

Beide Vordergerichte halten die durch den angegriffenen Beschluß getroffenen Maßnahmen auf Schaffung weiterer Vorzugsaktien sowie von Vorratsaktien und Schutzaktien unter Ausschluß des allgemeinen Bezugsrechts der Aktionäre für zulässig und verneinen das Vorliegen eines Verstoßes gegen die guten Sitten. Sie gehen davon aus, daß nach geltendem Recht die Schaffung von Vorzugs-, Mehrstimmrechts- und Vorratsaktien und der Ausschluß des gesetzlichen Bezugsrechts der Aktionäre statthaft sei, prüfen sodann im Anschluß an die in der Rechtsprechung des Reichsgerichts entwickelten Grundsätze die Frage, ob etwa im Hinblick auf die sich aus dem Zusammenhalt der einzelnen Maßnahmen ergebende Wirkung für die Gesellschaft selbst und die nicht zur Mehrheit gehörigen Aktionäre, auf Beweggründe und Zweck des Vorgehens der Mehrheit ein Verstoß gegen die guten Sitten vorliege, und gelangen in Würdigung der Begleitumstände zu dem Ergebnis, daß nirgends ein solcher Verstoß ersichtlich sei.

Die Revision greift zunächst die Frage der Zulässigkeit von Vorrats- und Schutzaktien auf und macht weiter geltend: während bisher das Stimmenverhältnis von Herrschafts- und Stammaktien 84000 :

100000 gewesen sei, stünden nunmehr den 100000 Stimmen der Stammaktionäre 150668 Stimmen der Verwaltung gegenüber, wobei der Gesellschaft aus der Kapitalerhöhung nur rund 2540000 RM zugeflossen seien. Zur Rechtfertigung dieses in die Rechte der Aktionäre aufs tiefste eingreifenden Beschlusses habe die Verwaltung auf Gefahren hingewiesen, die sich für die Selbständigkeit und Unabhängigkeit der Gesellschaft aus dem zu befürchtenden Übergewicht ortsfremder Interessen und aus den zu erwartenden Organisationsänderungen ergeben würden. Die Kläger hätten dem mit Recht entgegengehalten, daß für berechtigte Zwecke der Gesellschaft eine solche Erweiterung der Macht der Verwaltung nicht nötig gewesen sei, da ihr ohnehin schon ausreichende Mittel zur Verfügung gestanden hätten. Hieran könne auch der Hinweis darauf nichts ändern, daß das bisherige Stimmenverhältnis bei Kapitalerhöhungen und anderen wichtigen Gegenständen der Verwaltung nicht ausreichend gewesen sei. Keinesfalls sei eine derartige Machtverschiebung zum Nachteil der Gesamtheit der Stammaktionäre notwendig gewesen. Denn nunmehr seien die alten Stammaktionäre mit ihren 100000 Stimmen völlig machtlos; die Verwaltung sei unabsetzbar, die Generalversammlung nur Formsache, ihre Zustimmung oder ihr Widerstand völlig belanglos. Dieser Zustand sei gesetzwidrig; der Sache nach seien die Aktionäre auf die Stufe von Obligationären mit Gewinnbeteiligung heruntergedrückt. Der Zweck des Beschlusses sei denn auch in Wirklichkeit nur gewesen, die derzeitige Verwaltung zu verewigen und die Aktionäre ihres Einflusses auf sie zu berauben.

Soweit die Revision die Möglichkeit der Schaffung von sog. Vorrats- und Schutzaktien überhaupt in Zweifel zieht, kann sie von vornherein keinen Erfolg haben. Nach dem geltenden Recht sind, wie in der Rechtsprechung des Reichsgerichts (RGZ. Bd. 113 S. 188) anerkannt und durch die Vorschriften der Goldbilanzverordnung mit Durchführungsverordnungen bestätigt ist, gegen die Zulässigkeit solcher Aktien keine rechtlichen Bedenken zu erheben. Ob und inwieweit es im Hinblick auf zutage getretene Mißstände etwa als zweckmäßig oder geboten erscheint, in der einen oder anderen Richtung gewisse besondere Sicherungen und Schranken zu schaffen, ist ein Problem der Gesetzgebung. Allerdings geht das geltende Recht von dem Grundsatz der Gleichberechtigung der Aktionäre und weiterhin davon aus, daß an und für sich das Stimmrecht und damit die Herrschaftsmacht der Aktionäre sich nach der Kapitalbeteiligung und dem Kapitalrisiko richten (§ 252 Abs. 1 Satz 1 und 2 HGB.). Allein diese Grundsätze sind in doppelter Richtung durchbrochen. Einmal ist die Ausgabe von Aktien mit Mehrstimmrecht statthaft, und zwar ohne Rücksicht auf die durch diese Aktien verkörperte Kapitalbeteiligung; namentlich fehlt es an jeder Vorschrift dahin, daß das Stimmrecht solcher Aktiengattungen in einem bestimmten Verhältnis zu dem der Kapitalaktien stehen müsse und deren Stimmrecht nicht erreichen oder übersteigen dürfe. Sodann kann der Einfluß der Kapitalbeteiligung dadurch weitgehend zurückgedrängt werden, daß satzungsgemäß ein einzelner Aktionär, mag im übrigen sein Aktienbesitz und damit seine Kapitalbeteiligung noch so groß sein, über eine bestimmte Anzahl von Stimmen und damit über ein gewisses Maß von Herrschaftsmacht nicht hinauskommen kann (§ 252 Abs. 1 Satz 3 HGB.). Das Gesetz hat demnach, und zwar offensichtlich bewußt, einer anderweitigen Regelung und Verteilung der Stimm- und Herrschaftsrechte weitgehenden Spielraum gelassen und die Entscheidung über die Stimmen- und Machtverteilung, von gewissen Sondervorschriften abgesehen, im Rahmen des allgemeinen Rechts der Beschlußfassung der Generalversammlung und damit ihrer jeweiligen Mehrheit anheimgestellt. Diese aktienrechtlichen Sondervorschriften gehen im wesentlichen einmal dahin, daß für gewisse Beschlüsse eine besonders große Mehrheit, sei es des vertretenen Kapitals oder des Grundkapitals überhaupt, erforderlich ist, insoweit also der Einfluß der Kapitalbeteiligung unter allen Umständen wirksam wird; zum andern dahin, daß gewisse Rechte schon einer Kapitalminderheit zustehen und daß jeder einzelne Aktionär mit der Anfechtungsklage die Gesetz- und Satzungsmäßigkeit der gefaßten Beschlüsse der richterlichen Nachprüfung unterstellen kann. Überdies bleibt es der Aktiengesellschaft und damit der jeweiligen Mehrheit überlassen, im Rahmen der Satzung und des gemeinen Rechts die Machtbefugnisse der einzelnen Aktiengattungen zueinander abzustufen. Das Stimmrecht und die Stimmenmacht einer einzelnen Aktiengattung kann sonach trotz unverhältnismäßig geringer Kapitalbeteiligung die Stimmen anderer Aktiengattungen erreichen oder übersteigen. Daß dies nicht auch gegenüber den Stammaktien zulässig wäre, ist nirgends gesagt.

Im Einzelfall kann daher, was die Machtverteilung angeht, der Einfluß der Stammaktionäre weit zurückgedrängt sein, sodaß sie tatsächlich auf die Geschicke der Gesellschaft im allgemeinen wenig mehr einwirken können und im wesentlichen auf die Geltendmachung gewisser unentziehbarer Minderheitsrechte und Aktionär-Sonderrechte beschränkt sind. Gerade diese letzteren Befugnisse, von denen namentlich das Anfechtungsrecht aus § 271 HGB. ein sehr einschneidender, praktisch keineswegs bedeutungsloser Rechtsbehelf ist (RGZ. Bd. 107 S. 72, Bd. 108 S. 41, Bd. 112 S. 14), begründen aber immer noch wesentliche Unterschiede in der Rechtsstellung der Aktionäre gegenüber den gewinnbeteiligten Obligationären. Daß hier den jungen Vorzugsaktien ein höheres Stimmrecht beigelegt ist, begegnet um so weniger einem rechtlichen Bedenken, als sie im Hinblick auf die Übertragbarkeit (Namensaktien) und die Gewinnbeteiligung rechtliche Verschiedenheiten gegenüber den Stammaktien aufweisen und so zweifellos eine besondere Aktiengattung darstellen, wie dies § 252 Abs. 1 S. 4 HGB. fordert. Wohl geht das Gesetz von dem Bezugsrecht der Aktionäre aus; es läßt aber dessen Beseitigung durch Generalversammlungsbeschluß ohne besondere Voraussetzungen zu. In der Begebung der jungen Aktien hat sodann, wenn das gesetzliche Bezugsrecht der Aktionäre ausgeschlossen ist, grundsätzlich wiederum die Generalversammlung, und, falls sie keine Bestimmung trifft, die Verwaltung freie Hand. Eine gesetzliche Beschränkung dahin, daß diese Aktien nicht an Mitglieder der Verwaltung oder an Dritte gegeben werden dürften, die der Verwaltungsgruppe nahe oder unter ihrem Einfluß stehen, ist nirgends getroffen und kann auch nicht aus dem sonstigen Gesetzesinhalt gefolgert werden.

Sind sonach die beschlossenen Einzelmaßnahmen als solche an und für sich zulässig, so bleiben sie dies beim Fehlen einer anderweitigen Norm auch in ihrer Verbindung. Rechtlich ohne Belang ist es endlich, daß von den Möglichkeiten, wie sie § 252 Abs. 1 S. 3 und 4 und § 282 Abs. 1 HGB. vorsehen, infolge der Umgestaltung der wirtschaftlichen Verhältnisse in der Kriegs- und Nachkriegszeit viel häufiger Gebrauch gemacht wird als früher, ja daß eine Rechtsgestaltung dieser Art nun zur Regel geworden ist. Daß im Fluß der wirtschaftlichen Entwicklung Rechtssätze und Rechtseinrichtungen von zunächst mehr untergeordneter Bedeutung mehr und mehr in den Vordergrund treten und beherrschenden, den Charakter ganzer Rechtsgebilde bestimmenden Einfluß gewinnen, ist nichts Ungewöhnliches und ändert an der Rechtsgrundlage selbst nichts.

Nach alledem kann nur in Frage kommen, ob den Beschlüssen, die gesetzmäßig zustande gekommen sind und inhaltlich an und für sich den aktienrechtlichen Vorschriften nicht zuwiderlaufen, die rechtliche Anerkennung deshalb zu versagen ist, weil sie etwa gegen die guten Sitten verstoßen. Die Kläger machen geltend, das sei hier der Fall. Sie behaupten, es habe sich nicht sowohl um eine durch sachliche Gründe gerechtfertigte Sicherungsmaßnahme für die gedeihliche Fortentwicklung der Gesellschaft gehandelt, als um die rücksichtslose Verfolgung eigennütziger Machtinteressen der Verwaltung und der derzeitigen Mehrheit zum Nachteil der Minderheit und der Gesellschaft als solcher.

Zuzugeben ist, daß, wenn dies richtig wäre, die Beschlüsse wegen Verstoßes gegen die guten Sitten nichtig sein würden. Für eine solche Sittenwidrigkeit bietet aber das Vorbringen der Kläger nach den getroffenen Feststellungen keinen genügenden Anhalt. Die Revision weist darauf hin, daß die bisherigen Herrschaftsaktien der Verwaltung ohnehin schon genügt hätten, um allen Interessen der Beklagten gerecht zu werden und insbesondere der Gefahr der inneren Überfremdung mit Erfolg zu begegnen. Demgegenüber versage auch der Hinweis des Berufungsgerichts auf die Lage bei Beschlüssen über Kapitalerhöhungen und andere wichtige Gegenstände der Verwaltung. Richtig ist, daß die Bestimmungen der Satzung hinsichtlich einer ganzen Reihe von Beschlüssen, die für den Bestand, die Eigenart und die Selbständigkeit der Gesellschaft von Belang sind, weitgehende Sicherungen schaffen, die ausreichen, jede unmittelbare Gefahr abzuwenden. Positive Beschlüsse können zu diesen Punkten nicht gegen die Stimmen der bisherigen Herrschaftsaktien gefaßt werden. Allein diese besonderen Sicherungen beschränken sich auf ganz bestimmte Fälle und, soweit die Selbständigkeit der Gesellschaft in Frage steht, auf den Schutz vor Überfremdung durch ausländische Unternehmer. Nun ist allerdings in der Satzung weiterhin vorgesehen, daß zur Rechtswirksamkeit aller Beschlüsse der Gesellschaft zunächst übereinstimmende, in getrennter Abstimmung zu fassende Beschlüsse der Inhaber der Stamm- und der Vorzugsaktien nötig sind, und daß, wenn eine solche Übereinstimmung nicht zu erzielen ist, gemeinsame Abstimmung stattzufinden hat. Bei dieser gemeinsamen Abstimmung würden aller Voraussicht nach die bisherigen Vorzugsaktien wegen ihrer Stimmenmacht und wegen des Umstands, daß sie in der Regel vollzählig vertreten wären (während von den Stammaktien immer ein mehr oder weniger großer Teil unvertreten bliebe), auch für die Fassung positiver Beschlüsse den Ausschlag geben. Daran ist um so weniger zu zweifeln, als die der Verwaltung nahestehenden Kreise erfahrungsgemäß stets auch über einen nicht unbeträchtlichen Teil der Stammaktien verfügen. Allein mit Recht hat das Berufungsgericht darauf hingewiesen, daß diese Sicherungen in der Frage der Stärkung und des weiteren Ausbaues der finanziellen Mittel der Gesellschaft versagen. Zu Kapitalerhöhungen genügt zwar satzungsgemäß die einfache Mehrheit des bei der Beschlußfassung vertretenen Aktienkapitals jeder einzelnen Gattung. Ein Durchstimmen der Stamm- und Vorzugsaktien, wie es die Satzung sonst vorsieht, ist aber insoweit wegen der Vorschrift des § 278 Abs. 2 HGB. ausgeschlossen. Demnach ist zwar ein Erhöhungsbeschluß gegen die Herrschaftsaktien nicht möglich, ebensowenig aber auch gegen die Stimmen der Stammaktien. Es liegt indessen auf der Hand, daß gerade der finanzielle Ausbau und die finanzielle Rüstung der Gesellschaft von ausschlaggebender Bedeutung für ihre Selbständigkeit und Unabhängigkeit sein können und daß insofern eine Sperrmehrheit innerhalb der Stammaktien über alle anderen Sicherungen hinweg die Lebensfähigkeit oder jedenfalls eine gedeihliche Weiterentwicklung der Gesellschaft unterbinden kann. Dieser Punkt ist, zumal bei den völlig ungewissen und unsicheren, rasch wechselnden Verhältnissen auf dem Geld- und Kreditmarkt, wie sie seit Jahren bestehen und aller Voraussicht nach noch geraume Zeit bleiben werden, allerdings von lebenswichtiger, ausschlaggebender Bedeutung für die Beklagte. Wenn deshalb die Verwaltung und mit ihr die Mehrheit der Aktionäre auch insofern Schutz- und Abwehrmaßnahmen gegen etwaige Gefahren unter Ausnützung der gebotenen gesetzlichen Möglichkeiten getroffen und dies auch durch Schaffung von Vorrats-Stammaktien getan haben, so ist darin wiederum kein Verstoß gegen die guten Sitten zu finden. Dies liegt vielmehr durchaus in der Linie der sonstigen Satzungs-Vorschriften der Beklagten, die ganz offensichtlich unter weitgehender Zurückdrängung von Sonderinteressen der Aktionäre auf möglichste Sicherung des Unternehmens als solchen und auf Erhaltung seiner Bodenständigkeit und Eigenart gerichtet sind. Das gewählte Mittel, Schaffung von weiteren Herrschaftsaktien, ist überdies dasselbe, das schon ohnehin die Satzung, wenigstens in der Form von Vorzugsaktien, in weitem Umfang für diesen Zweck vorgesehen hat. Daß unter der Macht der Herrschaftsaktien die Interessen der Beklagten und der Aktionäre im ganzen bisher irgendwie zu Schaden gekommen seien und daß die Mehrheit und die Verwaltung mit diesem Machtmittel unter Hintansetzung der Gesellschaftsinteressen irgendwie Mißbrauch getrieben hätten, behaupten die Kläger selbst nicht. Sie haben im Gegenteil nicht in Abrede gestellt, daß die Entwicklung der Gesellschaft im Innen- und Außenverhältnis, vollends im Hinblick auf die Zeitverhältnisse, günstig und für die Aktionäre befriedigend und nutzbringend gewesen ist. Die durch keinerlei Tatsachen unterstützte und nach dem bisherigen Verlauf der Dinge unwahrscheinliche bloße Möglichkeit eines künftigen Mißbrauchs mit den neugeschaffenen Herrschaftsaktien reicht aber nicht aus, um die Machterweiterung der bisherigen Mehrheit oder der Verwaltung als unvereinbar mit den guten Sitten zu bezeichnen. Diese Verstärkung und Erweiterung der Macht der Mehrheit ist, sofern sie nur zur Förderung des Wohles der Gesellschaft geschah, auch nicht um deswillen sittenwidrig, weil hierdurch der Einfluß der Stammaktionäre weit zurückgedrängt wurde (RGZ. Bd. 108 S. 322, Bd. 113 S. 188). Daß die Beklagte in absehbarer Zeit erheblichen neuen Kapitalbedarf haben wird, stellt das Berufungsgericht einwandfrei fest. Ob dem Bedürfnis auch noch in anderer Weise als gerade durch die Schaffung von neuen Herrschaftsaktien hätte genügt werden können, kommt nicht entscheidend in Betracht. Der von der Mehrheit gewählte Weg einer gleichzeitigen Machterweiterung durch Stimmrechtsaktien war jedenfalls der sichere auch mit Rücksicht auf etwaige zukünftige weitere Bedürfnisse der Gesellschaft. Sodann nimmt der Vorderrichter mit Recht an, daß tatsächlich die Mehrheit nicht ohne Grund Gefahren für die Verfassung und den Bestand der Beklagten im bisherigen Sinne befürchtete. Zunächst weist schon die Tatsache, daß trotz der besonderen Wichtigkeit der Tagesordnung und obwohl die Verwaltung unter Hinweis darauf dringend zum Besuch der Generalversammlung aufgefordert hatte, nur rund $^2/_3$ der Stammaktien vertreten waren, darauf hin, daß die Aktien der Beklagten zu einem erheblichen Teil in Kleinbesitz sind. Dies bestätigt auch ein Blick in die Anwesenheitsliste der Generalversammlung. Es liegt auf der Hand, daß sich bei dieser Sachlage ein Mehrheitswechsel durch planmäßigen Aktienaufkauf, der ohnehin durch die allgemeinen Geldmarktverhältnisse und die häufigen starken Schwankungen auf dem Aktienmarkt wesentlich erleichtert wurde, viel eher ins Werk setzen ließ, als wenn sich die Aktien hauptsächlich fest auf wenige kapitalkräftige Hände verteilt hätten. Sodann ergibt die Anwesenheitsliste weiter, daß zwei auswärtige Aktionäre über Aktienpakete verfügten, die jeden andern Einzelbesitz um ein mehrfaches überstiegen und zusammen genommen schon rund 40% des vertretenen Stammkapitals umfaßten. Wenn hiernach die Verwaltung und ihr folgend die Mehrheit auf das Bestehen von Absichten und Plänen geschlossen haben, die sich gegen die Beklagte in ihrem seitherigen Bestand richteten, so geschah dies nicht ohne Grund.

Für die Verwaltung und das Übernahme-Konsortium waren mit dem Erwerb der jungen Stammaktien keine wegen ihres Umfangs bedenklichen Vermögensvorteile verbunden. Im Ermächtigungsbeschluß ist gesagt, daß die dem Übernahme-Konsortium zu treuen Händen überlassenen Aktien im Interesse der Beklagten zu verwerten seien. Dieser der freien Auslegung des Revisionsgerichts zugängliche Beschluß kann nur dahin verstanden werden, daß der bei Weiterverwertung der Aktien erzielte Erlös über pari, unbeschadet der üblichen Provision des Konsortiums, der Beklagten zufließen soll, und zwar auch insoweit, als die alten Stammaktionäre von ihrem Bezugsrecht Gebrauch machen. Die Auffassung des Berufungsgerichts, daß der Betrag des Unterschieds zwischen Nennwert oder Übernahmepreis und Bezugspreis im Fall der Weiterverwertung dem Übernahme-Konsortium zufalle, ist mit dem Inhalt des Erhöhungsbeschlusses nicht vereinbar. Das Interesse der Gesellschaft und damit der Aktionäre in ihrer Gesamtheit ist insofern besonders gewahrt worden, als vereinbarungsgemäß auf die nicht voll bezahlten jungen Aktien nur die dem eingezahlten Betrag entsprechende Dividende entfällt. Den Belangen der alten Stammaktionäre wird dadurch Rechnung getragen, daß für sie eine im Hinblick auf den Kursstand der Aktien günstige Bezugsmöglichkeit festgesetzt ist. Der angegriffene Beschluß enthält auch nichts über eine Bindung in der Ausübung des Stimmrechts mit den neuen Aktien; nach der Feststellung des Berufungsgerichts sind ihre Inhaber nicht willenlose Werkzeuge der Verwaltung, sondern zu deren Überwachung fähig und berufen. Somit bleibt nur der Machtzuwachs bei der bisherigen Mehrheit. Er stellt aber keinen bei der Frage der Sittenwidrigkeit zu berücksichtigenden geldlichen Vorteil dar (RGZ. Bd. 113 S. 196).

Die Stimmenmacht der jungen Stammaktien beträgt im übrigen nur 25% des neuen Stammaktien-Kapitals, und am Gesamtstimmenverhältnis der Stamm- und der Vorzugsaktien ändert sich im Falle der in Aussicht genommenen Weiterverwertung im Grunde nur wenig. Es stehen dann beim Durchstimmen den 133334 Stimmen der Stammaktien insgesamt 117334 Stimmen der Vorzugsaktien gegenüber (statt des bisherigen Verhältnisses 100000 : 84000). Im ganzen genommen läßt sich daher nicht feststellen, daß das Vorgehen der Mehrheit, die in der Generalversammlung nach ausgiebiger Erörterung des Für und Wider der Verwaltung gefolgt ist, rechtsmißbräuchlich und damit sittenwidrig gewesen sei.

---

52. 1. Woraus ist zu entnehmen, nach welchem Recht die Vertragschließenden ihre Beziehungen regeln wollten?

2. Verstößt die Anwendung eines fremden Rechts, das Aufwertung nur in Ausnahmefällen zuläßt, gegen die guten Sitten oder gegen den Zweck eines deutschen Gesetzes?

EG. z. BGB. Art. 30.

I. Zivilsenat. Urt. v. 14. Dezember 1927 i. S. Mi. u. Gen. (Kl.) w. Ma. u. Gen. (Bekl.). I 144/27.

I. Landgericht Dresden.
II. Oberlandesgericht daselbst.

Die Beklagten sind deutsche Staatsangehörige und Mitinhaber der Firma H. & D., die ihre Niederlassung in Schönlinde in der Tschechoslowakei hat. Der Erblasser der Kläger Ernst K. hatte im Jahre 1859 seinem Onkel Karl D. ein Darlehen von einigen Tausend Mark gegeben; das Geld stammte aus einer dem K. angefallenen Erbschaft. Die Urkunden über das Darlehen sind in Leipzig ausgestellt worden; K. war anscheinend Sachse, jedenfalls Deutscher. Im Jahre 1867 übernahm die Firma H. & D. in Schönlinde diese Schuld, wobei ausgemacht wurde, daß die Zinsen an jedem Jahresschluß auf 8% ergänzt werden sollten. K. wurde sodann Prokurist der Firma H. & D. Gleichzeitig wurde ihm ein Konto in Markwährung angelegt, das bis zu seinem Ausscheiden, angeblich im Jahre 1909, weitergeführt wurde. Es wies damals einen Betrag von über 200000 *M* auf. Der Mehrbetrag stammte aus Rücklagen seines Gehalts. Auch nach dem Ausscheiden des K. wurde das Konto weitergeführt, bis K. am 6. März 1922 verstarb. Damals betrug sein Guthaben 228000 *M*. Er hat die vier Kläger zu Erben eingesetzt. Sie verlangen von den Beklagten als Mitinhabern der Firma H. & D. Aufwertung und klagen auf Zahlung von zunächst 6000 *RM*.

Die Beklagten lehnen die Aufwertung ab. Sie berufen sich darauf, daß das Rechtsverhältnis nach tschechoslovakischem Rechte zu beurteilen sei, dieses aber eine Aufwertung nicht kenne. Sie weisen weiter darauf hin, daß es sich um eine Forderung aus laufender Rechnung handle, die auch nach deutschem Rechte nicht aufzuwerten sei.

Das Landgericht gab der Klage statt. Das Oberlandesgericht wies sie ab. Die Revision der Kläger blieb erfolglos.

Gründe:

Das Berufungsgericht nimmt an, daß das Rechtsverhältnis der Parteien dem tschechoslovakischem Recht unterstehe. Schuldverhältnisse seien nach dem Recht zu beurteilen, dem die Vertragsteile sich unterworfen hätten. Dem ständen nicht die §§ 6 und 20 des beim ursprünglichen Vertragsschluß in Sachsen in Geltung gewesenen sächsischen Bürgerlichen Gesetzbuchs entgegen. Sowohl die Firma wie der Erblasser der Kläger hätten den Willen gehabt, ihr Rechtsverhältnis dem in Schönlinde geltenden Rechte zu unterwerfen. Daran werde nichts durch den Umstand geändert, daß das Konto des K. in deutscher Reichswährung geführt worden sei. Es komme mithin tschechoslovakisches Recht zur Anwendung, und zwar nicht nur gegenüber der Firma, sondern auch gegenüber den beiden beklagten Mitinhabern der Firma; denn deren Haftung leite sich nur aus ihrer Mitinhaberschaft her. In der Tschechoslovakei gelte noch das allgemeine österreichische Bürgerliche Gesetzbuch. In eingehenden Ausführungen legt sodann das Berufungsgericht dar, daß nach diesem Gesetzbuch ebenso wie nach der Rechtsprechung des tschechoslovakischen Obersten Gerichtshofs in Brünn die Aufwertung einer Markforderung nicht anerkannt werde.

Hiergegen erhebt die Revision folgende Bedenken. Sie macht geltend, daß deutsches Recht zur Anwendung komme, und weist zur Begründung darauf hin, daß K. in Deutschland seinem Onkel das Darlehen gegeben habe, mit dem dieser dann im Verein mit anderen deutschen Teilhabern die Firma in Österreich gegründet habe, daß gegen die Gesellschafter die ursprüngliche Forderung ihrem Charakter nach in vollem Umfang in Kraft geblieben sei, daß endlich die Schuld von vornherein und auf die Dauer in deutscher Währung ausgedrückt worden sei. Alles dieses zeige den Willen der Vertragschließenden, sich dem deutschen Rechte zu unterwerfen. In zweiter Reihe macht die Revision geltend, daß die Anwendung eines Rechts, das jegliche Aufwertung versage, gegen die guten Sitten und den Zweck der deutschen Gesetzgebung verstoße. Das deutsche Recht halte grundsätzlich eine Aufwertung aus sittlichen Gründen für berechtigt. Das Recht der Tschechoslovakei dagegen stehe grundsätzlich auf dem entgegengesetzten Standpunkt, wenngleich es in Ausnahmefällen eine Aufwertung zulasse. Die Anwendung eines solchen Rechts durch deutsche Gerichte widerspreche dem Sinne des deutschen Rechts.

Diese Bedenken vermögen das Urteil des Berufungsgerichts nicht zu erschüttern.

Zunächst ist mit Recht angenommen worden, daß der Erblasser der Kläger K. und der verstorbene Gründer der Firma H. & D. das zwischen ihnen entstandene Rechtsverhältnis dem österreichischen Rechte haben unterstellen wollen. Allerdings ist das Darlehen, das K. dem D. gewährt hat und das den Grund zu ihrer geschäftlichen Verbindung gelegt hat, in Deutschland gegeben worden. Ebenso sind die ersten Abrechnungen in Deutschland aufgestellt worden. Auch waren beide Personen von Abstammung und jedenfalls zunächst Deutsche. Aber schon im Jahre 1864 ist eine Vereinbarung, die zwischen ihnen getroffen wurde, aus Zyrardow datiert; die Übernahme der Schuld des D. auf die Firma ist 1867 in Schönlinde vereinbart worden. Das zeigt, daß beide Vertragsteile damals schon ihren Wohnsitz in Böhmen hatten oder sich wenigstens dort aufhielten. Daran ist im weiteren Verlauf nichts geändert worden; beide sind die langen Jahre bis zu ihrem Tode in Schönlinde verblieben. Der Mittelpunkt ihrer geschäftlichen Tätigkeit lag in Böhmen; K. war Prokurist der Firma des D. in Schönlinde. Dort besaß er eine Villa, dort hat er sein Testament gemacht, seine Tochter ist in Windisch-Kannitz verheiratet. Auf Grund aller dieser Umstände kann nach dem zu vermutenden Willen beider Personen nur angenommen werden, daß sie ihre Rechtsverhältnisse nach dem am Orte ihres Wohnsitzes geltenden Rechte regeln wollten. Demgegenüber ist dem Umstand kein Gewicht beizulegen, daß das Konto des K., auf dem sein Gehalt verbucht wurde, bei der Firma in deutscher Währung geführt worden ist. Das kann auf äußerlicher Gewohnheit beruhen; jedenfalls zwingt dieser vereinzelte Umstand nicht zu der Annahme, daß für die Vertragsteile deutsches Recht gelten solle. Die Revision beruft sich darauf, daß die Forderung des K. jedenfalls ursprünglich dem deutschen Recht unterstanden habe und daß sie späterhin in derselben Art in Kraft geblieben sei. Dem ist jedoch nicht zuzustimmen. Die Forderung der Kläger gegen die Beklagten leitet sich allein aus der Eigenschaft der letzteren als Mitinhaber der in der jetzigen Tschechoslovakei ansässigen Handelsgesellschaft her. Daß die Beklagten auch als Erben des D. für die Zahlung einer persönlich gegen diesen gerichteten Forderung zu haften hätten, ist weder in den Instanzen unter Angabe von Tatsachen geltend gemacht worden, noch irgendwie aus der Sachlage ersichtlich. Haften aber die Beklagten nur als Mitinhaber der Firma, so untersteht die gegen sie geltend gemachte Forderung demselben Rechte wie die Forderung gegen die Gesellschaft.

Die Revision macht weiter geltend, daß das tschechoslovakische Recht nach Art. 30 EG. z. BGB. auf den Streitfall keine Anwendung finden könne. Das Berufungsgericht habe festgestellt, daß jenes Recht keine Aufwertung kenne. Eine solche Rechtsnorm verstoße grundsätzlich gegen die deutschen Rechtsanschauungen. Auch dieser Ausführung der Revision kann nicht zugestimmt werden. Art. 30 bestimmt, daß die Anwendung eines ausländischen Gesetzes ausgeschlossen ist, wenn die Anwendung gegen die guten Sitten oder gegen den Zweck eines deutschen Gesetzes verstoßen würde. Nun hat das Berufungsgericht in einer für die Revisionsinstanz bindenden Weise festgestellt, daß nach tschechoslovakischem Recht die Aufwertung grundsätzlich verneint, ja als gesetzwidrig bezeichnet und nur in bestimmten Fällen zugelassen wird. Von vornherein ist klar, daß die Anwendung eines Rechts, das eine Aufwertung nur in Ausnahmefällen zuläßt, den guten Sitten, wie sie in Deutschland aufgefaßt werden, nicht widerspricht. Es kommt also nur in Frage, ob die Anwendung gegen den Zweck eines deutschen Gesetzes verstoßen würde. Auch das muß verneint werden. Nach der einmütigen Ansicht der deutschen Rechtslehre unterliegt es Schwierigkeiten, den Begriff eines Verstoßes gegen den Zweck eines Gesetzes eindeutig zu bestimmen (Zitelmann Internat. Privatr. Bd. I S. 369flg.; Niedner, Komm. zum EinfGes. Art. 30 Anm. 5flg.). Die Begriffsbestimmung eines solchen Verstoßes ist nicht aus dem Begriff des „ordre public“ zu entnehmen, wie früher vielfach versucht wurde, auch nicht aus dem etwa zwingenden Charakter eines deutschen Gesetzes. Vielmehr läßt sich eine Entscheidung nur von Fall zu Fall treffen. Die Rechtsprechung des Reichsgerichts nimmt ausnahmslos an, daß die Rechtsfolgen eines Zusammenstoßes ausländischer Schiffe, namentlich in deutschen Gewässern, nach deutschem Rechte zu beurteilen sind (RGZ. Bd. 19 S. 12, Bd. 29 S. 91). Dagegen ist beispielsweise das Verbot, eine Vollmacht als unwiderruflich anzusehen, nicht als eine „Prohibitivnorm im Sinne des internationalen Privatrechts" erachtet worden (RGZ. Bd. 30 S. 124). Die Entscheidung RGZ. Bd. 106 S. 84 sagt, daß die Vorschrift eines ausländischen Rechts über die Unverjährbarkeit einer Forderung innerhalb eng begrenzter Voraussetzungen nicht unter Art. 30 fällt. Gleiches ist in RGZ. Bd. 95 S. 272 für abweichende ausländische Vorschriften über Namensführung angenommen worden. Endlich ist in den Urteilen RGZ. Bd. 60 S. 296, Bd. 73 S. 368, Bd. 93 S. 182, Bd. 110 S. 175 der Sinn des Art. 30 dahin entwickelt worden, daß keinesfalls eine wenn auch grundsätzliche Verschiedenheit der einheimischen Gesetze und des ausländischen Gesetzes genüge; vielmehr müsse der Unterschied der staatspolitischen oder sozialen Anschauungen so erheblich sein, daß durch Anwendung des ausländischen Rechts die Grundlagen des deutschen staatlichen oder wirtschaftlichen Lebens angegriffen würden. Für die Entscheidung des vorliegenden Falles kommt in erster Reihe in Betracht, daß die Regelung der Frage der Aufwertung nur nach den inneren Verhältnissen des einzelnen Landes getroffen werden kann. In Deutschland ist man der Einführung der Aufwertung erst näher getreten, als der Sturz der Währung so rasche Fortschritte machte, daß ein Gläubiger bei Rückzahlung einer nicht sofort fälligen Forderung nur einen Bruchteil von ihrem wahren Wert erhielt. Wenn ein ausländischer

Staat, dessen Währung keinen so starken Fall erlebt hat, sich nicht veranlaßt sieht, die Aufwertung einzuführen, so können dagegen vom Standpunkt der deutschen Auffassung keinerlei Bedenken erhoben werden. Wie hieraus ohne weiteres folgt, sind dann auch keine Bedenken dagegen zu erheben, daß deutsche Gerichte bei der Beurteilung von Fällen, die nach deutschem Gesetz einem keine Aufwertung kennenden Recht unterstehen, dieses fremde Recht anwenden; das verstößt nicht gegen den Zweck eines deutschen Gesetzes, steht vielmehr in Übereinstimmung mit der Auffassung, daß jeder Staat Aufwertungsfragen nur nach den Notwendigkeiten seiner Lage regeln kann. Diese Folgerung würde nicht dem geringsten Zweifel unterliegen, wenn beide Parteien Angehörige des fremden Staates wären. Es ändert aber auch nichts an der Beurteilung, daß hier die Beklagten Deutsche sind. Allerdings widerspricht es dem deutschen sozialen Empfinden, wenn eine Forderung, die aus Rücklagen eines Arbeitnehmers bei seinem Arbeitgeber hervorgegangen ist, auf ein Nichts zurückgeführt werden soll. Aber diese Folge leitet sich allein daraus her, daß der Staat, dem die Kläger angehören, es nicht für geboten erachtet hat, Vorsorge für die Rückzahlung einer in ausländischer Währung ausgedrückten Forderung zu treffen. Wenn das in einem einzelnen Falle für die Angehörigen jenes Staates ungünstig wirkt, so läßt sich doch nicht schon um deswillen sagen, daß die Anwendung seines Rechts dem Zweck eines deutschen Gesetzes widerspricht. Letzteres kann um so weniger gelten, als es sich hier um eine Forderung aus einer laufenden Rechnung handelt und das deutsche Recht solchen Forderungen grundsätzlich — allerdings abgesehen von einer gerade hier zutreffenden Ausnahme — auch seinerseits die Aufwertung versagt. Sonach unterliegt die Anwendung des tschechoslovakischen Rechts im Streitfalle keinem Bedenken. Da dieses nach der bereits erwähnten verbindlichen Feststellung des Berufungsgerichts eine Aufwertung der eingeklagten Forderung nicht kennt, ist die Klage mit Recht abgewiesen worden.

53. Welche Rechte stehen dem Vermieter nach Ablauf der Ausschlußfrist des § 561 Abs. 2 BGB. gegen denjenigen zu, der die Pfandstücke aus dem vermieteten Grundstück weggeschafft und veräußert hat?

BGB. §§ 559, 561, 823 Abs. 1, 812, 816, 1247, 276. ZPO. § 805.

VI. Zivilsenat. Urt. v. 15. Dezember 1927 i. S. Deutsches Reich (Kl.) w. D. u. R.-Bank (Bekl.). VI 209/27.

I. Landgericht Bremen.
II. Oberlandesgericht Hamburg.

Durch einen später ergänzten Vertrag vom 13. Februar 1924 vermietete der Kläger ein in W. gelegenes Gelände an die Aktiengesellschaft in Firma B., die dort ein Hüttenwerk betrieb. Das Mietverhältnis wurde am 30. Mai 1925 beendet. Am 11. Juni 1925 geriet die Mieterin in Konkurs. Der Kläger macht wegen seiner Restforderung an Miete von 7517,21 RM das gesetzliche Vermieterpfandrecht an Metallvorräten geltend, die auf das Mietgrundstück verbracht worden waren. Er behauptet, die Beklagte habe als Hauptgläubigerin der Firma B. deren Liquidation vorgenommen und dabei unter Verletzung seines Pfandrechts die Lagerbestände an sich genommen und veräußert. Er hat daher gegen die Beklagte unter anderem aus unerlaubter Handlung und ungerechtfertigter Bereicherung Klage erhoben mit dem Antrage, sie zur Herausgabe der Metalle, hilfsweise zur Zahlung von 7517,21 RM zu verurteilen. Den Hauptantrag hat er fallen lassen, nachdem sich ergeben hatte, daß die Metalle in die Hände redlicher Erwerber gelangt sind. Die Beklagte behauptet, die Metalle seien auf Grund der Verträge vom 6. März 1924 und 20. September 1924 ihr Eigentum gewesen; aber nicht sie, sondern die Firma B. habe die Metalle entfernt und verkauft und den Reinerlös von 5955,91 RM an die Beklagte zur teilweisen Deckung einer Darlehensschuld abgeführt. Der Kläger bestreitet die Echtheit der Übereignungsverträge und hält sie aus mehreren Gründen für nichtig.

Das Landgericht hat die Klage abgewiesen, weil es der Behauptung der Beklagten Glauben geschenkt hat, daß der Kläger die Entfernung und Veräußerung der Metalle gebilligt habe. Das

Oberlandesgericht hat zwar diese Behauptung für widerlegt erachtet, aber die Berufung aus anderen Gründen zurückgewiesen.

Die Revision des Klägers führte zur Aufhebung des Berufungsurteils und zur Zurückverweisung der Sache.

Gründe:

Die Revision ficht das Berufungsurteil nur insoweit an, als es die Klagegründe der unerlaubten Handlung (§ 823 Abs. 1 BGB.) und der ungerechtfertigten Bereicherung (§§ 812, 816 das.) für nicht gegeben erklärt hat.

Zum ersteren Klagegrunde hat das Berufungsgericht folgendes ausgeführt: Wollte man auch annehmen, daß die Beklagte das Pfandrecht des Klägers verletzt habe, so würde der Schadensersatzanspruch doch voraussetzen, daß die Beklagte in der Erkenntnis und im Bewußtsein der Rechtswidrigkeit gehandelt hätte (wozu das Urteil die Entscheidung RGZ. Bd. 84 S. 194 anführt). Es müsse ihr jedoch zugute gehalten werden, daß sie — ohne daß ihr deswegen Fahrlässigkeit vorgeworfen werden könnte — gestützt auf die Übereignungsverträge, an ihr unbeschränktes Eigentum an den Metallen wirklich geglaubt habe. Mit Rücksicht auf die Zweifelhaftigkeit der Rechtslage sei dies sehr wohl möglich gewesen, und insbesondere nach dem Inhalt ihres Schreibens vom 26. Juni 1925 müsse angenommen werden, daß sie von ihrem Rechte wirklich überzeugt gewesen sei.

Demgegenüber macht die Revision folgendes geltend: Daß die Beklagte von ihrem Recht überzeugt gewesen sei, genüge nicht. Denn schon die fahrlässige Verletzung des Vermieterpfandrechts des Klägers und nicht nur vorsätzliches Handeln der Beklagten (§ 826 BGB.) verpflichte nach § 823 Abs. 1 BGB. zum Schadensersatz. Ob nicht eine Fahrlässigkeit der Beklagten bei ihrer Annahme vorgelegen habe, daß sie unbeschränkte Eigentümerin sei, habe das Oberlandesgericht nicht untersucht.

Die Rüge ist im Ergebnis begründet.

Für die Revisionsinstanz muß von der Darstellung des Klägers ausgegangen werden, daß die Verträge vom 6. März 1924 und 20. September 1924, deren Echtheit übrigens das angefochtene Urteil nicht einmal festgestellt hat, rechtsungültig sind, daß aber jedenfalls die von der Firma B. gekauften Metallvorräte nur belastet mit dem Vermieterpfandrecht des Klägers (§ 559 BGB.) in das

Eigentum der Beklagten übergegangen sind und daß die Beklagte, sei es unmittelbar, sei es durch die Firma B. als ihre Beauftragte, die Metalle trotz des Widerspruchs des Klägers von dem Mietsgrundstück entfernt und sie an redliche Erwerber (§§ 929, 936 BGB.) veräußert hat. Demgemäß hätte sie, wie auch das Oberlandesgericht als möglich zu unterstellen scheint, unbefugt in das Pfandrecht und mithin in ein „sonstiges Recht" des Klägers eingegriffen, sich also nach § 823 Abs. 1 BGB. schadensersatzpflichtig gemacht, sofern ihr auch nur Fahrlässigkeit bei dieser Rechtsverletzung zur Last fällt. Der Umstand, daß der Kläger, wie das Berufungsgericht feststellt, die Klage erst nach Ablauf der einmonatigen Ausschlußfrist des § 561 Abs. 2 S. 2 BGB. erhoben hat, steht dem auf § 823 Abs. 1 BGB. gestützten Schadensersatzanspruch nicht entgegen, könnte vielmehr nur nach § 254 Abs. 2 S. 1 daselbst Bedeutung erlangen. Denn durch die Unterlassung der Zurückschaffungsklage gemäß § 561 Abs. 2 S. 1 BGB. würde die von der Beklagten durch Entfernung der Metalle vom Mietsgrundstück bereits vollendete unerlaubte Handlung nicht nachträglich aus der Welt geschafft werden (RGZ. Bd. 98 S. 346). Demnach hängt die Entscheidung über den Schadensersatzanspruch nach dem hier als richtig zu unterstellenden Vortrag des Klägers lediglich davon ab, ob das angefochtene Urteil mit Recht den subjektiven Tatbestand des § 823 Abs. 1 BGB. als nicht erfüllt angesehen hat. In dieser Beziehung muß es nach dem Zusammenhang der mitgeteilten Gründe des Berufungsurteils und der Anziehung des Urteils RGZ. Bd. 84 S. 194 — welches lediglich die Frage eines Irrtums des Täters bei vorsätzlich begangenen unerlaubten Handlungen behandelt — schon zum mindesten zweifelhaft erscheinen, ob dem Oberlandesgericht nicht insofern ein Rechtsirrtum unterlaufen ist, als es Vorsatz der Beklagten für erforderlich, Fahrlässigkeit dagegen für nicht ausreichend erachtet hat. Aber auch wenn dies nicht zutreffen sollte, so würde jedenfalls das Berufungsgericht den Rechtsbegriff der Fahrlässigkeit (§ 276 BGB.) verkannt haben, wenn es nach Lage der Umstände ohne nähere Erörterung der Auffassung sein sollte, daß die Beklagte nicht fahrlässig, weil durch entschuldbaren Rechtsirrtum geschützt, das Pfandrecht des Klägers verletzt habe. Allerdings wird Vorsatz stets durch Irrtum, auch Rechtsirrtum, ausgeschlossen, gleichviel ob er entschuldbar ist oder nicht (RGZ. Bd. 72 S. 6, Bd. 84 S. 194; WarnRspr. 1911 Nr. 159; JW. 1925 S. 605 und 1927 S. 253; Enneccerus Lehrbuch Bd. I 1 § 196 II 4). Ein entschuldbarer, nicht selbst durch Fahrlässigkeit verschuldeter Irrtum, sei er rechtlichen oder tatsächlichen Inhalts, schließt auch jedes fahrlässige Verschulden aus. Aber ein Rechtsirrtum ist doch nur unter ganz besonderen Umständen als entschuldbar anzuerkennen (RGZ. Bd. 68 S. 437, Bd. 73 S. 337, Bd. 110 S. 17, Bd. 118 S. 131; JW. 1906 S. 711 Nr. 6, 1907 S. 251 Nr. 12, 1912 S. 26 Nr. 6, 1913 S. 373 Nr. 5; WarnRspr. 1911 Nr. 268, 1922 Nr. 41; Gruch. Bd. 55 S. 357; Recht 1927 Nr. 1637; KommRGR. Erl. 3 zu § 823 BGB.). Insbesondere liegt den Beteiligten bei zweifelhafter Rechtslage die Pflicht ob, Erkundigungen einzuziehen und die Lage besonders sorgfältig zu prüfen; tun sie dies nicht, so handeln sie auf eigene Gefahr. Im vorliegenden Falle steht die Echtheit der Übereignungsverträge nicht fest; die Beklagte kannte nicht nur das Vermieterpfandrecht des Klägers, sondern wußte auch, daß dieser einer Wegschaffung der Metalle widersprochen hatte; die Beklagte ist eine Großbank, der rechtskundige Angestellte zur Verfügung stehen. Inwiefern die Beklagte angenommen haben könnte, daß diejenigen veräußerten Metalle, welche sich etwa schon bei Abschluß des Vertrags vom 20. September 1924 auf dem Mietgrundstück befunden haben, unbeschwert vom Pfandrecht des Klägers in ihr Eigentum übergegangen seien, ist im Hinblick auf § 1 Abs. 1 des Vertrags nicht ersichtlich. Alle diese rechtserheblichen Umstände hat das Berufungsgericht nicht in erkennbarer Weise geprüft; es hat vielmehr ausschließlich auf das Schreiben der Beklagten vom 26. Juni 1925 Gewicht gelegt, in dem sie dem Kläger gegenüber nachträglich ihr Vorgehen zu rechtfertigen gesucht hat. Es liegt daher zum mindesten die Möglichkeit vor, daß dem Berufungsgericht bei seiner Annahme, die Beklagte habe sich in einem entschuldbaren Irrtum befunden, ein Rechtsirrtum unterlaufen ist. Schon eine solche Möglichkeit aber muß zur Aufhebung des Urteils führen.

Zum Klagegrunde der ungerechtfertigten Bereicherung hat das angefochtene Urteil ausgeführt, die Beklagte sei nach § 816 BGB. nicht verpflichtet, dem Kläger den Erlös der Metalle herauszugeben, falls sie unberechtigt über diese verfügt haben sollte. Denn sie habe den Erlös nicht ohne rechtlichen Grund erhalten, sondern im Rahmen ihres Kreditverhältnisses mit der Firma B. zur Abdeckung ihrer Darlehensforderung. Mit Recht rügt die Revision, daß die Beklagte zwar gegen B. Darlehensansprüche gehabt habe, aber doch keinen Anspruch auf Befriedigung aus dem ihr, wie zu unterstellen, nicht gehörigen Metall.

Mangels gegenteiliger Feststellungen des Berufungsurteils muß auch hier für die Revisionsinstanz von der Behauptung des Klägers ausgegangen werden, daß die Beklagte, sei es unmittelbar, sei es durch die Firma B. als ihre Beauftragte, unbefugterweise unter Verletzung des Pfandrechts des Klägers über das B. gehörige Metall verfügt hat. Gemäß §§ 929, 936 BGB. war diese Verfügung dem Kläger gegenüber wirksam. Demnach ist die Beklagte nach § 816 Abs. 1 S. 1 BGB. nach der zur Zeit zu unterstellenden Sachlage dem Kläger zur Herausgabe des Erlöses verpflichtet, da sich das Vermieterpfandrecht des Klägers mit seinem früheren Range an dem Erlös fortgesetzt hat, der an die Stelle der den ursprünglichen Pfandrechtsgegenstand bildenden Metalle getreten ist. Dies steht im Einklang ebensowohl mit der für den Fall des Pfandverkaufs getroffenen Regelung in § 1247 S. 2 BGB. wie mit der Beurteilung, die nach der Zivilprozeßordnung bei Veräußerungen im Vollstreckungswege einzutreten hat. Die Rechtslage kann in einem Falle wie hier nicht günstiger für den den Verkauf bewirkenden Gläubiger sein als in dem rechtsähnlich liegenden Fall, in dem der Pfändungspfandgläubiger eine mit einem älteren Pfandrecht belastete Sache hat versteigern lassen (§ 805 ZPO.). Ist die, im wesentlichen prozessuale Bedeutung besitzende, Klage aus § 805 ZPO. — ebenso wie bei der Widerspruchsklage aus § 771 das. (RGZ. Bd. 40 S. 289) — versäumt, so haftet der Pfändungsgläubiger, der den Erlös in Empfang genommen hat, dem älteren Pfandgläubiger auf Grund der materiellrechtlichen Vorschriften über die Bereicherung, die durch § 805 ZPO. nicht außer Anwendung gesetzt sind (RGZ. Bd. 97 S. 43; Komm. v. RGR. Erl. 3b zu § 816 BGB; OLG. Bd. 2 S. 352, 353, Bd. 3 S. 357, Bd. 19 S. 153; SeuffArch. Bd. 63 Nr. 154; Recht 1906 Nr. 931; vgl. auch JW. 1909 S. 424 Nr. 30). Der Umstand, daß die Klage aus § 561 BGB. hier verspätet erhoben ist, steht auch der Bereicherungsklage nicht entgegen. Denn die Bereicherung der Beklagten durch Empfang des

Erlöses der Metalle hat sich zu einer Zeit vollendet, als das Pfandrecht des Klägers am Verkaufserlös, wie wenigstens nach jetziger Sachlage angenommen werden muß, noch fortbestanden hat.

---

54. Zur Haftung des Schiffseigners für das Verschulden des sogenannten Festmachers. Haftet der Schiffseigner auch dann, wenn ein Zwang zur Annahme eines Festmachers besteht?

Binnenschiffahrtsgesetz § 3.

I. Zivilsenat. Urt. v. 17. Dezember 1927 i. S. H. Aktiengesellschaft u. Gen. (Bekl.) w. L. (Kl.). I 192/27.

I. Landgericht Hamburg.
II. Oberlandesgericht daselbst.

Am 8. August 1925 wurde die Klägerin als Fahrgast an Bord des der beklagten Aktiengesellschaft gehörigen, an einen Dritten vermieteten Motorschiffs „Jan Molsen" dadurch verletzt, daß beim Anlegen des Schiffes in C. der von der Hafenbehörde als sog. Festmacher zugelassene Beklagte W. sie mit einer an Bord zurückgeworfenen, mit einem Sandsack beschwerten Leine am Kopf traf. Die Klägerin begehrt Feststellung der Schadensersatzpflicht der Beklagten und Zahlung von Schmerzensgeld. Die Klage ist auf § 823 BGB., gegen die beklagte Gesellschaft auch auf § 831 BGB. und auf § 485 HGB., § 3 BinnenschiffG. gestützt worden. Das Landgericht wies die Klage ab. Im zweiten Rechtszug wurde dem Feststellungsantrag entsprochen und der Anspruch auf Schmerzensgeld dem Grunde nach für berechtigt erklärt. Die Revision der Gesellschaft blieb erfolglos. Über die Haftung der beklagten Gesellschaft heißt es in den

Gründen:

Das Berufungsgericht hat die Haftung der Gesellschaft für den der Klägerin erwachsenen Schaden aus § 485 HGB., § 3 BinnenschiffG. abgeleitet. In Betracht kommen nur die Vorschriften des letzteren Gesetzes, da es sich um ein zur Binnenschiffahrt bestimmtes und in ihrem Bereich verwendetes Schiff handelt. Gegen die Haftung der Gesellschaft bestehen keine Bedenken unter der Voraussetzung, daß der Beklagte W. im Sinne von § 3 Abs. 2 BinnenschiffG. unter die Schiffsbesatzung zu rechnen ist. Die beklagte Gesellschaft, die dem Mieter des Schiffes die Besatzung stellte, ist mit Recht als Schiffseignerin angesehen worden. Daß ihre Haftung auch auf den Schmerzensgeldanspruch der Klägerin erstreckt wurde, ist ebenfalls nicht zu beanstanden (RGZ. Bd. 116 S. 214).

Es kann aber keinem Zweifel unterliegen, daß der Beklagte W. nach der Art der von ihm verrichteten Arbeiten Dienstverrichtungen ausgeführt hat, die der Schiffsbesatzung obliegen. Seiner Zurechnung zur Besatzung steht auch nicht entgegen, daß er nicht ständig zu ihr gehörte (RGZ. Bd. 13 S. 117, Bd. 50 S. 35). Seine Eigenschaft als selbständiger Gewerbetreibender hindert es ebenfalls nicht, ihn zu den auf dem Schiff angestellten Personen zu zählen, wenn er bei seiner Tätigkeit den Weisungen der verantwortlichen Personen der Besatzung zu folgen verpflichtet war. Diese Voraussetzung ist aber nach Feststellung des Berufungsgerichts vorhanden gewesen.

Allerdings wäre die Haftungsvorschrift des § 3 BinnenschiffG. dann nicht anwendbar, wenn auf die Stellung des Beklagten W. die nämlichen Gesichtspunkte zuträfen, die dafür maßgebend gewesen sind, in jener Vorschrift die Haftung des Schiffseigners für Verschulden des Zwangslotsen auszuschließen. In solchem Fall wäre allerdings eine entsprechende Anwendung der für Verschulden des Zwangslotsen gegebenen Ausnahmevorschrift auf ein schuldhaftes Handeln des Beklagten W. geboten. Nun hatte die beklagte Gesellschaft behauptet, das Hafenamt in C. habe in den für anlegende Schiffe maßgebenden „Bedingungen" vorgeschrieben, daß sie sich bestimmter, von ihr zugelassener Unternehmer als Festmacher bedienen müßten. Die Revision meint, daß bei Zugrundelegung dieser Behauptung die Ausnahmevorschrift über die Nichthaftung des Schiffseigners für Verschulden von Zwangslotsen entsprechend anwendbar sein müsse. Das Berufungsgericht hat zu dieser Behauptung nicht ausdrücklich Stellung genommen. Seine Feststellungen reichen trotzdem aus, um die Haftung der Gesellschaft für das Verschulden des Beklagten W. zu begründen.

Das Bezeichnende der Stellung des Zwangslotsen liegt nicht allein in dem staatlich auf den Reeder oder Schiffseigner ausgeübten Zwange zur Annahme, sondern auch darin, daß jener Lotse der verantwortliche Leiter der mit seinen Obliegenheiten im Zusammenhang stehenden Schiffsbewegungen wird. Dem wäre hier gleichzustellen, daß das Schiff unter der verantwortlichen Leitung des Beklagten W. festgemacht worden wäre. Nach den Feststellungen des Vorderrichters war dies aber nicht der Fall, sondern der Festmacher war den Weisungen der Schiffsführung unterworfen. Es fehlt also einer der Umstände, die für die Anwendung der Ausnahmevorschrift bei Verschulden eines dem Schiffseigner vom Staate aufgezwungenen Lotsen Voraussetzung sind. Dem Zwecke der Vorschrift in § 3 BinnenschiffG., dem durch die schuldhafte Ausführung einer Schiffsverrichtung Geschädigten wegen der mit der Schiffahrt als solcher verbundenen besonderen Gefahr den Schiffseigner haften zu lassen, entspricht es durchaus, diese Haftung auch in einem Fall wie dem hier erörterten eintreten zu lassen. Nur wenn der Schadenstiftende völlig nach eigenem Ermessen handelte, unabhängig von den Weisungen der im Dienste des Schiffseigners für die Handhabung des Schiffes verantwortlichen Personen, fällt bei einem Zwange zur Annahme die Haftung des Schiffseigners fort. Das ist für das Seerecht, für das insoweit die gleichen Haftungsgrundsätze gelten, auch ständig anerkannt worden, soweit es sich um die Haftung des Reeders für Zwangslotsen handelt. Die Eigenschaft eines Zwangslotsen ist verneint worden, wenn zwar die Annahme eines Lotsen durch Gesetz oder Verordnung vorgeschrieben, es aber dem Ermessen des Kapitäns überlassen war, ob er dem Lotsen die Führung übertragen wolle (vgl. Schaps Seerecht Anm. 8 und 9 zu § 737 HGB.).

---

55. Gilt der für die Aufwertung von Hypotheken auf Grund Vorbehalts der Rechte oder kraft Rückwirkung in § 16 AufwG. vorgeschriebene Anmeldezwang auch dann, wenn die Leistung zwar bewirkt, aber nicht angenommen worden ist?

V. Zivilsenat. Urt. v. 17. Dezember 1927 i. S. F. (Kl.) w. Berliner Pfandbriefamt (Bekl.). V 415/27.

I. Landgericht I Berlin.
II. Kammergericht daselbst.

Für das beklagte Pfandbriefamt ist auf einem der Klägerin gehörenden Grundstück eine Vorkriegshypothek von 272000 M eingetragen. Auf die Kündigung des zugrunde liegenden Pfandbriefdarlehens teilte am 16. Juni 1923 das Pfandbriefamt der Klägerin mit, welche Beträge bei der Rückzahlung am 2. Januar 1924 zu zahlen seien mit dem Bemerken, daß es über die Hypothek satzungsgemäß eine löschungsfähige Quittung erteilen werde. Der Ehemann der Klägerin zahlte für sie aber schon am 19. September 1923 das Hypothekenkapital nebst Zinsen bis Ende 1923 und sonstigen Nebenforderungen ein und erhielt hierüber folgende Bescheinigung mit der Unterschrift zweier Beamten des Pfandbriefamts ausgestellt:

290435 M von Frau F. für Grundstück Paulstraße und zwar 272700 M Kapital, 13635 M Sicherheitsstellung gemäß §§ 56 und 40 und 4100 M Zinsen für IV. V. 1923 richtig erhalten zu haben, bescheinigt hiermit

Berlin, den 19. September 1923.

Kasse des Berliner Pfandbrief-Amts.

Der Ehemann der Klägerin hat sich darüber folgende Notiz gemacht: „Bei der am 19. September 1923 lt. Quittung erfolgten Rückzahlung wurde ich von einem anscheinend maßgebenden höheren Beamten des Pfandbriefamts an die Kasse verwiesen. Sowohl von diesem als einem Beamten der Kasse, der das Geld vereinnahmte, wurde mir gesagt, daß die Ausstellung einer löschungsfähigen Quittung aus formalen Gründen erst nach Fälligkeit Anfang Januar 1924 erfolgen könne." Anfang 1924 hat dann das Pfandbriefamt erklärt, daß es die Zahlung vom 19. September 1923 nicht als Erfüllung ansehe, und hat nach Inkrafttreten des Aufwertungsgesetzes unter Berufung auf dieses, ohne Aufwertungsansprüche bei der zuständigen Stelle rechtzeitig angemeldet zu haben, bei der Klägerin Zinsen, Verwaltungskosten und Tilgungsbeiträge angefordert, wovon die Klägerin für 1926 3645,36 RM unter Vorbehalt der Rückforderung gezahlt hat.

Mit der Klage verlangt die Klägerin Zurückerstattung dieses Betrags, sowie die Feststellung, daß sie zur Zahlung weiter eingeforderter 2261 RM für 1927 nicht verpflichtet sei, während das Pfandbriefamt widerklagend die Feststellung begehrt, daß ihm gegen die Klägerin wegen der fraglichen Hypothek ein Aufwertungsanspruch in Höhe von 64626,27 GM zustehe. Das Pfandbriefamt bestreitet, daß die nicht annähernd einen Goldpfennig darstellende Zahlung die Hypothekenforderung getilgt habe. Die Zahlung sei von der Kasse nur aus Gefälligkeit angenommen und beim Fehlen der vorgeschriebenen schriftlichen Annahmeorder auf Asservatenkonto vereinnahmt worden. Der Wortlaut der Quittung sei durch das Schreiben vom 16. Juni 1923 bestimmt worden.

Das Landgericht hat die Klage abgewiesen und der Widerklage willfahrt, das Berufungsgericht hat die Berufung der Klägerin zurückgewiesen. Ihre Revision hatte Erfolg.

Gründe:

Beide Vorinstanzen würden in dem Fall den Klaganspruch für begründet, den Widerklaganspruch für unbegründet halten, daß am 19. September 1923 die Annahme des zur Rückzahlung der Hypothek bestimmten Geldes erfolgt ist, weil dann gemäß §§ 15, 16 AufwG. wegen unterlassener rechtzeitiger Anmeldung kein Aufwertungsanspruch des Beklagten bestehe. Das Berufungsgericht verneint indessen die Annahme. Es sieht die der Klägerin ausgestellte Quittung nach den Umständen bei ihrer Ausstellung als bloße Kassenquittung, d. h. als Nachweis der körperlichen Hinnahme des Geldes an der Kasse des Beklagten, nicht aber als Anerkenntnis über die Rückzahlung des Hypothekenkapitals an. Eine solche rechtsgeschäftliche Willenserklärung hätte, so meint das Berufungsgericht, durch eine zur Vertretung des Beklagten bevollmächtigte Person abgegeben werden müssen. Das Pfandbriefamt als behördlich organisierte Körperschaft des öffentlichen Rechts werde nach § 43 der Satzung nach außen hin durch den Direktor vertreten. Dem Ehemann der Klägerin habe, auch wenn ihm in den Geschäftsräumen des Amtes durch einen als zuständig bezeichneten Beamten die vorzeitige Rückzahlung gestattet worden sei, bei Anwendung gehöriger Sorgfalt bekannt sein müssen, daß ein Sachbearbeiter im allgemeinen nicht berechtigt gewesen sei, das Amt rechtsgeschäftlich zu vertreten. Das Erlöschen der Hypothek, als der von der Klägerin bezweckte Erfolg, habe erst durch das Mitwirken des zuständigen Vertreters des Beklagten eintreten können. Deshalb komme es nicht auf die Eideszuschiebung darüber an, daß die Kassenbeamten zur Entgegennahme des Geldes befugt gewesen seien. Bis zur Entschließung des zuständigen Vertreters habe lediglich eine durch die Kassenquittung ausgewiesene Einzahlung der Klägerin bei der Kasse des Beklagten vorgelegen, und diese Entschließung habe erst nach Ablauf einiger Tage erfolgen können, während deren die Bearbeitung der Akten beim Pfandbriefamt möglich gewesen sei. Das spätere Schweigen des Amts hätte allerdings unter gewöhnlichen Umständen als Einverständnis mit der Zahlung angesehen werden müssen. Ein solcher Schluß sei aber hier deswegen nicht gerechtfertigt, weil der von der Klägerin eingezahlte Wert unter den Kosten für Porto, Briefpapier und Umschlag geblieben sei und deshalb dem Beklagten eine besondere Benachrichtigung der Klägerin nicht habe zugemutet werden können. Diese habe gar nicht ernsthaft annehmen können, daß sie ihre Hypothekenschuld vollständig oder auch nur teilweise erfülle, wenn sie den Bruchteil eines Goldpfennigs für ein Vorkriegsdarlehen von 272000 *M* einzahle. Dies um so weniger, als damals (Mitte September 1923) der Standpunkt Mark = Mark in Verkehr und Rechtsprechung schon allgemein aufgegeben gewesen sei. Die Klägerin habe vernünftigerweise eine Antwort des Beklagten nicht erwarten können, hätte vielmehr selbst beim zuständigen Vertreter des Beklagten nachfragen und von ihm eine Erklärung darüber fordern müssen, ob er die Zahlung annehmen wolle. Nicht berechtigt sei der Einwand, daß nach § 15 AufwG. sämtliche in der Rückwirkungszeit geleisteten Zahlungen gleich behandelt und, gleichviel ob ein großer oder ein geringer Betrag zurückgezahlt worden sei, gemäß § 16 zur Aufwertung angemeldet werden müßten. Daß die 290000 P*M* in einem Zeitpunkt geleistet und angenommen worden wären, in dem eine Goldmark einer Milliarde oder einer Billion Papiermark gleichzusetzen war, sei zwar theoretisch denkbar. Praktisch sei eine solche „Annahme" völlig sinnlos und deshalb unmöglich gewesen. Deshalb müsse die im Gesetz fehlende Bestimmung, bis zu welchem Zeitpunkt noch von einer „Annahme" im Rechtssinn gesprochen werden dürfe, durch die Rechtsprechung ersetzt werden. Eine derartige Feststellung möge im Einzelfall schwierig sein. Hier aber, wo die Zahlung nur noch einen Wert von $^7/_{10}$ Goldpfennig gehabt habe, könne nicht von einer Leistung gesprochen werden, die im wirtschaftlichen oder rechtlichen Sinn angenommen worden sei. Daran ändere auch der Umstand nichts, daß das Pfandbriefamt in seinem Schreiben vom 16. Juni 1923, also zu einer Zeit, als der Papiermarkbetrag vielleicht noch einen beachtlichen Wert dargestellt habe, bereit gewesen wäre, ihn zur Tilgung der Hypothekenschuld entgegenzunehmen. Zudem sei aus der Angabe des am 2. Januar 1924 zu zahlenden Betrags keineswegs auf eine Bereitwilligkeit zur sofortigen Annahme zu schließen. Damals hätten Gläubiger in der Hoffnung, daß die Währungspolitik sich ändern werde, vielfach die Einhaltung der Kündigungsfrist verlangt, obschon sie bei deren Ablauf nicht gewagt hätten, den Papiermarkbetrag zurückzuweisen.

Hiernach unterliege die Hypothek der Aufwertung, weil eine Rückzahlung nicht erfolgt sei. Eine Anmeldung sei aus diesem Grunde nicht notwendig gewesen.

Die Revision rügt Verkennung des § 54 HGB., wonach Kaufleute sämtliche Handlungen ihrer Angestellten im Geschäftsbetrieb gegen sich gelten lassen müßten, also auch das Pfandbriefamt das Verhalten und die Erklärungen des Sachberaters und der Kassenbeamten in der von der Klägerin behaupteten Bedeutung. Überdies sei über die Befugnis der bezeichneten Angestellten zur Annahmeverfügung mit Wirkung für das Pfandbriefamt diesem der Eid zugeschoben worden. Unzutreffend sei auch die Meinung, daß die Klägerin verpflichtet gewesen wäre, sich über die Annahme als Erfüllung durch Nachfrage beim Direktor des Pfandbriefamts zu erkundigen, weil sie selbst nicht an die Tilgung der Schuld geglaubt habe. Zweifel der Klägerin darüber seien rechtlich ohne Bedeutung, im vorliegenden Fall auch dadurch tatsächlich ausgeschlossen gewesen, weil sowohl im Schreiben vom 16. Juni 1923 als auch bei der Leistung selbst ausdrücklich erklärt worden sei, gegen Zahlung werde löschungsfähige Quittung erteilt werden. Zur Zeit der Zahlung habe das Pfandbriefamt die vom Berufungsgericht an sich für erforderlich erachtete Erklärung der Nichtannahme noch mit einer Postkarte abgeben können, die im Berliner Vorortverkehr nur 50000 P*M* gekostet habe. Rechtsirrig sei schließlich die Ansicht des Berufungsgerichts über den Begriff der Leistung im Sinne der §§ 14, 15 AufwG. Das Gericht habe die von ihm als unzureichend behandelten Zahlungen ohne Begrenzung nach unten als rechtserhebliche Tatsachen betrachtet, die immer noch Inhalt von Willenserklärungen gewesen sein könnten, und habe die Feststellung des wirklichen Wertes von einer Anmeldung als Aufwertungsanspruch durch den Gläubiger abhängig gemacht. Die Rechtsprechung dürfe nun nicht an Stelle der gesetzlichen Regelung die Willenseinigungen für unbeachtlich erklären, die von einer nur geringfügigen Zahlung begleitet gewesen seien. Das Gesetz habe dem Richter nicht verstattet, eine Wertgrenze dafür festzusetzen, weil es den Streit darüber durch den Anmeldungszwang beseitigt und durch ihn Gewißheit für alle derartigen Willenseinigungen geschaffen habe.

Hierzu ist vorab zu bemerken, daß das Aufwertungsgesetz keine Willenseinigung erfordert, sondern nur die in der Annahme liegende einseitige Willenserklärung des Gläubigers. Sie ist als Voraussetzung für die Anwendbarkeit der §§ 14 und 15, auch des § 78 AufwG. aufgestellt worden. Sie liegt nach der nunmehr ständigen Rechtsprechung des Reichsgerichts nicht schon bei einer bloß körperlichen Entgegennahme des Geldes, sondern nur dann vor, wenn das Verhalten des Gläubigers den Willen zum Ausdruck bringt, die an ihn bewirkte Geldzahlung als Erfüllung, wenn auch nur als teilweise Erfüllung gelten zu lassen (vgl. RGZ. Bd. 111 S. 334; JW. 1926 S. 145 Nr. 2; LZ. 1927 Sp. 1395 Nr. 2 und zuletzt noch die Entscheidung des erkennenden Senates vom 12. November 1927 S. 76 dieses Bandes). Anderseits ist die unmittelbare Anwendbarkeit der für Vorbehalt und Rückwirkung geltenden Aufwertungsvorschriften in jedem Falle vom Nachweis der Annahme der Leistung abhängig zu machen. Der Schluß, der für einen umfassenderen Wirkungsbereich der §§ 14flg. aus den Anfangsworten des § 14 gezogen wird (vgl. Quassowski 5. Aufl. zu § 14 AufwG., Anm. II C S. 228), ist keineswegs zwingend, wenn man beachtet, daß der Gesetzgeber hier vor die Aufgabe gestellt war, die Rechtsfolgen bewirkter Leistungen zu regeln, die nicht wie in Zeiten geordneter Währungsverhältnisse das Schuldverhältnis im Sinne von § 362 Abs. 1 BGB. zum Erlöschen zu bringen geeignet sind, und daß er das Aushilfsmittel in der Willenserklärung des Gläubigers gesucht hat, die aus der Annahme und aus dem bei ihr erklärten Vorbehalt zu entnehmen ist. Papiermarkzahlungen, auf die eine derartige Willenserklärung nicht gefolgt ist, sind als vergebliche Leistungsversuche zu werten und nicht anders zu behandeln, als ob eine Leistung überhaupt nicht erfolgt wäre. Auf sie ist namentlich der für die Fälle der §§ 14 und 15 sowie des § 78 AufwG. in § 16 Abs. 1 das. verordnete Anmeldungszwang nicht zu erstrecken. Denn er beschränkt sich nach Abs. 1 auf den Vorbehalt bei der Annahme (§ 14 Satz 1), sowie auf die Rückwirkung, d. h. die Annahme in der Zeit vom 15. Juni 1922 bis 14. Februar 1924 (§ 15 Satz 1), und nach § 78 Satz 4 auf die Annahme in der Zeit vom 13. Februar 1924 ab, und darf als Sondervorschrift wegen der in ihm verordneten Verwirkungsfolge nicht ausdehnend ausgelegt, auch nicht sinngemäß auf andere Fälle angewendet werden. Demnach ist der in Schrifttum und Rechtsprechung überwiegend vertretenen Ansicht beizupflichten, wonach beim Fehlen der Annahme die Aufwertung so stattzufinden hat, als ob überhaupt noch nicht gezahlt wäre und der Gläubiger die Anmeldung nach § 16 nicht vorzunehmen brauchte (vgl. Schlegelberger-Harmening 5. Aufl. zu § 14 AufwG. Anm. 3 S. 279 und die dort angeführten Nachweise über den Stand der Streitfrage).

Hieraus erhellt, daß es für den vorliegenden Fall ausschließlich auf die Beantwortung der Frage ankommt, ob das Pfandbriefamt die verfrühte, in die Zeit der Rückwirkung fallende Leistung der Klägerin angenommen hat, daß aber entgegen der Ansicht des Berufungsgerichts der äußerst geringe Wert der Zahlung nicht als Anlaß zu einer richterlichen Grenzziehung für den Rechtsbegriff der Annahme, sondern höchstens als ein gegen den Annahmewillen sprechendes Beweisanzeichen verwertet werden darf. Wann eine Annahme im Verhalten des Gläubigers erblickt werden kann, ist Sache der Prüfung im Einzelfalle. Hier ergibt aber schon die Art, wie das Berufungsgericht die Vorgänge bei der Zahlung am 19. September 1923 würdigt, Anlaß zu durchgreifenden Rechtsbedenken.

Allerdings ist die von der Revision gerügte Verletzung des § 54 HGB. im angegriffenen Urteil nicht zu finden. Wenn auch die Handlungsvollmacht der Kassenbeamten des Pfandbriefamts im regelmäßigen Geschäftsbetrieb unzweifelhaft die Befugnis zur Annahme von Zahlungen in sich schließen mag, so konnte das Berufungsgericht den Kassenbeamten doch, solange nicht weitere Umstände hinzutraten, ohne rechtlichen Verstoß die Befugnis zur Entscheidung über die Sonderfrage absprechen, ob in der damaligen Zeit fortgeschrittenen Währungsverfalls ein erst später zahlbares Hypothekenkapital vor Eintritt der Fälligkeit mit rechtlicher Wirkung für das Pfandbriefamt angenommen werden solle oder nicht. Mit Recht macht indessen die Revision geltend, die Klägerin habe — was der Tatbestand des Berufungsurteils bestätigt —

der Gegenpartei den von dieser angenommenen Eid dahin zugeschoben, daß in deren Akten von dem Beamten, der den Ehemann der Klägerin zur Leistung der Zahlung an die Kasse gewiesen habe, die Annahme der Zahlung verfügt worden sei, und daß der Beamte vom Beklagten zu dieser Verfügung ermächtigt gewesen sei. Der Inhalt dieser Eideszuschiebung schließt bei nicht allzu formaler Auslegung nicht aus, daß ein vom Beklagten ermächtigter Beamter die Kassenbeamten angewiesen habe, die Zahlung als erfolgte Leistung, nicht dagegen, wie das Pfandbriefamt behauptet, als bloßes „Asservat" anzunehmen. An der Eideszuschiebung hätte das Berufungsgericht daher nicht deswegen vorübergehen dürfen, weil es nicht darauf ankomme, ob die Kassenbeamten zur Entgegennahme des Geldes befugt gewesen seien. Denn es kam dann rechtlich nicht auf die Annahmebefugnis der Kassenbeamten an, sondern auf eine solche des Sachbearbeiters, die dieser von einer zur Vertretung des Beklagten berechtigten Person herleitete. Wären die Eidestatsachen in ihrer hierdurch geklärten Bedeutung richtig, so würde durch sie die Auslegung der von den Kassenbeamten ausgestellten Quittung als einer bloßen „Kassenquittung", d. h. einer solchen Quittung erschüttert, durch die nur die Bereitwilligkeit zum Ausdruck gelangte, die angebotene Leistung körperlich hinzunehmen. Durch diese Auslegung hat das Berufungsgericht, an sich rechtlich bedenkenfrei, die Quittung des ihr nach § 368 BGB. gemeinhin anhaftenden Charakters als eines Empfangsbekenntnisses für die Zahlung (JW. 1925 S. 600 Nr. 3; RGZ. Bd. 108 S. 56) und, soweit Aufwertung in Betracht kommt, als eines Beweismittels für die Annahme der Leistung entkleidet (Schlegelberger-Harmening zu § 14 AufwG. Anm. 3 S. 278).

Das spätere Verhalten des Pfandbriefamts wird sich in seiner rechtlichen Bedeutung erst auf Grund der hiernach in erneuter Verhandlung vorzunehmenden Aufklärung der Vorgänge vom 19. September 1923 würdigen lassen, zu denen namentlich noch die dabei abgegebenen Erklärungen über die künftige Erteilung einer löschungsfähigen Quittung gehören. Dabei wird sich für das Berufungsgericht Gelegenheit bieten, seine von der Revision angefochtenen Feststellungen über die Kosten einer besonderen Benachrichtigung der Klägerin von der Nichtannahme ebensowohl nachzuprüfen, wie an Hand von RGZ. Bd. 116 S. 147 seine Ansicht über den damaligen Stand der Rechtsprechung zur Hypothekenaufwertung. Was die Bedeutung des bloßen Schweigens auf erfüllungshalber gemachte geringwertige Papiermarkzahlungen für den Nachweis der Annahme der Leistung anlangt, so ist auf die in der erwähnten Entscheidung des erkennenden Senates vom 12. November 1927 angeführten Erkenntnisse zu verweisen. Die in der mündlichen Verhandlung vor dem Revisionsgericht vom Beklagten aufgestellte Behauptung, ein dem Art. III § 16 Abs. 1 des Gesetzes vom 9. Juli 1927 entsprechender Antrag sei rechtzeitig gestellt worden, könnte aus den erörterten Gründen die künftige Entscheidung nur beeinflussen, wenn die Leistung durch das Pfandbriefamt am 19. September 1923 angenommen worden ist, und jedenfalls nur für das Begehren der Klage, nicht aber für das der Widerklage, soweit diese auf die Aufwertung der Hypothek gerichtet ist.

---

56. Ist das Oberlandesgericht bei der Verhandlung vorschriftsmäßig besetzt, wenn in dem Senat, dem sich der Oberlandesgerichtspräsident angeschlossen hat, wegen dessen dauernder Verhinderung das dienstälteste Senatsmitglied ständig den Vorsitz führt?

GVG. §§ 62, 66, 117; ZPO. § 551 Nr. 1.

III. Zivilsenat. Urt. v. 20. Dezember 1927 i. S. M. (Kl.) w. F. z. Sch.-L. (Bekl.). III 239/27.

I. Landgericht Bückeburg.
II. Oberlandesgericht Celle.

Die Frage wurde verneint aus folgenden

Gründen:

Die Revision erhebt an erster Stelle eine auf den § 551 Nr. 1 ZPO. gegründete verfahrensrechtliche Rüge, indem sie geltend macht, das Berufungsgericht sei nicht vorschriftsmäßig besetzt gewesen. Im einzelnen wird hierzu ausgeführt, das angefochtene Urteil sei unter dem Vorsitz des Oberlandesgerichtsrats K. erlassen worden, während nach der Geschäftsverteilung des Oberlandesgerichts Vorsitzender des I. Zivilsenats, der in dieser Sache erkannt hat, der Oberlandesgerichtspräsident sei. Dieser habe schon seit Jahren den Vorsitz im I. Zivilsenat nicht mehr ausgeübt. Die Tatsache, daß er durch anderweitige Dienstgeschäfte dauernd an der Wahrnehmung der Sitzungen des I. Zivilsenats verhindert war, sei deshalb dem Präsidium des Oberlandesgerichts bei der Aufstellung des Geschäftsverteilungsplans bekannt gewesen. Die Geschäftsverteilung habe daher in dieser Art nicht beschlossen werden dürfen.

Nach der von Amts wegen eingeholten dienstlichen Auskunft des Oberlandesgerichtspräsidenten hat sich dieser seit seinem Dienstantritt, dem 1. April 1923, dem I. Zivilsenat des Oberlandesgerichts angeschlossen; er hat sich aber schon damals für einstweilen behindert erklärt, weil er durch anderweitige Dienstgeschäfte in Anspruch genommen sei. Diese Erklärung ist bei Beginn der folgenden Geschäftsjahre und bei einem Wechsel in der Besetzung des I. Zivilsenats wiederholt worden. Abgesehen von Sitzungen, in denen der I. Zivilsenat als Disziplinarsenat erkennt, und von Entscheidungen über Beschwerden gewisser Art hat der Oberlandesgerichtspräsident den Vorsitz im I. Zivilsenat bisher nicht ausgeübt. Die Mitglieder des Präsidiums des Oberlandesgerichts haben nach der bestimmten Annahme des Oberlandesgerichtspräsidenten seit längerer Zeit, sicherlich wohl seit Beginn der Geschäftsjahre 1925, 1926 und 1927, gewußt, daß der Präsident an den öffentlichen Sitzungen des I. Zivilsenats als Vorsitzender nicht mitwirkte. Der Oberlandesgerichtspräsident hält es fast für gewiß, jedenfalls aber für sehr wahrscheinlich, daß er in verschiedenen früheren, zeitlich nicht mehr näher bestimmbaren Sitzungen des Präsidiums geäußert habe, er sei zurzeit durch Verwaltungsgeschäfte noch so sehr in Anspruch genommen, daß er sich an der Rechtsprechung nicht beteiligen könne.

Aus der hier in den wesentlichen Punkten wiedergegebenen amtlichen Erklärung des Oberlandesgerichtspräsidenten ergibt sich, daß seit mehreren Jahren den Vorsitz im I. Zivilsenat des Berufungsgerichts, soweit der Senat zur Entscheidung von Rechtsstreitigkeiten berufen ist, nicht der Oberlandesgerichtspräsident oder ein Senatspräsident, sondern das dem Dienstalter nach älteste Mitglied des Senats führt. Infolge der dauernden, über mehrere Jahre sich erstreckenden Verhinderung des Oberlandesgerichtspräsidenten an der Führung des Vorsitzes, die schon bei Beginn der Geschäftsjahre feststand, hat der dienstälteste Oberlandesgerichtsrat nicht nur vorübergehend und vertretungsweise, sondern regelmäßig und dauernd den Vorsitz in diesem Senat geführt, und unter seinem Vorsitz ist auch das angefochtene Urteil erlassen worden. Nun ist es zwar rechtlich unzutreffend, wenn die Revision geltend macht: weil die Tatsache der dauernden Verhinderung des Oberlandesgerichtspräsidenten an der Führung des Vorsitzes im I. Zivilsenat den Mitgliedern des Präsidiums bei der Aufstellung des Geschäftsverteilungsplans bekannt gewesen sei, habe die Geschäftsverteilung nicht in dieser Art beschlossen werden dürfen. Denn nach § 62 Abs. 2 in Verbindung mit § 117 GVG. bestimmt der Präsident vor Beginn des Geschäftsjahrs den Senat, dem er sich anschließt, woraus der Wille des Gesetzgebers zu entnehmen ist, daß der Anschluß des Oberlandesgerichtspräsidenten an einen Senat erfolgen muß. Die Geschäftsverteilung durch das Präsidium ist daher insoweit rechtlich nicht zu beanstanden. Wohl aber verstößt das beim Oberlandesgericht eingehaltene Verfahren gegen § 62 Abs. 1 in Verbindung mit § 117 GVG., wonach den Vorsitz in den Senaten der Präsident des Oberlandesgerichts und die Senatspräsidenten zu führen haben, die übrigen Mitglieder des Oberlandesgerichts aber hierzu nicht berufen sind. Insofern liegt der jetzige Fall gleich mit dem in RGSt. Bd. 55 S. 236 entschiedenen, auf den sich die Revision beruft. Allerdings ist in dem zur Entscheidung stehenden Falle der Oberlandesgerichtspräsident im Geschäftsverteilungsplan nicht ein für allemal für das ganze Geschäftsjahr für verhindert erklärt, den Vorsitz in den öffentlichen Sitzungen des I. Zivilsenats zu führen, und in diesem Punkt ist die Sachlage hier anders als in den Fällen RGSt. Bd. 55 S. 236 und Bd. 56 S. 157. Da jedoch die dauernde Verhinderung des Oberlandesgerichtspräsidenten an der Ausübung des Vorsitzes seit Jahren vorlag und jeweils bereits zu Beginn des Geschäftsjahrs für dessen ganze Dauer im voraus feststand, so vollzog sich die Ausübung des Vorsitzes durch den dienstältesten Rat nicht mehr im Rahmen des § 66 GVG. Sie war nicht mehr eine vorübergehende, aushilfsweise Stellvertretung, sondern sie wurde zu einer dauernden Einrichtung für das ganze Geschäftsjahr, und das dienstälteste Senatsmitglied wurde in Wirklichkeit zum ordentlichen Vorsitzenden des Senats. Darin muß aber ebenso eine Umgehung der §§ 62, 117 GVG. gefunden werden, wie wenn der dienstälteste Rat im Geschäftsverteilungsplan mit der dauernden Führung des Vorsitzes betraut worden wäre. Durch das erörterte Verfahren hat sich beim Berufungsgericht allmählich ein gesetzwidriger Zustand entwickelt, und jedenfalls war zur Zeit des Erlasses des Berufungsurteils — 28. April 1927 — dieser dem Gesetz nicht entsprechende Zustand vorhanden.

Der Rechtssatz, daß ordentlicher Vorsitzender eines Senats nur der Oberlandesgerichtspräsident oder ein Senatspräsident sein kann, liegt auch einer Reihe anderer Entscheidungen des Reichsgerichts, sowohl der Straf- wie der Zivilsenate, zugrunde (vgl. RGSt. Bd. 18 S. 9, Urteile des I. Strafsenats vom 13. März 1902 und vom 13. Oktober 1913 in DJZ. 1914 Sp. 85, ferner Urteil des V. Zivilsenats in JW. 1915 S. 96 Nr. 13). Etwas Gegenteiliges enthält auch nicht das Urteil des früheren VII. Zivilsenats des Reichsgerichts vom 20. Oktober 1926 (RGZ. Bd. 115 S. 157), das sich überdies auf einem anders gestalteten Tatbestand aufbaut. Wenn am Schlusse dieser Entscheidung ausgeführt wird, bei den heutigen Verhältnissen sei es infolge der Zunahme der Geschäfte bei den Gerichten kaum mehr durchführbar, daß, wie es das vor fast 50 Jahren unter ganz anderen Verhältnissen erlassene Gerichtsverfassungsgesetz in Aussicht genommen habe, die Vorsitzenden der Kammern und Senate, zumal großer Gerichte, alle ihnen obliegenden Dienstgeschäfte selbst erledigten, so kann dem grundsätzlich nur zugestimmt werden. Diese Erwägungen dürfen aber nicht dazu führen, daß das Gegenteil eintritt, und daß, wie im vorliegenden Falle, der dienstälteste Oberlandesgerichtsrat dauernd, jedenfalls für unabsehbare Zeit, zum ständigen ordentlichen Vorsitzenden eines Senats wird. Denn durch eine solche Übung würde die Vorschrift des § 62 Abs. 1 GVG. tatsächlich ausgeschaltet. Ein Verstoß gegen diese Vorschrift muß hier um so mehr angenommen werden, als die Geschäftsverteilungspläne des Oberlandesgerichts Celle ergeben, daß sich der Oberlandesgerichtspräsident seit mehreren Jahren nicht nur dem I., sondern noch einem weiteren Zivilsenat angeschlossen hat. Die am 17. Dezember 1925 aufgestellte, für das Kalenderjahr 1926 gültige Geschäftsverteilung hat ihn nämlich weiterhin noch dem III. Zivilsenat und dem Strafsenat „zugeteilt"; ebenso die am 23. Dezember 1926 für 1927 beschlossene Geschäftsverteilung. Nach der zu Eingang wiedergegebenen dienstlichen Äußerung des Oberlandesgerichtspräsidenten muß es — was keiner näheren Darlegung bedarf — als ausgeschlossen angesehen werden, daß es ihm etwa möglich gewesen wäre, den Vorsitz in einem der beiden anderen Senate zu führen. Hier würde auch die Begründung der Revisionsrüge in dem Sinne zutreffen, daß eine „Zuteilung" des Oberlandesgerichtspräsidenten an mehrere Senate durch das Präsidium nicht beschlossen werden durfte, wenn schon vor Beginn des Geschäftsjahrs feststand und bekannt war, daß der Präsident dauernd außerstande ist, auch nur in einem Senat den Vorsitz zu führen.

Nur der Vollständigkeit halber seien noch die folgenden, zeitlich nach Erlaß des angefochtenen Urteils liegenden Vorgänge erwähnt: Auch nach Errichtung eines IX. Zivilsenats beim Oberlandesgericht Celle hat das Präsidium dieses Gerichts am 26. Juli 1927 beschlossen, daß die Besetzung, was den Vorsitzenden im I. und III. Zivilsenat sowie im Strafsenat angehe, vom 16. September 1927 an die gleiche bleiben solle wie seit dem 1. Januar 1926; und durch Beschluß vom 16. September 1927 wurde mit Wirkung von diesem Tage an zwar bestimmt, daß der Oberlandesgerichtspräsident die Führung des Vorsitzes im III. Zivilsenat und im Strafsenat an einen Senatspräsidenten abgeben solle, er hat aber dafür neben dem Vorsitz im I. Zivilsenat auch den Vorsitz im II. Zivilsenat übernommen.

Nach alledem war das erkennende Berufungsgericht im gegenwärtigen Rechtsstreit nicht vorschriftsmäßig besetzt (§ 551 Nr. 1 ZPO.).

---

57. Über die Frage, ob die Vertretung des verhinderten ordentlichen Vorsitzenden eines Senates durch das dienstälteste Senatsmitglied dauernd oder vorübergehend ist. Inwieweit unterliegt die Frage der Nachprüfung durch das Revisionsgericht?

GVG. §§ 62, 66, 117, 136. ZPO. § 551 Nr. 1.

VII. Zivilsent. Urt. v. 13. März 1928 i. S. K. (Kl.) w. Stadtgemeinde S. (Bekl.). VII 477/27.

I. Landgericht Detmold.
II. Oberlandesgericht Celle.

Aus den Gründen:

Die Revision erhebt in erster Linie eine Rüge aus § 551 Nr. 1 ZPO., indem sie geltend macht, das Gericht sei nicht vorschriftsmäßig besetzt gewesen. Sie führt dazu aus, das angefochtene Urteil sei unter dem Vorsitz des Oberlandesgerichtsrats K. erlassen worden, der zwar als dienstältestes Mitglied des I. Zivilsenats des Oberlandesgerichts Celle bei Verhinderung des ordentlichen Vorsitzenden den Vorsitz zu führen habe, tatsächlich ihn aber dauernd führe, da der Oberlandesgerichtspräsident, der nach dem Geschäftsplan der ordentliche Vorsitzende des Senats sei, seit Jahren an dessen Sitzungen nicht teilnehme.

Nach der von Amts wegen eingeholten Äußerung des Oberlandesgerichtspräsidenten und nach dem Geschäftsplan des Oberlandesgerichts beruht die Verhinderung des Oberlandesgerichtspräsidenten auf der Überlastung mit anderen Dienstgeschäften. Daß darin ein Verhinderungsgrund liegen kann, hat das Reichsgericht des öfteren ausgesprochen (RGSt. Bd. 54 S. 299, Bd. 55 S. 237). Aber die Vertretung im Vorsitz durch das dienstälteste Mitglied des Senats (§ 66 GVG.) ist in solchem Falle nur zulässig, wenn es sich um eine vorübergehende Verhinderung handelt (RGSt. Bd. 55 S. 203). Denn ist sie dauernd, so wird damit das dienstälteste Senatsmitglied in Wirklichkeit zum ordentlichen Vorsitzenden des Senats. Dies verstößt aber gegen die §§ 117, 62 GVG., wonach den Vorsitz in den Senaten des Oberlandesgerichts ein Präsident zu führen hat.

Da es sich nur darum handelt, ob bei Erlaß des angegriffenen Urteils vom 27. Juni 1927 das Gericht vorschriftsmäßig besetzt war, so ist auch die Frage, ob eine dauernde oder eine vorübergehende Verhinderung des Oberlandesgerichtspräsidenten vorlag, auf diesen Zeitpunkt abzustellen. Darum kommt es entscheidend nur auf das damals laufende Geschäftsjahr an, mag es auch zulässig sein, für die Beurteilung der Sachlage als Beweisbehelf die Handhabung in den Vorjahren mit zu berücksichtigen und für die Feststellung der Verhältnisse zur Zeit des Urteilserlasses auch den Verlauf der Dinge nach dem Erlaß des Urteils mit heranzuziehen.

Die Verhinderung des Oberlandesgerichtspräsidenten an der Ausübung des Vorsitzes war dauernd, wenn sie schon zu Beginn des Geschäftsjahrs 1927 für dessen ganze Dauer feststand und erklärt war, oder wenn sie sich schon zur Zeit des Urteilserlasses als dauernd, bis zum Schlusse des Geschäftsjahrs während herausgestellt hatte. Nur unter diesen Voraussetzungen war die Vertretung des Oberlandesgerichtspräsidenten durch das dienstälteste Mitglied des Senats keine bloße Vertretung wegen einer vorübergehenden Verhinderung des ordentlichen Vorsitzenden.

Der Oberlandesgerichtspräsident hat sich dahin geäußert, daß er sich zu Beginn des Geschäftsjahrs wegen seiner Inanspruchnahme durch anderweitige Dienstgeschäfte nur für einstweilen behindert erklärt habe. Das wird auch durch den Geschäftsplan bestätigt. Insofern liegt der Fall anders, als in den in RGSt. Bd. 55 S. 236, Bd. 56 S. 157 entschiedenen Sachen, wo der ordentliche Vorsitzende ein für alle Mal während des ganzen Geschäftsjahrs für verhindert erklärt war. Auch in den früheren Geschäftsjahren hatte der Oberlandesgerichtspräsident als Vorsitzender das I. Zivilsenats die gleiche Erklärung abgegeben. Tatsächlich hat sich die Geschäftsführung dann so gestaltet, daß er wegen seiner anderweitigen Dienstgeschäfte seit dem Jahre 1925 nur bei Entscheidungen über Beschwerden wegen verweigerter Rechtshilfe und wegen Ungebührstrafen und bei Beschwerdeentscheidungen über die Ablehnung von Richtern mitgewirkt, im übrigen aber den Vorsitz im I. Zivilsenat nicht ausgeübt hat.

Das Gericht hat zwar nicht nachzuprüfen, ob der ordentliche Vorsitzende an der Ausübung des Vorsitzes wirklich verhindert war (RGSt. Bd. 55 S. 237; WarnRspr. 1922 Nr. 338). Aber ob die Verhinderung eine nur, wie sie bezeichnet ist, einstweilige oder tatsächlich eine dauernde war, steht seiner Prüfung offen. Dazu können in der Revisionsinstanz auch tatsächliche Feststellungen getroffen werden, wenn die nicht ordnungsmäßige Besetzung des Gerichts gerügt ist.

Der Begriff der dauernden oder vorübergehenden Verhinderung ist ein Rechtsbegriff; ob aber die rechtlichen Bedingungen der einen oder der anderen Verhinderung tatsächlich belegt sind, ist eine Beweisfrage. In der Beurteilung der letzteren hat der erkennende Senat freie Hand, da sich die Vorschrift des § 136 GVG. nur auf Rechtsfragen bezieht. Er darf deshalb auch von der Beweiswürdigung des III. Zivilsenats des Reichsgerichts in der Entscheidung vom 20. Dezember 1927 (s. o. S. 280) abweichen, in der es sich um ein Urteil desselben Senats des Oberlandesgerichts Celle vom 28. April 1927 handelte und ebenfalls die nicht vorschriftsmäßige Besetzung des Gerichts gerügt war. In dieser Entscheidung hat der

III. Zivilsenat auf Grund einer amtlichen Äußerung des Oberlandesgerichtspräsidenten vom 28. Oktober 1927, in der die Tatsachen in der vorbezeichneten Weise geschildert waren, angenommen, daß schon zu Beginn des Geschäftsjahrs 1927 die Verhinderung des Oberlandesgerichtspräsidenten an der Ausübung des Vorsitzes für das ganze Jahr im voraus festgestanden habe. Dies vermag der erkennende Senat aus der Äußerung vom 28. Oktober 1927 nicht zu entnehmen. Es wird aber geradezu widerlegt durch die Auskunft, die der Oberlandesgerichtspräsident auf amtliche Anfrage des erkennenden Senats am 8. Februar 1928 erteilt hat. Darin hat er, nachdem er um Äußerung darüber ersucht worden war, ob die Führung des Vorsitzes durch den dienstältesten Oberlandesgerichtsrat des I. Zivilsenats wegen seiner Verhinderung durch andere Dienstgeschäfte für das Geschäftsjahr 1927 von vornherein als ständig betrachtet worden ist oder ob sich schon am 27. Juni 1927 mit Gewißheit ergeben hatte, daß sie bis zum Schluß des Geschäftsjahrs 1927 dauern werde, unter Bezugnahme auf seine frühere Mitteilung an den III. Zivilsenat des Reichsgerichts erwidert: Er glaube nicht, daß vor oder bei Beginn des Geschäftsjahrs 1927 von ihm im Präsidium oder bei anderer Gelegenheit amtlich gesagt oder sonst erkennbar gemacht worden sei, die Führung des Vorsitzes durch den dienstältesten Oberlandesgerichtsrat des I. Zivilsenats wegen seiner Verhinderung durch andere Dienstgeschäfte sei für das Geschäftsjahr 1927 als ständig zu betrachten. Er habe sich wegen der Dauer seiner Verhinderung nur unbestimmt ausgedrückt und auch keinesfalls einen bestimmten Zeitraum für sie im Auge gehabt, sicherlich aber nicht das bevorstehende oder laufende Geschäftsjahr als solchen bezeichnet. Er sei auch vor oder bei Beginn des Geschäftsjahrs 1927 keineswegs entschlossen gewesen, in diesem nicht an den Sitzungen des Senats teilzunehmen.

Hiernach ist zu prüfen, ob bereits am 27. Juni 1927, dem Tage des Erlasses des Berufungsurteils, die dauernde Verhinderung des Oberlandesgerichtspräsidenten feststand. Der III. Zivilsenat scheint dies in der von ihm entschiedenen Sache für den Tag des dort in Betracht kommenden Berufungsurteils angenommen zu haben, denn er führt in seinem Urteil aus, daß jedenfalls zur Zeit des Erlasses des Berufungsurteils vom 28. April 1927 ein dem Gesetz nicht entsprechender Zustand in der Führung des Vorsitzes vorhanden gewesen sei. Aber er legt dabei wohl zuviel Gewicht auf die Erfahrungen der früheren Jahre und besonders auf den Umstand, daß die Verhinderung des Oberlandesgerichtspräsidenten tatsächlich bis zum Schluß des Geschäftsjahrs 1927 fortgedauert hat. Mit Bestimmtheit läßt sich jedoch aus beidem nicht entnehmen, daß sich schon am 27. Juni 1927, der hier in Betracht kommt, die Verhinderung als dauernd erwiesen hätte, und daß deshalb die Vertretung des ordentlichen Vorsitzenden durch das dienstälteste Mitglied schon damals nicht mehr aushilfsweise geschehen wäre. Es birgt auch Gefahren in sich, wenn man sich mit der geschäftsplanmäßigen Erklärung, daß die Verhinderung nur eine einstweilige sei, durch eine derartige Annahme in Widerspruch setzt. Denn wenn man auf den schließlichen Verlauf der Dinge ein maßgebendes Gewicht legt, so kann dies auch dazu führen, im Falle einer Krankheit des ordentlichen Vorsitzenden, die sich unvorhergesehen auf das ganze Geschäftsjahr erstreckt und vielleicht noch darüber hinaus hinzieht, die Vertretung im Vorsitz durch das dienstälteste Mitglied als gesetzwidrig anzusehen, was den etatsmäßigen Grundsätzen über die Stellenzahl erhebliche Schwierigkeiten bereiten könnte. Ebenso erscheint es bedenklich, aus der Tatsache, daß sich der Oberlandesgerichtspräsident nach dem Geschäftsplan noch anderen Senaten angeschlossen hat, etwa den Schluß zu ziehen, es sei nicht seine Absicht gewesen, in einem der Senate und besonders im I. Zivilsenat, auf den es hier allein ankommt, den Vorsitz zu führen. Denn damit würde man die Erklärung einstweiliger Verhinderung zur Scheinerklärung stempeln, was bei der Persönlichkeit eines Oberlandesgerichtspräsidenten schlechterdings abzulehnen ist.

Mag man deshalb in der Auffassung über die rechtlichen Voraussetzungen der dauernden und der vorübergehenden Verhinderung und damit auch der ständigen und der einstweiligen Vertretung des ordentlichen Senatsvorsitzenden dem III. Zivilsenat beizutreten haben, so rechtfertigen doch die tatsächlichen Verhältnisse nicht die Feststellung, daß am 27. Juni 1927 eine dauernde, mindestens bis zum Schlusse des Geschäftsjahrs reichende Verhinderung des Oberlandesgerichtspräsidenten an der Führung des Vorsitzes mit Sicherheit festgestanden habe. Damit entfällt die Rüge, daß das Gericht bei Erlaß des Urteils nicht vorschriftsmäßig besetzt gewesen sei . . .

58. Fällt unter das Aufwertungsverbot des § 66 AufwG. auch ein Hypothekendarlehen, das eine Bank zur Verstärkung ihrer Betriebsmittel bei einer Versicherungsaktiengesellschaft aufgenommen hat?

AufwG. § 66.

V. Zivilsenat. Urt. v. 17. Dezember 1927 i. S. G. Versicherungs-Aktiengesellschaft (Kl.) w. F.-Bank G. m. b. H. (Bekl.). V 236/27.

I. Landgericht I Berlin.
II. Kammergericht daselbst.

Die Beklagte hat im Jahr 1909 bei einer Lebensversicherungs-Aktiengesellschaft ein auf 10 Jahre unkündbares Darlehen von 180000 *M* aufgenommen und dafür an einem ihr gehörigen Hausgrundstück eine Hypothek bestellt. Die Forderung ist im Jahre 1923 auf die Klägerin übergegangen (die ebenfalls eine Versicherungs-Aktiengesellschaft ist). Diese verlangt Aufwertung, ist aber in beiden Vorinstanzen unterlegen. Auch die Revision blieb ohne Erfolg.

Gründe:

Die Revision ist unbegründet, denn der eingeklagte Anspruch ist durch § 66 AufwG. ausgeschlossen.

Die Beklagte war im Jahr 1909 und ist auch zur Zeit noch ein Unternehmen, dessen Geschäftsbetrieb der Anschaffung und Darleihung von Geld dient. Die der Hypothek zugrundeliegende Forderung rührt aus einem der Beklagten gegebenen Darlehen her. § 66 des AufwG. trifft also mindestens seinem Wortlaut nach zu; es liegt keine der dort aufgeführten Ausnahmen vor. Daß für das Darlehen eine Hypothek bestellt ist, schließt die Anwendung des § 66 nach seiner ausdrücklichen Vorschrift nicht aus. Ebensowenig steht dieser Anwendung der Umstand entgegen, daß das Darlehen bei seiner Hingabe auf 10 Jahre fest gegeben worden ist; das hat der IV. Zivilsenat des Reichsgerichts in seinem Urteil vom 7. Oktober 1926 (RGZ. Bd. 114 S. 354) bereits ausgesprochen.

Die Klägerin hält den § 66 AufwG. deshalb nicht für anwendbar, weil für sie die Hingabe des Darlehens ein gewöhnliches Hypothekengeschäft gebildet habe, bei dem ihr die Beklagte nicht anders gegenübergestanden habe als jeder andere Darlehenssucher, und bei dem die Eigenschaft der Beklagten als einer

Kreditbank keinerlei Rolle gespielt habe; namentlich sei über die von der Beklagten damals beabsichtigte Verwendung des Geldes nichts gesprochen worden. Die Beklagte habe das Geld nicht bankmäßig hereingenommen. Unter solchen Umständen könne von der Begründung eines Bankguthabens, wie es der § 66 AufwG. voraussetze, nicht die Rede sein. Alle diese von der Klägerin angeführten Tatsachen, deren Richtigkeit hier zu unterstellen ist, können aber die Anwendung des § 66 AufwG. nicht hindern. Soweit die Klägerin geltend macht, die Hingabe des Darlehens habe für sie die Bedeutung einer Vermögensanlage gehabt, ist ihr entgegenzuhalten, daß es, wie schon in dem angeführten Urteil vom 7. Oktober 1926 dargelegt, für die Frage der Anwendbarkeit des § 66 belanglos ist, ob die Hingabe des Darlehens für den Geldgeber eine Vermögensanlage bedeutete, daß es vielmehr entscheidend darauf ankommt, ob das Geld für den Bankbetrieb des Empfängers verwendet worden ist. Diese Voraussetzung ist hier gegeben. Unstreitig hat die Beklagte das Geld seinerzeit aufgenommen, um ihre Betriebsmittel zu verstärken. Sie hat unwiderlegt vorgetragen, daß der wichtigste Teil ihres damaligen Geschäftsbetriebs in der Hingabe von Geldern an Bauunternehmer bestanden habe und daß sie sich die dazu nötigen erheblichen Mittel zum Teil, wie im vorliegenden Fall, durch Aufnahme von Hypotheken auf Grundstücke verschafft habe, die sie, um ihre eigenen Hypotheken zu retten, im Zwangsversteigerungsverfahren habe erstehen müssen.

Die Klägerin will weiter entscheidendes Gewicht darauf gelegt wissen, daß das Geld nicht bankmäßig gegeben und auch nicht bankmäßig hereingenommen worden sei. Sie sei verpflichtet, einen Teil ihres Vermögens in Hypotheken anzulegen, und um ein solches einfaches Hypothekengeschäft habe es sich bei dem streitigen Darlehen gehandelt. Dieser auch im Schrifttum mehrfach vertretenen Ansicht kann jedoch nicht zugestimmt werden, denn sie findet im Gesetz keine Stütze. Bei den Vorarbeiten zum Aufwertungsgesetz ist nach mehrfacher Richtung erwogen worden, ob nicht das Verbot der Aufwertung von Darlehen, die einer Bank gegeben wurden, einzuschränken sei. Namentlich bestand zeitweise starke Neigung, die sogenannten selbständigen Darlehen, die von Banken in gleicher Weise wie von anderen Kaufleuten genommen waren, also nicht in der besonderen bankmäßigen Form oder von Bankkunden, vom Aufwertungsverbot auszunehmen. In der zweiten Lesung im Ausschuß war der Antrag gestellt, solche Darlehensansprüche wie Vermögensanlagen aufzuwerten. Unter dem Gewicht der dagegen erhobenen Einwendungen ist der Antrag jedoch fallen gelassen worden. Andere auf Einschränkung des Aufwertungsverbots hinzielende Anträge sind abgelehnt worden. Es ergibt sich daraus, wie schon im Urteil des erkennenden Senats vom 17. Oktober 1927 (RGZ. Bd. 118 S. 210) dargelegt ist, die Absicht des Gesetzes, Verpflichtungen der Kreditbanken aus der Anschaffung des von ihnen demnächst wieder auszuleihenden Geldes in weitestem Umfang von der Aufwertung auszunehmen, namentlich nicht bloß die von den Banken bei Bankkunden im gewöhnlichen Sinn, sondern alle zur Beschaffung von Ausleihmitteln von der Bank irgendwo aufgenommenen Darlehen. Demgegenüber kann dem in der gemeinsamen Überschrift über §§ 65 und 66 und in der besonderen Überschrift über § 66 enthaltenen Ausdruck „Bankguthaben" kein ausschlaggebendes Gewicht beigemessen werden. Die Meinung der Revision, § 66 AufwG. finde auf Darlehen keine Anwendung, bei deren Hingabe allein oder ganz überwiegend auf die dingliche Sicherheit Wert gelegt worden sei, würde auch zur Notwendigkeit von Unterscheidungen führen, die in Wirklichkeit häufig gar nicht gemacht werden könnten.

---

59. Über die Sittenwidrigkeit der Unterstützung eines Streikes, die durch Organe einer zur Einhaltung der Friedenspflicht verpflichteten Gewerkschaft geleistet wird.

BGB. § 826.

III. Zivilsenat. Urt. v. 20. Dezember 1927 i. S. K. & Co. (Kl.) w. Verband der Bergarbeiter Deutschlands u. Gen. (Bekl.). III 104/27.

I. Landgericht Zwickau.
II. Oberlandesgericht Dresden.

Zwischen dem bergbaulichen Verein für Z. und L., dem die Klägerin angehört, und den vier beklagten Gewerkschaften kam am 1. August 1921 ein Tarifvertrag zustande, wonach die tägliche Schichtdauer unter Tag 7 Stunden und über Tag 8 Stunden betrug. Am 13. Dezember 1923 und am 2. Februar 1924 trafen die Tarifvertragsparteien ein Ergänzungsabkommen, das die Dauer der Schichten auf 8 und 9 Stunden erhöhte und bis zum 30. April 1924 in Geltung bleiben sollte. Am 24. April 1924, also noch vor seinem Ablauf, fällte die vom Schlichter des Reichsarbeitsministeriums gebildete Schlichtungskammer einen Schiedsspruch, der den Tarifvertragsparteien vorschlug, das Mehrarbeitsabkommen unkündbar bis zum 31. Juli 1924 weiterlaufen zu lassen. Dieser von den Arbeitnehmerverbänden abgelehnte Schiedsspruch wurde am 1. Mai vom Reichsarbeitsminister für verbindlich erklärt. Die Arbeiterschaft weigerte sich jedoch, ihm Folge zu leisten. Die Belegschaft der Frühschicht erzwang am 5. Mai nach siebenstündiger Arbeit die Ausfahrt. Sie wurde daraufhin fristlos entlassen. Die Belegschaften der späteren Schichten, denen die von ihnen verlangte Kürzung der Arbeitszeit nicht zugestanden wurde, fuhren überhaupt nicht mehr ein, sondern traten in den Streik, der erst im Laufe des Juni 1924 sein Ende erreichte.

Die Klägerin, nach deren Behauptung fast alle Arbeiter Mitglieder der beklagten Gewerkschaften waren, wirft diesen und den Leitern ihrer örtlichen Verwaltungsstellen, den Beklagten zu 5 bis 11, vor, sie hätten dem für verbindlich erklärten Schiedsspruch zuwider die Arbeiter durch Aufrufe zur Fortsetzung des Streiks aufgefordert und sich dadurch unerlaubter Handlungen im Sinne der §§ 823, 826 BGB. schuldig gemacht. Sie verlangt deshalb die gesamtschuldnerische Verurteilung der Beklagten zur Zahlung von 19933,40 RM und die Feststellung ihrer gesamtschuldnerischen Verpflichtung zum Ersatz alles weiteren ihr, der Klägerin, durch die Arbeitseinstellung entstandenen Schadens.

Das Landgericht erklärte durch Teilurteil den Leistungsanspruch gegenüber den Beklagten zu 5 bis 11 dem Grunde nach für berechtigt. Das Oberlandesgericht wies die Klage in diesem Umfang ab. Die Revision der Klägerin blieb erfolglos.

Gründe:

Zutreffend geht das Oberlandesgericht davon aus, daß mit Ablauf des Mehrarbeitsabkommens vom 13. Dezember 1923/2. Februar 1924, d. h. mit Ablauf des 30. April 1924, zunächst die Arbeitszeitbestimmungen des Tarifvertrags vom 1. August 1921 für die Arbeiter der Klägerin in Kraft traten, daß aber mit der am 3. Mai 1924 erfolgten Bekanntgabe der Verbindlicherklärung des Schiedsspruchs an die Tarifvertragsparteien die Verpflichtung zur Einhaltung einer acht- und neunstündigen Arbeitszeit ohne weiteres, wieder Bestandteil der einzelnen Arbeitsverträge wurde. Nicht zu beanstanden sind auch die daraus gezogenen Folgerungen, daß die fristlose Entlassung der ersten Belegschaft, die gegen diese Verpflichtung verstieß, nicht als unbefugte Störung des Arbeitsfriedens durch die Arbeitgeberin, sondern als berechtigte Abwehr grober Pflichtwidrigkeit anzusehen sei und daß die daran sich anschließende allgemeine Arbeitsniederlegung zur Erzwingung einer dem Tarifvertrag zuwiderlaufenden kürzeren Arbeitszeit einen tarifwidrigen Bruch der Einzelarbeitsverträge darstelle. Die vom Oberlandesgericht zugunsten der Klägerin beantwortete Frage, ob die beklagten Gewerkschaften nunmehr verpflichtet gewesen seien, gemäß ihrer tarifvertraglichen Friedenspflicht mit allen Kräften auf die Beendigung des Streiks hinzuwirken und alle zu seiner Förderung geeigneten Maßnahmen zu unterlassen, berührt den hier zu entscheidenden Teil des Rechtsstreits nicht unmittelbar. Ihre Bejahung läßt übrigens keinen Rechtsirrtum erkennen. Auch der Annahme, daß die beklagten Gewerkschaftssekretäre sich durch ihre Kampfaufrufe keines Tarifbruchs schuldig gemacht haben, ist an sich beizupflichten, da Personen, die, wie die Beklagten zu 5 bis 11, nicht Tarifvertragsparteien sind, unmöglich tarifvertragsuntreu werden können (vgl. Urteil des erkennenden Senats vom 25. Mai 1927 III 438/26). Die Frage liegt indessen neben der Sache, weil die Klägerin gegen die genannten Beklagten nur Ansprüche aus unerlaubter Handlung erhebt.

Die danach allein noch offene Frage, ob die beklagten Gewerkschaftssekretäre sich etwa aus § 826 oder § 823 BGB. schadensersatzpflichtig gemacht haben, ist vom Berufungsgericht mit Ausführungen verneint worden, die, wenn sie auch in einzelnen Punkten zu Bedenken Anlaß geben mögen, doch im wesentlichen mit der ständigen Rechtsprechung des Reichsgerichts im Einklang stehen (vgl. RGZ. Bd. 54 S. 255, Bd. 64 S. 52) und zu einem rechtlich einwandfreien Ergebnis geführt haben. Der Berufungsrichter sieht zwar für erwiesen an, daß die Gewerkschaftssekretäre den Streik durch Aufrufe und dergl. geschürt und ihm eine moralische Unterstützung haben zuteil werden lassen, er erblickt aber in diesem Verhalten keine unerlaubte oder sittenwidrige Handlung.

Die Belegschaft, die sich am 5. Mai 1924 entgegen den tarifvertraglichen Bestimmungen die Ausfahrt vorzeitig erzwang, machte sich eines nicht zu rechtfertigenden Verstoßes gegen die Einzelarbeitsverträge schuldig, der durch die Entlassung der vertragsuntreuen Arbeiter seine verdiente Ahndung fand. Ob er im Hinblick auf die mit ihm verbundene Gewaltanwendung oder Gewaltandrohung zugleich die guten Sitten verletzte, kann dahingestellt bleiben. Denn er hat, wie das Berufungsgericht feststellt, nicht im Sinne der Gewerkschaften und der Gewerkschaftssekretäre gelegen und ist ohne ihr Zutun erfolgt. Die Vorgänge bei der Frühschicht des 5. Mai sind daher den Beklagten zu 5 bis 11 nicht zur Last zu legen. Auch der Eintritt der nicht entlassenen Arbeiter in den Streik bedeutete, wie schon betont, an sich einen Vertragsbruch. Für ihn sind aber gleichfalls der Klägerin nur die Arbeiter, nicht auch die beklagten Gewerkschaftssekretäre verantwortlich. Denn die Gewerkschaften und ihre Organe waren nach der Feststellung des Oberlandesgerichts zunächst gewillt, sich dem Schiedsspruch zu fügen, und haben sich erst, als der Streik im Gang war, den Standpunkt der Arbeiter zu eigen gemacht. Auf ihre Tätigkeit ist nur der Umfang des Streiks und seine lange Dauer, nicht aber sein Ausbruch zurückzuführen.

Streiks werden grundsätzlich als ein aus dem Interessengegensatz zwischen Arbeitgebern und Arbeitnehmern geborenes, erlaubtes wirtschaftliches Kampfmittel anerkannt. Sie sind deshalb an sich nicht sittenwidrig und werden es auch dadurch nicht, daß sie in der Regel mit nicht unbeträchtlichen Nachteilen für die Arbeitgeber verbunden sind. Nur unter besonderen Umständen, so z. B. bei einem sittenwidrigen Zweck, bei einem etwaigen Mißverhältnis zwischen den erstrebten Vorteilen und dem voraussichtlichen Schaden der Arbeitgeber, bei Anwendung von Kampfmaßnahmen, die durch die Rechtsordnung verboten sind, oder aus anderen ähnlichen Gründen können Streiks und ihre Unterstützung den Charakter unerlaubter Handlungen annehmen. Im gegebenen Falle war das Ziel des Arbeitskampfes einwandfrei. Er bezweckte die Erreichung einer erheblichen Verkürzung der Arbeitszeit, also einer Verbesserung der Arbeitsbedingungen. Der Vertragsbruch, mit dem er begann, und die Absicht der Streikenden, den Tarifvertragsgegner ihrer Gewerkschaften zur Einwilligung in die Aufhebung des diesen aufgezwungenen Tarifvertrags und in die Wiederherstellung des alten Tarifvertrags vom Jahre 1921 zu nötigen, stempeln den Streik noch nicht zu einem sittenwidrigen. Auch sonst sind Tatsachen, die ihn zu einem solchen zu machen geeignet wären, dem festgestellten Sachverhalt nicht zu entnehmen.

Die Beklagten zu 5—11 waren, wie schon hervorgehoben, nicht als Vertragsparteien am Zwangstarifvertrag beteiligt. Er legte ihnen keine vertraglichen Verpflichtungen auf. Trotzdem handelten sie nicht im Sinne und Geiste der Schlichtungsverordnung, vielmehr dem die Grundlage des neuzeitlichen Arbeitsrechts bildenden Schlichtungs- und Tarifvertragsgedanken entgegen, als sie die Arbeiterschaft, die dem Schiedsspruch unmittelbar nach der Verbindlicherklärung die Anerkennung versagte, in ihrem tariffeindlichen Tun unterstützten und als Organe der zur Tariftreue verpflichteten Gewerkschaften dazu beitrugen, den Schlichtungszweck, die Aufrechterhaltung des Arbeitsfriedens, zu vereiteln. Ihr Verhalten war kein solches, wie es im Interesse des Verkehrs, des Wirtschaftslebens und der Rechtsordnung gefordert werden muß. Immerhin waren sie nach der den Senat bindenden Auffassung des Berufungsgerichts davon überzeugt, daß der von den Gewerkschaftsmitgliedern erhobene Anspruch auf Verkürzung der Arbeitszeit wirtschaftlich berechtigt sei. Mit Rücksicht hierauf kann ihnen nicht der Vorwurf gemacht werden, daß sie gegen das Billigkeits- und Anstandsgefühl aller anständig Denkenden verstießen, wenn sie nach Ausbruch des Arbeitskampfes den kämpfenden Gewerkschaftsmitgliedern Beistand leisteten und sie zum Ausharren anfeuerten. Es müßten vielmehr ganz besondere Umstände vorliegen, um die Beihilfe, welche die Gewerkschaftssekretäre dem Streik angedeihen ließen, als sittenwidrig zu bezeichnen. Solche Umstände sind aber vom Berufungsrichter nicht festgestellt worden. Er glaubt den Gewerkschaftssekretären, daß sie die Entlassung der vertragsuntreuen Früh-Belegschaft für zu schroff und für die unmittelbare Ursache des Streiks hielten. Ob diese Annahme zutrifft und ob das Vorbringen der Klägerin nach dieser Richtung erschöpfend gewürdigt ist, unterliegt nicht der Nachprüfung des Revisionsgerichts, da Verstöße gegen § 286 ZPO. dem Revisionsangriff zurzeit entzogen sind. Jedenfalls rechtfertigt jene Annahme die Zurückweisung des Vorwurfs einer bewußt wahrheitswidrigen Darstellung der Streikursachen in den angeblich von den Gewerkschaftssekretären verfaßten Aufrufen.

Das Berufungsgericht verkennt auch nicht die mit dem Streik der Bergarbeiter verbundene Schädigung nicht nur der Klägerin, sondern auch der Allgemeinheit, hat aber, und zwar nach Lage des Falles ohne Rechtsirrtum, eine Feststellung dahin abgelehnt, daß diese Schädigung und der auf die Arbeitgeber ausgeübte wirtschaftliche Druck das Maß des Erträglichen und die nach allgemeinen Billigkeitsgrundsätzen zu ziehenden Grenzen des Erlaubten überschritten habe. Für etwaige mit dem allgemeinen sittlichen Empfinden nicht im Einklang stehende Ausschreitungen einzelner Streikender macht das Berufungsgericht die Gewerkschaftssekretäre deshalb nicht verantwortlich, weil nicht unter Beweis gestellt und auch sonst nicht erkennbar sei, daß sie die Arbeiter zu verwerflichen Handlungen ermuntert oder solche auch nur gebilligt hätten. War daher das Verhalten der Beklagten zu 5 bis 11 auch nicht einwandfrei, so kann es doch nach den Feststellungen des Berufungsgerichts nicht als sittenwidrig im Sinne des § 826 BGB. gewertet werden. Auch ein widerrechtlicher, subjektiv schuldhafter Eingriff der Beklagten zu 5 bis 11 in den Gewerbebetrieb der Klägerin, der einen Schadensersatzanspruch nach Maßgabe des § 823 Abs. 1 BGB. zu begründen geeignet wäre, läßt sich nach dem Gesagten nicht feststellen.

---

60. Ist die Ausschließung des Rechtswegs vor den ordentlichen Gerichten in Versorgungssachen mit der Reichsverfassung vereinbar?

RVerf. Art. 129. Wehrmachtversorgungsgesetz vom 4. August 1921 §§ 90, 91.

III. Zivilsenat. Urt. v. 20. Dezember 1927 i. S. St. u. Gen. (Kl.) w. Deutsches Reich (Bekl.). III 103/27.

I. Landgericht I Berlin.

Die Kläger standen im Reichsmarinedienst. Im Oktober 1924 erbaten die Kläger zu 1 und 2, im Dezember 1924 der Kläger zu 3 ihre Verabschiedung. Sie erklärten sich in ihren Gesuchen mit ihrer vorzeitigen Entlassung, d. h. mit ihrer Entlassung ohne Einhaltung der dreimonatigen Entlassungsfrist, einverstanden, sofern ihnen hierdurch keine geldlichen Nachteile entständen. Daraufhin wurden die Kläger zu 1 und 2 mit Ablauf des Monats Oktober 1924, der Kläger zu 3 mit Ablauf des Monats Dezember 1924 unter Bewilligung der gesetzlichen Versorgung aus dem Marinedienst entlassen. Sie haben für die Entlassungsfrist, die Kläger zu 1 und 2 also bis zum 31. Januar 1925, der Kläger zu 3 bis zum 31. März 1925, ihre im aktiven Dienst bezogenen Gebührnisse weiter erhalten. Die erstern beziehen seit 1. Februar 1925, der letztere seit 1. April 1925 Ruhegehalt.

Am 26. Juni 1925 erging eine Verordnung des Reichsministers der Finanzen über die Festsetzung des Besoldungsdienstalters der Soldaten der Wehrmacht (MarineVoBl. S. 85), die das Besoldungsdienstalter für die Wehrmachtsangehörigen günstiger gestaltete. Sie bestimmte unter III Abs. 1, daß das Besoldungsdienstalter der am 1. März 1925 vorhanden gewesenen und der in der Zeit vom 1. Januar 1925 bis zum 28. Februar 1925 mit Versorgungsansprüchen ausgeschiedenen Soldaten der Wehrmacht mit Wirkung vom 1. März 1925 ab neu festzusetzen sei, wenn sich nach den neuen Bestimmungen ein günstigeres Besoldungsdienstalter als nach den bisherigen ergebe. Nach Abs. 4 das. sollten die neuen Vorschriften auf die vor dem 1. Januar 1925 ausgeschiedenen Soldaten der Wehrmacht keine Anwendung finden.

Die Kläger beanspruchen, obwohl sie vor diesem Tage aus dem Marinedienst entlassen worden sind, die Vorteile der neuen Verordnung auch für sich und fordern das sich nach ihr ergebende höhere Ruhegehalt. Sie stützen sich auf den in ihren Entlassungsgesuchen gemachten Vorbehalt, dem die Marineleitung stillschweigend zugestimmt habe. Nach ihm seien sie in vermögensrechtlicher Beziehung so zu behandeln, als ob die Kläger zu 1 und 2 erst Ende Januar 1925, der Kläger zu 3 erst Ende März 1925 ausgeschieden wären. Die neuen Bestimmungen müßten deshalb auf sie angewendet werden. Äußerstenfalls sei ihnen das Reich wegen der vorzeitigen Entlassung aus dem Gesichtspunkt des Schadensersatzes haftpflichtig. Deshalb haben die Kläger zu 1 und 2 wegen der auf den Monat März 1925, der Kläger zu 3 wegen der auf den Monat April 1925 entfallenden Gebührnisse Klage erhoben.

Der Beklagte hat in erster Reihe die Einrede der Unzulässigkeit des Rechtswegs erhoben. Versorgungsgebührnisse könnten nur vor den Versorgungsgerichten geltend gemacht werden. Außerdem betreffe der Streit die Festsetzung des Besoldungsdienstalters, die allein den Verwaltungsbehörden zustehe. Auch sachlich ist der Beklagte dem Klaganspruch entgegengetreten. Er leugnet, daß der von den Klägern gemachte Vorbehalt die Tragweite habe, die sie ihm beilegten. Ein Schadensersatzanspruch sei überhaupt nicht gegeben.

Das Landgericht hat die Klage abgewiesen. Die von den Klägern unmittelbar eingelegte Revision blieb erfolglos.

Gründe:

1. (Die Abweisung des Schadensersatzanspruchs wird gebilligt.)

2. Das Landgericht hat die Klage, soweit sie auf den Vorbehalt in den Abschiedsgesuchen gestützt wird, wegen Unzulässigkeit des Rechtswegs abgewiesen. Vom Standpunkt des Wehrmachtversorgungsgesetzes vom 4. August 1921 aus (seine späteren Änderungen, wie sie jetzt in der neuen Fassung des Gesetzes vom 19. September 1925 zusammengefaßt sind, kommen für den gegenwärtigen Rechtsstreit nicht in Betracht) ist auch in diesem Punkte der Vorinstanz beizupflichten.

Die Versorgung der aus der Wehrmacht ausscheidenden Offiziere besteht in lebenslänglichem Ruhegehalt, das vor der Entlassung von Amts wegen festzustellen ist (§ 31 WVG.). Diese Feststellung erfolgt durch den Reichswehrminister (§ 81 Abs. 3), d. h. im Reichswehrministerium, für die Marine durch die Marineleitung (Marine-Versorgungsdezernat). Gegen den Bescheid des Reichswehrministers ist der Rechtszug im Spruchverfahren der Militärversorgung zulässig (§ 90 Abs. 1), wie er jetzt durch das Gesetz über das Verfahren in Versorgungssachen vom 10. Januar 1922 (RGBl. S. 59) geregelt ist. Der Bescheid kann durch Berufung an das Versorgungsgericht angefochten werden, gegen dessen Urteil der Rekurs an das Reichsversorgungsgericht gegeben ist. Dagegen ist in Versorgungssachen der Rechtsweg vor den ordentlichen Gerichten ausgeschlossen (§ 91 Abs. 1 Satz 1 WVG.).

Die Kläger sind trotz dieser gesetzlichen Bestimmungen der Ansicht, daß zur Entscheidung über den Klaganspruch die ordentlichen

Gerichte deshalb berufen seien, weil er nicht aus dem Wehrmachtsversorgungsgesetz selbst, sondern aus dem Vorbehalt hergeleitet werde, den sie in ihren Abschiedsgesuchen gemacht hätten und dem das Reich durch Genehmigung dieser Gesuche stillschweigend zugestimmt habe. Indessen vermag diese besondere Art der Anspruchsbegründung keine Zuständigkeit der ordentlichen Gerichte zu rechtfertigen. Denn gleichwohl bilden den Gegenstand des Rechtsstreits, wie das Landgericht bereits zutreffend ausgeführt hat, die Versorgungsansprüche der Kläger, und diese Ansprüche finden ihre Rechtsgrundlage in dem früheren Dienstverhältnis der Kläger. Der Vorbehalt soll nur eine andere Berechnung ihres Ruhegehalts rechtfertigen. Die rechtliche Natur der Klagansprüche wird durch ihn nicht berührt. Ihre Prüfung muß deshalb, auch soweit die Entscheidung von der Tragweite des mehrgenannten Vorbehalts abhängt, gemäß § 90 WVG. im Spruchverfahren der Militärversorgung erfolgen.

3. Die bisherigen Ausführungen ergeben die Unbegründetheit der Revision der Kläger unter der Voraussetzung, daß die §§ 90, 91 WVG. mit der Reichsverfassung vereinbar sind. Art. 129 Abs. 4 Satz 1 RVerf., dessen alsbald eingetretene Wirksamkeit in der Rechtsprechung des Senats (RGZ. Bd. 99 S. 261, Bd. 101 S. 287) anerkannt ist, gewährleistet die Offenhaltung des Rechtswegs für die vermögensrechtlichen Ansprüche auch der Berufssoldaten. Die Revision hat die Frage zur Nachprüfung gestellt, ob diese Bestimmung gestattet, die Entscheidung über die Versorgungsansprüche der Berufssoldaten den Versorgungsgerichten zu überweisen, wie das in den angeführten Bestimmungen des Wehrmachtversorgungsgesetzes geschehen ist. Der Senat hat bereits in der RGZ. Bd. 111 S. 366 abgedruckten Entscheidung angenommen, daß die Feststellung von streitigen Versorgungsgebührnissen im Verfahren vor den Spruchbehörden der Reichsversorgung zu geschehen habe und daß die ordentlichen Gerichte hierfür nicht zuständig seien. An dieser damals nicht näher begründeten Ansicht ist festzuhalten.

Das Reichsversorgungsgericht hat in seinem Urteil vom 8. Januar 1926 (Entsch. Bd. 5 S. 253) die Übertragung der Entscheidung über die Versorgungsansprüche der Berufssoldaten auf die Versorgungsgerichte als mit Art. 129 Abs. 4 Satz 1 RVerf. vereinbar erklärt und dies damit begründet, daß nur der Rechtsweg im weiteren Sinne, mithin auch derjenige vor den Verwaltungsgerichten, verfassungsmäßig habe sichergestellt werden sollen. Dieser Auslegung des Art. 129 kann allerdings nicht beigepflichtet werden. Sie widerspricht dem feststehenden Sprachgebrauch in Rechtssetzung, Rechtsprechung und Rechtslehre. Rechtsweg bedeutet den Weg vor den ordentlichen Gerichten, unter Umständen auch den vor den — bürgerlichrechtlichen — Sondergerichten, niemals jedoch die Anrufung von Verwaltungsbehörden und Verwaltungsgerichten. Wird der Rechtsweg gegeben, so wird damit der Weg vor den Verwaltungsbehörden und den Verwaltungsgerichten ausgeschlossen. Die Entscheidung RGZ. Bd. 76 S. 174, die das Reichsversorgungsgericht zum Beweise dafür anführt, daß der Sprachgebrauch hinsichtlich des Ausdrucks „Rechtsweg" in Rechtsprechung und Verwaltung verschieden gewesen sei, führt nur aus, daß man gelegentlich auch — ungenauerweise — bei Zuständigkeit von (bürgerlichrechtlichen) Sondergerichten von der Unzulässigkeit des Rechtswegs gesprochen habe. Daß die Möglichkeit der Anrufung der Verwaltungsgerichte jemals als „Zulässigkeit des Rechtswegs" bezeichnet worden sei, dafür führt das Urteil, das es überhaupt nur mit besonderen Gerichten, den Auseinandersetzungsbehörden, zu tun hat, keinen Beleg an.

Es fehlt an jedem Anhalt dafür, daß die Reichsverfassung diesem einhelligen Sprachgebrauch zuwider unter „Rechtsweg" etwas anderes verstünde als die Anrufung der ordentlichen, aus unabhängigen und unabsetzbaren Richtern zusammengesetzten und mit besonderen Rechtsgarantien des Verfahrens umgebenen Gerichte (vgl. RGZ. Bd. 104 S. 139). Allerdings spricht Art. 129 Abs. 1 Satz 4 RVerf. und ebenso Abs. 4 Satz 1 das. vom Rechtsweg schlechthin, während nach Art. 131 Abs. 1 Satz 3 für Ansprüche gegen den Staat und sonstige öffentliche Körperschaften aus Amtspflichtverletzungen von Beamten der „ordentliche Rechtsweg" nicht ausgeschlossen werden darf, und nach Art. 153 Abs. 2 Satz 3 wegen der Höhe der Enteignungsschädigung im Streitfall der „Rechtsweg bei den ordentlichen Gerichten" offen zu halten ist, soweit Reichsgesetze nichts anderes bestimmen. Indessen ist dieser Verschiedenheit der Ausdrucksweise keine sachliche Bedeutung beizumessen. Denn sowohl aus dem Zusammenhang der Bestimmung mit dem bis zum Erlaß der Verfassung bestehenden Rechtszustand, als auch aus ihrer eigenen

Entstehungsgeschichte ergibt sich, daß Art. 129 RVerf. den Beamten und den Berufssoldaten ebenfalls den ordentlichen Rechtsweg, den bei den ordentlichen Gerichten, offen halten will.

Den Reichsbeamten gab schon § 149 RBG. für die vermögensrechtlichen Ansprüche aus ihrem Dienstverhältnis den Rechtsweg, d. h. unstreitig den Rechtsweg vor den ordentlichen Gerichten. Sein Vorbild war § 1 des preuß. Gesetzes, betreffend die Erweiterung des Rechtswegs, vom 24. Mai 1861 (GS. S. 241), der schon den preußischen Beamten in gleichem Umfang die Anrufung der ordentlichen Gerichte gestattet hatte. Dieser den Beamten bisher nur durch einfaches Gesetz gewährleistete Rechtsschutz ist in die Reichsverfassung aufgenommen worden, damit er auf alle Beamten erstreckt werde und damit er nur unter den erschwerten Voraussetzungen des Art. 76 RVerf. beseitigt oder abgeschwächt werden könne. Daraus folgt, daß der Rechtsweg des Art. 129 RVerf. kein anderer ist als der in § 149 RBG. bezeichnete.

Aus der Entstehungsgeschichte der Vorschrift in Art. 129 Abs. 1 Satz 4 RVerf. ist hervorzuheben, daß der Regierungsentwurf der Reichsverfassung (Aktenstücke der Nationalversammlung Nr. 59) in Art. 111 eine entsprechende Vorschrift nur zugunsten der Richter vorsah. Es hieß darin, daß wegen vermögensrechtlicher Ansprüche der Richter aus ihrem Dienstverhältnis, insbesondere auf Gehalt, Wartegeld oder Ruhegeld, der Rechtsweg nicht ausgeschlossen werden dürfe. Dieser Art. 111 des Entwurfs ist dann gestrichen worden, weil die Richter Beamte seien, der vorgesehene Art. 111 also in dem jetzigen Art. 129 enthalten sei (vgl. die Äußerungen des Abgeordneten Dr. Beyerle und des Vorsitzenden Haußmann im Verfassungsausschuß, wiedergegeben S. 508 des Ausschußberichts, Aktenstück Nr. 391 der Nationalversammlung). Es muß als ausgeschlossen bezeichnet werden, daß man für die vermögensrechtlichen Ansprüche der Richter an eine andere entscheidende Stelle als an die ordentlichen Gerichte gedacht hat. Das gleiche wie für die Richter gilt aber für alle Beamte, und nach Art. 129 Abs. 4 Satz 1 RVerf., der den Ausdruck Rechtsweg in demselben Sinne wie Abs. 1 Satz 4 gebraucht, ebenso für die Berufssoldaten. Grundsätzlich dürfen die vermögensrechtlichen Ansprüche aus ihrem Dienstverhältnis nicht der Rechtsprechung von Verwaltungsgerichten unterstellt werden, wie es die Versorgungsgerichte sind.

Die vorstehenden Darlegungen entsprechen dem schon bisher vom Senat eingenommenen Standpunkt. In RGZ. Bd. 109 S. 284 hat er ausgesprochen, daß der Rechtsweg des Art. 129 Abs. 1 RVerf. — und damit also auch der des Abs. 4 das. — der vor den ordentlichen Gerichten ist, und hat hinzugefügt, daß das Verwaltungsverfahren (gemeint ist, wie sich aus dem Zusammenhang ergibt, auch und gerade besonders das Verwaltungsstreitverfahren) nicht genügt.

Wenn es demnach auch nicht angängig ist, das von Art. 129 RVerf. verwendete Wort „Rechtsweg" abweichend vom bisherigen Sprachgebrauch aufzufassen, so ist trotzdem der oben genannten Entscheidung des Reichsversorgungsgerichts im Ergebnis beizupflichten. Art. 129 Abs. 4 Satz 1 RVerf. muß nämlich dahin ausgelegt werden, daß die Versorgungsansprüche der Berufssoldaten nicht unter ihre dort genannten vermögensrechtlichen Ansprüche fallen. Diese engere Deutung der Vorschrift folgt aus der Rechtsentwicklung, wie sie auf dem Gebiete des Militärversorgungswesens stattgefunden hat und von der man nicht annehmen kann, daß die Reichsverfassung in sie hat eingreifen wollen.

Im Offizierspensionsgesetz vom 31. Mai 1906 (RGBl. S. 565) wird wegen der Ansprüche aus ihm den Rechtsweg für zulässig erklärt, allerdings unter Bindung der Gerichte an gewisse Entscheidungen der obersten Militärverwaltungsbehörden (§§ 39, 40). Eine entsprechende Regelung enthielten die §§ 42, 43 des Mannschaftsversorgungsgesetzes vom 31. Mai 1906 (RGBl. S. 593) und ebenso die §§ 35, 36 des Militärhinterbliebenengesetzes vom 17. Mai 1907 (RGBl. S. 214). Eine einschneidende Änderung dieses Rechtszustands brachte die Verordnung der Reichsregierung über Änderung des Verfahrens in Militärversorgungssachen vom 1. Februar 1919 (RGBl. S. 149). Sie eröffnete gegen die Bescheide der Behörden, die im Verwaltungsverfahren über Ansprüche auf Feststellung von Besoldungsgebührnissen aus dem Mannschaftsversorgungsgesetz, dem Offizierspensionsgesetz und dem Militärhinterbliebenengesetz an letzter Stelle entschieden, den Rechtszug im Spruchverfahren der Militärversorgung (Art. I Nr. 3), während der ordentliche Rechtsweg nur noch im Pensionsregelungsverfahren (betreffend Erlöschen und Ruhen der Versorgungsgebührnisse und ähnliche Fragen) zulässig blieb. Zur Entscheidung im Spruchverfahren wurden die Militärversorgungsgerichte und das Reichs-Militärversorgungsgericht (später Versorgungsgerichte und Reichsversorgungsgericht genannt) geschaffen (Art. II § 1). Die Verordnung vom 1. Februar 1919 wurde in das auf Grund von § 1 des Übergangsgesetzes vom 4. März 1919 (RGBl. S. 285) im Reichsanzeiger (1. Beilage zu Nr. 79 vom 5. April 1919) veröffentlichte Verzeichnis der vom Rate der Volksbeauftragten oder der Reichsregierung bis dahin erlassenen und verkündeten Verordnungen aufgenommen (III Nr. 33 des Verzeichnisses) und blieb damit in Kraft. Die Nationalversammlung hat auch nicht etwa nach § 1 Satz 4 des Übergangsgesetzes die Außerkraftsetzung der Verordnung vom 1. Februar 1919 verlangt, hat sie vielmehr selbst noch durch Gesetz vom 15. Mai 1920 (RGBl. S. 1064) geändert. Später ist die Verordnung durch das Gesetz über das Verfahren in Versorgungssachen vom 10. Januar 1922 ersetzt worden. Bei der Beratung der Gesetze von 1920 und 1922 sind keine Zweifel daran zutage getreten, daß die Reichsverfassung gestatte, die Entscheidung über die Versorgungsansprüche auch der Berufssoldaten auf die Versorgungsgerichte zu übertragen. Ebensowenig sind Zweifel geltend gemacht worden gegenüber den §§ 90, 91 des Wehrmachtversorgungsgesetzes, das die schon bisher dem Spruchverfahren der Militärversorgung unterliegenden Versorgungsansprüche der Berufssoldaten neu regelte.

Überblickt man diese gesetzgeberische Tätigkeit im ganzen, so muß man dem Reichsversorgungsgericht (Entsch. Bd. 5 S. 257) beistimmen, wenn es sagt, es erscheine als völlig ausgeschlossen, daß der Gesetzgeber der Reichsverfassung etwa beabsichtigt hätte, den eben erst neu errichteten Spruchgerichten der Reichsversorgung die Rechtsprechung in der Versorgung der Berufssoldaten wieder zu nehmen, um diese Aufgabe in den ordentlichen Rechtsweg überzuführen. Die ganze Rechtsentwicklung zwingt vielmehr zwar nicht zu dem Schlusse, daß als Rechtsweg auch die Anrufung von Verwaltungsgerichten anzusehen ist, wohl aber zu dem, daß die in Art. 129 Abs. 4 Satz 1 RVerf. den Berufssoldaten gewährleistete Offenhaltung des Rechtswegs für ihre vermögensrechtlichen Ansprüche die Versorgungsansprüche nicht mitumfaßt. Die Gesetze, die das Reich auf dem Gebiete der Geltendmachung dieser Ansprüche vor und nach dem Erlaß der Reichsverfassung erlassen hat, machen es notwendig, den Wortlaut des Art. 129 Abs. 4 Satz 1 RVerf. einschränkend auszulegen. Dieselbe Nationalversammlung, welche die Reichsverfassung geschaffen hat, hat die Verordnung vom 1. Februar 1919 nicht bloß stillschweigend gebilligt, sondern sie sogar noch in einigen Punkten geändert. Daraus ist ersichtlich, daß sie durch die mehrgenannte Verfassungsbestimmung den Berufssoldaten für ihre Versorgungsansprüche den Rechtsweg nicht hat gewähren wollen.

---

61. Über das Recht der Gemeinden, Steuern von ihrem eigenen Grundbesitz zu Lasten des Mieters zu verlangen.

Preuß. Kommunalabgabengesetz vom 14. Juli 1893 (GS. S. 152).
Preuß. Gesetz über die Erhebung einer vorläufigen Steuer vom Grundvermögen vom 14. Febraur 1923 (GS. S. 29).

III. Zivilsenat. Urt. v. 20. Dezember 1927 i. S. Th. Handelsges. m. b. H. (Bekl.) w. Stadt H. (Kl.). III 229/27.

I. Landgericht Hannover.

Durch Vertrag mit dem städtischen Verkehrsamt vom 21. Juni/20. August 1921 hat die Beklagte von der klagenden Stadtgemeinde einen Platz auf 20 Jahre gemietet. In den Vertragsbedingungen ist unter § 18 gesagt: „Lasten, Steuern und sonstige Abgaben von den vermieteten Plätzen, sowie den darauf errichteten Gebäuden trägt der Mieter." Die Klägerin hat den Platz zur städtischen Grundsteuer veranlagt und diesen Bescheid dem Verkehrsamt als der Stelle, die den Vertrag abgeschlossen hatte, zugestellt. Dieses seinerseits hat den Betrag von der Beklagten gefordert, die sich aber als nicht zur Zahlung verpflichtet erachtet. Die Klägerin hat Klage auf Zahlung erhoben, die Beklagte hat widerklagend die Rückzahlung bereits gezahlter Beträge und die Feststellung gefordert, daß sie für die Dauer des Vertrags nicht zur Zahlung verpflichtet sei.

Das Landgericht hat unter Abweisung der Widerklage der Klage stattgegeben. Die von der Beklagten unmittelbar eingelegte Revision blieb erfolglos.

Gründe:

Das Landgericht geht davon aus, daß öffentlichrechtliche Selbstverwaltungsorgane dasjenige Vermögen, das von ihnen nicht zu öffentlichen Zwecken verwandt, sondern finanziell, z. B. durch Vermietung, verwertet wird, als Fremdvermögen behandeln, also auch besteuern dürfen. Steuerschuldnerin sei die betreffende Verwaltungsstelle der Klägerin. Ob die Beklagte die Steuer zu zahlen habe, richte sich nach dem Vertrag. Dieser bringe genügend zum Ausdruck, daß auch die Steuern, welche die Klägerin als Hoheitsperson für sich erhebe, von der Beklagten zu tragen seien. Das Selbstbesteuerungsrecht sei anerkannten Rechtens; darauf besonders hinzuweisen, habe für die Klägerin beim Vertragsabschluß keine Veranlassung vorgelegen. Es sei also vom Vertrage mitumfaßt.

Die Revision greift das Urteil damit an, daß sie geltend macht, es könne niemand sein eigener Schuldner sein, auch die eine Verwaltungsstelle einer öffentlichen Körperschaft könne nicht die Schuldnerin einer anderen sein. Hier handle es sich nur um einen Zuschlag zur Miete. Zur Zeit des Abschlusses des Vertrags sei eine städtische Grundsteuer nicht erhoben worden. Da das Steuerrecht finanziell verwerteter Grundstücke keineswegs anerkannten Rechtens sei, habe die Beklagte auch nicht auf den Gedanken kommen können, daß unter den Lasten usw. auch städtische Steuern zu verstehen seien.

Die Klägerin macht eine Forderung geltend, die ihr angeblich aus einem mit der Beklagten abgeschlossenen Mietvertrag zustehe. Daß für sie der Rechtsweg zugelassen ist, bedarf keiner weiteren Darlegung.

Darüber, daß die Voraussetzungen für die Erhebung der Steuer im übrigen vorhanden sind, besteht unter den Parteien kein Streit. Ihre Ansichten gehen nur insoweit auseinander, als es sich darum handelt, ob die Klägerin von ihren eigenen Grundstücken eine Steuer erheben darf, und ob die Beklagte nach dem Vertrage verpflichtet ist, sie zu erstatten.

Zum letzteren Punkt hat der erkennende Senat mehrfach entschieden, daß in Miet- und Pachtverhältnissen eine so allgemein gehaltene Bestimmung über die Übernahme der Steuern und Lasten, wie sie der angeführte § 18 des Vertrags enthält, den Mieter oder Pächter nicht nur zur Erstattung der Steuern usw. verpflichtet, die schon zur Zeit des Vertragsabschlusses erhoben wurden, daß vielmehr auch neue, erst nach Vertragsschluß eingeführte Steuern zu Lasten des Mieters oder Pächters gehen können. Hierfür ist maßgebend, was die Parteien gewollt haben; es ist also eine Frage der Auslegung des Vertrags. Dieser Auffassung ist das Landgericht durchaus gerecht geworden, wenn sein Ausgangspunkt zutrifft, daß das Selbstbesteuerungsrecht der Gemeinden anerkannten Rechtens sei. Von der Beantwortung dieser Frage hängt die Entscheidung des Streits der Parteien ab.

Das Recht der Gemeinden zur Erhebung einer Grundsteuer beruht auf dem preußischen Kommunalabgabengesetz vom 14. Juli 1893 (GS. S. 152). Nach ihm war zur Entrichtung der Steuer grundsätzlich derjenige verpflichtet, der die Verfügung über die Substanz des Grundstücks hatte, also der Eigentümer. An diesem Grundsatz hat das preußische Gesetz über die Erhebung einer vorläufigen Steuer vom Grundvermögen vom 14. Februar 1923 (GS. S. 29) nur insoweit etwas geändert, als es auch den Eigentümer der auf fremdem Grund und Boden errichteten Gebäude und Werke anteilmäßig zum Schuldner der Steuer erklärt. Wenn danach die Klägerin die in ihrem Eigentum stehenden Grundstücke mit einer Steuer belegt hat, so ist sie als Eigentümerin, nicht etwa das Verkehrsamt, zur Entrichtung der Steuer verpflichtet. Damit ist sie ihre eigene Schuldnerin geworden. Gerade dieser Umstand gibt der Revision Anlaß, das landgerichtliche Urteil zu bekämpfen, weil es ihrer Ansicht nach dem Rechtssatze widerspreche, daß niemand sein eigener Schuldner sein könne. Ob dieser Satz früher ausnahmslos Geltung besaß, bedarf keiner Nachprüfung. Denn jedenfalls war er auf dem Gebiet des Steuerrechts zu der hier in Frage kommenden Zeit durch die neuere Gesetzgebung bereits durchbrochen. Eine ganze Anzahl von Reichsgesetzen behandelt auch das Reich als steuerpflichtig, obwohl es selbst für sich die Steuern erhebt oder darüber verfügt; mit anderen Worten, das Reich besteuert sich selbst.

So läßt z. B. § 2 Nr. 1 des Körperschaftssteuergesetzes vom 30. März 1920 (RGBl. S. 393) zwar das Reich, die Länder und die Gemeinden von der Steuer frei, Unternehmungen aber nur, soweit ihre Erträge jenen ausschließlich zufließen. Ferner ist aus dem Gesetz über Änderungen im Finanzwesen vom 8. April 1922 (RGBl. I S. 335) folgendes anzuführen:

a) Das Gesetz zur Änderung des eben erwähnten Körperschaftssteuergesetzes (Anl. 3 RGBl. I S. 351, Art. I Nr. 2a) läßt die Befreiung nach § 2 Nr. 1 nur noch soweit zu, als sich nicht aus Nr. 2a ein anderes ergibt.

b) Ebenso gewährt das Vermögenssteuergesetz (Anl. 1 RGBl. I S. 335) in § 5 Abs. 1 Nr. 1 nur insoweit Befreiung, als sich aus Nr. 4 nicht ein anderes ergibt.

c) Das Kapitalverkehrsteuergesetz (Anl. 4 RGBl. I S. 354) gewährt dem Reich usw. Steuerbefreiung nur in beschränktem Umfang.

d) Dasselbe gilt für das Umsatzsteuergesetz vom 24. Dezember 1919 (RGBl. S. 2157), das in § 3 das Reich nur zum Teil steuerfrei läßt. Diese Bestimmung ist in dem Abänderungsgesetz (Anl. 5 zum Gesetz vom 8. April 1922 RGBl. I S. 373) aufrechterhalten.

e) Das Rennwett- und Lotteriegesetz (Anl. 11 RGBl. I S. 393) enthält keine Befreiungsvorschrift. Steuerpflichtig ist der Veranstalter der Lotterie.

f) Endlich befreit das Kraftfahrzeugsteuergesetz (Anl. 12 RGBl. I S. 396) das Reich nur in bestimmten Fällen von der Steuer.

Zu erwähnen ist noch das Kapitalertragsteuergesetz vom 29. März 1920 (RGBl. S. 345), das in § 3 Abs. 1 Nr. 6 eine Befreiung des Reichs usw. nur für bestimmte Fälle vorsieht.

Aus allen diesen Gesetzen geht deutlich hervor, daß sich das Reich in erheblichem Umfang der von ihm selbst angeordneten Steuerpflicht unterworfen, sich also selbst besteuert hat. Es ist aus den gesetzlichen Bestimmungen geradezu der Grundsatz zu entnehmen, daß auch das Reich der Steuerpflicht stets unterliegt, soweit es nicht ausdrücklich davon befreit ist.

Was aber für das Reich in dieser Hinsicht gilt, muß auch entsprechend für die Länder und die Gemeinden gelten. Hiernach kann dem Landgericht nur zugestimmt werden, wenn es das Selbstbesteuerungsrecht als anerkanntes Recht bezeichnet. Trifft dies aber zu, so ist auch die Forderung der Klägerin begründet und anderseits der mit der Widerklage erhobene Anspruch der Beklagten unbegründet.

---

62. 1. Was ist in § 22 Abs. 1 AufwG. unter der „Absicht des anderen Teiles, das Recht des Gläubigers zu beeinträchtigen", zu verstehen?

2. Können dann, wenn der Wiedereintragung einer Hypothek auf Grund des Aufwertungsgesetzes der öffentliche Glaube des Grundbuchs entgegensteht, Bereicherungsansprüche aus § 816 BGB. in Frage kommen?

AufwG. § 22; BGB. § 816.

V. Zivilsenat. Urt. v. 21. Dezember 1927 i. S. Stadt Altona (Kl.) w. Wwe. B. (Bekl.). V 121/27.

I. Landgericht Altona.
II. Oberlandesgericht Kiel.

Für die Klägerin war im Grundbuch von B. seit dem 15. September 1896 eine Darlehenshypothek von 32000 *M* eingetragen. Am 31. Mai 1923 hat der damalige Grundstückseigentümer Hans Max B., ein Sohn der Beklagten, die Hypothek, die von der Klägerin seinem Rechtsvorgänger gekündigt worden war, nach Eintritt ihrer Fälligkeit zum Nennbetrag in Papiermark an die Klägerin ausgezahlt. Die Hypothek ist dann auf Grund einer von der Klägerin ohne Vorbehalt erteilten Quittung und Löschungsbewilligung vom 1. Juni 1923 am 19. Januar 1924 gelöscht worden. Am 20. April 1925 hat ein Bruder des damals nach Asien verreist gewesenen Grundstückseigentümers als dessen Bevollmächtigter das Grundstück an die Beklagte aufgelassen, und zwar, wie diese behauptet, zur Sicherstellung von Unterhaltsansprüchen gegen den Grundstückseigentümer. Am 23. Mai 1925 ist die Beklagte als Eigentümerin eingetragen worden. Nach dem Inkrafttreten des Aufwertungsgesetzes hat die Klägerin Ansprüche auf Aufwertung ihrer gelöschten Hypothek bei der Aufwertungsstelle rechtzeitig angemeldet und, da die Beklagte diese Ansprüche unter Hinweis auf die Vorschriften über den öffentlichen Glauben des Grundbuchs bestritt, gegen sie Klage auf Bewilligung der Wiedereintragung der Hypothek zum Betrag von 7997,31 G*M* nebst Zinsen erhoben.

Zur Begründung hat sie in erster Linie geltend gemacht, daß der öffentliche Glaube des Grundbuchs der Eintragung ihrer Hypothek nach § 22 Abs. 1 AufwG. um deswillen nicht entgegenstehe, weil die Beklagte den ihr nach dieser Vorschrift obliegenden Entlastungsbeweis nicht erbringen könne, im Gegenteil aus den Umständen sich ergebe, daß sie mit ihren Söhnen zusammengewirkt habe, um die Gläubiger ihres Sohnes Hans Max zu benachteiligen. Abgesehen davon sei sie auch vom gegenteiligen Standpunkt aus wenigstens schuldrechtlich auf Grund des § 816 BGB. verpflichtet, die Wiedereintragung der Hypothek zu bewilligen, weil sich die Auflassung des Grundstücks an sie als eine unentgeltliche Verfügung darstelle, durch die sie in Höhe des Betrags der Hypothek ungerechtfertigt bereichert sei. Das Landgericht hat der Klage aus dem ersten Klagegrund stattgegeben, weil die Beklagte den vorerwähnten Entlastungsbeweis nicht geführt und auch nicht mit zulänglichen Beweismitteln angetreten habe. Nachdem die Beklagte Berufung eingelegt hatte, hat die Klägerin zur Begründung ihrer Klage noch geltend gemacht, die Beklagte könne sich auf den öffentlichen Glauben des Grundbuchs auch deshalb nicht berufen, weil das Grundstück nur zum Schein an sie übertragen worden sei. Übrigens stelle sich ihr Verhalten auch als eine sie zum Schadensersatz verpflichtende unerlaubte Handlung im Sinne des § 826 BGB. dar, die gleichfalls das Klagebegehren rechtfertige. Das Oberlandesgericht hat sämtliche Klagegründe verworfen und die Klage abgewiesen.

Die Revision der Klägerin führte zur Aufhebung und Zurückverweisung.

Gründe:

1. Soweit die Klage auf die Vorschriften des Aufwertungsgesetzes über die Wiedereintragung gelöschter Hypotheken gestützt ist, hat der Berufungsrichter sie deshalb für nicht begründet erachtet, weil der Beklagten nach § 20 dieses Gesetzes der öffentliche Glaube des Grundbuchs zur Seite stehe. Den Gegeneinwand der Klägerin, die Anwendung dieser Vorschrift müsse schon daran scheitern, daß die Übertragung des Grundstücks auf die Beklagte nur zum Schein erfolgt sei, hat er auf Grund tatsächlicher Erwägungen ohne Rechtsirrtum für hinfällig erachtet, und dagegen hat auch die Revision nichts erinnert. Ihr Angriff richtet sich insoweit nur gegen die Ablehnung des von der Klägerin auf § 22 Abs. 1 AufwG. gestützten Gegeneinwands. Der Berufungsrichter erkenne zwar an, daß die Voraussetzungen dieses

Gegeneinwandes an sich gegeben seien, da die Beklagte das Grundstück nach dem 1. Januar 1925 von einem ihrer Söhne erworben habe; er nehme aber zu Unrecht an, daß sie den ihr in § 22 Abs. 1 offengelassenen Entlastungsbeweis geführt habe. Denn davon könne hier schon deshalb keine Rede sein, weil der Rechtsvorgänger der Beklagten, wie zu unterstellen sei, die Veräußerung in der der Beklagten bekannten Absicht vorgenommen habe, wegen geschäftlicher Schwierigkeiten die ihm gehörigen Grundstücke durch Überschreibung auf die Beklagte dem Zugriffe seiner Gläubiger zu entziehen. Diese Tatsachen habe der Berufungsrichter rechtsirrig deshalb für unerheblich erachtet, weil hier eine Anfechtung nach dem Anfechtungsgesetz nicht in Frage komme. Abgesehen davon habe er übersehen, daß es im vorliegenden Falle nicht nur auf die Absicht des Veräußerers ankomme, sondern auch auf die Absicht seines Bruders, der ihn bei der Veräußerung des Grundstücks vertreten habe. Diese Rügen sind jedoch nicht begründet. Denn der Wortlaut des § 22 Abs. 1 AufwG. und der Zusammenhang dieser Vorschrift mit dem Abs. 3 das. ergeben unzweideutig, daß in ihr nicht von der Absicht der Gläubigerbenachteiligung im Sinne des Anfechtungsgesetzes die Rede ist, sondern nur von der Absicht, das Recht von Hypothekengläubigern auf Eintragung der Aufwertung ihrer Hypotheken an der ihnen zukommenden Rangstelle zu vereiteln (Mügel Aufwertungsrecht 5. Aufl. S. 778, Neukirch AufwG. S. 322). Eine solche Absicht hat aber nach den Feststellungen des Berufungsrichters weder beim Rechtsvorgänger der Beklagten noch bei seinem von ihm bevollmächtigten Bruder vorgelegen, und jedenfalls war sie, selbst wenn sie vorgelegen hätte, der Beklagten nach diesen Feststellungen zur Zeit der Eigentumsübertragung nicht bekannt. Bei Zugrundelegung dieser Feststellungen, die für die Revisionsinstanz bindend sind, ist aber die Annahme des Berufungsrichters nicht zu beanstanden, daß die Klägerin einen Anspruch auf Wiedereintragung ihrer Hypothek nicht aus § 22 Abs. 1 AufwG. herleiten könne.

2. Anders liegt es dagegen mit der Annahme des Berufungsrichters, daß der Klägerin auch kein schuldrechtlicher Anspruch dieses Inhalts gegen die Beklagte zustehe. Zwar ist die Ablehnung dieses Anspruchs insoweit, als die Klägerin ihn auf § 826 BGB. zu stützen versucht hat, nach den getroffenen tatsächlichen Fest-

stellungen nicht zu beanstanden, und insoweit hat auch die Revision keine Rüge erhoben. Dagegen beschwert sie sich mit Recht über die rechtliche Beurteilung, die der Berufungsrichter dem von der Klägerin schon in erster Instanz hilfsweise herangezogenen Gesichtspunkte der ungerechtfertigten Bereicherung (§ 816 BGB.) hat zuteil werden lassen. Der Vorderrichter hält die Anwendung der Vorschriften über die ungerechtfertigte Bereicherung aus einem doppelten Grunde nicht für angängig: einmal deshalb, weil das Aufwertungsgesetz die den Hypothekengläubigern wegen der Geldentwertung zustehenden Aufwertungsansprüche erschöpfend regle und die Heranziehung der Vorschriften über die ungerechtfertigte Bereicherung sich insbesondere mit dem Ausnahmecharakter der Vorschrift des § 22 AufwG. nicht vertrage; und zweitens deshalb, weil § 816 BGB. voraussetze, daß ein Nichtberechtigter eine Verfügung über einen Gegenstand getroffen habe, diese Voraussetzung aber nicht zutreffe, wenn, wie es hier der Fall sei, ein Grundstückseigentümer nur über sein Eigentum verfügt habe. Dem Berufungsrichter ist zuzugeben, daß seine Rechtsauffassung im Schrifttum vorherrscht; sie ist aber — in Übereinstimmung mit Mügel Aufwertungsrecht 5. Aufl. S. 765 — nicht als zutreffend anzuerkennen.

Allerdings schließt das Aufwertungsgesetz in § 19 die Anwendung der Vorschriften über die ungerechtfertigte Bereicherung insoweit aus, als es sich um die Frage handelt, ob im Falle der Bewirkung der Leistung auch über die in §§ 14 bis 17 bezeichneten Fälle hinaus eine Aufwertung beansprucht werden kann. Daraus ist indes nicht zu folgern, daß auch da, wo das Gesetz die Aufwertung von Hypotheken wegen des Eingreifens der Vorschriften über den öffentlichen Glauben des Grundbuchs ausschließt, dem dadurch Betroffenen nicht § 816 BGB. insofern zustatten kommen soll, als ihm bei Anwendung dieser Vorschrift wenigstens ein schuldrechtlicher Ausgleich für den ihm widerfahrenen Rechtsverlust zu gewähren sein würde. Daß diese Annahme mit der Regelung der Aufwertung im Aufwertungsgesetz, insbesondere mit dem Ausnahmecharakter des § 22 in Widerspruch trete, ist nicht zuzugeben.

Ebensowenig kann die Anwendung des § 816 BGB. daran scheitern, daß hier nicht eine Verfügung eines Nichtberechtigten im Sinne dieser Vorschrift vorliege. Allerdings betraf die in der Veräußerung des Grundstücks an die Beklagte liegende Verfügung ihres Rechtsvorgängers zunächst nur das ihm zustehende Eigentum am Grundstück. Wenn aber infolge dieser Verfügung eine der Klägerin am Grundstück zustehende Hypothek infolge der Vorschriften über den öffentlichen Glauben des Grundbuchs erlosch, so lag in der Verfügung zugleich ein unberechtigter Eingriff in die Rechte der Klägerin, und es muß daher § 816 BGB., wenn im übrigen seine Voraussetzungen vorliegen, auch in diesem Falle mindestens entsprechend zur Anwendung kommen. Daß diese Auslegung dem Grundgedanken des § 816 BGB. entspricht, wird nicht nur durch die Motive Bd. 3 S. 347 bestätigt, sondern es hat sich auch schon vor dem Inkrafttreten des Aufwertungsgesetzes das Schrifttum in diesem Sinne ausgesprochen (Freund, Eingriff in fremde Rechte als Grund des Bereicherungsanspruchs, in Heft 7 der Studien zur Erläuterung des bürgerlichen Rechts von Leonhard S. 24; Rosenberg, Sachenrecht S. 430 Nr. 5). Auch in dieser Hinsicht ist daher der Auffassung Mügels (a. a. O. S. 765) beizutreten. Nun war freilich das hier in Rede stehende Grundstück zur Zeit seiner Veräußerung an die Beklagte nach dem damals geltenden Rechtszustand (§ 11 der 3. Steuernotverordnung) als lastenfrei anzusehen. Allein daraus ist nicht — mit Quassowski AufwG. 5. Aufl. S. 309 — zu folgern, daß § 816 BGB. nicht zur Anwendung kommen könne. Denn nach dem inzwischen in Kraft getretenen Aufwertungsgesetz würde hier Aufwertung kraft Rückwirkung stattfinden, wenn nicht die Vorschriften über den öffentlichen Glauben des Grundbuchs entgegenstünden. Die Rechtslage ist daher nunmehr so anzusehen, als ob die Hypothek der Klägerin bis zur Veräußerung des Grundstücks an die Beklagte noch bestanden hätte und erst infolge dieser Veräußerung erloschen wäre. Daraus ergibt sich aber, daß die Klägerin aus § 816 BGB. Bereicherungsansprüche gegen die Beklagte herleiten kann, sofern im übrigen die Voraussetzungen dieser Ansprüche vorliegen, insbesondere die Verfügung zugunsten der Beklagten als unentgeltlich anzusehen ist. Darüber sind bisher in der Vorinstanz keine Feststellungen getroffen. Die Sache war daher zur anderweiten Verhandlung und Entscheidung an das Berufungsgericht zurückzuverweisen.

63. Ist zur Löschung einer abgetretenen, im Grundbuch auf den neuen Gläubiger umgeschriebenen Papiermarkhypothek die Zustimmung des früheren Gläubigers erforderlich?

GBO. § 19. AufwG. § 17.

V. Zivilsenat. Beschl. v. 21. Dezember 1927 in einer Grundbuchsache. V B 32/27.

I. Amtsgericht Berlin-Mitte.
II. Landgericht I Berlin.

Der Sachverhalt ergibt sich aus folgenden

Gründen:

Im Grundbuch der Luisenstadt des Amtsgerichts Berlin-Mitte war seit dem Jahre 1908 für die Preußische Bodenkreditbank in Berlin eine Hypothek von 440000 *M* eingetragen. Die Hypothek wurde auf Grund einer Abtretungserklärung vom 23. August 1922 am 12. Dezember 1922 auf den Kaufmann M. umgeschrieben; gemäß Auflassung vom 2. April 1924 wurde die Beschwerdeführerin am 11. September 1924 als Eigentümerin des Grundstücks eingetragen. Auf ihren Antrag wurde die Hypothek am 7. Juni 1924 gelöscht auf Grund der Löschungsbewilligung des M. vom 25. April 1924 und seiner löschungsfähigen Quittung vom 7. Juni 1924, worin er erklärt hat, daß er von der Beschwerdeführerin vollständig befriedigt sei und irgendwelchen Aufwertungsvorbehalt nicht mache. Gegen die Löschung erhob die Preußische Bodenkreditbank Beschwerde. Das Landgericht I Berlin wies durch Beschluß vom 9. Juli 1927 das Grundbuchamt an, zugunsten der früheren Gläubigerin von Amts wegen einen Widerspruch gegen die Löschung der Hypothek einzutragen, der sich darauf gründe, daß die Löschung ohne Bewilligung der früheren Gläubigerin erfolgt sei, zu deren Gunsten die Hypothek gemäß §§ 16, 17 AufwG. aufgewertet sei; der Widerspruch wurde am 23. Juli 1927 eingetragen. Gegen diesen Beschluß richtet sich die weitere Beschwerde. Das Kammergericht möchte die weitere Beschwerde zurückweisen, weil es im Gegensatz zu seiner früheren Stellungnahme die Frage bejahen will, ob der frühere Gläubiger einer Hypothek durch ihre Löschung im Sinne des § 19 GBO. betroffen wird. Es sieht sich hieran jedoch durch den Beschluß des Oberlandesgerichts zu Rostock vom 8. Januar 1926 (Ring AufwRspr. 1926 S. 79) gehindert und hat die weitere Beschwerde nach § 79 Abs. 2 GBO. dem Reichsgericht zur Entscheidung vorgelegt. Im Vorlegungsbeschluß wird ausgeführt: Das Verfahren des Grundbuchamts bei Löschung der Hypothek stehe allerdings mit dem vom Kammergericht in seinem Beschluß vom 6. Januar 1927 (Ring AufwRspr. 1927 S. 100) und in seiner weiteren Rechtsprechung vertretenen Standpunkt im Einklang. In dieser Entscheidung sei unter Hinweis auf die Rechtsauffassung des Senats, daß das Recht des Abtretenden bei gutgläubigem Eigentumserwerb nach Umschreibung des Rechts endgültig erlösche, ausgesprochen worden, daß die Zustimmung des Abtretenden zur Löschung der noch eingetragenen Papiermarkhypothek nicht erforderlich sei. Zur Begründung werde darauf verwiesen, daß das Recht des früheren Gläubigers, das selbständig und von dem des neuen Gläubigers unabhängig sei, nicht davon abhänge, ob dieses andere Recht im Grundbuch stehe, umgeschrieben oder gelöscht sei. Die Gefahr eines Rechtsverlustes auf Grund der Vorschriften über den öffentlichen Glauben des Grundbuchs für das Recht des früheren Gläubigers werde schon durch die Umschreibung herbeigeführt und durch eine spätere Löschung der umgeschriebenen Hypothek nicht beeinflußt, insbesondere nicht noch gesteigert. Der frühere Gläubiger werde also durch die Löschung nicht im Sinne des § 19 GBO. betroffen. Diese Ansicht könne jedoch nicht aufrechterhalten werden gegenüber dem Beschluß des V. Zivilsenats des Reichsgerichts vom 9. Mai 1927 (RGZ. Bd. 116 S. 177), worin ausgesprochen sei, daß dem Erwerber eines Grundstücks bei einer noch eingetragenen Hypothek die Vorschriften über den öffentlichen Glauben des Grundbuchs gegenüber dem nach § 17 AufwG. vom früheren Gläubiger erhobenen Aufwertungsanspruch nicht zur Seite stünden. Der Gesichtspunkt, der für die bisherige Stellung des Kammergerichts entscheidend gewesen sei, daß nämlich die Gefahr des Rechtsverlustes nach den Vorschriften über den öffentlichen Glauben des Grundbuchs schon durch die Umschreibung des Rechts auf den nachfolgenden Gläubiger begründet sei und daher durch die spätere Löschung dieses Rechts nicht mehr gesteigert werden könne, scheide aus, weil eine solche Gefahr nach der vom Reichsgericht im genannten Beschluß dargelegten Rechtsauffassung vor der Löschung überhaupt nicht bestanden habe, vielmehr erst mit der Löschung entstehe. Von seiner Ansicht abzugehen, sei aber das Kammergericht durch den erwähnten Beschluß des Oberlandesgerichts Rostock gehindert.

Das Oberlandesgericht Rostock hat in diesem Beschluß die Frage, ob es zur Löschung einer auf einen neuen Gläubiger umgeschriebenen Grundschuld neben der Löschungsbewilligung des gegenwärtigen Gläubigers auch einer solchen des früheren Gläubigers bedürfe, verneint und dies folgendermaßen begründet: Dem früheren Gläubiger stehe zwar nach § 15 AufwG. kraft Rückwirkung ein Recht auf Aufwertung zu, auch wenn die Grundschuld — wie in jenem Falle — inzwischen in eine Darlehenshypothek umgewandelt und auf einen neuen Gläubiger umgeschrieben sei. Sein Recht sei aber seit der Umschreibung auf diesen nicht mehr im Grundbuch enthalten, und seinem Anspruch auf Wiedereintragung gemäß §§ 21, 20 AufwG. geschehe durch die Löschung der eingetragenen Hypothek kein Abbruch. Ob die beantragte Löschung erfolge oder nicht, sei für das Recht des früheren Gläubigers gleichgültig; auch eine Sicherung gegen Neueintragungen bestehe in gleichem Maße. Der frühere Gläubiger stehe danach einem Gläubiger gleich, dessen Recht im Grundbuch gelöscht sei; seiner Zustimmung zur Löschung bedürfe es also nicht.

Es ist der Ansicht des Kammergerichts zuzustimmen, daß das Recht des früheren Gläubigers einer abgetretenen und auf den neuen Gläubiger umgeschriebenen Hypothek beim Vorliegen der Voraussetzungen des § 17 AufwG. durch die Löschung der Hypothek im Sinne des § 19 GBO. „betroffen" wird und daß es daher der Zustimmung des früheren Gläubigers bedarf.

Wie der Senat in seinem Urteil RGZ. Bd. 116 S. 185 ausgeführt hat, gingen durch eine vor dem Inkrafttreten des Aufwertungsgesetzes erfolgte Abtretung einer Hypothek nach dem damaligen Rechtszustand die Rechte des bisherigen Gläubigers aus der Hypothek auf den neuen Gläubiger über; sein Anspruch aus der Hypothek war damit völlig erloschen. Irgendein Aufwertungsanspruch stand ihm nicht zu; er selbst war aus dem Schuldverhältnis gänzlich ausgeschieden. Wurde die Hypothek auf den neuen Gläubiger umgeschrieben, so bestand lediglich eine Papiermarkhypothek zu dessen Gunsten und es war nach der zu jener Zeit bestehenden Rechtslage nicht etwa eine aus dem Grundbuch nicht ersichtliche Doppelbelastung vorhanden. In diese Rechtslage hat der § 17 AufwG. mit rückwirkender Kraft eingegriffen. Aus seiner Vorschrift, daß im Falle der Abtretung „die" Hypothek unter den dort bezeichneten Voraussetzungen auch zugunsten des Abtretenden aufzuwerten ist, ergibt sich, wie der Senat im Beschluß vom 9. Mai 1927 (RGZ. Bd. 116 S. 183) ausgesprochen hat, die Absicht des Gesetzgebers, daß dem Abtretenden nunmehr ein Teil des in den Goldmarkbetrag umgewandelten Papiermarkbetrags der auf den Namen des neuen Gläubigers eingetragenen Hypothek zugewiesen werden soll. Der bisherige Gläubiger der abgetretenen Hypothek wird also vom Gesetzgeber beim Vorliegen der Voraussetzungen des § 17 AufwG. als Teilgläubiger der Hypothek angesehen, und es ist daher nach der durch das Aufwertungsgesetz geschaffenen Rechtslage nicht zutreffend, wenn das Oberlandesgericht Rostock annimmt, der frühere Gläubiger einer Hypothek stehe einem Gläubiger gleich, dessen Recht im Grundbuch gelöscht sei. Im Beschluß vom 9. Mai 1927 ist ferner ausgesprochen, daß der Erwerber eines Grundstücks sich gegenüber dem vom früheren Gläubiger einer Hypothek aus § 17 AufwG. erhobenen Aufwertungsanspruch nicht auf die Vorschriften über den öffentlichen Glauben des Grundbuchs berufen kann, wenn zur Zeit des Grundstückserwerbs die Hypothek auf den neuen Gläubiger umgeschrieben war. Danach ist der Abtretende, solange die Hypothek eingetragen ist, gegen die ihm nachteiligen Folgen der Vorschriften über den öffentlichen Glauben des Grundbuchs wohl im Falle eines Wechsels im Eigentum des Grundstücks geschützt, jedoch kann ihm dieser Schutz durch eine Löschung der Hypothek entzogen werden. Denn ein Grundstückserwerber kann sich im Falle der Löschung einer abgetretenen und auf den neuen Gläubiger umgeschrieben gewesenen Hypothek gegenüber dem aus § 17 AufwG. erhobenen Aufwertungsanspruch des früheren Gläubigers — anders als im Falle des Unterbleibens der Löschung — auf die Vorschriften über den öffentlichen Glauben des Grundbuchs berufen, vorausgesetzt, daß nicht ein Widerspruch nach § 17 S. 2, § 16 Abs. 2 S. 2 eingetragen ist. Es wird hiernach der Anspruch des Abtretenden durch die Löschung der Hypothek „betroffen", weil eine Löschung unter Umständen seine Aufwertungsrechte bei einem Wechsel im Eigentum am Grundstück zu beseitigen vermag. Es ist daher keineswegs, wie das Oberlandesgericht Rostock in Übereinstimmung mit Quassowski, 5. Aufl. S. 272 und Schlegelberger-Harmening 5. Aufl. S. 326 meint, für das Recht des Abtretenden gleichgültig, ob die beantragte Löschung erfolgt oder nicht. Die hier vertretene Ansicht entspricht der vom Kammergericht selbst früher vertretenen Meinung (Beschl. v. 12. November 1925 bei Ring AufwRsp. 1926 S. 21 und vom 29. August 1925 JRsch. 1925 Nr. 1250), die auch vom Oberlandesgericht Hamburg (AufwKartoth. § 17 Karte 1), von Mügel 5. Aufl. Anm. 4 zu § 17, von Heilfron in der Deutsch. SteuerZtg. 1926 S. 173, von Gottschalk, Aufwertung und öffentlicher Glaube, in der Zeitschrift d. Deutschen NotarV. 1925 S. 445 und von Neukirch S. 277 geteilt wird. Wenn das Kammergericht seine gegenteilige, im Beschluß vom 6. Januar 1927 (Ring AufwRspr. 1927 S. 101) ausgesprochene Meinung, daß es der Zustimmung des früheren Gläubigers zur Löschung der Hypothek nicht bedürfe, aufgegeben hat, so beruht dies auf der zutreffenden Erkenntnis, daß der Begründung dieses Beschlusses der Boden entzogen ist, nachdem sich das Kammergericht der Ansicht des Reichsgerichts angeschlossen hat, daß dem Grundstückserwerber der Schutz des öffentlichen Glaubens des Grundbuchs gegenüber dem Aufwertungsanspruch des früheren Gläubigers aus § 17 AufwG. zu versagen ist (vgl. auch Mügel 5. Aufl. Anm. 4 zu § 17).

Hiernach ist die weitere Beschwerde zurückzuweisen, ohne daß die Frage erörtert zu werden braucht, ob es im vorliegenden Falle der Zustimmung des früheren Gläubigers zur Löschung nicht schon deshalb bedurft hätte, weil schon am 25. Februar 1925 ein anderer Widerspruch zu seinen Gunsten aus §§ 17, 16 Abs. 2 AufwG. eingetragen worden ist.

---

64. Erstreckt sich die ausschließliche Zuständigkeit der preußischen Fideikommiß-Auflösungsbehörden auf die Aufwertung von Versorgungs- und Abfindungsansprüchen der Mitglieder der Fideikommißfamilie auch in denjenigen Fällen, in denen die Verordnung über die anderweitige Festsetzung von Versorgungsansprüchen bei Stammgütern und Familienfideikommissen vom 8. September 1923 (PrGS. S. 433) nicht eingreift?

Preuß. Verordnung über die Zwangsauflösung der Familiengüter und Hausvermögen (Zwangsauflösungsverordnung) v. 19. November 1920 (PrGS. S. 463) §§ 4, 19, 28.

IV. Zivilsenat. Urt. v. 22. Dezember 1927 i. S. Eheleute H. (Bekl.) w. F. u. Gen. (Kl.). IV 421/27.

I. Landgericht Altona.
II. Oberlandesgericht Kiel.

Dierk M., dem in S. eine etwa 20 ha große Hofstelle gehörte, hatte in den Jahren 1846 bis 1855 von dem Gutsherrn von S. ein im ganzen ungefähr 280 ha umfassendes, im Außendeich gelegenes Gebiet bis zum 1. Januar 1946 gepachtet. Er hat aus der Hofstelle „nebst den von dem Gutsherrn in S. gepachteten, noch in der Pacht befindlichen Grundstücken" für die Zeit von Pfingsten 1871 bis zum 1. Januar 1946 ein Fideikommiß errichtet. In § 2 der gerichtlichen Stiftungsurkunde vom 29. Oktober 1873 hat er bestimmt: „Der jeweilige Fideikommißbesitzer hat außerdem" (nämlich außer der „Annehmungssumme" von 36000 ℳ, die der erste Übernehmer an den Stifter und jeder Fideikommißnachfolger an seinen Vorgänger oder dessen Erben zahlen sollte) „bis zum 1. Januar 1946 jährlich 2400 Taler Preußisch Courant, gleich 7200 Deutsche Reichsmark ... an mich und nach meinem Ableben an meine sämtlichen Kinder eventuell deren eheliche Deszendenz ... zu zahlen, welche Summe nach meinem Ableben nach Stammzahl unter meine genannten Kinder eventuell deren eheliche Deszendenz zu verteilen ist ..."

Die Aufwertung dieser Rente für die Zeit seit 1. Januar 1926 ist im Streit. Die Kläger sind die Nachkommen eines der Kinder des Dierk M. Die beklagte Ehefrau ist die jetzige Fideikommißbesitzerin. Sie und ihr mitbeklagter Ehemann sind bereit, die für Reallasten in § 31 AufwG. vorgesehene Aufwertung zu gewähren. Die Kläger verlangen eine Aufwertung auf 100%. Das Berufungsgericht hat den Klaganspruch dem Grunde nach für gerechtfertigt erklärt. Auf die Revision der Beklagten wurde die Klage wegen Unzulässigkeit des Rechtswegs abgewiesen.

Gründe:

Die Revision bestreitet die vom Berufungsgericht bejahte Zuständigkeit der ordentlichen Gerichte. Sie bezeichnet sowohl die §§ 31, 69 AufwG. als auch das Gesetz vom 18. August 1923 (RGBl. I S. 815) und die auf Grund dieses Gesetzes erlassene Verordnung über die anderweitige Festsetzung von Geldbezügen aus Altenteilsverträgen und von Versorgungsansprüchen bei Stammgütern und Familienfideikommissen vom 8. September 1923 als durch Nichtanwendung verletzt.

1. Nach § 69 AufwG. ist zur Entscheidung eines Streites über die Höhe der Aufwertung der in den §§ 4 bis 54 AufwG. bezeichneten Ansprüche die Aufwertungsstelle ausschließlich zuständig. Zu den von dieser Vorschrift betroffenen Ansprüchen gehören nach § 31 Ansprüche auf wiederkehrende Leistungen aus einer Reallast. Das Berufungsgericht stellt indessen auf Grund einer rechtlich nicht zu beanstandenden Auslegung der Stiftungsurkunde fest: die durch § 2 dieser Urkunde begründete Fideikommißschuld sei nicht als eine dingliche Last auf die zum Fideikommiß gewidmeten Liegenschaften, die Hofstelle, gelegt worden, sondern sie habe als eine Abfindung der als rentenberechtigt bestimmten Familienmitglieder von den Erträgnissen der zum Fideikommiß mitgewidmeten und seinen wertvollsten Bestandteil ausmachenden Pachtrechte gelten und den jeweiligen Fideikommißbesitzer als eine rein schuldrechtliche Verpflichtung treffen sollen. Was die Revision demgegenüber geltend macht, daß nämlich der Fideikommißstifter die Pachtrechte als ein Zubehör des Hofes angesehen und das ganze sich ihm als ein einheitliches Immobile darstellende Fideikommiß dinglich habe belasten wollen, setzt sich in unzulässigen Widerspruch mit der Sachwürdigung des Berufungsgerichts. Denn dieses nimmt an, der Stifter habe die Rentenverpflichtung anders behandeln wollen als die sonstigen Verpflichtungen des Fideikommißbesitzers, deren „Protokollierung" auf das Realfolium des Hofes er angeordnet habe, während eine Protokollierung der Rente in der Stiftungsurkunde nicht angeordnet worden sei.

2. Nach § 1b der auf Grund reichsgesetzlicher Ermächtigung erlassenen preußischen Verordnung vom 8. September 1923 können Versorgungsansprüche, welche einzelnen Familienmitgliedern gegen die Inhaber von aufgelösten oder in der Auflösung begriffenen Familienfideikommissen nach dem noch geltenden früheren Rechte aus Gesetz, Satzung oder Vertrag zustehen, entsprechend den veränderten Verhältnissen nach dem Maße der Billigkeit anderweitig festgesetzt werden. Nach § 6b gebührt die Entscheidung in diesen Fällen dem für die Auflösung des Familienfideikommisses zuständigen Auflösungsamt, und zwar, wie sich aus dem in § 7b angezogenen § 28 Abs. 1 der Zwangsauflösungsverordnung vom

19. November 1920 ergibt, unter Ausschluß des Rechtswegs. Das Berufungsgericht führt aus: Um einen „Versorgungsanspruch“, d. h. nach der aus § 19 Abs. 1 der Zwangsauflösungsverordnung zu entnehmenden Erläuterung dieses Begriffes: um einen Anspruch auf „Unterhalt, Apanage, Aussteuer, Wittum, Studien- und Erziehungsgelder usw.“ handle es sich hier nicht. Vielmehr sollten nach der Stiftungsurkunde die Nachkommen des Stifters, ohne daß in ihrer Person liegenden Ereignissen ein Einfluß auf die Berechtigung zukommen sollte, durch die Gewährung der Geldrente eine dauernde Beteiligung an den durch die Arbeit des Stifters ermöglichten Erträgnissen der Pachtländereien erhalten und so wegen der durch die Fideikommißstiftung im Vergleich zur gesetzlichen Erbfolge eintretenden Verkürzung abgefunden werden. Ob diese Auslegung des Stiftungsgeschäfts es rechtfertigt, die Anwendung der Verordnung vom 8. September 1923 auf die Rentenansprüche der Klägerin abzulehnen, kann auf sich beruhen. Denn im Falle der Unanwendbarkeit dieser Verordnung steht der Zulassung des Rechtswegs die folgende Erwägung entgegen:

Nach § 28 der Zwangsauflösungsverordnung entscheiden in den dort geregelten Angelegenheiten vom Beginn der Zwangsauflösung — 1. April 1921 — ab, unter Ausschluß des Rechtswegs, die Auflösungsbehörden. Unter die rechtlichen Beziehungen der unmittelbaren Fideikommißbeteiligten, auf die sich diese Vorschrift erstreckt, fallen Versorgungs- und Abfindungsansprüche der Familienmitglieder, und zwar letztere Ansprüche ohne Rücksicht darauf, ob die Abfindung erst aus Anlaß der Zwangsauflösung durch den § 4 der Verordnung oder, was hier in Betracht kommt, schon durch die Stiftungsurkunde gewährt ist. Dies nimmt auch das Berufungsgericht an. Es wirft aber die Frage auf, ob die Zuständigkeit der Auflösungsbehörde auch auf die Fälle auszudehnen sei, in denen nicht der fideikommißrechtliche Anspruch als solcher, sondern nur der Einfluß der Geldentwertung auf ihn den Gegenstand des Streites bildet, und es verneint die Frage mit der Begründung: Da durch das Reichsgesetz vom 19. August 1923 und die dazu ergangene preußische Verordnung vom 8. September 1923 für einen bestimmten Kreis fideikommißrechtlicher Ansprüche, nämlich die Versorgungsansprüche, die Zuständigkeit der Auflösungsbehörden zur Entscheidung über die

Auflösung besonders angeordnet sei, müsse angenommen werden, daß die Entscheidung über die Aufwertung sonstiger Ansprüche aus dem Fideikommiß den ordentlichen Gerichten überlassen werden sollte. Dem kann nicht beigetreten werden. Der im Aufwertungsgesetz geregelte oder aus den allgemeinen Vorschriften des bürgerlichen Rechts sich ergebende Aufwertungsanspruch ist, wie in der Rechtsprechung des Reichsgerichts feststeht und auch vom preußischen Landesamt für Familiengüter in dem Rechtsentscheid Nr. 55 vom 14. April 1926 (Kübler-Beutner, Auflösung der Familiengüter in Preußen S. 187) anerkannt ist, der Anspruch aus dem ursprünglichen Schuldverhältnis in der Richtung darauf, daß die geschuldete, in Mark oder einer anderen nicht mehr geltenden inländischen Währung ausgedrückte, vom Währungsverfall betroffene Geldleistung auf der Grundlage der heutigen Währung anderweit bestimmt werde. Zur Entscheidung über die Aufwertung ist deshalb, soweit nicht die besondere Regelung der Zuständigkeit in den §§ 69flg. AufwG. eingreift, diejenige Behörde zuständig, die über das ursprüngliche Schuldverhältnis zu entscheiden hat. Das ist auch beim Abfindungsanspruch eines Mitglieds des Familienverbands die Auflösungsbehörde. Die in der Verordnung vom 8. September 1923 für die anderweitige Festsetzung von Versorgungsansprüchen getroffene Zuständigkeitsbestimmung berechtigt nicht zu dem vom Berufungsgericht gezogenen Schluß auf das Gegenteil. Denn jene Zuständigkeitsbestimmung enthält kein neues Recht, sondern stellt nur denjenigen Rechtszustand klar, der sich für Versorgungsansprüche bei Stammgütern und Familienfideikommissen (im Gegensatz zu den in derselben Verordnung geregelten Geldbezügen aus Altenteilsverträgen) bereits aus § 28 Abs. 1, § 19 Abs. 10 der Zwangsauflösungs-Verordnung ergibt (JW. 1926 S. 801 Nr. 10, auch bei Kübler-Beutner a. a. O. S. 319 Nr. 2b).

---

65. 1. Darf sich der Versteigerungsrichter bei einer Zwangsversteigerung zum Zweck der Aufhebung einer Gemeinschaft im Einverständnis der Beteiligten mit der Verteilung des Erlöses unter die Miteigentümer befassen?

2. Verliert die Übertragung von Forderungen infolge von Mängeln des Verteilungsverfahrens auch dann ihre Wirksamkeit, wenn die Mängel weder durch sofortige Beschwerde noch im Wege der Widerspruchsklage gegen den Teilungsplan verfolgt werden?

3. Finden die in § 25 AufwG. für die Zahlung des Aufwertungsbetrags aufgestellten Beschränkungen auch auf die höhere Aufwertung der persönlichen Forderung Anwendung?

4. Zum Begriff des Beteiligungsverhältnisses in § 10 Nr. 1 AufwG.

5. Ist bei der Zwangsversteigerung zum Zweck der Auseinandersetzung einer Gemeinschaft die einem Miteigentümer übertragene, durch Sicherungshypothek gesicherte Forderung auf den nicht bar gezahlten Teil des Versteigerungserlöses für die Aufwertung ebenso zu behandeln wie eine durch Hypothek gesicherte Kaufgeldforderung?

6. Bezieht sich § 28 AufwG. auch auf gesetzliche Zinsen?

ZVG. §§ 95, 115, 118flg., 180flg. AufwG. § 10 Nr. 1 u. 5, §§ 25, 28. ZPO. § 878.

II. Zivilsenat. Urt. v. 17. Februar 1928 i. S. J. Fr. (Kl.) w. F. Fr. (Bekl.). II 286/27.

I. Landgericht Krefeld.
II. Oberlandesgericht Düsseldorf.

Der Kläger und die Beklagte waren Miteigentümer mehrerer in Kr. liegender Grundstücke je zur Hälfte. Im Jahre 1910 wurden diese Grundstücke auf Antrag des Klägers zum Zwecke der Aufhebung der Gemeinschaft zwangsweise versteigert und am 13. Juni 1910 der Beklagten auf ihr Meistgebot für 50100 *M* zugeschlagen; daneben blieb eine Hypothek von 18000 *M* bestehen. Im Verteilungstermin wurde in dem vom Amtsgericht aufgestellten Teilungsplan angeordnet, daß von dem nach Abzug einiger angemeldeter Forderungen verbleibenden Erlös jedem Miteigentümer die Hälfte zufallen solle. Der Rest von 4105,34 *M*, der von dem in Höhe von 5000 *M* bar gezahlten Teil des Meistgebots verblieb, wurde dem Kläger ausgefolgt, und von dem nicht berichtigten Teil des Bargebots wurde ihm ein Betrag von 19012,92 *M* nebst 4% Zinsen seit dem 13. Juli

1910 übertragen. Durch ergänzenden Beschluß übertrug das Amtsgericht dem Kläger die Forderung gegen die Ersteherin im weiteren Betrag von 1560,91 M. Im Verteilungstermin hatte der Vertreter der Beklagten gegen die Zuweisung des Erlöses an den Kläger Widerspruch erhoben, weil die Beklagte den ganzen Versteigerungserlös als Ersatz für Aufwendungen auf die versteigerten Grundstücke beanspruche, war aber damit einverstanden gewesen, daß der Rest des bar gezahlten Teils des Meistgebots an den Kläger gezahlt werde. Die Beklagte hat weder den Widerspruch im Wege der Klage verfolgt noch gegen die Übertragung der Forderungen aus dem Meistgebot Beschwerde erhoben. Am 10. August 1910 wurde dem Kläger für die beiden ihm übertragenen Forderungen gegen die Ersteherin von zusammen 20537,83 M die Vollstreckungsklausel zum Zuschlagsbescheid erteilt. Schon am 6. August 1910 waren auf Ersuchen des Vollstreckungsgerichts für diese Forderungen Sicherungshypotheken auf die versteigerten Grundstücke zugunsten des Klägers eingetragen worden.

Auf Grund der Vollstreckungsklausel betrieb der Kläger auch die Zwangsvollstreckung in das bewegliche Vermögen der Beklagten. Die Zwangsvollstreckung wurde jedoch durch Beschluß des Amtsgerichts Kr. gegen eine von der Schuldnerin zu leistende Sicherheit von 20000 M eingestellt. Die Sicherheit ist durch Hinterlegung von 4 Schuldverschreibungen der Stadt D. geleistet worden. Die Einstellung, die vom Landgericht bestätigt wurde, erfolgte mit Rücksicht darauf, daß die Beklagte schon im April 1910 eine Klage auf Erstattung von 15704,33 M für Verwendungen erhoben hatte, die sie (oder ihr Ehemann) auf die versteigerten Grundstücke gemacht haben wollte. Durch Urteil des Oberlandesgerichts Düsseldorf vom 14. Juni 1922 wurde in diesem Vorprozeß der Kläger zur Zahlung von 5660,32 M verurteilt, es wurde ihm jedoch die Geltendmachung seiner Gegenforderung aus dem Versteigerungserlös vorbehalten, und durch weiteres Urteil vom 14. Mai 1924 wurde dann die dortige Klage auf Grund dieser Aufrechnung im vollen Umfang abgewiesen.

Im gegenwärtigen Rechtsstreit fordert der Kläger von der Beklagten den ihm überwiesenen Anteil am Versteigerungserlös der Grundstücke unter Abzug der im Vorprozeß festgestellten Gegenforderung, im ganzen noch 14920,51 RM; er verlangt Aufwertung auf 100% und Zinsen seit dem 13. Juli 1910. Die Beklagte wendet ein: Der Kläger könne seine Ansprüche nicht auf die Übertragung der Forderungen im Zwangsversteigerungsverfahren stützen, da das Amtsgericht diese Übertragung in unzulässiger Weise, nämlich unter Überschreitung seiner Befugnisse, vorgenommen habe. Es müsse jetzt von neuem festgestellt werden, ob dem Kläger eine Forderung zustehe. Dabei hindere die Entscheidung im Vorprozeß nicht eine neue Prüfung der Gegenforderungen der Beklagten, da jene über die Papiermarkforderungen ergangenen Urteile für die Frage der Aufrechnung keine Rechtskraft machten. Die verlangte Aufwertung sei zu hoch. Zinsen könne der Kläger erst von der Klagerhebung ab verlangen. Der größere Teil der Zinsforderung sei übrigens verjährt. Außerdem werde von neuem aufgerechnet mit den Gegenforderungen wegen Verwendungen auf die versteigerten Grundstücke und weiter mit einem Schadensersatzanspruch wegen Entwertung der von der Beklagten geleisteten Sicherheit; der Schaden belaufe sich auf mindestens 10000 RM. Die schuldhafte Verwendung eines unzulässigen Zwangsvollstreckungstitels stelle eine unerlaubte Handlung dar. — Wegen ihres Schadensersatzanspruchs, soweit er nicht durch die Aufrechnung verbraucht ist, hat die Beklagte Widerklage erhoben, mit der sie außer der Zahlung von mindestens 1000 RM die Einwilligung des Klägers in die Löschung der Sicherungshypotheken verlangt.

Das Landgericht verurteilte die Beklagte, indem es die Forderung des Klägers auf 80% aufwertete, zur Zahlung von 11936 RM nebst 4% Zinsen seit dem 13. Juli 1910, im übrigen wies es die Klage und ebenso die Widerklage ab. Das Oberlandesgericht billigte dem Kläger Zinsen nur seit dem 1. Januar 1921 zu, im übrigen wies es die Berufung der Beklagten zurück. Die Revision des Klägers blieb erfolglos. Die Revision der Beklagten führte zur Abweisung des Kapitalanspruchs und zur Zurückverweisung an die Vorinstanz wegen der Zinsen.

Aus den Gründen:

1. Revision der Beklagten wegen des Hauptanspruchs und der Widerklage.

... Das Berufungsgericht hält das vom Versteigerungsrichter im Verteilungstermin eingeschlagene Verfahren nicht für einwandfrei und die Bemängelung der Beklagten an sich für gerechtfertigt, lehnt aber die daraus gezogenen rechtlichen Folgerungen ab. Es nimmt an, daß die Beteiligten mit der Auseinandersetzung durch das Gericht einverstanden gewesen seien und die Beklagte nur gegen die Art der Verteilung Widerspruch erhoben habe. Die Verteilung sei aber trotz ihrer Mängel dadurch rechtskräftig geworden, daß die Beklagte weder Beschwerde erhoben, noch ihren Widerspruch gegen den Teilungsplan weiter verfolgt habe. Im Ergebnis ist dem angefochtenen Urteile beizutreten.

Indem das Vollstreckungsgericht dem Kläger eine Forderung auf die Hälfte des nicht berichtigten Bargebots übertrug, hat es an sich gesetzwidrig gehandelt. Die Auffassung der Beklagten, daß die Verteilung des Erlöses unter die Miteigentümer unter keinen Umständen Aufgabe des Vollstreckungsrichters sein könne, ist allerdings abzulehnen. Obwohl im allgemeinen bei einer Zwangsversteigerung zum Zwecke der Aufhebung einer Gemeinschaft die Verteilung des Erlöses unter die Miteigentümer nicht mehr Sache des Zwangsversteigerungsverfahrens ist, so ist es doch nicht unzulässig, wenn sich der Versteigerungsrichter im Einverständnis der Beteiligten mit der Verteilung des Erlöses befaßt. Das Berufungsgericht hat hier ein solches Einverständnis ohne Rechtsirrtum angenommen. Der Vertreter der Beklagten hat im Verteilungstermin keine Einwendung dagegen erhoben, daß eine Verteilung stattfinde, er hat vielmehr verlangt, daß gemäß § 756 BGB. verfahren und bei der Auseinandersetzung sein Anspruch auf Erstattung der Verwendungen bereinigt werde; nur aus diesem Grunde hat er gegen die Art der Verteilung Widerspruch erhoben. Bei der hier gegebenen Sachlage, wo die Ersteherin des Grundstücks selbst zur Hälfte am Versteigerungserlös beteiligt war, hatte die gemeinschaftliche Überweisung des reinen Versteigerungserlöses an die beiden Miteigentümer und die Eintragung einer Sicherungshypothek für sie keinen Zweck. Es hätte vielmehr nach § 120 Abs. 1, § 124 Abs. 2 ZVG. verfahren werden müssen. Für den Fall, daß der Beklagten kein Anspruch auf Ersatz der Aufwendungen zustand, der § 756 BGB. also nicht Platz griff, war dem Kläger die Forderung auf das halbe nicht berichtigte Bargebot zu übertragen; andernfalls mußte dieser Teil des Bargebots der Beklagten selbst überwiesen werden, damit sie sich nach § 756 BGB. daraus befriedigen konnte. Bei solchem Verfahren wäre es, was die nach § 128 ZVG. einzutragende Sicherungshypothek betrifft, von vornherein klar gewesen, daß ihre Eigenschaft als Gläubigerhypothek oder Eigentümergrundschuld (§§ 1163, 1185 BGB.) bis zur Entscheidung über die Gegenforderung in der Schwebe blieb, und eine Vollstreckungsklausel hätte der Kläger erst nach urkundlichem Nachweis des Erlasses einer ihm günstigen Entscheidung erwirken können (§ 726 ZPO.).

Diese Mängel des Verteilungsverfahrens können aber nicht dazu führen, daß die unbedingte Zuweisung des auf den Kläger entfallenden Anteils am Versteigerungserlös ohne weiteres ihre Wirksamkeit verliert. Die Verteilung und Übertragung wurde trotz ihrer Mängel dadurch rechtskräftig und für die Parteien verbindlich, daß die Beklagte weder sofortige Beschwerde erhob (§ 95 ZVG.) noch ihren Widerspruch gegen den Teilungsplan (§ 115 Abs. 1 ZVG., § 878 Abs. 1 ZPO.) weiterverfolgte. Auf diese Rechtsbehelfe und gegebenenfalls auf einen Bereicherungsanspruch nach § 878 Abs. 2 ZPO., § 812 BGB. war die Beklagte beschränkt. Von einer Nichtigkeit des Vollstreckungstitels oder davon, daß die Sicherungshypothek, ähnlich einer Zwangshypothek (§ 868 ZPO.), durch die im August 1910 erfolgte Einstellung der Zwangsvollstreckung in vollem Umfang auf die beklagte Grundeigentümerin übergegangen wäre, kann keine Rede sein. Der Beklagten blieb jedoch unbenommen, gegenüber dem Anspruch des Klägers auf den ihm übertragenen Teil des Versteigerungserlöses ihre Gegenforderung wegen Verwendungen geltend zu machen.

Der Kläger hat dem auch selbst schon Rechnung getragen, indem er von seiner Forderung den Betrag abgesetzt hat, der im Vorprozeß der Beklagten für die Verwendungen zugesprochen war. Von der in Höhe von 15704,33 ℳ geltend gemachten Forderung der Beklagten haben die Gerichte damals nur 5660,32 ℳ anerkannt, und diesen Betrag hat der Kläger voll von seiner Forderung abgezogen. (Im folgenden wird dargelegt, daß der Beklagten weitere Gegenforderungen, als sie vom Kläger berücksichtigt sind, nicht zuständen, namentlich auch kein Anspruch auf Schadensersatz wegen schuldhaft durchgeführter Zwangsvollstreckung aus dem Zuschlagsbescheid).

Aus vorstehenden Ausführungen ergibt sich, daß dem Kläger noch eine Vorkriegsforderung von 14920,51 ℳ aus seinem Anteil am Versteigerungserlös zustand und daß auch die Widerklage nicht begründet ist. Als Vorkriegsforderung hatte die Forderung des Klägers einen ihrem Nennbetrag gleichen Goldmarkwert, von dem die Vorinstanzen 80% als Aufwertung zubilligten. Das Berufungsgericht geht davon aus, daß die Aufwertung hier nicht nach den Vorschriften des Aufwertungsgesetzes, sondern nach allgemeinen Grundsätzen zu erfolgen habe. Die Forderung des Klägers beruhe auf einem Beteiligungsverhältnis (§ 10 Nr. 1 AufwG.), weil sie aus dem Miteigentum hervorgegangen sei. Da sie auf Zahlung eines Teils des Versteigerungserlöses gerichtet sei, sei auf sie die Vorschrift des § 10 Nr. 5 AufwG. entsprechend anzuwenden. Auf alle Fälle greife der § 10 Nr. 6 a. a. O. Platz, weil die Forderung durch Sicherungshypothek gesichert sei. Eine Beschränkung nach § 10 Abs. 3 a. a. O. komme nicht in Betracht, weil außer § 10 Nr. 5 auch § 10 Nr. 1 und hilfsweise Nr. 6 anzuwenden sei. Für das Maß der Aufwertung will das Berufungsgericht vor allem berücksichtigen, daß die Zahlung der Beklagten die Gegenleistung für Überlassung des dem Kläger zustehenden Anteils an den Grundstücken gewesen sei und demgemäß die Zahlung nach Möglichkeit dem erworbenen Grundbesitz gleichwertig sein müsse; im übrigen zieht es ergänzend die Verhältnisse der beiden Parteien heran.

Diese Darlegung unterliegt nach mehrfacher Richtung rechtlichen Bedenken.

Der an die Spitze gestellte, an sich richtige Satz bedarf auch dann einer gewissen Einschränkung, wenn angenommen wird, daß hier nicht die Regel des § 9 AufwG. über die gleichmäßige Aufwertung der durch Hypothek gesicherten persönlichen Forderung und des dinglichen Rechts, sondern eine der Ausnahmen des § 10 AufwG. Platz greife. Auch wenn die persönliche Forderung nach allgemeinen Grundsätzen höher aufgewertet wird als das dingliche Recht, sind doch die in § 25 AufwG. für die Fälligkeit des Aufwertungsbetrags angeordneten Beschränkungen auch auf die höhere Aufwertung der persönlichen Forderung anzuwenden (Mügel Aufwertungsrecht 5. Aufl. Anm. 6 zu § 25). Das Berufungsgericht durfte daher, auch wenn es nach allgemeinen Grundsätzen zu einer höheren Aufwertung der persönlichen Forderung gelangte, nicht zur sofortigen Zahlung des Betrags verurteilen.

Zu beanstanden ist auch die Stellungnahme des Vorderrichters zu der Frage der Anwendbarkeit der verschiedenen Nummern des § 10 AufwG. Die Nr. 6 ist beim Vorliegen einer Sicherungshypothek nur dann anwendbar, wenn die gesicherte Forderung nicht unter

Nr. 1 bis 5 fällt oder wenn sie keine Darlehensforderung ist. Das Berufungsgericht durfte deshalb nicht unentschieden lassen, welche der verschiedenen Nummern des § 10 für die höhere Aufwertung in Betracht kam; bei Anwendung der Nr. 5 tritt ja auch nach Abs. 3 des § 10 eine besondere Beschränkung in der Höhe der Aufwertung ein. Es mußte also bestimmt gesagt werden, worauf die höhere Aufwertung gestützt wird. Es enthält einen Widerspruch, wenn das Oberlandesgericht Nr. 1 und Nr. 5 des § 10 nebeneinander zur Anwendung bringen und darauf das Nichteintreten der Beschränkung des Abs. 3 begründen will. Entweder ist die Forderung des Klägers ebenso zu behandeln wie eine Kaufgeldforderung, dann ist Nr. 5 und damit auch Abs. 3 des § 10 anzuwenden; oder sie beruht auf einem Beteiligungsverhältnis, dann findet Nr. 1 Anwendung und fällt die Beschränkung des Abs. 3 fort. Es ist zweifelhaft, ob man bei einem bloßen Miteigentumsverhältnis, einer Gemeinschaft nach Bruchteilen, überhaupt von einem Beteiligungsverhältnis sprechen kann. Die Zusammenfassung von Gesellschaftsvertrag und Beteiligungsverhältnis in § 10 Nr. 1, wie sie sich auch in § 63 Abs. 2 Nr. 1 AufwG. findet, deutet darauf hin, daß es sich um vertragsmäßige Beziehungen der Beteiligten handeln muß, die in irgendeiner Form auf einen Anteil am Gewinn hinauslaufen. Für den Ausschluß gesetzlicher Rechtsgemeinschaften spricht, daß § 10 Nr. 2 AufwG. die Ansprüche besonders hervorhebt, die auf den Beziehungen aus der Auseinandersetzung gewisser gesetzlicher Gemeinschaftsverhältnisse beruhen. Vorliegendenfalls gründet sich der Geldanspruch des Klägers nicht sowohl auf das Miteigentum, das ihm nur den Anspruch auf Teilung und auf Teilnahme an der Nutzung der Grundstücke gewährte, als auf den Umstand, daß die Beklagte die Grundstücke bei der Zwangsversteigerung erstanden hatte.

Eine derartige nach §§ 118, 128 ZVG. durch Sicherungshypothek gesicherte Forderung auf Zahlung des nicht bar berichtigten Teils des Meistgebots ist, mindestens für den hier vorliegenden Fall einer Zwangsversteigerung zum Zweck der Aufhebung einer Gemeinschaft, ebenso zu behandeln wie eine durch Hypothek gesicherte Kaufgeldforderung. Die rechtliche Grundlage für den Eigentumsübergang ist bei der Zwangsversteigerung von Grundstücken allerdings nicht ein Kaufvertrag, sondern der Zuschlagsbeschluß des Richters. Aber wirtschaftlich handelt es sich um den gleichen Vorgang. Der Ersteher will, wie beim Kauf, für einen bestimmten Preis ein Grundstück erwerben. Wenn er das Bargebot nicht voll berichtigt und wenn dann für den Berechtigten wegen der ihm übertragenen Forderung gegen den Ersteher eine Sicherungshypothek eingetragen wird, so ist das wirtschaftlich nichts anderes, als wenn bei einem Kauf die Beteiligten sich einigen, daß ein Teil des Kaufpreises für den Verkäufer als Hypothek auf dem Grundstück stehen bleiben soll. Das gilt namentlich, wenn es sich wie hier nicht um eine auf Betreiben eines Gläubigers vorgenommene Zwangsversteigerung, sondern um eine solche zum Zweck der Aufhebung einer Gemeinschaft handelt, bei der das Gericht lediglich auf Antrag eines Miteigentümers tätig wird. Hier sind die Miteigentümer selbst die Veräußerer und wählen nur an Stelle eines freiwilligen Verkaufs den in § 180 ZVG. vorgeschriebenen Weg, um für ihre Auseinandersetzung das Grundstück in Geld umzusetzen. Das Verhältnis der Miteigentümer zum Ersteher nähert sich dann sehr der Stellung eines Verkäufers zum Käufer, und die einem Miteigentümer übertragene Forderung gegen den Ersteher auf den nicht bar berichtigten Teil des Meistgebots, für welche eine Sicherungshypothek eingetragen wird, hat wirtschaftlich keine andere Bedeutung als eine durch Hypothek gesicherte Kaufgeldforderung. Deshalb ist es gerechtfertigt, beide Forderungen auch in der Frage der Aufwertung gleich zu behandeln und jedenfalls bei der Zwangsversteigerung zum Zweck der Auseinandersetzung einer Gemeinschaft die Vorschrift des § 10 Nr. 5 AufwG. entsprechend anzuwenden auf die einem Miteigentümer übertragene und durch Sicherungshypothek gesicherte Forderung wegen des nicht bar gezahlten Teils des Versteigerungserlöses. Das ist auch die überwiegende Meinung des Schrifttums, der sich die Rechtsprechung der Oberlandesgerichte angeschlossen hat (vgl. JW. 1926 S. 2690; Rechtspr. in Aufwertungss. Bd. 1 S. 668).

Dann tritt aber auch die Beschränkung des § 10 Abs. 3 AufwG. ein, und es durfte die geltend gemachte Forderung nicht höher aufgewertet werden als auf 75% des Goldmarkwertes. Die Erwägungen des angefochtenen Urteils, die sich auf die Höhe der Aufwertung beziehen, sind auch sonst nicht frei von Bedenken. Wenn gesagt wird, die Zahlung müsse nach Möglichkeit dem erworbenen Grundbesitz gleichwertig sein, so entspricht das nicht den im Beschluß des Reichsgerichts vom 17. Juni 1925 V B 14/25 (abgedruckt bei Schlegelberger-

Harmening im Anhang S. 109; vgl. auch Zeiler, Aufwertungsfälle Bd. 3 Nr. 629, 632, 633) aufgestellten Grundsätzen. Danach soll es in erster Linie auf die Kaufkraft des Goldwerts des Kaufpreises zur Zeit seiner Festsetzung ankommen, wenn auch eine Mitberücksichtigung des gegenwärtigen Grundstückswertes nicht ausgeschlossen ist....

Ergänzend ist noch zu bemerken, daß hier nicht etwa deshalb der § 11 AufwG. und damit die Beschränkung auf den normalen Höchstsatz des § 9 das. Platz greift, weil eine „Übertragung" der Forderung nach § 118 ZVG. stattgefunden hat. Tatsächlich bewirkt bei Zwangsversteigerungen zum Zweck der Aufhebung einer Gemeinschaft die Übertragung der Forderung auf einen der beteiligten Miteigentümer nicht einen Übergang der Forderung vom ursprünglichen Gläubiger auf einen andern, die Forderung stand vielmehr von Anfang an den Miteigentümern zu.

Hiernach konnte die Verurteilung der Beklagten nicht aufrechterhalten werden. Die Bedenken wegen der Höhe der Aufwertung würden, wenn es sich um sie allein handelte, die Zurückverweisung der Sache an die Vorinstanz auch wegen des Kapitalanspruchs zur Folge haben. Aber die Sache ist insoweit zur Entscheidung reif, da die fehlende Fälligkeit des Kapitalanspruchs zur Abweisung der Klage führen muß. Die Anwendung der Vorschriften in § 25 Abs. 1 AufwG. über die gesetzliche Stundung der durch Hypothek gesicherten persönlichen Forderungen bewirkt, daß auch für den hier geltend gemachten Anspruch die Zahlung des Aufwertungsbetrags nicht vor dem 1. Januar 1932 verlangt werden kann. Klage auf künftige Leistung ist nicht erhoben; die Klage auf sofortige Zahlung ist aber verfrüht und muß deshalb abgewiesen werden.

Dagegen ist die Entscheidung zur Widerklage zutreffend. Daß der Beklagten keine Schadensersatzforderung wegen Entwertung der zur Abwendung der Zwangsvollstreckung hinterlegten Wertpapiere zusteht, ist bereits ausgeführt. Aber auch den Anspruch auf Löschung der Sicherungshypotheken hat das Berufungsgericht mit Recht abgewiesen. (Wird näher ausgeführt.)

2. Zu den Revisionen beider Parteien wegen des Zinsanspruchs.

Zinsen fordert der Kläger einmal auf Grund des Zuschlagsbescheids im Zusammenhang mit der Übertragung der Forderung an ihn (in Höhe von 4%), sodann aber auch unter dem Gesichtspunkt des Verzugs, und zwar vom 1. Januar 1919 an zu höheren Sätzen als 4%. Die Verzinsung des Bargebots vom Zuschlag ab beruht auf § 94 Abs. 2 ZVG. Diese Vorschrift gehört zu den gesetzlichen Versteigerungsbedingungen; es handelt sich hierbei, wie im Falle des § 452 BGB., um gesetzliche, nicht um vertragsmäßige Zinsen. Mit Recht nimmt aber das Berufungsgericht an, daß hier an sich auch unter dem Gesichtspunkt des Verzugs Zinsen geschuldet werden. Zwar trat der Verzug noch nicht, wie das Berufungsgericht meint, mit der Verkündung des Zuschlagsbescheids ein, wohl aber kam die Beklagte dadurch in Verzug, daß sie nicht zahlte, als der Kläger auf Grund der Forderungsübertragung im Wege der Zwangsvollstreckung Erfüllung verlangte. Aber dieser Verzug bezog sich nur auf den geschuldeten Papiermarkbetrag und konnte für die Zeit der Geldentwertung nicht auf den Aufwertungsbetrag bezogen werden, solange die Aufwertung nicht anerkannt war; denn insolange hat die Beklagte die Erfüllung nicht schuldhaft verweigert. Bald nach diesem Zeitpunkt, der etwa auf Anfang 1924 anzunehmen ist, hörte jedoch die Möglichkeit eines Verzugs überhaupt auf, und zwar mit dem Inkrafttreten der 3. Steuernotverordnung vom 14. Februar 1924, deren § 5 Abs. 1 für die durch Hypotheken gesicherten Forderungen die gleiche gesetzliche Stundung gewährte wie später § 25 AufwG. Seitdem war die Beklagte jedenfalls nicht mehr im Verzug und konnten Zinsen unter diesem Gesichtspunkt nicht mehr von ihr verlangt werden. Für den Aufwertungsbetrag kommen daher nur die gesetzlichen Zinsen des § 49 Abs. 2 ZVG. in Betracht.

Mit Unrecht will die Beklagte den § 28 AufwG. (wonach der Aufwertungsbetrag bis zum 1. Januar 1925 unverzinslich ist, rückständige Zinsen als erlassen gelten und vom 1. Januar 1925 ab zunächst nur niedrigere Zinsen geschuldet werden) auch auf die hier geforderten Zinsen angewendet wissen. Nach der überwiegenden Meinung des Schrifttums bezieht sich die Regelung des § 28 nur auf vertragsmäßige, nicht auch auf gesetzliche Zinsen. Die Vorschrift bietet keinen genügenden Anhalt dafür, daß sie eine weitergehende Bedeutung haben sollte; einer ausdehnenden Auslegung steht auch das Bedenken entgegen, daß es sich dabei um eine einschneidende Ausnahmevorschrift handelt. Der § 28 a. a. O. schließt also einen weitergehenden Zinsanspruch des Klägers nicht aus. Diese Zinsen können jetzt zugesprochen werden, obwohl die Kapitalforderung wegen der gesetzlichen Stundung noch nicht geltend gemacht werden kann. Auch das Aufwertungsgesetz läßt für seinen Bereich von einem gewissen Zeitpunkt ab trotz der Stundung eine geringe Verzinsung eintreten.

Das Berufungsgericht wird daher nach den angegebenen Richtlinien zum Zwecke der Zinsberechnung von neuem zu prüfen haben, in welchem Umfang die Forderung des Klägers aufzuwerten ist.

(Es werden sodann noch die Angriffe der Revision des Klägers zurückgewiesen, die sich dagegen richten, daß der Berufungsrichter den Zinsanspruch für die Zeit vor dem 1. Januar 1921 wegen Verjährung für ungerechtfertigt erklärt hat.)

---

66. 1. Über Bereicherungsansprüche beim Vorliegen mehrerer aufeinanderfolgenden Verträge über ein Grundstück, die wegen Formmangels ungültig sind. Steht einem Verkäufer, der nicht als Eigentümer eingetragen war, ein Bereicherungsanspruch gegen seinen Käufer zu, der die Eintragung erlangt hatte und das Grundstück an einen Gutgläubigen weiter veräußert hat?

2. Wer ist als Berechtigter im Sinne des § 816 BGB. anzusehen?

BGB. §§ 812, 816, 818, 275.

VI. Zivilsenat. Urt. v. 22. Dezember 1927 i. S. R. S. (Kl.) w. Sch. (Bekl.). VI 183/27.

I. Landgericht Hirschberg.
II. Oberlandesgericht Breslau.

Über ein in Hirschberg gelegenes Grundstück sind folgende notarielle Kauf- und Tauschverträge abgeschlossen worden:

am 7. Dezember 1921 zwischen E. und M.,
am 27. Februar 1922 zwischen M. und R.,
am 27. März 1922 zwischen R. und S.,
am 25. September 1922 zwischen S. und dem Kläger R. S.,
am 2. Februar 1923 zwischen dem Kläger und dem Beklagten Sch.,
am 30. Juni 1924 zwischen dem Beklagten und der Aktiengesellschaft D. B. a. d. R.

Die Eintragung des M. als Eigentümers fand am 5. April 1923 auf Grund Auflassung vom 22. Februar 1923 statt.

In einer notariellen Verhandlung vom 28. Februar 1923 erklärten M., R., S., sowie der Kläger und der Beklagte:

Wir sind darüber einig, daß das Eigentum an dem Grundstück ... auf Sch. — den Beklagten — übergehen soll. Ich, der Veräußerer M., unter ausdrücklicher Zustimmung von uns, R., S., und R. S. (Kläger), bewillige hiermit, daß Sch. als Eigentümer des diesem vorstehend aufgelassenen Grundstücks im Grundbuch eingetragen wird. Ich, Sch., beantrage die Eintragung dieser Eigentumsänderung im Grundbuch.

Der Beklagte wurde am 15. September 1923 als Eigentümer eingetragen; auf Grund Auflassung vom 30. Juni 1924 wurde am 6. November 1924 die obengenannte Aktiengesellschaft als Eigentümerin eingetragen.

Der Kläger behauptet, daß der von den Parteien geschlossene und vom Magistrat in Hirschberg genehmigte notarielle Vertrag vom 2. Februar 1923, in dem ein Kaufpreis von 1000000 ℳ angegeben ist, nicht dem wahren Willen der Parteien entsprochen habe, da in Wirklichkeit ein Kaufpreis von 1500000 ℳ vereinbart und gezahlt worden sei. Der Beklagte habe wegen fehlender Genehmigung des in Wirklichkeit geschlossenen Vertrags kein Eigentum am Grundstück erlangt und sei deshalb verpflichtet, in eine Grundbuchberichtigung dahin zu willigen, daß der Kläger als Eigentümer eingetragen werde, und ihm das Grundstück herauszugeben. Da dies wegen des rechtsgültigen Weiterverkaufs an die jetzt eingetragene Eigentümerin nicht mehr möglich sei, so sei der Beklagte ihm zum Ersatz des Wertes des Grundstücks verpflichtet; der Werterſatz bestehe in dem Unterschied zwischen dem vom Beklagten erzielten Kaufpreis — 15000 ℳ — und dem vom Beklagten gezahlten Kaufpreis, den der Kläger in 150 Rℳ umrechnet. Der Kläger verlangt hiernach Zahlung von 14850 Rℳ nebst Zinsen. Er hat im zweiten Rechtszug den Klaganspruch auch darauf gestützt, daß M. ihm seine Ansprüche gegen den Beklagten abgetreten habe. Das Landgericht hat die Klage abgewiesen. Das Berufungsgericht hat die Berufung zurückgewiesen. Die Revision des Klägers führte zur Aufhebung des Berufungsurteils.

Gründe:

Das Berufungsgericht nimmt an, daß der zwischen den Parteien nach Behauptung des Klägers in Wirklichkeit geschlossene Kaufvertrag mangels der in dem preußischen Gesetz vom 10. Februar 1923 vorgesehenen Genehmigung nichtig und daß deshalb auch die Auflassung und die Eintragung des Beklagten als Eigentümers unwirksam sei. Es erwägt, daß sich aus den §§ 990, 989 oder 823, 826 BGB. kein Schadensersatzanspruch des Klägers ergebe, und verneint auch das Vorliegen eines Bereicherungsanspruchs. In letzterer Beziehung führt es aus, daß § 816 BGB. ausscheide, weil der Beklagte, wenn er auch über das Grundstück als Nichtberechtigter verfügt habe, doch nicht über ein Recht des Klägers verfügt habe, der ein solches, insbesondere das Eigentum am Grundstück, niemals erworben habe; soweit der Kläger den Anspruch auf Abtretung der Ansprüche des M. stütze, liege Klagänderung vor. § 812 BGB. könne nicht angewendet werden, weil der Beklagte nicht wirkliches Eigentum am Grundstück erlangt habe und auch das Bucheigentum nicht auf Kosten des Klägers, der niemals Eigentümer gewesen sei.

Die Revision rügt mit Recht die Nichtanwendung des § 812 BGB.

Für die Beurteilung der Frage, ob eine Vermögensverschiebung zwischen dem Kläger und dem Beklagten vor sich gegangen ist und welcher Art diese Veränderung ist, muß man die in Betracht kommenden Rechtsvorgänge näher ins Auge fassen. Das Berufungsgericht unterstellt die Richtigkeit der Behauptungen des Klägers. Haben die Parteien einen höhereren Kaufpreis vereinbart, als er in dem der zuständigen Behörde zur Genehmigung unterbreiteten notariellen Kaufvertrag angegeben war, und ist nur dieser, nicht aber der in Wirklichkeit geschlossene Vertrag genehmigt, so ist die daraufhin erfolgte Auflassung unwirksam und die auf Grund der Auflassung geschehene Eintragung der Eigentumsänderung nichtig (RGZ. Bd. 108 S. 362, Bd. 111 S. 245). Über die Genehmigung des in Wirklichkeit geschlossenen Vertrags ist von der zuständigen Behörde noch keine Entscheidung getroffen. An und für sich besteht bis zur Versagung der Genehmigung ein Schwebezustand, innerhalb dessen die Vertragsparteien zwar keinen Erfüllungsanspruch aus dem Vertrag geltend machen können, aber gegenseitig verpflichtet sind, zur Erlangung der Genehmigung mitzuwirken. Bei einem wegen Formmangels ungültigen Vertrag besteht aber keine solche Verpflichtung, wie das Reichsgericht in ständiger Rechtsprechung ausgesprochen hat (RGZ. Bd. 111 S. 245, Bd. 115 S. 37). Im vorliegenden Falle steht nach der Prozeßlage außer Zweifel, daß die Möglichkeit ausgeschlossen ist, der Kläger werde freiwillig zur Herbeiführung einer Genehmigung des wirklich geschlossenen Vertrags mitwirken. Unwirksam ist also seine Mitwirkung bei der Auflassungsverhandlung vom 28. Februar 1923, bei welcher der demnächst eingetragene M. unter Zustimmung aller derer, die inzwischen schuldrechtliche Veräußerungsverträge über das Grundstück abgeschlossen hatten — als letzter in dieser Reihe der Kläger — die Auflassung an den Beklagten erklärte. Der Anspruch des Klägers gegen seinen Verkäufer auf Auflassung blieb infolgedessen zunächst unerfüllt bestehen.

Bei dieser Rechtslage irrt das Berufungsgericht, wenn es annimmt, daß der Beklagte nichts auf Kosten des Klägers erlangt habe, weil dieser nicht eingetragener Eigentümer des Grundstücks gewesen sei. In § 812 BGB. ist bestimmt, daß, wer durch die Leistung eines anderen oder in sonstiger Weise auf dessen Kosten etwas ohne rechtlichen Grund erlangt, ihm zur Herausgabe verpflichtet ist. Die zweite Kommission zur Ausarbeitung des Entwurfs eines Bürgerlichen Gesetzbuchs hat die Worte „auf dessen Kosten" statt „aus dessen Vermögen" gerade gewählt, um auszudrücken, daß der Gegenstand der Bereicherung, ohne bereits in das Vermögen des Konditionsberechtigten übergegangen zu sein, seinen Vermögensstand nur zu berühren brauche (Prot. Bd. 2 S. 685). Es ist nicht erforderlich, daß das, was der eine verlangt, schon der vollen rechtlichen Herrschaft des anderen unterworfen war. Ein Anspruch des Benachteiligten auf den vom Bereicherten erlangten Gegenstand genügt (Komm. v. RGR. Bem. 2 zu § 812). Es kann aber auch keinem Bedenken unterliegen, daß hier der Beklagte durch die Leistung des Klägers etwas erlangt hat. Die Auflassungserklärung des M. dem Beklagten gegenüber sollte nur mit dem Willen des Klägers erfolgen. Zwischen M. und dem Beklagten bestanden keine Rechtsbeziehungen; der Kläger ist zu der Auflassungsverhandlung zugezogen worden, weil für die Auflassung gerade an den Beklagten nur er die Willenserklärung des demnächst als Eigentümer eingetragenen M. veranlassen konnte. M. hat im Auftrag des Klägers, für seine Rechnung und, wenn auch nicht formell, so doch sachlich im Namen des Klägers gehandelt (RGU. vom 17. März 1913 IV 559/12, Recht 1913 Nr. 1451). Es liegt hier der Fall der mittelbaren Zuwendung des Klägers an den Beklagten vor (Komm. v. RGR. a. a. O. Bem. 4).

Dem Berufungsgericht ist aber auch darin nicht beizutreten, daß nur das wirkliche Eigentum des Beklagten Gegenstand des Bereicherungsanspruchs sein könnte. Wenn dieser auch kein Eigentum am Grundstück erlangt hat, so stellte doch die durch seine Eintragung ihm verschaffte und dem Kläger entzogene Möglichkeit der Veräußerung und Belastung des Grundstücks einen Vermögenswert dar, den er auf Kosten des Klägers erlangt hat. Ein Rechtsgrund für diese Vermögensverschiebung bestand nicht (wenn man die Darstellung des Klägers zugrunde legt), da der Kaufvertrag, in dessen Ausführung die zur Eintragung des Beklagten führende Auflassung vorgenommen wurde, nichtig war. Der Bereicherungsanspruch wäre daher auch ohne den Nachweis des Eigentums des Klägers nach § 812 BGB. in der Richtung gegeben gewesen, daß der Beklagte dem Kläger das Bucheigentum wieder zu verschaffen gehabt hätte, wenn der Kläger, auch ohne Eigentümer zu sein, als solcher eingetragen gewesen wäre (RGU. vom 16. Februar 1924 V 508/23; LZ. 1924 Sp. 292; DJZ. 1924 S. 825; Recht 1924 Nr. 818). Hätte der Beklagte das Grundstück nicht weiterveräußert, so hätte der Kläger seinen Auflassungsanspruch aus dem notariellen Kaufvertrag vom 25. September 1922 gegenüber seinem Verkäufer S. geltend machen und seine Eintragung als Eigentümer herbeiführen können. Diese Möglichkeit ist infolge der Weiterveräußerung durch den Beklagten an einen gutgläubigen Erwerber weggefallen; S. ist durch einen von ihm nicht zu vertretenden Umstand, die wirksame Weiterveräußerung des Grundstücks durch den Beklagten, von seiner Verpflichtung frei geworden, es dem Kläger aufzulassen (§ 275 BGB.). Nach § 818 Abs. 2 BGB. ist der Empfänger zum Wertersatz verpflichtet, wenn er zur Herausgabe des Erlangten außerstande ist. Danach würde der Beklagte grundsätzlich zur Erstattung des Grundstückwerts verpflichtet sein; maßgebend wäre der Wert, den das Grundstück gehabt hat, als der Beklagte es erlangte (RGZ. Bd. 101 S. 391). Dem Beklagten würden alle Einwendungen zustehen, die sich aus den Vorschriften über ungerechtfertigte Bereicherung ergeben. Der Beklagte hat unter anderem geltend gemacht, daß der Kläger mit seinem Verkäufer S. einen anderen Kaufpreis vereinbart habe, als im notariellen Vertrag vom 25. September 1922 angegeben sei. Wäre dies richtig, so wäre allerdings dem Kläger die Grundlage seines Bereicherungsanspruchs aus § 812 BGB., ein rechtsbeständiger schuldrechtlicher Anspruch auf Verschaffung des Eigentums am Grundstück, entzogen und der Bereicherungsanspruch nicht begründet.

Die Revision will weiter nach dem vom Kläger behaupteten Sachverhalt das Vorliegen der Voraussetzungen des § 816 BGB. angenommen und die Frage bejaht wissen, ob dem Kläger ein Anspruch auf Herausgabe des Kaufpreises zustehe, den die Aktiengesellschaft D. B. a. d. R. an ihren Verkäufer, den Beklagten, gezahlt hat. Dem kann aus folgenden Gründen nicht beigetreten werden. Der § 816 Abs. 1 Satz 1 BGB. bestimmt: Trifft ein Nichtberechtigter über einen Gegenstand eine Verfügung, die dem Berechtigten gegenüber wirksam ist, so ist er dem Berechtigten zur Herausgabe des durch die Verfügung Erlangten verpflichtet. Diese allgemeine Vorschrift ist an die Stelle mehrerer ursprünglich beabsichtigter Einzelvorschriften getreten. Insbesondere hieß es im Entwurf I zum BGB. im § 839:

> Wer in Gemäßheit der §§ 837, 838 (über die Wirkungen des öffentlichen Glaubens des Grundbuchs) den Verlust eines Rechts erleidet, kann von demjenigen, welcher unberechtigt verfügt hat, oder an welchen eine ihm nicht gebührende Leistung erfolgt ist, die Herausgabe der dadurch erlangten Bereicherung fordern.

Die Vorschrift beruht auf einer Erweiterung des allgemeinen Grundsatzes in § 812 BGB., der für die Regel voraussetzt, daß ein unmittelbarer Übergang aus dem Vermögen des Berechtigten in das des Verpflichteten stattgefunden hat; was dem nichtberechtigten Verfügenden aus dem Vermögen des Dritterwerbers zufloß, sollte dem Berechtigten zufallen, weil in Wirklichkeit das, was der Nichtberechtigte vom Dritterwerber erlangt hat, durch Mittel des Berechtigten erworben ist, der den Rechtsverlust erlitten hat (RGU. vom 23. September 1911 IV 77/11 im Recht 1911 Nr. 3456; RGU. vom 22. November 1910 VII 611/09 im Recht 1911 Nr. 489; Oertmann, Recht der Schuldverhältnisse, zu § 816).

Der Tatbestand des § 816 BGB. ist aber nicht gegeben. Indem in § 816 dem Nichtberechtigten, der eine Verfügung über einen Gegenstand getroffen hat, der Berechtigte gegenüber gestellt wird, dem gegenüber sie wirksam ist, tritt die Voraussetzung zutage, daß der letztere seinerseits zu der ihm gegenüber wirksamen Verfügung befugt war. Auf das Eigentum am Grundstück als solches unmittelbar einzuwirken, wie es das Wesen der Verfügung ausmacht (RGZ. Bd. 90 S. 399), war der Beklagte dem Kläger gegenüber nicht in der Lage, da dem Kläger kein Eigentum am Grundstück, sondern nur ein schuldrechtlicher Auflassungsanspruch zustand. Der

Verlust dieses Anspruchs aber, zu dem nach dem Gesagten für den Kläger die Weiterveräußerung des Grundstücks durch den Beklagten geführt hat, steht zwar mit dieser in ursächlichem Zusammenhang, kann aber nicht als Gegenstand und Zweck der Verfügung angesehen werden, die der Beklagte vorgenommen hat. Von einer Verfügung im Sprachgebrauch des Bürgerlichen Gesetzbuchs kann nur insoweit die Rede sein, als das Rechtsgeschäft eine Änderung an einem Vermögensrecht unmittelbar bewirkt oder doch bezweckt (RGZ. Bd. 90 S. 399). Zum Tatbestand des Rechtsgeschäfts ist zwar nicht schlechthin zu fordern, daß der Erklärende sich der rechtlichen Tragweite des von ihm Erklärten nach allen Richtungen bewußt gewesen ist (RGZ. Bd. 64 S. 167, Bd. 68 S. 324). Eine rechtsgeschäftliche Verfügung kann aber nur insoweit vorliegen, als die rechtsgeschäftliche Erklärung auf eine unmittelbare Rechtsänderung gerichtet war. Als der Beklagte über das ihm nach seiner Meinung zustehende Eigentum am Grundstück durch Auflassung an die Dritterwerberin verfügte, wollte er seine schuldrechtliche Pflicht als Verkäufer erfüllen und Eigentum übertragen. Hatte er dieses nicht erworben, so war es bei dem früher eingetragenen Eigentümer M. verblieben, und die Auflassung an die (in der Person ihrer gesetzlichen Vertreter) gutgläubige Aktiengesellschaft hatte in Verbindung mit der Eintragung im Grundbuch das Eigentum des M. vernichtet. Aber nicht alle damit sonst verbundenen Wirkungen können als mit der Verfügung über das Eigentum bezweckt gelten. Man kann also nicht sagen, daß der Beklagte mit der Veräußerung des Grundstücks über den Auflassungsanspruch „verfügt" hat, der dem Kläger gegen seinen Verkäufer S. zustand.

§ 816 BGB. würde hiernach auf den vom Kläger behaupteten Sachverhalt nicht anzuwenden sein. Ob ein Bereicherungsanspruch des früher als Eigentümer eingetragen gewesenen M. besteht, kann nicht erörtert werden, da das Berufungsgericht ohne Rechtsirrtum angenommen hat, daß in dem Vorbringen des Klägers in der zweiten Instanz über Abtretung der Rechte des M. an ihn eine Klagänderung liegt und daß der Beklagte ihr widersprochen hat. . . .

67. 1. Welche Wirkung kommt einem satzungsändernden Beschluß einer Genossenschaft mit beschränkter Haftpflicht vor der Eintragung der Satzungsänderung in das Genossenschaftsregister zu?

2. Über die Wahlen zur Vertreterversammlung einer Genossenschaft.

GenG. §§ 16, 22, 43, 43a, 75, 90.

II. Zivilsenat. Urt. v. 23. Dezember 1927 i. S. Graf v. d. Sch. (Bekl.) w. N. Landbundgenossenschaft m. beschr. Haftpfl. (Kl.). II 158/27.

I. Landgericht Kottbus.
II. Kammergericht Berlin.

Der Beklagte ist in der Zeit der Geldentwertung der klagenden Genossenschaft, einer landwirtschaftlichen Ein- und Verkaufsgenossenschaft (mit beschränkter Haftpflicht), mit 100000 Geschäftsanteilen zu je 1000 *M* beigetreten, die er voll eingezahlt hat. Die Haftsumme für den Geschäftsanteil betrug 10000 *M*. Die Kündigung der Mitgliedschaft durch einen Genossen konnte nur unter Einhaltung einer Frist von mindestens 24 Monaten zum Schluß des vom 1. Juli bis 30. Juni laufenden Geschäftsjahres geschehen. In einer Generalversammlung vom 13. Januar 1924 ist im Wege der Satzungsänderung beschlossen worden, den Geschäftsanteil auf 1 Rentenmark und die Haftsumme auf 10 R*M* festzusetzen. Diese Beschlüsse sind am 2. Juli 1924 in das Genossenschaftsregister eingetragen worden. In der Generalversammlung vom 28. März 1925 ist „ab 1. Juli 1925" der Geschäftsanteil auf 5 R*M*, die Haftsumme auf 50 R*M* erhöht, die Höchstzahl der Geschäftsanteile eines Genossen auf 20000 bemessen, die Kündigungsfrist auf 3 Monate herabgesetzt und ferner beschlossen worden, daß „eine Erwerbung weiterer Geschäftsanteile über je 10 Morgen landwirtschaftlich genutzter Fläche hinaus nicht stattfinde". Noch vor dem 1. April 1925 hat der Beklagte seine Mitgliedschaft zum 30. Juni 1925 gekündigt. In einer Generalversammlung vom 6. Juli 1925 ist der Geschäftsanteil auf 40 R*M* erhöht worden. Auch diese späteren Beschlüsse sind in das Genossenschaftsregister eingetragen worden, die der Generalversammlung vom 28. März 1925 unter dem 19. Mai 1925. Eine außerordentliche Generalversammlung der

Klägerin vom 19. November 1925 hat unter dem Vorsitz des Beklagten gemäß dem durch die Novelle vom 1. Juli 1922 (RGBl. I S. 567) in das Genossenschaftsgesetz eingefügten § 43a und der hierzu ergangenen Verordnung vom 24. Oktober 1922 (RGBl. I S. 807) die Satzung dahin geändert, daß die Generalversammlung aus Vertretern der Genossen bestehen solle. Dabei erhielten die §§ 28 und 33 der Satzung folgende Fassung:

§ 28:

„Die Generalversammlung wählt die Vertreterversammlung ..."

§ 33:

„Die Vertreterversammlung wird von der Generalversammlung auf 2 Jahre gewählt.... Die Obliegenheiten dieser Generalversammlung beschränken sich auf die Wahl der Vertreterversammlung.... Die Zahl der Vertreter bemißt sich nach der Zahl der Mitglieder, und zwar soll auf jede Ortschaft bis zu 30 Genossenschaftsmitgliedern ein Vertreter und für angefangene weitere 30 Mitglieder ein weiterer Vertreter kommen. Die zur Vertreterversammlung gewählten Vertreter müssen Genossen sein und sollen von den Ortschaften zur Wahl vorgeschlagen werden. Aus der Zahl dieser Wahlvorschläge soll die Generalversammlung unter möglichster Berücksichtigung aller Ortschaften die erforderliche Anzahl von Vertretern wählen. Wahlberechtigt ist jeder Genosse ... als gewählt ist derjenige anzusehen, welcher die meisten Stimmen in sich vereinigt. Bei Stimmengleichheit entscheidet das Los...."

Nachdem diese Satzungsänderung beschlossen war, wurde ein aus der Mitte der Versammlung gestellter Antrag einstimmig angenommen, der dahin ging, es sollten die Vertreter durch die einzelnen Ortschaften namhaft gemacht und die Namen bis zum 23. November 1925 eingereicht werden; diese so vorgeschlagenen Vertreter sollten „als gewählt gelten". Die Beschlüsse über die Einführung der Vertreterversammlung sind am 1. Dezember 1925 in das Genossenschaftsregister eingetragen worden. In den Vertreterversammlungen vom 9. und 21. Dezember 1925 ist die „Liquidation" der Genossenschaft und weiter beschlossen worden, daß die Liquidation durch den Vorstand erfolgen solle. Die Auflösung der Genossenschaft wurde am 29. Dezember 1925 in das Genossenschaftsregister eingetragen.

Die Klägerin vertritt den Standpunkt, die Kündigung des Beklagten sei, ganz abgesehen davon, daß sie erst auf den 30. Juni 1926 hätte wirksam werden können, nach § 75 GenG. als nicht erfolgt anzusehen, und der Beklagte habe deshalb seine 10000 Geschäftsanteile mit je 40 RM voll einzuzahlen. Auf seine hiernach 400000 RM betragende Gesamtschuld rechnet sie 80000 RM an, die sie bis zur Klagerhebung durch Einlösung von Wechseln von ihm empfangen hat, und verlangt nun klageweise den Teilbetrag von 6040 RM (= 151 Geschäftsanteile) nebst Zinsen.

Das Landgericht erkannte nach dem Klagantrag, abgesehen von einem Abstrich an den Zinsen. Die Berufung des Beklagten war erfolglos. Seine Revision führte zur Abweisung der Klage.

Gründe:

Mit Recht hat das Berufungsgericht die Gültigkeit der am 19. November 1925 vorgenommenen Wahl der Vertreter zur Vertreterversammlung und demgemäß auch die Gültigkeit der von den Vertreterversammlungen vom 9. und 21. Dezember 1925 gefaßten Beschlüsse über die Auflösung der klagenden Genossenschaft bejaht. Den Beschlüssen der Generalversammlung vom 19. November 1925 über die Einführung der Vertreterversammlung lagen das Gesetz vom 1. Juli 1922 und die Verordnung vom 24. Oktober 1922 zugrunde. Die Zahl der Genossen der Klägerin betrug zwar mehr als 3000, aber weit unter 10000; die Einführung der Vertreterversammlung stand daher im Ermessen der Generalversammlung. Die hierzu ergangenen satzungsändernden Beschlüsse selbst sind rechtlich nicht zu beanstanden. Hiernach sollte die Wahl der Vertreter durch die Generalversammlung an Hand von Vorschlagslisten der „Ortschaften" erfolgen. Der Fortbestand des genossenschaftlichen Organs der Generalversammlung unter Beschränkung auf die Funktion als Wahlkörper für die Vertreterwahl ist unbedenklich zulässig. Insoweit erhebt auch die Revision keinen Angriff. Ebenso ist dem Berufungsgericht darin beizutreten, daß auch die am 19. November 1925 gefaßten Ausführungsbeschlüsse betreffend die Wahl der Vertreter zur ersten Vertreterversammlung rechtsgültig sind. Wohl erlangten die damals beschlossenen Satzungsänderungen erst Rechtswirksamkeit mit der am 1. Dezember 1925 erfolgten Eintragung in das Genossenschaftsregister. Die Generalversammlung war aber nicht gehindert, schon vorher für den Fall der Eintragung und damit des

Inkrafttretens der neuen Bestimmungen die Wahl der Vertreter vorzunehmen. Dies um so weniger, als es für die Wahl der Vertreter bei dem bisherigen Rechtszustand verblieb, wonach die den Genossen in Angelegenheiten der Genossenschaft zustehenden Rechte durch Beschlußfassung in der Generalversammlung ausgeübt werden (§ 43 Abs. 1 GenG.). Insofern war die Generalversammlung also schon vor dem 1. Dezember 1925 Wahlorgan und konnte daher ebensogut schon am 19. November 1925 wählen, wie ihr dies nach dem 1. Dezember möglich gewesen wäre. Ebensowenig bestehen Bedenken gegen die Art und Weise, wie damals bei der Wahl selbst verfahren wurde. Der Revision ist zuzugeben, daß die Wahl nicht den Ortschaften übertragen werden konnte, nachdem beschlossen und satzungsmäßig festgestellt war, daß die Vertreterwahlen durch die Generalversammlung zu vollziehen seien. Tatsächlich hat aber auch die Generalversammlung diese Wahl vorgenommen, nur mit der Maßgabe, daß die Persönlichkeit der Gewählten sich aus den demnächst eingehenden Vorschlägen der Ortschaften ergeben sollte. Wären diese Vorschläge schon im Zeitpunkt der Wahl vorhanden gewesen, so hätte einer Wahl in der Form, daß die Vorgeschlagenen durch Generalversammlungs-Beschluß als gewählt „gelten" sollten, kein rechtliches Hindernis im Wege gestanden. Der Umstand, daß die Vorschläge erst in den folgenden 8 bis 10 Tagen eingegangen sind, ändert nichts daran, daß an Hand dieser Vorschläge ohne weiteres festzustellen war, wen die Generalversammlung als Vertreter gewählt hatte. Wie der Fall läge, wenn keine Vorschläge oder wenn von denselben Ortschaften mehrere Vorschläge eingereicht worden wären oder die Vorgeschlagenen und Gewählten abgelehnt hätten, kann dahingestellt bleiben. Denn Anstände dieser Art haben sich nicht ergeben. Der Beklagte selbst, unter dessen Vorsitz und Leitung die Generalversammlung vom 19. November 1925 getagt hat und auf dessen Anregung hin die Wahl so, wie geschehen, vor sich gegangen ist, hat als Vorsitzender der ersten Vertreterversammlung ihre ordnungsmäßige Berufung festgestellt. Die Legitimation der Vertreter ist auch damals weder von ihm noch von einem andern Teilnehmer an der Versammlung beanstandet worden. Mängel in der Vertretungsbefugnis dieses oder jenes Einzelvertreters könnten indessen keinesfalls zur unheilbaren Nichtigkeit der Beschlüsse der Vertreterversammlung als solcher führen. Darauf hätte vielmehr nur allenfalls eine Anfechtungsklage nach § 51 GenG. gestützt werden können.

Des weiteren hat das Berufungsgericht mit Recht den Einwand zurückgewiesen, daß der Beschluß vom 13. Januar 1924 über die Festsetzung des Geschäftsanteils und der Haftsumme in Rentenmark und damit auch die auf ihm beruhenden späteren Beschlüsse über die Erhöhung des umgestellten Geschäftsanteils und der umgestellten Haftsumme um deswillen nichtig seien, weil man bei der Umstellung nicht gleichzeitig auch über die Umrechnung der Geschäftsguthaben Beschluß gefaßt habe. Zu dieser Frage hat der erkennende Senat schon im Urteil vom 5. November 1926 (JW. 1927 S. 370 Nr. 3) dahin Stellung genommen, daß hierdurch die Gültigkeit der Umstellung selbst nicht berührt werde. Daran ist festzuhalten.

Ohne Rechtsirrtum hat sodann das Berufungsgericht den Einwand des Beklagten zurückgewiesen, daß Umstellungs- und Erhöhungsbeschlüsse beim Fehlen gehöriger Eintragung im Genossenschaftsregister unwirksam seien. Die Festsetzung der Haftsumme auf 10 RM und ihre spätere Erhöhung auf 50 RM sind im Genossenschaftsregister vermerkt; für den Geschäftsanteil konnte die Eintragung so, wie geschehen, unter allgemeiner Bezeichnung des Gegenstands durch Bezugnahme geschehen.

Auch in der Frage der auf die umgestellten Geschäftsanteile zu leistenden Einzahlungen muß dem Vorderrichter beigetreten werden. Die im Rahmen der Umstellung geschaffenen Geschäftsanteile in Rentenmark waren gegenüber den Papiermark-Geschäftsanteilen etwas völlig anderes und neues. Der Grundsatz, daß ein Genosse, der seine Einzahlungen auf die Papiermark-Geschäftsanteile voll geleistet hat, abgesehen von dem Fall der Erhöhung des Geschäftsanteils nicht zu weiteren Einzahlungen herangezogen werden kann (RGZ. Bd. 68 S. 93; JW. 1910 S. 40 Nr. 64), ist hier nicht anwendbar (JW. 1927 S. 368 und das dort angeführte Schrifttum). Die Generalversammlung hatte auch bezüglich der Höhe des umgestellten Geschäftsanteils im Rahmen des allgemeinen Rechts freie Hand. Der § 5 der zweiten Durchführungsbestimmungen zur Rentenbankverordnung vom 17. Dezember 1923 (RGBl. I S. 1243) bestimmt ausdrücklich, daß bei einer bestehenden Genossenschaft die Umwandlung des Geschäftsanteils und der Haftsumme nicht als Erhöhung oder Herabsetzung gelte. Die Generalversammlung kann deshalb bei der Neufestsetzung des Geschäftsanteils und der Haftsumme, sowie bei der Regelung der auf ersteren zu leistenden Einzahlungen auch der wirtschaftlichen Lage des Unternehmens Rechnung tragen. Soweit dies geschieht, werden damit die Grenzen des Mehrheitsgrundsatzes an und für sich noch nicht überschritten. Daran ist um so weniger zu zweifeln, als ohnehin eine Erhöhung des Geschäftsanteils zu Sanierungszwecken zulässig ist (RGZ. Bd. 68 S. 93, Bd. 106 S. 403; JW. 1910 S. 40 Nr. 64). Gerade dieser Umstand spricht mit dafür, daß die Verpflichtung zur Leistung von Einzahlungen auf die umgestellten Geschäftsanteile unabhängig davon gestaltet werden kann, ob und was an Einzahlungen auf die Papiermarkanteile geleistet ist.

Auch auf die zum 30. Juni 1925 erklärte Kündigung kann sich der Beklagte nicht berufen, wie schon das Berufungsgericht zutreffend ausgeführt hat.

Wären die Erhöhungsbeschlüsse vom 28. März und 6. Juli 1925 rechtswirksam, so müßte dem Vorderrichter auch in der Frage der Fälligkeit der auf die erhöhten Geschäftsanteile zu leistenden Einzahlungen beigepflichtet werden. Allein diese Beschlüsse können nicht als rechtswirksam anerkannt werden, und das gleiche gilt dann auch für den Beschluß auf Erhöhung der Haftsumme von 10 RM auf 50 RM. Die Generalversammlung vom 28. März 1925 hat beschlossen, mit Wirkung vom 1. Juli 1925 ab den Geschäftsanteil von 1 Rentenmark auf 5 RM und die Haftsumme von 10 RM auf 50 RM zu erhöhen, ferner die Kündigungsfrist von 24 Monaten auf die gesetzliche Mindestfrist von 3 Monaten herabzusetzen, endlich die Erwerbung weiterer Geschäftsanteile über einen Anteil auf 10 Morgen landwirtschaftlich genutzter Fläche hinaus nicht zuzulassen. Alle diese Beschlüsse beziehen sich auf das Verhältnis der Genossen zur Genossenschaft, das sie in den bezeichneten Punkten abweichend vom bisherigen Rechtszustand regeln. Es ist zuzugeben, daß jede dieser Änderungen an und für sich selbständig und unabhängig von der anderen getroffen werden und Rechtsbestand haben konnte. Keiner von den Beschlüssen (Erhöhung des Geschäftsanteils und der Haftsumme, Kürzung der Kündigungsfrist, Neugestaltung des Beteiligungstarifs) hat seinem Inhalt nach ohne weiteres die Gültigkeit und Wirksamkeit eines anderen zur Voraussetzung. Dies schließt aber nicht aus, daß das Verhältnis nach dem wahren Willen der Generalversammlung ein ganz anderes war. Die Beschlüsse sind der freien Auslegung durch das Revisionsgericht zugänglich. Auch hier gilt es, den wahren Willen der Generalversammlung zu erforschen und ihm zur Anerkennung zu verhelfen, soweit kein gesetzliches Hindernis im Wege steht. Dafür bieten Anlaß, Grund und Zweck der Beschlüsse wichtige Anhaltspunkte.

Die Klägerin trägt selbst vor, daß eine Erhöhung der Geschäftsanteile nach ihrem bisherigen zahlenmäßigen Bestand für eine größere Anzahl von Genossen zu einer nicht erträglichen Belastung geführt hätte. Sie kann nicht behaupten, daß eine solche, jedes vernünftige Maß übersteigende weitere Heranziehung der Genossen durch ein sachlich berechtigtes Interesse der Genossenschaft geboten gewesen sei. Sie führt aus, die große Zahl von Geschäftsanteilen, mit denen ein Teil der Genossen noch von der Papiermarkzeit her beteiligt gewesen sei, habe ein „unüberwindliches" Hindernis für eine angemessene Erhöhung der Geschäftsanteile und damit für die Gewinnung neuer Betriebsmittel gebildet. Eben deshalb sei man auf den Ausweg verfallen, durch Herabsetzung der Kündigungsfrist auf 3 Monate den Genossen die Möglichkeit des Ausscheidens durch Kündigung auf den 30. Juni 1925 (also auf einen vor dem Inkrafttreten der Erhöhung liegenden Zeitpunkt) und des Wiedereintritts mit einer beschränkten Zahl von Geschäftsanteilen zum 1. Juli 1925 zu geben; auch der Beschluß vom 6. Juli 1925 über die weitere Erhöhung der Geschäftsanteile sei unter der Voraussetzung gefaßt worden, daß so auf der Grundlage des neuen Beteiligungstarifs eine für sämtliche Genossen erträgliche Beteiligung geschaffen sei. Nach diesem Vorbringen der Klägerin, das sich in wesentlichen Punkten mit dem des Beklagten deckt, bestand zwischen den drei Beschlüssen vom 28. März 1925 ein enger sachlicher Zusammenhang. Zwar bietet weder der Wortlaut der Beschlüsse noch ihre Entstehungsgeschichte einen Anhalt dafür, daß sich die Neuordnung der Pflichtbeteiligung auch auf die schon vorhandenen Geschäftsanteile beziehen und daß sie nach dem neuen Beteiligungstarif zusammengelegt werden sollten. Eine solche Maßnahme wäre im Rahmen des Umstellungsverfahrens zulässig gewesen, außerhalb dieses Verfahrens hätte sie aber nur in den Formen und unter den Voraussetzungen der §§ 22, 90 GenG. erfolgen können. Darüber waren sich auch die Organe der Klägerin im klaren. Ersichtlich sind sie eben deshalb auf den Ausweg der

Kündigung verfallen. Um einen Zusammenlegungsbeschluß, wie ihn das Landgericht in dem Beschluß über den Beteiligungstarif finden will, kann es sich nach alledem nicht handeln. Vielmehr bezieht sich dieser Beschluß nur auf die Beteiligung neu oder wieder eintretender Genossen. Insoweit ist dem Berufungsgericht beizutreten. Zu Unrecht will aber dieses dem Umstand, daß sich der Behelf der Kündigung tatsächlich als nutzlos erwiesen hat, keine Bedeutung für den Rechtsbestand der Erhöhungsbeschlüsse beilegen. Durch das Kündigungsrecht sollte unbestrittenermaßen den bisherigen Genossen Gelegenheit gegeben werden, die Zahl ihrer Geschäftsanteile auf dem Umweg über Ausscheiden und Wiedereintritt nach dem neuen Beteiligungstarif zu beschränken. Nur mit diesen Abhilfe- und Sicherungsmaßnahmen gegen eine sonst unerträgliche, widersinnige Belastung eines Teils der Genossen war die Erhöhung der Geschäftsanteile und der Haftsumme durchzubringen und zu verantworten. Dem trägt auch der Erhöhungsbeschluß vom 28. März 1925 insofern Rechnung, als die Erhöhung erst mit dem 1. Juli 1925 in Kraft treten sollte, mithin erst, nachdem die Genossen, wie die Generalversammlung annahm, auf Grund des neu geregelten Kündigungsrechts ihr Ausscheiden auf den Schluß des Geschäftsjahrs — 30. Juni 1925 — herbeigeführt haben würden. Welch ausschlagende Bedeutung die Generalversammlung dem Rechtsbehelf der Kündigung gerade im Hinblick auf die Ermöglichung einer Erhöhung der Geschäftsanteile und der Haftsumme beigemessen hat, ergibt sich auch daraus, daß sie sich zu einer so außerordentlichen Abkürzung der bisherigen Kündigungsfrist entschlossen hat, obwohl die Lage der Genossenschaft nicht günstig war und damit Gelegenheit zur „Genossenflucht" geschaffen wurde, gegen welche die bisherige Kündigungsfrist von 24 Monaten eine besondere Sicherung geboten hatte. Aus alledem ist zu folgern, daß im Sinne der Beschlüsse vom 28. März und 6. Juli 1925 die Möglichkeit, vom Kündigungsrecht mit Erfolg Gebrauch zu machen, Bedingung für die Erhöhung des Geschäftsanteils und der Haftsumme sein sollte. Mit dem Ausfall dieser Bedingung (zufolge der verspäteten Eintragung der Beschlüsse vom 28. März 1925 und der Auflösung der Genossenschaft) sind daher die Erhöhungsbeschlüsse selbst hinfällig geworden.

Wären diese Beschlüsse je anders gemeint gewesen, so hätten sie mit ihrer für einen Teil der Genossen unerträglichen und über das vernünftige Maß hinausgehenden Belastung die Grenzen des Mehrheitsgrundsatzes überschritten und wären deshalb unheilbar nichtig. Der Beklagte hat seiner Pflicht zur Einzahlung von je einer Rentenmark auf die umgestellten Geschäftsanteile unstreitig längst genügt. Ob auf Grund der umgestellten Haftsumme von je 10 RM seine weitere Heranziehung in Frage kommt, steht hier nicht zur Entscheidung.

---

68. Unter welchen Umständen hat der Halter des Kraftwagens für den Schaden zu haften, den sein Wagenführer bei einer eigenmächtig unternommenen Fahrt angerichtet hat? Zur Auslegung des § 7 Abs. 3 des Kraftfahrzeuggesetzes.

VI. Zivilsenat. Urt. v. 2. Januar 1928 i. S. L. (Bekl.) w. H. (Kl.). VI 180/27.

I. Landgericht Leipzig.
II. Oberlandesgericht Dresden.

Am 18. Oktober 1924 wurde die Klägerin auf der M.-Straße in L., wo sie auf dem Fahrrade fuhr, von einem hinter ihr herkommenden Personenkraftwagen beim Überholen umgefahren. Führer des Kraftwagens war der frühere Mitbeklagte D., Halter des Wagens war der Beklagte L., der sich jedoch zur Zeit des Unfalls nicht im Wagen befand. Die Klägerin erlitt infolge des nach den Feststellungen der Vorinstanzen von D. verschuldeten Unfalls Schaden an ihrer Gesundheit und Erwerbsfähigkeit sowie Sachschaden. Sie nahm daher beide Beklagte sowohl auf Grund der Vorschriften des Bürgerlichen Gesetzbuchs über unerlaubte Handlungen als auch auf Grund des Kraftfahrzeuggesetzes als Gesamtschuldner auf 6000 RM Schmerzensgeld und wegen Feststellung der Verpflichtung zum Ersatz alles weiteren ihr entstehenden Schadens in Anspruch.

Durch rechtskräftiges Urteil des Landgerichts wurde D. zur Zahlung von 1369,50 RM verurteilt und ihm gegenüber dem Feststellungsanspruch stattgegeben. Dagegen wies das Landgericht die Klage ab, soweit sie gegen den Beklagten L. gerichtet ist. Das Oberlandesgericht verurteilte den Beklagten L. als Gesamtschuldner mit D. zur Zahlung von 369,50 RM und stellte die Schadensersatzpflicht auch dieses Beklagten fest.

Die Revision des letzteren führte zur Aufhebung des Berufungsurteils, soweit es zu seinem Nachteil ergangen ist, und in diesem Umfang zur Zurückverweisung der Sache.

Gründe:

Die Revision rügt lediglich Verletzung des § 7 Abs. 3 S. 1 KFG.; der Berufungsrichter habe den Begriff der sog. Schwarzfahrt verkannt.

Die Rüge ist begründet.

Die Ausführungen des angefochtenen Urteils zu diesem Punkte gehen im wesentlichen dahin: Der § 7 Abs. 3 S. 1 KFG. in der Fassung der Novelle vom 21. Juli 1923 bedeute insofern gegenüber dem früheren Rechtszustand eine Einschränkung zugunsten des Fahrzeughalters, als es vorher zur Begründung seiner Haftung genügt habe, wenn das Fahrzeug mit seinem Wissen und Willen in Betrieb genommen worden sei und diese Inbetriebnahme zur Zeit des Unfalls noch fortgedauert habe, während jetzt seine Haftung auch dann wegfalle, wenn zwar die Inbetriebnahme mit seinem Wissen und Willen erfolgt, die Benutzung zur Unfallzeit aber wider sein Wissen und seinen Willen geschehen sei. Ob letzteres zutreffe, sei nach den Umständen des einzelnen Falles zu entscheiden. Nicht jede Abweichung von der Anweisung des Halters mache die mit seinem Wissen und Willen begonnene Fahrt zu einer Schwarzfahrt. Insbesondere könne die Fahrt nicht schon dann als ohne Wissen und Willen des Halters erfolgt angesehen werden, wenn der Führer nicht den dem ausgesprochenen oder mutmaßlichen Willen des Halters entsprechenden Weg genau einhalte, sondern Umwege mache und dadurch die Fahrt verändere oder verlängere. Es komme darauf an, ob sich die Fahrt als solche trotz der Abweichungen im wesentlichen noch als die gleiche Fahrt darstelle. Sei dies der Fall, so sei nicht die Benutzung als solche, sondern nur die Art und Weise der Benutzung unerlaubt. Dies gelte auch für den Fall, daß der Führer auf dem Wege zur Wagenhalle das Fahrzeug zu einer längeren Spazierfahrt mißbrauche. Nur dann sei die Benutzung unerlaubt, wenn die Abweichung von dem ausdrücklich oder stillschweigend vorgeschriebenen Weg in örtlicher oder zeitlicher Beziehung so wesentlich sei, daß nicht mehr gesagt werden könne, der Führer habe gerade die ihm aufgetragene Fahrt unternommen. Ein solcher Fall liege hier nicht vor.

Denn der Beklagte habe am Unfalltag mit dem Wagen unter Führung des D. eine Fernfahrt nach Breslau unternommen, habe sich danach zu seiner Wohnung in der Gottschedstraße bringen lassen und den D. angewiesen, den Wagen nach der Wagenhalle zu bringen, die sich auf dem Ranstädter Steinweg nicht weit von seiner Wohnung befunden habe. D. sei nun zunächst nach seiner etwa 3—4 km entfernt liegenden Wohnung in der Eisenbahnstraße gefahren, um die Kleider zu wechseln, und dann nach der etwa 3—4 km entfernten Wohnung der Arbeiterin R. in Mockau, um von dieser ein Buch abzuholen. Auf seine Einladung habe die R. neben ihm auf dem Führersitz Platz genommen. Von dort sei D. nach der etwa 1 km entfernten Wohnung des Arbeiters H. gefahren, habe unterwegs dessen Vater in den Wagen aufgenommen und ihn nach Hause gebracht. Dort sei H. selbst eingestiegen und habe ebenfalls vorn neben dem Führersitz Platz genommen. Bald danach sei während der Weiterfahrt nach Thekla, das 2 km entfernt liege, der Unfall eingetreten. Eine Spazierfahrt im eigentlichen Sinne sei also gar nicht beabsichtigt gewesen, wie sich auch daraus ergebe, daß die von D. mitgenommenen Personen so wie sie gewesen seien, ohne weitere Vorbereitung, mitgefahren seien und neben dem Führersitz Platz genommen hätten. Es habe sich also nur um „ein Stück Mitfahren" gehandelt. Ohne das Dazwischentreten des Unfalls hätte die Fahrt des D. von der Wohnung des Beklagten bis zur Wagenhalle etwa eine halbe Stunde gedauert. Nach Lage der Umstände sei anzunehmen und habe auch D. annehmen dürfen, daß der Beklagte mit der Fahrt nach der Wohnung des D. einverstanden sein würde. Der weiter von D. gemachte Umweg dagegen stelle sich allerdings als eine eigenmächtige, durch ein anzunehmendes Einverständnis des Beklagten nicht gedeckte Ausdehnung der Fahrt dar. Allein hierin habe keine neue, selbständige Benutzung des Wagens, sondern nur eine nicht erlaubte Art und Weise der Benutzung gelegen, während die Benutzung selbst mit Wissen und Willen des Beklagten begonnen gehabt habe und demgemäß erfolgt sei. Damit entfalle aber der Charakter der Schwarzfahrt. Diese Ausführungen sind nicht frei von Rechtsirrtum.

Der § 7 Abs. 3 KFG. in der ursprünglichen Fassung vom 3. Mai 1909 (RGBl. S. 437) lautete:

„Wird das Fahrzeug ohne Wissen und Willen des Fahrzeughalters von einem anderen in Betrieb gesetzt, so ist dieser an Stelle des Halters zum Ersatze des Schadens verpflichtet."

Die Auslegung, die der Begriff der Inbetriebsetzung in der Rechtsprechung, insbesondere derjenigen des Reichsgerichts (RGZ. Bd. 77 S. 348, Bd. 95 S. 185; SeuffArch. Bd. 69 Nr. 174, vgl. jedoch OLG. Dresden in JW. 1925 S. 1023), gefunden hatte, erschien dem Gesetzgeber zu weitgehend und deshalb — also um die Haftung des Halters für die Fälle der unbefugten Benutzung des Fahrzeugs im Anschluß an eine erlaubte Fahrt (vgl. Müller, Automobilgesetz 2. Aufl. Vorbem. zu § 7 Abs. 3 S. 255) zu beseitigen, soweit nicht dem Halter ein Verschulden zur Last fällt (§ 7 Abs. 3 S. 2) — ist durch die Novelle vom 21. Juli 1923 nunmehr für Abs. 3 S. 1 des § 7 folgende Fassung gewählt worden:

„Benutzt jemand das Fahrzeug ohne Wissen und Willen des Fahrzeughalters, so ist er an Stelle des Halters zum Ersatz des Schadens verpflichtet."

Bei dieser Sachlage ist es nicht angängig, wie das Berufungsgericht im Anschluß an die in der Rechtsprechung und im Schrifttum hervorgetretenen Anschauungen (vgl. OLG. Düsseldorf in JW. 1927 S. 922 Nr. 3 und Heucke, Verkehr mit Kraftfahrzeugen 2. Aufl. Anm. 23 zu § 7 S. 38) will, allgemein einen Unterschied zwischen Benutzung und „Art der Benutzung" zu machen und den Halter in den Fällen haften zu lassen, wo zwar die Art der Benutzung dem Willen des Halters nicht entsprach, die Benutzung an sich aber dem Führer aufgetragen war. Denn auf diesem Wege würde die Rechtsunsicherheit, die nach Ansicht des Gesetzgebers durch die schwankende Auslegung des Begriffs der Inbetriebnahme verursacht wurde, in vielen Fällen doch wieder Platz greifen: Entspricht die Benutzung (gleich Inbetriebnahme) an sich dem Willen des Halters, so haftet dieser für alle Folgen einer seinem Willen nicht entsprechenden Art der Benutzung, sofern nur diese Benutzungsart nicht eine solche ist, daß sie nach richterlichem Ermessen eine neue, selbständige Benutzung des Fahrzeugs (gleich Inbetriebnahme) darstellt. Im vorliegenden Falle war dem D. aufgetragen, von der Gottschedstraße nach dem einige Autominuten entfernten Ranstädter Steinweg zu fahren. In der dortigen Wagenhalle wollte er auch schließlich die Fahrt enden lassen, aber er wählte den Umweg über die Eisenbahnstraße in Volkmarsdorf und zwei Straßen in Mockau und wollte auch nach Thekla fahren. Er machte einen Umweg von mindestens 10 km und verfuhr etwa eine halbe Stunde; er nahm drei dem Beklagten fremde Personen mit und ließ die eine von ihnen, eine Frauensperson, zwischen sich und einem Bekannten neben dem Führersitz Platz nehmen. Trotz dieser örtlichen, zeitlichen und den Begleitumständen nach bestehenden Unterschiede zwischen der dem D. aufgetragenen und der von ihm ausgeführten Fahrt hat das Berufungsgericht angenommen, daß bei ihm eine erlaubte Benutzung des Wagens vorgelegen habe, unerlaubt sei nur die Art der Benutzung. Eine solche Auslegung und Anwendung des Gesetzes ist nicht zu billigen. Maßgebend für die Beurteilung der Frage, ob bei Abweichungen von den Anweisungen des Halters die Benutzung des Fahrzeugs als erlaubt oder unerlaubt zu gelten hat, muß vielmehr sein, ob die vom Halter gebilligte Benutzung bei verständiger Würdigung seiner Willensmeinung noch als mit der tatsächlich ausgeführten Benutzung im wesentlichen übereinstimmend erachtet werden kann (Kammergericht in JW. 1927 S. 921 Nr. 1a, Müller a. a. O. S. 259). Ob dies zutrifft, ist in der Hauptsache Tatfrage. Solche erlaubte, dem zu vermutenden Willen des Halters entsprechende Abweichungen können sich z. B. aus der Straßenbeschaffenheit, den Witterungsverhältnissen, Übermüdung des Führers ergeben. Auch ist es rechtlich nicht zu beanstanden, wenn das Berufungsgericht im vorliegenden Falle nach Lage der Umstände angenommen hat, das Einverständnis des Beklagten mit der Fahrt des D. nach seiner Wohnung dürfe vermutet werden (vgl. hierzu das Urteil des IV. Zivilsenats vom 14. Oktober 1926 IV 328/25, wo gesagt wird, die Annahme einer stillschweigend erteilten Erlaubnis des Halters zur Ausführung von Umwegen im Interesse des Benutzers sei je nach Umständen und nach der zu vermutenden verständigen Auffassung der Beteiligten rechtlich möglich). Anders aber liegt die Sache für die weitere Fahrt von der Wohnung des D. nach Mockau. Dieser Teil der Fahrt, auf der sich der Unfall ereignet hat, bedeutet nach der Feststellung des Oberlandesgerichts eine eigenmächtige Ausdehnung der Fahrt, für welche D. das Einverständnis des Beklagten nicht annehmen konnte. Benutzte aber danach D. den Wagen insoweit ohne Wissen und Willen des Beklagten, so ist dieser nach § 7 Abs. 3 S. 1 KFG. der Klägerin an sich nicht schadensersatzpflichtig.

Kann hiernach das angefochtene Urteil mit der bisherigen Begründung nicht aufrechterhalten werden, so folgt daraus doch noch nicht die Abweisung der Klage gegen den Beklagten L. Denn nunmehr wird das Berufungsgericht zu der Frage Stellung zu nehmen haben, ob die Benutzung des Fahrzeugs durch sein Verschulden ermöglicht worden ist (Satz 2 des § 7 Abs. 3 KFG.). Diese Vorschrift bedeutet eine Erweiterung der Haftung des Halters gegenüber dem bisherigen Rechtszustand (Müller a. a. O. S. 261). Bei der Prüfung dieser Frage wird zu beachten sein, daß bei Schwarzfahrten die Führer von Kraftfahrzeugen sich selbst überlassen sind und erfahrungsgemäß leicht dazu neigen, die erforderliche Rücksichtnahme auf die Ordnung im öffentlichen Verkehr und die Gesundheit ihrer Mitmenschen in besonders hohem Maße außer acht zu lassen. Diese erhöhte Betriebsgefahr bei Schwarzfahrten muß zur Wahrung der Verkehrssicherheit dahin führen, die größte Sorgfalt des Halters zur Verhütung solcher Fahrten zu verlangen (vgl. das Urteil des Senats vom 10. November 1927 S. 11 dieses Bandes). Der Willkür des Führers darf der Halter seinen Kraftwagen zur Benutzung keinesfalls preisgeben. Mit dem Einwand, er habe von Schwarzfahrten des Führers nichts gewußt, der Geschädigte möge sich an den Führer halten — der in der Regel zur Deckung des von ihm leichtsinnig angerichteten Schadens gar nicht in der Lage ist —, kann der Halter nur dann gehört werden, wenn er bis zur Grenze des unabwendbaren Zufalls alles getan hat, was ihm billigerweise zur Verhütung von Schwarzfahrten zugemutet werden kann. Wieweit hierin zu gehen ist, hängt von den Umständen des Einzelfalls ab. Bei einem älteren, seit Jahren erprobten Führer werden geringere Anforderungen an die Sorgfaltspflicht des Halters zu stellen sein als im vorliegenden Falle, wo es sich um einen noch in jungen Jahren stehenden Mann handelt, der erst 3 Monate vor dem Unfall den Führerschein erhalten hatte und nach einer nur 2 Wochen währenden Aushilfsbeschäftigung bei P. seine erste Dauerstelle beim Beklagten erst seit einem Monat inne hatte. Der Tatrichter wird zu beurteilen haben, ob in einem solchen Falle die Pflicht des Halters soweit geht, daß ihm, zumal bei der geringen Entfernung der Wagenhalle von seiner Wohnung und der dadurch erleichterten Ausführbarkeit einer derartigen Maßregel, zugemutet werden muß, den Schlüssel zur Wagenhalle regelmäßig in seiner Wohnung aufzubewahren. Ein rechtliches Bedenken gegen diese Beurteilung besteht nicht. Ferner wird der Tatrichter zu prüfen haben, welche wirksamen Vorkehrungen etwa sonst der Beklagte zur Verhütung von Schwarzfahrten hätte treffen müssen, um seiner Sorgfaltspflicht zu genügen (vgl. RGZ. Bd. 108 S. 385). Die von D. bekundeten, vom Berufungsrichter in anderem Zusammenhang gewürdigten gelegentlichen telephonischen Anrufe des Beklagten in der Wagenhalle reichen keinesfalls aus, um ein Verschulden des Beklagten bei der hier fraglichen Benutzung seines Wagens auszuschließen. Bei einem so unerprobten Führer wie D. müssen dem Beklagten andere Maßnahmen angesonnen werden, um dem D. die bei Gewährung allzu großer Freiheit naheliegende Möglichkeit und Neigung zu Schwarzfahrten zu nehmen.

Die Frage, ob neben § 7 Abs. 3 S. 2 KFG. noch Raum für die Anwendbarkeit des § 831 BGB. bleibt (vgl. das angeführte RGU. IV 328/25 und Müller a. a. O. S. 263), bedarf keiner Entscheidung. Denn das Berufungsgericht hat bereits aus tatsächlichen Erwägungen den Entlastungsbeweis aus § 831 BGB. für geführt erachtet, wenn auch in anderem Zusammenhang, und von der Klägerin ist keine Revision eingelegt.

Für die Frage der Beweislast ist auf folgendes hinzuweisen: Dem Beklagten würde der Entlastungsbeweis obliegen, falls das Oberlandesgericht nach Lage der Sache dafür halten sollte, die Umstände sprächen mit so hoher Wahrscheinlichkeit für ein Verschulden des Beklagten an der Ermöglichung der Schwarzfahrt, daß andere Möglichkeiten daneben völlig zurückträten (RGZ. Bd. 95 S. 249, Bd. 102 S. 95, Bd. 109 S. 19, Bd. 114 S. 75, Bd. 115 S. 425).

---

69. Welche Ansprüche stehen dem Mieter eines Ladens zu, wenn der Vermieter oder sein Rechtsnachfolger einen anderen, in nächster Nähe des ersten gelegenen Laden einem Konkurrenten des Mieters überläßt?

BGB. §§ 536 bis 538, 571 Abs. 1.

III. Zivilsenat. Urt. v. 3. Januar 1928 i. S. K. (Kl.) w. Stadtgemeinde E. (Bekl.). III 152/27.

I. Landgericht Essen.
II. Oberlandesgericht Hamm.

Durch notariellen Vertrag vom 1. Juni 1911 verkaufte der Kläger mehrere Grundstücke in E. an die E. Grundbesitz G. m. b. H. In Art. VI des Vertrags verpflichtete sich die Käuferin, in dem auf den Grundstücken zu errichtenden Neubau, und zwar an der Ecke der K.er Straße und des Bahnhofsvorplatzes, einen Laden bestimmter Größe zu schaffen und ihn dem Verkäufer auf 25 Jahre zu dem vereinbarten Mietpreis zu überlassen. Die Käuferin räumte dem Kläger auch das Recht ein, den Laden weiter zu vermieten. Ferner übernahm sie die Verpflichtung, kein weiteres Zigarrengeschäft in dem Neubau zu dulden, den sie auf dem gekauften Bauland errichten wollte. Der geplante Bau wurde von ihr ausgeführt. Der Kläger überließ den gemieteten Laden einem Untermieter. Im Jahre 1920 hat die beklagte Stadtgemeinde das Grundstück erworben, die auch Eigentümerin des Bahnhofsvorplatzes war. Mit ihrer Genehmigung errichtete im Jahre 1924 die Reklame G. m. b. H. in E. auf dem Platz in unmittelbarer Nähe der Eingangstür des vom Kläger gemieteten Ladens ein Verkaufshäuschen. Die Beklagte überließ dieses der Reklamegesellschaft mit der Berechtigung, Zigarrenhandel darin zu betreiben. Zu diesem Zweck wird das Häuschen von dem Mieter der Gesellschaft verwendet. Der Kläger sieht sich durch dieses Verhalten der Beklagten in seinem Rechte verletzt, weil der Laden durch das Häuschen vollständig verdeckt werde und weil durch den darin betriebenen Zigarrenhandel dem Mieter des Ladens die empfindlichste Konkurrenz bereitet werde, sodaß der Mieter sein Zigarrengeschäft nicht mit Erfolg betreiben könne und hierdurch außerstande gesetzt werde, ihm, dem Kläger, den Mietzins zu bezahlen. Der Kläger verlangt deshalb die Verurteilung der Beklagten zur Beseitigung des Häuschens und zum Ersatz des ihm durch dessen Errichtung verursachten Schadens. Den Zahlungsanspruch will er auch als Anspruch auf Minderung des Mietzinses aufgefaßt wissen. Das Oberlandesgericht hat die Berufung des Klägers gegen das klagabweisende Urteil des Landgerichts zurückgewiesen. Die Revision des Klägers führte zur Aufhebung des Berufungsurteils und zur Zurückverweisung.

Gründe:

Das Berufungsgericht geht davon aus, daß der Beklagten durch den Übergang des Eigentums am Grundstück auf sie kraft Gesetzes (§§ 580, 571 Abs. 1 BGB.) die gleichen Pflichten in bezug auf das Mietverhältnis gegen den Kläger erwachsen sind, wie sie die Vermieterin, die E. Grundbesitz G. m. b. H., ihm gegenüber zu erfüllen hatte. Die den Gegenstand der Klage bildenden Ansprüche sind daher gerechtfertigt, wenn der Kläger sie gegen die Vermieterin würde erheben können, falls sie die Eigentümerin des Bahnhofsvorplatzes wäre und falls sie dieses ihr Eigentumsrecht in der mit der Klage beanstandeten Art und Weise ausgenützt hätte. . . . Der Bestimmung in Art. VI des Vertrags kommt nicht die Bedeutung zu, daß sie die Pflichten, die der Vermieterin wegen Fernhaltung von Konkurrenzunternehmen auf dem Gebiete des Zigarrenhandels obliegen, erschöpfend regelt und sie auf die Verbindlichkeit beschränkt, in dem Grundstück kein weiteres Zigarrengeschäft zu dulden. Für eine solche Auffassung bietet weder der Wortlaut der Bestimmung einen Anhalt, noch sind Umstände erkennbar, die zu einer solchen Auslegung nötigten. Das Berufungsgericht nimmt dies auch nicht an. Es erörtert vielmehr die Frage, ob der Kläger Ansprüche der streitigen Art gegen die Vermieterin unter dem allgemeinen Gesichtspunkt erheben könne, daß diese zur Gewährung des vertragsmäßigen Gebrauchs des Mietraums verpflichtet sei (§ 536 BGB.). Dabei gelangt es zu einem dem Kläger ungünstigen Ergebnis, indem es erwägt, daß keine Beeinträchtigung der Ladenbenutzung in der Verkürzung der Mieterrechte zu finden sei, die nach der Behauptung des Klägers daraus entsteht, daß die Aussicht auf den Laden durch das Verkaufshäuschen verdeckt wird und daß die Erträgnisse des im Laden betriebenen Zigarrengeschäfts durch den Verkauf von Zigarren im Häuschen geschmälert werden. Diese Ausführungen werden dem Sachverhalt nicht gerecht. Die zweckentsprechende Verwertung des Ladens als Verkaufsraum erfordert es, daß er von dem sich auf der Straße bewegenden Publikum ohne Mühe gesehen werden kann und dadurch Käufer für die feilgebotenen Waren anzulocken vermag. Und gehört es, wie der Kläger behauptet, zum Inhalt des Mietvertrags, daß er im Laden entweder selbst

Zigarrenhandel treiben oder den Raum einem anderen im Wege der Untervermietung für ein solches Geschäftsunternehmen überlassen darf, so wird die vertragsmäßige Benutzung des Raumes gefährdet, wenn in so unmittelbarer Nähe, wie das Häuschen aufgestellt ist, Zigarren von einem anderen feilgeboten werden. Die Vermieterin würde deshalb, falls ihr das Eigentum am Bahnhofsplatz zustünde und sie die Errichtung des Häuschens dicht vor der Eingangstür zum Laden und den Betrieb des Zigarrenhandels von dort aus duldete, gegen ihre Vertragspflichten dem Kläger gegenüber verstoßen. Dieser würde vermöge seiner Vertragsrechte von ihr die Beseitigung des Häuschens fordern und den Ersatz des Schadens beanspruchen können, der ihm durch die Aufstellung des Häuschens und die schuldhafte Duldung des Zigarrenhandels oder durch den Verzug in der Aufhebung des vertragswidrigen Zustandes verursacht wurde. Entschied sich aber der Kläger, an Stelle des Schadensersatzes, für die Herabminderung des Mietzinses, so würde ihm die Vermieterin, ohne daß es hierbei auf ein Verschulden ankäme, auch diese für die Zeit der Störung des Klägers in der Ausübung seiner Mieterrechte zugestehen müssen. Diese Rechtsfolgen ergeben sich aus den §§ 537, 538 BGB., deren Anwendung dadurch gerechtfertigt wird, daß das Bestehen des Häuschens und die Art seiner Verwendung sich — wegen des vom Kläger behaupteten Einflusses auf die Tauglichkeit des Ladens zum vertragsmäßigen Gebrauch — als Mangel im Sinne jener Vorschriften darstellen. Da der Beklagten, wie erwähnt, die gleichen Pflichten aus dem Mietvertrag wie der Vermieterin obliegen und da sie von ihrem Recht als Eigentümerin des Bahnhofsvorplatzes den Gebrauch gemacht hat, der nach dem Dargelegten eine Verletzung der Mieterrechte in sich schließt, so muß sie auch alle die Rechtsfolgen gegen sich gelten lassen, die soeben entwickelt wurden.

---

70. Ist eine Klage auf Feststellung des Inhalts eines formwidrigen Grundstückskaufvertrags zulässig, wenn sie nur als Mittel zur Erreichung der behördlichen Genehmigung des Vertrags dienen soll?

ZPO. § 256. Preuß. Grundstücksverkehrsgesetz vom 10. Februar 1923 § 6.

V. Zivilsenat. Urt. v. 4. Januar 1928 i. S. S. (Kl.) w. B. (Bekl.). V 606/27

I. Landgericht III Berlin.
II. Kammergericht daselbst.

Durch notariellen Kaufvertrag vom 10. November 1922 verkaufte der Beklagte sein in Berlin gelegenes Grundstück an den Kläger und ließ es ihm gleichzeitig auf. Im Kaufvertrag ist der Kaufpreis zu niedrig angegeben. Der Kläger ist am 17. Februar 1923 als Eigentümer ins Grundbuch eingetragen worden. Mit der Behauptung, der Beklagte habe sich geweigert, dem Bezirksamt eine Auskunft über die Kaufpreisvereinbarung zu geben, was zur Herbeiführung der Genehmigung des Kaufvertrags gemäß § 6 preuß. GVerkG. vom 10. Februar 1923 erforderlich gewesen sei, begehrt der Kläger Feststellung dahin, daß der zwischen den Parteien vereinbarte Kaufpreis nicht, wie im notariellen Vertrag beurkundet, 120000 *M*, sondern nach unmittelbar vorhergegangener mündlicher Vereinbarung 240000 bis 250000 *M* betrage, wovon der nicht beurkundete Betrag bar gezahlt sei, daß der Vertrag im übrigen die Parteivereinbarung vollständig enthalte, daß insbesondere der Vertragsinhalt in Verbindung mit der Kaufpreisberichtigung mit den tatsächlich getroffenen Vereinbarungen übereinstimme und keine weiteren Nebenabreden getroffen worden seien. Der Beklagte hält die Feststellungsklage für unzulässig, weil es sich um Feststellung unbestrittener Tatsachen handle; zudem bestehe für den Beklagten keine Auskunftspflicht, weil der Vertrag wegen unrichtiger Beurkundung nichtig sei.

Das Landgericht gab der Klage statt, das Kammergericht wies sie ab. Die Revision des Klägers blieb erfolglos.

Gründe:

Das Berufungsgericht hält das Feststellungsbegehren des Klägers für zulässig, obwohl es der Ansicht ist, daß rein tatsächliche Feststellungen getroffen werden sollen. Ein rechtliches Interesse an der Feststellung der wahren Kaufvereinbarungen wird, obwohl über diese kein Streit besteht, in dem Erfordernis einer schriftlichen Versicherung der Vertragsparteien gemäß § 6 GVerkG. vom 10. Februar 1923 gefunden. Verneint wird aber die rechtliche Möglichkeit, den Anspruch so, wie geschehen, geltend zu machen, weil beim Fehlen eines rechtsgültigen Vertrags und einer dadurch erzeugten schuldrechtlichen Bindung des Beklagten dem Kläger kein Anspruch darauf zustehe, daß der Beklagte ihm zur behördlichen Genehmigung des Kaufvertrags verhelfe. Eine andere Beurteilung könnte — so führt das Berufungsgericht weiter aus — nur dann in Frage kommen, wenn dem Beklagten Arglist vorzuwerfen wäre. In dieser Hinsicht habe jedoch der Kläger keine hinreichenden tatsächlichen Behauptungen aufgestellt.

Die Revision erachtet nicht das Bestehen eines Anspruchs auf Mithilfe beim Nachsuchen der behördlichen Genehmigung für ausschlaggebend, sondern allein die Frage, ob der mündliche Kaufvertrag, dessen Nichtigkeit heilbar und der deshalb nur schwebend unwirksam sei, ein Rechtsverhältnis im Sinne von § 256 ZPO. darstelle.

Dem Berufungsgericht ist im Ergebnis beizutreten.

Es kann dahinstehen, ob das Klageverlangen auf eine rein tatsächliche Feststellung gerichtet und schon aus diesem Grunde unzulässig ist. Auch braucht nicht erörtert zu werden, ob ein Rechtsverhältnis nach § 256 ZPO. dann vorliegt, wenn, wie hier, die festzustellenden Vertragsbeziehungen der Rechtswirksamkeit ermangeln und nur die Möglichkeit besteht, daß sie auf dem Weg über die Heilung der Formwidrigkeit gemäß § 313 Satz 2 BGB. im Verein mit der Genehmigung nach dem Grundstücksverkehrsgesetz dereinst wirksam werden. Ebensowenig bedarf es einer Entscheidung darüber, ob § 256 ZPO. unter allen Umständen erfordert, daß das festzustellende Rechtsverhältnis zwischen den Parteien streitig ist, oder ob sich nicht auch im Falle seiner Unstreitigkeit ein rechtliches Interesse an der Feststellung denken läßt.

Ausschlaggebend ist vielmehr zuungunsten des Klägers der Umstand, daß es hier nicht allein an einer schuldrechtlichen Bindung des Beklagten fehlt, sondern auch an einem verfahrensrechtlichen Anspruch des Klägers auf den Rechtsschutz durch Feststellung. Schon früher hat der erkennende Senat die Rechtsschutzwürdigkeit der Interessen einer an einem Schwarzkauf beteiligten Partei — abgesehen vom Falle der Arglist — verneint (RGZ. Bd. 115 S. 42, LZ. 1926 Sp. 696 Nr. 6). Mag auch im allgemeinen das Vorhandensein einer schuldrechtlichen Verpflichtung der Gegenseite für die Zulässigkeit der Feststellungsklage unerheblich sein, so muß doch in jedem Falle nachgeprüft werden, ob das rechtliche

Interesse des Klägers an der begehrten Feststellung schutzwürdig ist. Für die Beantwortung dieser Frage wird es aber bedeutsam, daß durch die Klage nichts zwischen den Parteien Streitiges festgestellt, sondern nur der Beklagte gezwungen werden soll, beim Einholen der behördlichen Genehmigung mitzuwirken, wozu er nicht verpflichtet ist. Auch die für das Verfahren vor der Verwaltungsbehörde bestehenden Vorschriften rechtfertigen den Klaganspruch nicht. Als Grundlage für das Genehmigungsverfahren ist nach § 6 Abs. 1 Nr. 2 GVerkG. die schriftliche Versicherung der Vertragsteile erforderlich, daß der zwischen ihnen geschlossene Vertrag richtig und vollständig mitgeteilt sei und daß insbesondere der Vertragsinhalt mit den tatsächlich getroffenen Vereinbarungen übereinstimme und keine weiteren Nebenabreden getroffen worden seien. Zwar ist die Verwaltungsbehörde bei Anwendung dieser Vorschrift nicht an den Formzwang des § 313 Satz 1 BGB. gebunden; sie befindet vielmehr nach ihrem vom Gericht nicht nachzuprüfenden Ermessen darüber, welche Anforderungen sie an einen nach dem Grundstücksverkehrsgesetz zu beurteilenden Antrag stellen will. Anderseits gibt aber § 6 GVerkG. dem Gericht doch allen Anlaß, zu untersuchen, ob ein durch die bestehenden Normen gerechtfertigtes Interesse dafür vorliegt, daß dem Käufer das Anrufen der Gerichtsbehörden lediglich deswegen gestattet werde, weil er eines der Verwaltungsbehörde vorzulegenden Beweismittels bedarf, für dessen Erzwingung keine rechtliche Grundlage vorhanden ist. Ein derartiges Interesse muß verneint werden. Deswegen greift auch im gegebenen Falle zur Stützung des Vorgehens nach § 256 ZPO. nicht die sonst feststehende reichsgerichtliche Rechtsprechung ein, wonach ein rechtliches Interesse dann als vorhanden anzunehmen ist, wenn zu erwarten steht, daß durch die richterliche Feststellung eine gesicherte Grundlage für die Anerkennung des vor anderen Behörden zu verfolgenden Anspruchs geschaffen wird (RGZ. Bd. 92 S. 8, Bd. 106 S. 49; WarnRspr. 1915 Nr. 184). In der Entscheidung des erkennenden Senats vom 10. Februar 1926 (JW. 1926 S. 1427) ist auf die Feststellungsklage als Ersatzmittel für die nicht erzwingbare eidesstattliche Versicherung (§ 6 Abs. 1 Nr. 2 Schlußsatz des GVerkG.) ausdrücklich hingewiesen worden. Der Unterschied zwischen dem hier zu entscheidenden und jenem Fall besteht aber gerade darin, daß dort ein rechtsgültig zustande gekommener Kaufvertrag zu unterstellen und aus ihm die Pflicht zur Auskunft und zur Mitwirkung beim Genehmigungsverfahren abzuleiten war, während es sich hier unstreitig um einen Schwarzkauf handelt, aus dem keine bürgerlichrechtlichen Verpflichtungen entstanden sind.

---

71. Muß der Pächter, um eine gegen ihn ausgesprochene Kündigung durch Aufrechnung unwirksam zu machen, die Aufrechnung auch dann unverzüglich erklären, wenn er seine Gegenforderung auf eine vom Verpächter gegen ihn begangene arglistige Täuschung stützt?

BGB. § 554 Abs. 2, § 581.

III. Zivilsenat. Urt. v. 6. Januar 1928 i. S. P. (Bekl.) w. St. (Kl.). III 407/27.

I. Landgericht Köln.
II. Oberlandesgericht daselbst.

Der Kläger hat durch Vertrag vom 13. Juli 1925 dem Beklagten sein Haus in K. einschließlich der darin betriebenen Wirtschaft nebst Inventar auf die Dauer von 5 Jahren verpachtet. Neben einem Pachtzins von 16 RM für den Tag hatte der Beklagte Steuern und Lasten, auch die vom Kläger noch zu zahlenden Rückstände, sowie die Unterhaltung des Hauses usw. übernommen. Frühere Streitigkeiten der Parteien sind durch einen Vergleich beseitigt worden. Nunmehr klagt der Kläger auf Herausgabe, da der Beklagte seinen Verpflichtungen zur Zahlung der Steuern usw. nicht nachkomme, auch den Pachtzins unpünktlich und nicht im voraus, sondern trotz Mahnung immer erst am Schlusse des Monats entrichte. Im Laufe des Rechtsstreits hat der Beklagte die Pacht vom Dezember 1926 und Januar 1927, wie er selbst zugibt, erst am 20. und 26. Januar 1927 bezahlt, nachdem ihm der Kläger am 3. Januar 1927 hierwegen nochmals fristlos gekündigt hatte.

Das Landgericht gab der Klage statt; die Berufung wurde zurückgewiesen. Auch die Revision des Beklagten blieb erfolglos.

Gründe:

Das Berufungsgericht stellt fest, daß der Beklagte nach dem Vertrag verpflichtet war, den Pachtzins an jedem ersten Tag eines Monats im voraus in der Wohnung des Klägers zu zahlen. Er sei daher, da die Leistung nach dem Kalender bestimmt gewesen sei, ohne Mahnung mit den beiden Raten vom Dezember 1926 und Januar 1927 in Verzug gekommen, die Kündigung sei also nach §§ 581, 554 BGB. berechtigt gewesen.... Die angebliche Gegenforderung des Beklagten wegen arglistiger Täuschung hindere die Wirkung der Kündigung nicht. Wenn der Beklagte damit habe aufrechnen wollen, so habe er dies nur durch eine der Kündigung unverzüglich folgende Erklärung tun können.

Die Revision ist nicht begründet.... Ihre Meinung, die Gegenforderung werde aus einer arglistigen Täuschung abgeleitet und für eine solche Gegenforderung sei nach Treu und Glauben § 554 Abs. 2 BGB. nicht anwendbar, trifft nicht zu. Der Abs. 2 des § 554 BGB. ist von der Kommission bei der Beratung des Entwurfs eingefügt worden. Wie die Protokolle (Bd. 2 S. 514) ergeben, wurde der Antrag mit Rücksicht darauf gestellt, daß zweifelhaft erschien, ob nicht § 283 des Entwurfs, der dem § 389 BGB. entspricht, sinngemäß Anwendung auf die Kündigung finde. Man könne vielleicht sagen, daß der Mieter nachträglich zu beliebiger Zeit seine Forderung aufrechnen könne, daß die Aufrechnung rückwärts wirke, daß damit der Kündigungsgrund und die Kündigung selbst rückwärts wegfalle. Die an sich zweifelhafte Schlußfolgerung führe zu dem unerwünschten Ergebnis, daß der Vermieter nicht sicher auf die Gültigkeit der Kündigung rechnen könne und deshalb verhindert sei, weiter zu vermieten. Dem wurde widersprochen. Die Mehrheit war für den Antrag und erwog:

> „Gleichviel welcher Auffassung über die Wirkung des § 283 man folgen wolle, eine Bestimmung im Sinne des Antrags erscheine immerhin angezeigt. Nehme man an, daß das einmal begründete Kündigungsrecht nicht hinfällig werde, so sei es billig, dem Mieter zu ermöglichen, die Kündigung durch unverzügliche Aufrechnung unwirksam zu machen. Nehme man dagegen an, daß dem Mieter ohne weiteres die Möglichkeit offen stehe, durch nachträgliche Aufrechnung die Kündigung zu beseitigen, so müsse dieses Recht im Interesse des Verkehrs notwendig von der unverzüglichen Geltendmachung abhängig gemacht werden."

Hieraus ergibt sich, daß die Absicht des Gesetzgebers dahin ging, alsbald über die Wirksamkeit der Kündigung Klarheit zu schaffen, daß jedoch der Frage, welchem Rechtsgrund die zur Aufrechnung zu stellende Forderung entsprang, keinerlei Bedeutung beigelegt wurde, aber auch mit Rücksicht auf die Absicht des Gesetzgebers naturnotwendig überhaupt nicht beigelegt werden konnte. Sollte diese Absicht erreicht werden, so konnte eine aus einer angeblichen arglistigen Täuschung hergeleitete Forderung nicht anders behandelt werden als jede andere. Mit Treu und Glauben hat die Frage nichts zu tun, sie ist gesetzlich geregelt.

---

72. 1. Rechtskraftwirkung von Vorprozeßurteilen, die über Papiermarksummen lauten.
2. Zur Frage der Wahrung der Ausschlußfrist des § 30 des preußischen Gesetzes über die Enteignung von Grundeigentum vom 11. Juni 1874.

ZPO. § 322. Preuß. Enteignungsgesetz § 30.

VII. Zivilsenat. Urt. v. 6. Januar 1928 i. S. Sch. (Kl.) w. Stadt Berlin (Bekl.). VII 355/27.

I. Landgericht I Berlin.
II. Kammergericht daselbst.

Im Jahre 1909 wurde zugunsten der Beklagten ein Hausgrundstück in Berlin enteignet, das die Klägerin damals als Mieterin benutzte. Eine durch Beschluß des Polizeipräsidiums vom 21. Januar 1909 auf 5000 *M* festgesetzte Entschädigung wurde der Klägerin ausgezahlt. Sie verlangte klageweise eine weitere Entschädigung, die sie zuletzt auf 145000 *M* bezifferte. Der Rechtsstreit fand seinen Abschluß durch ein rechtskräftig gewordenes Urteil des Kammergerichts vom 20. Oktober 1922, durch das die Beklagte verurteilt wurde, an die Klägerin 27305 *M* mit Zinsen zu zahlen. Demgemäß wurden der Klägerin am 15. März 1923 insgesamt 42453,20 *PM* gezahlt.

Mit der im Juni 1926 eingereichten jetzigen Klage fordert die Klägerin Aufwertung dieser Entschädigungszahlung, indem sie unter Vorbehalt der Geltendmachung weiterer Ansprüche beantragt, die Beklagte zur Zahlung von 2000 *RM* zu verurteilen. Die Beklagte verlangt widerklagend die Feststellung, daß der Klägerin keine Ansprüche auf nachträgliche Zahlung einer Entschädigung aus dem Enteignungsverfahren zustehen. Das Landgericht gab der Klage statt und wies die Widerklage ab. Auf die Berufung der Beklagten änderte das Kammergericht die Entscheidung dahin ab, daß es die Beklagte nur zur Zahlung von 60,92 RM verurteilte, im übrigen aber die Klage abwies und dem Feststellungsantrag der Widerklage entsprach. Auf die Revision der Klägerin wurde das Urteil, soweit zu ihren Ungunsten erkannt war, aufgehoben und die Sache in diesem Umfang an die Vorinstanz zurückverwiesen.

Gründe:

Das Berufungsgericht spricht der Klägerin nur den auf 60,92 RM berechneten Betrag zu, um den sich die ihr im Vorprozeß zuerkannte Summe von 27305 M nebst Zinsen in der Zeit von Erlassung des Urteils vom 20. Oktober 1922 bis zur Auszahlung entwertet hatte. Ihre weitergehende Forderung weist der Berufungsrichter auf Grund der von der Beklagten geltend gemachten Einrede der Rechtskraft ab, indem er annimmt, das Entschädigungsbegehren der Klägerin habe durch das Vorprozeßurteil in vollem Umfang seine Erledigung gefunden und könne wegen der Rechtskraftwirkung der damaligen Entscheidung nicht von neuem geltend gemacht werden. Aus derselben Erwägung trifft er, abgesehen von dem geringen zuerkannten Betrage, die von der Widerklage geforderte verneinende Feststellung. Mit dieser Auffassung setzt sich der Vorderrichter in offenen Gegensatz zu der seit geraumer Zeit festgelegten Rechtsprechung des Reichsgerichts über die Frage der Rechtskraftwirkung von Vorprozeßurteilen, die auf Papiermarksummen lauten, für solche Rechtsstreitigkeiten, die zur Ausgleichung der Geldentwertung nachträglich anhängig gemacht werden (RGZ. Bd. 109 S. 153, 195, 345, 375, Bd. 110 S. 127, 147, 388, Bd. 111 S. 361, Bd. 113 S. 53 und 324). Von dieser Rechtsprechung abzuweichen besteht kein Anlaß. Das Kammergericht sucht seine Auffassung mit der gelegentlich auch vom Reichsgericht (RGZ. Bd. 110 S. 130/131 und S. 148) anerkannten Erwägung zu stützen, bei der Würdigung des Urteils im Vorprozeß dürfe der erkennbare Wille des Gerichts nicht außer Betracht bleiben. Ein solcher Wille des Gerichts, welches das Urteil vom 20. Oktober 1922 erlassen hat, könnte jedoch für die jetzt zu treffende Entscheidung nur dann Bedeutung gewinnen, wenn er dahin gegangen wäre, auch den Anspruch der Klägerin auf Ausgleichung der Geldentwertung durch den Urteilsspruch zu erledigen. Eine derartige Willensrichtung tritt aber weder in der Formel noch in den Entscheidungsgründen des Urteils irgendwie hervor; eine gegensätzliche Auffassung offenbart sich vielmehr darin, daß man die der Klägerin zukommenden Beträge in der damaligen Papiermark auf insgesamt 32305 *M* berechnete und davon die im Jahre 1909 in Friedensmark gezahlten 5000 *M* ohne weiteres abzog. Zudem wäre es kaum denkbar, daß das Gericht des Vorprozesses den Willen gehabt haben könnte, auch die Geldentwertungsansprüche der Klägerin zu erledigen; denn ihre erst durch die spätere Rechtsprechung erfolgte Anerkennung konnte damals weder ihm, noch den Parteien bekannt sein. Dies wurde in der angeführten Entscheidung RGZ. Bd. 110 S. 130 für eine Urteilsfällung vom Februar 1923 angenommen und muß um so mehr für den Monat Oktober 1922 gelten, der hier in Frage kommt. Sonach ist belanglos, was der Berufungsrichter über die Willensmeinung der damaligen Richter ausführt. Das gleiche gilt von der Bemerkung, auch ein falsches Urteil sei der Rechtskraft fähig; denn die Frage, ob der frühere Rechtsstreit durch das Urteil vom 20. Oktober 1922 richtig entschieden wurde, hat nichts mit der Frage zu tun, wie weit die Rechtskraft jener Entscheidung reicht.

Hiernach vermag der Entscheidungsgrund des Kammergerichts die Klagabweisung nicht zu tragen. Die Revisionsbeklagte hat in der mündlichen Verhandlung das Berufungsurteil mit anderer Begründung zu stützen versucht. Namentlich hat sie darauf hingewiesen, daß die Klage erst nach Ablauf der im § 30 Abs. 1 Satz 1 des preußischen Enteignungsgesetzes vom 11. Juni 1874 geordneten Ausschlußfrist von sechs Monaten erhoben worden sei. Es trifft zu, daß jene Frist, die nach den Feststellungen des ersten Richters am 2. Februar 1909 in Lauf gesetzt wurde, zur Zeit der Anbringung der gegenwärtigen Klage (Juni 1926) längst verstrichen war. Im Vorprozeß war sie durch die am 27. Juli 1909 erfolgte Klagzustellung gewahrt worden. Damit wurde aber der Rechtsweg für die Geltendmachung des gesamten Entschädigungsanspruchs der Klägerin aus der vollzogenen Enteignung eröffnet. Das Reichsgericht hat oft hervorgehoben, daß die Enteignungsentschädigung eine rechtliche Einheit darstelle (RGZ. Bd. 2 S. 243, Bd. 14 S. 268, Bd. 74 S. 288, Urteile vom 2. Mai 1913 VII 19/13 und vom 23. Oktober 1917 VII 224/17) und demgemäß zugelassen, daß auch nach Ablauf der Ausschlußfrist die Klaganträge erweitert (RGZ. Bd. 12 S. 299) und Zinsen nachgefordert wurden (Urteil vom 15. November 1907 VII 65/07). Zwar handelte es sich dabei um Anträge, die in dem rechtzeitig anhängig gemachten Rechtsstreit selbst angebracht worden waren. Bei der besonderen Gestaltung der Dinge, die durch die Geldentwertung eintrat, kann jedoch die prozeßrechtliche Einheit des Verfahrens nicht von ausschlaggebender Bedeutung sein. Vielmehr ist das Hauptgewicht darauf zu legen, daß der mit der fristwahrenden Klagerhebung im Jahre 1909 eröffnete Rechtsweg so lange offen bleiben muß, bis über die damit verfolgte Entschädigungsforderung rechtskräftig entschieden ist. Eine solche Entscheidung brachte das Urteil des Kammergerichts vom 20. Oktober 1922 noch nicht, denn es verhielt sich — auch innerhalb der Grenzen, die es dem Entschädigungsanspruch der Klägerin setzte — nur über einen geringen Teil der geltend gemachten Forderung, nämlich über denjenigen Wert, den 27305 PM mit den zuerkannten Zinsen am Tage der Urteilsverkündung darstellten. Die Klägerin kann aber verlangen, daß auch der Mehrbetrag ihrer Forderung rechtskräftig beschieden werde. Es handelt sich dabei um denselben Anspruch auf volle Entschädigung nach § 8 Abs. 1 des Enteignungsgesetzes in Verbindung mit § 11 daselbst, den sie bereits im Vorprozeß verfolgt hatte, nicht etwa um einen selbständigen Anspruch, der ihr erst nachträglich erwachsen wäre. Der Umstand, daß sie durch den Fortgang der Entwertung der deutschen Währung genötigt wurde, eine neue Klage anzustellen, kann keine andere Beurteilung rechtfertigen; die neue Klage war erforderlich, um die rechtskräftige Entscheidung herbeizuführen, auf welche die Klägerin ein Recht erworben hatte. Infolge der ganz außergewöhnlichen Währungs- und Wirtschaftsverhältnisse jener Zeit ließ sich dieses Ziel nicht im Rahmen eines Rechtsstreits erreichen; aber die Ausschlußfrist muß dennoch als gewahrt gelten. Die Grundsätze über Hemmung und Unterbrechung von Verjährungsfristen können auf sie keine Anwendung finden (vgl. Komm. v. RGR. Anm. 1 zu § 186 BGB.).

Sonach ist der Einwand abzulehnen, den die Revisionsbeklagte aus § 30 des Enteignungsgesetzes herleitet. Auch eine Verwirkung des Anspruchs der Klägerin kommt nicht in Betracht, da sich die Grundsätze, die in dieser Hinsicht nach § 242 BGB. für Aufwertungsansprüche gelten, auf die rechtlich anders gearteten Ansprüche der Entschädigungsberechtigten bei Enteignungen nicht übertragen lassen. Darüber hat sich der erkennende Senat schon in seinem Urteil vom 22. November 1927 (S. 27 dieses Bandes) ausgesprochen...

---

73. Zum Begriff der Sperre und eines Nachteils von ähnlicher Bedeutung im Sinne des § 9 der Verordnung vom 2. November 1923 über den Mißbrauch wirtschaftlicher Machtstellungen.

VI. Zivilsenat. Urt. v. 9. Januar 1928 i. S. der Rh. L.-Werke B. (Kl.) w. D. L.-Werke, A.-G. in B., u. die B. L.-Werke D. Sch. in D. (Bekl.). VI 120/27.

I. Landgericht Köln.
II. Oberlandesgericht daselbst.

Die Klägerin, die Beklagte zu 2 und vier andere Linoleumfabriken bilden seit dem 27. November 1919 die Vereinigung Deutscher Linoleumfabriken mit dem Zweck, die gemeinschaftlichen wirtschaftlichen und sozialen Interessen der Linoleumindustrie zu vertreten. Sie schlossen später auch mit englischen Linoleumfabriken eine Auslandskonvention. Am 9. März 1923 trat die Klägerin aus der Auslandskonvention aus. Am 9. September 1924 schlossen sich die fünf anderen Fabriken ohne die Klägerin zu einem neuen Verbande, dem Verbande D. L.-Fabriken in O. zusammen. Schon die Vereinigung hatte ihren Abnehmern eine „Umsatzbonifikation" (Rabatt) gewährt, die mit der Höhe des Umsatzes stieg. Am 25. Oktober 1924 teilte der Verband seinen Abnehmern mit, daß vom 1. November ab der Großabnehmer-Rabatt für alle III-Qualitäten (dünne Qualitäten) mit Ausnahme von Druckware und abgepreßten Artikeln gewährt werde. Der Rabatt wurde gestaffelt: von 40000 RM Jahresumsatz ab betrug er 2%, von 50000 RM ab $2\frac{1}{2}$%, und so fort bis auf 100000 RM; von da ab betrug er 5%; zugrunde gelegt sollten die mit den vereinigten 5 Fabriken — die Klägerin gehörte dem Verband nicht an — erzielten Gesamtumsätze des vorausgegangenen Kalenderjahrs werden. Im Januar 1925 gab der Verband bekannt, daß der Großabnehmer-Rabatt auch auf Druckware und abgepreßte Artikel ausgedehnt werde. Ferner teilte er seinen Abnehmern mit, daß die Klägerin am 8. September 1924 aus der Vereinigung ausgeschieden sei und daß die seit diesem Tage mit der Klägerin erfolgten Umsätze bei der Ermittlung des Großabnehmer-Rabatts nicht mehr mitberücksichtigt werden könnten. Durch Rundschreiben vom 23. Dezember 1925 erklärte der Verband, daß für 1926 der Großabnehmer-Rabatt auf Grund der Umsätze mit den Verbandsfabriken von 1925 neu ermittelt werden müsse; Bezüge von der Klägerin und von Grossisten blieben wie bisher ohne Berücksichtigung.

Die Klägerin vertritt die Auffassung, daß die Art dieser Rabattgewährung für sie eine Sperre oder eine Zufügung von Nachteilen von ähnlicher Bedeutung im Sinne von § 9 der Kartellverordnung vom 2. November 1923 bedeute. Sie stützte ihren Anspruch auf § 823 Abs. 2 BGB., da die von den Beklagten — den erwähnten 5 Fabriken — getroffenen Maßnahmen nicht die Einwilligung des Vorsitzenden des Kartellgerichts gefunden hätten, und auf § 826 BGB. Sie beantragte Verurteilung der Beklagten, daß sie es unterlassen sollten, ihren Abnehmern einen Sonderrabatt zu bewilligen auf Grund der Umsätze, die ausschließlich mit den Verbandsfabriken erfolgen, und daß sie der Klägerin allen Schaden zu ersetzen hätten, der ihr durch die Handlungsweise der Beklagten entstanden sei und noch entstehe. Das Landgericht wies die Klage ab. Die Klägerin legte Berufung ein. Im Laufe der Berufungsinstanz fanden zwischen den beklagten Firmen gewisse, hier nicht wesentliche Vereinigungen statt; gegen die danach jetzt noch in Betracht kommenden beiden Beklagten wiederholte die Klägerin den früheren Antrag mit der Ergänzung, daß die Beklagten mindestens 15000 RM Schadensersatz zahlen sollen. Sie stützte den Klaganspruch jetzt auch auf § 824 BGB. und auf § 1 des Gesetzes über den unlauteren Wettbewerb. In ersterer Beziehung beruft sie sich auf das oben erwähnte Rundschreiben, in dem den Abnehmern des Verbands mitgeteilt wurde, daß die Klägerin aus der Vereinigung ausgeschieden sei.

Die Berufung der Klägerin war erfolglos, ebenso ihre Revision.

Aus den Gründen:

Die Revision greift in erster Linie die Annahme des Berufungsgerichts an, daß keine Sperre und keine Zufügung eines Nachteils von ähnlicher Bedeutung im Sinne des § 9 der Kartellverordnung vorliege; sie sagt, das Berufungsgericht fasse den Begriff zu eng und werde deshalb dem Zweck und dem Inhalt der Verordnung nicht gerecht. Abnehmer, die nicht beim Verband, sondern bei der Klägerin kauften, schädigten sich selbst in solchem Maße, daß sie nicht konkurrenzfähig blieben; deshalb müßten sie beim Verband kaufen; das hätten die Beklagten gewußt und gewollt. Gegenüber Außenseitern, die zwar der Organisation beizutreten bereit seien, aber eine vorteilhafte Sonderstellung nicht aufgeben wollten, dürften die Mittel des Organisationszwangs nicht angewendet werden. Eine unbillige Einschränkung der wirtschaftlichen Bewegungsfreiheit liege schon dann vor, wenn eine Firma durch Sperrmaßnahmen in ihrer wirtschaftlichen Betätigung mehr eingeschränkt würde, als es nach dem gewöhnlichen Verlauf der Dinge der Fall sei, und wenn eine derartige Einschränkung nicht durch triftige Gründe gerechtfertigt werde. Im Gutachten des Sachverständigen sei die auf Vernichtung der Klägerin gerichtete Absicht der Beklagten überzeugend nachgewiesen. Die Annahme des Berufungsgerichts, daß der von den jetzigen Beklagten gewährte Großabnehmer-Rabatt eingeschränkter sei als der früher gewährte, sei unzutreffend; es sei eine Verschärfung der Sperrwirkung eingetreten.

In letzterer Beziehung hat das Berufungsgericht festgestellt, daß eine der beiden Beklagten ihren Abnehmern gemäß einem Schreiben vom 17. Dezember 1926 jetzt noch einen Großabnehmer-Rabatt von $2^1/_2$% bei einem Mindestumsatz von 50000 ℳ und von 5% bei einem Mindestumsatz von 100000 ℳ — abgesehen von irregulärer Ware — gewährt; dieser Rabatt wird nur von der einen Beklagten — den D. L.-Werken —, nicht von den B. L.-Werken gewährt, die lediglich eine Finanzgesellschaft darstellen. Die Annahme des Berufungsgerichts, daß seit der Vereinigung der jetzigen Beklagten zu 1 mit den drei anderen Fabriken keine Verträge oder Beschlüsse im Sinne des § 1 der Kartellverordnung zwischen den beiden jetzigen Beklagten über die Gewährung gestaffelter Rabatte erwiesen seien, kann hiernach keinem rechtlichen Bedenken unterliegen. Daß ein Vertrag auch zwischen nur zwei gewerblichen Unternehmungen den Kartellbegriff der Verordnung erfüllen könne, ist unbedenklich anzunehmen, vgl. RGZ. Bd. 114 S. 264; in dem dort behandelten Falle standen der Klägerin zwei Unternehmungen gegenüber, die sich mit der Herstellung oder dem Vertrieb von Gegenständen der gleichen Art befaßten. Es kann also die Annahme nicht rechtlich beanstandet werden, daß auf den Tatbestand, wie er für die Zeit seit der Vereinigung festgestellt ist, die Kartellverordnung keine Anwendung findet.

Für die vorhergehende Zeit legt das Berufungsgericht die Vorschrift des § 9 Abs. 1 KVo. — als eines Schutzgesetzes nach § 823 Abs. 2 BGB. — zugrunde, wonach auf Grund von Verträgen oder Beschlüssen der in § 1 bezeichneten Art ohne Einwilligung des Vorsitzenden des Kartellgerichts keine Sperren oder Nachteile von ähnlicher Bedeutung verhängt werden dürfen. Zunächst verneint es zutreffend das Vorliegen einer Sperre, weil der Verband Deutscher Linoleumfabriken nicht die Anweisung erteilt habe, von der Klägerin Waren oder bestimmte Arten von Waren nicht mehr zu beziehen. Irgendeine Aufforderung nach dieser Richtung müßte aber vorliegen, wenn eine über die Klägerin verhängte Sperre gegeben sein sollte. Es fragt sich also nur, ob ein Nachteil von ähnlicher Bedeutung vorliegt. Man wird dabei an Nachteile zu denken haben, die nicht auf völlige Ablehnung, sondern nur auf eine wesentliche Erschwerung des Geschäftsverkehrs hinauslaufen, insbesondere an verschiedene Behandlung in Preisen und Bedingungen wie in § 4 Abs. 2 KVo. Es ist für den wirtschaftlichen Erfolg unerheblich, ob beispielsweise über einen Händler die völlige Liefersperre verhängt wird oder ob er die Ware nur mit einem solchen Aufschlag oder zu so ungünstigen Zahlungsbedingungen erhält, daß er nicht konkurrenzfähig ist (Isay-Tschierschky Kartellverordnung S. 303; vgl. auch Hausmann-Holländer S. 42 und 88). Aber eine vom Kartell gewollte Beziehung der angeordneten Maßnahme zu der Person desjenigen, der nach der Verordnung dem Ausgesperrten gleichstehen soll, ist in jedem Falle erforderlich. Es geht nicht an, wie die Revision will, schon eine Preisunterbietung als Verhängung eines Nachteils von ähnlicher Bedeutung wie die Sperre anzusehen, wenn die Abnehmer von den niedrigeren Preisen des Verbands Gebrauch machen, um konkurrenzfähig zu bleiben. Der Umstand, daß eine Preisunterbietung auf diesem Wege Rückwirkungen auf den Geschäftsbetrieb der Klägerin und ihre wegen der Preisbildung zu treffenden Entschließungen ausübt, kann nicht zur Feststellung eines Nachteils in dem angegebenen Sinne führen; denn sonst würde dem Kartell eines seiner wichtigsten Kampfmittel in dem Maße unterbunden werden, daß der Bestand des Kartells überhaupt in Frage gestellt würde. Es hat aber nicht in der Absicht der Kartellverordnung gelegen, das Bestehen von Kartellen überhaupt unmöglich zu machen; sie war das Ergebnis eines Ausgleichs zwischen Auffassungen, welche die Kartelle von verschiedenen wirtschaftlichen Standpunkten aus beurteilten, und wollte nur Auswüchse des Kartellwesens, den Mißbrauch wirtschaftlicher Machtstellungen, verhindern. Es kann deshalb der Behauptung der Revision nicht zugestimmt werden, daß zwar einem einzelnen gewerblichen Unternehmen, nicht aber einem Kartell eine Preisunterbietung gestattet sei, welche die Wirkung habe, daß die Abnehmer in ihrem wirtschaftlichen Interesse von dem ermäßigten Preise Gebrauch machten und infolgedessen von einem bestimmten Erzeuger keine Waren bezögen. Die Auffassung der Revision wird auch vom Schrifttum nicht geteilt, wie sich daraus ergibt, daß dort unter dem Gesichtspunkt der „Preisdifferenzierung" — einer besonderen Form der Preisunterbietung — der „Treurabatt" und die „Exklusivverträge" behandelt werden. Im ersteren Falle gewährt das Kartell einen Treurabatt denjenigen Abnehmern, die sich verpflichten, ihren Bedarf ausschließlich bei den Kartellmitgliedern zu decken; im anderen Fall verpflichtet es seine Abnehmer oder Lieferer zum Unterlassen des Verkehrs mit Außenseitern, oder aber Kartelle verschiedener Wirtschaftsgruppen verpflichten sich gegenseitig zum ausschließlichen Geschäftsverkehr (vgl. auch Lukas in der Kartellrundschau 1925 S. 503). In diesen Fällen wird eine Beziehung zum Außenseiter wenigstens mittelbar insofern hergestellt, als er für die Dauer der Verträge vom Geschäftsverkehr mit den Kartellmitgliedern oder im Falle des Einzelvertrags vom Geschäftsverkehr mit dem Vertragsgegner des Kartells ausgeschlossen wird. Ob darin ein Nachteil von ähnlicher Bedeutung wie die Sperre liegen kann, braucht nicht entschieden zu werden. Denn im gegenwärtigen Falle fehlt nach den Feststellungen des Berufungsgerichts eine auch nur mittelbare Beziehung der Gewährung des Großabnehmer-Rabatts zur Stellung der Klägerin; es liegt im freien Ermessen der Abnehmer, ob und inwieweit sie im Einzelfall einen Vertrag mit den Kartellmitgliedern oder mit der Klägerin schließen wollen. Wählen sie das erstere, so kann man nicht sagen, daß das Kartell einen Nachteil von ähnlicher Bedeutung wie die Sperre über die Klägerin verhängt hätte. Die eigentliche „Umsatzbonifikation", d. h. die Vergütung für Abnahme einer bestimmten Warenmenge bei einer im übrigen freien Bezugsmöglichkeit, ist ihrem Wesen nach nicht als „Exklusivklausel" aufzufassen (Lehnich-Fischer Kartellgesetz S. 110, 111). Zur „Exklusivklausel" wird sie erst, wenn ihre Gewährung nicht nur von der Höhe des Absatzes, sondern gleichzeitig auch davon abhängig gemacht wird, daß der Abnehmer oder Lieferant sich zum Bezug seines gesamten Warenbedarfs verpflichten muß (vgl. noch Friedländer KartellaufsGes. S. 89; RG. LZ. 1922 Sp. 584).

Im vorliegenden Falle hat das Berufungsgericht weiter festgestellt, daß es der Klägerin freigestanden hätte, in der Vereinigung zu bleiben und später auch dem Verband anzugehören, wenn sie ihre Preisunterbietungen im Ausland und die Sonderstellung, die sie nach ihrem Austritt aus der Auslandskonvention beanspruchte, hätte aufgeben wollen, daß sie aber bisher dazu nicht bereit gewesen sei; offensichtlich wolle die Klägerin ihre Sonderstellung nicht aufgeben, weil sie durch ihren vertikalen Aufbau, nämlich die Verbindung mit ihrer Ölmühle und ihrer Juteweberei, besondere Vorteile beim Verkauf nach dem Ausland habe. Die Darstellung der Revision über die Bereitwilligkeit der Klägerin, dem Verband beizutreten, steht damit nicht im Einklang. Die Klägerin wollte nach der Feststellung des Berufungsgerichts die Vorteile, die sie aus der Eigenart ihres Betriebs zieht, behalten und nur unter dieser Bedingung dem Verband angehören, um daneben die durch den Geschäftsbetrieb dieses Verbands zu erzielenden Vorteile mitzugenießen. Der Berufungsrichter nimmt rechtlich bedenkenfrei an, die Klägerin könne die Wirkungen des Großabnehmer-Rabatts dadurch einigermaßen ausgleichen, daß sie ihrerseits entsprechenden Rabatt gewähre, selbst wenn sie höhere Rabatte bewilligen müßte, um die Kunden ebenso zu stellen, wie wenn sie ihren Gesamtbedarf beim Verband deckten. Er stützt auch auf diese, nach den früher erörterten Feststellungen nicht mehr entscheidend in Betracht kommende Erwägung die Annahme, daß es sich lediglich um einen Preiskampf handle.

Da die Voraussetzungen des § 9 Abs. 1 KVo. nach den angegebenen Richtungen nicht vorliegen, bedarf es keiner Stellungnahme zu der Frage, ob § 9 überhaupt nur Maßnahmen des inneren Organisationszwangs erfassen will oder auch solche des äußeren Kartellzwangs, wie die überwiegende Meinung im Schrifttum und in der Rechtsprechung annimmt (vgl. u. a. Isay-Tschierschky S. 297, Friedlaender S. 155). . . .

---

74. Hat ein Beschluß rückwirkende Kraft, durch den das Mieteinigungsamt die von ihm früher getroffene Festsetzung der Friedensmiete ändert?

Reichsmietengesetz §§ 1, 2.

III. Zivilsenat. Urt. v. 20. Januar 1928 i. S. B. (Bekl.) w. Th. (Kl.). III 128/27.

I. Landgericht I Berlin.
II. Kammergericht daselbst.

Die Klägerin hat seit dem Jahre 1903 in einem dem Beklagten gehörigen Hause in Berlin Geschäftsräume mietweise inne. Als für das Mietverhältnis bereits die gesetzliche Miete galt, setzte das Mieteinigungsamt durch Beschluß vom 12. März 1923 die Friedensmiete auf jährlich 75663 ℳ ohne Heizung fest. Im Jahre 1924 erfuhr die Klägerin Tatsachen, aus denen sie die Unrichtigkeit des Gutachtens glaubte herleiten zu können, welches das Mieteinigungsamt seiner Entscheidung zugrunde gelegt hatte. Sie beantragte deshalb eine anderweitige Festsetzung der Friedensmiete. Das Mieteinigungsamt gab ihrem Antrag statt und erließ am 19. April 1926 einen Beschluß dahin, daß die Friedensmiete auf 56000 ℳ einschließlich Fahrstuhl und Heizung festgesetzt und daß durch diesen Beschluß derjenige vom 12. März 1923 in der Hauptsache, nicht auch wegen der Kosten, aufgehoben werde. Die Parteien verzichteten auf schriftliche Begründung dieses Beschlusses und auf Rechtsmittel gegen ihn.

Die Klägerin ist der Auffassung, daß der zweite Beschluß des Mieteinigungsamts allein maßgebend für die Berechnung der von ihr zu zahlenden Miete sei, und zwar auch für die Zeit vor seinem Erlaß. Der Beschluß vom 12. März 1923 sei rückwirkend beseitigt worden. Daraus folge, daß sie bis zum April 1926 eine zu hohe Miete gezahlt habe, die ihr der Beklagte nunmehr erstatten müsse. Sie beansprucht deshalb für die Zeit vom 1. Dezember 1923 ab den Unterschied zwischen der von ihr entrichteten und derjenigen Miete, die sich bei einer Friedensmiete von 56000 ℳ ergibt. Der Beklagte vertritt dagegen den Standpunkt, daß die Neufestsetzung der Friedensmiete erst von der Erlassung des zweiten Beschlusses des Mieteinigungsamts an wirke.

Die Vorinstanzen haben der Klage stattgegeben. Die Revision der Beklagten blieb erfolglos.

Gründe:

Zwischen den Parteien ist streitig, von welchem Zeitpunkt ab die durch Beschluß des Mieteinigungsamts vom 19. April 1926 erfolgte Festsetzung der Friedensmiete auf 56000 ℳ jährlich für die Berechnung der gesetzlichen Miete maßgebend ist. Läge nur dieser eine Beschluß des Mieteinigungsamts vor und wäre nicht schon früher durch den Beschluß vom 12. März 1923 eine höhere Friedensmiete festgesetzt worden, so wäre die Entscheidung nicht zweifelhaft. Die Friedensmiete hat keine selbständige Bedeutung, wenigstens nicht in dem Sinne, daß sie unmittelbar den gesetzlich bestimmten Inhalt des Mietvertrags bildete und statt des vertraglich festgesetzten Mietzinses zu zahlen wäre. Die Verpflichtung des Mieters geht vielmehr auf Zahlung der gesetzlichen Miete (§ 1 des Reichsmietengesetzes vom 24. März 1922 RGBl. S. 273). Die Friedensmiete bildet lediglich einen Posten bei deren Berechnung. Daraus folgt, daß der Zeitraum, für den die Friedensmiete rechtliche Bedeutung hat, sich mit dem deckt, für welchen die gesetzliche Miete zu zahlen ist. Der Termin, von dem an nach § 1 Abs. 1 Satz 3 RMG. die gesetzliche Miete an die Stelle des vereinbarten Mietzinses tritt, ist auch der, von dem an die Friedensmiete berücksichtigt werden muß. Dabei ist es unerheblich, ob die Parteien über die Höhe der Friedensmiete einig sind oder ob das Mieteinigungsamt sie festsetzt, weil Streit darüber herrscht (§ 2 Abs. 3 RMG.), oder ob es in den Fällen des § 2 Abs. 4 Satz 1 RMG. als Friedensmiete den ortsüblichen Mietzins festsetzt. Auch bei verspäteter Feststellung oder Festsetzung der Friedensmiete durch das Mieteinigungsamt bestimmt sich nach dieser Friedensmiete, die rechtlich nichts weiter als eine Rechnungsgröße ist, die Höhe der gesetzlichen Miete für die ganze in Betracht kommende Zeit. Im vorliegenden Falle ist der Übergang zur gesetzlichen Miete unstreitig schon vor Erlassung des Beschlusses des Mieteinigungsamts vom 12. März 1923, also schon vor dem 1. Dezember 1923 erfolgt, von welchem Tage ab die Klägerin die angeblich zuviel gezahlte Miete zurückfordert. Ihr Anspruch wäre also begründet, wenn nicht dem Beschluß des Mieteinigungsamts vom 19. April 1926, nach dem sie die gesetzliche Miete berechnet, der oben genannte Beschluß vom 12. März 1923 vorangegangen wäre. Diesem haben indessen die Vorinstanzen mit Recht jede weitere Bedeutung abgesprochen.

Der Beschluß vom 12. März 1923 ist vor der Erlassung des Mieterschutzgesetzes vom 1. Juni 1923 ergangen. Er war also weder mit der Rechtsbeschwerde nach § 41 dieses Gesetzes anfechtbar, noch unterlag die Wiederholung des durch ihn beschiedenen Antrags den Beschränkungen des § 44 das. Vielmehr bestimmte sich seine Wirksamkeit nach dem älteren Mietrecht, d. h. nach der Mieterschutzverordnung vom 23. September 1918/22. Juni 1919 (in der ihr durch die Gesetze vom 11. Mai 1920 und 11. Juli 1921 gegebenen Fassung). Diese gestattete aber den Mieteinigungsämtern, ihre Entscheidungen nach billigem Ermessen, dessen Handhabung von den Gerichten nicht nachgeprüft werden konnte, abzuändern oder aufzuheben. Das ist in RGZ. Bd. 103 S. 314 für einen Fall näher begründet worden, in dem das Mieteinigungsamt seine Zustimmung zur Räumung einer Wohnung später zurückgenommen hatte. Nichts anderes gilt aber für den Fall der Festsetzung der Friedensmiete auf Grund des § 2 Abs. 4 RMG. Auch eine solche Festsetzung zu ändern, war das Mieteinigungsamt vor Erlaß des Mieterschutzgesetzes nach seinem billigen Ermessen befugt und blieb dazu auch später bei solchen Beschlüssen berechtigt, die vor Inkrafttreten des Mieterschutzgesetzes ergangen waren. Im Falle einer derartigen Änderung des ursprünglichen Beschlusses gilt die neue festgesetzte Friedensmiete als die Friedensmiete im Sinne des Reichsmietengesetzes, d. h. sie, nicht die zuerst bestimmte, bildet die Rechnungsgröße, die der Berechnung der gesetzlichen Miete zugrunde zu legen ist. Die erste Festsetzung kann daneben keine Bedeutung mehr beanspruchen. Die Rechtslage ist dieselbe wie bei der oben erörterten verspäteten Festsetzung der Friedensmiete überhaupt. Die zweite Festsetzung bildet für die ganze Zeit, während der die gesetzliche Miete zu zahlen ist, den Ausgangspunkt für ihre Berechnung.

Ob in den Fällen des § 2 Abs. 4 Satz 2 RMG. eine andere Entscheidung geboten wäre, bedarf nicht der Erörterung, da unstreitig keiner von ihnen hier in Frage kommt. Sieht man von ihnen ab, so wird die Friedensmiete stets durch Umstände bestimmt, die der Vergangenheit angehören, die also älter sind als die Verpflichtung des Mieters zur Zahlung der gesetzlichen Miete, und die deshalb jeder möglichen Entscheidung des Mieteinigungsamts über die

Höhe der Friedensmiete zeitlich vorangehen. Regelmäßig ist die Friedensmiete der Mietzins, der für die mit dem 1. Juli 1914 beginnende Mietzeit vereinbart war (§ 2 Abs. 1 Satz 2 RMG.). Der ortsübliche Mietzins, der gegebenenfalls an Stelle des wirklich vereinbarten als Friedensmiete festzusetzen ist, entspricht dem, der für die mit dem 1. Juli 1914 beginnende Zeit in der Gemeinde für Räume gleicher Art und Lage regelmäßig vereinbart war (§ 2 Abs. 4 Satz 3 RMG.). Die Friedensmiete muß also schon ihrem Wesen nach stets ein und dieselbe sein. In dem für sie maßgebenden, der Vergangenheit angehörenden Zeitpunkt kann nur ein Mietzins vereinbart oder ortsüblich gewesen sein. Infolge mangelhafter Erkenntnis mag es vorkommen, daß dieser Mietzins und damit die Friedensmiete unrichtig bestimmt wird. Die Berichtigung, wie sie nach den alten Vorschriften dem Mieteinigungsamt nach seinem billigen Ermessen jederzeit gestattet war, ergibt dann erst den Betrag, der wirklich die vom Gesetz gewollte Friedensmiete darstellt. Er allein kann und muß als Grundlage für die Berechnung der gesetzlichen Miete dienen, und zwar ohne eine andere zeitliche Grenze als die, welche für die Zahlung der gesetzlichen Miete gilt.

Aus § 15 RMG. kann gegen diese Auffassung nichts hergeleitet werden. Er bestimmt, daß die auf Grund des Reichsmietengesetzes vom Mieteinigungsamt getroffenen Entscheidungen als vereinbarte Bestimmungen des Mietvertrags gelten; er beschäftigt sich also nur mit den Folgen solcher Entscheidungen. Welcher von mehreren sich inhaltlich widerstreitenden Entscheidungen des Mieteinigungsamts der Vorrang gebührt, welche von ihnen also gerade als Vertragsinhalt zu gelten hat, darüber läßt sich dem § 15 nichts entnehmen. Beseitigt der neue Beschluß des Mieteinigungsamts den früheren Beschluß rückwärts bis zum Zeitpunkt seiner Erlassung, so fehlt es für die Behandlung der ursprünglichen Festsetzung der Friedensmiete als Vertragsabrede auch für die vergangene Zeit an einer Rechtsgrundlage.

Zu prüfen bleibt schließlich noch, ob etwa das gewonnene Ergebnis unbillig und praktisch nicht erträglich ist, und ob deshalb die Wirkung der erneuten Festsetzung der Friedensmiete durch das Mieteinigungsamt einer Einschränkung bedarf. Diese Frage ist zu verneinen. Allerdings kann es bei Herabsetzung der Friedensmiete eine Härte für den Vermieter bedeuten, wenn er den gutgläubig vielleicht längere Zeit hindurch bezogenen Mietzins zum Teil zurückzahlen muß. Nicht minder trifft es unter Umständen den Mieter schwer, wenn die Friedensmiete erhöht wird und er entsprechende Mietbeträge nachzahlen muß. Demgegenüber ist aber zu betonen, daß es ebenfalls unbillig ist, wenn ein Vertragsteil durch den später als unrichtig erkannten Spruch des Mieteinigungsamts einen im Gesetz nicht begründeten unwiederbringlichen Schaden erleiden soll. Der Wille des Gesetzgebers geht dahin, daß der am 1. Juli 1914 vereinbarte oder ortsübliche Mietzins den Ausgangspunkt für die Bemessung der gesetzlichen Miete bilden soll. Seine Verwirklichung darf nicht durch Irrtümer der berufenen Behörden beeinträchtigt werden, soweit eine Abhilfe möglich ist. So müssen die Beschwernisse einer Zurückzahlung oder Nachzahlung von Mietzins in Kauf genommen werden. Gegen die Rückwirkung einer nachträglichen Herabsetzung der Friedensmiete, wie sie hier in Frage steht, können Billigkeitserwägungen um so weniger ins Feld geführt werden, als die Mieteinigungsämter in der Inflationszeit erfahrungsgemäß nicht selten geneigt waren, die Friedensmieten verhältnismäßig hoch anzusetzen, um so den Vermietern einen Ausgleich für die Unzulänglichkeit der immer wieder von der Geldentwertung überholten gesetzlichen Mietzinszuschläge zu gewähren. Nach dem Wiedereintritt geordneter Wohnungsverhältnisse ergab sich daraus vielfach eine unbillige Belastung der Mieter, deren Beseitigung nur im Wege einer Aufhebung der ursprünglichen Mietfestsetzung auch für die dem neuen Beschluß vorhergehende Zeit möglich ist.

Daß die Vorschrift des § 2 Abs. 4 Satz 2 RMG. für den Streitfall nicht in Betracht kommt, ist schon erwähnt worden. Unerörtert kann auch bleiben, ob das Mieteinigungsamt befugt ist, für die Geltung der von ihm neu festgesetzten Friedensmiete einen späteren Zeitpunkt festzusetzen als den, von welchem an die gesetzliche Miete geschuldet wird. Denn das Berufungsgericht hat in rechtlich einwandfreier, von der Revision auch nicht bemängelter Auslegung des Beschlusses vom 19. April 1926 festgestellt, daß hier das Mieteinigungsamt selbst seiner Entscheidung Rückwirkung hat beilegen wollen. Rechtlich bedenkenfrei ist auch die weitere Feststellung, daß eine Einigung der Parteien über einen bestimmten Betrag der Friedensmiete in keinem Zeitpunkte vorgelegen hat.

75. Macht es für die rückwirkende Kraft eines Beschlusses des Mieteinigungsamtes, durch den es seine frühere Entscheidung über die Höhe der Friedensmiete abändert, einen Unterschied,
1. ob der Abänderungsbeschluß vor oder nach dem Inkrafttreten des Mieterschutzgesetzes vom 1. Juni 1923 ergangen ist,
2. ob der Abänderungsbeschluß sich selbst rückwirkende Kraft beigelegt hat oder nicht?

Reichsmietengesetz §§ 1, 2.

III. Zivilsenat. Urt. v. 16. März 1928 i. S. D. (Kl.) w. Commerz- und Privatbank (Bekl.). III 240/27.

I. Landgericht Marburg.
II. Oberlandesgericht Kassel.

Der Hessische Bankverein hatte von der Klägerin durch Vertrag vom 14. April 1920 Geschäftsräume gemietet; seine Rechte und Pflichten aus diesem Vertrage gingen später auf die Beklagte über. Im März 1923 beantragte die Beklagte die Feststellung der Friedensmiete; das Mieteinigungsamt setzte sie durch Beschluß vom 2. November 1923 auf 18000 G.*M* fest. Die Rechtsbeschwerde der Beklagten wurde verworfen. Im Januar 1925 beantragte die Beklagte anderweitige Festsetzung der Friedensmiete. Am 18. Juli 1925 erging ein Beschluß des Mieteinigungsamts, durch den „der Antrag auf Wiederaufnahme des Verfahrens dem Grunde nach für berechtigt erklärt" wurde. Die Rechtsbeschwerde der Klägerin blieb erfolglos. Demnächst setzte das Mieteinigungsamt unter Aufhebung seines Beschlusses vom 2. November 1923 die am 1. Juli 1914 ortsübliche Jahres-Friedensmiete für die Mieträume durch Beschluß vom 26. November 1926 auf 10800 R.*M* fest. Die Rechtsbeschwerde beider Parteien wurde vom Landgericht am 13. Januar 1927 zurückgewiesen.

Die Beklagte hatte dem Mieteinigungsamt gegenüber die ortsübliche Friedensmiete auf nur 6000 R.*M* beziffert und nach Rechtskraft des Beschlusses vom 18. Juli 1925 seit September 1925 zunächst auch nur diesen Betrag ihren Mietzahlungen zugrunde gelegt. Die Klägerin klagte deshalb in zwei Prozessen den Unterschied zwischen den nach einer Friedensmiete von 6000 R.*M* und einer solchen von 18000 R.*M* berechneten Monatsmieten für September 1925 und die folgenden Monate ein und erstritt beim Landgericht zwei obsiegende Urteile. Im Laufe des Berufungsverfahrens zahlte die

Beklagte, nachdem die oben erwähnten Beschlüsse vom 26. November 1926 und 13. Januar 1927 ergangen waren, den Unterschied zwischen den sich bei einer Friedensmiete von 6000 RM und einer solchen von 10800 RM ergebenden Beträgen für die Vergangenheit nach, so daß nur noch die Frage streitig blieb, ob die Beklagte für die Monate September 1923 bis Februar 1926 und April bis Juli 1926 ihre Mietzahlungen nicht, wie geschehen, nach einer Friedensmiete von 10800 RM, sondern nach einer solchen von 18000 RM berechnen müsse. Das Oberlandesgericht schloß sich in dieser Hinsicht der Auffassung der Beklagten an und wies nach Verbindung der beiden Prozesse die Klage ab. Die Revision der Klägerin blieb erfolglos.

Gründe:

Die Parteien streiten darüber, ob die Friedensmiete von 18000 GM für die Mietzahlungen der Beklagten nur bis zur Rechtskraft der Zwischenentscheidung des Mieteinigungsamtes vom 18. Juli 1925 oder darüber hinaus noch bis zum Juli 1926 maßgebend sei. In dem Urteil vom 20. Januar 1928 (S. 372 dieses Bandes), auf dessen Begründung im einzelnen Bezug genommen wird, hat der Senat ausgesprochen, daß die Entscheidung des Mieteinigungsamtes, die dessen früheren Beschluß über die Höhe der Friedensmiete abändert und diese anderweit festsetzt, für die ganze Zeit, während deren die gesetzliche Miete zu zahlen ist, ihrer Berechnung zugrunde gelegt werden muß. ... (Es folgt eine kurze Wiedergabe der Erwägungen, auf denen das Urteil vom 20. Januar 1928 beruht.)

Die Erwägungen dieses Urteils lassen den Anspruch der Klägerin, die ihre Mietforderung bis zum Juli 1926 nicht nach der im Beschluß des Mieteinigungsamtes vom 26. November 1926, sondern nach der in seinem nunmehr aufgehobenen Beschluß vom 2. November 1923 festgesetzten Friedensmiete berechnet, unbegründet erscheinen; es bedarf daher keines Eingehens auf die Ausführungen des Berufungsrichters über den Sinn und die Tragweite der Zwischenentscheidung vom 18. Juli 1925 und die dagegen erhobenen Revisionsangriffe.

Die Revision will zwar einen wesentlichen Unterschied zwischen dem am 20. Januar 1928 entschiedenen Falle und dem vorliegenden darin erblicken, daß in jenem der erste — später abgeänderte — Beschluß des Mieteinigungsamtes vor, in diesem dagegen nach dem Inkrafttreten des Mieterschutzgesetzes vom 1. Juni 1923 ergangen sei. Das ist aber völlig unerheblich für die Frage, ob einer späteren, die frühere Festsetzung der Friedensmiete abändernden Entscheidung eines Mieteinigungsamtes rückwirkende Kraft innewohnt. Schon vor dem 1. Oktober 1923 hatte das Reichsgericht die Befugnis der Mieteinigungsämter zur Abänderung ihrer Beschlüsse anerkannt (RGZ. Bd. 103 S. 314). Nach dem 1. Oktober 1923 steht ihnen — allerdings nur unter bestimmten Voraussetzungen — diese Befugnis auf Grund des § 44 MSchG. zu. Ob aber diese Voraussetzungen im Einzelfall gegeben sind, darüber haben nicht die Prozeßgerichte, sondern die Mieteinigungsämter selbst und im weiteren Rechtszuge die Landgerichte als Beschwerdeinstanz zu befinden. Haben sie die Anwendbarkeit des § 44 a. a. O. grundsätzlich bejaht, dann kommt den Abänderungsbeschlüssen des Mieteinigungsamtes stets dieselbe rechtliche Bedeutung zu, gleichviel ob der abgeänderte Beschluß vor oder nach dem 1. Oktober 1923 verkündet ist.

Die Revision weist weiter darauf hin, daß nach Inhalt des Urteils vom 20. Januar 1928 das Mieteinigungsamt damals — anders als im jetzigen Falle — selbst seinem Abänderungsbeschluß rückwirkende Kraft beigelegt habe. Auch das ist unerheblich. Denn das erwähnte Urteil hat, wie aus seinem Gesamtinhalt erhellt, diesen Umstand nur in dem Sinne verwertet, daß schon das Mieteinigungsamt ausgesprochen habe, was nach dem Gesetze Rechtens sei.

---

76. 1. Bleibt die sachliche Zuständigkeit des Landgerichts als Berufungsgerichts bestehen, wenn ein im ersten Rechtszug zur Zuständigkeit des Amtsgerichts gehöriger und dort als unbegründet abgewiesener Klaganspruch im Berufungsverfahren auf eine die sachliche Zuständigkeit des Amtsgerichts übersteigende Summe erweitert wird?

2. Ist innerhalb desselben Landgerichts die Verweisung des Rechtsstreits von einer Berufungskammer an eine erstinstanzliche Kammer zulässig?

3. Liegt in der Stellung eines übereinstimmenden Antrags beider Streitteile in solchem Falle eine zulässige Vereinbarung über die Zuständigkeit des Gerichts?

ZPO. §§ 38 bis 40, 268, 276, 295, 506, 511, 512, 529, 537.

III. Zivilsenat. Urt. v. 10. Januar 1928 i. S. Gr. (Bekl.) w. O. & Gen. (Kl.). III 144/27.

I. Landgericht Brieg.
II. Oberlandesgericht Breslau.

Die Kläger haben gegen den Beklagten zunächst beim Amtsgericht einen Anspruch auf Zahlung aufgewerteter rückständiger Pachtzinsbeträge für ein ihm verpachtetes Lichtspieltheater geltend gemacht und diesen Anspruch zuletzt auf 371,60 RM beziffert. Das Amtsgericht prüfte den Anspruch sachlich und wies die Klage ab. Die Kläger legten Berufung ein; im Berufungsverfahren erweiterten sie den Klagantrag zunächst auf 2492,60 RM. Auf übereinstimmenden Antrag der Parteien beschloß das Landgericht Brieg am 18. April 1925, daß der Rechtsstreit zur weiteren Verhandlung und Entscheidung an das Landgericht in Brieg, also an das gleiche Landgericht, als erste Instanz verwiesen werde. Es erfolgten dann weitere Erhöhungen der Klageforderungen, zuletzt auf 8819,60 RM. Die Kläger beantragten, das Urteil des Amtsgerichts abzuändern und den Beklagten zur Zahlung des bezeichneten Betrags zu verurteilen. Der Beklagte beantragte Abweisung der Klage.

Am 27. Oktober 1926 verkündete das Landgericht in Brieg ein Teilurteil, dessen Formel wie folgt lautet: Der Beklagte wird verurteilt, an die Kläger 1800 RM zu zahlen. Die Kostenentscheidung bleibt dem Endurteil vorbehalten. Das Urteil ist gegen Sicherheitsleistung von 300 RM vorläufig vollstreckbar. Gegen dieses Urteil legte der Beklagte Berufung ein. Vor dem Berufungsgericht wurde nur über die Zulässigkeit des Rechtsmittels verhandelt. Die Kläger bekämpften die Berufung als unzulässig, der Beklagte vertrat den gegenteiligen Standpunkt. Das Oberlandesgericht verwarf die Berufung als unzulässig. Auf die Revision des Beklagten wurde das angefochtene Urteil aufgehoben und die Sache zur Verhandlung und Entscheidung an das Berufungsgericht zurückverwiesen.

Gründe:

Da es sich um die Frage der Zulässigkeit der Berufung handelt, findet die Revision ohne Rücksicht auf den Wert des Beschwerdegegenstands statt (§ 547 Nr. 1 ZPO.).

In Übereinstimmung mit der in JW. 1914 S. 1094 veröffentlichten Entscheidung des Oberlandesgerichts Kassel nimmt das Berufungsgericht an, daß das Verfahren des Landgerichts an einem wesentlichen Mangel insofern leide, als die Verweisung des Rechtsstreits an sich selbst als Gericht des ersten Rechtsgangs unzulässig, das

Landgericht vielmehr gehalten gewesen sei, als Berufungsgericht über den im Berufungsverfahren erweiterten Klaganspruch zu entscheiden.

Ein wesentlicher Mangel des Verfahrens vor dem Landgericht ist aber vor allem darin zu erblicken, daß das Teilurteil vom 27. Oktober 1926 ohne Rücksicht auf das vorausgegangene, den Anspruch aus sachlichen Gründen abweisende Urteil des Amtsgerichts erlassen worden ist. Die beiden Urteile bestehen daher selbständig nebeneinander. Das ordnungsmäßig mit der Berufung angegriffene Urteil des Amtsgerichts ist im entscheidenden Teil des landgerichtlichen Urteils nicht einmal erwähnt, obwohl die Kläger seine Abänderung ausdrücklich beantragt hatten. Dieses Verfahren muß notwendig zu einem prozeßordnungswidrigen Zustande führen; denn über die eingelegte Berufung ist überhaupt keine Entscheidung getroffen. Damit war der Weg für die Entscheidung des Oberlandesgerichts vorgezeichnet. Es ist rechtlich verfehlt, wenn dieses ausführt, der Verweisungsbeschluß sei ohne Bedeutung und es sei unerheblich, ob die Berufungskammer oder eine andere Kammer des Landgerichts entschieden habe, das sei lediglich eine innere Angelegenheit des Landgerichts, die nicht dazu führen könne, das angefochtene Urteil als ein solches erster Instanz anzusehen. Dabei wird außer acht gelassen, daß das Landgericht offensichtlich als Gericht des ersten Rechtszugs erkennen wollte und auch erkannt hat. Dies ergibt sich, abgesehen von dem ganzen Verfahren vor dem Landgericht, namentlich der Verweisung des Rechtsstreits vor eine erstinstanzliche Kammer, schon aus der Tatsache, daß sich das Teilurteil jeder Stellungnahme zum Urteil des Amtsgerichts enthält, obschon es über den Anspruch im entgegengesetzten Sinne entscheidet und obwohl die Abänderung des angefochtenen Urteils ausdrücklich beantragt war. Auch der Umstand, daß das Landgericht sein Urteil für vorläufig vollstreckbar erklärt hat, beweist, daß es als Gericht erster, nicht letzter Instanz geurteilt hat. Hat aber das Landgericht sein Urteil als Gericht erster Instanz erlassen wollen und — wenn auch prozeßordnungswidrig — tatsächlich erlassen, so findet nach § 511 ZPO. die Berufung gegen dieses Urteil statt. Das Oberlandesgericht hätte daher das Rechtsmittel nicht als unzulässig verwerfen dürfen, sondern hätte nach § 539 ZPO. verfahren müssen. Um dieses Ergebnis nachträglich noch herbeizuführen, muß das angefochtene Urteil aufgehoben und die Sache zur Verhandlung und Entscheidung an das Berufungsgericht zurückverwiesen werden. Die § 564 Abs. 2 und § 565 Abs. 3 Nr. 2 ZPO. sind nicht anzuwenden, weil vor dem Berufungsgericht nur über die Zulässigkeit des Rechtsmittels verhandelt worden ist und eine in der Sache selbst ergehende Entscheidung des Revisionsgerichts sich auf den Ausspruch beschränken müßte, daß die Berufung gegen das landgerichtliche Teilurteil zulässig sei.

Für die weitere Behandlung der Sache kommen folgende rechtlichen Gesichtspunkte in Betracht: Der Annahme des Oberlandesgerichts, daß der im landgerichtlichen Verfahren ergangene Verweisungsbeschluß unzulässig gewesen sei und daß es dem Landgericht obgelegen habe, auch über den erst im Berufungsverfahren erweiterten Klaganspruch als Berufungsgericht zu befinden, ist beizutreten und zwar aus folgenden Erwägungen:

Es kann keinem Zweifel unterliegen, daß das Amtsgericht zur Entscheidung über den vor ihm geltend gemachten vermögensrechtlichen Anspruch in Höhe von 371,60 RM sachlich zuständig war. Ebenso war die Zuständigkeit des Landgerichts als Berufungsgerichts in der vor dem Amtsgericht verhandelten Streitsache gegeben, nachdem die Kläger gegen das amtsgerichtliche Urteil in gesetzlicher Form Berufung eingelegt hatten. Zweifel können sich nur erheben über die Frage, ob sich an dieser Zuständigkeit des Landgerichts als Berufungsgerichts dadurch etwas geändert hat, daß die Kläger im Berufungsverfahren den Klagantrag auf eine die sachliche Zuständigkeit des Amtsgerichts übersteigende Summe erweitert haben. Diese Frage ist mit dem Berufungsrichter zu verneinen. Der § 529 Abs. 4 ZPO. erklärt eine solche Erweiterung unter Hinweis auf § 268 Nr. 2 ZPO. ausdrücklich für zulässig und macht sie nicht einmal von der Einwilligung des Gegners abhängig. Nach § 537 ZPO. sind Gegenstand der Verhandlung und Entscheidung des Berufungsgerichts alle einen zuerkannten oder aberkannten Anspruch betreffenden Streitpunkte, über die nach den Anträgen eine Verhandlung und Entscheidung erforderlich ist, selbst wenn über diese Streitpunkte in erster Instanz nicht verhandelt oder nicht entschieden ist (RGZ. Bd. 49 S. 43). Anders wäre es nur, wenn zwar der Anspruch schon vor dem Amtsgericht erweitert worden wäre, aber die Verhandlung und Entscheidung im ersten Rechtszuge sich nur auf einen Teil des Anspruchs erstreckt hätte (RGZ. Bd. 59 S. 399, Bd. 70 S. 182). Das ältere Schrifttum (vgl. Gruch. Bd. 24 S. 130, Bd. 25 S. 158, 159 und S. 583flg.) und auch einige ältere Kommentare zur Zivilprozeßordnung (Skonietzki-Gelpke Anm. 13 zu § 506; Struckmann-Koch 9. Aufl. Anm. 6 zu § 506; Seuffert in den älteren Auflagen Anm. 3b zu § 529) haben allerdings die Ansicht vertreten, daß das Landgericht nicht als Berufungsinstanz über die erweiterten Klaganträge entscheiden dürfe, wobei die Ansichten über die Art der richtigen Behandlung auseinander gehen. Allein die neuere Rechtslehre bekennt sich überwiegend zu der Anschauung, daß das Landgericht als Berufungsgericht und damit im letzten Rechtszuge zur Entscheidung des erst vor ihm erhobenen erweiterten Anspruchs zuständig und verpflichtet sei (so Sprenger in Arch. f. Ziv. Pr. Bd. 72 S. 471; Seuffert 11. Aufl. Anm. 2h zu § 529; derselbe in Buschs Zeitschrift Bd. 40 S. 207flg.; Petersen 5. Aufl. Anm. 4 zu § 506; Wilmowski-Levy 7. Aufl. Anm. 2 zu § 491; Förster-Kann 3. Aufl. Anm. 6 zu § 506). Mit Unrecht beruft sich die Revision für ihre gegenteilige Meinung auf Stein-Jonas Anm. VII zu § 276 ZPO. Deren Stellungnahme zu der Streitfrage ergibt sich zweifelfrei aus der Anmerkung V zu § 506 ZPO., wo ausgeführt wird, eine Zurückverweisung wegen einer erst in der Berufungsinstanz eingetretenen Anspruchshäufung sei nicht möglich, da das Amtsgericht bis zur Erlassung des Urteils zuständig gewesen sei und die nachträgliche Häufung in der Berufungsinstanz keinen Grund zur Abänderung seines Urteils abgeben könne. Was aber von der Anspruchshäufung gilt, muß in gleicher Weise von der Erweiterung des Klagantrags gelten.

Auch die §§ 506 und 276 ZPO. können dem Verfahren vor dem Landgericht nicht zur Stütze dienen. Ersterer schon aus dem Grunde nicht, weil er nur für das Verfahren vor den Amtsgerichten gilt und daher von § 523 ZPO. nicht mitumfaßt wird, der nur die für das Verfahren vor den Landgerichten geltenden Vorschriften als im Verfahren vor dem Berufungsgericht entsprechend anwendbar erklärt. Der § 276 anderseits regelt nur den Fall, daß auf Grund der Vorschriften über die örtliche oder sachliche Zuständigkeit die Unzuständigkeit des Gerichts auszusprechen ist. Das trifft hier nicht zu, da das Landgericht auch als Berufungsgericht zur Entscheidung über den erweiterten Anspruch zuständig war (§ 529 Abs. 4 in Verb. mit § 268 Nr. 2). Nun findet allerdings nach § 276 Abs. 2 ZPO. keine Anfechtung des Beschlusses statt, durch den ein

Gericht sich für unzuständig erklärt und den Rechtsstreit an das zuständige Gericht verwiesen hat, und der Beschluß ist für das darin bezeichnete Gericht bindend. Allein diese Vorschrift hat zur Voraussetzung, daß es sich um eine Entscheidung handelt, die sich im Rahmen des § 276 Abs. 1 ZPO. hält. Es müssen also zwei verschiedene Gerichte in Frage kommen, von denen das zunächst angerufene örtlich oder sachlich unzuständig ist, während die Zuständigkeit des anderen gegeben ist. An diesen Voraussetzungen fehlt es hier. Das Landgericht war, wie gezeigt, als Berufungsgericht zur Entscheidung des Rechtsstreits auch in dem erweiterten Umfang örtlich und sachlich zuständig, ein anderes Gericht kam überhaupt nicht in Betracht; für eine Verweisung nach § 276 ZPO. war daher kein Raum. Daß der Verweisungsbeschluß des Landgerichts aus dem Rahmen des § 276 ZPO. herausfällt, beweist schon die Tatsache, daß er ein prozeßordnungswidriges Verfahren eingeleitet hat. Innerhalb desselben Landgerichts findet eine Verweisung an eine andere Kammer nur unter den Voraussetzungen der §§ 97 bis 99 GVG., d. h. von einer Kammer für Handelssachen an eine Zivilkammer und umgekehrt statt. Die Verteilung der Geschäfte unter die Zivilkammern eines und desselben Landgerichts ist eine Angelegenheit des inneren Dienstes und ohne Bedeutung für die Frage der Zuständigkeit des Landgerichts als solchen. Eine Verweisung von einer Zivilkammer an eine andere als Entscheidung im Sinne des § 276 ZPO. kennt das Gesetz nicht. Fehlt es aber dem Verweisungsbeschluß des Landgerichts an der gesetzlichen Grundlage, so kann ihm keine bindende Wirkung im Sinne des § 276 Abs. 2 ZPO. zukommen, und er ist nicht imstande, das sich anschließende, mit den Prozeßgesetzen im Widerspruch stehende Verfahren zu decken und es unanfechtbar zu machen; vielmehr unterliegt gemäß § 512 ZPO. der Beurteilung des Oberlandesgerichts als Berufungsgerichts auch der dem angefochtenen Teilurteil vorausgegangene ungesetzliche Verweisungsbeschluß. Die Urteile RGZ. Bd. 95 S. 280 und Bd. 108 S. 263 stehen dieser Rechtsanschauung nicht entgegen; denn dort handelte es sich — ebenso wie in dem in JW. 1922 S. 488 Nr. 11 abgedruckten Urteil — überall um die örtliche Unzuständigkeit des zuerst angegangenen Gerichts erster Instanz, während die Zuständigkeit eines anderen Landgerichts gegeben war, sodaß die gesetzliche Möglichkeit für die Erlassung eines Verweisungsbeschlusses vorlag.

Auch der Umstand, daß beide Streitteile vor dem Landgericht übereinstimmend die Verweisung vor eine als Gericht erster Instanz tätige Zivilkammer beantragt und die im Verweisungsbeschluß liegende Verletzung von Verfahrensvorschriften nicht gerügt haben (§ 295 Abs. 1 ZPO.), kann nichts an dieser Rechtslage ändern. Es handelt sich hierbei nicht um eine zulässige Vereinbarung der Parteien über die Zuständigkeit der Gerichte (§§ 38 bis 40 ZPO.), schon weil die Vereinbarung die Ausschaltung des zur Erledigung des Rechtsstreits zuständigen Berufungsgerichts betreffen würde; vielmehr handelt es sich um den durch das Gerichtsverfassungsgesetz geregelten Aufbau der gesamten Gerichtsorganisation, also um Vorschriften, auf deren Befolgung die Parteien nicht mit Rechtswirksamkeit verzichten können (§ 295 Abs. 2 ZPO.). Wollte man gegenteiliger Ansicht sein, so wäre es der Parteivereinbarung überlassen, sich im vorliegenden Fall einen vierten Rechtszug zu schaffen, oder — von dem zur Entscheidung stehenden Einzelfall abgesehen — sich unter mehreren Zivilkammern eines Landgerichts die ihnen genehme auszuwählen, was nicht angängig ist. Die Revision weist darauf hin, daß durch die Erweiterung der Klage in der Berufungsinstanz dem Beklagten (wie übrigens auch den Klägern) gegen ihren Willen eine Instanz entzogen sei, und bezeichnet es als einen unerwünschten, dem Sinn und Geist der Zivilprozeßordnung widersprechenden Zustand, wenn das Landgericht über einen revisiblen Klagantrag in letzter Instanz zu entscheiden hätte. Aber dem ist entgegenzuhalten, daß das Reichsgericht wiederholt ausgesprochen hat, die Zivilprozeßordnung stelle keineswegs den Grundsatz auf, daß den Parteien der volle Instanzenzug gewährleistet werden müsse (RGZ. Bd. 23 S. 421; JW. 1891 S. 527 Nr. 6). Jedenfalls ist dieser Ausnahmefall leichter hinzunehmen, als eine vollständige Durchbrechung der verfahrensrechtlichen Ordnung, wie sie die Herbeiführung eines vierten Rechtszugs darstellen würde. Überdies war es dem Beklagten unbenommen, schon im Verfahren vor dem Amtsgericht durch Erhebung einer den ganzen Anspruch umfassenden Feststellungswiderklage und durch gleichzeitige Stellung eines Antrags auf Verweisung der Sache vor das Landgericht dessen Zuständigkeit als Gericht erster Instanz herbeizuführen, während die Kläger den gleichen Erfolg dadurch erreichen konnten, daß sie den Anspruch bereits im Verfahren vor dem Amtsgericht erweiterten. . . .

77. 1. Zur Frage der Beschränkung des Stimmrechts von Aktionären.

2. Welche Wirkungen hat die vertragliche Bindung eines Aktionärs gegenüber der Gesellschaft oder einem andern Aktionär, daß er in einem bestimmtem Sinne abzustimmen habe? Kann die sich aus der Verletzung einer solchen Verpflichtung ergebende Schadensersatzpflicht zur Herstellung des ordnungsmäßigen Zustandes (Naturalrestitution) in dem Sinne führen, daß der Aktionär das Abstimmungsergebnis so gegen sich gelten lassen muß, wie es ohne seine Zuwiderhandlung ausgefallen wäre?

HGB. § 252. BGB. § 249.

II. Zivilsenat. Urt. v. 10. Januar 1928 i. S. der L.-Bank A.-G. (Bekl.) w. S. (Kl.). II 173/27.

I. Landgericht III Berlin.
II. Kammergericht daselbst.

Der Kläger ist Aktionär der Beklagten. In der außerordentlichen Generalversammlung vom 27. April 1926 sind gegen die Stimmen des Klägers folgende Beschlüsse gefaßt worden:

1. Die Liquidation wird beschlossen.
2. Dem Kläger wird das Stimmrecht für 4000 Vorzugsaktien entzogen.

Der Bevollmächtigte des Klägers hat in der Generalversammlung gegen den Beschluß zu 2 und gegen die Feststellung des Vorsitzenden, daß die Liquidation mit der erforderlichen Mehrheit angenommen sei, Widerspruch zu Protokoll erklärt. Der Kläger hat diese Beschlüsse gemäß § 271 HGB. durch Klage angefochten und beantragt, sie für nichtig zu erklären. Er behauptet, seine Stimmen seien zu zählen, die Stimmrechtsentziehung sei unzulässig, mit Hinzurechnung seiner Stimmen fehle aber dem Liquidationsbeschluß die erforderliche Dreiviertel-Mehrheit. Die Beklagte macht geltend, der Kläger habe aus Schikane gegen die Liquidation gestimmt und sich durch Vertrag vom 21. Juni 1923 verpflichtet gehabt, mit seinem Stimmrecht nur nach Weisung des Aufsichtsrats zu verfahren.

Das Landgericht wies die Klage ab. Das Kammergericht dagegen erklärte die Beschlüsse für nichtig, soweit die Liquidation beschlossen und dem Kläger das Stimmrecht für 4000 Vorzugsaktien entzogen worden ist.

Die Revision der Beklagten blieb erfolglos.

Gründe:

Der Beschluß, dem Kläger das Stimmrecht für 4000 Vorzugsaktien zu entziehen, ist nach dem Versammlungsprotokoll damit begründet worden, daß der Kläger seine Einzahlungen auf diese Aktien nicht voll geleistet habe. Diesen Beschluß hat das Berufungsgericht für nichtig erklärt, weil er im Gesetz keine Stütze finde. Nach § 252 Abs. 1 Satz 1 HGB. gewährt jede Aktie das Stimmrecht. Ausnahmen von diesem Grundsatz sind in § 252 Abs. 3 HGB. festgesetzt. Nach dieser Vorschrift darf der Aktionär nicht mitstimmen, wenn er durch die Beschlußfassung entlastet oder von einer Verpflichtung befreit werden soll, oder wenn es sich um die Vornahme eines Rechtsgeschäfts mit ihm oder um die Einleitung oder Erledigung eines Rechtsstreits zwischen ihm und der Gesellschaft handelt. Diese Ausnahmen weiter auszudehnen, als sie das Gesetz gefaßt hat, ist nicht angängig. Der erkennende Senat hat zwar in seiner Entscheidung vom 29. November 1912 (RGZ. Bd. 81 S. 39) ausgeführt, daß die gesetzlichen Vorschriften über die Stimmenthaltung nicht alle denkbaren Fälle erschöpften. Die Auffassung aber, daß nach § 157 BGB. ein gegen Treu und Glauben verstoßender Gebrauch des Stimmrechts nicht zu dulden sei, hat er abgelehnt, weil in der Praxis zur Frage der Stimmenthaltung klare und scharfe Grenzlinien unentbehrlich seien, und er hat die Grenze für die Ausübung des Stimmrechts da gesucht, wo die Rechtsausübung nur den Zweck haben kann, einem anderen Schaden zuzufügen (§ 226 BGB.). An diesen Grundsätzen, die der erkennende Senat seitdem ständig vertreten hat, ist auch jetzt festfestzuhalten. Danach kommt es weder darauf an, ob die Aktien des Klägers voll bezahlt waren, noch darauf, ob der Kläger strafbare Handlungen zum Nachteil der Gesellschaft begangen hat, noch auch darauf, ob die Ausübung des Stimmrechts schuldrechtlich von den Weisungen des Aufsichtsrats abhängig gemacht war.

Die von der Revision erbetene Nachprüfung kann daher zu keinem anderen Ergebnis führen, als zu dem des Berufungsgerichts, daß nämlich der Beschluß, soweit er die Stimmrechtsentziehung betrifft, wegen Verstoßes gegen § 252 Abs. 1 Satz 1 HGB. mit Recht angefochten ist und daher für nichtig zu erklären war. . . .

Nach § 21 der Satzung bedurfte der weitere Beschluß, die Gesellschaft zu liquidieren, der Dreiviertel-Mehrheit. Diese Mehrheit lag aber nach der Feststellung des Kammergerichts nicht vor, wenn die Stimmen des Klägers mitzurechnen waren. Die Beklagte will die Stimmen des Klägers deshalb nicht mitgezählt wissen, weil er aus Schikane gehandelt habe und auf Grund des Vertrags vom 21. Juni 1923 nicht berechtigt gewesen sei, mit seinen Vorzugsaktien gegen die Liquidation zu stimmen.

Beide Gründe sind nach der Auffassung des Kammergerichts hinfällig. (Es wird dargelegt, daß die Zurückweisung des Einwands der Schikane keinem Bedenken begegne. Dann wird fortgefahren:) Durch Vertrag vom 21. Juni 1923 hat der Kläger die Ausübung des Stimmrechts seiner Vorzugsaktien an den Aufsichtsrat übertragen und sich verpflichtet, mit den Stimmen dieser Aktien nur nach Weisung des Aufsichtsrats zu verfahren und sich jeder Verfügung hierüber ohne die Zustimmung des Aufsichtsrats zu enthalten. . . .

Daß der Vertrag vom 21. Juni 1923 eine sogen. Legitimationsübertragung auf den Aufsichtsrat enthielte, ist nicht geltend gemacht worden. Der Aufsichtsrat hat ja auch in der Generalversammlung vom 26. April 1926 die Aktienrechte des Klägers nicht ausgeübt, noch hat er (nach dem Vortrag der Beklagten) das Stimmrecht je beansprucht. Der Kläger hat vielmehr seine Aktien hinterlegt und eine Stimmkarte erhalten. Nach dem Protokoll wurde die von seinem Bevollmächtigten ausgeübte Stimmabgabe vom Aufsichtsrat gar nicht bemängelt; die Beanstandung geschah auch nicht deshalb, weil er die Legitimation zur Abstimmung übertragen habe, sondern mit der Begründung, daß er seine Einzahlungen auf die Aktien nicht voll geleistet habe. Im Rechtsstreit hat die Beklagte eingewandt, daß der Kläger nicht entgegen dem Standpunkt des Aufsichtsrats habe stimmen dürfen. Sie faßt also den Vertrag vom 21. Juni 1923 als eine schuldrechtliche Bindung des Klägers auf, sein Aktienrecht nur nach den Weisungen des Aufsichtsrats auszuüben, ein Standpunkt, den — und zwar mit Recht — auch die Revision vertritt. Daß eine vom Aktionär gegenüber der Gesellschaft oder einem anderen Aktionär übernommene vertragliche Verpflichtung, in bestimmtem Sinne abzustimmen, an sich rechtswirksam ist, nimmt die Revision mit Recht an. Der erkennende Senat hat dies für das Recht der Aktiengesellschaft und der Gesellschaft mit beschränkter Haftung schon mehrfach ausgesprochen. Durch eine schuldrechtliche Bindung dieser Art wird indessen die Abstimmung in der Generalversammlung sachlich nicht berührt. Hat also der Kläger entgegen seiner Verpflichtung statt für die Liquidation dagegen gestimmt, so hat er zwar den schuldrechtlichen Vertrag verletzt, die Folge der Verletzung dieses außerhalb des Aktienrechts stehenden Sondervertrags ist aber nicht die, daß seine Stimmen nicht zu zählen wären oder als für die Liquidation abgegeben zu gelten hätten, sondern nur die, daß er sich durch seine den Weisungen des Aufsichtsrats zuwiderlaufende Abstimmung schadensersatzpflichtig gemacht hat (RGZ. Bd. 107 S. 67, Bd. 112 S. 273, Urteil vom 23. September 1927 II 495/26).

Demgegenüber macht die Revision geltend, diese Schadensersatzpflicht müsse zur „Naturalrestitution" führen und der Kläger müsse daher das Abstimmungsergebnis so gelten lassen, wie es ohne seine Vertragsverletzung ausgefallen wäre. Ihm stehe sonach der Einwand der Arglist entgegen, wenn er den Beschluß der Generalversammlung, der ohne seine Vertragsverletzung für die Liquidation ausgefallen wäre, deswegen anfechte, weil die von ihm gegen die Liquidation abgegebenen Stimmen zu zählen seien und es deshalb an einer Dreiviertel-Mehrheit für die Liquidation gefehlt habe.

Dieser Angriff verkennt die Rechtslage. Die Anwendung zivilrechtlicher Rechtssätze auf das Aktienrecht ist nicht schlechthin zulässig, es ist vielmehr in jedem Falle zu prüfen, ob nicht die Anwendung von Vorschriften des Bürgerlichen Gesetzbuchs aktienrechtlichen Grundsätzen zuwiderläuft. Der Gedanke der sog. Naturalrestitution (§ 249 BGB.), der bei der Schadensersatzpflicht nicht einmal im bürgerlichen Recht ausnahmslos gilt (vgl. §§ 251, 325, 326 BGB.), kann sich nicht im Widerspruch zu den aktienrechtlich gewährleisteten Grundsätzen über die Willensbildung der Generalversammlung durchsetzen. Denn in der Ausübung des Stimmrechts ist der Aktionär nach § 252 HGB. völlig frei. Er kann sich dabei von Rücksichten auf das Wohl der Gesellschaft, aber auch von seinen eigenen Interessen leiten lassen und braucht über seine Abstimmung niemand Rechenschaft abzulegen. Für die Bildung des Gesamtwillens der Generalversammlung ist daher nur maßgebend, ob der abstimmende Aktionär nach § 252 Abs. 1 bis 3 HGB. stimmberechtigt ist. Im übrigen richten sich die Bedingungen und die Form der Ausübung des Stimmrechts nach dem Gesellschaftsvertrag (§ 252 Abs. 4 HGB.).

So wenig es angeht, daß gegen den Aktionär, der sich schuldrechtlich verpflichtet hat, in gewissem Sinne zu stimmen, ein Erfüllungszwang geübt und auf dem Wege des § 894 ZPO. seine Verurteilung zur vereinbarten Stimmabgabe vollstreckt wird (RGZ. Bd. 112 S. 273), so wenig kann das Ergebnis einer Abstimmung, wenn es nur aktienrechtlich einwandfrei zustande gekommen ist, dadurch berührt werden, daß durch die Stimmabgabe rein schuldrechtliche Verpflichtungen des abstimmenden Aktionärs gegenüber der Gesellschaft verletzt worden sind. Der Grundsatz der Naturalrestitution ist hier aber auch aus einem anderen Grunde nicht anwendbar. Wenn der Kläger, der gegen die Liquidation gestimmt und durch seine (aktienrechtlich zu zählenden) Stimmen das Zustandekommen einer Dreiviertel-Mehrheit für die Liquidation verhindert hat, das Abstimmungsergebnis so gegen sich gelten lassen müßte, wie es ohne seine Vertragsverletzung ausgefallen wäre, so würde dadurch gegebenenfalls der Verletzung des schuldrechtlichen Vertrags eine über das Verhältnis der Parteien zueinander hinausreichende, auch andere Aktionäre berührende Wirkung beigemessen. Denn dann müßten auch solche Aktionäre, die gleichfalls gegen die Liquidation gestimmt haben, ohne der Gesellschaft gegenüber schuldrechtlich in der Ausübung des Stimmrechts gebunden zu sein, diese Umdeutung des Abstimmungsergebnisses hinnehmen und könnten keinen Rechtsbehelf dagegen geltend machen, sofern die positiv statt negativ zu zählenden Stimmen des gebundenen Aktionärs ausgereicht haben würden, das Zustandekommen einer Dreiviertel-Mehrheit für die Liquidation zu sichern. Die Frage nach der Zulässigkeit der Naturalrestitution kann aber nicht verschieden beantwortet werden, je nachdem durch eine Umdeutung des Abstimmungsergebnisses nur der gebundene Aktionär selbst oder auch andere Aktionäre nachteilig berührt werden. Denn dann würde es von den Zufälligkeiten einer Abstimmung abhängen, ob Schadensersatz in Geld zu leisten oder der Zustand herzustellen wäre, wie er ohne die Vertragsverletzung bestanden hätte. Die Verletzung von Abmachungen der erwähnten Art kann daher grundsätzlich nur zu einem Schadensersatzanspruch in Geld führen. Ist der Kläger aber nur in diesem Umfang schadensersatzpflichtig, so steht seiner Anfechtungsklage auch nicht der Einwand der Arglist entgegen, weil er mit Recht geltend macht, daß seine Stimmen als gegen die Liquidation abgegeben zu zählen seien. Es fehlte daher für den Beschluß an der erforderlichen Dreiviertel-Mehrheit und er ist mit Recht angefochten und für nichtig erklärt worden.

---

78. Über Wesen und Wirkung des im Geschäftsaufsichtsverfahren abgeschlossenen Zwangsvergleichs.

GeschäftsaufsichtsVo. vom 14. Dezember 1916 §§ 20, 41, 60.

II. Zivilsenat. Urt. v. 10. Januar 1928 i. S. Firma W. (Kl.) w. Verein. S.-F. A.-G. (Bekl.). II 442/27.

I. Landgericht Stuttgart, Kammer für Handelssachen.
II. Oberlandesgericht daselbst.

Gegen die Beklagte wurde auf ihren Antrag am 12. Februar 1926 die Geschäftsaufsicht zur Abwendung des Konkurses angeordnet. In dem von ihr aufgestellten Gläubigerverzeichnis ist als Gläubigerin in Höhe von 19166.9.1 engl. Pfund = 391954 RM die Firma R. & Co. Limited in London aufgeführt, von der die Beklagte im Jahre 1925 und noch Anfang 1926 fortlaufend Ware (Talg) bezogen hatte gegen Hingabe von Akzepten, die auf englische Währung lauteten. In dem Verzeichnis führt die Beklagte insgesamt 39 solche Akzepte auf, deren Fälligkeitstage in die Zeit vom 6. Februar bis zum 12. Mai 1926 fallen; die Zusammenrechnung der Wechselsummen ergibt die erwähnte Summe von 19166.9.1 engl. Pfund. Von diesen Wechseln bilden 21 Stück im Gesamtbetrag von 10347.14.4 Pfund den Gegenstand der jetzigen, im Wechselprozeß erhobenen Klage. Alle diese 21 Wechsel sind von der Firma R. & Co. ausgestellt, von der Beklagten akzeptiert, und zahlbar gestellt bei der Midland Bank in London; bei dieser wurden sie jeweils nach Fälligkeit (die Fälligkeitstage fallen in die Zeit vom 2. März bis 12. Mai 1926) mangels Zahlung protestiert auf Veranlassung der Klägerin, welche die Wechsel durch Blankoindossament der Ausstellerin erworben und ihr diskontiert hatte.

Im Geschäftsaufsichtsverfahren gegen die Beklagte kam es am 9. April 1926, also noch ehe die Fälligkeit aller 21 Klagewechsel eingetreten war, zu einem mit Ablauf des 23. April 1926 rechtskräftig gewordenen Zwangsvergleich, dem zufolge die vom Verfahren betroffenen Gläubiger mit Forderungen von mehr als 500 RM 40% ihrer Forderungen ohne Zinsen in drei gleichen Raten erhalten sollten. Die Forderung der Firma R. & Co. war in der Stimmliste nur noch im Betrag von 368481,75 RM angegeben und im Vergleichstermin vom 9. April 1926 in dieser Höhe allseitig anerkannt worden, ohne daß die Wechsel, auf denen sie beruhte, vorgelegt worden wären. Die drei Vergleichsraten mit insgesamt 40% von 368481,75 RM = 147392,70 RM wurden in der Folge an drei von R. & Co. als Zahlungsempfänger angegebene Firmen gezahlt; auch hierbei kam es nicht zur Vorlegung oder gar zur Ausfolgung der von R. & Co. angemeldeten Wechsel. Nach Beendigung des Geschäftsaufsichtsverfahrens, in welchem der Name der Klägerin überhaupt nicht genannt wurde, hat die Hamburger Firma B. & K. die sämtlichen Aktien der Beklagten erworben. Sie hat sich auch, zusammen mit der Württembergischen Vereinsbank, den Gläubigern gegenüber für die rechtzeitige Zahlung der Vergleichsraten verbürgt.

Nachdem die Klägerin auf eine Ende Juni 1926 an die Württ. Vereinsbank in Stuttgart gerichtete Anfrage wegen des Standes des Geschäftsaufsichtsverfahrens den Wortlaut des Zwangsvergleichs mitgeteilt erhalten hatte, bat sie die Beklagte um Mitteilung, ob die Ratenzahlungen aus dem Zwangsvergleich wirklich zu den festgesetzten Zeitpunkten an die Firma R. & Co. geleistet worden seien; sie gehe davon aus, daß insoweit sie — die Klägerin — hätte befriedigt werden müssen. Die Beklagte erwiderte am 12. Oktober 1926: nach ihren Unterlagen sei die Firma R. & Co. im Besitz der unter die Geschäftsaufsicht fallenden Akzepte; die Zahlungen seien termingemäß an die von R. & Co. angegebenen Empfänger geleistet worden.

Die Klägerin bringt von der Summe der 21 Wechselbeträge mit 10347.14.4 engl. Pfund den Betrag von 200 Pfund in Abzug, den sie nach ihrer Darstellung aus Akzepten der Firma R. & Co. empfangen hat. Sie verlangt nunmehr von der Beklagten noch Zahlung von 8888.2.8 Pfund nebst Zinsen. Ihr Standpunkt geht im wesentlichen dahin, daß sie als Wechselgläubigerin von dem Zwangsvergleich nicht berührt werde, da sie am Geschäftsaufsichts- und Vergleichsverfahren nicht beteiligt gewesen sei und die Firma R. & Co. dieses Verfahren weder als Treuhänderin noch als Vertreterin der Klägerin noch sonst mit deren Ermächtigung betrieben habe, und auch ein Verzicht der Klägerin auf die ihr gegen die Beklagte zustehenden Wechselrechte nicht in Frage komme. Die Beklagte machte geltend: Die Eintragung der Klagewechsel in das Gläubigerverzeichnis müsse auch als Eintragung der Klägerin gelten. Diese sei bei Abschluß des Zwangsvergleichs gar nicht mehr Inhaberin der Wechsel gewesen, da sie mit R. & Co. dahin übereingekommen sei, daß sie gegen Übergabe der Akzepte dieser Firma und gegen Abtretung der Versicherungsansprüche auf alle Rechte aus den Klagewechseln verzichte und diese an R. & Co. zurückgebe. Die Rückgabe der Wechsel sei nur aus Versehen unterblieben. Jedenfalls habe die Firma R. & Co. das Verfahren, wenn nicht in Vollmacht der Klägerin, so doch jeweils nach Einholung ihres Einverständnisses als ihre Treuhänderin und mittelbare Vertreterin durchgeführt; insbesondere habe sie auch zum Abschluß des Zwangsvergleichs die vorherige Zustimmung der Klägerin erhalten.

Das Landgericht wies die Klage ab. Die Berufung und die Revision der Klägerin waren erfolglos.

Gründe:

Die Geschäftsaufsichtsverordnung vom 14. Dezember 1916, die nach § 101 der Vergleichsordnung vom 5. Juli 1927 mit dem 1. Oktober 1927 außer Kraft getreten ist, in deren zeitlichen Herrschaftsbereich also das hier fragliche Zwangsvergleichsverfahren fällt, verleiht dem rechtskräftig bestätigten Vergleich Wirksamkeit für und gegen alle beteiligten („vom Verfahren betroffenen") Gläubiger ohne Rücksicht darauf, ob sie im Verfahren Erklärungen abgegeben oder etwa gegen den Vergleich gestimmt haben, § 60 Abs. 1 der Vo. Unberührt vom Vergleich bleiben aber nach dieser Vorschrift die Ansprüche derjenigen Gläubiger, die in den vom Schuldner vorgelegten Verzeichnissen (§§ 20, 41 der Vo.) nicht aufgeführt sind. Ein öffentlicher Gläubigeraufruf wie nach § 138 KO. fand also nach der Geschäftsaufsichtsverordnung nicht statt. Der Grundsatz des § 60 Abs. 1 GeschAufsVo. konnte namentlich bei Wechseln zu Schwierigkeiten führen, weil der Akzeptant vor der Präsentation des Wechsels den gegenwärtigen Gläubiger regelmäßig nicht kennt. So war es auch im vorliegenden Falle, da die Beklagte als Akzeptantin der 21 Wechsel von deren Indossierung an die Klägerin keine Kenntnis hatte und eben deshalb in ihrem mit dem Antrag auf Eröffnung des Geschäftsaufsichtsverfahrens eingereichten Gläubigerverzeichnis die Ausstellerin Firma R. & Co. als Gläubigerin angab. An sich wäre daher die Klägerin als Indossatarin, welche in den von der Beklagten dem Gerichte vorgelegten Verzeichnissen nicht genannt war, weder durch den Zwangsvergleich noch auch durch die Zahlung der Vergleichsquote an die von R. & Co.

angegebenen Empfänger berührt; sie könnte vielmehr ihren vollen Wechselanspruch gegen die Beklagte durchsetzen und diese hätte dann nur die Möglichkeit, das ohne Bestehen einer Verbindlichkeit an R. & Co. Gezahlte von dieser Firma zurückzufordern. Hieran würde auch dann nichts geändert, wenn die Klägerin von der Aufnahme der Firma R. & Co. in das Gläubigerverzeichnis und von ihrer eigenen Übergehung oder gar von der Auszahlung der Vergleichsquote an R. & Co. Kenntnis gehabt hätte.

Im gegenwärtigen Falle kommt aber das Besondere hinzu, daß die von der Beklagten im Gläubigerverzeichnis als Wechselgläubigerin angeführte Firma R. & Co. die Rechte der Klägerin (der Indossatarin und Wechselinhaberin) mit deren Zustimmung im Zwangsvergleichsverfahren geltend gemacht hat, indem sie sich mit dem Vergleichsvorschlag (40% für die vom Verfahren betroffenen Gläubiger mit Forderungen von mehr als 500 RM) einverstanden erklärte. Diese Zustimmung der Klägerin hatte dann, wenn von der Beklagten gerade die streitigen Wechselforderungen als Schulden (bei der Firma R. & Co.) angegeben worden waren, die Wirkung, daß die Klägerin das Ergebnis des Zwangsvergleichs, also die Herabminderung der Ansprüche aus den 21 Wechseln, gegen sich gelten lassen muß. Denn es wäre wider Treu und Glauben, wenn sie der Beklagten gegenüber an ihren Wechselansprüchen im ganzen Umfang festhalten wollte, obwohl sie der Firma R. & Co., die im Gläubigerverzeichnis der Beklagten aus Unkenntnis vom wahren Stand der Dinge fälschlich als Wechselgläubigerin bezeichnet worden war, ihre Zustimmung zur Erledigung der Wechselansprüche im Zwangsvergleichsverfahren erklärt hatte.

Daran, daß die Beklagte ihre Verbindlichkeiten aus den 21 Wechseln (im Gegensatz zu ihrer Kaufpreisschuld bei R. & Co.) in das Geschäftsaufsichtsverfahren eingeführt hat und daß diese Wechselschulden auch Gegenstand des Zwangsvergleichsverfahrens geworden sind, kann kein Zweifel sein. In dem Gläubigerverzeichnis, das die Beklagte mit ihrem Antrag auf Eröffnung des Geschäftsaufsichtsverfahrens vom 12. Februar 1926 beim Amtsgericht Stuttgart eingereicht hat, sind unter „R. & Co." 39 Akzepte der Beklagten, darunter die hier in Betracht kommenden 21 Wechsel, unter Anführung der einzelnen Wechselbeträge und Verfalltage vermerkt; von dem der Wechselausstellung zugrunde liegenden Rechtsverhältnis (Kauf) ist dagegen dort überhaupt nicht die Rede. Ohne Grund meint nun die Revision: weil in dem späteren Verzeichnis, das die Grundlage für den Abschluß des Zwangsvergleichs gebildet habe, in der Stimmliste, die Forderung der Firma R. & Co. nur nach ihrem Gesamtbetrag ohne irgendwelchen Zusatz, namentlich ohne eine auf die Wechsel hindeutende Bemerkung, angeführt sei, lasse sich nicht erkennen, mit was für einer Forderung (Kaufgeldforderung, Regreßforderung wegen Nichteinlösung von Wechseln oder Wechselanspruch gegen die Akzeptantin) die Firma R. & Co. am Vergleichsverfahren beteiligt gewesen sei. Die Unhaltbarkeit dieser Auffassung ergibt sich schon daraus, daß in jener Stimmliste bei keinem Gläubiger etwas anderes angegeben ist als Name und Geldbetrag. Sonstige Bemerkungen, die sich in der Liste noch finden, sind für die hier erörterte Frage bedeutungslos; jedenfalls ist bei keiner dort verzeichneten Forderung der Schuldgrund angeführt. Es ist klar, daß die Stimmliste, soweit es noch auf andere Angaben ankommt, die in dem früheren Gläubigerverzeichnis bei einzelnen Posten enthalten sind, aus diesem Verzeichnis ergänzt werden muß. Die von der Revision in diesem Zusammenhang erwähnte Entscheidung des Reichsgerichts RGZ. Bd. 113 S. 246 hat hiermit nichts zu tun. (Es wird nun dargelegt, das Berufungsgericht habe einwandfrei die Zustimmung der Klägerin dazu angenommen, daß die Firma R. & Co. die Wechselrechte der Klägerin im Zwangsvergleichsverfahren geltend mache. Dann wird fortgefahren:)

Der Zwangsvergleich im Geschäftsaufsichtsverfahren ist, ebenso wie der Zwangsvergleich im Konkurs, ein Vertrag des Schuldners mit den Gläubigern. Regelmäßig geht dieser Vertrag dahin, daß die Gläubiger gegen die Sicherheit, für einen gewissen Teil ihrer Forderungen Deckung zu erhalten, auf Befriedigung wegen des Restes verzichten, dem Schuldner also einen teilweisen Erlaß bewilligen. In solchem Verhalten des einzelnen Gläubigers liegt jeweils eine Verfügung über seine Forderung. Soweit die Firma R. & Co. ihr Einverständnis mit dem Vergleichsvorschlag der Beklagten erklärt hat, lag an sich eine Verfügung eines Nichtberechtigten vor, weil R. & Co. die 21 Wechsel durch Indossament an die Klägerin weitergegeben und diese davon abgesehen hatte, der Firma R. & Co. durch Rückindossament wieder die wechselmäßige Legitimation zu verschaffen. Die Verfügung war aber trotzdem wirksam, weil sie mit

Einwilligung der Klägerin geschah. Es liegt also der Fall des § 185 BGB. vor. Für die Wirksamkeit dieser Einwilligung war der Umstand ohne Bedeutung, daß die Klägerin die 21 Wechsel nach wie vor selbst behalten hat. Es handelte sich ja für R. & Co. nicht um die Geltendmachung von Wechselrechten gegen die Akzeptantin, sondern nur darum, daß er sich, und zwar mit Zustimmung der Klägerin als der Wechselgläubigerin, mit dem von der Beklagten vorgeschlagenen Zwangsvergleich einverstanden erklärte. Aus § 185 in Verb. mit § 182 Abs. 1 BGB. folgt, daß die Zustimmung der Klägerin zur Genehmigung des Vergleichsvorschlags durch R. & Co. (insoweit kam ein Vertragsabschluß zwischen dieser Firma und der Beklagten in Frage) rechtlich wirksam war, wenn sie, wie geschehen, nur der Firma R. & Co., nicht auch der Beklagten erteilt wurde. Ihre Wirksamkeit wird auch nicht dadurch beeinträchtigt, daß die Beklagte von der gegenüber R. & Co. erklärten Zustimmung der Klägerin nichts wußte.

Nach alledem kann zunächst davon keine Rede sein, daß die Klägerin gegenüber der Beklagten zur Forderung der — durch den Zwangsvergleich erlassenen — 60% der gesamten Wechselsumme berechtigt wäre. Was die übrigen 40% angeht, die von der Beklagten als Vergleichsquote an die von R. & Co. angegebenen dritten Firmen gezahlt worden sind, so ist allerdings die Annahme des Berufungsgerichts nicht richtig, daß der Anspruch aus den Wechseln erloschen und an seine Stelle, durch Novation, der Schuldgrund des Zwangsvergleichs getreten sei. Denn der Zwangsvergleich im Geschäftsaufsichtsverfahren verändert (ebenso wie der Zwangsvergleich im Konkurs) die ursprüngliche Forderung ihrem Wesen nach nicht und setzt nicht eine rechtlich anders geartete Forderung an die Stelle der bisherigen, sondern er begrenzt nur den Umfang des in das Verfahren eingeführten Anspruchs; vgl. RGZ. Bd. 92 S. 187, auch Jäger, Die Geschäftsaufsicht neuer Ordnung S. 110. Im Ergebnis ist aber dem Berufungsgericht beizutreten, auch soweit der Betrag der Vergleichsquote in Frage kommt. Denn wenn die Klägerin es geduldet und die Firma R. & Co. sogar dazu ermächtigt hat, daß sie unter ihrem eigenen Namen die Wechselansprüche der Klägerin gegen die jetzige Beklagte im Geschäftsaufsichts- und Vergleichsverfahren geltend machte, so hat sie damit der Firma R. & Co. auch die Befugnis erteilt, die Vergleichszahlungen von der Beklagten entgegenzunehmen.

Der Vorderrichter hat daher mit Recht die Klage im ganzen Umfang abgewiesen. Dieses Ergebnis entspricht der Sach- und Rechtslage um so mehr, als es der Klägerin nicht gestattet sein kann, das Vorteilhafte an dem Zwangsvergleich, insbesondere die Bürgschaft der Firma B. & K. und der Württembergischen Vereinsbank, für sich in Anspruch zu nehmen, das Nachteilige aber abzulehnen.

---

79. Zum Begriff der im Verkehr erforderlichen Sorgfalt bei einem nicht voll berufstüchtigen Schiffskapitän, wenn dessen Fähigkeitsmangel dem Reeder bei Anstellung des Kapitäns bekannt war.

BGB. § 276. HGB. § 511.

I. Zivilsenat. Urt. v. 14. Januar 1928 i. S. S. (Kl.) w. Arnold Sch. u. Gen. (Bekl.). I 119/27.

I. Landgericht Altona.
II. Oberlandesgericht Kiel.

Am Mittag des 23. Oktober 1921 strandete vor der Nordspitze der holländischen Insel Texel auf dem Sande „Dwars in den Weg" der deutsche Dreimastschoner „Lisbeth". Das Schiff ist am 26. Oktober vollständig verloren gegangen. Eigentümer des Schiffs war der Kläger, sein Kapitän der Beklagte Arnold Sch. (im Folgenden als der Beklagte bezeichnet). Das Schiff befand sich auf einer Reise vom englischen Kanal nach Gothenburg. Der Kläger behauptet, der Beklagte habe die Strandung des Schiffes verschuldet, und verlangt Ersatz des ihm durch den Verlust des Schiffes entstandenen Schadens. Er hat einen Teilbetrag dieses Schadens eingeklagt. Der mitverklagte Vater des Beklagten, E. Sch., hat für die angebliche Schuld seines Sohnes in bestimmter Höhe die Bürgschaft übernommen. Der Kläger nimmt ihn für den Fall, daß er von Arnold Sch. keine Befriedigung erhalten sollte, aus der Bürgschaft in Anspruch. Arnold Sch. und sein Vater haben den Klaganspruch nach Grund und Betrag bestritten.

Die Instanzgerichte haben die Klage abgewiesen. Die Revision hatte keinen Erfolg.

Gründe:

Das Berufungsgericht hat folgendes festgestellt: Der Beklagte habe auf der Unfallreise das Schiff nicht so geführt, wie es ein erfahrener und tüchtiger Segelschiffskapitän bei Anwendung der im Verkehr erforderlichen Sorgfalt getan hätte. Wäre die Sorgfalt, die ein normaler, ordentlicher und gewissenhafter Segelschiffskapitän unter den obwaltenden Umständen hätte anwenden müssen, vom Beklagten angewandt worden, so wäre die Strandung des Schiffes vermieden worden. Der Beklagte habe aber die hierzu nötige Erfahrung nicht besessen und nach seiner Ausbildung und bisherigen Tätigkeit nicht haben können. Der Kläger, selbst ein alter und erfahrener Segelschiffskapitän, sei bei Anstellung des Beklagten völlig im klaren über die Grenzen der Anforderungen gewesen, denen dieser habe genügen können. Er habe insbesondere gewußt, daß der Beklagte für die eigenartigen Aufgaben der Führung des Seglers „Lisbeth" eine nicht ganz hinreichende Ausbildung und eine, zumal für Fahrten in der Nordsee, völlig unzureichende Erfahrung besessen habe. Allerdings habe der Kläger nicht geglaubt, daß durch die mangelnde Eignung des Beklagten für den ihm übertragenen Posten ein Schade entstehen werde. Er habe aber die Gefahr, die aus dieser mangelnden Eignung des Beklagten dem Schiff gedroht hatte, in grob fahrlässiger Weise übersehen. Wenn der Beklagte in seinem an den Kläger gerichteten Bewerbungsschreiben erklärt habe, er sei im Besitz eines Schoners gewesen und in der Handhabung dieser Art von Schiffen erfahren, so sei der Kläger hierdurch keineswegs irregeführt worden. Diese Angaben des Beklagten hätten gegenüber der genauen Kenntnis des Klägers von dem Maße der nautischen Fähigkeiten des Beklagten keine Bedeutung gehabt. Der Beklagte habe auf der Unfallreise alles getan, was er zu leisten imstande gewesen sei. Es verstoße gegen die Grundsätze von Treu und Glauben, wenn der Kläger, obgleich ihm bei der Anstellung des Beklagten bekannt gewesen sei, daß dieser als junger und in der Segelschiffahrt auf der Nordsee völlig unerfahrener Kapitän nach Vorbildung und Erfahrung schwierige Lagen nicht völlig beherrschen konnte, nunmehr, weil der Beklagte sich derartigen Anforderungen nicht gewachsen gezeigt habe, gegen ihn Schadensersatzforderungen erhebe. Und zwar gelte dies auch dann, wenn man grundsätzlich als Maßstab der vom Beklagten zu erfordernden Sorgfalt den für einen normalen, ordentlichen und gewissenhaften Segelschiffskapitän anwenden wolle, ohne Rücksicht auf den Grad von Erfahrung, der Männern wie dem Beklagten zu eigen sein könne.

Diese Ausführungen des Berufungsrichters sind im wesentlichen tatsächlicher Natur. Danach hat der Kläger den Beklagten mit der Führung des Seglers „Lisbeth" für die sich über die Nordsee erstreckende Unfallreise betraut, obgleich er über die nautische Unzulänglichkeit des Beklagten für eine solche Aufgabe völlig im klaren war. Dieser dem Kläger wohlbekannte Befähigungsmangel des Beklagten ist nach den Feststellungen des Berufungsgerichts die Ursache des Unfalls gewesen. Aus dieser Sachlage konnte das Berufungsgericht ohne Rechtsirrtum folgern, daß der Beklagte dem Kläger nicht für den Schaden hafte. Die vom Berufungsgericht festgestellten Umstände ergeben, daß beim Abschluß des Anstellungsvertrags die dem Kläger bekannte persönliche Eigenart des Beklagten berücksichtigt worden ist. Dies weist auf eine stillschweigende Vereinbarung hin, wonach bei Bemessung der dem Beklagten im Parteiverhältnis obliegenden Sorgfalt seine Eigenpersönlichkeit wesentliche Bedeutung hat (vgl. auch Staudinger Komm. zum BGB. § 276 Bem. 2 Abs. 2). Im Parteiverhältnis ging der Anspruch des Klägers nur auf solche seemännische Leistungen des Beklagten, welche das dem Kläger bekannte Maß der nautischen Fähigkeiten und Erfahrungen des Beklagten nicht überstiegen. Schadenstiftende Umstände, die außerhalb dieses Rahmens liegen, hat der Beklagte kraft der Besonderheit des Parteivertrags dem Kläger gegenüber nicht zu vertreten. Hieran wird dadurch nichts geändert, daß der Beklagte — wie das Berufungsgericht offenbar annimmt — seinerseits wissen mußte, daß er der von ihm übernommenen Stelle nicht gewachsen war. Die Feststellungen des Berufungsgerichts zeigen zur Genüge, daß der Unfall auch bei Anwendung einer durch das Bewußtsein der eigenen nautischen Unzulänglichkeit bedingten besonderen Vorsicht und Sorgfalt des Beklagten wegen seines objektiven Mangels an Befähigung nicht vermieden worden wäre. Anderseits ist der Kläger bei seiner genauen Kenntnis des Umfangs der nautischen Befähigung des Beklagten in seinem Entschluß, ihn anzustellen, nicht dadurch beeinflußt worden, daß der Beklagte sich für die Stelle angeboten und sie vorbehaltlos übernommen hat.

Diese Ausführungen sind geeignet, die angefochtene Entscheidung zu tragen. Es mag aber bemerkt werden, daß die weiteren Erörterungen des Berufungsgerichts nicht frei von Rechtsirrtum sind, wonach ein Verschulden des Beklagten, auch abgesehen von der Besonderheit des maßgeblichen Parteiverhältnisses, nach allgemeinen Rechtsgrundsätzen um deswillen nicht vorhanden sein soll, weil er alle die Sorgfalt angewandt habe, die man von ihm bei den nautischen Erfahrungen, wie er sie besaß, habe verlangen können. Das Berufungsgericht begründet seine Auffassung damit, daß es innerhalb des Kreises der Segelschiffskapitäne je nach dem Grade ihrer seemännischen Erfahrungen verschiedene Gruppen gebe. Ein Mann aus der Gruppe mit den nautischen Erfahrungen des Beklagten hätte auch bei Anwendung pflichtmäßiger Sorgfalt die für den Unfall ursächlichen Fehler nicht vermeiden können. Diese Erwägungen stehen mit der in Rechtsprechung und Schrifttum herrschenden Rechtsauffassung in Widerspruch. Danach ist die „im Verkehr erforderliche Sorgfalt" des § 276 BGB. nach einem objektiven Maßstab zu bestimmen, nämlich nach dem, was der regelrechte und gesunde Verkehr unter Berücksichtigung der jeweiligen Verhältnisse erfordert. Die berechtigten Anforderungen des Verkehrs entscheiden also darüber, welches Maß von Umsicht und Sorgfalt zur Vermeidung des Schadens aufgewandt werden muß. Dabei sind grundsätzlich die Anschauungen eines gewissen engeren Verkehrskreises und die typischen Eigenschaften der einem solchen bestimmten Verkehrskreis angehörenden Gruppe von Menschen nicht außeracht zu lassen (RGZ. Bd. 68 S. 423, Bd. 95 S. 17, Bd. 102 S. 49; Gruch. Bd. 50 S. 935, RGU. vom 25. Januar 1906 VI 171/1905; Komm. v. RGR. Anm. 3 zu § 276). Dementsprechend wird in § 511 HGB. die Sorgfalt eines ordentlichen „Schiffers" verlangt. Handelt es sich, wie hier, um die Führung eines Segelschiffs, so kommt wegen der Besonderheiten der Segelschiffahrt die Sorgfalt eines ordentlichen Segelschiffskapitäns in Betracht. Die Maßgeblichkeit der Anforderungen, die im Verkehr billiger- und vernünftigerweise gestellt werden können, zeigt, daß weder die Sorgfalt eines besonders erfahrenen noch die Sorgfalt eines unerfahrenen Segelschiffskapitäns als Maßstab herangezogen werden kann. Vielmehr ist diejenige Sorgfalt entscheidend, die ein ordentlicher und gewissenhafter Segelschiffskapitän von normalen Kenntnissen, Fähigkeiten und Erfahrungen auf dem Gebiete der Segelschiffahrt anzuwenden pflegt. Wollte man innerhalb des Kreises der so bezeichneten Segelschiffskapitäne besondere Gruppen je nach dem Grade der nautischen Erfahrung des einzelnen unterscheiden, so würde dies eine unzulässige Verschiebung des sachlichen Maßstabs durch Hereinziehung persönlicher Umstände bedeuten. Mit einer Gruppe von unerfahrenen Segelschiffskapitänen, die schweren Aufgaben nicht gewachsen sind und im Ernstfalle versagen, würde der Verkehr wenig anfangen können. Die für den normalen Segelschiffsführer nötige Erfahrung kann und muß vor der ersten selbständigen Segelschiffsfahrt erworben werden. Der hiernach in der Begründung des Berufungsurteils enthaltene Rechtsirrtum ist aber nicht geeignet, das aus anderen Gründen, wie oben dargelegt, rechtlich nicht zu beanstandende Urteil zu Fall zu bringen.

---

80. 1. Sind Schriftleiter und Verleger einer Zeitschrift bei Aufsätzen, die ihnen „zum Abdruck" überlassen werden, zu erheblichen Kürzungen und sonstigen Änderungen der Form, auch zur Zusammenstellung eines Aufsatzes mit abfälligen Besprechungen befugt?

2. Schaden durch vertragswidrige Behandlung eines abzudruckenden Aufsatzes. Wieweit ist solchenfalls dem Verfasser zuzumuten, daß er durch berichtigende Erklärungen auf Verhütung eines drohenden Schadens hinwirke?

VerlG. § 13; LitUrhG. § 9; BGB. § 254.

I. Zivilsenat. Urt. v. 14. Januar 1928 i. S. S. u. Gen. (Bekl.) w. H. (Kl.). I 151/27.

I. Landgericht III Berlin, Kammer für Handelssachen.
II. Kammergericht daselbst.

Der Kläger stellt elektrische Heizkissen her. Er pflegt „Technische Mitteilungen" aus seiner Fabrik herauszugeben, um über die Eigenschaften seiner Erzeugnisse aufzuklären und dafür zu werben. Die Beklagte S. ist Verlegerin, der Beklagte A. Schriftleiter der Zeitschrift für Installation, Elektro-Wärme, Brand- und Unfallschutz, die als Nachrichtenblatt des Elektrotechnischen Vereins in H. Aufsätze von Fachleuten aus den in ihrem Titel genannten Gebieten bringt.

Der Beklagte A. bat im April 1926 den Kläger schriftlich, ihm die bislang erschienenen Technischen Mitteilungen zu übersenden, damit er Auszüge oder ganze Aufsätze daraus verwenden könne. Er fuhr fort: „Gleichzeitig bitten wir um die Erlaubnis, den Aufsatz über Heizkissensicherungen Ihrer Mitteilungen 6/7 abdrucken zu dürfen". Der Kläger antwortete: „Wir ... geben Ihnen gern die Erlaubnis, unsere Mitteilungen Nr. 6/7 abzudrucken ..." In der im Juni 1926 herausgegebenen Nr. 12/13 der Zeitschrift erschien eine Reihe von drei Aufsätzen unter der Sammelüberschrift „Über Heizkissensicherungen". Der erste war aus der vorhin erwähnten Abhandlung des Klägers hergestellt. Die beiden andern enthielten Besprechungen des ersten Aufsatzes, verfaßt von dem Diplomingenieur R. in Berlin und dem Direktor M. in Ulm.

Der Kläger bezeichnet die Veröffentlichung als eine unbefugte Bearbeitung seines Aufsatzes, die ihn der Abrede zuwider nicht „abdrucke", sondern mannigfach verändere, mit abfälligen Urteilen zusammenfüge, Wettbewerber dadurch zu Angriffen und schädlichen Machenschaften angeregt habe. Er wirft den Beklagten vertragswidriges Gebaren, Verletzung seines Urheberrechts, unlauteren Wettbewerb und Schädigung durch vorsätzliches, gegen die guten Sitten verstoßendes Handeln vor. Mit der Klage verlangt er Schadensersatz im Betrag von 5000 RM nebst Zinsen. Die Beklagten erwidern, daß der Schriftleiter nur von seinen gesetzlichen Befugnissen Gebrauch gemacht habe. Auch bestreiten sie, daß dem Kläger durch etwa vorgekommene Verstöße Schaden erwachsen sei. Für alle Fälle wenden sie ein, der Kläger habe die ihm gebotene Gelegenheit, auf abfällige Urteile zu erwidern, unbenutzt gelassen und dadurch selbst schuldhaft gehandelt.

Das Landgericht hat den Klaganspruch dem Grunde nach für gerechtfertigt erklärt, das Kammergericht die Berufung der Beklagten zurückgewiesen. Die Revision hatte keinen Erfolg.

Gründe:

I. Mit Recht geht das Berufungsgericht davon aus, daß unter den Parteien durch Schriftwechsel vom April 1926 ein Vertrag zustande gekommen ist. Inhalt der Vereinbarung war, daß der Kläger seinen Aufsatz über Heizkissensicherungen (aus Nr. 6/7 seiner Technischen Mitteilungen) den Beklagten für ihre Zeitschrift zum Abdruck überließ. Das angefochtene Urteil bezeichnet dergleichen zutreffend als eine Art Verlagsvertrag, für den die Vorschriften des Verlagsgesetzes vom 19. Juni 1901 (§§ 41flg., 1flg.) maßgebend sind.

1. Da nicht bedungen war, daß beim Abdruck in der Zeitschrift der Name des Verfassers wegbleibe, so kann sich der Verleger und mit ihm der Schriftleiter nicht auf § 44 VerlG. berufen, wonach ihm bei namenloser Veröffentlichung die Befugnis zukäme, an der Fassung solche Änderungen vorzunehmen, die bei Zeitschriften derselben Art in dergleichen Fällen üblich sind. Auch vermag der sonstige Inhalt der Anfrage vom April 1926 keine erweiterte Änderungsbefugnis für Schriftleiter und Verleger zu begründen. In der Anfrage war allerdings zunächst bemerkt: „Wir würden gern Auszüge oder ganze Aufsätze aus Ihren Technischen Mitteilungen gelegentlich in unserer Spezialzeitschrift verwenden". Aber dieser einleitende allgemeine Wunsch war unmaßgeblich für die Auslegung des besonderen Anliegens, das im nächsten Satze folgte: die Bitte um Erlaubnis, den Aufsatz über Heizkissen-Sicherungen abdrucken zu dürfen. Das Ersuchen um Gestattung des „Abdrucks" kann nicht (wie die Beklagten wollen) unter Heranziehung des vorausgehenden Satzes so gedeutet werden, als wünsche der anfragende Schriftleiter eine Abdruckerlaubnis mit weitgehendem Änderungsrecht. Das steht nicht in dem Briefe; für den Kläger war dergleichen nicht herauszulesen. Wenn also die Antwort dahin lautete, daß die Erlaubnis gegeben werde, die Mitteilungen 6/7 „abzudrucken", so waren die Beklagten auf Grund des so Vereinbarten nicht berechtigt, beliebig zu ändern oder sich auf bloße Auszüge zu beschränken. Vielmehr galt der gesetzliche Grundsatz, daß der Verleger an dem Werke ... Zusätze, Kürzungen oder sonstige Änderungen nicht vornehmen darf; eine Ausnahme machen nur solche Änderungen, für die der Verfasser seine Einwilligung nach Treu und Glauben nicht versagen kann (§ 13 VerlagsG., inhaltlich übereinstimmend mit § 9 LitUrhG. vom 19. Juni 1901).

Zutreffend sagt das angegriffene Urteil: Dem Schriftwechsel sei allerdings nicht zu entnehmen, daß der Aufsatz des Klägers bis auf den Buchstaben wörtlich wiedergegeben werden müsse. Unbedeutende Änderungen von geringem Umfang erschienen auch hier zulässig, soweit sie durch die tatsächlichen Bedürfnisse der Zeitschrift gerechtfertigt würden. Keinesfalls aber sei aus der Zustimmung des Klägers zu dem Wunsche der Beklagten zu schließen gewesen, daß er mit umfänglichen Streichungen einverstanden sei. Nach Treu und Glauben müsse man den Schriftwechsel dahin verstehen, daß die Beklagten keine erheblichen Kürzungen beabsichtigten, der Kläger auch nicht gewillt sei, ihnen die Befugnis dazu einzuräumen. Diese Auslegung enthält keinen Rechtsirrtum. Sie steht im Einklang mit der — auf sicherer Grundlage der Gesetzesvorschriften — in Wissenschaft und Rechtsprechung herrschenden Überzeugung: daß ein Erzeugnis geistiger Arbeit ohne des Verfassers (oder sonst Berechtigten) Zustimmung in keiner andern Gestalt als der vom Schöpfer ihm verliehenen an die Öffentlichkeit gebracht werden soll (RGZ. Bd. 4 S. 133, Bd. 18 S. 18, Bd. 79 S. 399, Bd. 102 S. 141/2; JW. 1904 S. 391 Nr. 20; Kohler UrhR. S. 272/4 § 43, S. 210, 212 § 28; Allfeld S. 100flg. zu § 9 LitUrhG.; Riezler Dtsch. Urh. u. ErfR. I S. 328, 278/9; Voigtländer-Fuchs S. 77 zu § 9 UrhG. u. S. 291flg. zu § 13 VerlagsG.; Goldbaum UrheberR. und UrhebervertragsR. 1927 S. 119/120, Bem. IX zu § 9 LitUrhG.). Die Rüge der Revision, daß das Berufungsurteil gegen §§ 133, 157, 242 BGB. verstoße, ist unbegründet.

2. In zweifacher Hinsicht haben die Beklagten bei dem Aufsatze des Klägers, dessen Abdruck ihnen gestattet worden war, Maßnahmen eintreten lassen, die von dem „Abdrucke" teils abweichen, teils die Veröffentlichung auf besondere in der Vereinbarung nicht vorgesehene Weise begleiten.

a) Der Aufsatz wurde verschiedentlich stark gekürzt und auch sonst verändert. Ganze Sätze und Abschnitte oder Stücke von teilweise beträchtlichem Umfang (z. B. eins von 46 und eins von 66 Zeilen), auch etliche der zur Veranschaulichung bestimmten Bilder wurden völlig weggelassen. Mehrmals wurden Ausdrücke verändert, verschiedentlich die übernommenen Sätze durch Streichung von Teilen oder einzelnen Worten gekürzt. Mit Recht bezeichnet das Berufungsgericht solche eingreifende Verwandlung, die tatsächlich kein „Abdruck" mehr war, als „Bearbeitung". Denn obwohl sich der ursprüngliche Aufsatz des Klägers aus den „Technischen Mitteilungen" im Aufsatze der Zeitschrift der Beklagten inhaltlich und großenteils auch in der Ausdrucksform noch erkennen ließ, war die Gestalt, im ganzen betrachtet, sehr umgewandelt, der Sinn bisweilen geändert. Der Begriff der Bearbeitung ist keineswegs verkannt, wie die Revision meint. Völlig zutreffend betont das Berufungsgericht: Eine Befugnis, über Wichtigkeit und Unwichtigkeit der einzelnen Ausführungen des Klägers zu entscheiden, war den Beklagten nicht eingeräumt. Aus Art und Zweck ihrer Zeitschrift folgte sie nicht. Um die Erlaubnis so bedeutender Kürzungen und sonstiger Änderungen, wie von ihnen vorgenommen, hätten sie ausdrücklich nachsuchen müssen; damit, daß gewisse Ausführungen des Klägers auf Selbstanpreisung hinausliefen, in leichtem Unterhaltungsstil gehalten, hier und da ins scherzhaft Übertreibende geraten seien, können sie die tatsächlich vorgenommenen Änderungen nicht rechtfertigen. „Bearbeitung" des abzudruckenden Aufsatzes war ihnen nicht zugestanden worden. Zu ihr blieb also nur der Kläger befugt (§ 12 LitUrhG.). Durch die von ihnen angewandte Behandlungsweise verstießen die Beklagten gegen den Vertrag und verletzten das Urheberrecht des Klägers.

b) Vertragswidrig verfuhren die Beklagten auch, indem sie den — erheblich veränderten — Aufsatz des Klägers in bestimmter Art mit andern Äußerungen zusammenfügten. Mit Recht führt das Berufungsgericht aus: Der Kläger durfte nach dem Schriftwechsel erwarten, daß sein Aufsatz selbständig mit der von ihm gewählten Überschrift als eine Einheit veröffentlicht werde, als geschlossene Einheit auch auf die Leser der Zeitschrift wirke. So geschah es jedoch nicht. Ungefähr auf dem gleichen Raume, den der Aufsatz des Klägers allein in den „Technischen Mitteilungen" eingenommen hatte, brachte die Zeitschrift der Beklagten — unter der nämlichen Überschrift („Über Heizkissensicherungen") — eine Veröffentlichung aus Beiträgen dreier Verfasser. Etlichen einführenden Zeilen der Schriftleitung folgten zunächst annähernd sechs Spalten, die aus dem Aufsatz des Klägers auf die vorhin angegebene Weise zusammengestrichen waren. Danach etwa vier Spalten von Dipl.-Jng. R. Endlich ein kurzer Beitrag (reichlich ein Viertel einer Spalte) vom Direktor M. In den Ausführungen der beiden letzten Verfasser wurden die des Klägers verschiedentlich bekämpft.

Diese Art, die Abhandlung des Klägers — abgesehen von starken Veränderungen — unter gemeinsamer Überschrift unmittelbar mit der an ihr geübten Kritik zu verflechten, war nach der zutreffenden Würdigung des angefochtenen Urteils unvereinbar mit Treu und Glauben. Was der Kläger nach dem Briefwechsel als Zweck verfolgte und als Ergebnis des Vertrags erwarten mußte, war eine durch wirklichen „Abdruck“ vermittelte vorteilhafte Veröffentlichung seiner technischen Ansichten. Die Beklagten, denen dieser klar ersichtliche Zweck und Vertragswille des Klägers bekannt war, brachten statt dessen, was er erstrebte, unter Hintansetzung, ja Durchkreuzung seiner Belange, eine ihn schädigende Gesamtdarstellung der Heizkissensicherungen.

Nicht stichhaltig ist der Einwurf der Beklagten, daß sie doch, dem ganzen Zweck ihrer Zeitschrift gemäß, auch andere Stimmen hätten zum Worte verstatten müssen. Gewiß blieb das unverwehrt. Auch das Berufungsgericht verkennt es keineswegs, betont sogar ausdrücklich, daß die Beklagten über den nämlichen Gegenstand weitere Veröffentlichungen bringen durften, selbst wenn diese an dem Aufsatz des Klägers und seinem technischen Inhalt schärfste Kritik übten. Aber Zusammenfassung des Aufsatzes mit den Darlegungen, die sich in Widerspruch und Tadel ergingen, war wider Treu und Glauben und somit gegen den Vertrag. Das Berufungsgericht erachtet mit Recht nach dem Inhalt des Briefwechsels für angemessen, daß überhaupt eine gleichzeitige Veröffentlichung von Aufsatz und Gegenäußerungen (in derselben Nummer, obschon getrennt) mindestens dann hätte unterbleiben müssen, wenn der Kläger sich nicht einverstanden erklärt hatte. Doch verwertet es dies nicht entscheidend und begnügt sich damit, anzudeuten, wie wenig es dem Vertragszweck entsprach, die Gegner (R. und M.) von der Absicht vorher zu verständigen, den Kläger aber zu überraschen.

3. Ohne Rechtsirrtum entnimmt das Berufungsgericht den erwiesenen Umständen die Überzeugung, daß die Beklagten den Vertrag und das Urheberrecht des Klägers wissentlich verletzt haben.

II. Weiter stellt das angefochtene Urteil fest: Ein Schaden sei durch die Veröffentlichung der Beklagten in der vom Kläger als vertragswidrig und rechtsverletzend bemängelten Form unwiderruflich entstanden. „Denn daß diese Veröffentlichung den Kläger geschädigt hat, unterliegt keinem Zweifel.“ Die Revision findet hierin ohne zureichenden Grund eine Verletzung der §§ 249flg. BGB. und meint: Wenn ein Schaden entstanden sei, dann doch nur durch den Überschuß unzulässigen Handelns über zulässige Maßnahmen, aus denen dem Kläger ebenfalls Nachteil erwachsen wäre. Dergleichen Überschreitung aber sei nicht als ursächlich für den

Schaden festgestellt. Dieser Vorwurf ist unbegründet. Das Berufungsgericht verbindet mit seiner Feststellung in dem Zusammenhang, in dem es sie trifft, bereits den Sinn: Dadurch, daß die Beklagten den Vertrag und das Urheberrecht des Klägers verletzt haben, ist diesem ein Vermögensnachteil erwachsen, der ihm ohne dergleichen Rechtsverletzung erspart geblieben wäre. Einbegriffen ist hierin die Erwägung: Bei ordnungsmäßiger Vertragserfüllung der Beklagten unter Beachtung der Grundsätze von Treu und Glauben wäre, selbst wenn der abgedruckte Aufsatz des Klägers Widerspruch hervorgerufen und ein Streit der Meinungen sich angeschlossen hätte, die Vermögenslage für den Kläger günstiger geblieben, als sie durch das vertragswidrige Verhalten der Beklagten sich gestaltet hat. Für die Entscheidung darüber, ob der Schadensersatzanspruch dem Grunde nach gerechtfertigt sei, genügt das. Denn das Gericht hat sie unter Würdigung aller Umstände nach freier Überzeugung zu treffen (§ 287 ZPO.); die Revision kann zur Zeit nicht damit begründet werden, daß diese Gesetzesvorschrift verletzt sei.

III. Gleichfalls unbegründet ist die Revisionsrüge, daß die Frage rechtsirrig beurteilt sei, ob der Kläger den Schaden durch eigenes Verschulden mitverursacht oder vergrößert oder zu mindern unterlassen habe (§ 254 BGB.). Die Beklagten haben dem Kläger ja gerade vor der Veröffentlichung in Nr. 12/13 der Zeitschrift von der Art, wie sie diese planten, keine Kenntnis und überhaupt keine Gelegenheit zu eigener alsbaldiger Gegenäußerung auf die Kritiken gegeben. Was aber von dem Anerbieten nachträglicher Erwiderung zu halten war, würdigt das Berufungsgericht ohne Rechtsirrtum, indem es erwägt: Dem Kläger könne vernünftigerweise nicht zugemutet werden, in einer Zeitschrift weitere Veröffentlichungen zu bringen, die derart vertrags- und rechtswidrig mit seiner ersten verfahren war. Zwar müsse der Geschädigte grundsätzlich in allen Fällen dahin wirken, daß der ihm zugefügte Schaden keinen übermäßigen Umfang annehme. Diese Verpflichtung finde jedoch ihre Grenze, wenn die zur Abwendung oder Minderung in Betracht kommende Maßnahme dem Geschädigten nicht zuzumuten sei. Dies ist der Fall, wenn, wie hier, das Vertrauen mißbraucht worden und dadurch verloren gegangen ist. ...

81. Sind auf einen Vertrag, durch den ein Maler sein Gemälde einem Kunsthändler zur Vervielfältigung im Druckverfahren und zum Vertrieb der Nachbildungen überläßt, Grundsätze des Schriftwerksverlages anzuwenden, und zwar derart, daß der Maler künftig dem Kunsthändler keinen Wettbewerb durch „ähnliche“ Bilder machen darf?

KunstschutzG. §§ 1, 10. VerlG. § 1. UnlWG. § 1. BGB. §§ 157, 242, 826.

I. Zivilsenat. Urt. v. 14. Januar 1928 i. S. M. A.-G. (Kl.) w. Z. u. Gen. (Bekl.). I 60/27.

I. Landgericht Dresden.
II. Oberlandesgericht daselbst.

Der Beklagte Z. pflegt seit geraumer Zeit einen Teil der Bilder, die er malt, samt den Schutzrechten daran Kunstanstalten zur Vervielfältigung und Verbreitung zu überlassen. In solchen Beziehungen stand er ungefähr von 1906 bis 1924 auch zur Klägerin. Ihr überließ er durch Vertrag vom 3. Februar 1914 gegen Entgelt sein damals vollendetes Bild „Elfenreigen“. Die Klägerin bildete es im Druckverfahren nach und vertrieb gewerbsmäßig die Nachbildungen. Im Jahre 1925 malte Z. für den Beklagten F. auf dessen Bestellung ein Bild „Blumenreigen“, das wie der „Elfenreigen“ die Maße 52×120 cm aufweist und ihm unstreitig ähnelt. F. übernahm dieses Bild zur Vervielfältigung, stellte im Druckverfahren Nachbildungen her und brachte sie in den Handel. Wie bei der Klägerin der „Elfenreigen“, so wurde beim Beklagten F. der „Blumenreigen“ in einer zusammengehörenden Reihe von sechs Bildern (F. nannte die seinige den „Neuen Weg“) angeboten.

Die Klägerin sieht im Verhalten der Beklagten eine Verletzung ihrer Rechte. Sie behauptet, Z. sei ihr vertraglich verpflichtet gewesen und hätte dieser Verpflichtung zufolge den „Blumenreigen“ keinem anderen Kunsthändler zur Vervielfältigung überlassen dürfen; F. habe um das Vertragsverhältnis gewußt. Auch künstlerisches Urheberrecht der Klägerin am „Elfenreigen“ sei von beiden Beklagten verletzt worden. Deren Gebaren mache sie ferner nach den Bestimmungen über unlauteren Wettbewerb und über unerlaubte Handlungen haftbar. Der Klagantrag geht auf Unterlassung, Rechnungslegung, Schadensersatz und Befugnis zur Bekanntmachung.

Das Landgericht gab diesem Antrag statt. Das Oberlandesgericht wies die Klage gegen beide Beklagte ab. Die Revision der Klägerin hatte keinen Erfolg.

Aus den Gründen:

(Mit der Revision nicht angegriffen ist das Berufungsurteil, soweit es annimmt: Das Urheberrecht am „Elfenreigen" stand allein dem Beklagten Z. zu, der ihn gemalt hatte; der Vorstand der Klägerin, Generaldirektor M., war trotz gewisser Weisungen und Fingerzeige nicht Mitschöpfer. Die Klägerin aber hat durch Vertrag das Urheberrecht übertragen erhalten. Der „Blumenreigen" war keine unfreie Nachbildung des „Elfenreigens", sondern ein Werk von persönlicher künstlerischer Eigenart. Nicht verletzt ist also das künstlerische Urheberrecht der Klägerin am „Elfenreigen". Zwischen der Klägerin und dem Beklagten Z. ist kein allgemeiner Vertrag dahin zustande gekommen, daß Z. seine Bilder zum Zwecke der Vervielfältigung und gewerblichen Ausnutzung nur an die Klägerin und an keine andere Gewerbetreibende ihres Zweiges liefern dürfe.[1])

1. Die Revision der Klägerin wendet sich vor allem mit der Rüge, daß § 157 BGB. verletzt sei, gegen die Ausführungen des Berufungsurteils über den Klagegrund vertraglicher Verpflichtung: Offen bleibe die Frage, ob nicht — wenngleich allgemeine vertragliche Bindung des Z. für unbewiesen erachtet werde — für das einzelne Bild „Elfenreigen", woran der Klägerin das Urheberrecht übertragen worden, eine besondere vertragliche Verbindlichkeit eingegangen sei, nämlich die Verpflichtung, kein ähnliches Bild zu schaffen, das als Konkurrenzwerk daneben wirken könnte. Das Berufungsgericht habe diese Frage nicht genügend geprüft. Dieser Vorwurf ist unbegründet.

a) Die Klägerin vermißt im Berufungsurteil die Untersuchung, ob nicht aus Schriftwechsel und mündlichen Äußerungen im Zusammenhang mit der Übertragung des Urheberrechts am „Elfenreigen" nach Treu und Glauben als Vertragswille der Beteiligten zu schließen sei: Z. dürfe kein diesem Bilde ähnliches Bild schaffen, damit der von der Klägerin mit dessen Druckvervielfältigung und Vertrieb

[1]) Zu vgl. RG. Urt. v. 15. Juni 1927 I 49/27, abgedr. in Markenschutz und Wettbewerb XXVII/XXVIII S. 144. D. E.

bezweckte Erfolg nicht beeinträchtigt werde. Das Wesen des Verlagsvertrags als Vertrauensverhältnis sei nicht ausreichend in Betracht gezogen. Aber das Berufungsgericht wirft ausdrücklich die Frage auf, ob der Vertrag vom 3. Februar 1924 über den „Elfenreigen" eine besondere Bindung des Z. in dem von der Klägerin behaupteten Sinne herbeigeführt habe, und verneint sie. Der Vertrag räume der Klägerin nicht mehr ein als das Vervielfältigungs- und Verwertungsrecht an dem einen bestimmten Gemälde. Die ihr zugestandene Änderungsbefugnis nötige zu keiner abweichenden Beurteilung. Aus dem schriftlichen Vertrage lasse sich keine darin liegende stillschweigende Verpflichtung des Z. herleiten, keine ähnlichen Bilder oder Bilder gleichen Motivs für andere Verleger zu malen. Eine solche Verpflichtung wäre für den Künstler und das ihm freibleibende Betätigungsgebiet von so einschneidender Bedeutung, daß sie nicht ohne weiteres als stillschweigend vereinbart hier unterstellt werden könne. Das verbiete sich um so mehr, wenn man berücksichtige: Die gezahlte Vergütung habe dem Maler für eine so starke Beschränkung kein entsprechendes Entgelt gewährt; mithin sei die von der Klägerin behauptete Verpflichtung weder wahrscheinlich noch stehe sie im Einklange mit Anforderungen der Billigkeit. Auch würde der geschäftserfahrene Vorstand der Klägerin, wenn er sich in solchem Umfange vertraglich hätte sichern wollen und können, ganz gewiß eine dahingehende ausdrückliche Bestimmung in die Vertragsurkunde aufgenommen haben.

Bevor es das ausführte, hat das Berufungsurteil schon eingehend dargelegt, warum kein allgemeiner Vertrag des von der Klägerin behaupteten Inhalts für bewiesen zu erachten sei. Dabei ist im einzelnen untersucht worden, ob sich aus schriftlichen Belegen, namentlich dem Briefwechsel, oder aus mündlichen Äußerungen eine Willenseinigung entnehmen lasse. Der ganze Inbegriff erwiesener oder als wahr unterstellter Umstände ist in Betracht gezogen. Und unmittelbar im Zusammenhang damit geht dann, nach Verneinung einer allgemeinen vertraglichen Bindung, das Urteil zu der weiteren Frage über, ob das Abkommen vom 3. Februar 1914 für den „Elfenreigen" eine entsprechende besondere Bindung enthalte. Das Berufungsgericht haftet demnach nicht, wie die Revision ihm vorwirft, an der Vertragsurkunde über den „Elfenreigen", sondern legt seiner Würdigung den ganzen Sachverhalt zugrunde, einschließlich dessen, was es vorher (bei der Prüfung auf eine umfassende Abrede allgemeinen Inhalts hin) besprochen hat. Eine Verfehlung gegen Rechtsregeln ist dabei nicht ersichtlich; namentlich ist § 157 BGB. nicht verletzt. (Wird ausgeführt.)

b) Ganz besonders betont die Revision, das Berufungsgericht habe das Wesen des Verlagsvertrags als Vertrauensverhältnis außer acht gelassen und daher nicht beachtet, daß der Künstler jeden Wettbewerb gegen den Verleger streng vermeiden müsse, selbst wenn darüber keine besondere Abmachung getroffen sei. Gerade weil sich das von selbst verstehe, also Z. für Wettbewerber kein dem „Elfenreigen" ähnliches Bild hätte malen dürfen, sei es in der Urkunde vom 3. Februar 1914 nicht erst erwähnt worden. Die Revision entnimmt Beispiele und Grundsätze für diesen ihren Angriff kurzweg dem Verlag von Schriftwerken und führt aus: Ein Verfasser dürfe seinem Verleger keine Konkurrenz machen. Wer z. B. einem Verleger ein größeres Handbuch übertragen habe, müsse, auch wenn gar nichts darüber vereinbart sei, davon absehen, einem anderen Verlag eine abgekürzte Ausgabe dieses Werkes zu überlassen; denn das wäre dem geschäftlichen Erfolge nach ein Konkurrenzwerk. Als die Klägerin am 3. Februar 1914 mit Z. den Vertrag über den „Elfenreigen" geschlossen habe, seien doch beide sicherlich überzeugt gewesen, der Künstler dürfe für einen anderen Verlag kein Bild malen, das dem der Klägerin überlassenen ähnlich sei.

In solcher Anwendung von Grundsätzen, die allerdings in vielen Fällen für den Buchverlag, wenigstens für das wissenschaftliche Schrifttum, zutreffen mögen, auf Fälle wie den hier streitigen ist der Klägerin nicht beizustimmen. Mit Recht hebt das Berufungsgericht hervor, daß bei der Übertragung des Urheberrechts an einem Kunstwerke noch andere Rücksichten genommen werden müssen. Schon bei Schriftwerken macht es einen für die gesamte Beurteilung wesentlichen Unterschied, ob das Werk ein wissenschaftliches Hand- oder Lehrbuch, eine Abhandlung, ein Roman, eine erzählende oder lyrische Dichtung ist. Wiederum andere Gesichtspunkte können sich für Werke der Tonkunst ergeben.

Das Kunstschutzgesetz erwähnt zwar (§ 10 verb. m. § 1), daß das Recht des Urhebers an einem Werke der bildenden Kunst beschränkt oder unbeschränkt auf andere übertragen werden kann. Doch ist der Hauptfall beschränkter Übertragung, der Fall des Verlagsvertrags, für dieses Sachgebiet nicht besonders geregelt. Die Vorschriften des auf Werke der Literatur und der Tonkunst berechneten Verlagsgesetzes vom 19. Juni 1901 lassen sich nicht schlechthin und allgemein auf Gegenstände anwenden, die dem Kunstschutzgesetz unterliegen. Um Illustrationsverlag, der allerdings dem Buchverlag nahe verwandt ist, handelt es sich hier nicht. Sowohl der eigentliche Kunstverlag aber, dem der gegenwärtige Streitfall zugehört, als der kunstgewerbliche Verlag lassen sich, bei der sehr mannigfaltigen Verschiedenheit der in ihnen begegnenden Vertragsverhältnisse, nicht ohne weiteres nach Grundsätzen des Schriftwerkverlags beurteilen (Kohler, Kunstwerkrecht S. 95 bis 101, 104 bis 108; Osterrieth, Urheber-R. an Werken der bildenden Künste S. 74 bis 81; Allfeld, KunstschutzGes. S. 71flg. Anm. 14, 19, 20 zu § 10; Riezler, Deutsches Urheber- und Erfinder-R. I S. 441flg.; ders. in Ehrenbergs Handb. des gesamten Handelsrechts Bd. 5 Abt. 2 (1915) S. 88 bis 91; v. Gierke, D. Priv.-R. III (1917) § 205, VIII S. 767 bei Anm. 82). Immer bedarf es im einzelnen Falle der Prüfung, ob entsprechende Anwendung der Buchverlagsregeln auf den Kunstverlag nach der Art des Gegenstandes dem Zweck und Verkehrsbedürfnis entspricht (Riezler, Dtsch. Urh.-R. I S. 442; Osterrieth a. a. O. S. 75 bis 78). Aus dem Wesen des Urheberrechts als einer grundsätzlich unbeschränkten Verfügungsherrschaft folgt auch hier, daß der Schöpfer des Kunstwerks in der Ausübung seines Rechts nur so weit beschränkt ist, als es sich aus einer ausdrücklich oder stillschweigend eingegangenen Verpflichtung ergibt. Stillschweigend ist er verpflichtet, sich aller derjenigen Verfügungen über sein Werk zu enthalten, die gegen Treu und Glauben verstoßen würden. Ob eine Verfügung den Geboten von Treu und Glauben zuwiderläuft, richtet sich wesentlich nach Umfang und Zweck der dem Verleger gewährten Nutzungsbefugnisse. Verfügungen, welche die dem Verleger eingeräumte Nutzung des Werles schädigen oder gar unmöglich machen, muß er unterlassen (Osterrieth a. a. O. S. 78 Anm. 2). Doch gilt vor allem die Regel, daß — ebenfalls aus dem Wesen des Urheberrechts — dergleichen Verlagsverträge einschränkend auszulegen sind. Der Verleger erwirbt nur solche Verfügungsbefugnisse über das Werk, die der Künstler ihm ausdrücklich bewilligt oder deren Gewährung aus dem beiderseits gewollten Vertragszweck klar erhellt (Osterrieth a. a. O. S. 76 Anm. IV 1 zu § 10; Allfeld a. a. O. S. 73).

Durch den Vertrag vom 3. Februar 1914 „verkaufte“ Z. an die Klägerin das „von ihm selbst entworfene und gemalte Original-Ölgemälde, 52 × 120 cm groß, darstellend „Elfenreigen“, Querbild mit 9 Figuren, mit dem ausschließlich alleinigen Rechte, dieses Bild in jeder beliebigen Art und Weise und Größe zu vervielfältigen und die Reproduktionen beliebig zu verkaufen, und mit der Erlaubnis, dieses Bild mit oder ohne seinen Namen oder mit beliebigem anderem Namen (Pseudonym) herauszubringen, auch etwaige Änderungen an dem Originale vorzunehmen, ferner mit dem Rechte, das Verlags- und Vervielfältigungsrecht dieses Bildes ganz oder teilweise auch auf andere Firmen oder Personen zu übertragen, für den Preis von Kr. 600 . . .“.

Der im Jahre 1925 gemalte „Blumenreigen“ war ein anderes Kunstwerk als der „Elfenreigen“, über den das Abkommen von 1914 getroffen worden war. Der Klägerin mag zugegeben werden, daß beide Parteien zur Zeit des Vertragsabschlusses von 1914 nach der ganzen Art ihrer damaligen Beziehungen überhaupt nicht damit rechneten, Z. werde in absehbarer Zeit ein Bild zur Vervielfältigung an einen anderen Kunsthändler vergeben und durch die Besonderheit des Werkes und der Übertragung vielleicht den geschäftlichen Erfolg des „Elfenreigens“ beeinträchtigen. Damit ist aber nicht gesagt, daß er sich in diesem Sinne habe rechtlich binden wollen; und ebensowenig, daß die Klägerin ihn durch den Vertrag dergestalt für gebunden erachtet habe. Das Berufungsgericht verneint beides, und zwar, wie schon dargelegt wurde, ohne Verletzung rechtlicher Grundsätze. Wohl war der Künstler durch den Vertrag fortan gehindert, den „Elfenreigen“ an einen anderen Verlag zur Vervielfältigung zu vergeben oder selbst etwa derartiges auszuführen. Aber für die Vertragsauslegung muß unangetastet bleiben, daß jedes Kunstwerk, mag die Schätzung der Kenner ihm auch keinen besonders hohen Rang zuweisen, ein eigenpersönliches Gebilde ist; daß es als solches, nicht als Gattung, Schutz genießt und Gegenstand von Rechtsgeschäften wird. Ferner daß grundsätzlich dem Schöpfer eines Kunstwerks für sein weiteres Schaffen alles frei und unverkürzt bleiben muß, was nach anerkannten Regeln des Kunstschutzes zu den freien Bestandteilen und Mitteln künstlerischen Bildens gehört: die Lebenserscheinungen, die den Ausgangspunkt und Gegenstand, den Vorwurf oder Gedanken (das Motiv) seiner Darstellung bieten, auch die Weise der technischen Behandlung, die Anwendung des dem Künstler geläufigen, seiner Wesensart entsprechenden Stils (Kohler Kunstwerkrecht S. 27; ders., Das literarische und artistische Kunstwerk S. 37flg.; Osterrieth a. a. O. S. 20/21 Anm. II 6, 7, 8 zu § 1 KunstschutzGes.). Dieses Gebiet freien Wirkens erheblich einzuschränken zugunsten geschäftlicher Zwecke des Verlegers, dem ein einzelnes Werk zur Vervielfältigung überlassen wurde, entspräche nicht den Anforderungen des Kunstschutzes. Übrigens darf dabei nicht ganz außer Betracht bleiben, daß zwischen dem Vertrage des Z. mit der Klägerin und der Vergebung seines „Blumenreigens" an den Mitbeklagten F. immerhin ein Jahrzehnt verflossen war.

Die Klägerin führt jetzt aus: Vermöge des dem Verlagsvertrag zugrunde liegenden Vertrauensverhältnisses müsse die Überlassung des „Elfenreigens" dahin ausgelegt werden, daß Z. keinem anderen Kunsthändler ein Bild zum Vervielfältigen liefern dürfe, das dem „Elfenreigen" ähnlich sei, ebenso den Geschmack des Publikums treffe, deshalb ebensogut verkäuflich, namentlich für Zwischenpersonen (Vermittler, Reisende, Kolporteure) leicht bei Kunden anzubringen und somit im wirtschaftlichen Erfolge verwechslungsfähig sei. Damit wird jedoch im gegenwärtigen Rechtszuge den Klagebehauptungen ein Sinn gegeben, den sie weder im ersten noch im zweiten Rechtsgange hatten. Das Berufungsgericht verstieß also nicht gegen Rechtsgrundsätze, wenn es das Vorbringen der Klägerin nicht ausdrücklich von jenen Gesichtspunkten aus prüfte. Zudem sind die Ausführungen der Revision abzulehnen, weil sie darauf hinausgehen, die künstlerische Tätigkeit viel stärker einzuschränken, als es dem Wesen und Zwecke des Kunstschutzes entspricht. Auch die Folgerungen der Revision aus dem Verlagsvertrag als Vertrauensverhältnis weisen also keinen rechtlichen Fehler des angegriffenen Urteils nach.

2. Das Berufungsgericht verneint endlich, daß eine Zuwiderhandlung der Beklagten gegen das Verbot unlauteren Wettbewerbs (§ 1 UnlWG.) oder unerlaubter Handlungen (§ 826 BGB.) vorliege.

a) Mit Recht geht es davon aus, daß grundsätzlich der Gewerbetreibende befugt ist, fremde Erzeugnisse zu Wettbewerbszwecken zu verwerten, soweit er damit nicht in Schutzrechte eingreift oder vertragliche Rechte verletzt; daß Wettbewerb also erlaubt ist, auch wenn er dem Gegner in seinem Fortkommen Schwierigkeiten macht oder ihn gar im Geschäftsleben völlig unterdrückt und lahm legt. Unstatthaft wird der Wettbewerb erst, wenn er sich in einer Weise vollzieht, die das Anstandsgefühl der gerecht und billig Denkenden verletzt, und Mittel anwendet, die eines anständigen Gewerbetreibenden unwürdig sind (RGZ. Bd. 55 S. 371/373, Bd. 58 S. 217, Bd. 71 S. 173, Bd. 73 S. 113; JW. 1926 S. 1982 Nr. 9). Es verstößt somit keineswegs gegen Rechtsgrundsätze, wenn das Berufungsgericht annimmt: Eine Verlagsanstalt handelt nicht schon damit sittenwidrig, daß sie, nachdem Bilderdrucke eines anderen Verlags im Verkehr Anklang gefunden haben und gut eingeführt sind, von demselben Maler Bilder malen läßt und deren Nachbildungen in den Handel bringt. Das angefochtene Urteil erwähnt hierbei, daß die Klägerin selber den im Geschäftsleben üblichen Standpunkt eingenommen habe. (Wird ausgeführt.)

Ohne Rechtsirrtum betont das Berufungsgericht im Anschluß an diese anerkannten Grundsätze, daß das Verhalten der Beklagten nur dann die Grenzen erlaubten Wettbewerbs überschreiten würde, wenn mit ihm besondere Tatumstände verbunden wären, die es als sittenwidrig erscheinen ließen. Es kommt zu dem Ergebnis: was die Klägerin nach dieser Richtung vorbringe, genüge nicht, einen solchen Verstoß der Beklagten gegen die guten Sitten darzulegen.

Sittenwidrig wäre es allerdings — so führt das Berufungsgericht aus —, wenn die Beklagten darauf ausgegangen wären, ein Gemälde zu schaffen, das dem „Elfenreigen" zum Verwechseln gliche. Sittenwidrig schon, wenn sie bei der Herstellung des Bildes und seiner Vervielfältigungen wenigstens mit dieser Möglichkeit der Verwechslung gerechnet und sie in ihren Willen aufgenommen hätten, um durch Irreführung den Absatz zu heben. Desgleichen wenn sie in anderer Weise die Arbeitsleistung und die Kosten, welche die Klägerin aufgewendet, um den „Elfenreigen" einzuführen, sich für die Verwertung des „Blumenreigens" dienstbar gemacht und so die Früchte fremder Arbeit sich mühelos angeeignet hätten. Dies alles aber erachtet das Berufungsgericht nicht für vorliegend. F. habe allerdings gewußt, daß der Klägerin mit der Bilderreihe des Z., wozu der „Elfenreigen" gehörte, ein besonders glücklicher geschäftlicher Wurf gelungen sei, daß die Reihe (zumal der „Elfenreigen") sich im Verkehr eingebürgert habe und dem Verlag gute Einnahmen sichere. Deshalb habe er sich entschlossen, mit der Bilderreihe der Klägerin durch Herausgabe einer ähnlichen in Wettbewerb zu treten. In dieser Absicht habe er sich an Z. mit dem Begehren gewandt, ihm „ein Konkurrenzbild“ zum „Elfenreigen“ zu malen, und zwar im gleichen Format. Er habe dem Z. den Auftrag erteilt, obwohl ihm der Generaldirektor der Klägerin, M., und ein Berliner Kunsthändler gesagt hätten, Z. dürfe vertraglich an andere Verlagsanstalten als die Klägerin keine Gemälde zu Vervielfältigungszwecken liefern. Z. habe ihm dann den „Blumenreigen“ mit seinen Anklängen an den „Elfenreigen“ gemalt und dabei wieder alle die Gedanken verwendet, die M. ihm seinerzeit für die Schöpfung des „Elfenreigens“ anvertraut habe. F. habe ferner noch zwei weitere Bilder für seine Reihe von Z. malen lassen, die den Bildern der entsprechenden Reihe der Klägerin gleichfalls ähnlich gewesen seien; und er habe schließlich seine Unterverteter bei der Ankündigung des Erscheinens seiner Reihe besonders darauf hingewiesen, daß die Bilder des Z. „gut ausprobiert“ seien.

b) Diesem (als erwiesen unterstellten) Verhalten der Beklagten wohnen nach den überwiegend auf tatsächlichem Gebiete liegenden Feststellungen des angefochtenen Urteils nicht die Merkmale unlauteren Wettbewerbs inne. Das Berufungsgericht nimmt an: Daß F. im Einvernehmen mit Z. darauf ausgegangen sei, ein mit dem Elfenreigen verwechslungsfähiges Bild herauszubringen, um durch Irreführung den Absatz besonders zu erleichtern, sei nicht dargetan. Solches sei weder aus dem Ausdrucke „Konkurrenzbild“ bei Anfrage und Auftrag, noch aus der Einfügung weiterer Z.scher Bilder in die eigene Reihe, noch aus der Wahl des gleichen Formates zu folgern. Dies alles legt das Berufungsgericht eingehend dar und findet sodann: Auch die Ausführung des „Blumenreigens“ und seiner Vervielfältigungen stehe der Annahme einer Täuschungsabsicht entgegen. In seiner Gesamtwirkung sei der „Blumenreigen“ doch ein ganz anderes Bild als der „Elfenreigen“. Mit Verwechslungen von Gemälden gleichen Motivs, namentlich eines so bekannten und oft verwendeten wie des Reigens, müsse der Verkehr rechnen. Diese Verwechslungsgefahr für sich allein mache das Verhalten der Beklagten nicht zu einem sittenwidrigen. Handlungen, durch die sie etwa verstärkt worden wäre, seien von den Beklagten nicht vorgenommen worden; das F.'sche Werbeschreiben spreche gegen die Absicht, beteiligte Kreise irrezuführen. Alles das wird ebenfalls im einzelnen begründet. Der Vorwurf der Revision, daß dabei urheberrechtliche Auffassungen fälschlich auf das Gebiet des unlauteren Wettbewerbs im Sinne zweckwidriger Einschränkung übertragen worden seien, trifft nicht zu. Der Aufbau des Urteils im ganzen und die Darlegung im einzelnen zeigen klare Sonderung beider Gebiete.

Das Berufungsgericht hat auch nicht die Überzeugung gewonnen, daß sich F. unter Mitwirkung oder mit Hilfe von Z. in unerlaubter Weise die Arbeitsergebnisse, Kostenaufwendungen und Erfolge der Klägerin zunutze gemacht habe. Dies wird in Einzelheiten behandelt: Der Auftrag zu einem Reigenbilde, und zwar an Z., sei nach Verkehrsauffassung und Umständen nichts Unlauteres gewesen. Auch eine Verleitung zum Vertragsbruch habe darin nicht gelegen, schon weil Z. den „Elfenreigen" nicht nachgebildet, sondern ein neues, selbständig schutzberechtigtes Bild geschaffen habe. Die Anlehnung an den „Elfenreigen" ändere daran nichts, trotz der Wünsche, Anregungen und Fingerzeige, welche die Klägerin für dessen Anordnung gegeben haben möge. In allen diesen Erwägungen ist kein Verstoß gegen Rechtsgrundsätze enthalten.

Auch insoweit — führt das angefochtene Urteil fernerhin aus — habe Z. nicht sittenwidrig gehandelt, als er sich schließlich, trotz der noch laufenden Geschäftsverbindung mit der Klägerin, über seine ihr gegebenen vertröstenden (unverbindlichen) Erklärungen hinweggesetzt, F.'s Auftrag angenommen und ausgeführt habe. Daß F. über den Verkehr des Z. mit der Klägerin wirklich Bescheid gewußt habe, sei nicht behauptet. Bei Z. müsse man bedenken, daß die Klägerin ihm für die abgeschnittene Möglichkeit, durch Arbeit für andere Bewerber bessere Preise seiner Bilder zu erzielen, keine besondere Vergütung angeboten habe. Die Empfehlung der Bilder des Z. durch F. als „gut ausprobiert" bezieht das Berufungsgericht nicht auf die Vervielfältigung und den Vertrieb durch die Klägerin, sondern (mit näherer Begründung) auf die Einführung und Erprobung Z.'scher Bilder bei Kunstanstalten überhaupt.

Alle Merkmale unlauteren Wettbewerbs verneint demnach das Oberlandesgericht aus Erwägungen tatsächlicher Würdigung (§ 286 ZPO.), die keinen Rechtsirrtum enthalten. Die §§ 1 UnlWG. und 826 BGB. sind nicht verletzt.

82. Kann sich bei einer Schuldübernahme gemäß § 415 BGB. der Übernehmer dem Gläubiger gegenüber auf Irrtum über den Inhalt der übernommenen Verbindlichkeit berufen? Von wann ab gerät der Übernehmer dem Gläubiger gegenüber in Verzug?

BGB. §§ 415, 286.

I. Zivilsenat. Urt. v. 14. Januar 1928 i. S. Deutsche Landsiedlungsges. (Bekl.) w. R. (Kl.). I 204/27.

I. Landgericht Königsberg.
II. Oberlandesgericht daselbst.

Der Kläger hat mit dem früheren Gutsbesitzer S. einen Saatanbauvertrag geschlossen. Hiernach war der Kläger verpflichtet, dem S. in den Jahren 1922 bis 1926 Saatgut in Winterroggen und Kartoffeln zu liefern. Als Entgelt sollte er für jeden Zentner gelieferten Saatguts zwei Zentner der neuen Ernte unentgeltlich erhalten. S. verkaufte am 30. September 1924 sein Gut an die Beklagte. Nach § 9 des Kaufvertrags trat die Beklagte vom 1. Oktober 1924 ab in sämtliche für das Gut bestehenden Verträge ein, insbesondere in die Versicherungs- und Dienstverträge. Der Kläger hat von der Beklagten den doppelten Wert desjenigen Kartoffelsaatguts gefordert, das er dem S. im Herbst 1923 geliefert hatte. Die Beklagte ist in allen drei Rechtszügen unterlegen. Der Streitstand ergibt sich im übrigen aus folgenden

Gründen:

Einen wesentlichen Streitpunkt bildet die Frage, ob die Vereinbarung in § 9 des Kaufvertrags vom 30. September 1924 auch auf den zwischen dem Verkäufer und dem Kläger geschlossenen Saatanbauvertrag, soweit er sich auf Kartoffeln bezieht, auszudehnen ist. Das Berufungsgericht gelangt zur Bejahung dieser Frage. Es nimmt an, daß § 9 eine Übernahme der auf die Rücklieferung von Kartoffeln gerichteten Verbindlichkeit des Verkäufers aus dem Saatanbauvertrag enthalte und daß diese Übernahme im Oktober 1926 die Genehmigung des Klägers gefunden habe. In seinen Erwägungen zu diesem Punkte stellt der Vorderrichter fest, daß vor Abschluß des Kaufvertrags zwischen Käuferin und Verkäufer von einem Saatanbauvertrag die Rede gewesen sei, wonach geliefertes Kartoffelsaatgut in doppelter Menge zurückzuliefern sei. Er schließt hieraus, daß die streitige Bestimmung des Kaufvertrags auch auf diese Verpflichtung habe erstreckt werden sollen. Er lehnt es ferner ab, versteckten Einigungsmangel mit Rücksicht darauf anzunehmen, daß der Vertreter der Käuferin beim Abschluß des Vertrags angenommen habe, es liege nicht, wie es tatsächlich der Fall war, eine Verpflichtung zur unentgeltlichen Rücklieferung von Saatgut, sondern lediglich eine solche zur Rücklieferung gegen entsprechendes Entgelt vor. Zur Begründung wird ausgeführt, die Vertragschließenden hätten eindeutig und unmißverständlich beredet, daß die Beklagte die Rücklieferungsverpflichtung des Verkäufers übernehmen solle. Kein Teil habe sich insoweit über den Inhalt seiner Erklärung im Irrtum befunden. Die Beklagte habe sich nur über die Tragweite ihrer eigenen Erklärung geirrt, insofern sie, veranlaßt durch das Verhalten des Verkäufers, angenommen habe, daß die Kartoffeln nur gegen Zahlung des angemessenen Entgelts abzuliefern seien. Eine Anfechtung der Schuldübernahme wegen Irrtums oder arglistiger Täuschung sei nicht erfolgt. Dem Gläubiger gegenüber aber könne an und für sich der Übernehmer einer Verbindlichkeit nicht geltend machen, der Schuldner habe ihm über diese falsche Angaben gemacht.

Die Darlegungen des Berufungsrichters enthalten keinen Rechtsirrtum. Er nimmt an, § 9 des Kaufvertrags habe sich nach dem Willen der Parteien auf den auf Kartoffeln bezüglichen Teil des Saatanbauvertrags beziehen sollen. Diese Annahme beruht auf Würdigung des Beweisergebnisses und des Vorbringens der Parteien und steht nicht im Widerspruch mit Auslegungsgrundsätzen. Die hiergegen gerichteten Angriffe der Revision sind unbegründet. Die Vertragsbestimmung enthält eine Übernahme der Verbindlichkeit des Verkäufers aus dem Saatanbauvertrag gemäß § 415 BGB. Einwendungen gegen den auf der Schuldübernahme beruhenden Anspruch des Gläubigers können vom Übernehmer sowohl aus dem Rechtsverhältnis zwischen dem Gläubiger und dem bisherigen Schuldner hergeleitet werden, als auch aus dem Übernahmevertrag als solchem, also aus dem Rechtsgeschäft, durch das der Übernehmer in den Vertrag eingetreten ist. Einwendungen der ersteren Art sind von der Beklagten insofern erhoben worden, als sie die tatsächlichen Grundlagen der vom Kläger angestellten Schadensersatzberechnung bestritten und hinsichtlich einer Kartoffelsorte geltend gemacht hat, es sei nicht die für die Rücklieferung erforderliche Menge geerntet worden. Diese Einwendungen hat das angefochtene Urteil ohne Rechtsirrtum zurückgewiesen. Ein Revisionsangriff hiergegen wird auch nicht erhoben.

Aus dem Übernahmevertrag als solchem hat die Beklagte Einwendungen insoweit entnommen, als sie geltend gemacht hat, sie sei an den auf unentgeltliche Rücklieferung von Saatgut gerichteten Saatanbauvertrag nicht gebunden, weil sie bei ihrer Übernahmeerklärung nicht eine Verbindlichkeit dieses Inhalts, sondern die in der Regel ausbedungene Verpflichtung zur entgeltlichen Rücklieferung von Saatgut zugrunde gelegt habe und nach den Erklärungen des Verkäufers habe zugrunde legen dürfen. Die Beklagte beruft sich also darauf, daß der Übernahmevertrag wegen Fehlens übereinstimmender Willenserklärungen der Beteiligten überhaupt nicht zustande gekommen sei oder daß sie doch zum mindesten die Verbindlichkeit des Verkäufers nur mit dem von ihr zugrunde gelegten Inhalt übernommen habe. Beide Einwendungen sind grundsätzlich zulässig, aber nach dem festgestellten Sachverhalt nicht berechtigt. Bezieht sich die Abrede in § 9 des Kaufvertrags nach der rechtsirrtumsfreien Auslegung des Berufungsgerichts auf die Verbindlichkeit des Verkäufers aus dem auf Kartoffeln bezüglichen Teile des Saatanbauvertrags, so enthält sie die beiderseitigen Erklärungen der Beteiligten, daß der Käufer diese Verbindlichkeit des Verkäufers aus dem Vertrag übernehme. Beide Erklärungen sind unzweideutig und übereinstimmend und können nur dahin verstanden werden, daß die tatsächlich bestehenden Verpflichtungen des Verkäufers übernommen werden sollten. Damit entfällt die Grundlage für die Annahme eines versteckten Einigungsmangels.

Eine Beschränkung auf Übernahme einer Verbindlichkeit des Inhalts, wie er nach Behauptung der Beklagten regelmäßig in Saatanbauverträgen vereinbart wird, ist aus der Erklärung nicht ersichtlich. Die Begleitumstände des Übereinkommens nötigen hier zu keiner Einschränkung des Vertragsinhalts. Wenn man mit der Beklagten unterstellt, daß Saatanbauverträge in der Regel den von ihr behaupteten Inhalt haben, so gibt dies noch keine Veranlassung, einen Vertrag anderen Inhalts von der getroffenen Vereinbarung auszuschließen. Es wäre Sache der Beklagten gewesen, sich über die übernommene Verbindlichkeit zu vergewissern, die nach ihrem eigenen Vorbringen einen abweichenden Inhalt haben konnte. Für die Rechtsbeziehung des Dritten zum Gläubiger kommt bei einer Schuldübernahme gemäß § 415 BGB., wie das Berufungsgericht mit Recht ausgeführt hat, an sich nicht in Betracht, ob der Dritte sich bei der mit dem ursprünglichen Schuldner getroffenen Abrede, sei es von sich aus, sei es auf Grund des Verhaltens des Schuldners, in falschen Vorstellungen über den Inhalt der übernommenen Verbindlichkeit bewegt hat (vgl. RGU. vom 1. Mai 1906 II 425/05). Diese Rechtslage ändert sich allerdings, wenn der Übernehmer der Schuld seine die Übernahme zum Ausdruck bringende Erklärung erfolgreich angefochten hat. Dann ist er nicht gehindert, die aus der Anfechtung folgende Nichtigkeit der Schuldübernahme dem Gläubiger entgegenzuhalten. Nach Feststellung des Berufungsgerichts ist eine Anfechtung jedoch nicht erfolgt. Eine rechtsirrtümliche Beurteilung der Sachlage ist auch insoweit nicht ersichtlich.

Ein arglistiges Verhalten des Klägers bei der Genehmigung der Schuldübernahme ist vom Berufungsrichter einwandfrei verneint worden. Auch aus solchem kann die Beklagte daher gegen den Klaganspruch nichts herleiten.

Aus diesen Gründen erweist sich die Revision der Beklagten als nicht berechtigt. Nur der Zeitraum, für den dem Kläger eine Verzinsung seiner Forderung zusteht, mußte eine Einschränkung erfahren. Nach Feststellung des Berufungsgerichts ist die Schuldübernahme dem Kläger erst im Oktober 1926 mitgeteilt worden und hat er sie erst damals genehmigt. Eine frühere Mitteilung ist auch dem Vorbringen der Parteien nicht zu entnehmen. Allerdings soll die Beklagte dem Kläger den Kaufvertrag schon im Frühjahr 1926 übermittelt haben. Aber jedenfalls bei der hier gegebenen Sachlage, wo die Beklagte eine Übernahme der Klagforderung bestritten hat, ist jene Übermittlung nicht gleichzustellen einer Mitteilung von der Schuldübernahme gemäß § 415 Abs. 1 Satz 2 BGB., die zur Herbeiführung der Genehmigung gemacht wird. Die Schuldübernahme wurde somit erst im Oktober 1926 wirksam. Durch die zeitlich früher liegenden Mahnungen des Klägers wurde die Beklagte nicht in Verzug gesetzt. Dies geschah erst dadurch, daß der Kläger seine Forderung aufrechterhielt. Eine Verzinsung der Forderung kann deshalb nach dem Vorbringen der Parteien frühestens vom 1. November ab 1926 stattfinden. Ein Vertrag zugunsten des Klägers gemäß § 328 BGB., aus dem dieser die Berechtigung zur Zinsforderung schon von einem früheren Zeitpunkt ab herleiten will, kann in der erörterten Bestimmung des Kaufvertrags nicht erblickt werden. Die Vertragsparteien bezweckten damit lediglich die Vereinbarung einer Schuldübernahme.

---

83. 1. Zur Frage der Auslegung von Wechselerklärungen und der Ungültigkeit von bedingten Wechselerklärungen.

2. Kann beim Sichtwechsel der Vorlegungsvermerk auch in einer Bedingung bestehen, welche der an den Bezogenen gerichteten Zahlungsanweisung hinzugefügt wird?

3. Welche Wirkungen hat die Versäumung der rechtzeitigen Vorlegung eines Sichtwechsels zur Zahlung für die Verpflichtung des Akzeptanten, wenn der Vorlegungsvermerk im Gewand einer bedingten Zahlungsanweisung erscheint?

WO. Art. 4, 22, 31.

II. Zivilsenat. Urt. v. 17. Januar 1928 i. S. Deutsches Reich (Kl.) w. J. (Bekl.). II 396/27.

I. Landgericht Hamburg, Kammer für Handelssachen.
II. Oberlandesgericht daselbst.

Der Kläger nimmt, im Wechselprozeß klagend, den Beklagten als Akzeptanten eines Wechsels auf Zahlung der Wechselsumme von 10000 RM nebst Zinsen und Wechselunkosten in Anspruch. Der Wechsel lautet:

Flensburg, den 30. März 1926.

[am Rand: Angenommen Friedrich J.]

Auf Sicht zahlen Sie gegen diesen Wechsel an den Reichsfiskus, vertreten durch das Hauptzollamt zu Flensburg, sofern die Vorzeigung bis zum 10. August 1926 erfolgt, die Summe von 10000 RM.

An	Aussteller:
den Kaufmann Herrn Friedrich J.	Schleswiger Tabakfabrik
zu Hamburg.	Willi B. in Schleswig.

Verlängert bis zum 1. November 1926
Hauptzollamt.
i. V.
(Unterschrift).

Der Beklagte hält den Wechsel für nichtig, weil es an der nach dem Gesetz erforderlichen Bestimmtheit des Fälligkeitstags fehle. Der Wechsel enthalte eine Bedingung. Der Beklagte brauche jedenfalls deshalb nicht zu zahlen, weil die Bedingung nicht eingehalten worden sei. Die Fristverlängerung sei ohne sein Wissen nach der Annahme des Wechsels erfolgt. Bei Leistung des Akzepts habe der Aussteller eine Forderung an ihn, den Beklagten, gehabt; diese Forderung habe der Beklagte nach Ablauf der Frist gegenüber dem Aussteller erfüllt, da er nicht mehr damit gerechnet habe, daß der Wechsel noch geltend gemacht werde. Der Kläger hat erwidert, es handle sich um eine Frist nach Art 31 WO., deren Ablauf die Verpflichtung des Akzeptanten nicht berühre.

Das Landgericht wies die Klage ab. Berufung und Revision des Klägers blieben erfolglos.

Gründe:

Nach Auffassung der Vorinstanzen kann die Wechselerklärung „Auf Sicht zahlen Sie gegen diesen Wechsel an den Reichsfiskus, sofern die Vorzeigung bis zum 10. August 1926 erfolgt, die Summe von 10000 RM" nicht anders verstanden werden, als daß der Akzeptant die Anweisung des Ausstellers, an den Remittenten zu zahlen, dem Wortlaut der Anweisung entsprechend nur für den Fall annehme, daß der Wechsel bis zum 10. August 1926 vorgezeigt werde. Da das nicht geschehen ist, meint der erste Richter, sei die Verpflichtung des Akzeptanten infolge Ausfalls der Bedingung unwirksam geworden. Das Berufungsgericht will dagegen die ganze Verpflichtung als nichtig behandeln, weil bei Wechselerklärungen die Hinzufügung von Bedingungen unzulässig sei. Der langjährigen Benutzung eines amtlichen Formulars in der Fassung des vorliegenden Wechsels legt das angefochtene Urteil keine Bedeutung bei.

Die Revision beanstandet die Auslegung der Vorinstanzen und macht ihnen den Vorwurf, sie hafteten zu sehr am Wortlaut der Wechselerklärung und beachteten nicht genügend, daß die Klausel nur eine Vorlegungsfrist für den Sichtwechsel bestimme. Auch bei Wechselerklärungen darf allerdings keine bloße Buchstabenauslegung stattfinden, sondern es muß der Zusammenhang der ganzen Wechselurkunde und der erkennbare Zweck der einzelnen Erklärung berücksichtigt werden. Da der Wechsel ein zum Umlauf bestimmtes Wertpapier ist, so entscheidet in erster Linie die Auffassung des Verkehrs über die Bedeutung der Wechselerklärung. Nur ihr typischer Inhalt ist maßgebend. Nach seinem klaren Sinn und Wortlaut enthält der Zwischensatz „sofern usw." eine Aufforderung an den Bezogenen, das bei Sicht fällige Papier nur dann einzulösen, wenn es bis zu dem genannten Tag vorgelegt werden sollte, sonst also nicht. Es handelt sich um eine bedingte Zahlungsanweisung. Das Berufungsgericht will aus dieser Bedingtheit der Wechselerklärung die Nichtigkeit des Wechsels folgern.

In der Tat sind Bedingungen mit der Natur des Wechsels in der Regel unverträglich. Der Wechsel als Umlaufpapier muß die Voraussetzungen der Zahlungspflicht erschöpfend enthalten. Das Recht aus dem Wechsel darf nicht von Umständen und Vorgängen abhängig gemacht werden, die außerhalb des Wechsels liegen und aus ihm nicht erkennbar sind. Wenn die zur Zeit geltende Wechselordnung auch keine ausdrückliche Vorschrift über die Unzulässigkeit der Hinzufügung von Bedingungen bei Wechselerklärungen enthält, so ist doch die Geltung jenes Grundsatzes zweifellos. Dementsprechend bestimmt Art. 1 der im Jahre 1913 im Haag beschlossenen „Einheitlichen Wechselordnung" (Reichstagsdrucksachen 13. Legislaturperiode I. Session 1912/13 Nr. 1002) wohl im Anschluß an die englische Bill of Exchange Act S. 3 und 83: „Der gezogene Wechsel enthält . . . 2. Die unbedingte Anweisung, eine bestimmte Geldsumme zu zahlen" (für den eigenen Wechsel heißt es in Art. 77 Nr. 2: „das unbedingte Versprechen"). Dazu bemerkt die amtliche deutsche Denkschrift, S. 63 der angeführten Drucksache: daß die Anweisung unbedingt sein müsse, entspreche dem geltenden Recht, obwohl es bisher nicht ausdrücklich gesagt sei.

Trotzdem kann dem Berufungsgericht nicht darin beigetreten werden, daß die hier hinzugefügte Bedingung der Vorlegung bis zu einem bestimmten Zeitpunkt die Wechselerklärung nichtig mache. Diese Auffassung trägt der besonderen Natur der in Rede stehenden Bedingung nicht genügend Rechnung. Es handelt sich bei dem Klagewechsel um einen Sichtwechsel, dessen Verfalltag durch den Tag der Präsentation bestimmt wird. Die Fälligkeit des Wechsels läßt sich also nicht, wie bei der regelmäßigen Form des (auf einen bestimmten Tag oder auf eine bestimmte Zeit nach Ausstellung lautenden) Wechsels, von vornherein aus der Urkunde ersehen, sie wird vielmehr durch den noch ungewissen Tag der Vorlegung bestimmt. Um eine mit dem Wechselverkehr nicht verträgliche Erstreckung des Verfalltags auf längere unbestimmte Zeit zu verhindern und namentlich den Aussteller einer Sichttratte mit seinen Geldmitteln nicht zu lange festzulegen, bestimmt Art. 31 WO., daß ein Sichtwechsel bei Verlust des wechselmäßigen Anspruchs gegen die Indossanten und den Aussteller nach Maßgabe der besonderen im Wechsel enthaltenen Bestimmung, und beim Fehlen einer solchen binnen zwei Jahren nach Ausstellung zur Zahlung präsentiert werden muß. Regelmäßig wird sich die Bestimmung einer besonderen Vorlegungsfrist in der Form eines Gebots an den Wechselinhaber vollziehen, den Wechsel bis zu einem gewissen Zeitpunkt dem Bezogenen vorzulegen. Die Frist hat dann die Wirkung, daß der Regreßanspruch des Wechselinhabers durch die rechtzeitige Vorlegung bedingt ist. Aber auch für den Bezogenen ist sie nicht ohne Bedeutung. Er hat infolge der Beschränkung des Rückgriffs bei späterer Zahlung keinen Erstattungsanspruch gegen den Aussteller. Er wird, wenn man von dem beim Sichtwechsel nur selten vorkommenden Fall der Annahme vor der Vorlegung zur Zahlung zunächst absieht, zur Vermeidung von Verlusten nach Ablauf der Frist nicht mehr zahlen.

Mit Rücksicht auf diese besondere Bedeutung der fristgerechten Vorlegung des Sichtwechsels ist es nicht zu beanstanden, wenn der Aussteller, statt sich unmittelbar an den Inhaber zu wenden, die Aufforderung zur Vorlegung durch Hinzufügung einer entsprechenden Bedingung zu der an den Bezogenen gerichteten Zahlungsanweisung zum Ausdruck bringt in der Form: es solle bei Sicht gezahlt werden, aber nur dann, wenn der Wechsel bis zum 10. August 1926 vorgelegt werde. Die Zahlungsanweisung wird damit von einem Umstand abhängig gemacht, dem auch sonst für die Fälligkeit des Wechsels und der Regreßverbindlichkeit des Ausstellers und der Indossanten wechselmäßige Bedeutung zukommt. Über den Eintritt dieser Bedingung kann kein Zweifel obwalten, da es sich um die bloße Vorlegung des Wechsels zur Zahlung handelt, woran der Inhaber zur Herbeiführung der Fälligkeit und zur Erhaltung seiner Regreßrechte ohnehin ein Interesse hat; die Vorlegung wird, falls sie nicht zur Einlösung des Wechsels führt, regelmäßig durch Protest festzustellen sein. Hiernach wird ein gezogener Sichtwechsel nicht dadurch nichtig, daß der Vorlegungsvermerk ausnahmsweise im Gewand einer bedingten Zahlungsanweisung erscheint. Das Reichsoberhandelsgericht hat schon in Bd. 23 S. 111 seiner Entscheidungen einen solchen bedingten Vorlegungsvermerk beim Sichtwechsel für zulässig erklärt. Das vom Kläger gebrauchte, nach einer Auskunft des Reichsfinanzministers schon auf das Jahr 1851 zurückgehende Formular der Zollverwaltung läßt sich mithin nicht beanstanden. Die Zweifel an der Gültigkeit der Wechselerklärung sind daher unberechtigt.

Vom Standpunkt der Gültigkeit des Wechsels aus ist dann aber weiter zu prüfen, welche Wirkung es für die Fortdauer der Haftung des Akzeptanten hat, wenn wie hier der Vorlegungsvermerk in die Form einer der Zahlungsanweisung beigefügten Bedingung gekleidet ist. Wie schon hervorgehoben, wird die Annahme eines gezogenen Sichtwechsels nur selten sein; der Bezogene soll hier, dem Zweck eines solchen Wechsels entsprechend, in der Regel überhaupt nicht akzeptieren, sondern nur auf Vorlegung zahlen. Ausgeschlossen ist aber das Akzept auch beim Sichtwechsel nicht, sei es daß dieser dem Bezogenen zunächst nur zur Annahme vorgelegt wird, sei es daß wie hier dem Remittenten zu Sicherungszwecken von vornherein eine schon akzeptierte Sichttratte gegeben wird. Grundsätzlich steht fest, daß dann die Haftung des Akzeptanten des Sichtwechsels fortdauert, auch wenn ihm der Wechsel nicht innerhalb der Vorlegungsfrist zur Zahlung vorgelegt wird; nur die Regreßrechte des Wechselinhabers gegen Aussteller und Indossanten erlöschen nach Art. 31 WO., die Verpflichtung aus dem Akzept dagegen bleibt unberührt (RGZ. Bd. 28 S. 104.). In der Haager „Einheitlichen Wechselordnung" Art. 52 Abs. 1 wird der Fortbestand der Haftung des Akzeptanten ausdrücklich ausgesprochen und zwar, wie in der Denkschrift S. 81 hervorgehoben wird, „im Anschluß an das geltende Recht". Es fragt sich aber, ob dieser Grundsatz auch Geltung hat für den hier vorliegenden Ausnahmefall, daß der Vorlegungsvermerk im Gewand einer bedingten Zahlungsanweisung erscheint. Diese Frage, die in RGZ. Bd. 28 S. 104 nicht entschieden ist, muß aus inneren Gründen verneint werden. Die Fortdauer der Akzepthaftung setzt eine unbedingte Zahlungsanweisung voraus. Ist die Anweisung bedingt, nämlich nur für den Fall erklärt, daß der Wechsel vor Ablauf der Frist zur Zahlung vorgelegt wird, so kann auch die Annahmeerklärung nur für diesen Fall abgegeben sein. Der Hinweis des Klägers auf den Art. 44 WO. verschlägt nicht. Die Vorschrift, daß es zur Erhaltung des Wechselrechts gegen den Akzeptanten nicht der Vorlegung bedarf, enthält nur die gesetzliche Regel. Unstreitig kann sie nach Art. 22 Abs. 2 WO. durch ein beschränktes Akzept ausgeschlossen werden. Hat der Bezogene im Falle einer unbedingten Anweisung bei der Annahme vermerkt, daß er nur bei fristgemäßer Vorlegung haften wolle, so wird er frei, wenn der Wechsel nicht innerhalb der Frist zur Zahlung präsentiert wird. Das gleiche muß auch der Fall sein, wenn zwar ein solcher Vermerk in der Annahmeerklärung fehlt, dafür aber schon in der Anweisung die rechtzeitige Vorlegung zur Bedingung erhoben ist. In einem solchen Fall tritt also der in Art. 31 WO. nur für die Regreßrechte gegen Aussteller und Indossanten vorgesehene Verlust der Wechselrechte auch für den Anspruch des Wechselinhabers gegenüber dem Akzeptanten eines Sichtwechsels ein. Diese Beschränkung der Haftung des Akzeptanten hat besondere Bedeutung, wenn wie hier der Remittent von vornherein einen mit Akzept versehenen Sichtwechsel erhält zur Sicherung von Forderungen, die ihm fernerhin dem Aussteller gegenüber aus einem bestimmten Rechtsverhältnis erwachsen. Der Akzeptant wäre sonst dem Wechselinhaber aus dem Akzept noch verpflichtet, obwohl er bei Zahlung nach Ablauf der Frist keinen Rückerstattungsanspruch gegen den Aussteller hätte. Es ist daher nicht ausgeschlossen, daß die aus dem amtlichen Formular ersichtliche Form des Vorlegungsvermerks gerade gewählt wurde, um die Beschränkung der Haftung auch des Akzeptanten zum Ausdruck zu bringen.

Im Ergebnis ist sonach der Auffassung des ersten Richters beizutreten, daß mangels vorheriger Vorlegung des Wechsels die Haftung des Beklagten mit dem 10. August 1926 erloschen war. Die später ohne sein Vorwissen vom Remittenten vorgenommene Verlängerung der Frist bis zum 1. November 1926 berührt den Beklagten nicht.

84. Über das Verhältnis des Art. 1 des Reichsgesetzes über Einstellung des Personalabbaues usw. vom 4. August 1925 zu § 24 des Beamtenstatuts der Reichsbank. Wie lange dauert die Befugnis der Reichsbank zum Abbau von Personal?

III. Zivilsenat. Urt. v. 17. Januar 1928 i. S. M. (Kl.) w. Reichsbank (Bekl.). III 178/27.

I. Landgericht I Berlin.
II. Kammergericht daselbst.

Der Kläger, der zuletzt als Reichsbankpraktikant bei einer Reichsbanknebenstelle beschäftigt war, wurde durch Verfügung der Beklagten vom 17. August 1925 auf Grund von § 24 des Beamtenstatuts der Reichsbank mit Wirkung vom 1. Dezember 1925 in den einstweiligen Ruhestand versetzt. Sein Einspruch blieb erfolglos. Er vertritt den Standpunkt, daß die Maßregel unzulässig sei, weil dem Reichsbankdirektorium am Tage der bezeichneten Verfügung keine Abbaubefugnis mehr zugestanden habe: er glaubt deshalb den Unterschied zwischen dem Wartegeld, das er erhält, und seinem Gehalt fordern zu können. Mit seiner Klage ist er in den Vorinstanzen unterlegen. Seine Revision ist erfolglos geblieben.

Gründe:

Die Versetzung des Klägers in den einstweiligen Ruhestand ist vom Reichsbankdirektorium am 17. August 1925 auf Grund von Art. 3 der Reichs-Personalabbau-Verordnung vom 27. Oktober 1923 (RGBl. I S. 999) in der Fassung der Verordnung vom 28. Januar 1924 (RGBl. I S. 39) verfügt worden. Die bezeichnete Vorschrift sollte nach Art. 22 Abs. 5 der erstgenannten Verordnung am 31. März 1927 außer Kraft treten, wurde jedoch durch Art. 1 des oben bezeichneten Gesetzes vom 4. August 1925 (RGBl. I S. 181) schon mit Wirkung vom 8. August 1925 an aufgehoben. Der Kläger ist der Meinung, daß damit der Art. 3 auch auf die Beamten der Reichsbank, für die er nach Art. 19 sinngemäß galt, unanwendbar geworden und daß deshalb die Verfügung vom 17. August 1925 unwirksam sei. Das Berufungsgericht hält diesen Standpunkt für unrichtig. Es führt aus, daß nach § 24 des am 27. Dezember 1924 in Kraft getretenen Beamtenstatuts der Reichsbank der Art. 3 im Bereiche der Bank bis zum

31. Dezember 1925 anwendungsfähig gewesen sei, und daß die sich aus der Vorschrift ergebende Abbaubefugnis des Reichsbankdirektoriums durch einen Beschluß des letzteren vom 25. August 1925 bis Ende Dezember 1925 ausdrücklich aufrechterhalten worden sei. Die Revision greift diese Begründung mit Unrecht an. Die Anwendung des Art. 3 auf die Reichsbankbeamten fand allerdings ihre Rechtsgrundlage zunächst in Art. 19 PersAbbVo. Hierin trat jedoch mit dem am 11. Oktober 1924 erfolgten Inkrafttreten des Bankgesetzes vom 30. August 1924 (RGBl. II S. 235) eine Änderung ein. § 9 Abs. 2 dieses Gesetzes bestimmt, daß die Rechtsverhältnisse der Beamten der Reichsbank durch ein vom Direktorium zu erlassendes besonderes Beamtenstatut geregelt werden. Nach § 9 Abs. 3 hat das Statut den Beamten die Rechte der Reichsbeamten zu wahren und sind Abweichungen vom Reichsbeamtenrecht nur insoweit zulässig, als es zur Aufrechterhaltung eines geordneten und leistungsfähigen Bankbetriebs notwendig ist. Durch die Vorschrift in Abs. 2 hat das Reich seine Befugnis, die Rechtsverhältnisse der Reichsbankbeamten im Wege der Gesetzgebung zu ordnen (Art. 7 Nr. 14 RVerf.), auf das Bankdirektorium übertragen. Auf dieses ging damit die Gesetzgebungsgewalt für das bezeichnete Gebiet auch insoweit über, als es sich um die Regelung der Rechte und Pflichten der Reichsbankbeamten zum Zwecke der Herabsetzung der Personalausgaben handelte. Insbesondere war das Direktorium kraft des ihm eingeräumten Verordnungsrechts befugt, zu diesem Zweck die Versetzung von Bankbeamten in den einstweiligen Ruhestand unter Bewilligung des den Reichsbeamten im gleichen Falle zustehenden Wartegelds anzuordnen. Die Beamten der Reichsbank hatten zwar gemäß § 28 des Bankgesetzes vom 14. März 1875 (RGBl. S. 177) bis zum Inkrafttreten des Bankgesetzes vom 30 August 1924 die Dienststellung unmittelbarer Reichsbeamten (RGZ. Bd. 45 S. 126) und konnten deshalb nur unter der in § 24 RBG. bestimmten Voraussetzung in den einstweiligen Ruhestand versetzt werden. In das hierdurch begründete wohlerworbene Recht hatte aber schon die Reichsregierung auf Grund des Ermächtigungsgesetzes vom 13. Oktober 1923 (RGBl. I S. 943) eingegriffen, das sie zur Abweichung von den Grundrechten der Reichsverfassung und somit auch zur Abweichung von Art. 129 Abs. 1 S. 3 und Abs. 2 das. ermächtigte. Sie hatte, wie schon erwähnt, durch Art. 19 PersAbbVo. deren

sinngemäße Geltung für die Reichsbankbeamten angeordnet. Das Reichsbankdirektorium konnte diesen Rechtszustand vermöge des ihm zustehenden Verordnungsrechts aufrechterhalten, ohne sich einer Verletzung der verfassungsmäßigen Rechte der Reichsbankbeamten schuldig zu machen. Zu einer solchen Anordnung war es auch dann befugt, wenn die ihm in § 9 Abs. 2 BankG. erteilte Ermächtigung nicht das Recht zu einem Eingriff in die nach der Verfassung unentziehbaren Rechte der Bankbeamten in sich begriffen haben sollte. Von dieser Machtbefugnis hat das Direktorium rechtswirksam Gebrauch gemacht, indem es durch die Aufnahme des § 2 in das von ihm erlassene Beamtenstatut mittelbar zugleich die Fortgeltung der Reichs-Personalabbauverordnung, insbesondere ihres Art. 3, für die Beamten der Reichsbank vorschrieb. Es unterliegt keinem Zweifel, daß die in § 2 enthaltene Bestimmung, wonach auf die Rechtsverhältnisse der Reichsbankbeamten die für die Reichsbeamten erlassenen und künftig zu erlassenden Gesetze und Verordnungen entsprechend anzuwenden sind, soweit nicht andere Anordnungen getroffen werden, auch die Unterwerfung der Bankbeamten unter die sinngemäß auf sie anzuwendenden Vorschriften der Reichs-Personalabbauverordnung in sich schließt. Soweit der § 2 diese Unterwerfung unmittelbar aussprach, fand er seine Ergänzung in § 24 des Beamtenstatuts, welcher die Geltungsdauer des Art. 3 PersAbbVo. für den Bereich der Reichsbank durch den 31. Dezember 1925 begrenzte und sie damit von der auf den 31. März 1927 festgelegten Geltungsdauer dieser Vorschrift unabhängig machte. Beide Vorschriften beruhten auf der der Reichsbank für das Gebiet ihres Beamtenrechts verliehenen Autonomie und wurden deshalb von der die zeitliche Herrschaft des Art. 3 abkürzenden Vorschrift in Art. 1 des Gesetzes vom 4. August 1925 nicht berührt. Nur durch das Reichsbankdirektorium hätte die Geltungsdauer des Art. 3 auch für seinen Verordnungsbereich auf einen früheren Zeitpunkt als den 31. Dezember 1925 beschränkt werden können. Da dies nicht nur unterblieben, sondern die Anwendung der Vorschrift bis zu diesem Zeitpunkt durch den Beschluß des Direktoriums vom 25. August 1925 sogar erneut vorgeschrieben worden ist, so stand die Vorschrift am 17. August 1925, dem Tage der Versetzung des Klägers in den einstweiligen Ruhestand, für den Bereich der Reichsbank noch in Geltung und bot für diese Maßnahme die gesetzliche Unterlage dar.

Der Revision kann auch nicht zugegeben werden, daß das Bankdirektorium den Art. 3 nicht habe in Geltung lassen dürfen, ohne gegen § 9 Abs. 3 Satz 2 BankG. zu verstoßen. Die in der Aufrechterhaltung des Artikels liegende Abweichung von dem Recht der Reichsbeamten ist bei dem naheliegenden Zusammenhang zwischen der Erfüllung der Bankaufgaben und den Leistungen der Bankbeamten unbedenklich als eine dem Bankbetrieb dienende Maßregel anzusehen. Ob diese aber notwendig war, um den Betrieb zu einem geordneten und leistungsfähigen zu machen, ist eine Frage, über die nur das Bankdirektorium nach seinem pflichtmäßigen Ermessen zu entscheiden hatte und deren Beantwortung nicht der Nachprüfung durch die Gerichte unterliegt. Auf die zur Widerlegung der Notwendigkeit aufgestellte Behauptung des Klägers, daß die Reichsbank fast die doppelte Zahl der abgebauten Beamten neu eingestellt habe, ist daher das Berufungsgericht mit Recht nicht eingegangen.

Daß auch der § 50 BankG. dem Kläger nicht zur Seite steht, hat das Berufungsgericht ausreichend dargelegt. Die Vorschrift gewährleistet den Personen, die bis zum Inkrafttreten des Gesetzes die Eigenschaft von Reichsbeamten hatten, die ihnen zustehenden vermögensrechtlichen Ansprüche, schließt aber keineswegs anderweit zugelassene Maßnahmen aus, die, wie die einstweilige Zurruhesetzung, das Dienstverhältnis jener Personen umgestalten und dadurch eine Verringerung der Bezüge herbeiführen.

Die Überführung des Klägers in den einstweiligen Ruhestand auf Grund des Art. 3 war demnach auch in der Zeit nach dem 8. August 1925 noch zulässig. Die Nachprüfung ihrer Rechtmäßigkeit im übrigen ist den Gerichten entzogen durch § 21 des Beamtenstatuts verbunden mit § 155 RBG., dessen Fortgeltung neben Art. 129 Abs. 1 S. 4 RVerf. vom Reichsgericht wiederholt anerkannt worden ist (RGZ. Bd. 108 S. 345, Bd. 110 S. 263; Urteil des erkennenden Senats vom 12. April 1927 III 254/26, abgedruckt JW. 1927 S. 2197 Nr. 12).

85. Wann liegt eine Vereinbarung im Sinne des Art. 19 Abs. 2 Satz 1 der Durchführungsverordnung zum Aufwertungsgesetz vor?

AufwG. § 18 Abs. 1. DurchfVo. z. AufwG. Art. 19.

V. Zivilsenat. Urt. v. 18. Januar 1928 i. S. W. u. Gen. (Bekl.) w. Städtische Sparkasse in D. (Kl.). V 229/27.

I. Landgericht Düsseldorf.
II. Oberlandesgericht daselbst.

Die beiden Beklagten sind die Gesellschafter der offenen Handelsgesellschaft in Firma W. & M. und die Eigentümer des Grundstücks H.-Straße Nr. 37 in D. Die Klägerin hat der Firma vor dem 1. Januar 1918 ein Darlehen von 50000 *M* gegeben, für das eine Hypothek auf dem genannten Grundstück bestellt wurde. Diese wurde am 23. August 1922 gelöscht, nachdem am 30. Juni 1922 eine Abrechnung unter den Parteien stattgefunden hatte. Bei dieser Abrechnung wurde ein Guthaben der Schuldnerin, das auf Spareinlagenkonto geführt worden war, in Höhe von 43000 *M* auf die Hypothek verrechnet. Das Guthaben war entstanden aus einer Einzahlung vom Jahre 1914, aus vier Einzahlungen von je 10000 *M*, die am 9. Januar, 16. Februar, 28. März und 4. April 1922 geleistet waren, und aus zugeschriebenen Zinsen. Die Klägerin meldete die Hypothek und die ihr zugrunde liegende persönliche Forderung rechtzeitig zur Aufwertung an mit der Begründung, die Zahlung sei am 30. Juni 1922 erfolgt. Die Schuldnerin legte Einspruch ein und machte geltend, die vier Einzahlungen von je 10000 *M* auf das Spareinlagenkonto hätten als Teilrückzahlungen auf die Hypothek zu gelten. Nachdem die Aufwertungsstelle das Verfahren ausgesetzt hatte, hat die Klägerin Klage erhoben mit dem Antrag, festzustellen, daß die vier bezeichneten Zahlungen von je 10000 *M* nicht als Teilrückzahlungen auf die Hypothek zu gelten haben.

Das Landgericht erkannte nach diesem Antrag, das Oberlandesgericht wies die Berufung der Beklagten zurück. Deren Revision führte zur Aufhebung und Zurückverweisung aus folgenden

Gründen:

Die Beklagten berufen sich auf Art. 19 DurchfVo. z. AufwG. Sie behaupten, am 30. Juni 1922 hätten sie mit ihren — durch die

Einzahlung der viermal 10000 *M* in den Monaten Januar bis April 1922 erworbenen — Gegenforderungen gegen die Hypothekenforderung der Klägerin aufgerechnet. Diese vier Einzahlungen seien zufolge einer im Dezember 1921 mit der Klägerin getroffenen Vereinbarung bestimmt gewesen, zur Abtragung der Hypothek zu dienen. Über das Zustandekommen dieser Vereinbarung haben die Beklagten folgendes vorgetragen: Im Dezember 1921 seien sie von der Klägerin aufgefordert worden, sich mit einer Erhöhung der Hypothekenzinsen vom 1. April 1922 ab einverstanden zu erklären. Sie hätten sich dazu nicht bereit finden können, sondern vorgezogen, die Hypothek sobald als möglich zurückzuzahlen. Ihr Prokurist L. habe in diesem Sinne mit der Klägerin, und zwar mit ihrem Kassierer K., verhandelt und erklärt, da die 50000 *M* nicht mit einemmal flüssig gemacht werden könnten, solle die Hypothek in sogleich beginnenden monatlichen Raten von ungefähr je 10000 *M* abgetragen werden; auch solle das bestehende Spareinlagenkonto mit dazu verwendet werden. K. habe daraufhin vorgeschlagen, zunächst dieses Konto, das bisher auf einjährige Kündigung stand, mit Wirkung vom 1. Januar 1922 auf tägliche Kündigung umzustellen und sodann die beabsichtigten Raten einstweilen auf das Konto einzuzahlen. Sobald das Konto den Betrag von 50000 *M* erreicht habe, könne die Verrechnung und die Löschung der Hypothek erfolgen. Dem habe L. zugestimmt und so sei dann verfahren worden. Der auf dem Spareinlagenkonto an 50000 *M* schließlich noch fehlende Betrag sei dann am 30. Juni 1922 anderweit beschafft worden.

Die Klägerin hat diese Darstellung bestritten und eine Gegendarstellung gegeben, aus der sie die Folgerung zieht, daß eine Vereinbarung im Sinne des Art. 19 Abs. 2 Satz 1 DurchfVo. zwischen L. und K. nicht zustande gekommen sei. Zum Abschluß einer solchen Vereinbarung wäre K. auch gar nicht ermächtigt gewesen. Die Sachlage sei vielmehr dahin zu beurteilen, daß die Beklagten sich ein gewöhnliches, täglich kündbares Sparguthaben angesammelt und dieses schließlich am 30. Juni 1922 der Hypothekenabteilung der Sparkasse wie eine Barzahlung zur Verrechnung gegen die an diesem Tag fällig gewordene Hypothekenforderung zur Verfügung gestellt hätten.

Das Oberlandesgericht hat, ohne den von den Beklagten für ihre Darstellung angetretenen Beweis zu erheben, angenommen, auch wenn man die Behauptungen der Beklagten als richtig und die erforderliche Ermächtigung des K. als vorhanden unterstelle, ergebe sich keine Vereinbarung im Sinne der erwähnten Vorschrift. Denn danach habe L. lediglich der Klägerin angekündigt, die Beklagten wollten die Hypothek abtragen, dazu das bereits vorhandene Sparguthaben verwenden und den Rest möglichst bald beschaffen, worauf ihm K. einen Rat gegeben habe, wie das bewerkstelligt werden könne, nämlich so, daß zunächst das Sparguthaben fällig gemacht werden müsse, dann auf dieses Konto die beabsichtigten Raten eingezahlt würden und schließlich die Hypothekenschuld durch Verrechnung mit dem Kontoguthaben getilgt werden könne. Es liege also ein im wesentlichen einseitiger Willensentschluß der Beklagten vor, die auf das Spareinlagenkonto bereits gemachten und demnächst weiter zu leistenden Einzahlungen zur gegebenen Zeit zur Tilgung der Hypothek zu verwenden, nicht aber eine Bindung der Beklagten gegenüber der Klägerin, die durch die Einlagen entstehenden Forderungen auch wirklich in dieser Weise zu verwenden, und noch weniger eine Bindung der Klägerin, die an sich noch nicht fällige Hypothek schon jetzt und durch beliebige Teilzahlungen tilgen zu lassen. Das Oberlandesgericht erkennt hier zwar insofern richtig das Wesen der Vereinbarung im Sinne des Art. 19, als es eine Bindung des Einzahlenden verlangt, die durch die Einzahlung entstehende Forderung nur zur Abtragung der Hypothek zu verwenden, d. h. über sie nicht anders als durch Verrechnung gegen die Hypothek zu verfügen, namentlich nicht die Rückzahlung der Einlage zu fordern. Aber die Annahme, eine solche Bindung sei nach den eigenen Behauptungen der Beklagten nicht zustande gekommen, ist nicht einwandfrei begründet. Rechtsirrig ist es, wenn das Oberlandesgericht es für erforderlich hält, daß die Klägerin eine Tilgung der Hypothek schon vor Fälligkeit und durch beliebige Teilzahlungen bewilligt habe. Art. 19 Abs. 2 Satz 1 setzt nach seinem insoweit völlig unzweideutigen Wortlaut voraus, daß durch die Einzahlung eben gerade nicht die Hypothek alsbald ganz oder teilweise getilgt, sondern zunächst eine Gegenforderung des Einzahlenden begründet und mit dieser demnächst bei Fälligkeit der Hypothek aufgerechnet wird. Eine Vereinbarung im Sinne dieser Vorschrift ist also sehr wohl möglich, auch wenn die Hypothek zur Zeit der Einzahlung noch nicht fällig ist und Teilzahlungen dem Schuldner nicht gestattet sind. Der Berufungsrichter übersieht aber auch die ausdrückliche Behauptung der Beklagten, es habe eine Willenseinigung zwischen L. und K. dahin bestanden, daß in der von K. vorgeschlagenen Weise verfahren werden solle. Wenn auch die Beklagten nicht behauptet haben, daß L. für sie ausdrücklich die Verpflichtung eingegangen sei, sie würden über die demnächst zu leistenden Einzahlungen nur durch Verrechnung auf die Hypothek verfügen, so mußte doch geprüft werden, ob sich nicht eine solche Verpflichtung stillschweigend aus der Besprechung ergab. Sie wurde jedenfalls nicht ohne weiteres dadurch ausgeschlossen, daß die Einzahlungen auf das gleichzeitig täglich kündbar gemachte Spareinlagenkonto geleistet werden sollten; denn die Aufhebung der bisherigen einjährigen Kündigungsfrist konnte auch den Zweck haben, nur ein Hindernis für die Aufrechnungsfähigkeit der bestehenden und der künftigen Einlagen zu beseitigen, ist also an sich vereinbar mit einem Verzicht der Beklagten auf Abhebung der Einlagen. . . .

---

86. 1. Zum Begriff der Kraftfahrlinie.
2. Ist § 6 des Kraftfahrliniengesetzes ein Schutzgesetz?

Gesetz über Kraftfahrlinien v. 26. August 1925 §§ 1, 6. BGB. § 823 Abs. 1, 2.

VI. Zivilsenat. Urt. v. 19. Januar 1928 i. S. Deutsche Reichspost (Bekl.) w. Kraftfahrzeuglinien der Ostharzbahnen GmbH. (Kl.). VI 295/27.

I. Landgericht Halle.
II. Oberlandesgericht Naumburg.

Die Klägerin betreibt mit Genehmigung der zuständigen Behörde eine Kraftfahrzeuglinie auf der Strecke Eisleben—Hergisdorf—Helbra—Bahnhof Mansfeld—Stadt Mansfeld—Leimbach—Hettstedt. Am 19. und 20. September 1926 fand in Eisleben der sog. „Wiesenmarkt" statt, an dem die Bevölkerung der beiden Seekreise lebhaften Anteil nimmt. Zur Bewältigung des außerordentlichen Verkehrs hat die Reichspost an diesen beiden Tagen halbstündliche oder stündliche Fahrten eingerichtet auf den Strecken Hettstedt—Siersleben—Eisleben, Klostermansfeld—Zirkelschacht—

Eisleben, Helbra—Hohentalschacht—Eisleben. Die Klägerin vertritt den Standpunkt, daß damit die Reichspost gegen das Gesetz über Kraftfahrlinien vom 26. August 1925 verstoßen habe, das als ein Schutzgesetz für die Unternehmer bereits bestehender Kraftfahrlinien anzusehen sei, und daß sie außerdem unzulässigerweise in ihren Gewerbebetrieb eingegriffen habe. Sie hat mit der Behauptung, es sei ihr dadurch ein Reingewinn von 4252,50 RM entgangen, gegen die Reichspost Klage auf Ersatz des Schadens erhoben.

Das Landgericht hat die Klage abgewiesen. Auf die Berufung der Klägerin hat das Oberlandesgericht den Klaganspruch dem Grunde nach für gerechtfertigt erklärt. Die Revision der Beklagten führte zur Wiederherstellung des landgerichtlichen Urteils.

Gründe:

Die Zulässigkeit des Rechtswegs ist vom Berufungsgericht aus zutreffenden Gründen angenommen worden.

Die Revision rügt zunächst, das Berufungsgericht habe den Begriff der Kraftfahrlinie im Sinne des oben bezeichneten Gesetzes verkannt, jedoch mit Unrecht. Nach § 1 dieses Gesetzes ist Unternehmer von Kraftfahrlinien, wer über die Grenzen eines Gemeindebezirks hinaus die Beförderung von Personen oder Sachen mit Kraftfahrzeugen auf bestimmten Strecken gegen Entgelt betreibt. Nach der Feststellung des Berufungsurteils hat die Beklagte am 19. und 20. September 1926 die Strecken Hettstedt—Eisleben, Klostermansfeld—Eisleben und Helbra—Eisleben nach vorheriger Ankündigung regelmäßig halbstündlich oder stündlich befahren und auf diesen Strecken Personen gegen Entgelt befördert. Damit sind alle Voraussetzungen erfüllt, die das Gesetz für den Begriff eines Unternehmers von Kraftfahrlinien verlangt. Unerheblich ist, ob das Unternehmen, wie im vorliegenden Falle, von vornherein nur für einen verhältnismäßig kurzen Zeitraum geplant ist. Auf der anderen Seite darf es sich nicht um reine Gelegenheitsfahrten handeln, sondern um die planmäßig für einen gewissen Zeitraum betriebene Beförderung von Personen (vgl. Oberländer-Bezold Automobilrecht S. 217; Müller Automobilgesetz S. 629; Lechner Kraftfahrzeuggesetzgebung S. 434/435; Bayr. ObLG. in JW. 1927 S. 2808). Auch wenn ein Kraftwagenverkehr wegen eines nur einige Tage währenden Ereignisses, wie des nur an zwei Tagen stattfindenden

Eislebener Wiesenmarkts, zwischen mehreren Orten eingerichtet wird, kann er die Einrichtung einer Kraftfahrlinie im Sinne des Gesetzes bedeuten. Die Beklagte hat daher wegen der am 19. und 20. September ausgeführten planmäßigen Fahrten als Unternehmer einer Kraftfahrlinie im Sinne des § 1 des Kraftfahrlinien-Gesetzes zu gelten.

Das Berufungsgericht verkennt aber die Bedeutung des für die Beklagte allein in Betracht kommenden § 6 dieses Gesetzes, wenn es annimmt, daß die Beklagte nach § 823 Abs. 2 BGB. zum Schadensersatz verpflichtet sei, weil sie durch den Betrieb der Kraftfahrlinien gegen ein den Schutz eines anderen bezweckendes Gesetz verstoßen habe. Es kann dahingestellt bleiben, ob im allgemeinen das Kraftfahrliniengesetz als ein Gesetz dieser Art anzusehen ist; der Beklagten gegenüber ist es in dem hier allein in Betracht kommenden § 6 ein solches jedenfalls nicht. Denn für die Beklagte gilt die Vorschrift des § 1 insoweit nicht, als die von ihr eingerichtete Linie der Personenbeförderung diente. Die Reichspost ist nach § 6 für die Einrichtung von Kraftfahrlinien, die der Personenbeförderung dienen, nicht an eine Genehmigung gebunden. Sie ist vielmehr nur zu einer vier Wochen vorher zu erstattenden Anzeige an die oberste Landesbehörde verpflichtet; diese kann Einspruch erheben, wenn nach ihrer Auffassung den öffentlichen Interessen durch die Einrichtung der Linie nicht genügend Rechnung getragen wird. Danach ist also der Beklagten gegenüber nur das öffentliche Interesse maßgebend für eine etwaige Beschränkung in der Einrichtung von Kraftfahrlinien zur Personenbeförderung; das Interesse und der besondere Schutz eines bereits genehmigten Kraftfahrunternehmens kommen hierbei überhaupt nicht in Betracht. Das findet auch darin noch besonderen Ausdruck, daß nur die oberste Landesbehörde das Recht hat, Einspruch zu erheben, daß aber das Einspruchsrecht nicht irgendwelchen Interessenten zusteht, namentlich nicht den Inhabern bereits genehmigter Kraftfahrlinien. Schutzgesetze im Sinne des § 823 Abs. 2 BGB. sind aber nur solche Gesetze, die — sei es allein, sei es in Verbindung mit anderen Zwecken — dem Schutze von Einzelpersonen oder eines Personenkreises dienen sollen. Ein Gesetz hat die Eigenschaft als Schutzgesetz nur dann, wenn der Gesetzgeber bei der Erlassung gerade einen solchen Schutz gewollt oder wenigstens mitgewollt hat (RGZ. Bd. 63 S. 327, Bd. 79 S. 91, Bd. 102 S. 224). Diese Eigenschaft hat das

Kraftfahrliniengesetz jedenfalls nicht in seinem für die Beklagte allein in Betracht kommenden § 6. Eine Zuwiderhandlung gegen § 6 würde daher noch keinen die Beklagte nach § 823 Abs. 2 BGB. zum Schadensersatz verpflichtenden Verstoß gegen ein Gesetz bedeuten. Eine Haftung der Beklagten aus § 823 Abs. 2 BGB. besteht deshalb nicht. Auch eine Haftung aus § 823 Abs. 1 BGB., wegen widerrechtlichen Eingriffs in den Gewerbebetrieb der Klägerin, hat bereits das Berufungsgericht ohne Rechtsirrtum verneint. Zwar ist nach feststehender Rechtsprechung des Reichsgerichts unter die sonstigen Rechte im Sinne des § 823 Abs. 1 BGB. auch der eingerichtete und ausgeübte Gewerbebetrieb zu rechnen; das Merkmal des rechtswidrigen Eingriffs liegt aber nicht in der nachteiligen Einwirkung auf den Ertrag des Geschäfts durch Entziehung von Kundschaft und ähnliches, sondern in der Antastung des Gewerbebetriebs als solchen, in der unmittelbaren Hinderung und Hemmung von Betriebshandlungen des Gewerbetreibenden (RGZ. Bd. 102 S. 225 mit Anführungen). Ein solcher Eingriff in den Gewerbebetrieb der Klägerin liegt nicht vor. Was endlich die etwaige Haftung der Beklagten aus § 1 des Gesetzes gegen den unlauteren Wettbewerb betrifft, so fehlt es an ausreichenden Behauptungen der Klägerin, die einen solchen Anspruch stützen könnten. Es verstößt namentlich auch nicht gegen die guten Sitten, wenn sich die Beklagte, wie die Klägerin behauptet hat, zur Werbung für ihre Fahrten ihrer Beamten bedient hat.

Register.

Die Zahlen bedeuten die Seiten.

A. Sachregister.

A

D

E

F

M

N

O

P

R

S

B. Gesetzesregister.

1. Reichsrecht.

b. Einführungsgesetz zum Bürgerlichen Gesetzbuche.

c. Allgemeines Deutsches Handelsgesetzbuch (a. F.).

d. Handelsgesetzbuch von 1897.

e. Einführungsgesetz z. Handelsgesetzbuch.

f. Gerichtsverfassungsgesetz.

g. Zivilprozeßordnung.

h. Gesetz über die Angelegenheiten der freiwilligen Gerichtsbarkeit

i. Gesetz über die Zwangsversteigerung und die Zwangsverwaltung.

2. Landesrecht.

Bayern.

Preußen.

Sachsen.

3. Ausländisches Recht.

C. Zusammenstellung der Entscheidungen nach der Zeitfolge.

Zusammenstellung

der

im 119. Bande

mitgeteilten Entscheidungen

nach

Oberlandesgerichtsbezirken.

(Die Zahlen bezeichnen die Nummern der Entscheidungen.)

Berlin	1. 2. 4. 7. 11. 13. 15. 20. 25. 26. 27. 29. 33. 42. 47. 50. 55. 58. 67. 70. 72. 74. 77. 80. 84.
Braunschweig	39.
Breslau	35. 66. 76.
Celle	49. 56. 57.
Dresden	34. 52. 59. 68. 81.
Düsseldorf	31. 44. 48. 65. 85.
Frankfurt a. M.	3. 16. 21. 41. 46.
Hamburg	12. 28. 51. 53. 54. 83.
Hamm	22. 40. 43. 69.
Jena	30.
Kassel	75.
Kiel	24. 62. 64. 79.
Köln	8. 71. 73.
Königsberg	82.
München	14.
Naumburg a. S.	37. 86.
Nürnberg	6. 45.
Rostock	18.
Stuttgart	78.

Reichsgericht unmittelbar	9.
Reichspatentamt	5.
Landgericht I Berlin	32. 36. 60. 63.
Landgericht Dresden	10.
Landgericht Frankfurt a. M.	19.
Landgericht Görlitz	38.
Landgericht Hannover	23. 61.
Landgericht Neustrelitz	17.

Berichtigungen.

Hundertvierzehnter Band.

S. 13 Z. 11 u. Z. 16 v. o. statt „400" lies „401".

Hundertachtzehnter Band.

S. 249 Z. 14 v. o. statt „I 33/25" lies „IV 33/25".

Hundertneunzehnter Band.

Auf S. 124 fehlt die Fußnote zum Schluß des ersten Absatzes: „Vgl. das in dieser Sache erstattete Gutachten von Nußbaum."

S. 286 Z. 16 v. u. statt „1922" lies „1912".

FSC
www.fsc.org
MIX
Papier | Fördert gute Waldnutzung
FSC® C083411

Kolibri 360 GmbH
Ferdinand-Jühlke-Straße 7
99095 Erfurt, Deutschland
produktsicherheit@kolibri360.de